普通高等教育经管类专业系列教材

INVESTMENT
VALUATION
ANALYTICS

投资价值评估

刘志东 ◎ 主编　　荆中博 ◎ 副主编

清华大学出版社
北　京

内容简介

全书以投资价值评估为核心主题，系统梳理了这一领域的历史演进、哲学思想、理论体系及实践方法，并深入探讨了价值投资理念与资产定价等前沿金融学理论的有机结合。书中精选了国内外众多企业在近年来的鲜活案例，特别关注中国金融市场的独特实践，帮助读者在学习理论的同时兼顾实务，启发其思考如何运用科学的评估方法在复杂多变的市场环境中做出理性决策。

此外，本书的每一章均精心设计了任务清单、核心内容和课后问答。这种系统化的编排形式可帮助读者明确学习重点，稳步掌握核心知识，并通过启发式引导培养其独立思考与实践能力。这种教学设计既注重理论的系统性，又关注能力的实际提升，使本书成为读者理论探索与实务应用的理想助手。

本书可作为高等院校金融学、投资学等专业的教材，也为有关领域的从业人员和研究人员提供了参考，尤其适用于注重借助全球化视野洞察中国市场特色的读者群体。

本书封面贴有清华大学出版社防伪标签，无标签者不得销售。
版权所有，侵权必究。举报：010-62782989，beiqinquan@tup.tsinghua.edu.cn。

图书在版编目(CIP)数据

投资价值评估 / 刘志东主编. -- 北京：清华大学出版社, 2025.5. -- (普通高等教育经管类专业系列教材).
ISBN 978-7-302-68915-7

Ⅰ. F830.59

中国国家版本馆 CIP 数据核字第 2025QR1771 号

责任编辑：高　屾
封面设计：马筱琨
版式设计：思创景点
责任校对：马遥遥
责任印制：刘海龙

出版发行：清华大学出版社
网　　址：https://www.tup.com.cn，https://www.wqxuetang.com
地　　址：北京清华大学学研大厦A座
邮　　编：100084
社 总 机：010-83470000
邮　　购：010-62786544
投稿与读者服务：010-62776969，c-service@tup.tsinghua.edu.cn
质 量 反 馈：010-62772015，zhiliang@tup.tsinghua.edu.cn

印 装 者：三河市君旺印务有限公司
经　　销：全国新华书店
开　　本：185mm×260mm　　印　张：33　　字　数：954 千字
版　　次：2025 年 6 月第 1 版　　印　次：2025 年 6 月第 1 次印刷
定　　价：128.00 元

产品编号：068744-01

推荐序一

价值评估是资产所有者或投资者进行交易决策前的一项最为重要的工作。价值评估的必要性源于商品或资产所有权转移之需,其历史源远流长。

价值评估并非舶来品,我国古人很早便有如何对商品或资产进行估值的基本思想。公元前350年战国时期的《商君书·算地》中就有记载,"民之生:度而取长,称而取重,权而索利。"这是从商品交换者对于商品本身的需求角度来理解的估值。战国时期管仲所著的《管子》中记载的"万物通则万物运,万物运则万物贱",则是基于商品的流动价值理解商品本身的价值。公元前约100年,西汉陆贾的《新语·术事》中记载,"圣人不贵寡,而世人贱众,五谷养性,而弃之于地,珠玉无用,而宝之于身。"其认为,商品的价值取决于供求关系,而与其使用价值本身并无必然联系。公元前186年的《算术书》中记载,"贷钱百,息月三,今贷六十钱,月未盈十六日归,计息几何?"可以看出,古人已经对贷款的提前归还问题进行了思考,从中已然呈现货币时间价值这一思想的雏形。西汉刘向的《战国策·燕策二》中记载,"人有卖骏马者,比三旦立市,人莫知之。往见伯乐曰:'臣有骏马,欲卖之,比三旦立于市,人莫与言,愿子还而视之。去而顾之,臣请献一朝之贾。'伯乐乃还而视之,去而顾之,一旦而马价十倍。"从中也可以看出,在古人眼中专家对于商品或资产的估值成了市场上对于商品真实价值的重要参考依据。

近现代众多西方学者对商品或资产价值的确定开展了探索和讨论,涌现出一批经典的经济学、投资学理论。较早的理论包括劳动价值论、效用价值论等;后来,又展开对资产定价的讨论,如现金流决定论、基本面决定论;目前,被普遍接受的理论是均衡价值理论。

早期的劳动决定价值这一思想由英国经济学家威廉·配第提出。亚当·斯密和大卫·李嘉图也对劳动价值论做出了巨大理论贡献,马克思是劳动价值论的集大成者和重要创新者。劳动价值论认为,商品的价值是由生产商品的社会必要劳动时间决定的。马克思从劳动价值论出发,指出凝结在商品中的剩余价值部分是由工人创造却被资本家无偿占有,从而揭示了资本主义剥削的本质。

效用价值论(utility theory of value)是以物品满足人的欲望的能力或人对物品效用的主观心理评价解释价值及其形成过程的经济理论,同劳动价值论相对立。在19世纪60年代前,其主要表现为一般效用论,自19世纪70年代后主要表现为边际效用论。边际效用论者从对商品效用的估价引出价值,并且指出价值量取决于边际效用量,即满足人的最后的亦即最小欲望的那一单位商品的效用。边际效用论者深刻指出,不能直接满足人的欲望的生产资料的价值,由它们参与生产的最终消费品的边际效用决定。

效用价值论的不足在于仅从需求端考虑了商品的价值,而劳动价值论则仅从供给端考虑了商品的价值。英国经济学家马歇尔以英国古典经济学中的生产费用论为基础,吸收边际分析和心理概念,阐述价格的供给一方;又以边际效用学派中的边际效用递减规律为基础,对其进行修改,论述价格的需求一方,认为商品的市场价格取决于供需双方的力量均衡,犹如剪刀之两刃,是同时起作用的,从而建立起均衡价值论。这一理论在几十年以后都是投资理论中内在价值论、基本面价值论、重置成本论的基础。

20世纪30年代,约翰·威廉姆斯在其提交的哈佛大学的博士学位论文中系统阐述了股票价格是由其未来股利决定的思想,提出了迄今为止还在广泛使用的股利折现模型。威廉姆斯于1938

年出版的《投资价值理论》(The Theory of Investment Value)一书，详细介绍了股利折现模型，该著作对投资学和金融学理论的发展起到重要的推动作用。后来的研究者对股利折现进行了改进，并提出了现金流贴现模型。因此，股利折现模型或现金流贴现模型成为最经典的投资价值评估理论之一，也是现代投资理论的精髓所在。

与威廉姆斯同时代的另一位投资大师则是格雷厄姆，他被称为"现代证券分析之父""价值投资之父"。他在1934年出版的《证券分析》一书中提出，投资者以证券内在价值为决策依据是一个重要的理念但绝非必要，这是由于"内在价值"是一个难以描述的概念。与之对应，他首次提倡应采用基本面分析法，依据资产、营运资金、股东权益变动等资产负债表信息为证券估值。优良投资标的应满足破产后价值大于继续营运价值这一条件。

20世纪50年代以前，现金流的确定是价值评估的核心。但是，这种价值评估方法没有解决风险度量和风险溢价的问题。1952年马科维茨发表的《现代资产组合理论》，取得资产定价理论上的突破性进展，为后续资产定价理论的发展奠定了坚实的基础。马科维茨的资产组合理论否定古典定价理论中关于投资者单一的期望收益最大化假设，因为该假设要求投资者只投资所有证券中期望收益最大的证券或者证券组合，而与现实中投资者的分散化投资组合相违背。

资产组合理论基于均值—方差模型，用证券组合的均值代表期望收益，用方差代表组合的风险，投资者理性的投资方式是实现特定风险水平下的预期收益最大化，或者特定收益水平下的风险最小化。不同的市场组合代表不同的均值—方差，投资者可以根据自己的风险偏好选择适合自己的投资组合，打败市场唯一的方法是承担更高的风险。因此，该理论不仅解决了现实中投资者分散化投资的现实，而且告诉投资者如何有效地形成分散化的投资组合。

资产组合理论的基石是新古典经济学中的均衡价格理论，将新古典定价法从一维空间拓展到风险与收益的二维空间。马科维茨对证券组合理论的主要贡献是，正确区分了单个证券的收益变动对整个证券组合收益的影响。他认为，要使组合的风险变小，不能仅靠分散投资，还要避免组合内不同证券之间的高度相关性。20世纪60年代以后，在资产组合理论基础上，金融家们相继提出了现代金融学中核心的资产定价模型，如资本资产定价模型、三因子模型、五因子模型等，给出了风险测度和风险溢价确定的量化分析方法，成为现代金融学、投资学的基础理论。

金融学、投资学理论的发展推动着投资价值评估理论和方法的演进和完善，但也呈现出一些问题，例如投资价值评估的理论和方法未能完美地融合最新的金融学理论精髓。刘志东教授等人编写的《投资价值评估》一书恰好弥补了这一不足。该书以寻求合理的内在价值为核心，系统地、详尽地阐述了主流的投资价值评估基本原则和方法，分析了这些方法背后的理论逻辑，尤其是将现代资产定价模型与投资价值评估理论和方法进行了有机融合。此外，该书还以专题分析的方式就投资价值评估的新理念、新方法及一些常见且特殊的资产类型(如经济增加值、无形资产、控制权、员工股权期权等)的价值评估进行了分析和讨论。

我认为，刘志东教授等人编写的《投资价值评估》是一部系统、全面阐述投资价值评估的理论和方法的优秀教材，是高等院校投资学专业、金融学专业和相关商科、经济学专业讲授投资价值评估的一本不可多得的教科书，对金融从业人员和对资产评估有兴趣的读者来说亦是一本有价值的参考书或工具书。投资价值评估问题是一个长期困扰了中外投资学学术界、金融业界的难题，对相关问题的探索和研究永无止境，期盼刘志东教授在投资价值评估研究方向上不要就此停步，产出更多、更高水平的既有理论创新又富有实践意义的成果。

中国人民大学金融学教授　汪昌云
2025年1月26日

推荐序二

作为有史以来最成功的价值投资大师之一，股神巴菲特的一举一动吸引着全球投资者的目光。

2024年，尽管美股三大股指不断创历史新高，巴菲特旗下的伯克希尔·哈撒韦公司却在大量减持其第一大重仓股苹果和第二大重仓股美国银行等。伯克希尔·哈撒韦公司账上的现金储备更是达到了创纪录的3252亿美元。在过去60年的投资生涯中，巴菲特创造了累计超过4.38万倍的回报，年化收益率达到了约20%。伯克希尔·哈撒韦的股价从巴菲特收购时的17美元每股涨到了70多万美元每股，成为全球股价最高的股票。巴菲特做价值投资的成功，值得我们所有投资者学习。

过去8年，我6次赴美参加巴菲特股东大会，希望借此让国内投资者学习并践行价值投资。巴菲特说过，价值投资是取得长期投资胜利的法宝，而价值投资不仅适合于美股，也适合于A股投资者和A股市场。可以说，价值投资是一种普世的投资理念。价值投资的基础是价值评估，也就是资产定价。价值投资的核心就是与伟大的企业一起成长，总结起来就是一句话：选择好行业、好公司，然后等待一个好价格。什么样的价格是好价格？就是当好公司出现暂时的经营困难，或者市场出现持续下行、投资者极其绝望的时候，才能产生好的价格。这个好价格指的是市场价格，那么这个公司有没有安全边际，就要看它的市场价格与内在价值的比较。

2016年被视为价值投资的元年，价值投资在中国资本市场逐步生根发芽、开花结果。我也一直不遗余力地将巴菲特的价值投资理念介绍给广大投资者。很多投资者已经接受了巴菲特的价值投资理念，但苦于无法对企业的内在价值进行定价，所以经常在估值泡沫较大时仍然追逐股票或基金，等到市场下行时出现较大的亏损。巴菲特经常挂在嘴边的一句话就是"别人贪婪时我恐惧，别人恐惧时我贪婪"。巴菲特正是因为做到了这一点，所以在美股不断创新高的时候，大量减持了美股；而在美股崩盘的时候，又以救世主的身份买入被"错杀"的好股票。因此，对于国内投资者来说，如何做投资价值的评估是第一要务。国内关于价值投资的书籍汗牛充栋，关于投资价值评估的内容却凤毛麟角。中央财经大学刘志东教授等人花费了大量的时间和精力，写出的这本《投资价值评估》一书填补了这个空白。拿到书稿后，我迫不及待地一口气读完，受益匪浅。

《投资价值评估》一书内容丰富，涵盖了公司的估值方法、价值评估模型、有效市场理论、行为金融等多个方面。该书不仅介绍了财务报表分析与预测、企业盈利能力分析与盈余平衡、盈余衡量，还涉及公司经营和价值评估等内容。作者通过引用大量案例，向投资者介绍了常用的估值模型和方法，有一定基础的投资者能够通过阅读这本书来了解如何对一项资产进行定价。对一项资产内在价值的评估是投资者做出理性投资决策的先决条件。公司的价值是由多因素决定的，既包括时间价值，也包括风险价值；而公司的估值会随着市场风险偏好波动，对公司的估值比较主观，因此不能绝对定义一个公司的估值是多少。当然，通过采取合适的估值方法进行资产定价，可以大致了解公司的价值范围，为投资决策打下基础。华尔街有句名言"模糊的正确大于精确的错误"，这个模糊的正确是建立在正确的投资价值分析框架上的。本书介绍的三大金融资产定价理论模型——折现现金流估价法、相对估价法、实物期权估价法，都是极其常用和实用的。

结合投资实践，作者为广大投资者展现了投资实践中的不同估值境界：第一境界是静态估值，第二境界是动态估值，第三境界是不估值。这道出了投资的哲学。对于初学者和投资者来说，至少要达到前两个境界，即静态估值和动态估值。投资大师则能够达到第三个境界：不估值。刘志东教授在书中提到，巴菲特曾经指出，要想成功进行投资，你不需要懂得贝塔值、有效市场、现代投资组合理论、期权定价或者新兴市场。事实上，大家最好对这些东西一无所知。他的意思是，要从定性的视角甄别稀缺的、优质的公司，并对其进行长期投资，应当以股东的视角享受分红福利，判断管理层是否理性经营和决策，通过长期持有该公司的股份，而不是过分关注股价短期的波动来实现好的投资回报。他并不是说投资者不需要学习价值投资的基本知识，这就像武侠小说中练剑一样，初学者必须学习一招一式，苦练基本功，做到心中有剑，手中有剑。而真正达到一定境界之后，则可以做到手中无剑，心中有剑。最高境界是心中手中都无剑，但可以一招制敌。

做投资要循序渐进，本书内容几乎包罗万象，从估值模型的介绍到三张财务报表的构造，以及盈利能力和投资价值分析、并购重组、无形资产评估、不同生命周期的企业估值等。建议有志于在投资市场中获得长期投资回报的投资者认真学习、研读本书，相信大家在投资上会大有收获。一分耕耘，一分收获，只有长期去学习价值投资的理论，学习投资价值评估的方法，提高分析能力，然后在实践中锻炼良好的心态，做到不以涨喜、不以跌悲，才能在投资实践中实现个人财富的增长。

2016年，我结合中国市场的实际情况提出了中国特色价值投资的理论。这一理论强调，在投资实践中，我们应该坚持成为优秀公司的股东，或者通过配置优质基金间接持有这些公司的股权，这是价值投资的核心。同时，我们也要考虑到A股市场以散户投资者为主的特点，在市场出现错误定价时，敢于逆向操作，进行逃顶和抄底。这一切的基础，是判断股价是否有泡沫，以及是否被严重低估，而其关键则在于了解企业的内在价值。因此，对优质资产的投资价值评估就成为决定投资成败的关键。

对于那些希望在中国资本市场及全球资产配置中取得良好投资业绩，甚至实现个人财富自由的投资者、企业管理者和市场监管者，以及机构投资者，我推荐刘志东教授等人所编写的《投资价值评估》一书。相信这本书对大家形成投资理念、提升投资能力一定大有裨益。

前海开源基金首席经济学家、基金经理　杨德龙
2025年1月26日

前　　言

市场追随经济基本面：价值投资的深度剖析

　　自从 2004 年加入中央财经大学投资系工作后，我一直从事投资学、资产定价、金融工程等领域的教学和科研工作，担任"投资学""投资项目评价"等课程的主讲教师。2007 年至 2008 年，受国家留学基金委资助，我赴佐治亚理工学院进行学术访问，有幸聆听了众多佐治亚理工学院商学院教授开设的"投资学""公司金融"等课程。其间，全球股市跌宕起伏的表现引发了社会各界对价值投资的重视，也让我看到了一个与"投资学""公司金融"课程互为补充且有前景和挑战的方向——"投资价值评估"。2000 年互联网泡沫的破灭更加坚定了我对价值创造核心原理深入研究的信念。无论是实业投资还是金融资产投资，寻求公司的持续发展，准确地评价公司的股权价值、债权价值等都是至关重要的，而投资价值评估正是投资决策的核心与灵魂所在。

　　正因为有了这样的思考和认识，回国后，我进一步梳理相关理论和知识。2008 年 3 月，我为中央财经大学 2005 级投资学专业本科生开设了"投资价值评估"课程。课程以课堂讲授、随堂作业与实践案例相结合的形式进行，参考了纽约大学斯特恩商学院 Aswath Damodaran 教授的经典著作，以及麦肯锡公司合伙人 Tim Koller、Marc Goedhart 和 David Wessels 合著的价值评估教材。课程自首次开设以来，得到了同学们的广泛认可和喜爱。历届同学们积极参与课程实践，不仅加深了我对不同类型公司价值的深入理解和认识，更激励了我更好地准备教学内容和创新教学方法。

　　后来，在承担中国证监会、上市公司、国家发改委、财政部等部门委托的任务的过程中，我逐渐意识到，我国的投资经济运行环境、投资体制和公司治理等与国外有很大的不同，直接采用国外教材或文献的课程设计，未必能够满足社会对投资学专业人才的需求。同时，陆续毕业的学生根据工作需要也反馈，国外投资学理论知识体系和国内投资学实践之间存在较大差异。基于这些思考，我认为有必要编写一本既全面系统地教授价值投资理论，又契合中国国情的《投资价值评估》教材，以更好地满足课程需求和社会期待。

　　2017 年，在多年教学和科研积累及相关课程整合的基础上，我决定编写《投资价值评估》教材。经过充分调研和反复研讨，我重新构建了教材的内容与知识体系，精心设计每章的知识结构、单元知识点、教学内容、思考题及案例分析等。历经 7 年的撰写和打磨，这部书稿终于完成。在写作过程中，我不仅对价值投资理论进行了系统研究和梳理，而且对其深层次的魅力有了更深刻的理解和认识。

　　价值投资的起源可以追溯到本杰明·格雷厄姆，他强调通过对企业财务报表的深入分析，寻找股价低于内在价值的股票，这一投资理念在当时的美国股市中具有开创性意义。费雪拓展了价值投资的视野，主张关注企业的成长潜力和管理层能力等因素，而不应仅局限于短期股价波动。格雷厄姆的学生沃伦·巴菲特则融合了格雷厄姆和费雪的投资理念，将价值投资进一步发扬光大，他不仅关注企业的财务状况以寻找价格低于内在价值的股票，更重视企业的品牌、管理团队、市场竞争力等"护城河"因素。例如，巴菲特在 2008 年金融危机期间果断投资了高盛和美国银行，同时他早年投资并长期持有可口可乐、美国运通等具有强大品牌效应和稳定现金流的企业，取得了令人瞩目的长期投资回报。而彼得·林奇则提倡观察日常生活，从消费趋势中发现成长型股票，使价值投资更具灵活性和实践性。

价值投资的核心在于认识到股票不仅是一种交易筹码，更是企业所有权的一部分。短期内，股市可能受到宏观经济政策、投资者情绪等因素的影响而波动；但从长期来看，企业的价值最终会决定其股价表现。例如，一家拥有优质产品、创新能力和良好管理的企业，短期内股价可能被市场低估，但随着时间的推移，其内在价值会逐渐被市场所发现，股价也会回归到合理水平。这与那些仅仅依靠概念炒作、缺乏实际价值支撑的企业形成鲜明对比。

从长期来看，重视公司基本面和内在价值是市场健康发展的关键。以价值为核心，不仅可以造就更为健康的企业，也为资本市场的发展奠定了坚实基础。当企业管理层致力于提升企业的内在价值时，如通过研发创新、优化管理、拓展市场等方式，企业不仅能够实现长期稳定的利润增长，还能够赢得资本市场和投资者的信任。资本市场会"奖励"这些致力于长期价值创造的企业，使得它们能够以较低的成本获得融资，从而进一步扩大生产和经营规模，形成良性循环。

以苹果公司为例，苹果公司一直注重产品的研发和创新，不断推出具有划时代意义的产品，如 iPhone、iPad 等。强大的品牌、优秀的用户体验及高附加值的产品，使得苹果公司具有极高的内在价值。在资本市场上，尽管苹果公司的股价会受到市场波动的影响，但从长期来看，其股价一直呈现稳步上涨的趋势，这表明投资者对苹果公司的长期价值充满信心，愿意为其股票支付较高的价格。

与此相反，一些企业为了短期股价上涨而选择财务造假或过度依赖资本运作，忽视了企业的核心业务发展。例如，安然公司曾经是美国能源行业的巨头，但其通过财务造假虚增利润，最终东窗事发，股价从高位暴跌至零，企业破产。这一事件警示我们，缺乏价值支撑的企业终将被市场淘汰。

全球主要国家的股市表现充分证明了市场追随经济基本面这一规律。美国股市作为全球规模最大且最具影响力的资本市场，长期以来与美国经济基本面紧密相连。在经济繁荣时期，例如 20 世纪 90 年代互联网泡沫破灭之前，美国经济呈现出高增长、低通胀的良好态势。新经济概念的兴起及大量科技企业的崛起，带动了股市的节节攀升。然而，当时的狂热情绪逐渐催生了股市泡沫。众多网络公司在缺乏实际盈利模式的情况下，股价被过度高估。投资者在追逐短期股价暴涨的同时，忽视了公司的基本面。随着美联储加息及市场对互联网企业盈利预期的调整，泡沫最终破灭，股市遭遇重创。这一过程表明，当股市脱离经济基本面，单纯依靠概念和炒作时，必然走向崩溃。

中国股市同样展现出其与经济基本面的紧密关联。在过去几十年，中国经济经历了制造业崛起、大规模基础设施建设及消费市场不断扩大的高速增长阶段。在此背景下，一些符合中国经济发展趋势且具有良好基本面的企业在股市中表现出色。例如，消费类龙头企业随着中国庞大消费市场的发展而不断成长，其股价也在长期内实现了稳步上涨。然而，中国股市的发展并非一帆风顺，也曾出现过投机过热的现象。例如，在 2015 年上半年，股市在资金杠杆的推动下快速上涨，许多缺乏业绩支撑的小市值股票被爆炒，市场弥漫着非理性狂热情绪。但这种脱离经济基本面的上涨注定无法持续，随着监管政策的调整和去杠杆措施的推进，股市迅速回调。这一过程再次证明，股市的健康发展必须建立在对经济基本面的正确反映之上。日本股市的发展历程也充满了深刻启示。20 世纪 80 年代末，日本经济处于泡沫经济的巅峰期。房地产和股市价格不断飙升，日本企业的股价被推到了极高的水平。在国际市场上，日本企业看似风光无限，投资者盲目乐观。然而，这种繁荣掩盖了日本经济结构的深层失衡，实体经济面临着诸如生产成本上升、产业竞争力下降等问题。随着泡沫的破灭，日本股市陷入了长期低迷，至今仍未完全恢复元气。这一案例再度表明，忽视经济基本面而过度追捧股价的行为最终会导致市场的灾难性后果。欧洲股市的发展也深受经济基本面的影响。在欧元区成立初期，市场对欧洲一体化的前景充满信心，一些欧洲跨国企业的股价表现良好。但随着欧洲债务危机的爆发，许多欧洲国家面临财政困境、经济衰退等问题，欧洲股市也随之大幅下跌，尤其是那些债务负担较重国家的企业，其股价受到的冲击更为明显。这一转变同样证明，无论是宏观的经济政策调整还是经济危机的冲击，股市都会对经济基本面的变化做出快速而敏感的反应。

在数智化时代，价值投资依然焕发着重要的启示意义。随着大数据、人工智能等技术在金融和投资领域的广泛应用，投资决策变得更加复杂。一方面，数智化技术为投资者提供了更多的信息和分析工具，使得投资者能够更深入地了解企业的基本面。例如，通过大数据分析，可以更准确地评估企业的市场份额、客户满意度等因素。另一方面，数智化时代也带来了全新的投资机会和挑战，特别是人工智能、区块链等新兴领域的科技企业，技术创新和市场的不确定性使其价值评估难度更大。例如，亚马逊在早期长期亏损时，投资者基于对其物流体系和云计算业务的深刻认知，洞察到其长期价值并坚守投资，最终获得丰厚回报。这进一步印证了价值投资理念的普适性，投资者需要聚焦这些企业的核心技术、商业应用前景及盈利模式等基本面因素，而不是单纯被概念炒作和市场情绪所左右。

着眼当下，中国倡导的"耐心资本"理念是价值投资在实践中的重要体现，尤其契合了数智化时代下经济转型升级和高质量发展的需求。耐心资本指坚持长期投资、不因短期波动而动摇的资金，聚焦企业的长期发展潜力。在数智化时代，科技创新企业的成长周期较长，耐心资本为其提供了稳定支持。例如，在特斯拉的成长历程中，持有耐心资本的投资者未因技术难题、市场质疑或股价波动而退缩，坚持持有公司股票，帮助企业渡过发展难关，并推动新能源行业整体进步。类似地，在2008年金融危机中，市场恐慌引发大规模抛售，但坚持价值投资的长期资金不仅避免了损失，还在市场复苏中获益。由此可见，坚持耐心资本投资不仅可以助力企业渡过发展难关，推动行业进步，还能稳定资本市场，缓解因短期波动引发的恐慌。这一理念与价值投资的核心原则高度契合，强调长期视角和对内在价值的信念，为数智化时代的投资实践提供了重要启示。本书正是基于以上种种对价值投资理念在新时代背景下的深刻思考而撰写，涵盖了价值投资的基本原理、实践方法及典型案例等丰富的内容，旨在为投资者提供一个全面、系统的学习平台。通过研读本书，投资者可以深入理解价值投资的核心要点，掌握科学的价值评估方法和实用技巧，提高自己的投资能力，从而在投资市场中获得更加稳定的长期投资回报。同时，我也希望本书能够成为传播价值投资理念的重要载体，为推动这一理念的发展，促进资本市场的健康繁荣贡献力量。

作为一种经久不衰的投资理念，价值投资经过长期实践的检验，展现了其不可替代的意义。在数智化时代，我们更应坚守价值投资的核心理念，重视公司基本面和内在价值的评估。本书的撰写正是顺应这一需求，其对于推动价值投资理念的发展和资本市场的长期健康稳定运行具有深远意义。

全书由刘志东教授主持编写，提出写作思路和框架结构，设计写作提纲，负责书稿撰写统稿和审校工作。荆中博老师参与本书部分章节初稿的文字修改工作。在编写过程中，多位中央财经大学投资学专业硕士、博士研究生和曾修读"投资价值评估"课程的同学参与了数据查找、资料整理、部分章节编写和文字校订等工作，在此感谢这些同学：孙赫璟、王珂、刘微、呼和、张馨雨、乔佳、赵鸿逸、付博之、傅嘉诚、谢泽中、池杰、李俊玮、齐立瑶、高洪玮、肖哲、续维佳、惠诗濛、宝英夫、张培元、陈芳兵等，以上同学在书稿的通读排版、图文编辑、图表制作和文字校对等工作中付出了艰辛的劳动，特别感谢孙赫璟同学对全书的审校。最后，我要对清华大学出版社的编辑表达衷心感谢，他们在教材选题的策划及出版过程的推进中给予了大力支持和悉心指导。受作者水平所限，书中难免存在错误或不足之处，恳请读者提出宝贵的批评和建议，使本书日臻完善。

为了方便学习，本书提供习题答案，读者可扫描右方二维码获取；同时，为了便利教学，本书还提供教学课件、教学大纲、教案和教学计划等教学资源，教师可扫描右方二维码索取。

习题答案　　教学资源

刘志东
2025 年 4 月 23 日

作者介绍

刘志东，中央财经大学龙马学者特聘教授、博士生导师，现任管理科学与工程学院院长，国家金融安全教育部工程研究中心副主任；教育部"新世纪优秀人才支持计划"入选者，北京市教学名师，北京市课程思政教学名师；北京高校优秀本科育人团队"投资学本科育人团队"负责人，全国高校黄大年式教师团队"金融安全工程"核心成员，教育部科技委学风建设与科学传播委员会委员，中国投资学专业委员会常务委员，中国金融系统工程专业委员会理事，中国优选法统筹法与经济数学研究会理事；主讲课程有投资学、投资价值分析与评估、投资学前沿、微观市场结构与资产定价、投资与经济专题研究等；研究领域为公司财务与价值投资、科技金融、计算金融、中国投资；在《管理科学学报》《中国工业经济》《中国管理科学》《系统工程理论实践》及 *European Journal of Operational Research*(《欧洲运筹学杂志》)等中英文学术期刊上发表论文70余篇，出版教材和学术专著7部；主持多项国家自然科学基金，省部级、企事业单位等科研项目；担任"投资学"国家精品在线开放课程、教育部新工科项目、投资学国家一流本科专业建设项目负责人；荣获教育部科技进步奖二等奖、骋望优秀教学成果奖、特殊贡献奖、涌金教师学术奖、优秀博士论文和优秀硕士论文指导教师等荣誉称号。

荆中博，中国科学院大学管理学博士、荷兰格罗宁根大学经济学博士，现任中央财经大学管理科学与工程学院副院长、私募股权与投资研究所所长；"投资学"国家一流本科课程授课教师，北京高校优秀大学生学科竞赛指导教师，北京市课程思政教学名师，北京市高校优秀本科育人团队骨干成员，2024年知网高被引学者，2024年度知网最具影响力学者。

目　录

第一章　投资价值评估导论 …………… 1
第一节　公司价值概述 ……………… 1
一、公司价值具有多种表现形式 ……… 2
二、公司价值是一种多因素决定的综合价值 …………………………… 2
三、公司价值体现了时间价值与风险价值 …………………………………… 2
第二节　公司估值的基本理念 ……… 3
一、公司估值是主观的 ………………… 3
二、公司估值是随时变动的 …………… 3
三、公司估值是不准确的 ……………… 3
四、公司估值需关注市场的有效性 …… 3
五、公司估值需关注长期内在价值 …… 4
六、公司估值的过程同样重要 ………… 4
第三节　公司价值评估的作用 ……… 5
一、价值评估对公司投资者的作用 …… 5
二、价值评估对公司产权交易者的作用 ………………………………… 5
三、价值评估对公司管理者的作用 …… 5
第四节　投资价值分析的框架与实践 … 6
一、全书布局框架 ……………………… 6
二、投资实践中的估值境界 …………… 6
三、人工智能时代的投资分析工具 …… 8
本章小结 ……………………………………… 9
课后问答 ……………………………………… 9

第二章　价值评估模型概述 …………… 10
第一节　折现现金流(DCF)估值法 …… 10
一、方法概述 …………………………… 10
二、折现现金流估值模型下所需数据 …………………………………… 11
三、折现现金流估值法的适用性和局限性 ……………………………… 12
第二节　相对估值法 ………………… 12
一、方法概述 …………………………… 13
二、相对估值法乘数的决定因素 …… 14
三、相对估值法的适用性和局限性 … 15

第三节　实物期权估值法 …………… 15
一、方法概述 …………………………… 15
二、实物期权估值法的适用性和局限性 ……………………………… 16
本章小结 …………………………………… 16
课后问答 …………………………………… 17

第三章　有效市场、行为金融与投资价值评估 …………………………………… 18
第一节　有效市场理论 ……………… 18
一、市场有效和市场信息 …………… 19
二、有效市场的形式 ………………… 20
三、有效市场的检验 ………………… 21
四、有效市场理论对投资的意义 …… 23
五、市场异象与有效市场理论的挑战 ………………………………… 24
第二节　行为金融 …………………… 26
一、行为金融理论对有效市场假说的质疑 …………………………………… 26
二、行为金融学理论的立足点 ……… 27
三、常见的非理性行为 ……………… 28
四、基于行为金融理论的投资策略 … 31
第三节　价值投资哲学 ……………… 34
一、"心理、估值、风险"与价值投资 ………………………………… 34
二、有效市场假说(EMH)、行为金融理论对价值投资的启发 ……… 35
三、有效市场假说、行为金融理论和价值投资的辩证关系 ………… 38
四、有效市场与行为金融的融合：价值投资的升级路径 ………… 38
五、价值评估：三位一体的投资哲学 ………………………………… 39
本章小结 …………………………………… 40
课后问答 …………………………………… 40

第四章　投资风险估计——折现率的确定 … 41
第一节　风险是什么 ………………… 41

一、风险的定义、类别与度量 ········ 41
　　二、可分散风险与不可分散风险 ····· 44
　　三、风险与折现率 ················ 45
第二节　无风险利率 ················ 45
　　一、无风险标的资产的特点 ········ 45
　　二、无风险资产的选择 ············ 46
　　三、需要考虑的细节问题 ·········· 47
第三节　股权资本成本 ·············· 48
　　一、现代投资学经典模型概述 ······ 48
　　二、风险溢价的估算 ·············· 52
　　三、相对风险系数贝塔 ············ 55
　　四、股权资本成本的估算 ·········· 58
第四节　债务资本成本 ·············· 59
　　一、直接使用到期收益率 ·········· 59
　　二、借助债务违约息差 ············ 59
第五节　加权平均资本成本 ·········· 60
本章小结 ··························· 61
课后问答 ··························· 61

第五章　财务报表分析与预测 ········ 62
第一节　财务报表概述 ·············· 62
　　一、资产负债表 ·················· 62
　　二、利润表 ······················ 64
　　三、现金流量表 ·················· 67
　　四、所有者权益变动表 ············ 68
第二节　会计信息质量与财务报表
　　　　信息调整 ···················· 77
　　一、资产、负债的低估与隐藏 ······ 77
　　二、收入、支出的确认 ············ 80
第三节　比率分析 ··················· 81
　　一、偿债能力 ···················· 81
　　二、盈利能力 ···················· 83
　　三、营运能力 ···················· 86
第四节　共同比分析与趋势分析 ······ 87
　　一、共同比分析 ·················· 87
　　二、趋势分析 ···················· 89
第五节　现金流量分析 ·············· 90
　　一、现金流量总量分析 ············ 90
　　二、现金流量结构分析 ············ 91
　　三、现金流量综合分析 ············ 91
第六节　编制预测财务报表 ·········· 93
　　一、预测财务报表概述 ············ 93
　　二、编制预测财务报表的流程 ······ 93

　　三、预测财务报表的作用 ·········· 95
本章小结 ··························· 96
课后问答 ··························· 96

第六章　盈利能力分析与盈余衡量 ···· 97
第一节　盈利能力分析 ·············· 97
　　一、资产回报率(ROA)分析 ········ 97
　　二、股东权益回报率(ROE)分析 ···· 99
第二节　盈余的概念与衡量 ········· 100
　　一、会计盈余 ··················· 100
　　二、盈余的其他衡量 ············· 101
　　三、盈余可持续性 ··············· 103
第三节　盈余操纵 ·················· 104
　　一、盈余操纵的手段 ············· 105
　　二、盈余操纵影响的调整 ········· 107
第四节　盈余管理 ·················· 108
　　一、盈余管理的目的 ············· 108
　　二、盈余管理的影响 ············· 109
第五节　盈余预测 ·················· 109
　　一、结构化盈余预测 ············· 110
　　二、时间序列盈余预测 ··········· 110
本章小结 ·························· 111
课后问答 ·························· 111

第七章　从盈余到现金流 ··········· 112
第一节　现金流概述 ··············· 112
　　一、现金流的内容与分类 ········· 112
　　二、利润与现金流的区别 ········· 113
第二节　利润的更新与调整 ········· 114
　　一、利润的更新 ················· 114
　　二、费用归类错误的更正 ········· 114
　　三、盈余管理的利润调整 ········· 118
第三节　现金流的衡量 ············· 121
　　一、股权自由现金流(FCFE) ······ 121
　　二、公司自由现金流(FCFF) ······ 123
　　三、名义现金流与实际现金流 ····· 124
第四节　税率与再投资的调整 ······· 125
　　一、税收效应 ··················· 125
　　二、再投资 ····················· 128
本章小结 ·························· 129
课后问答 ·························· 130

第八章　现金流增长率的估算 ······· 131
第一节　增长期间的确定 ··········· 131

第二节　历史增长率估算法 ……… 132
　　　一、平均数估计法 …………… 132
　　　二、线性和对数线性回归模型 …… 133
　　第三节　专业人员盈利预测法 …… 135
　　　一、专业人员盈利预测法的
　　　　　准确性 ……………………… 135
　　　二、不同专业人员的估计 …… 135
　　　三、专业人员盈利预测法的利用 … 136
　　第四节　基本面预测法 …………… 137
　　　一、权益收益的增长 …………… 137
　　　二、权益收益的决定因素 …… 139
　　　三、经营收益的增长 …………… 141
　　　四、基本面预测法的运用 …… 143
　　本章小结 ……………………………… 144
　　课后问答 ……………………………… 144

第九章　股利折现模型 ……………… 145
　　第一节　模型概述 ………………… 145
　　第二节　模型的具体形式 ………… 146
　　　一、不变增长模型 …………… 146
　　　二、传统两阶段增长模型 …… 149
　　　三、改进的两阶段增长模型——
　　　　　H 模型 ……………………… 153
　　　四、三阶段增长模型 …………… 154
　　第三节　股利折现模型的评价 …… 156
　　　一、模型的优点 ………………… 156
　　　二、模型的局限性 ……………… 156
　　　三、模型的适用性 ……………… 157
　　　四、股利折现模型在实际运用中的
　　　　　问题 ………………………… 157
　　第四节　股利折现模型的延伸 …… 159
　　　一、股票回购 …………………… 159
　　　二、行业及市场价值评估 …… 161
　　第五节　股利折现模型案例分析 … 162
　　　一、某照明公司价值评估 …… 162
　　　二、某酒业公司价值评估 …… 164
　　本章小结 ……………………………… 165
　　课后问答 ……………………………… 165

第十章　股权自由现金流折现模型 … 166
　　第一节　股权自由现金流 ………… 166
　　第二节　模型概述 ………………… 167
　　　一、基本原则 …………………… 167

　　　二、调整的预期增长率与股权
　　　　　回报率 ……………………… 167
　　　三、每股价值与股权价值 …… 168
　　第三节　模型的具体形式 ………… 169
　　　一、稳定增长的 FCFE 模型 …… 169
　　　二、两阶段 FCFE 模型 ………… 170
　　　三、三阶段 FCFE 模型 ………… 173
　　第四节　FCFE 模型的评价 ………… 176
　　　一、FCFE 模型的优点 ………… 176
　　　二、FCFE 模型的局限性 ……… 177
　　　三、FCFE 模型的适用性 ……… 177
　　第五节　FCFE 模型和 DDM 模型的
　　　　　　比较 ……………………… 177
　　　一、二者的联系 ………………… 177
　　　二、二者的区别 ………………… 178
　　第六节　FCFE 模型案例分析 …… 182
　　　一、某照明公司价值评估 …… 182
　　　二、某酒业公司价值评估 …… 183
　　本章小结 ……………………………… 185
　　课后问答 ……………………………… 185

第十一章　经营性资产及公司价值
　　　　　　评估 ……………………… 186
　　第一节　企业价值和股权价值 …… 186
　　　一、由企业价值计算股权价值 … 186
　　　二、企业价值评估与股权价值
　　　　　评估 ………………………… 188
　　第二节　资本成本法 ……………… 189
　　　一、模型概述 …………………… 189
　　　二、模型的具体形式 …………… 193
　　　三、模型的评价 ………………… 196
　　第三节　调整现值法 ……………… 197
　　　一、基本原理 …………………… 197
　　　二、输入变量与计算步骤 …… 197
　　　三、与资本成本法的比较 …… 199
　　　四、模型的评价 ………………… 199
　　第四节　超额收益法 ……………… 201
　　　一、基本原理 …………………… 201
　　　二、输入变量与经济增加值的
　　　　　计算 ………………………… 201
　　　三、公司价值与经济增加值 …… 202
　　　四、与资本成本法的比较 …… 202
　　第五节　FCFF 模型案例分析 …… 204

一、A公司基本信息 …………… 204
　　二、资本成本 …………………… 204
　　三、"自上而下"法关键指标估计 … 206
　　四、计算现金流和企业价值 …… 207
　　五、从企业价值到每股价值 …… 209
本章小结 ………………………………… 209
课后问答 ………………………………… 210

第十二章　相对投资价值评估 ……… 211
第一节　相对投资价值评估概述 …… 211
　　一、相对投资价值评估的概念 … 211
　　二、相对投资价值评估的步骤 … 212
　　三、相对投资价值评估与折现现金流
　　　　估值 ………………………… 212
　　四、相对投资价值评估的优缺点 … 212
第二节　相对投资价值评估的两个
　　　　基本要素 …………………… 214
　　一、乘数 ………………………… 214
　　二、可比公司 …………………… 216
第三节　可比公司的选取 …………… 216
　　一、可比公司的选取原则 ……… 216
　　二、可比公司财务调整 ………… 217
　　三、可比财务分析 ……………… 221
第四节　使用乘数的4个基本步骤 … 222
　　一、对定义的检验 ……………… 222
　　二、描述性检验 ………………… 223
　　三、分析性检验 ………………… 224
　　四、应用检验 …………………… 225
本章小结 ………………………………… 229
课后问答 ………………………………… 229

第十三章　基于权益乘数的股权投资
　　　　　　价值评估 ………………… 230
第一节　概述 ………………………… 230
　　一、权益乘数的定义及适用范围 … 230
　　二、衡量权益的市场价值 ……… 231
　　三、衡量权益变量 ……………… 232
第二节　市盈率 ……………………… 237
　　一、定义 ………………………… 237
　　二、影响因素 …………………… 238
　　三、应用 ………………………… 240
　　四、小结 ………………………… 241
第三节　价格收益增长比率 ………… 241
　　一、定义 ………………………… 241

　　二、影响因素 …………………… 243
　　三、应用 ………………………… 244
　　四、小结 ………………………… 244
第四节　价格账面价值比率 ………… 245
　　一、定义 ………………………… 245
　　二、影响因素 …………………… 245
　　三、应用 ………………………… 246
　　四、小结 ………………………… 246
第五节　市销率 ……………………… 247
　　一、定义 ………………………… 247
　　二、影响因素 …………………… 247
　　三、应用 ………………………… 250
　　四、小结 ………………………… 250
第六节　其他权益乘数 ……………… 251
　　一、股权价格/现金流总额 …… 251
　　二、股权价格/权益净现金流 … 252
本章小结 ………………………………… 252
课后问答 ………………………………… 252

第十四章　基于价值乘数的公司投资
　　　　　　价值评估 ………………… 253
第一节　概述 ………………………… 253
　　一、公司价值乘数的定义及适用
　　　　范围 ………………………… 253
　　二、企业价值的衡量 …………… 254
　　三、变量的衡量 ………………… 255
第二节　企业价值/EBITDA比率 …… 256
　　一、定义 ………………………… 256
　　二、影响因素 …………………… 256
　　三、应用 ………………………… 258
　　四、小结 ………………………… 258
第三节　企业价值/账面价值比率 …… 259
　　一、定义 ………………………… 259
　　二、影响因素 …………………… 259
　　三、应用 ………………………… 260
　　四、小结 ………………………… 260
第四节　企业价值/收入比率 ………… 260
　　一、定义 ………………………… 260
　　二、影响因素 …………………… 260
　　三、应用检验 …………………… 263
　　四、小结 ………………………… 265
本章小结 ………………………………… 265
课后问答 ………………………………… 265

第十五章 以资产为基础的投资价值评估 ………… 266

第一节 基于资产的企业价值评估方法概述 ………… 266
一、资产基础法的内涵 ………… 266
二、资产基础法的注意问题及适用情况 ………… 267
三、资产基础法的优势与局限 ………… 268

第二节 资产基础法 ………… 269
一、单项资产价值评估方法 ………… 269
二、资产基础法的评估步骤 ………… 271
三、三种企业价值评估方法的比较 ………… 272

第三节 单项资产的估值举例 ………… 273
一、有形资产的估值 ………… 273
二、无形资产的估值 ………… 274
三、特殊资产的估值 ………… 275

本章小结 ………… 275
课后问答 ………… 276

第十六章 实物期权与投资价值分析 ………… 277

第一节 实物期权的概述 ………… 277
一、传统投资决策方法的不足 ………… 278
二、实物期权的概念 ………… 278
三、实物期权的分类 ………… 279
四、实物期权法估值的基本思想 ………… 280

第二节 实物期权的定价 ………… 281
一、确定实物期权的三个基本问题 ………… 281
二、金融期权的定价 ………… 282
三、实物期权与金融期权的区别 ………… 285
四、实物期权的定价模型 ………… 285

第三节 实物期权的应用 ………… 286
一、延迟期权 ………… 286
二、扩展期权 ………… 288
三、资本结构决策中的期权 ………… 289
四、放弃期权 ………… 292
五、将股权作为期权 ………… 293

本章小结 ………… 296
课后问答 ………… 297

第十七章 经济增加值与投资价值分析 ………… 298

第一节 价值创造的度量 ………… 298
一、基于折现金流模型的价值创造 ………… 299
二、基于股票市场的价值创造 ………… 301
三、传统度量方法的不足 ………… 301

第二节 EVA 及其计算 ………… 302
一、EVA 的定义与计算 ………… 302
二、EVA 与折现现金流模型 ………… 303
三、经济增加值模型的优势与局限 ………… 305

第三节 EVA 与价值评估 ………… 306
一、EVA 与股权价值 ………… 306
二、EVA 与企业价值 ………… 306
三、EVA 与市场价值 ………… 308

本章小结 ………… 309
课后问答 ………… 309

第十八章 公司治理、财务信息质量与投资价值分析 ………… 311

第一节 公司治理概述 ………… 311
一、公司治理的含义 ………… 311
二、公司治理的理论基础 ………… 312

第二节 公司治理与投资价值分析 ………… 314
一、公司治理对投资者的利益保护机制 ………… 314
二、公司治理与价值创造 ………… 316

第三节 财务信息复杂性与投资价值分析 ………… 318
一、财务信息质量的含义 ………… 318
二、财务信息复杂性的评估结果 ………… 320
三、在折现现金流估值法中体现信息复杂性的调整 ………… 321
四、在相对估值法中体现信息复杂性调整 ………… 322
五、财务信息质量的治理 ………… 323

本章小结 ………… 324
课后问答 ………… 324

第十九章 私人公司投资价值分析与评估 ………… 325

第一节 私人公司的特点 ………… 326

第二节 私人公司的折现现金流模型价值评估法 ………… 327
一、折现率 ………… 327
二、现金流 ………… 332

三、增长率 ………………………… 335
　　四、弱流动性折扣 ………………… 336
　　五、控制权问题 …………………… 338
第三节　私人公司交易类型与估值 …… 339
　　一、私对私交易 …………………… 339
　　二、私对公交易 …………………… 340
　　三、中间情形 ……………………… 341
第四节　私人公司的相对价值
　　　　评估法 ……………………… 343
　　一、并购交易法 …………………… 343
　　二、类比上市公司法 ……………… 344
本章小结 ………………………………… 344
课后问答 ………………………………… 345

第二十章　现金、所持股份及其他资产价值评估 ………………………… 346
第一节　现金与准现金投资 …………… 346
　　一、公司持有现金的动机 ………… 347
　　二、现金持有的分类 ……………… 348
　　三、估值中对持有现金的处理 …… 349
第二节　金融投资 ……………………… 356
　　一、持有风险证券的动机 ………… 356
　　二、估值中对金融投资的处理 …… 357
第三节　持有其他公司股份 …………… 358
　　一、会计处理 ……………………… 358
　　二、对持有其他公司股份的公司进行
　　　　估值——折现现金流估值法 … 359
　　三、对持有其他公司股份的公司进行
　　　　估值——相对估值法 ………… 361
第四节　其他非经营性资产 …………… 362
　　一、闲置资产 ……………………… 362
　　二、养老金资产 …………………… 363
本章小结 ………………………………… 363
课后问答 ………………………………… 363

第二十一章　员工股权期权及薪酬 …… 364
第一节　股权为基础的薪酬 …………… 365
第二节　员工期权 ……………………… 366
　　一、员工期权的使用 ……………… 366
　　二、员工期权的特征 ……………… 366
　　三、员工期权的会计处理 ………… 367
　　四、员工期权对价值的影响 ……… 367
　　五、现有期权对每股价值的影响 … 368

　　六、未来发行的员工期权对每股
　　　　价值的影响 ………………… 374
　　七、以期权为基础的薪酬的影响 … 375
第三节　限制性股票 …………………… 377
　　一、限制性股票的特征和会计
　　　　处理 ………………………… 377
　　二、估计限制性股票的价值 ……… 378
　　三、在价值评估中考虑限制性股票 … 379
本章小结 ………………………………… 380
课后问答 ………………………………… 380

第二十二章　无形资产价值 …………… 381
第一节　无形资产的概念及其分类 …… 381
　　一、无形资产的概念及特征 ……… 381
　　二、无形资产的分类及主要形式 … 382
第二节　无形资产的价值 ……………… 383
　　一、无形资产的价值来源 ………… 383
　　二、影响无形资产价值的因素 …… 383
　　三、无形资产评估的重要性 ……… 384
　　四、无形资产的评估过程 ………… 384
第三节　无形资产的评估方法及
　　　　应用 ………………………… 385
　　一、成本法 ………………………… 385
　　二、折现现金流法 ………………… 389
　　三、相对估值法 …………………… 391
　　四、实物期权法 …………………… 393
　　五、评估中的其他问题 …………… 397
第四节　数据资产价值评估 …………… 398
　　一、数据与数据资产 ……………… 398
　　二、数据资产的价值驱动因素 …… 399
　　三、数据资产价值评估方法 ……… 401
第五节　ESG理念下的企业价值
　　　　评估 ………………………… 404
　　一、ESG概述 ……………………… 405
　　二、ESG对折现现金流法的影响 … 406
　　三、ESG实践的不足及建议 ……… 409
本章小结 ………………………………… 410
课后问答 ………………………………… 410

第二十三章　控制权价值 ……………… 412
第一节　控制权价值的产生 …………… 412
　　一、控制权的含义 ………………… 412
　　二、控制权价值的来源 …………… 414
　　三、控制权价值的影响因素 ……… 414

四、控制权价值的表现形式………… 416
第二节　控制权期望价值…………… 418
　　一、控制权期望价值衡量方法……… 418
　　二、转变管理的价值………………… 418
　　三、转变管理的概率………………… 420
第三节　实证研究中控制权价值的
　　　　 衡量方法………………………… 422
　　一、大宗股权交易溢价法…………… 422
　　二、投票权溢价法…………………… 423
　　三、少数股权价差法………………… 424
本章小结………………………………… 425
课后问答………………………………… 425

第二十四章　流动性价值……………… 427
第一节　流动性价值综述…………… 427
　　一、流动性的含义…………………… 427
　　二、流动性价值是否存在…………… 428
　　三、影响流动性价值的因素………… 430
　　四、流动性价值对投资价值评估的
　　　　意义……………………………… 433
第二节　非流动性成本及流动性
　　　　 衡量……………………………… 433
　　一、非流动性成本来源……………… 433
　　二、流动性的衡量…………………… 435
第三节　流动性价值在投资价值
　　　　 评估中的应用…………………… 437
　　一、非流动性折价法………………… 437
　　二、调整折现率法…………………… 440
　　三、相对估值法……………………… 441
本章小结………………………………… 442
课后问答………………………………… 442

第二十五章　协同效应价值……………… 443
第一节　企业并购与协同效应产生… 443
　　一、企业并购动因及形式…………… 443
　　二、协同效应的含义………………… 445
　　三、协同效应的分类………………… 445
第二节　协同效应价值及评估方法… 447
　　一、协同效应的价值来源…………… 447
　　二、协同效应评估的直接法………… 449
　　三、协同效应评估的间接法………… 450
　　四、协同效应价值评估中的其他
　　　　问题……………………………… 451
第三节　协同效应价值的实现……… 452

　　一、协同效应实现的证据…………… 452
　　二、协同效应价值的支付与分配…… 454
　　三、并购方超额支付的原因………… 455
　　四、提升协同效应实现的可能性…… 456
本章小结………………………………… 457
课后问答………………………………… 457

第二十六章　处于生命周期不同阶段
　　　　　　　 公司的价值评估………… 458
第一节　初创期公司价值评估……… 458
　　一、初创期公司的特征……………… 458
　　二、初创期公司估值难点…………… 459
　　三、初创期公司的估值方法………… 460
第二节　成长期公司价值评估……… 471
　　一、成长期公司……………………… 471
　　二、成长期公司估值难点…………… 472
　　三、成长期公司估值方法…………… 473
第三节　成熟期公司价值评估……… 475
　　一、成熟期公司……………………… 475
　　二、成熟期公司估值难点…………… 476
　　三、成熟期公司估值方法…………… 477
第四节　衰退型公司的价值评估…… 478
　　一、衰退期公司……………………… 479
　　二、衰退期公司估值难点…………… 479
　　三、衰退期公司估值方法…………… 480
本章小结………………………………… 481
课后问答………………………………… 482

第二十七章　周期性和大宗商品类公司
　　　　　　　 评估………………………… 483
第一节　周期性公司和大宗商品类
　　　　 公司……………………………… 483
　　一、周期性公司……………………… 483
　　二、大宗商品类公司………………… 484
　　三、特征……………………………… 484
第二节　估值的难点………………… 484
　　一、基准年数据占比过高…………… 485
　　二、估值纳入宏观因素……………… 485
　　三、选择性的正常化………………… 485
第三节　估值的方法………………… 485
　　一、折现现金流估值………………… 486
　　二、相对估值………………………… 488
　　三、未开发储备的实物期权参数…… 488
本章小结………………………………… 490

课后问答 490

第二十八章　金融服务公司价值评估 491
第一节　金融服务公司的分类 491
第二节　金融服务公司的特征 492
一、监管限制 492
二、会计准则的差异 492
三、负债和股权 493
四、评估再投资 493
第三节　估值的难点 494
一、负债 494
二、股利和现金流 494
三、面值和市值 494
四、监管和风险 494
第四节　估值方法 495
一、折现现金流模型 495
二、相对估值 500
三、以资产为基础的估值 501
本章小结 502
课后问答 502

参考文献 503

第一章
投资价值评估导论

本章任务清单

任务序号	任务内容
1	理解公司价值的基本含义及表现形式
2	理解公司估值的基本理念
3	了解投资价值评估对投资者、产权交易者和管理者的差异化的作用
4	了解投资价值评估学习框架
5	理解估值三重境界的演进逻辑与实践意义
6	了解人工智能时代下投资分析与 AI 工具的协同发展

对一项资产的价格及其价值进行评估是投资者做出理性投资决策的先决条件。但是，不同情形下的估值难度、准确性会有差异，估值中的具体细节也会因资产的不同而有所不同。首先，本章将概括介绍公司价值的基本含义、公司估值的基本理念等。其次，本章将分析价值评估对投资者、产权交易者和公司管理者做出决策的意义。最后，本章将为读者梳理全书逻辑，搭建投资价值评估的框架，并介绍投资实践中的估值境界和 AI 时代的投资分析工具。

第一节　公司价值概述

价值评估是投资者做出投资决策前最为重要的工作之一。在进行价值评估之前，我们首先要明确什么是公司价值。公司是一个客观存在于经济生活中的实体。它是集合了土地、劳动力、技术、资本和企业家才能等要素资源的综合体，在承担市场风险、追逐利润的同时，为社会提供产品和服务。公司本身就是一个复合的概念，它不仅是一个经济组织，还是一个法律主体、资产主体、经营主体及市场主体等。与公司的概念相对应，公司价值也是一个复合的概念，视角不同会产生不同的公司价值概念。现代主流观点认为，公司价值是由公司未来获利能力所决定的。因此，公司价值是公司在未来各个时期产生的净现金流量的现值之和。公司未来获利能力包括公司现有的获利能力和潜在的获利机会。前者称为在位资产获利能力，是指在公司现有的资产、技术和人力资源的基础上，已经形成的预期获利能力；后者称为成长性资产获利能力，是指公司当前尚未形成获利能力，但以后可能形成获利能力的投资机会。所以，公司价值是公司现有基础上的获利能力价值和潜在获利机会价值之和。

由此可见，公司价值是一定阶段体现和影响公司生存和发展的内部因素与外部因素的融合体，是体现公司整体获利能力的综合性指标。下面将介绍公司价值的基本特征。

一、公司价值具有多种表现形式

公司价值一般表现为 5 种形式。①内在价值，即公司的在位资产和成长性投资在未来产生的现金流量的折现值，是一种强调公司盈利能力的公司价值类型。②账面价值，即公司在一定时点上资产负债表所显示的资产总额，即公司债权人、股东等投资者对于公司资产所有权的价值加总。③市场价值，即公司股票的价格与公司债务的市场价值之和，是将公司视为一种可在公开市场交易的商品，在供求关系的作用下所确定的价格。④公允价值，即交易双方在完全了解有关信息的基础上，在没有任何压力的情况下，自愿进行交易的价格。在市场完善的情况下，市场价值常常是公允价值的良好替代。⑤清算价值，即指在企业出现财务危机，破产清算时，把企业的实物资产逐个分离、单独作价的资产价值，即仅衡量在位资产的价值，是一种基于公司非持续经营条件的公司价值类型。

知识链接：市场价值与公允价值

市场价值与公允价值都将资产创造未来收益的能力作为资产价值，但市场价值与公允价值在资产使用假设、营销周期、交易市场假定、评估方法及交易计量等方面均有所不同，具体而言：市场价值假设资产处于最佳使用状态，公允价值假设资产处于交易时的特殊状态；市场价值要求有充分的市场营销周期，公允价值则不做要求；市场价值要求市场必须是公开竞争的，公允价值则侧重于让双方均认可这一价格；市场价值的评估方法主要包括市场比较法和重置成本法，公允价值评估方法有市场比较法、收益现值法和重置成本法；每种资产的市场价值只能有一个，而公允价值则可有多个。

二、公司价值是一种多因素决定的综合价值

公司作为一种特殊的商品，其价值既受内部因素的影响，也受外部因素的制约。内部因素表现为公司经营管理、公司盈利、公司成长及公司风险，它们可能是公司的优势因素，也可能是公司的劣势因素，影响着公司内部价值的大小。外部因素包含环境因素(如政治、自然环境、技术、经济与人口等)、行业因素和市场因素等各种共同影响因素。它们可能为公司实现价值增值提供机会，也可能对公司产生威胁，导致公司的价值减少。公司价值是由内外因素共同决定的，这些要素价值的强弱，决定了公司价值的大小。

三、公司价值体现了时间价值与风险价值

公司价值取决于公司的持续获利能力，而公司的时空运动必然面临公司存续期限问题与风险问题。公司价值强调的是在风险和收益均衡的条件下，公司长期、可持续地获取现金流的能力。

公司价值评估，就是以公司整体为对象，考虑其整体获利能力，以及对公司获利能力产生综合影响的各类因素，对其整体资产的内在价值进行综合性评估。公司价值评估不是将公司内部各项资产价值进行简单的加总，而是考虑各项资源要素共同作用产生的公司整体盈利能力。首先，公司价值评估是在综合考虑公司全部资产要素、未来现金流量、公司战略竞争力、抗风险能力等诸多因素的前提下进行的。因此，公司价值评估具有综合性。其次，公司价值是未来现金流量的现值，需要准确预测公司现金流量、折现率、公司价值增长期等指标，不仅要考虑公司有形资产对公司价值的影响，还要考虑核心竞争力、商誉等无形资产的重要作用；不仅要考虑公司内部的微观影响因素，还要考虑公司外部的宏观政治、经济因素。由于公司价值评估涉及众多的因素，所以它不是绝对准确的数值。公司价值评估更主要的任务是帮助公司决策，实现公司价值的创造与增值。

第二节 公司估值的基本理念

公司估值是一门艺术，它不仅是纯粹的艺术，还包含了很多复杂的信息与不确定性。在公司估值的过程中，我们必须遵守相应的估值理念与原则，从而获得更加准确的估值结果。

一、公司估值是主观的

虽然我们的估值模型都是定量的，但是在众多估值假设方面却存在着很大的主观判断空间。在估值时，若我们对大量信息做过滤性解读或过度解读，就会使我们产生主观的判断，做出不符合实际的假设，因而基于主观判断所得到的公司估值是包含很多偏见(bias)的。

信息供给方的偏见和制度因素是偏见的主要来源。在大多数情形中，我们在估值前就能通过公开信息了解到市场对于某些公司估值的观点，而市场上已经存在的信息，如其他分析师，尤其是部分金牌分析师认为公司价值被高估或低估，估值时要使用的经高管粉饰的公司年报等，会令获得的信息本身便包含了许多偏见因素，从而使后续分析出现偏向。除此之外，制度因素，如奖惩机制、与估值相关的利益问题也会使得估值出现严重的偏见，比如在收购时，收购方更愿意低估被收购公司的价值。基于上述分析，当我们使用第三方估值时，应该考虑到分析师们的偏见，综合市场信息，审慎地使用第三方估值。

二、公司估值是随时变动的

任何对公司的估值都会受到公司状况和市场波动的影响，估值会随着市场新信息的不断涌现而发生变化。当公司的收益报告发生变化时，公司的经营状况、经营模式等信息也会随之更新，这时我们必须及时更新公司的估值，尽可能地考虑新信息的影响。同时，一些能影响行业或整个经济体系的信息，如某特定行业新出台的政策、宏观经济增长周期等信息的变动，都会给公司估值造成影响，这就要求我们不断更新公司估值，从而得到公司的当期价值。

三、公司估值是不准确的

由于公司估值会随着我们对公司发展和宏观经济走势的假设变化而动态变化，因此，即使估值所需的信息来源不存在任何偏见，且能够成功将估值与制度因素等分离，公司估值依旧存在不确定性。由于公司估值所需要的现金流和折现率都是估计值，因此，希望得到准确的公司估值也是不现实的。同时，这种估值的不确定性会导致初创企业估值难度大于成熟企业，因为对它们未来各种情形的估计会更为困难，信息也相对缺乏，但与之相对应的，对初创企业准确估值所能取得的收益也大于成熟企业。

四、公司估值需关注市场的有效性

估值需要市场中大量的信息，而市场也有时会犯错。认为市场有效的投资者会把市场价格当作对公司价值的最优估计，公司可以从它发行的证券中获得公允价值。但在短期内，对于个股或单个行业而言，定价错误、价格背离内在价值才是常态，发现市场的错误则需要合理的估值逻辑与前景分析。在公司估值的过程中，我们需要对市场有效性持怀疑态度，当我们得到的估值与市场价格相差甚远时，应进行审慎检查与信息再收集，尽可能地保证逻辑的合理性和估值的相对准确性，但不应盲目调整参数，以使估值结果向市场价格靠拢。

市场的自主纠错能力和长期趋于有效的过程正是估值的意义所在：若市场始终处于完全有效

的状态,则除了未上市的私营企业(没有市场价格)和并购企业的估值(并购往往并不是简单的价值相加,市场可能暂时无法对这种复杂的变化做出正确反应)外,所有的估值模型和方法均是为了证明市场价格的正确性,估值便不再是合乎逻辑的一门艺术,而是目的导向型极强的证明;若市场无法自主纠错,价格长期始终与内在价值或合理的定价水平大幅度背离,则估值便失去了其实际意义,成了华而不实的观赏品。

市场的短期定价错误与长期趋于有效的动态关系,恰恰为"安全边际"(margin of safety)的构建提供了逻辑基础。安全边际的本质是市场价格与内在价值的偏离幅度,其存在根植于两对核心矛盾的动态博弈——内在价值的理论客观性与估值实践的主观性,以及市场价格的客观存在与情绪驱动的主观形成机制。理论上,内在价值是公司未来现金流的客观折现,这一价值本质独立于市场情绪;但在实际评估中,折现率、增长率等参数的选择依赖分析者的主观判断,导致估值结果呈现差异。市场价格虽以客观数字呈现,但其波动本质是投资者对基本面的主观解读、情绪波动,甚至群体非理性的集合反应。当市场因恐慌将客观内在价值为 10 元的股票定价为 3 元时,7 元的差额即为正向安全边际;反之,价格虚高则形成负向安全边际。格雷厄姆将市场比作"躁郁症患者",其报价时而亢奋时而低迷,而巴菲特的"别人恐惧我贪婪"正是对安全边际策略的精辟凝练:充分利用市场短期无效性(情绪定价)与长期有效性(价值回归)的关系,通过逆向操作实现超额收益。这一策略的底层逻辑在于——理性投资者基于主观估值锚定内在价值的客观区间,同时捕捉市场情绪极端化导致的价格偏离,在价格低谷逆向买入(如 3 元),等待长期价值回归(至 10 元)。其成功既需承认估值的主观局限(参数假设的不完美),又需驾驭情绪的客观波动(恐慌与贪婪的周期性),最终在矛盾统一中锁定风险可控的复利收益。在本书第三章中,我们将深入探讨有效市场理论与行为金融的辩证关系,解析市场短期非理性波动、长期价值回归规律及价值投资策略的实践路径。

五、公司估值需关注长期内在价值

对于管理者和投资者而言,公司的长期内在价值应是关注的重点。公司的长期内在价值源自超额回报的增长,即当公司未来的投入资本回报率大于资本成本时,业绩增长会为公司创造价值。故内在价值较高的公司往往意味着其品牌或经营模式得到了受众和社会的广泛认可,而并非短期内高涨的市场情绪所致,在客观上创造了较大的经济效益和社会效益,以此为估值重点亦有利于国家整体经济实力的提升。

然而在中国股市中,公司的管理者和投资者普遍具有"短视主义",因而有时会更加关注短期内的股票价格变动,并以此作为交易依据。短视的投资者会过度依赖公司近期业绩进行决策,为迎合投资者的偏好,管理者可能会降低研发投入或营销宣传等可支配性较强的费用,并将这些费用增加到当期利润上,形成虚假繁荣。在变化无常、技术迭代快的数据时代,从长远角度来看,这种短视行为不利于公司掌握前沿的技术和维持客户黏性,从而可能降低投资回报率和营业收入,不仅会抑制公司的长期价值创造能力,也会降低公司提升经济、社会效益的可能性。

六、公司估值的过程同样重要

估值过程与一些价值决定因素息息相关,有助于我们了解公司的实际经营状况。在估值过程中,公司管理者不仅会对企业整体经营状况有更明晰的了解,还可以了解到许多必备信息,如无形资产的价值、不同增长假设对应的公司价值、增加项目的收益、并购公司的收益等,这些信息都有助于我们进一步认识公司存在的优势及不足,有利于公司管理者做出正确的决策,实现企业增值。

第三节 公司价值评估的作用

公司价值评估是一项综合性的要素评估,是对公司整体经济价值进行判断、估计的过程。价值评估可以应用在一系列任务中,但是它所起到的作用对于不同的主体是不同的。下面,我们将分别从公司投资者、公司产权交易者,以及公司管理者三个主体的角度介绍价值评估的作用。

一、价值评估对公司投资者的作用

对于公司投资者,尤其是那些价值型投资者和长期战略投资者,价值评估在他们的投资决策中起到了关键性的作用。价值型投资者认为,公司价值可以通过财务指标反映出来,这些财务指标包括成长预期、风险预测和现金流量预测等。任何偏离公司内在价值的股票价格都是低估或高估的表现,而那些被低估的股票正是他们投资的重点。

在现实中,投资者更多利用的是上市公司的公开信息,若想全面了解各个行业内公司的业务信息、内部运作规律,则存在极大的困难和挑战,在人力有限的情况下难以实现。因此,长期战略投资者主要从事他们自己非常熟悉的一些业务,并尝试购买那些被低估的公司的股票。他们常常对这些公司的管理施加影响,从而改变公司财务和投资决策,通过公司价值评估,认识到公司存在的风险与其真实的价值,从而理性地做出投资决策,规避公司存在的较大风险,减少冲动的行为所带来的不可挽回的损失。

二、价值评估对公司产权交易者的作用

在公司并购过程中,价值评估对于公司产权交易者进行正确的分析和决策起重要作用。在收购活动开始前,并购公司或个人先要评估目标公司的合理价位,并评估合并后公司的价值创造能力。同样,在接受或者放弃某个标价之前,目标公司要对自己有一个合理的定价,也需要进行价值评估。

在并购交易中,还有另外一些特殊因素需要考虑。首先,在做并购决策之前,一定要考虑到两家公司(目标公司和并购公司)的合并会对两家公司的总价值产生什么影响。这一过程中要注意避免过多关注并购对每股盈利的稀释作用,而应以合并后公司带来的协同效应价值,以及其长期内在价值为参考进行决策。其次,管理变革和目标公司资产的重组也会对公司的价值产生重大影响,所以在制定一个合理价格的时候应该考虑这些因素,尤其在敌意收购中更应全面考虑。因此,对公司价值的评估有助于产权交易者对公司的前景与存在的风险有一个清醒的认识,并将其作为确定交易价格的基础。只有在充分分析了公司的价值状况之后,才能准确地把握交易机会,掌握交易主动权,尽可能地降低由此带来的风险。

三、价值评估对公司管理者的作用

对公司进行价值评估,有利于公司内部的经营管理层进行决策,提高管理效率。以开发公司潜在价值为目的的价值管理正在成为现代公司经营管理的新方向。公司价值管理更加注重对公司整体获利能力的分析和评估,从而制订和实施合适的经营发展计划以确保公司的经营决策有利于增加公司价值。在这一趋势下,公司管理人员将不再满足于反映公司历史的财务数据,而是更多地运用公司价值评估的信息展望公司的未来,提高公司的未来盈利能力。价值管理以提高公司价值为目标,从战略高度对公司各项资源进行整合、优化与开发,推动公司整体价值的持续增长。为满足价值管理的需要,管理者需要评估公司价值,评价管理效果,并推行激励计划,最终实现公司价值增值。这样,价值评估的应用领域便从并购交易拓展到了公司价值管理。

因此，管理者先要清楚财务决策、公司战略与公司价值之间的关系。一个公司的价值与其下列决策是直接相关的：采纳哪些投资项目，如何筹措到所需要的资金，采取何种合理的股利政策等。理解这些关系是做出提高公司价值的决策和进行明智的资产重组的关键。

第四节　投资价值分析的框架与实践

一、全书布局框架

本书第一章至第三章将给读者介绍一些投资价值分析的基本概念和框架，如常用的三大金融资产估值理论和模型：折现现金流估值法、相对估值法、实物期权估值法，所用方法不同会带来不同的估值结果，本书后面也将详细解释为何选取的模型不同将带来差异，并介绍如何选取合适的模型对企业估值。同时，在这些章节中，本书将介绍有效市场假说的内容及三种有效市场、行为金融相关理论等，阐述这些理论与投资价值评估的关系。

第四章至第十一章将以折现率的确定、现金流的估算、增长率的预测等折现现金流模型的主要因素为切入点，系统性地对折现现金流模型进行介绍。本书将深入阐述风险及风险与折现率之间的关系，探讨不同情况下折现率的估算方式，在此之后，本书将介绍三大财务报表的分析方法与基于此的盈余的衡量，同时我们将从盈利的角度出发，估算企业的现金流及其增长，并进一步介绍折现现金流估值法的三个模型，即股利折现模型、股权自由现金流折现模型、公司自由现金流折现模型。

本书第十二章至第十四章将详细阐述相对投资价值评估的基本原则和步骤，基于权益乘数、价值乘数等不同乘数对相对估值法加以阐释，同时介绍可比公司与标的公司之间的可比财务分析及乘数的相关应用；第十五章和第十六章则对资产基础法及实物期权估值法进行基本的介绍，比较其优点与不足，同时对延迟期权、扩展期权、放弃期权等不同种类期权加以区分并给出合理的估值方式。

在完成对上述三大基础模型的介绍后，本书的后半部分将着重分析投资价值评估中的一些专题性质内容的细节与难点，如经济附加值、交叉持股、员工股权期权及薪酬、无形资产、控制权及协同效益的价值估算，同时本书还将详细介绍私人公司的投资价值分析与评估，使读者在完成本书的学习后对于价值评估中各类情况的应对方法有一个较为全面的了解。

二、投资实践中的估值境界

本章中我们概述了估值的基本理念，并于本节第一部分内容中总结了全书的谋篇布局结构。但是掌握了这些内容，便能成为一个完全合格的价格投资者吗？答案是否定的。因为本书中虽讲述了各类观点和方法论内容，但其目的是帮助我们建立价值评估的基本逻辑思路，估值结果及投资决策仍然把握在投资者自己的手中。在正式讲述本书其他内容前，我们在这里介绍投资估值的三重境界，以帮助读者更好地认识何为价值投资。

（一）第一境界——静态估值

无论是初次接触估值，还是学习了大量估值方法而试图在股票市场中"一展身手"的投资者，其最初想法便是尽一切方法得到更加准确的股票估值结果，将此结果与现行股票市场价格进行对比，从而决定是否值得投资该公司。但是在后续的学习中，读者会逐渐认识到，无论是折现现金流估值法、相对估值法，还是实物期权法，其得到的估值结果都会因模型输入参数的微小差别而截然不同。一种使得估值结果相对准确的方法是采用不同模型，或邀请不同估值团队成员对结果进行交叉验证。

我们暂时忽略获取准确估值结果的困难，而仅仅考虑价格因素。显然，在静态估值的思想指导下，相比于估值结果而言，现行股价越便宜，就越具有投资价值。我们在此虚构甲、乙两公司，并假设甲、乙公司的现行股价(成本价格)均为 8 元，估值结果分别为 80 元、16 元(假设均为准确估值，且现行价格最终能够回归该内在价值)，那么许多投资者会认为投资甲公司这一决策即为最优解，因为投资甲公司可以得到 $\frac{80-8}{8} \times 100\% = 900\%$ 的投资回报率，乙公司只有 $\frac{16-8}{8} \times 100\% = 100\%$，这也正是为何第一境界被称为静态估值——投资者仅仅关注现行价格和估值价格(及其差额)。然而，纵使假设我们对甲、乙公司的估值是准确的，此投资决策也存在逻辑上的不足之处，我们将在下文具体阐述其缘由。

(二) 第二境界——动态估值

在项目评估中，当需要比较不同投资期限的项目时，人们眼中的万金油——净现值法便不再适用，一种可行的替代方法是转而比较项目的年金净流量。价值投资与此有异曲同工之妙，因为股票的估值结果只是进行投资决策考虑的一个因素，另一个因素则是现行股票价格需要多长时间才可以回归这一价值——这也是第一境界静态估值在投资决策逻辑层面存在的明显短板。因而在第二境界动态估值中，我们考虑了时间因素，其核心思想便是：关注长期投资中时间因素驱动的复利效应对单位时间内年化收益率的影响，并考察年化收益率与现行股价的敏感性关系。

我们继续以上文中的甲、乙公司为例，假设甲公司股价回归其内在价值需要 10 年，乙公司仅需要 3 年，两公司的股价及其收益率变化如表 1-1 所示。

表 1-1 甲、乙公司股价及其收益率变化表

甲公司(10 年后回归内在价值 80 元)			乙公司(3 年后回归内在价值 16 元)		
现行股价(元)	持有期收益率	年化收益率	现行股价(元)	持有期收益率	年化收益率
7	1 042.86%	27.58%	7	128.57%	31.73%
8	900.00%	25.89%	8	100.00%	25.99%
9	788.89%	24.42%	9	77.78%	21.14%
10	700.00%	23.11%	10	60.00%	16.96%
11	627.27%	21.95%	11	45.45%	13.30%
12	566.67%	20.89%	12	33.33%	10.06%
13	515.38%	19.93%	13	23.08%	7.17%
14	471.43%	19.04%	14	14.29%	4.55%
15	433.33%	18.22%	15	6.67%	2.17%
16	400.00%	17.46%	16	0.00%	0.00%
17	370.59%	16.75%	17	-5.88%	-2.00%

我们重点关注两公司的年化复利收益率，以现行股价(8 元)对两公司进行投资，并持有至其回归内在价值，二者的年化收益率基本相当，甚至乙公司的年化收益率(25.99%)更高。但是，这并不代表我们的投资决策由甲公司转为了乙公司，因为我们到此为止仅仅考虑了第二境界中复利效应对年化收益率的影响，而未考察现行股价变化给年化收益率带来的冲击。对于投资者而言，其往往担心自己的股票"买贵"，因此我们着重关注股票成本价格大于 8 元的情况。

假设甲公司股票买贵了一倍，意味着其年化收益从 25.89%下降到 17.46%；对于乙公司股票来说，如果买贵了 50%，意味着年化收益率会从 25.99%下降到 10.06%，如果买贵了一倍，意味

着收益率变为 0，血本无归。在投资实务中，投资者对未来内在价值评估的结果不可能是完全准确的，因此需要建立长期价值投资的观念，如果能选对公司，即使是在较高的价格下买入股票，也会拥有一个令人满意的投资结果。由以上案例我们可以分析得出，年化复利收益率对股票成本价格的敏感性随时间拉长而减小：时间越长，投资成本对年化收益率的影响越小；时间越短，投资成本对年化收益率的影响越大。

（三）第三境界——不估值

第三境界是不估值，即更多地从定性视角甄别稀缺优质公司，并对其进行投资。沃伦·巴菲特曾指出："要想成功地进行投资，你不需要懂得什么贝塔值、有效市场、现代投资组合理论、期权定价或者新兴市场，事实上，大家最好对这些东西一无所知。"而这一境界也是价值投资的最高境界，即完全回归投资的本质——投资者在投资一家公司后便自然地成为该公司的股东，应当以股东的视角享受股利分配的福利，判断管理层是否理性经营和决策，长期持有公司的股份，而不去过分关注股票的价格波动。

稀缺优质公司的甄别，可以从公司本身的业务或核心成员的角度出发，即按照物以稀为贵、人以殊为尊的原则进行判断。从业务角度来看，好公司大致可分为两类：一类是全球或特定国别范围内独一无二的公司，即做独门生意的公司；另一类是在某一行业一枝独秀的龙头公司，其综合实力远远高于第二名、第三名。而从核心成员的角度出发，投资人则更应关注企业家精神及其企业发展战略眼光，例如段永平早年投资网易时，正是基于对丁磊个人能力和互联网行业前景的深刻洞察，而非短期财务数据。如果跟踪研究这些优秀的创业者，并且有幸投资了他们创办的企业，这种超额回报的庞大一定不是靠估值方法论的定量分析能获得的。

最后，我们鼓励投资者在学习投资价值分析的基本知识后，逐渐体会、理解价值投资的这三重境界，并在投资中运用这一思想，超越传统的财务估值方法，从企业家精神和公司的业务创新能力、管理团队素质、可持续发展策略等方面探寻企业的根本价值和持久潜力，而不仅仅拘泥于定量的估值。

三、人工智能时代的投资分析工具

在 21 世纪的今天，人工智能(artificial intelligence，AI)技术的迅猛发展已经渗透到各行各业，投资分析领域也不例外。随着 AI 技术的不断进步，市场上出现了一种声音：AI 将会取代投资分析师。这种担忧并非空穴来风，因为 AI 在数据分析、模式识别、预测未来趋势等方面的能力确实令人瞩目。但是，AI 真能够完全取代分析师吗？为了探讨这个问题，我们需要了解 AI 在投资分析领域的应用现状，以及它与分析师之间的关系。

（一）AI 技术的能力与现状

AI 技术，尤其是机器学习和自然语言处理，已经为企业估值和投资分析提供了强大的技术支持。其优势不仅在于能够自动化处理和分析海量数据，更在于通过融合异构数据提示关键市场信号，识别潜在的趋势和模式，从而提供前所未有的数据洞察力。在企业估值领域，AI 通过高效的数据挖掘和分析算法，快速识别财务报告中的关键指标，评估企业的财务健康状况。同时，AI 还能够分析市场数据，识别出影响企业价值的外部因素，如经济环境变化、行业趋势及竞争对手的动态。

目前 AI 在金融界的应用十分广泛。例如，芝加哥大学布斯商学院的研究显示，大型语言模型 GPT-4 在预测公司未来收益变化方向方面已表现出超越人类专家的能力。GPT-4 通过"思维链"(Chain-of-Thought，CoT)提示技术，模拟人类分析师的思维过程，进行财务报表分析。它能够识别财务报表中关键项目的显著变化趋势，计算关键财务比率，并对其进行经济解释，最终预测未来收益是增长还是下降。

(二) AI 对分析师职业的影响

尽管 AI 技术在数据分析和预测方面取得了显著进步，分析师在投资分析过程中的作用仍然不可或缺。分析师不仅拥有深厚的财务知识和丰富的行业经验，还能够理解和解释复杂的经济现象，进行高度个性化的判断。例如，在评估一家企业的未来增长潜力时，分析师能够综合考虑市场趋势、管理团队能力及行业特有的风险因素，这些复杂判断依然需要人类的综合直觉与经验支持。此外，分析师在沟通和解释估值过程及其结果方面发挥着关键作用。他们能够与企业管理层、投资者及其他利益相关者有效沟通，解释复杂的估值模型和假设，这种人际互动和沟通能力是 AI 所无法替代的。

事实上，AI 技术的发展对分析师职业的影响是双重的。一方面，AI 可以替代一些基础的分析工作，提升效率；另一方面，AI 的发展也要求分析师主动整合 AI 工具，将其视为辅助决策的利器，从而实现数据处理与战略判断的深度融合，即分析师需要从简单的数据报告工作中跃迁出来，向提供战略支撑和优化经营效率的更高层次发展。这就意味着部分基础分析师，特别是日常工作主要涉及数据录入、标准化报表生成及重复性分析任务的分析师，其职位可能面临被 AI 替代的风险。例如，初级财务分析师和预测模型的执行者，他们的任务通常较为程序化，而 AI 可以快速处理大量数据并生成分析报告，从而在一定程度上替代这些角色。同时，分析师需更注重与 AI 的协同效应，即利用 AI 所提供的实时数据洞察，同时结合自身对市场与企业特定情境的独到理解。这一协同模式不仅能弥补 AI 在灵活应变和复杂情境判断上的不足，还能促使分析师专注于高层次的战略分析与多维风险评估，形成"人机协同"的全新工作范式(Cao 等，2024)。[①]

为了适应这一变革，分析师的教育和培训将变得更加重要。投资分析专业的教育课程需要不断更新，包括最新的数据分析技术、AI 应用及其他相关技术的知识，以确保分析师能够满足未来市场的需求。通过不断学习和适应新技术，分析师可以利用这些技术提升工作效率，使得 AI 成为分析师的强大辅助工具，共同推动投资分析工作的进步。

本章小结

本章首先介绍了公司价值的多种表现形式，以及价值评估的具体含义。其次介绍了公司估值的基本理念，即应当具备主观性、能够随时变动、需关注市场有效性、需关注长期内在价值、重视估值的逻辑和过程的特点。再次，本章从公司投资者、产权交易者和公司管理者三个角度，对公司价值评估的作用进行了介绍。最后，本章概述了全书行文谋篇布局的基本框架，以及投资实务中估值的三重境界，并讨论了人工智能时代下分析师应如何更好地应用 AI 技术辅助估值。

课后问答

1. 什么是公司的价值评估？
2. 比较内在价值与市场价值的异同，说明为何二者常出现背离？
3. 为什么说公司估值是具有主观色彩的？
4. 请简述公司估值对于不同主体的意义。
5. 对比估值三重境界的核心差异，分析为何巴菲特推崇"不估值"境界却仍需财务分析基础？
6. 列举 AI 在估值中的优势与局限，并思考分析师应如何构建"人机协同"的工作模式？

[①] Cao S, Jiang W, Wang J, et al. From man vs. machine to man+ machine: The art and AI of stock analyses[J]. Journal of Financial Economics, 2024.

第二章

价值评估模型概述

本章任务清单

任务序号	任务内容
1	掌握折现现金流估值法的原理和所需数据
2	了解折现现金流估值法的适用性和局限性
3	掌握相对估值法的原理和乘数类型
4	了解相对估值法的适用性和局限性
5	掌握实物期权估值法的原理
6	了解实物期权估值法的适用性和局限性

在实际估值中，由于现实的复杂性，我们往往会面临许多不同的估值场景。以往的研究者为此设计了多种估值模型。一般来说，对公司进行价值评估有三种方法。第一种是折现现金流估值法，即将公司的现值与公司未来可能创造的现金流的现值相联系；第二种是相对估值法，即通过观察与收入、现金流、账面价值或营业收入等通用变量相关的可比资产的定价来对资产进行估值；第三种是实物期权估值法，即使用期权定价模型来评估带有期权特征的资产的价值。使用不同的估值方法结果也不尽相同，本章将对三种方法进行简单的介绍，并说明每种方法的适用性与局限性。

第一节 折现现金流(DCF)估值法

1937年，约翰·伯尔·威廉姆斯在其导师约瑟夫·熊彼特的指导下完成博士论文，首次提出折现现金流(discounted cash flow，DCF)估值法。次年，该论文正式出版，定名为《投资价值理论》[1]。在DCF估值法中，资产的价值等于未来每一期现金流以能够反映相关风险的折现率进行折现后的加总。DCF估值法拥有扎实的理论基础。本节将先阐述DCF估值法的基础，再探讨前期估计数据录入的具体内容。

一、方法概述

在投资领域，我们购买大多数资产的目的，是希望它们在未来能为我们带来现金流量。一项资产的价值并非基于个人的主观臆断，而是取决于该资产期望获得现金流的方程。简单来说，与现金流较低且波动较大的资产相比，具有较高且可预测现金流的资产往往有着更高的价值。在

---

[1] J. B. Williams. The Theory of Investment Value[M]. Cambridge: Harvard University Press, 1938.

DCF 估值法中，我们把一项资产期望得到的未来现金流的现值作为此项资产的价值：

$$V_A = \frac{E(\text{CF}_1)}{(1+r)} + \frac{E(\text{CF}_2)}{(1+r)^2} + \frac{E(\text{CF}_3)}{(1+r)^3} + \ldots + \frac{E(\text{CF}_n)}{(1+r)^n} \qquad (2\text{-}1)$$

式(2-1)中，V_A 是资产价值，$E(\text{CF}_n)$ 表示第 n 年的期望现金流；r 代表估计现金流风险的折现率。

不同资产产生的现金流不同，如股利、债券利息和债券面值及公司税后现金流的计算方式均有所不同。折现率与期望现金流所承载的风险密切相关，本质上是风险的函数。在投资领域的理论与实践中，风险较高的公司，其面临的不确定性更强，投资者要求的风险补偿也更高，反映在折现率上，通常表现为数值较高；反之，情况则相反。

使用DCF估值法估值的原因在于，我们认为每一项资产都有其内在价值，并且能够通过这项资产的基本信息予以估计。但这一估值方法中隐含的一大假设是行业或市场中可能存在各类错误，不过随着时间的推移，市场能够纠正它们的定价错误，使得其价格在长期中回归内在价值，而纠错这一行为正是使市场趋于有效的手段。市场的自我纠错特性并非仅仅是估值理论中的假设，在实际市场运行中也得到了验证。从投资者行为角度来看，随着时间推移，投资者会逐渐获取更多关于股票的信息，其决策行为也会逐步趋于理性。在"高估卖出、低估买入"这一市场供需机制的作用下，股票价格最终会向其内在价值靠拢。

二、折现现金流估值模型下所需数据

利用 DCF 模型为任何资产进行估值都需要三个关键输入数据——与风险相匹配的折现率、期望现金流的数额和持续时间、反映公司成长性的预期增长率。以下对这三个关键指标予以简单阐释。

（一）折现率

在估值中，现金流的折现率与风险相匹配是一个基本观念，具有较高风险的现金流应该具有较高的折现率。对风险的看法有两种。

第一种看法认为，风险是指某家公司违背一项支付承诺的可能性，也被叫作违约风险。这项支付可能是到期的利息或本金等，对于债务来说，债务成本就是反映违约风险的利率。因为利息成本是可以抵税的，因此大多数公司的税后债务成本都会比税前有所降低。

第二种看法认为，风险是实际回报与期望回报之间的偏差。一项风险投资所得到的实际回报可能会与期望回报有较大差异，且偏差越大，风险也就越大。在考察股东权益的时候，我们倾向于使用回报偏差来衡量风险。

在 DCF 模型的实际应用中，对风险的考量需要遵循特定原则。第一，风险认定与分散投资原则：投资风险的评估应以边际投资人(即随时可能进行交易的投资人)为视角，通常假定边际投资人能通过分散投资降低非系统风险。因此，决定折现率的关键风险因素是不可分散风险，即市场风险。第二，期望回报构成原则：任何投资的期望回报由两部分组成，一是无风险资产的期望回报，二是为补偿市场风险而设定的风险溢价，二者之和构成股权资本成本。

加权平均资本成本可以通过股权资本成本及基于违约风险的税后债务资本成本按比例加权得到。在计算持续经营公司所使用的权数时，有些分析人员错误地使用了债务和股票的账面价值，这就违背了估值中折现率与风险相匹配的原则。因为账面价值仅反映历史成本，而市场价值在本质上则直接反映了市场投资者对现有风险的定价。因此，在计算加权平均资本成本时，通常使用市场价值计算权数。

（二）期望现金流

严格意义上，一个股权投资人从上市公司那里得到的现金流是股利，而使用股利作为现金流的模型则被叫作股利折现模型(DDM)。更广义的股东权益现金流(股权自由现金流，FCFE)是指公司在满足所有非股权投资人的需求(包括偿还债务本金、支付利息及优先股股利)后，仍能保持现金流持续增长所需的再投资之外的剩余现金流。基于FCFE的估值模型称为FCFE折现模型。

企业的现金流(企业自由现金流，FCFF)是对所有权利要求人而言的累积现金流。计算这个现金流有两种方法：一种方法是将股权现金流和向债权人及优先股股东支付的现金流相加；第二种方法是在税后营业利润的基础上减掉持续增长所需的再投资需求，以估计负债和优先股利支付前的现金流。第二种计算方法比第一种方法更简便，使用 FCFF 的估值模型则被称为 FCFF 折现模型。

(三) 预期增长率

分析人员在估计现金流期望成长状况时面临的最直接的问题就是如何处理不确定性的问题。估计预期增长率有三种常用的方法。第一种是考察该公司的过去，使用该公司的历史增长率。这种方法的缺点在于，过去的成长只能说明公司既往的经营状况，而对未来成长可能没有太多预示作用。第二种方法是从更容易得到的信息来源中做出对预期增长率的估计。一些分析人员可能会使用公司管理层所提供的预测信息，而另一些则会参考专业分析师对该公司的一致预测。然而，正如我们在第一章所提到的，这些信息来源所带有的偏见可能会给估值带来一定问题。第三种做法，也是本书提倡的做法，即将预期增长率和被估值对象的再投资率(即进行新的投资所占税后营业利润的比例)及投资回报率(衡量投资效果如何)这两个指标关联，进而估算相应的预期增长率。在 FCFE 折现模型中，预期增长率等于留存收益率(净利润中未分配部分的比例)与这部分资金再投资回报率的乘积；在 FCFF 折现模型中，预期增长率则是再投资率与投入资本回报率的乘积。使用这种做法的优点是确保所得到的估值存在内在一致性，并要求具有高成长率的公司用更多的投资来支撑其成长。

三、折现现金流估值法的适用性和局限性

DCF 估值法是在理论上唯一可以正确衡量公司内在价值的方法，因为该方法从公司的基本特征和业务情况入手，基于资产的基本面进行估值，使得结果相对较少地受到市场情绪的影响。进行良好的折现现金流估值需要分析人员详尽地了解他们的估值公司，并对公司现金流和风险的持久性等提出探索性的问题。因此，使用 DCF 估值法有利于对公司进行深入分析，并得到一些适用于其他类似公司的经验和教训。

尽管如此，现实中使用 DCF 估值法的效果并不理想，这主要源于以下几方面的预测。DCF 估值法存在一个本质性局限：其估值逻辑完全基于企业基本面要素(如现金流、增长率等)，而完全剥离了市场定价中的情绪因素。这种纯粹基本面导向的估值框架，在当市场出现非理性定价(如估值泡沫或过度悲观)时，模型估值与市场实际价格产生系统性偏离。其次，分析人员的专业能力不足也可能导致使用 DCF 估值法得到与内在价值毫无关系的估值。使用 DCF 模型估计一家公司的价值往往需要大量信息支撑，包括对现金流的增长率和折现率的准确估计，这对分析人员的专业素养提出了较高要求。最后，当市场估值持续偏离基本面时，该模型会得出整个行业或市场被高估的结论。这对必须参与市场的投资组合经理和分析师造成实质性困扰——他们既需要遵循估值逻辑，又不得不面对失真的市场价格。

第二节　相对估值法

虽然 DCF 估值法是课堂教学和学术讨论的重点，也被本杰明·格雷厄姆和沃伦·巴菲特师徒

等内在价值投资者广泛讨论，但是彼得·林奇却很少提及内在价值这一概念，他更喜欢用市盈率来衡量股票估值，并开创了相对估值法。现实中，大多数资产都是以相对估值为基础的，在相对估值法中，我们以相似资产的市场价值来对一项资产进行估值。当我们要决定购买一套房子时，我们会考察邻居中类似的房子的售价，而不是靠估计其内在价值来决定愿意为其支付的价格。将这一理论延伸到股票中，投资人通常会将一只股票的价格与其他类似的股票进行比较，这些股票通常是在同一类别中，据此再决定这只股票的价格是否便宜。下面，我们将简单介绍相对估值法及其优缺点。

知识链接：大师投资理念——格雷厄姆、费雪、巴菲特和林奇

提到价值投资，人们脑海中的第一人往往是沃伦·巴菲特，巴菲特曾说过："我的投资哲学85%来自格雷厄姆，15%来自费雪。"虽然这一比例划分未必精确，但其反映了巴菲特的投资理念是在格雷厄姆与费雪投资理念的基础上，加入自己的实践理解而得到的。广泛吸收古今圣贤的思想并化为己用，往往可以为我们的成功之路指明方向，因而此处将分别介绍4位价值投资大师，即格雷厄姆、费雪、巴菲特和林奇的投资理念。

本杰明·格雷厄姆被誉为价值投资之父，他的投资理念主要体现在其著作《聪明的投资者》中。格雷厄姆认为市场短期内是投票机，长期内是称重机，强调投资者应当寻找那些市场价格远低于其内在价值的股票，即"烟蒂股"。格雷厄姆认为，投资者应该关注公司的基本面，如盈利、现金流、负债等，以及公司的估值。投资者可以通过分析公司的财务报表、了解公司的经营状况和行业地位，来判断其价值。此外，他倡导分散投资以降低风险，并重视财务分析，特别是对公司资产负债表的深入研究。

菲利普·费雪是一位著名的成长股投资者，他的投资哲学与格雷厄姆的价值投资有所不同。费雪在其著作《怎样选择成长股》中提出了一系列选择成长股的标准，包括公司是否拥有称职的管理团队、产品是否具有市场潜力及公司是否具有长期的成长性等。他倾向于集中投资于少数几家他深入了解并认为具有长期竞争优势的公司，并且持有这些股票多年，以实现复利效应。

沃伦·巴菲特是格雷厄姆的学生，也是其投资理念的杰出代表。巴菲特在格雷厄姆的价值投资理念与费雪的成长股投资理念的基础上，形成了自己独特的投资风格，即强调不仅寻找价格低于价值的股票(例如：在2008年国际金融危机期间，巴菲特购买了高盛和Bank of America的股票)，还寻找那些具有持续竞争优势的公司(例如：巴菲特看好可口可乐的品牌力量和全球市场地位，自1988年长期投资并持有其股票)，并称之为拥有"护城河"的企业。巴菲特倾向于集中投资，并以合理的价格买入这些公司的股票，然后长期持有。他的投资决策基于对公司基本面的深入分析，而不是市场的短期波动。

彼得·林奇作为麦哲伦基金的前任经理，以其"投资你所了解的"理念而闻名。林奇鼓励投资者从自己的日常生活中发现投资机会，比如通过观察哪些产品或服务在超市中畅销，或者哪些餐厅总是顾客盈门。林奇认为，通过这种"自下而上"的方法，业余投资者能够发现那些被市场忽视的潜力股。林奇还强调了成长性在投资决策中的重要性，他推广了PEG比率这一概念，投资者可以在考虑到公司的成长潜力的情形下，评估股票价格是否合理。此外，林奇倡导投资者秉持一种长期投资的心态，建议投资者像企业家一样思考，寻找那些具有持续竞争优势、良好管理和清晰商业模式的公司。林奇的投资理念还包括对风险的谨慎管理，他建议投资者构建一个多元化的投资组合，以分散风险，并避免将所有的资金投到单一的股票或行业。

一、方法概述

在相对估值法中，资产的价值衍生于可比较的资产的市场价格，并能用一个共同变量标准化估值。相对估值法有两个关键要点。其一是可比资产的选取。从估值的角度来看，可比资产通常

具有相似的现金流、风险或成长潜力,在实际应用中,它们往往被视为与被估值公司处于同一行业的其他公司。其二则是标准化估值比率,即乘数的选择。将市场价格或企业价值除以某个与价值相关的基本面指标(如盈利、账面价值或收入),得到特定乘数比率(如市盈率、市净率、市销率),基于这些比率,在进行估值时,我们可在公司间进行标准化比较。

相对估值法最简单、最直接的应用就是对实物资产进行估值。在实物资产领域,我们可以很容易地找到相类似甚至完全相同的资产。但在股权估值中,相对估值法面临两大复杂因素。第一,可比资产定义的泛化。由于股票缺乏完全相同甚至高度相似的标的,实践中需扩展"可比"定义,将与被估值资产存在差别的公司(如跨行业公司)纳入范围。第二,乘数选择的多解性。使用不同乘数(如市盈率与市净率)对同一公司进行标准化估值时,可能得出差异化结果,需通过逻辑验证或加权处理来化解矛盾。

在 DCF 模型中,目标是评估资产的内在价值,本质上是一种理论上的估值(valuation)过程,即通过预测未来现金流并加以贴现,试图还原其真实价值,尽管这一估值高度依赖于模型参数设定的合理性。而相对估值法则不关心内在价值的高低,其本质是一种"定价"(pricing),该方法依赖于市场中类似资产当前的交易价格,将市场的共识定价作为标尺来对目标资产进行定价(如通过行业回归法计算得到目标公司的"合理"市盈率)。因此,相对估值法并不是对目标资产内在价值的追求,而是基于市场当前状态下的一种横向定价机制。它所生成的价格,体现的是市场共识下的"当前合理价位",而非长期价值判断。这一点构成其与 DCF 估值法在理论立场上的根本区别。

二、相对估值法乘数的决定因素

在上一部分的结尾,我们提到了通过行业回归法得到市盈率计算式,由此便可计算待估值公司的"合理"市盈率,与市场上此公司乘数的"实际"数值相比较,便可判断该公司是否被低估。细心的读者难免会提出一个问题:回归中的解释变量该如何选择?本部分内容将回答这一问题。

选择解释变量的基本方法是识别决定被解释变量的关键因素,对于标准化的价格,即乘数而言,一个最朴素的思路便是将其分子、分母进行分解化简,以把握其实质内容。以市盈率为例,采用折现现金流法对分子 P_0 进行计算,其基本的分解形式如式(2-2)所示:

$$\text{PE} = P_0 / \text{EPS}_0 = \frac{\text{DPS}_0 \times (1+g)/(r-g)}{\text{EPS}_0} = \frac{d \times (1+g)}{r-g} \quad (2\text{-}2)$$

其中,市盈率分子的计算采用了戈登增长模型,即基于未来以恒定速率增长的一系列股利来确定股票的内在价值,DPS_0 是本年度发放的股利,g 是预期的稳定增长率,r 是股权资本成本,d 是股利支付率。因此,市盈率取决于期望增长率、风险和股利支付率,我们在使用行业回归法时便可以选择每股盈利的期望增长率、股票标准差(作为风险的测度)和股利支付率作为解释变量。此外,若某一变量在可比公司之间相差不大或完全一致,则可以忽略这一变量,选择其余差异较大的变量进行回归。

回顾一下式(2-1)中对内在价值的计算,假设未来的股利现金流亦以某一恒定的速率永续增长,则该股票的内在价值为

$$\begin{aligned}
V_A &= \frac{E(\text{CF}_1)}{(1+r)} + \frac{E(\text{CF}_2)}{(1+r)^2} + \frac{E(\text{CF}_3)}{(1+r)^3} + \cdots \\
&= \sum_{i=1}^{\infty} \frac{E(\text{CF}_0) \times (1+g)^i}{(1+r)^i} \\
&= \frac{E(\text{CF}_0) \times (1+g)}{r-g}
\end{aligned} \quad (2\text{-}3)$$

若式(2-3)中的 $E(CF_0)$ 为本年度发放的股利 DPS_0，则可以看出无论是折现现金流估值法还是相对估值法，它们所做的都是同一件事情，区别仅仅是是否进行标准化处理。因而相对估值法中，乘数背后决定因素的确定方法和折现现金流法完全一致。

需提醒读者的是，此处分析的核心要点是理解各个乘数背后的决定因素，以及折现现金流估值法和相对估值法本质上都是"为资产建立估值或定价依据"这一事实，而不是让读者重新回到折现现金流法的计算中。理解这些因素对于相对估值的结论至关重要，例如某行业的市盈率均值为10，而待估值公司的市盈率为20——我们不可武断地得出该公司估值偏高的结论，而应回到市盈率的决定因素上，从期望增长率、风险和股利支付率三方面对该公司进行重新审视。若目标公司具有远高于行业平均的增长前景或较低的资本风险，其较高的市盈率可能是市场对其前景合理定价的结果。换言之，乘数本身并不具有定价判断力，必须结合其背后的经济解释进行理解和使用——这也体现了相对估值虽为"定价"方法，但并不意味着可以忽视价值决定的基本逻辑。

三、相对估值法的适用性和局限性

相对估值法最具吸引力之处在于其简洁性和数据可得性。利用对应的乘数可以迅速地得到公司及其资产的价值，当金融市场上有大批可比公司时，乘数法尤其适用。此外，相对估值法还有以下好处。第一，市场情绪捕捉能力。相对估值法可以很好地反映当下的投资者市场情绪和心理预期，即使当前的市场定价与内在价值差别较大，因而该方法能够较准确地为当下时点的股票定价。比如在 IPO 股票定价阶段，采用 DCF 估值法估算的内在价值很可能与当前的市场价格相差过大，导致定价出现偏差，因此可以寻找待上市板块内的市盈率均值作为参考标准，通过相对估值法进行合理的发行价确定。第二，相对价值挖掘功能。相对估值法尤其适合分析师和投资组合经理在整体高估的市场中寻找相对低估的资产。例如，基于行业回归计算的市盈率(P/E)可帮助识别行业内相对低估的股票；即使整个行业被高估，只要目标股票跌幅小于可比公司，其相对表现仍可被视为优异。

相对估值法虽使用便捷，却易被误用或操纵，尤其在可比公司选择环节。现实中不存在成长性与风险完全一致的公司，"可比公司"本身具有主观性——分析师可能通过筛选特定可比公司来佐证其预设立场。虽然DCF估值法同样存在假设偏见，但分析师至少需要明确披露估值假设；而乘数法的假设往往被隐性化，加剧了操纵风险。

相对估值法的核心矛盾如下。其优势(依赖市场比较)恰恰也是其缺陷。例如，当发现某公司市盈率(15 倍)低于行业平均(25 倍)时，若整个行业本身被高估，长期持有仍可能导致亏损。相对估值法仅能判断股票相对于比较组的便宜程度，而无法做出绝对价值判断，因此更适用于短期价格锚定(如 IPO 发行价设定)和绩效相对比较(如对冲基金的行业中性策略)。但需注意，相对估值法的估值结论高度依赖可比公司的选择质量及市场整体的共识，以及对目标公司乘数背后驱动因素的深刻理解。因此使用此方法也应谨慎。

第三节 实物期权估值法

近年来，分析师越来越多地倾向于使用期权定价模型，并开发用于估值的上市交易期权以对资产、公司及其股东权益进行估值。下面，简单介绍实物期权估值法及其优缺点。

一、方法概述

期权(option)是一种选择权，它以合约的方式赋予了期权持有人在某一特定日期或者该日期之前以固定价格购进或售出一种资产的权利。期权主要可分为买入期权(call option)和卖出期权(put option),买入期权是指标的资产的价格高于其预定价值时买入,而卖出期权则是指标的资产价格低于预定价值时卖出。最近几十年来,大量学者在开发期权定价模型方面做了很多工作,这些期权定价模型可以用来对任何具有期权特征的资产估值。

一项期权通常是标的资产的当前价值及其变动、执行期权的交割价格和到期日、无风险利率的函数。该模型最初是由 Black 和 Scholes(1972)创立的,随后被拓展并提炼出几种变化形式。虽然布莱克-斯科尔斯(Black-Scholes)期权定价模型忽略了股利,并假设期权不会被提前行权,但我们可以通过修正使之具有这两方面的功能。目前,离散时间变量、二项式期权定价模型等也被开发出来以用作期权定价。

如果其回报是标的资产价值的函数,则资产可以作为买入期权来估值;如果其价值超过特定水平,则资产的价值就等于其差价;如果没有超过,则期权就没有价值。如果标的资产的价值低于特定水平,则资产可以作为卖出期权来估值;如果其价值超出某特定水平,则无价。很多资产总体上来说并不被当作期权,但仍然具有某些期权的特点。专利可以作为针对某个产品的买入期权来加以分析,且该项目需要提供的投资为其交割价格,专利的年限是其期权的期限。如果石油的价格或黄金的价格持续上涨,则未开发的油田和金矿将会为其拥有者对油田或金矿的开发提供买入期权。

实物期权的本质在于,DCF 估值法低估了带有期权特征的资产的价值。之所以发生这种低估,是因为 DCF 估值法以一系列期望现金流为基础进行估值,并没有充分考虑公司部分资产在未来所具备的选择权可能带来的超额回报。例如,石油公司可以通过观察每年油价的变动来调整其新油田的开发和现存油田的生产,而不是仅仅执行一个固定的生产计划。因此,DCF 估值法下的油田价格应该加上一个期权溢价,以体现其期权的性质。

二、实物期权估值法的适用性和局限性

实物期权估值法有以下优势:第一,有些资产不能以传统方法进行估值,因为其所有的价值几乎来自自身的期权特点。例如,一家生物技术公司拥有唯一一项很有前景的抗癌药的专利权,且该专利权正准备通过药品监督管理局的许可,那么对该公司使用 DCF 估值法或相对估值法进行估值就会产生偏误,但我们可以将该专利权作为期权来估值。同样的情况还发生在有很多负债的亏损公司之中,对于大多数购买这类股票的投资者来说,其购买原因与购买深度价外期权的原因相同。第二,在学习和灵活性能够带来显著收益的情况下,期权定价模型能够形成对资产价值更为真实的估计。使用 DCF 估值法将会低估一家自然资源公司的价值,因为该估值法将已探明的自然资源的价值作为得出估值结论的关键因素,而实物期权估值法则考虑了公司资产在未来可能带来超额回报的可能性。第三,实物期权估值法强调了非常重要的风险因素。在 DCF 估值法和相对估值法中,风险往往被看成负面的因素,这两种估值法认为,风险的提高将会带来价值的减少。但与这种观念相反的是,期权的价值随着波动性的增大而增加,因此,在实物期权估值法中,风险的正面作用得到了体现。

然而,实物期权估值模型存在一定的局限性。从实物期权的视角来看,在 DCF 估值法的基础上增加期权溢价是基于特定前提的,即此类期权通常具有排他性。如果竞争者同样拥有该期权,那么在公司估值中加入期权溢价可能并不合理。此外,在评估不可交易资产的长期期权时,期权定价模型的适用性也受到限制。当标的资产无法交易时,金融市场无法提供相关的价值和波动性数据,只能对这些参数进行估计,因此,最终估值结果往往存在较大的误差。

本章小结

本章简要概述了投资价值分析评估中最常见的三种方法,即折现现金流估值法、相对估值法

和实物期权估值法的具体思想和基本内容,并介绍了每种方法的适用性和局限性。在投资价值分析评估的实际操作中,分析师或投资者应该根据具体的场景特征选择不同的模型进行应用,以确保估值过程的逻辑严密性和结果的相对准确性。

课后问答

1. 请简述 DCF 估值法的原理与过程。
2. 在运用 DCF 估值法估值的过程中,需要哪些数据,有何假设?
3. 请阐述 DCF 估值法、相对估值法与实物期权估值法有何异同?
4. 请简述三种估值方法的优势与局限性。

第三章

有效市场、行为金融与投资价值评估

本章任务清单

任务序号	任务内容
1	理解有效市场假说的核心内容与三种形式
2	了解如何对三种有效市场形式进行检验
3	掌握有效市场假说的意义
4	了解有效市场假说的局限和受到的挑战
5	了解行为金融学的发展历程
6	了解行为金融学中常见的行为偏差
7	对比有效市场假说、行为金融与价值投资的辩证关系,理解市场"有限理性"特征

  金融市场的运行机制一直是理论界与实务界关注的焦点。19 世纪 60 年代,尤金·法玛(EugeneFama)提出的有效市场假说(EMH)为我们理解市场运行提供了一个基本框架。该理论认为,在一个完全有效的市场中,证券价格能够迅速、准确地反映所有可得信息,这使得任何试图通过分析信息来持续获取超额收益的努力都难以奏效。这一开创性理论不仅重塑了人们对市场效率的认知,更为现代金融学奠定了重要基石。然而,随着研究的深入,学者们发现现实市场中的诸多现象难以用完全有效的市场假说完全解释。从"一月效应"到"小盘股溢价",这些持续存在的市场异象促使研究者开始关注市场参与者的行为特征。在这样的背景下,行为金融学应运而生,它通过引入心理学视角,系统性地研究了过度自信、损失厌恶、羊群效应等认知偏差如何导致市场价格偏离基本面价值,为理解市场运行提供了全新的分析维度。值得注意的是,这两种看似对立的理论恰恰为价值投资提供了绝佳的实践平台。在二者的思想指导下,价值投资既承认市场在长期具有趋向有效的特性,又善于捕捉短期行为偏差带来的投资机会,在理性与非理性的辩证统一中实现超额收益。这种"三位一体"的投资智慧,不仅弥合了理论分歧,更在实践中展现了强大的生命力。本章将首先系统梳理有效市场假说的理论内涵及其三种形态,为理解市场运行机制奠定基础;其次深入探讨行为金融学对投资者非理性决策过程的解构,揭示市场异象背后的行为动因;最后,我们将重点分析价值投资哲学如何创造性地整合这两种理论视角,在尊重市场长期有效性的同时,充分利用短期行为偏差带来的投资机会,实现理论与实践的完美结合。

第一节 有效市场理论

  有效市场理论(efficient markets hypothesis,EMH)起源于 1900 年,这个理论的奠基人是法国数学家路易斯·巴舍利耶(Louis Bachelier),他把统计分析的方法应用于股票收益率的分析,发现其波动的数学期望值总是为零。[1]1959 年奥斯本(Osborn)提出了"随机游走理论",他认为股票价格的变化类似于化学中分子的"布朗运动"(悬浮在液体或气体中的微粒所做的永不休止的、无秩序的运动),具有"随机游走"的特点,也就是说,股价变动的路径是不可预测的。[2]1965 年美国芝加哥大学著名教授尤金·法玛(Eugene Fama)在《商业学刊》上发表的一篇题为《证券市场价格行为》的论文,确立了有效市场理论。[3]法玛于 1970 年对该理论继续深化,认为股票价格收益率序列在统计上不具有"记忆性",所以投资者无法根据历史的价格来预测其未来的走势。[4]

一、市场有效和市场信息

在资本市场上,如果证券价格能够充分、准确地反映所有信息,便称其为有效。换句话说,如果证券价格不会因为已经存在的公开信息或者内部信息而受到影响,那么我们就称市场是有效的。由于证券交易以信息为基础,所以市场有效时,证券交易不能获取超额收益。

市场有效的本质是信息有效,即信息经投资者的判断、处理后能充分反映在股价上。信息有效的前提条件包括了信息的真实性(信息能充分反映内在价值)和投资者的理性(投资者对信息进行合理判断)。在信息有效的条件下,市场中信息的出现具有随机性,因而股价亦不具备可预测性,呈现出"随机游走"的状态,这一现象正说明了市场的有效性。市场有效来源于竞争,本书中的估值等证券分析方法则是竞争的具体手段,投资者基于获得比别人更高收益的目的,进行积极的信息挖掘,激烈的竞争促使信息充分展现,使得股价能够尽可能反映充足的信息,从而使市场价格能较为接近真实水平。因此可以认为有效市场是一个过程,正是投资者的各类交易行为使得市场变得有效。

有效市场理论涉及两个关键问题:一是信息的变化会如何影响证券价格的变动;二是不同种类的信息会对证券价格产生何种不同的影响。我们可将市场中的信息分为三类,即历史信息、公开信息和内部信息。其中,基于历史信息与公开信息的研究分析分别称为技术分析(technical analysis)与基本面分析(fundamental analysis)。信息集、有效市场分类和研究分析方法的关系如图 3-1 所示。

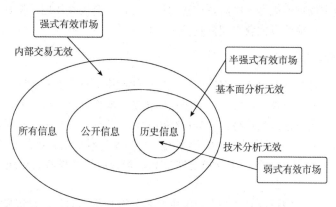

图 3-1 信息集、有效市场分类和研究分析方法的关系

历史信息,即基于证券市场交易的有关历史资料,如历史股价、成交额等。技术分析是基于历史信息的研究分析方法,以股票价格涨跌的历史情况表现作为研究对象,基于资产价格以趋势

---

[1] Bachelier L. Theorie de la Speculation[D]. Paris: University of Paris, 1900.
[2] Osborne M F M. Brownian motion in the stock market[J]. Operations Research, 1959, 7(2): 145-173.
[3] Fama E F. The behavior of stock-market prices[J]. Journal of Business, 1965, 38(1): 34-105.
[4] Fama E F. Efficient capital markets[J]. Journal of Finance, 1970, 25(2): 383-417.

方式波动，且对基本供求因素反应迟钝的假设，主要目的是预测股价波动形态和趋势，一般从股价变化的 K 线图表及技术指标等入手，对股票市场波动规律进行分析的方法总和。公开信息，即一切可公开获得的有关公司财务及其发展前景等方面的信息。

基本面分析基于公开信息，以企业内在价值作为主要研究对象，从决定企业内在价值和影响股票价格的宏观经济形势、行业发展前景、企业经营状况等方面入手，进行详尽分析并且得到股东所能获得的每股收益折现值，再与当前的股票价格进行比较。如果折现值高于现有股价，则推荐买入持有。

内部信息，即只有内幕人员所知悉、尚未公开的、可能影响证券市场价格的重大信息；内幕交易(insider dealing)是指内幕人员和以不正当手段获取内幕信息的其他人员，根据内幕信息买卖证券或者向他人提出买卖证券建议从而获益的行为。内幕人员是指由于持有发行人的证券，或者在发行人、与发行人有密切联系的公司中担任董事、监事、高级管理人员，或者由于其会员地位、管理地位、监管地位和职业地位，或者作为发行人雇员、专业顾问履行职务，能够接触或者获得内幕信息的人员。内幕交易会极大损害市场上其他投资者的利益，严重影响证券市场功能的发挥，使证券价格和指数的形成丧失时效性和客观性。

二、有效市场的形式

根据所反映的信息种类的不同，有效市场可分为三类：弱式有效市场、半强式有效市场和强式有效市场。

(一) 弱式有效市场假说

弱式有效市场是指证券价格能够充分反映价格历史序列中的所有信息，如有关证券的成交价、成交量、卖空金额、融资金额和未平仓量等。股票历史数据是可以免费得到的，如果这些数据里包含有用的信息，则所有的投资者都会利用它，导致价格调整。最后，这些历史数据就失去预测性。如果这些历史信息对证券价格变动都不会产生任何影响，则意味着证券市场达到了弱式有效。

如果弱式有效市场理论成立，则股票价格的技术分析就会失去作用。但是，投资者还可能通过基本面分析、内部交易等方式获得超额收益。

(二) 半强式有效市场假说

半强式有效市场是指证券价格不仅能够体现历史的价格信息，而且反映了所有与公司证券有关的公开有效信息，如公司收益、股利、对公司的预期、股票分拆、公司间的并购活动、管理质量、持有专利权等。该理论认为价格已充分反映出所有已公开的有关公司营运前景的信息。这些信息包括成交价、成交量、盈利资料、盈利预测值、公司管理状况及其他公开披露的财务信息等。假如投资者能从公开可得到的资源里获取这些信息，那么这些信息就会迅速、准确地反映在股价里。

如果半强式有效市场假说成立，则在市场中技术分析和基本面分析都将失去作用，投资者只能凭借内部交易获得超额收益。

(三) 强式有效市场假说

强式有效市场是指有关证券的所有相关信息，包括公开发布的信息和内幕信息对证券价格变动都没有任何影响。如果证券价格已经充分、及时地反映了所有有关的公开和内幕信息，则证券市场就是强式有效市场。强式有效市场理论认为价格已充分地反映了所有关于公司营运的信息，这是一种理想状态，因为其存在着现实和理论的不可行性。现实情况中，由于内幕交易行为必然会损害证券市场的秩序,故该行为被禁止,投资者自然没有机会将此类信息反映在股价上。而在理论方面,Grossman 和 Stiglitz(1980)[①]运用反证法的思维逻辑,认为市场不可能强式有效:因为信息的收集需要成本,假设市场已经强式有效,即所有信息均反映在了价格之中,故收集信息这一行为在理性人看来毫无意义,但若无人收集信息并根据这些信息进行交易,则信息亦不可能反映在股价之中,市场便不会达到强式有效。因此假设条件错误,换言之市场不可能达到强式有效的状态。

在强式有效市场中,技术分析、基本面分析和内部交易都失去作用,没有任何方法能帮助投资者获得超额利润。

三、有效市场的检验

市场若有效,那么就意味着投资管理者寻找被低估证券的行为毫无意义,其花费时间和金钱后却可能产生不完美的分散投资组合。关于证券分析能否提高投资业绩一直存在争论,最主要原因是有三个始终未能解决的焦点。

一是规模问题。股价是非常接近其公平价值的,只有大规模资产组合的管理人才可以利用少数定价不当的证券赚取足够多的交易利润。理性投资管理人的行为是市场价格向公平的水平持续发展的一股动力。因此理性投资管理人资产组合的规模影响着市场的有效程度。

二是选择偏见问题。许多公开的方法不能获得超额收益并不能作为市场有效的证据,也许只有不能获得超额收益的方法才会被公之于众。发现方法的投资者在公开方法和赚取超额利润中更有可能会选择后者。

三是幸运事件问题。较好的投资业绩并不代表市场就是无效的。在"当全部可知信息给定时,任何股票的定价是公正的"这个假设下,购买某种股票是否取得超额收益的可能性是相等的,较差的投资业绩与较好的投资业绩同时存在。

虽然以上三个问题悬而未决,但我们依然可以从经验上看如何检验市场有效性。有效市场的检验建立在三个推论之上,即,强式有效市场成立时,半强式有效市场必须成立;半强式有效市场成立时,弱式有效市场亦必须成立。所以,先检验弱式有效市场是否成立;若成立,再检验半强式有效市场;再成立,最后检验强式有效市场是否成立。

(一)弱式有效市场检验

对弱式有效市场的检验侧重于对证券价格时间序列的相关性研究。弱式有效市场强调的是证券价格的随机游走,不存在任何可以识别和利用的规律。对弱式有效市场假说的基本检验方法有收益率的序列相关性检验(serial correlation test)、游程检验(run-test)、过滤法则(filter-rule)检验等,来借以证实股票市场是否满足鞅(martingale)或半鞅(semi-martingale)过程,从而来验证市场是否弱式有效。

在检验市场有效性时,部分研究证明部分易观测变量具有预测市场收益的能力。虽然这种现象可能意味着股票收益率是可以预测的,其与有效市场假说是相违背的。但更可能的是,这些变量是市场风险溢价变化的代理变量。市场收益的可预测性源于风险溢价的可预测性,而不是风险调整后的异常收益的可预测性。

整体而言,大多数实证检验都支持股票价格呈随机游走形态,证实了弱式有效市场假说。即便有一些统计上的小的偏差,但从经济意义上而言,这些偏差也不足以证明市场是无效的。[②]

[①] Grossman S J, Stiglitz J E. On the impossibility of informationally efficient markets[J]. American Economic Review, 1980, 70(3): 393-408.

[②] 参见:Fama E F. Efficient capital markets[J]. Journal of Finance, 1970, 25(2): 383-417.

(二) 半强式有效市场检验

在半强式有效市场中,历史信息已经反映在证券价格当中。此时,证券价格的变化只能是来自新公开的信息。此时,对半强式有效市场的检验的本质,即为研究股票价格对各种最新公布消息的反应速度。例如,证券价格对拆股、股利政策变化、公司收益的增加等新公开信息的反应速度。研究这一问题的方法多为"事件研究法",即研究某些特定事件对股票的影响。该方法最早由 Fama 等人于 1969 年提出。[1]事件研究以一定的时期为研究窗口,通过对某一特定事项信息发布前后股价表现进行统计分析,观测股票价格在何时对这些重要事项做出反应,以及如何做出反应,从而验证市场是否达到半强式有效。如果股价对特定事项的反应滞后并且存在异常收益,则证明市场没有达到半强式有效。

通常所研究的重要事项有:股票分割、股利宣告、收益公告、兼并、首次公开募股、大宗交易、股权回购、证券分析师发布的建议、不可预期的经济和政治事件等。此外,对半强式有效市场进行检验还可观察某证券交易历史之外的公开信息是否可用于提高投资业绩。

(三) 强式有效市场检验

强式有效市场假说认为股票价格已经充分反映了所有相关信息,而不论这些信息是已经公开的信息还是未公开的私人信息或内幕信息。因此,如果市场是强式有效的,则任何内部人都无法根据其所持有的私人信息或内幕信息赚取超额收益。内部人交易的较高获利能力早已被 Jaffe(1974)[2]、Seyhum(1986)[3]、Givoly and Palmon(1985)[4]及其他一些经济学家所证明,他们发现,在内部人大量购买股票后,股票价格就会大幅度上升;在内部人大规模抛售股票后,股票价格就会大幅度下跌。因而大量研究表明,强式有效市场是无法通过检验的,只是人们的完美假设,这亦与我们在本节第二部分中所提到的"市场不可能达到强式有效的状态"结论相一致。因此在现实中,为了证券领域的公平性,证券主管机构都会规定对内部人的交易活动加以限制。

知识链接:有效市场统计检验方法具体内容

1. 弱式有效市场检验

(1) 序列相关性检验:序列相关性检验的目的是验证股票收益率与其过去的收益率是否存在线性相关的关系,通常使用模型 $r_t = a + br_{t-1} + \varepsilon_t$,若存在时间上的自相关,则弱式有效市场不成立。实证研究表明:短期收益研究得出股票市场价格中存在着一定的正序列相关,而长期的收益检验发现存在明显的负序列相关的情况。原因在于:股价会在短期内对相关信息反应不足,在长期会对相关信息反应过度。

(2) 游程检验:将收益率连续为正或负的一个时间序列定义为一个游程,当样本数足够大时,总游程数 R 趋向于正态分布,此时设定一临界值对应的显著性水平,计算 $Z = [R - E(R)]/\sigma$(其中 $E(R)$ 和 σ 分别为总游程数的均值和标准差)。若 Z 大于临界值,则表面价格序列有一定的相关性,市场不具有弱式有效性,反之亦然。

(3) 过滤法则:给出股票买卖的"滤嘴" x 和 y。股价比阶段最低点上升 $x\%$ 时买入,比阶段

---

[1] Fama E F, Fisher L, Jensen M C, et al. The adjustment of stock prices to new information[J]. International Economic Review, 1969, 10(1): 1-21.

[2] Jaffe J F. Special information and insider trading[J]. Journal of Business, 1974, 47(3): 410-428.

[3] Seyhun H N. Insiders' profits, costs of trading, and market efficiency[J]. Journal of Financial Economics, 1986, 16(2): 189-212.

[4] Givoly D, Palmon D. Insider trading and the exploitation of inside information: Some empirical evidence[J]. Journal of Business, 1985: 69-87.

最高点下降 $y\%$ 时即卖出，这一过程不断反复进行。如果使用过滤法则和买入并长期持有股票相比会获得超额收益，则表明投资者基于历史数据的这种"止跌求稳、防止套牢"策略仍然有利可图。换言之，此时股价并没有完全包含历史信息，市场未达到弱式有效。

2. 半强式有效市场检验

(1) 利用公开信息预测收益率：这种方法包括利用历史收益的时间序列和横截面数据对未来收益率进行预测，其具体方法比较多样，如果利用这些公开信息无法预测未来收益率，则证明市场达到半强式有效。

(2) 事件研究法：比较事件发生前后的投资收益率，看特定事件的信息能否被价格迅速吸收，即超常收益率(abnormal return)是否只与当天披露的事件相关，如果仅仅在事件宣告日当天发生，且结果通过显著性检验，则证明市场达到半强式有效。

四、有效市场理论对投资的意义

在金融资产估值，尤其是股权价值评估中，分析师主要通过技术分析、基本面分析和利用内幕消息来寻找被错误定价的资产，而有效市场理论就对这些分析方式的实践意义起指导作用。

1. 有效市场对技术分析实践的影响

如果市场未达到弱式有效，则当前的价格未完全反映历史价格信息，那么过去的价格信息会对未来的价格变化造成进一步的影响。在这种情况下，人们可以利用技术分析和图表从过去的价格信息中分析出未来价格的某种变化倾向，从而在交易中获利。如果市场是弱式有效的，则过去的历史价格信息已完全反映在当前的价格中，未来的价格变化将与当前及历史价格无关，这时使用技术分析和图表分析当前及历史价格对未来做出预测将是徒劳的。因此在弱式有效市场中，技术分析将失去意义。

2. 有效市场对基本面分析实践的影响

如果市场未达到半强式有效，公开信息未被当前价格完全反映，分析公开资料寻找错误定价将能增加收益。但如果市场半强式有效，那么仅仅以公开资料为基础的分析将不能提供任何帮助，因为针对当前已公开的资料信息，目前的价格是合适的，未来的价格变化与当前已知的公开信息毫无关系，其变化纯粹依赖于未来新的公开信息，在投资者无法确定未来新信息的情况下，他对于未来价格的最好预测值就是当前价格。所以在这样的一个市场中，已公布的基本面信息无助于分析家挑选价格被高估或低估的证券，基于公开资料的基础分析毫无用处。

3. 有效市场对证券组合管理实践的影响

如果市场是强式有效的，人们获取内部资料并按照它行动，这时任何新信息(包括公开的和内部的)将迅速在市场中得到反映。所以在这种市场中，任何企图寻找内幕信息来寻找获利机会的做法都是不现实的。在这种强式有效市场假设下，任何股票都被公平定价，所以任何专业投资者都没有任何方式能够稳定地增加收益。在此情况下，投资者的理性行为就是能通过合理的投资组合管理分散风险。而对于马科维茨的证券组合理论来说，其组合构建的条件之一即假设证券市场是充分有效的，所有市场参与者都能同等地得到充分的投资信息，如各种证券收益和风险的变动及其影响因素，同时不考虑交易费用。但对于证券组合的管理来说，如果市场是强式有效的，组合管理者会选择消极保守的态度，只求获得市场平均的收益率水平，因为区别将来某段时期的有利和无利的投资不可能以现阶段已知的这些投资的任何特征为依据，进而进行组合调整。另外，不同年龄、财富、性格的投资者有着不同的风险承受能力，需要不同的投资组合策略，此外通过构建合理的投资组合进行避税也是许多投资者的一大追求，所以在有效市场里，投资组合管理依然可以发挥关键作用，管理者要满足投资人分散风险、减少税负的需求，而不是去战胜市场。

4. 有效市场假说为发展健全证券市场提供指导

市场偏离有效性可能产生获利机会,但这是基于牺牲处于信息劣势的交易者的利益而得到的,本质上损害了市场的发展。提高市场的有效性,根本问题就是要解决证券价格形成过程中在信息披露、信息传输、信息解读及信息反馈各个环节所出现的不对称问题,例如最关键的就是建立上市公司强制性信息披露制度,强制性信息披露有利于改善会计信息分布不均的状态,迫使会计信息从上市公司向投资者流动,维护投资者的公平。从这个角度来看,建立有效资本市场的基础是公开信息披露制度,这也是资本市场有效性得以不断提高的起点,将有助于证券市场真正发挥其资本合理定价和资本合理配置的基本功能。

五、市场异象与有效市场理论的挑战

有效市场理论意味着证券价格是随机游走、不可预测的。而资本市场作为一个复杂系统,很难像有效市场理论所描述的那样平稳、有序。20世纪70年代以后,随着金融市场计量技术的发展,一些容易获得的统计数据,如某种股票的市盈率或者其市值,都与超额收益率相关,由于在有效市场中不可能利用观察到的公司特性来获取超额收益率,故而这些公司特性与超额收益率的关系通常与有效市场假说相悖,因而常被称为有效市场异象(anomalies)。大量市场异象被识别出来,使得一些金融学家开始怀疑有效市场理论的正确性。

现实中有很多违背有效市场理论的现象,例如日历效应、公司规模效应、低市盈率效应、被忽略的公司效应、"账面—市值比"效应、盈余公告后的价格漂移等。Fama等有效市场假说的坚持捍卫者认为,这些出现异象的公司股票期望收益较高是因为这是对其高风险的补偿,因此这些异象的出现不代表有效市场理论不成立。而恰恰相反,Lakonishok等行为金融学的代表人物则认为,这些异象的出现则证明了市场的无效。如果投资者过分重视公司业绩对股价的影响,那么就会抬高近期表现良好公司的股价,同时压低近期业绩较差公司的股价。当投资者发现过错时,价格就会颠倒过来。而如果市场有效,那么业绩差的公司的估值是不会升高的,这就证明了市场中系统偏差的存在。

然而,所有的实证都是基于历史数据,因此假定得出的市场有效的结论也只能证明历史上市场有效,而不能证明当前与未来市场是有效的。因此,市场的有效性也是一个不可证伪也不可证真的问题。

(一) 日历效应

日历效应(calendar effect)是指金融市场与日期相联系的非正常收益、非正常波动及其他非正常高阶矩。日历效应主要包括季节效应、月份效应、星期效应和假日效应,它们分别指金融市场与季节、月份、星期和假日有关的非正常收益、非正常二阶矩及其他非正常高阶矩,这里主要介绍交易周效应与一月份效应。

(1) 交易周效应是指股票在星期一的收益率远低于其他交易日的现象。对交易周效应的一个解释是,星期一到星期五,投资者会收到经纪人推荐的大量的股票信息,而他们只有在周末才能独立思考做出自己真正的决定,而由于投资者的决定通常是卖出股票,所以这些卖单会集中在星期一,进而产生交易周效应。

(2) 一月份效应是指公司一月份的收益率远高于其他月份的收益率的现象,这种现象对于小公司则更为明显。对于这种异象,一种可能的解释是一月份效应与年底的为减少纳税而结清蚀本交易紧密相关。现实中,许多投资者将他们在前几个月中已经降价的股票抛出,以便在课税年度结束之前实现其资本损失,降低税负成本。这些投资者并不会立即把抛售所得资金重新投入股市,直至新的一年到来。此时,对股票的抢购潮将给股价带来压力使其上升,这便导致了一月份效应。

(二) 公司规模效应

公司规模效应(scale effect)或小公司效应由 Banz(1981)提出。[1]Banz 发现在股票市场中，小公司的股票市值较小，但它们的平均年度收益率却持续性地处于较高水平，且这一现象主要发生在一月份。

由于公司的规模是市场已知信息，故这一现象也违反了市场有效性的假设。许多学者认为，金融市场存在着影响投资者预期收益率的非系统风险，从而产生风险溢价，公司的规模效应在一定程度上就反映了这种风险溢价。

对公司规模效益的一个解释是，小公司经常被投资者忽略，因此挖掘小公司信息的投资者就会较少，从而导致小公司的信息难以获得。这种信息的缺乏使得投资者对小公司的风险没有清晰认知，也就提高了投资小公司的风险，相应地，投资者就会要求更高的投资回报率。对公司规模效益的另一个解释是被忽略的公司效应与流动性效应，我们将在后文中详细介绍。

(三) 低市盈率效应

低市盈率股票比高市盈率股票的投资组合的收益率更高，这种现象被称为低市盈率效应(low-price-earnings-ratio effect)。即使股票因投资组合的贝塔值而调整收益，低市盈率效应仍然表现显著。

对上述异象的一种解释是，投资者在使用 CAPM 模型时没有对风险进行适当的调整。若期望收益相同，那么投资者会低价卖出风险高的股票，使其具有低的市盈率。而一方面，低市盈率股票更容易被低估价值；另一方面，这类股票往往受到的投资者关注较少。而价格围绕价值波动并逐渐回归价值是一种长期趋势，因此价值被低估的股票在未来往往会呈现出高收益，其上涨的空间和概率都比较大，这也就使得低市盈率的股票具有更高的收益。因此，除非 CAPM 模型的贝塔值随风险充分调整，否则市盈率就可以作为风险的一个近似指标。而且，如果使用不经过风险调整的 CAPM 模型估计基准业绩，那么市盈率将与异常收益相关。

(四) 被忽略的公司效应

Arbel 和 Strebel(1983)提出，那些被市场忽略公司的表现经常会优于备受关注的公司的表现，这一效应就叫作被忽略公司效应(neglected-firm effect)。[2]研究发现，被忽略公司效益在一月份尤为明显，因此，小公司的一月份效应也是被忽略的公司效应的表现之一。

这种异象反映出，被市场广泛关注的公司价值在其股价上已得到了较充分的体现，而那些被忽略的公司的市场价值并未得到广大投资者的认同，因此，这些被忽略的公司在市场形象、股份的流动性等方面表现略差，股价并未充分体现其内在价值，因而产生了被忽略的公司溢价。这种信息不足使得被忽略的公司成为获得较高利润的高风险投资对象。被忽略公司溢价不是严格的市场无效，而是一种风险溢价。投资者将要求一种收益升水以对需要较高交易成本的低流通股票进行投资。

(五) "账面—市值比"效应

"账面—市值比"效应又称 BM(ratio of book-market)效应，是指账面—市值比较高的公司平均月收益率高于账面—市值比较低的公司的现象。

法玛和弗伦奇认为，公司净资产的账面—市值比是证券收益有力的预测工具。

高账面—市值比的公司通常是营销等基本面表现不佳、财务状况较为脆弱的公司，其基本面表现弱于低账面—市值比的公司。由于投资者偏好于持有基本面较好的股票，故而投资者通常会

---

[1] Banz R W. The relationship between return and market value of common stocks[J]. Journal of Financial Economics, 1981, 9(1): 3-18.

[2] Arbel A, Strebel P. Pay attention to neglected firms![J]. Journal of Portfolio Management, 1983, 9(2): 37-42.

对基本面不佳的公司过度悲观而对基本面优良的公司过度乐观。基于上述分析，投资者会低估高账面—市值比的公司的股票价值，同时高估低账面—市值比的公司的股票价值，结果导致高账面—市值比公司股票持有者具有较高收益。

(六) 盈余公告后的价格漂移

盈余公告后的价格漂移现象(post earnings-announcement-drift，PEAD)是指股价在发布盈余公告后会有一定概率向高于或低于预期的方向漂移，比如上市公司财务盈余公告后，若其盈利数据较上一年有所增长，则其股票价格极有可能会在公告后较长时间内出现向下漂移的现象。

盈余公告后的漂移现象说明价格没有迅速对盈余公告做出反应，而有效市场的一个基本原则是任何新信息都应该迅速地反映在股价中，所以该现象显然有悖于有效市场假说。盈利宣布的"新闻含量"可以这样来评价，即比较宣布的实际盈利与此前市场参与者预期的盈利谁更大些，它们之间的差异就是"意外盈利"。如果公司的意外盈利为正，那么异常收益就为正；如果公司的意外盈利为负，那么异常收益就为负。同时，有正的意外盈利，股票的累积非常规收益可能会在盈利信息公开后继续增长；有负的意外盈利，股票的累积非常规收益可能会在盈利信息公开后继续下跌。

上述异象是代表了市场的无效还是代表了难以理解的风险溢价，一切还尚在争论中。此外，直接挑战传统金融理论的异常现象还有规模现象(小盘股效应)、期间效应、股权溢价之谜、期权微笑、封闭式基金之谜等。这些现象引发了学者们的研究。

第二节 行为金融

如上节所述，以有效市场理论为基石的传统金融理论发展遇到了现实世界中存在的许多主流金融理论所不能解释的谜团的挑战。这一问题引发了学术界对投资者风险偏好、理性决策的反思和修正。行为金融(behavior finance)便是在传统金融理论，尤其是有效市场假说面临挑战和质疑的背景下形成的。

从理性范式(rational approach)到心理范式(psychological approach)，心理学与经济学的结合逐渐形成行为经济学(behavioral economics)。行为经济学在投资领域的应用就形成行为金融学。部分学者以心理学对投资人决策过程的研究成果为基础，重新审视整体市场价格行为，发现传统的金融理论大都从理性经济人和信息有效市场的假设出发，侧重均衡思想，利用一般均衡分析和无套利分析，导致其模型与范式限于理性经济人和信息有效市场的分析框架中，却忽视了对投资者实际决策行为的分析。相比传统金融学理论，行为金融学以心理学为基础结合金融对人们实际决策进行行为研究，实现了对诸多市场异象的较好解释，逐渐成为金融学研究中的一个重要领域。

一、行为金融理论对有效市场假说的质疑

首先，行为金融理论否定了有效市场假说将投资者视为完全理性人的假设。有效市场假说认为，投资者能够对股票的基本价值做出准确预测，并按股票价格偏离其基本价值的程度进行投资。而实际上投资者并不能对股票的基本价值做出准确的预测。否则，当股票价格低于其价值时，市场上就不会有卖者。同样，在股票价格高于其价值时，市场也不会有买者。行为金融理论认为投资者的行为建立在对大众心理的猜测之上。比如，投资者不知道某只股票的真实价值，但其之所以愿意花 30 元一股去买，是因为该投资者预期有人会花更高的价钱接盘。中国股市上的 ST 股票时常有不俗的表现，很大程度上源于股民的"借壳预期"，这就是这种非理性思维方式在股市上的充分体现。

其次，有效市场假说认为，如果投资者是非理性的，由于他们之间的交易是随机的，所以他

们的错误会相互抵消。但心理学的研究表明，人们并不是偶然偏离理性，而是经常以同样的方式偏离，现实中很多入门投资者在多数情况下是按照自己的投资理念买卖股票，他们的买卖行为之间有很大相关性。而且，投资者之间的交易也并非随机进行的，而是在相似的时间同时试图去买或卖相似的股票。斯切夫斯坦(Scharfstein)和史泰因(Stein)称证券短期投资者为"大街上的羊群"[①]，这种特殊的非理性行为被称为羊群行为，它是指投资者在信息环境不确定时，由于受到其他投资者的影响而模仿他人决策，或者诱发盲目从众心理，进而不考虑自己私人信息的行为。羊群行为往往造成与证券基本价值有关的信息不能完全在价格中反映，使证券价格经常偏离其基本价值，使证券市场处于无效状态。

最后，有效市场假说认为，即使一些非理性投资者具有相同的投资行为，使证券价格偏离其基本价值，理性套利者会使证券价格恢复到其基本价值。但行为金融理论认为，当理性套利者进行套利时，不仅要面对基础性因素变动的风险，还要面对非理性投资者非理性预期变动的风险。作为风险厌恶者，理性套利者可能会放弃套利机会，不与非理性投资者的错误判断相对抗，从而使非理性投资者获得高于理性套利者的收益。例如，当非理性投资者对某一证券持悲观态度时，会使证券价格下跌，理性套利者此时买入该证券是因为他认为价格在不久就会恢复。如果非理性投资者的看法并未扭转反而更加悲观时，对于短期理性套利者来说就有可能遭受损失。由于这种风险的存在，理性套利者对非理性投资者的对抗力会削弱，从而可能使证券价格明显偏离其基本价值，使证券市场丧失有效性。

二、行为金融学理论的立足点

行为金融学的立足点在于个体投资人的非理性行为和套利限制，其中，非理性行为又可分为信息处理偏差和行为偏差。

(一) 非理性行为

1. 信息处理偏差

信息处理偏差即投资者通常不能正确处理信息，从而不能正确地推断未来收益率的概率分布。该理论认为，人们常常依靠经验法则做出决策，但经验法则很容易导致一些不自觉的偏差，包括习惯关注代表性特征是否出现的"代表性偏差"，不自觉地高估容易联想到的事件出现的概率的"易得性偏差"和判断往往受初始信息影响而被固定的"锚定与调整偏差"三种形式。正是这些偏差的存在使投资者在做决策时容易偏离理性预期。常见的认知偏差现象有：预测错误(forecasting errors)，即过于依赖近期经验；过度自信(over-confidence)，即投资者高估自己的信念和预测的准确性；保守主义(conservatism)，即投资者对最近出现的事件反应太慢，对新发布的消息反应不足；忽视样本规模和代表性(sample size neglect and representativeness)，即投资者基于小样本过快地推出一种模式，并推断未来的趋势。

2. 行为偏差

行为金融学者认为，投资者是有限理性的，会犯错误，即使信息处理过程非常完美，人们也不能利用这些信息进行完全理性的决策。所以即使给定未来收益的概率分布，投资者做出的决策通常是前后矛盾或次优的，结果导致存在行为偏差。行为偏差解释了不同个体之间对同一金融态势有着不同投资决策的合理性。即，信息不完全与不同的信息处理能力，使得投资者自身产生不同的投资判断与模型假设。

Fuller(2000)[②]认为，证券市场中典型的行为偏差可以分为两大类。第一类行为偏差是"非财

[①] Bikhchandani S, Sharma S. Herd behavior in financial markets[R]. IMF Staff Papers, 2000, 47(3): 279-310.
[②] Fuller R J. Behavioral finance and the sources of alpha[J]. Journal of Pension Plan Investing, 1998, 2(3): 291-293.

富最大化行为(non wealth-maximizing behavior)",即经济学中假设理性人行为的目标是追求投资组合的预期收益的最大化,而现实中的投资者可能会最大化其他因素而非财富。第二类行为偏差是"系统性的心理错误(systematic mental mistakes)",即某些认知偏差导致投资者犯了心理错误,在行动之前错以为他们正确地理解和加工了信息,进而错误处理所获得的信息,形成了行为偏差。我们将在后文详细介绍几种常见的行为偏差。

(二) 套利限制

套利活动受到限制导致投资者无法通过套利活动使得证券市场达到公平定价的水平,证券市场也无法实现完全有效。一般而言,套利限制来源于三方面。

(1) 基本面风险(fundamental risk),市场维持非理性的时间可能会长到投资者失去偿付能力,或者股票价格可能需要相当长的时间才能回归到其真实价格;假设一家公司的股票被低估,购买该股票将会有一个获利的机会,但是这种套利机会并不是无风险的,因为这种市场抑价的情况有可能会继续恶化。尽管股票价格最终会回归其价值,但这可能在跌破投资者底线之后才出现。例如,对于一个交易者来说,如果市场走势不利,即使是短期不利,他也有可能耗光自己的资金。著名经济学家约翰·梅纳德·凯恩斯曾提出:"市场非理性维持的时间可能会长到你失去偿付能力。"这种基本面风险将会限制交易者追逐明显的套利机会。

(2) 执行成本,交易成本和卖空期限可能会对套利活动产生限制。利用被高估的股价来获利非常困难。首先,卖空证券要承担一定的成本;其次,卖空者可能在没有收到事先通知的情况下,不得不归还借入的证券,造成了卖空期限的不确定性;最后,养老基金和共同基金经理等投资者不允许卖空。这些都会对套利活动形成限制,阻碍股价回归其内在价值。

(3) 模型风险,人们通常不得不担心的是,实际上,那些明显的盈利机会并没有估算的那样显著,因为投资者在估值时可能使用了错误的模型,而实际上的股票价格可能是正确的。错误定价使持有头寸成为一个很好的赌局,但却是一个很危险的赌局,这一问题降低了套利模型受欢迎的程度。

三、常见的非理性行为

在本节上一部分中,我们介绍了非理性行为的定义与其典型的分类,下面我们将介绍几种常见的非理性行为,包括过度自信与过度交易、反应过度与反应不足、前景理论、损失厌恶、后悔厌恶、心理账户、证实偏差、羊群行为与噪音交易。

(一) 过度自信与过度交易

过度自信,顾名思义,即人们往往将自己的成功归功于自己的能力,而忽略了运气与机会的作用。过度自信与"自我归因"有着密切的关系,即人们往往倾向于将好的结果归结于个人能力,将坏的结果归结于外部环境。过度自信会导致大多数投资者在过滤各种信息时过分依赖自己收集到的信息而忽略其他重要信息。

过度自信往往会促使投资者过度交易,即这部分投资者交易频率高于正常的合理交易频率。我国投资者短线投机的偏好比较明显,投资者交易次数频繁,长期投资理念尚未形成,而没有经过谨慎思考的投资决策往往会带来交易损失。当投资者过度自信,同时又希望尽快获得超额投资回报时,就极有可能出现过度交易,降低投资收益。

(二) 反应过度和反应不足

反应过度与反应不足是股票市场中的两个异象。反应过度是指在新消息发布后,股价会出现剧烈的变动,进而超过对股价的理性期望值的现象。反应不足则与反应过度相反,它是指股市对于新消息反应迟钝，使得股价在出现重大消息的大部分时间里的波动都很小的现象。

股票的价格基于市场对其未来预期形成。市场对股价的预测则依赖于相关信息的收集与处理。经验法则是人们从生活经验中归纳获得的关于事物因果关系或属性状态的法则或知识，它与反应过度和反应不足密切相关。以反应过度为例，当一个公司陆续有好消息出现，由于经验法则的作用，人们会误以为未来依旧有好消息出现，所以会高估股价，结果就会产生反应过度的现象，由于股票持续利好后一般会呈现利空状态，故而人们就会修正之前过高的期望，这时股价会出现反转，逐步回归到理性期望值。

(三) 前景理论

前景理论认为，人们通常不是从财富的角度考虑问题，而是从输赢的角度考虑，关心收益和损失的多少。它是由卡内曼(Kai-Ineman)和特沃斯基(Tvershy)[①]于1979年提出的，该理论很好地刻画了投资者对于收益和损失的态度差异。在经典的效用函数中，假设人们是风险中性的，且以总财富为基础定义效用函数，而在前景理论中，用价值函数代替了效用函数。传统观点认为效用取决于财富水平。而行为金融的观点认为效用取决于财富水平的变化量。

图3-2给出了价值函数的示意图。该价值函数有4个特点：①每个投资者都会有一个财富参考点，并根据其参考点来度量收益和损失。投资者做决策时并不是基于实际财富，而是基于收益和损失；②在收益状态(参考点的右边)呈凹性，体现风险回避，即在确定性收益与非确定性收益中偏好前者；③在损失状态(参考点的左边)呈凸性，体现风险偏好，即在确定性收益与非确定性收益中偏好后者；④损失状态的斜率大于收益状态的斜率，即损失给个体带来的痛苦程度比相同量收益给个体带来的愉快程度要大。前景理论表明，当面临亏损时，人们更倾向于追求风险而不是回避风险。

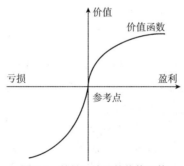

图3-2 前景理论下的价值函数

前景理论的提出大大推动了行为金融学的发展，一大批研究成果相继取得。1985年，谢夫里(Shefrin)和斯塔特曼(Statman)[②]验证，在美国股票市场上，投资者确实存在该效应，即当投资者处于盈利状态时，投资者是风险回避者，愿意较早卖出股票以锁定利润；当投资者处于亏损状态时，投资者是风险偏好者，愿意继续持有股票。

(四) 损失厌恶

损失厌恶是指人们面对同样数量的收益和损失时，损失令其产生更大的情绪波动。由于损失厌恶，当人们账面盈利时，害怕已有利润失去，容易卖掉股票，不愿承担风险，表现为风险厌恶，结果是获利减少。当账面亏损时，人们害怕本金损失，倾向于继续持有赔钱的股票，愿意冒继续

---

① Kai-Ineman D, Tversky A. Prospect theory: An analysis of decision under risk[J]. Econometrica, 1979, 47(2): 363-391.

② Shefrin H, Statman M. The disposition to sell winners too early and ride losers too long: Theory and evidence[J]. Journal of Finance, 1985, 40(3): 777-790.

下跌的更大风险,表现为风险偏好,导致亏损扩大。同时长时间持有赔钱的股票降低了资金使用率,失去了再次或多次获利的机会。

我国股票市场相对国外成熟市场散户众多,A 股市场散户投资者近 1.6 亿户。截至 2020 年 6 月,我国 A 股散户持有 13.07 万亿元市值,占比 28.64%,其中账户金额在 50 万元以上的投资者数量不到 4%。在这样的背景下,投资者群体的心态很难正常,牛市时的成交量平均高出熊市时的数倍。研究发现,牛市时散户的平均获利率远低于市场的表现,说明散户过早地卖出了获利股票;熊市时散户的平均亏损率与市场的表现不相上下,说明散户持有成本高于市价的股票不愿卖。

(五) 后悔厌恶

后悔厌恶是指当人们做出不恰当的决策时,对自己的行为感到后悔。由于股市价格即时反馈,所以最终结果正确的决策也会在过程中遇到波折,如果投资者放弃了结果正确的投资决策,也会产生与决策错误一样的后悔情绪。

后悔厌恶会严重干扰投资者的投资决策,触发投资心理误区,促使投资者做出一些非理性行为。例如,部分投资者会过早卖出盈利的股票,长期持有赔钱的股票。因为盈利时,面对确定的收益和不确定的未来走势,投资者为避免股价下跌而带来的后悔,更倾向于获利了结;出现亏损时,投资者面对确定的损失和不确定的未来走势,为避免立即兑现亏损带来的后悔,倾向于继续持有股票。

与此同时,当投资者发现决策失误后,由于后悔会采取行动以挽回损失,但其往往受后悔情绪的支配而做出错误的判断,进而出现分析偏差,从而带来了更大的风险。例如,投资者为了避免后悔,会尽力避免后悔状态的出现,对于手持股票的负面消息采取消极态度,表现为不关注或不相信其负面消息,同时对于手持股票的正面消息保持积极态度,这就会造成投资者的信息偏差,导致其不能对所持股票价格走势做出及时反应。

(六) 心理账户

心理账户是指人们根据资金的来源、资金的形式和资金的用途等不同对资金进行归类的现象,由理查德·萨勒(Richard Thaler)于 1999 年提出。[①] 心理账户是投资者在面对不同的投资和消费项目时,对于等价资金在心理上不同的财务处理。例如,投资者会把工资划归到劳动所得的账户中,把奖金划分到奖励账户中,把彩票中奖划分到运气所得的账户中。

投资者由于心理状态的不同,对相同收益的投资项目做出了不同的行为,这就违背了财富效用最大化的原则。投资者对待自己的本金和对待获利资金的投资慎重程度不同,就导致利用本金和获利资金进行的投资行为产生了区别;同理,对获利的股票和亏损的股票,投资者的偏好和处理方式也不同,对好的股票投资者会总认为好,而对差的股票则总认为差,从而忽视表现较差的股票的发展潜力,进而失去在差股票上获利的机会。

(七) 证实偏差

证实偏差是指当人们预先确立一个观点时,在未来的信息收集与分析过程中,会产生一种寻找支撑这个观点证据的偏向。证实偏差反映了一种证实而不证伪的偏向,投资者不能客观分析所有信息,对否定假设的新信息不予重视,往往会带来错误的研究结论,进而使投资者做出错误的投资决策。

证实偏差实际上源于人的自利性倾向,即投资者有选择地去解释并记忆某些能够证实自己既存观念的信息,验证自己观念的科学性与合理性,并由此获得自信与自尊的满足感。要避免证实偏差,就要找出否定假设的依据,综合判断假设成立的可能性有多大。因此,在投资决策的过程

---

① Thaler R H. Mental accounting matters[J]. Journal of Behavioral Decision Making, 1999, 12(3): 183-206.

中,保持中性、客观、开放的心态显得尤为重要。

(八) 羊群行为

羊群行为也称为从众心理或羊群效应,是指投资者在信息环境不确定的情况下,行为受到其他投资者的影响,模仿他人决策,或不考虑已知信息,过度依赖于舆论的行为。

心理学研究发现,人们在外部信息环境较模糊的情况下,由于个人的情报缺乏可信度,外部的信息往往会对其判断产生较大的影响,人们会放弃自己私人的信息而更加依赖外部信息做出判断,进而产生了羊群效应。由于外部信息可能比私人信息更有价值,接受外部信息并不完全是非理性的行为。但外部信息可能不包含有价值的信息,也可能是虚假的信息,接受无价值甚至虚假的外部信息会使投资者处于不利的境地,进而造成投资损失。羊群效应属于投资者群体的一致行动,往往会导致市场过度反应,但这也给聪明的投资者提供了获取超额利润的机会。

(九) 噪声交易

有效市场假说认为,证券价格与价值间存在着一个偏差,即噪声。噪声往往是指不真实、不准确的信息。人们在风险决策中受心理因素的影响并非完全理性,投资者有时不是根据基本因素进行买卖,而是根据基本因素以外的噪声来进行买卖,这种行为称为噪声交易。

噪声交易者即为无法获得内部信息而依据噪声进行噪声交易的投资者。噪声交易者的存在往往会使股价出现不理性的波动,弗里德曼和法玛认为,当噪声交易者使股价偏离其基本面价值时,市场便会出现套利现象,这将使得噪声交易者的投资收益低于理性套利者,所以市场会逐渐将噪声交易者淘汰。

四、基于行为金融理论的投资策略

近年来,随着行为金融理论的发展,该理论在国际学术界和实际投资领域得到了广泛关注和推广。在行为金融理论的指导下,投资策略逐步在市场中得到应用。基于行为金融理论的投资策略的核心在于利用其他投资者的认知偏差,通过捕捉由系统性认知和行为偏差引发的市场价格偏离来实现投资获利。主要的基于行为金融理论的投资策略包括动量交易策略、反向投资策略、成本平均策略和时间分散化策略、小盘股投资策略、集中投资策略及ST投资策略等。

当然,基于行为金融理论的投资策略目前还没有成为投资专家们广泛而又普遍的指导理论,其主要原因:一是行为金融理论本身并不完全成熟,二是利用这些理论测定各种影响价格的心理变量时,会遇到许多操作难题。但是,任何理论都有缺陷,在金融市场也没有任何投资策略可以一直获得超额回报。对于投资者而言,行为金融理论的指导意义主要在于:可以采取针对非理性市场行为的投资策略来实现投资目标,就是说,在大多数投资者认识到自己的错误以前,投资那些定价偏离价值的股票,并在股票价格正确定位之后获利。

(一) 动量交易策略

动量交易策略(momentum investment strategy)指投资者利用股票在一定时期内的惯性效应和所表现出来的价格黏性,预测价格的持续走势,进行投资操作。

运用此策略的投资者,通常事先对股票的一些指标,如市盈率、市净率和成交量等,设定一定的过滤准则,在满足动量投资策略的限定条件下,选择买进或卖出股票。一般来讲,持这种策略的投资人会购买过去一段时间表现好的股票,同时卖出表现较差的股票。该投资策略起源于对股票中期收益延续性的研究,它与投资者的反应不足和保守性心理有关。

(二) 反向投资策略

反向投资策略(contarian investment strategy)是指买进过去表现差的股票而卖出过去表现好的股票来进行套利的投资方法。行为金融学发展至今，较为成熟同时最受关注的论点之一是人们对信息反应过度，在此基础上产生了一些新的理论和投资策略，反向投资策略就是其中之一。

反向投资策略的提出是基于 De Bondt 和 Thaler[1][2]对股市反应过度的实证研究。对此，行为金融理论认为，这是由于投资者在实际投资决策中，往往过分注重上市公司近期表现的结果，通过简单外推的方法，根据公司的近期表现对其未来进行预测，从而出现对公司近期的业绩情况做出持续过度反应，形成对绩差公司股价的过分低估和对绩优公司股价的过分高估现象，为投资者利用反向投资策略提供了套利的机会。然而，对于过度反应现象的研究，争议颇多。尽管如此，在金融实践中，特别是在长期投资中，反向投资策略仍然受到相当一部分投资者的青睐。

(三) 成本平均策略和时间分散化策略

成本平均策略(dollar cost averaging strategy)是指投资者在将现金投资于股票时，通常总是按照预定的投资计划根据不同的价格分批地进行投资，这样在股票价格下降时就可以摊低成本，从而避免一次性投资带来较大风险的策略。它与投资者的有限理性、损失厌恶及思维分隔有关。

时间分散化策略(time diversification strategy)是指投资者相信股票的风险将随着投资期限的延长而降低，这样投资者在年轻时应该将其资产组合中的较大比重投资于股票，而随着年龄的增长逐步降低股票投资比例并提高债券投资比例的投资策略。它也与有限理性和思维分隔有关。

成本平均策略和时间分散化策略有很多相似之处，都已经在个人投资者和机构投资者中被普遍采用并受到欢迎，但同时又都被传统金融理论的支持者指责为收益较差的投资策略，由于它们与现代金融理论的预期效用最大化原则明显相悖。而行为金融理论的支持者们则认为，不能单纯地评价这两种策略的好坏。事实上，两者体现了投资者的感受和偏好对投资决策的影响，可以用行为金融理论来解释，属于行为控制策略。Statman(1995)[3]、Fisher 和 Statman(1999)[4]利用行为金融中的期望理论、认知偏差、厌恶悔恨和不完善的自我控制等观点分别对成本平均策略和时间分散化策略进行了系统解释，指出了其合理性，并提出了实践中加强自我控制的改进建议。

(四) 小盘股投资策略

小盘股是指在股票市场中流通规模较小的股票。小盘股效应(small company effect)就是指流通市值比较小的股票比流通市值大的股票具有更高的收益率。20世纪80年代，芝加哥大学的Banz[5]发现股票价格随着公司规模的增大而具有降低的趋势，小规模公司股票的收益率在排除风险因素后依然要高于大公司股票的收益率。Keim[6]进一步研究发现：小公司效应与一月份效应存在着紧密的联系，因此运用此策略者可以一月初买进小公司股票，而在一月底卖出。小盘股可分为小盘价值股和小盘成长股，Fama 和 French[7][8]研究发现，小盘价值股导致小盘股效应。

---

[1] De Bondt W F M, Thaler R H. Does the stock market overreact?[J]. Journal of Finance, 1985, 40(3): 793-805.
[2] De Bondt W F M, Thaler R H. Further evidence on investor overreaction and stock market seasonality[J]. Journal of Finance, 1987, 42(3): 557-581.
[3] Meir S. A behavioral framework for dollar-cost averaging[J]. Journal of Portfolio Management, 1995, 22(1): 70-78.
[4] Fisher K L, Statman M. A behavioral framework for time diversification[J]. Financial Analysts Journal, 1999, 55(3): 88-97.
[5] Banz R W. The relationship between return and market value of common stocks[J]. Journal of Financial Economics, 1981, 9(1): 3-18.
[6] Keim D B. Size-related anomalies and stock return seasonality: Further empirical evidence[J]. Journal of Financial Economics, 1983, 12(1): 13-32.
[7] Fama E F, French K R. The cross-section of expected stock returns[J]. Journal of Finance, 1992, 47(2): 427-465.
[8] Fama E F, French K R. Common risk factors in the returns on stocks and bonds[J]. Journal of Financial Economics, 1993, 33(1): 3-56.

小盘股投资策略(small company investment strategy)就是根据小盘股效应而制定的投资策略。从行为金融学的角度来看，市场对小规模公司预期的偏差将导致其股票价格偏低，而引起小盘股的价格与收益率偏低的现象。当市场发现这种错误定价之后，或经过某些机构投资者的操纵，小盘股的价格将开始上升，由于市场中的羊群效应和一些投资者动量交易策略的实施，小盘股的价格会持续走高。因此一般来说，小公司的收益比大公司的收益更高。

(五) 集中投资策略

集中投资策略(focus investment strategy)就是选择少数几种可以在长期投资过程中产生高于平均收益的股票，然后将大部分资本集中在这些股票上，不管股市短期涨跌，坚持持股，直至后期取得巨大收益。集中投资策略也可以称作买入并持有策略。采取集中投资策略，投资者通常会获得超过高周转率短期交易策略的收益，这种策略有别于一般活跃的资产管理，但又不同于指数投资，它寻求的是高于平均水平的收益。显示集中投资策略优越性的最好的例子就是巴菲特的成功。在20世纪90年代，他集中持有的主要是华盛顿邮报公司、政府雇员保险公司和可口可乐这几家公司的股票，随着时间的推移，这些公司为他带来了巨大的投资收益。

从行为金融学的角度来看，集中投资策略则是一种较典型的行为投资策略。首先，集中投资策略有助于减少投资者的认知偏差。这种策略通过分析企业的内在价值，有目的地将注意力集中在少数几家有选择的公司上，投资者才有足够的精力对其进行仔细研究，把握好公司的经营情况和未来收益。集中投资策略的思想最初来源于英国经济学家约翰·梅纳德·凯恩斯(John Maynard Keynes)，凯恩斯曾说过："一个人的知识和经验无疑是有限的，任何时候，我个人充分信任的公司从来没有超过三家。过度分散投资那些知之甚少和没有特殊理由就给予信任的公司的股票就可以限制投资风险的观点是错误的，集中投资策略有可能产生超过平均水平的长期收益。"因此，由于人的能力有限，投资者应在自己的能力范围内进行投资，选择的股票越少，犯认知错误的可能性越低，可能遭遇的风险就越小。同时，以企业内在价值而不是以价格作为分析标准，长期持有股票，可以避免受价格波动的影响而导致反应不足或反应过度。其次，集中投资策略能够利用他人的认知偏差来获利。在综合分析公司的内在价值后，投资者会选取几个符合其条件的公司，然后评估这些公司的价值与当前股票价格的差异，耐心等待股票被低估时买进，从而利用其他投资者的心理偏差来获取超额利润。运用集中投资策略能充分利用投资者在股票下跌时反应过度的偏差买入，当股价被市场高估后，利用投资者在股票上涨时反应过度的偏差卖出获利。巴菲特在1973年至1974年纽约股市处于大熊市时购买了华盛顿邮报公司和雇员保险公司的股票，在股市回升后获利丰厚。因此，最大限度地减少自身的认知偏差并充分利用其他投资者的认知偏差是集中投资策略取得成功的重要基础。从这个角度来看，集中投资策略成功与否也就取决于投资者对行为投资策略的应用程度。

(六) ST投资策略

上市公司被宣布为特别处理，意味着公司陷入严重困境。但同时，ST公司也成为潜在的并购目标，考虑到壳资源在中国证券市场的稀缺性，ST公司的价值无疑是巨大的，作为一种投资策略，ST公司是可以被纳入投资组合之中的。

但值得关注的是，风险与收益是成正比的，ST股票在可以给投资者带来巨大收益的同时，也存在着潜在的巨大风险。ST公司投资的关键就是是否会被退市，一旦公司业绩无法改善，想要卖壳也没有办法卖出去，那么股价下跌就会难以止住，投资者就会面临巨大的损失，因此，投资者需要谨慎采用ST投资策略。

在传统金融理论与经验事实不断背离的困境中，行为金融理论成为投资者研究金融活动并做出行为决策的突破口之一。行为金融理论是以心理研究成果的发现为基础，辅以社会学等其他社会科学的观点，研究投资者如何在决策时产生系统性行为偏差，并尝试解释金融市场中实际观察到的或是金融文献中论述的与传统金融理论相悖的异常现象的一种理论。由此可见，行为金融理论是在传统金融理论的基础上产生的。与传统金融理论相比较，行为金融学的特点是其更重视个人因素对市场的影响。以股票价格的决定为例，股价的变动可能来自公司本身价值的改变(反映经济环境的变动)，也可能反映投资者因个人心理因素而对其评价的改变，或者二者皆有。传统的金融理论将投资者视为理性人，因此价格变动主要来自基本面因素，即经济环境的变动和公司营运状况的改变，而个体与群体的决策过程几乎被忽视。此时，投资者的变数在理论中的重要性被降到最低。与传统金融理论相反，行为金融理论则大幅提升投资者的地位，而经济波动的重要性则相对降低。据此，行为金融理论家认为，传统金融理论与经验事实的不断背离，是基于其前提，有效市场假说的失败：投资者并非完全理性。

第三节 价值投资哲学

价值投资是一种以内在价值为核心的投资理念，其基本主张在于强调通过深入分析企业基本面，以低于内在价值的价格买入股票并长期持有，最终通过市场价值回归或企业成长获利。这一理念的核心框架可概括为"心理、估值、风险"三大支柱。

一、"心理、估值、风险"与价值投资

在价值投资中，"心理、估值、风险"构成了三位一体的核心要素体系，共同决定了投资的成败。三者相互影响，缺一不可：心理影响对估值和风险的判断，估值是价值投资的决策基础，风险控制则是长期生存的保障。

(一) 心理：价值投资的"人性战场"

价值投资的超额收益往往源于市场非理性波动，而投资者自身的心理素质决定了能否捕捉并坚持这类机会。

(1) 对抗市场情绪。投资中市场恐慌与贪婪并存，价格大幅下跌时(如经济危机)，投资者因"损失厌恶"可能过度抛售，导致优质资产被低估；泡沫期则因"过度自信"盲目追涨。针对这种情况，采取逆向投资显得尤为关键，投资者必须理性区分"价格下跌"与"价值毁灭"，正如巴菲特所言"在别人恐惧时贪婪"。

(2) 克服自身认知偏差。投资决策过程中常见的认知偏差主要包括确认偏误(confirmation bias)和锚定效应(anchoring effect)。确认偏误指投资者倾向于仅仅寻找支持自身观点的信息，而忽视可能的负面信号，如企业债务风险。锚定效应指投资决策中过度依赖历史价格或成本价，拒绝动态调整估值，从而陷入持续恶化的"价值陷阱"。为应对此类偏差，建立严格的投资清单(checklist)与纪律规则，迫使投资者在多空信息间进行均衡分析，是行之有效的解决方案。

(3) 长期主义的心理建设。价值投资往往需要投资者能够忍受短期波动，例如股价数年不涨的困境。此时，"概率思维"与"复利信念"就成了支撑长期持有股票、等待价值回归的重要心理工具。例如，段永平在网易股价暴跌90%后坚持重仓持有，正是基于对游戏行业长期价值的深刻认知，最终获得了百倍回报。

(二) 估值：价值投资的"科学锚点"

估值是衡量安全边际(margin of safety)的核心工具，但需结合心理与风险因素动态调整，避免机械套用公式。

(1) 内在价值的动态评估。传统的折现现金流(DCF)、PB/PE/PEG 等方法或指标为我们提供了基本的估值参照。但其往往依赖诸如永续增长率等假设，结果容易受到主观因素的影响。为此，可通过引入行为修正，在折现率中纳入"市场情绪因子"(如投资者恐慌指数 VIX)，量化情绪对长期回报的影响，从而实现对内在价值更为灵活和动态的评估。

(2) 构建安全边际的依据。市场有时存在错误定价，行为金融学指出，这一现象的根源常由非理性行为导致，如机构调仓踩踏、散户跟风炒作等。此时，极端估值区间(如市盈率位于历史 10%分位以下)往往反映出情绪的极端波动。通过跨市场对比(如对比 A 股与 H 股的定价溢价)，可以发现同一资产在不同市场的定价逻辑差异，为构建稳固的安全边际提供重要依据。

(3) 估值与成长性的平衡，避免"低估值陷阱"。尽管低 PE/PB 通常被视为买入信号，但这类企业也可能隐含衰退风险(如柯达胶卷)，因此需结合投入资本回报率(ROIC)、行业生命周期等多种因素综合判断。例如，贵州茅台在 2013 年塑化剂事件中 PE 降至 10 倍以下，但由于其高端白酒的定价权和消费升级趋势未被市场充分发现，因此反而形成了一个难得的黄金买点。

(三) 风险：价值投资的"生存底线"

价值投资并非"越跌越买"，而是通过风险识别与管理，确保错误决策不会导致永久性损失。

(1) 识别风险并进行分类管理。对于投资者来说，风险可分为三大类。首先是可规避风险，如企业财务造假、管理层道德问题等，可通过深度尽调排除；其次是可定价风险，如周期波动、政策变化等问题，则可通过应用估值折扣(如周期股 PB 低于 1 时买入)予以补偿；最后是系统风险，如经济危机、战争等大环境因素，可通过仓位控制和资产配置的对冲策略加以防范。

(2) 行为视角下的风险信号。在市场行为分析中，当投资者的共识表现得过于一致时，常常暗含潜在风险。例如，若众多机构都推荐某"低估值"板块，这种群体行为可能表明投资者对未来走势缺乏多样性的判断，因而可能预示着潜在风险(如 2021 年的中概股)。而散户高杠杆追涨导致"非理性繁荣"(如 2015 年的 A 股)也值得引起警惕，因为这往往预示着市场流动性可能突然逆转，从而引发流动性风险。

(3) 风险控制工具。为了应对市场的不确定性，投资者可采用多种风险控制工具。首先，通过行业分散(如单个行业不超过 20%的配置)和设定个股上限(如单只股票不超过 10%)等方法，进行"证券选择"以分散化风险；其次，通过动态再平衡，根据估值水平调整股债比例(如股债平衡策略)以实现"资产配置"的优化；最后，采取黑天鹅防护措施，如保留一定现金或配置避险资产(如黄金、国债)，通过合理的"资本配置"确保投资组合的稳健。

(四) "心理、估值、风险"协同：价值投资的实践框架

(1) 心理为舵，建立理性决策流程。通过指定投资清单，在买入前回答诸如"下跌 50%是否依旧持有？"等关键问题；同时，定期复盘以记录决策逻辑与情绪变化(如恐慌性卖出的触发条件)。

(2) 估值为锚，构建多维评估体系。运用 PE/PB/ROIC 等定量指标对目标进行筛选，并辅以对管理层诚信、行业竞争格局等的定性分析；结合情景模拟，对乐观、中性、悲观三种假设情景分别估值，进而评估安全边际的充分性。

(3) 风险为界，设定防御性规则。建立止损与止盈纪律，例如在基本面恶化时(如连续两个季度 ROE 下滑 15%)止损，或在估值达到历史 90%分位时分批止盈；此外，通过压力测试模拟极端市场环境(如利率飙升或需求萎缩 30%)，以此来检验并优化投资组合的抗风险能力。

二、有效市场假说(EMH)、行为金融理论对价值投资的启发

有效市场假说认为，市场价格反映了所有可用信息，所以主动投资很难战胜市场。而行为金融理论则从心理学角度出发，认为投资者因认知偏差等非理性行为导致市场并非完全有效。这两

者看似对立,对价值投资却各具启发意义。

价值投资的核心是寻找被低估的股票,长期持有并等待价格回归价值。如果市场完全有效,价值投资可能很难找到被低估的机会,因为价格已经反映了所有信息。但现实中市场并不总是有效的,尤其短期可能存在非理性波动,这就给价值投资者提供了利用认知偏差和情绪失衡(如过度反应、羊群效应)捕捉错位机会的空间。正如巴菲特所践行的策略——在别人恐慌时买入,在别人贪婪时卖出,正是基于这一理论基础。

如何结合这两个理论来优化价值投资策略,需要投资者明确识别市场何时因信息不对称或情绪极端而表现出无效性,同时具备超越自身认知偏差(如确认偏误)的心理素质。另外,有效市场的不同类型(弱式、半强式、强式)对价值投资也有不同影响。在半强式有效市场中,基本面分析可能无效,但行为金融指出情绪因素仍会导致价格偏离基本面,所以价值投资仍有可为。在实际操作中如何应用这些理论以提高投资成功率,需要采取具体的方法,比如掌握识别市场情绪指标的技巧,同时在评估公司的内在价值时摆脱市场情绪的干扰。

在当今高频交易和信息爆炸的时代,有人质疑价值投资的有效性,而行为金融则提供了有力的解释框架。市场的短期无效性为价值投资创造了机会,投资者可以在别人恐慌时低价买入、在别人贪婪时分批获利,从而实现超额收益。总之,尽管市场并非完全有效,价值投资仍具备实际可行性。结合行为金融的洞察,不仅有助于投资者准确识别市场机会和潜在风险,更提醒大家保持纪律和理性,克服自身认知偏差。坚持长期视角尤为重要,因为短期的市场无效性往往会在长期中得到修正,而这正是价值投资理念的精髓所在。

(一) 有效市场假说(EMH)、行为金融理论和价值投资对比

有效市场假说、行为金融理论和价值投资是金融领域的三大核心理论,分别从不同视角解释市场运行规律和投资策略(见表3-1)。三者看似对立,实则相互补充,共同构成了现代投资理论的基石。

表3-1 有效市场假说、行为金融理论和价值投资对比

维度	有效市场假说	行为金融理论	价值投资
核心假设	市场完全理性,价格反映所有信息	市场存在非理性,投资者有认知偏差	价格与内在价值偏离,存在套利机会
超额收益来源	无(市场不可战胜)	利用市场错误定价	买入低估资产,等待价值回归
投资策略	被动投资(如指数基金)	逆向交易、情绪指标分析	基本面分析、安全边际、长期持有
市场有效性观点	强式/半强式/弱式有效	市场长期无效,短期可能部分有效	市场短期无效,长期趋向有效

(二) 有效市场假说(EMH)对价值投资的启示

(1) 价值因子的理性化解释。有效市场假说提出,低估值股票的高收益可能源于其高风险(如财务脆弱性或经济周期敏感度),而非市场无效导致的定价失误。因此,价值投资者在筛选低估值标的时,需验证其是否伴随未被充分识别或定价的风险(如债务结构、行业衰退等),避免"价值陷阱"。

(2) 市场有效性的边界,约束与机会并存。若市场完全有效(强式有效市场),所有信息已反映在价格中,价值投资无法获得超额收益。但现实中市场多为半强式有效,公开信息虽被定价,但非公开信息与深层价值要素仍可能未被完全消化。这要求价值投资者必须超越财务报表等公开信

息的"表面机会",转而聚焦于两类核心要素:一是独特的非公开信息,如行业生态的微观洞察;二是需要专业分析才能显性化的隐性价值,包括企业护城河、管理层能力、品牌溢价等长期竞争优势。例如,巴菲特之所以长期重仓可口可乐,正是基于其品牌护城河与全球渠道优势,而非仅凭财务报表所呈现的"表层估值",从而挖掘出市场未能及时定价的"隐性价值"。

(3) 长期有效与短期无效的辩证关系。市场长期趋向有效(价格回归价值),但短期可能因信息滞后或流动性问题偏离基本面。这种特征为价值投资者提供了逆向布局的契机,即在短期波动(如恐慌性抛售)中寻找买入机会,同时长期持有股票以等待其价值实现。例如,2008年金融危机中,高盛股价因市场恐慌暴跌,但其内在价值未受损,逆向投资者最终在危机平复后获得了显著超额回报。

(4) 被动投资的竞争压力。有效市场假说支持被动投资(如指数基金)的合理性,即认为主动投资难以长期战胜市场平均水平。这一趋势也在实践中强化了市场对公开信息的迅速反应,压缩了价值策略的操作空间。为此,价值投资者需提升研究深度,例如聚焦小众市场(如冷门行业、小市值公司)或复杂资产(如破产重组企业),避开被动基金的覆盖范围,通过深度研究企业基本面(如护城河、现金流、管理层等),挖掘未被市场充分定价的标的,从而超越被动投资策略,实现超额收益。

(三) 行为金融理论对价值投资的启示

(1) 解释市场错误定价的根源。行为金融的认知偏差(如损失厌恶、羊群效应)解释了市场高估或低估资产的心理动因。价值投资者可系统性利用这些偏差,在别人恐慌性抛售时买入,在别人过度乐观时卖出。此类策略亦可辅以情绪指标(VIX恐慌指数、市盈率分位数)以量化市场情绪的极端状态,从而提供决策依据。

(2) 逆向投资的心理学基础。行为金融为价值投资者证实了"逆向思维"的有效性,但也提醒投资者需规避自身认知偏差(如确认偏误、锚定效应)。在实践中,需通过结构化方法克服认知偏差,如建立投资清单强制理性决策,定期复盘以避免因持仓成本影响卖出决策。霍华德·马克斯(Howard Marks)在《投资最重要的事》中提出的"第二层思维",正是对市场主流认知进行反思与挑战,寻找非共识中的投资机会。[①]

(3) 市场非理性的持续性风险。行为金融指出,错误定价可能因投资者的持续非理性而长期存在,从而产生所谓"价值陷阱"。价值投资者需保持足够的"安全边际"以保护本金,选择高自由现金流、低负债等具备稳健财务结构的企业,以抵御市场情绪波动对资产价值的侵蚀。同时,通过行业与资产的分散配置,降低因个别标的非理性价格波动所带来的组合风险。

(四) 有效市场与行为金融的综合启发

(1) 构建"有限理性"下的投资框架。市场长期有效但短期无效,行为金融解释了市场为何存在错误定价,而有效市场假说则提醒投资者,这些错误定价的修复可能需要较长时间。前者解释了短期价格波动中情绪与噪音的根源,而后者则强调长期价格终将回归内在价值。在此基础上,价值投资需兼具耐心(等待价值回归)与敏锐(捕捉错误定价)。可以利用行为偏差捕捉机会,同时避免与市场长期趋势对抗。在行业周期底部买入(如2015年原油暴跌时的能源股),等待供需关系的长期修复。价值投资者应忽略短期波动的干扰,聚焦企业长期现金流的创造能力。

(2) 能力圈与信息优势的强化。在部分有效的市场中,获取超额收益的关键在于其他投资者的认知偏差,或掌握更优质的信息与具备更强的分析能力。价值投资者应专注于自身"能力圈"(如特定行业、企业分析等),构建独特竞争优势。有效市场假说要求投资者具备超越市场共识的分析能力,深耕特定行业,通过产业链调研获取非公开信息;行为金融则要求投资者理解群体心理规

---

① 霍华德·马克斯. 投资最重要的事[M]. 李莉,石继志,译. 北京:中信出版社,2012.

律，学习行为经济学，识别市场情绪周期变化，进而在非理性波动中找到投资机会。

(3) 动态平衡风险与收益。价值投资需同时管理基本面风险(如企业财务恶化)和行为风险(如市场情绪持续偏离)。分散投资和安全边际是应对双重风险的关键工具。在此过程中，有效市场与行为金融分析工具可以结合使用：通过基本面分析(DCF 模型、ROIC 指标)确定企业内在价值，同时通过行为信号(换手率、期权隐含波动率)辅助判断买卖时机。例如，特斯拉在 2020 年的股价暴涨期间，基本面投资者普遍质疑其估值合理性，但行为派投资者则借助散户情绪指标识别到了短期上涨趋势，从而捕捉到了价格的行为性驱动因素。

三、有效市场假说、行为金融理论和价值投资的辩证关系

1) 有效市场与行为金融：对立与调和

有效市场与行为金融是对立中的调和关系。二者的对立体现在对市场效率的基本判断上：前者认为市场是有效的，所有可获得信息已被价格充分反映，资产价格呈现"随机游走"状态，因而不可预测；而后者则指出市场参与者存在非理性偏差，导致资产定价偏离其内在价值，从而出现可被利用的投资机会。二者的调和则体现为市场"阶段性有效"与"局部无效"：市场在短期内可能受到情绪与噪音交易影响而偏离理性定价，但长期趋势仍会回归基本面(如企业内在价值)；此外，某些市场环境(如小盘股市场、新兴市场)或特殊时期(如金融危机)中，由于信息不对称和流动性不足，定价偏差更为显著，行为金融的解释力增强。

2) 有效市场与价值投资：约束与机会

有效市场既约束价值投资又为其创造机会。有效市场的约束限制体现在：若市场完全有效，则所有信息已被定价，价值投资将失效。但现实中"半强式有效"及以下的市场为价值投资提供了机会土壤：价值投资者需通过深度基本面分析，结合更深层次的数据(如非结构化数据、供应链关系、管理层能力、行业趋势)或私有信息、非公开信息等，通过独特分析框架和分析能力(如跨学科模型)，从而在市场非完全有效的缝隙中捕捉价值洼地。

3) 行为金融与价值投资：理论与实践的桥梁

行为金融与价值投资是理论与实践之间的桥梁。行为金融解释"为何存在机会"：如市场恐慌时的损失厌恶导致优质资产被过度抛售(如 2008 年金融危机中的蓝筹股)，过度乐观时的羊群效应推高泡沫(如 2020 年美股散户狂热)。价值投资则提供"如何利用机会"：如通过逆向投资捕捉非理性波动(如巴菲特在 2008 年买入高盛、比亚迪)，以及利用安全边际规避认知偏差风险(如避免追逐高估值"故事股")。二者共同构成从行为解释到投资落地的完整闭环。

四、有效市场与行为金融的融合：价值投资的升级路径

尽管市场并非完全有效，但过度依赖行为偏差也可能陷入"聪明反被聪明误"的陷阱，误将偶发性偏离视为可持续机会，反而导致策略失效。因此，投资者需实证检验策略的有效性，动态适应市场。在技术(如算法交易)和信息传播速度提升的背景下，市场有效性可能进一步增强，行为偏差的表现形式也会趋向复杂化。将有效市场假说作为理性基准，行为金融作为修正工具，二者融合为兼具理论一致性与现实解释力的分析范式，同时辅以量化分析与基本面研究，有助于在结构性噪音中识别潜在机会，从而构建稳健的投资体系。投资价值评估的核心在于理解市场运行的本质逻辑，识别自身能力圈与信息优势，并在风险可控的范围内，利用理论和实践工具捕捉未被充分定价的价值洼地，进而实现长期稳健的超额收益。

(1) 行为调整下的动态价值评估模型。传统模型存在局限，如 DCF 模型依赖主观假设，易受乐观/悲观情绪影响，进而影响估值可靠性。在此基础上可通过引入行为因子进行调整，提升模型对现实市场的解释力。例如在折现率中增加"市场情绪溢价"(通过 VIX 指数、换手率量化)刻画

风险情绪。同时，情景分析法可有效模拟极端情绪场景下的安全边际变化，增强模型的稳健性与应对复杂市场情形的能力。

(2) 构建"有限有效市场"下的投资框架。在市场长期趋于有效，但短期存在阶段性失灵的假设前提下，可通过识别情绪波动所造成的临时性错配来挖掘价值。例如，行业周期低谷中的优质公司因悲观情绪被系统性低估，投资者可结合基本面分析(如自由现金流、ROIC等财务指标)与定性研究(如管理层能力、行业格局)，长期持有以待其价格回归内在价值(如自2013年起便持有贵州茅台股票)，从而实现"逆周期买入、顺周期兑现"的价值捕捉路径。

(3) 行为金融工具辅助价值判断。将行为金融工具作为价值投资的补充维度，可强化对极端市场状态的识别与应对能力。例如，VIX指数、市盈率分位数、成交量骤增等情绪指标，有助于把握市场极端情绪所引发的错误定价。通过情绪指标识别非理性恐慌情绪，在价格过度下跌时逆向布局，这正契合巴菲特"在血流成河时进场"的投资理念，从而实现更为理性与反周期的决策。

(4) 信号过滤与噪音甄别。价值投资者常陷入"越跌越买"的陷阱，误将价格下跌等同于价值低估。为此，可通过行为金融视角下的情绪信号(如散户恐慌性卖出、机构被动减仓)与财务稳健性指标(如Altman Z-Score)共同验证，排除"价值毁灭型"的误判，提升识别"非理性抛售"中的真实机会的能力，从而在风险可控的基础上强化对下跌过程中的价值的判断力。

(5) 动态调整与纪律性。投资者应避免因市场短期无效性而过度交易，同时定期复查投资逻辑是否被证伪。例如设立投资清单避免冲动交易，规避认知偏差和情绪驱动；同时通过定期复盘检验投资逻辑，警惕"锚定效应"(如过度依赖买入成本)，在策略适应与行为控制之间实现稳健平衡。

(6) 价值投资的现代化升级路径。在大数据与信息快速传播的背景下，投资者需融合前沿技术与非结构化信息，构建更具动态适应性的投资体系。例如利用大数据监测社交媒体情绪(如股吧、微博讨论热度)以辅助判断短期市场热度；通过ESG(环境、社会、治理)因子的整合规避行为金融中的"代理问题"(管理层自利行为)，筛选治理结构优良的企业；同时灵活运用市场有效性分层调整策略组合，在强式有效市场(如标普500成分股)中侧重被动投资，在弱式有效市场(如东南亚小盘股)中积极运用行为偏差信号进行价值挖掘。

五、价值评估：三位一体的投资哲学

价值投资的核心哲学，是心理、估值与风险三者的有机统一。心理是前提，没有理性与耐心，再好的估值模型也会被情绪摧毁；估值是工具，脱离安全边际的价值投资不过是披着外衣的投机；风险是底线，只有活下来才能等到价值回归。价值投资的本质，是在理解市场非理性的基础上，通过科学估值识别错误定价，并以严格的风险管理为盾牌，等待时间验证逻辑。正如霍华德·马克斯所言："投资中最重要的不是赚取收益，而是控制风险。"唯有将三者融会贯通，方能在长期复利中胜出。

对价值投资者而言，有效市场假说是"基本约束"，它警示我们："长期而言市场整体有效，战胜它需要非凡的努力。"而行为金融理论则是"机会指南"，揭示错误定价的来源，并提醒我们："投资者的疯狂是价值派的氧气，但需谨记自己也可能成为疯子之一。"两者的结合为价值投资提供了理论支持与实践路径：在承认市场长期有效的基础上，利用市场短期无效性，通过深度基本面研究、逆向思维和严格纪律，实现长期超额收益。正如霍华德·马克斯所言："投资成功的关键在于理解市场的无效性，并在其中找到自己的优势。"而格雷厄姆也提醒我们："市场短期是投票机，长期是称重机。"换句话说，价值投资的终极逻辑在于：在尊重市场长期有效的前提下，充分利用短期无效性，通过深度基本面研究及坚守投资的理性和纪律，最终实现超额收益。

本章小结

　　本章系统性地构建了现代金融理论的完整认知框架，通过三个层层递进的维度揭示了金融市场的运行规律：首先，有效市场假说为我们确立了市场运行的理想范式。该理论提出的三种市场形态——弱式有效、半强式有效和强式有效，不仅界定了信息反映程度的不同层次，更通过序列相关性检验、事件研究法等实证方法，验证了市场在信息处理方面的惊人效率。这一理论贡献让我们认识到，试图通过历史信息或公开信息持续获取超额收益的努力终将徒劳。其次，行为金融学的兴起弥补了传统理论的解释空白。当面对"日历效应"等市场异象时，行为金融学从投资者心理视角给出了令人信服的解释。过度自信导致的过度交易、损失厌恶引发的处置效应、羊群行为造成的价格泡沫等现象，生动展现了人类认知偏差如何系统性影响资产定价。这些发现不仅丰富了金融理论的内涵，更为投资实践提供了全新的分析工具。最具启示意义的是，价值投资哲学创造性地实现了两种理论的辩证统一。它既承认市场长期趋向有效的根本特性，又善于识别和利用短期行为偏差带来的定价错误。通过"心理—估值—风险"的三维框架，价值投资者能够在尊重市场规律的前提下，通过深入的基本面分析构建安全边际，借助逆向思维把握市场情绪波动带来的投资机会，最终实现超额收益。这种融合了市场效率理论与行为金融洞见的投资智慧，不仅具有理论创新价值，更在实践中证明了其持久生命力。

　　本章的论述表明，现代金融理论的发展已经超越了非此即彼的二元对立，走向了更具包容性的综合范式。理解市场效率的边界、把握行为偏差的规律、运用价值投资的智慧，这三个层面有机结合，构成了当代投资者不可或缺的知识体系，也为后续的金融研究和投资实践指明了方向。

课后问答

1. 有效市场假说的核心假设是什么？如何理解其对投资策略的指导意义？
2. 弱式、半强式和强式有效市场的区别是什么？分别对应哪些检验方法？
3. 列举三种市场异象，并分析其为何与有效市场假说相矛盾。
4. 行为金融学中的"损失厌恶"和"羊群行为"如何影响资产定价？结合实例说明。
5. 为什么套利限制会导致市场非有效？从基本面风险、执行成本和模型风险三方面阐述。
6. 前景理论如何修正传统效用函数？其价值函数的特点对投资决策有何启示？
7. 比较动量交易策略与反向投资策略的心理学基础及适用条件。
8. 有效市场假说认为"技术分析无效"，但实践中为何仍有投资者依赖K线图？请从行为金融角度解释。
9. 价值投资强调"安全边际"，这一概念如何结合行为金融与有效市场理论来优化？
10. 假设市场半强式有效，基本面分析是否完全失效？为什么？

第四章

投资风险估计——折现率的确定

本章任务清单

任务序号	任务内容
1	了解风险的定义
2	了解可分散风险与不可分散风险之间的区别
3	了解风险与折现率之间的关系
4	了解无风险利率标的资产的特点与选择
5	掌握股权风险溢价的概念
6	掌握现代投资学经典模型的核心思想
7	掌握风险溢价的估算
8	了解债务违约风险的概念
9	掌握债务违约息差的估算

从本章开始,我们将进入折现现金流模型的学习。在前面的章节中已提到,折现率是 DCF 模型的一个核心要素。要确定折现率,我们就要了解什么是风险、有哪些风险,以及如何度量风险。本章将详细阐述风险的定义与种类、度量模型及折现率的相关知识。

第一节 风险是什么

一、风险的定义、类别与度量

(一) 风险的定义

在我们的日常生活中,"风险"一词往往单纯用来指未来的事件产生坏的结果的可能性,如驾车行驶在公路上遭遇交通事故的风险、大学毕业后难以就业的风险等。在这种狭义的定义下,风险只能表现为最终的损失,而没有从中获利的可能。

然而,在投资和金融领域中,风险的定义则更加广泛。除了事件可能产生的负面结果以外,其正面结果出现的可能性同样也应该是风险的一部分。也就是说,无论最终结果是高于预期还是低于预期,只要存在得到不同于预期结果的可能性,我们都可将其定义为风险。

投资者在进行投资决策时,往往会对投资的最终回报存在一个预期,我们将这个回报率称为期望回报率。然而,在现实的投资过程中,存在很多无法预期的因素,如宏观经济形势的变化、企业管理层突然曝出的丑闻、动乱或自然灾害的发生等。这些因素都会对投资现金流造成影响,因此实际回报率往往无法与期望回报率完全相等。根据上述不可控因素变化方向的不同,最终回报率也可能分别向更高或更低的方向发展。以上内容讨论了投资回报的不确定性,然而这种不确定性与风险并不等价,进一步讲,不确定性是一个比风险更大的概念,风险仅仅衡量了可以用数理方法度量的不确定性(如情景分析法中未来各种情景的概率)。通俗来讲,风险是"已知的未知",而不确定性是"已知及未知的未知",即风险是不确定性的真子集。综上所述,在投资和金融领域,风险代表未来投资回报结果偏离预期的不确定性,且这种不确定性常常能够运用概率等数理方法进行度量。

(二) 风险的类别

根据投资回报结果偏离预期的不确定性来源,可以将风险分为市场风险、信用风险、经营风险、操作风险、流动性风险和政治风险,下文将分别介绍这些风险对企业的影响。

1. 市场风险

市场风险(market risk)是指未来市场价格(利率、汇率、股票价格和商品价格)的不确定性对企业实现其既定目标的影响。其中,利率风险是指利率的变化使企业资产收益下降、负债成本增加,从而影响收益的可能性。外汇风险是企业在开展外汇业务的过程中,由于汇率的变动而产生损失的可能性。股票价格虽然在短期内未必是公司真实价值的反映,但是它会影响到公司资本运作的能力大小,如并购、股权激励、抵押担保等。商品价格与企业的 EBIT 直接挂钩,在很大程度上直接影响着企业的资金流。

2. 信用风险

信用风险(credit risk)又称违约风险,是指交易双方中某一方(或两者)未能履行合同所规定的义务或信用评级发生变化,从而给企业未来经营带来的不确定性。信用风险主要可以分为道德风险和债务违约风险两大类。道德风险主要来源于信息不对称,即企业由于缺乏对借款者的完全了解而产生损失的可能性。债务违约风险对企业而言更为常见,是指由于企业的经营状况不佳而不能按期还本付息的风险。债务违约风险的衡量可以从正反两个方面进行考察:正面是企业稳定获得现金流的能力,企业获得现金流的能力越强,债务违约风险相对就越低;反面则是企业所背负的债务水平,企业面临的债务水平越高,还本付息压力就越大,债务违约风险相应则更高。会计上有许多用于衡量企业偿债能力的指标,如流动比率、速动比率、到期债务本息偿付比率等。这些指标表现越好,企业违约风险越低。

此外,信用风险的衡量对象也可以是主权政府,此时可以称其为主权信用风险,是指主权政府无法及时足额偿付非官方债权人的风险。目前标准普尔(S&P)、穆迪(Moody's)和惠誉(Fitch Group)均对各国的主权信用风险进行了评价,并计算相关的违约息差,在对折现率进行计算时,这一概念将多次出现。

3. 经营风险

经营风险(business risk)是指企业因其经营活动所造成未来收益充满不确定性的一种风险,其可以细分为财务因素和非财务因素。财务因素方面,企业所关注的主要是三方面内容:资本预算、资本结构和净营运资本。其中,资本预算要求企业选择投入资本回报率水平高的投资项目,这涉及项目评估和管理;资本结构决定了企业的筹资成本和长期资金来源,与企业估值密切相关;净营运资本与企业短期资金的周转能力,以及企业短期资金的需求挂钩。而企业追求以上三方面的具体措施便可能影响其未来经营,从而形成经营风险,如项目评估失误导致投资失利,流动负债过高导致短期资金流断裂等。

非财务因素也会对企业的未来收益造成影响,如管理风险、法律风险等。管理风险是财务公司的管理体制、系统与人员安排对经营活动带来的影响,如管理人员风险意识淡薄,以及决策者凭主观经验决策失误等给企业造成风险损失。法律风险则是指企业经营过程中由于故意或过失违反法律义务或约定义务给企业未来收益带来的损失。

4. 操作风险

操作风险是指由于内部程序或管理系统给企业未来收益带来的不确定性。操作风险广泛存在于财务公司业务和管理的各个方面，经常与市场风险、信用风险、经营风险、法律风险等其他风险交织并发，表现为操作系统风险、财务报告风险、法律事件风险等，因此人们往往难以将其与其他风险严格区分开来。

5. 流动性风险

流动性风险是一家企业在某一时间点或时间段没有能力足额偿付债务的风险，但这并不一定意味着企业面临破产的危机。很多企业虽然短期偿债能力较弱，但其有可持续的主营业务，能够不断产生现金流，因此长远来看，这些企业仍具备偿债能力。

6. 政治风险

企业所面临的政治风险，主要是指因东道国的政治环境发生变化、政局不稳定或者政策法规不连续给投资企业未来收益带来不确定性的可能性。政治风险的分类较为复杂，且目前尚未有统一的细化标准，学术界对于政治风险的划分大多参考 Miller (1992)[①]等学者的研究。

(三) 风险的度量

在明确了风险的金融定义及其诸多类别后，我们需要知道如何用数字衡量风险。从统计学角度来看，风险通常的度量方式为标准或方差，即在不同情况下出现的不同实际回报率的离散分布程度。离散分布程度越高，方差越大，则投资的风险越大。显然，若一只证券的未来收益不存在任何偏离预期的可能，即必定与期望收益率相同，则该证券实际回报率的方差为 0，我们将这类证券称为无风险证券。

让我们以未来一年宏观经济形势的不同情况为例考察风险的测量：假设明年宏观经济形势有三种可能情况，分别为好、中、坏。每种情况发生的概率相等，均为 1/3。在这三种情况下，A 公司股票在未来一年的预期回报率分别为 20%、5%、-15%；B 公司的股票在未来一年的预期回报率分别为 25%、5%、-20%。A、B 两只股票在未来一年的平均预期回报率均为 3.34%，但两者隐含的风险却是不相同的。根据标准差的计算公式，我们可以得到 A 股票的标准差为 17.5%；而 B 股票的标准差为 22.5%，高于 A 股票，说明 B 股票的风险要大于 A 股票。我们还可以直观地看到，在宏观经济形势好时，B 股票的预期回报率要高于 A 股票；在宏观经济形势差时，B 股票的预期回报率则要低于 A 股票，即在不同的情况下 B 股票回报率围绕预期回报率的离散分布程度或波动性要高于 A 股票，这就给投资者投资带来了更高的风险，也即更大的不确定性。

当然，现实生活中未来的宏观经济形势不可能只简单地分为上述三种情况。事实上，任何风险因素在未来都存在近乎无穷种可能性，从而也导致项目的实际回报率不可能服从简单的离散分布，而应服从连续分布。我们在进行金融风险的计算时，常假设未来的实际回报率服从围绕期望回报率的正态分布，这是由风险因素普遍服从正态分布的假设所推导得出的。再以上述的 A、B 股票为例，若未来一年的宏观经济形势好坏服从正态分布，则 A、B 股票的预期回报率应均服从期望为 3.34%的正态分布，但两者图形的峰度并不相同。A 股票由于其实际回报率离散程度较低，分布方差较小，因此正态分布图形峰度较高，较为陡峭；而 B 股票与之相反，分布方差较大，因此正态分布图形峰度较低，较为平缓。

最后需要注意的是，方差或者标准差只是度量风险的一种方式，而上文提到的信用风险、经营风险、操作风险、流动性风险和政治风险等才是风险产生的根本原因。在实践中，运用方差、

---

① Miller D. The generic strategy trap[J]. Journal of business Strategy, 1992, 13(1): 37-41.

标准差等统计指标只是度量了收益率历史时间序列的市场风险,这些指标是对企业历史信息的反映,而估值的核心理念是"向前看"。因此在折现率的计算中,我们一方面需要参考历史数据,以确定诸如股权风险溢价等指标的基准数值;另一方面则需要全面分析企业当前的具体信息,对其风险参数进行适当的调整,以反映企业的整体风险状况。

二、可分散风险与不可分散风险

在介绍风险的概念与类别时,我们提到投资的实际回报率往往会由于各种风险因素而偏离期望回报率,并具体列举了多种类型的风险。我们可以将这些风险归纳为两大类:公司的个别风险及系统风险,区分这两者对于我们合理评估风险具有重要的意义。

公司的个别风险又被称为非系统风险,它往往是由某企业或行业的特殊因素所导致,因此也只作用于一家或几家公司。例如,企业由于对市场需求的判断失误所产生的产品积压风险、竞争对手表现得比预期更为强势的风险、企业现金流断裂导致无法按时还本付息的信用风险,以及国外政府增加某行业关税的行业风险等。而系统风险则是指存在于市场层面,更为普遍并对绝大多数投资项目都具有重要影响的风险。例如,利率上升导致社会整体融资成本提升带来的风险、政府部门出台新的宏观经济政策带来的风险、宏观经济周期处于下行阶段所带来的风险等。

在讨论为什么对个别风险和系统风险加以区分如此重要之前,我们再来回顾一下上节中 A、B 股票的例子。假设此时在好、中、坏的宏观经济形势下 B 股票的实际回报率变为-15%、5%、20%,A 股票的实际回报率依然为 20%、5%、-15%。股票 A 和股票 B 的期望回报率均为 3.34%、标准差均为 17.56%。此时,如果投资者选择同时将其持有的资金各拿一半分别投资至 A、B 两只股票,则它未来在三种宏观经济形势下的实际回报率将为 2.5%、5%、2.5%,期望收益率仍为 3.34%,但标准差大幅减少到 1.44%,远低于单独持有 A、B 股票时的风险!仔细观察我们可以发现,在经济形势好时,A 股票的回报率较高,而 B 股票回报率较低;在经济形势坏时则正好相反。因此,A、B 两只股票的回报率正好互相弥补,其各自的个别风险在共同持有时互相抵消,使得投资者无论在经济形势如何变化时都能获得一个较为稳定的回报率。

现在,再次回到刚才的问题,为什么我们需要对个别风险和系统风险加以区分?这两种风险的关键区别就在于能否进行分散化。分散化是指随着投资者持有的股票数目的增加,其投资组合的风险会不断降低。个别风险也常被称为可分散风险,与之对应的系统风险则被称为不可分散风险。个别风险之所以可以被分散化从而降低总风险,可以从两个方面进行考虑:首先,在一个充分分散化的组合中,每一项投资所占的比重都很低,因此其中一部分投资价值的波动对于整个组合的影响较小;其次,各个公司的个别风险对于组合中单项资产价值的影响可能为正也可能为负,当组合中的投资项目足够多时,这些个别风险将会互相抵消从而趋向于零,从而降低了整个组合的总风险。

既然进行分散投资能够有效地降低组合风险,那么当我们无限地将资金细分投资至更多股票时,我们是否能将投资组合的风险降至零呢?这显然是不可能的。我们会发现,即使我们持有市场上的所有股票,该投资组合预期回报率的方差仍是一个正数,这个剩余的、不可分散的风险就是系统风险。对于投资组合中的大部分资产而言,利率、政策等市场层面的风险因素对其的影响方向很可能是一致的,因此进行分散化投资不可能通过互相抵消来彻底消除这种风险。由此可见,正确地认识个别风险和系统风险对于我们理解金融风险评估起着至关重要的作用。

知识链接:系统风险和系统性风险

在金融学中,系统风险(systematic risk)和系统性风险(systemic risk)是两个相关但有所区别的概念,在现实中常常被人们交叉误用,此处我们将对这两个概念加以区分。

系统风险通常指的是影响整个市场或市场的大部分资产的不可分散风险。这种风险与市场整体的波动有关,例如经济衰退、政策变动、利率调整等,这些因素会影响所有或大多数资产的表现。由于系统风险影响所有资产,因此无法通过分散投资来消除。

系统性风险则是指金融系统作为一个整体的稳定性受到威胁,可能由于金融机构、市场、产品或基础设施的故障而出现整个金融体系的崩溃或严重功能障碍的风险。系统性风险关注的是金融体系的稳健性,它涉及金融系统内部的相互依赖性和复杂性,以及金融体系与经济其他部分的相互作用。系统性风险可能导致金融危机,影响经济的稳定和增长。

总体来说,系统风险更多地关注市场层面的不可分散风险,而系统性风险则侧重于金融体系整体的稳定性和潜在的危机。两者都对投资者和监管者具有重要意义,需要通过不同的策略来管理和缓解。

三、风险与折现率

我们在第二章介绍价值评估模型基础理论时,曾提到折现现金流估值法是所有定价方法的基础,而折现率正是该估值法的基石之一。资本成本作为计算时采用的折现率,应该充分反映边际投资者所能感知到的风险。

为理解资本成本反映边际投资者所能感知到的风险这一概念,我们可以对比同市场的上市公司和私营企业的股权投资者:假设市场风险溢价是唯一的风险因子,虽然二者的市场风险溢价完全相同,但前者对市场风险溢价的相对敏感程度(即后文中提到的贝塔系数)显然要低于后者。因为上市公司的股权投资者有机会将投资充分分散在不同行业,因此其只面临系统风险(在市场风险溢价是唯一的风险因子的假设下,市场风险便是系统风险);而私营企业的所有者往往是唯一的投资者,没有机会进行分散化投资,因而除面临系统风险外,还会面临公司的全部风险,诸如信用风险、经营风险等非系统风险。

估值要求使用的折现率除充分反映风险外,还应和被折现的现金流类型一致,即如果被折现的现金流是股权的现金流,那么合适的折现率就是股权资本成本;如果现金流是流入企业的现金流,那么合适的折现率就是加权平均资本成本。在估值中,常见的做法是推测企业未来的现金流,并计算与之相配的加权平均资本成本,以此评估企业价值,并在此基础上进行后续股权价值的计算。加权平均资本成本的一般计算公式为

$$\text{WACC} = R_E \times w_E + R_D \times w_D \tag{4-1}$$

企业的风险主要可分为股权风险和债务风险两部分,反映企业风险的折现率 WACC 综合考虑了这两部分因素,并按市值权重进行加权求和。式(4-1)中 R_E 代表股权资本成本,R_D 代表税后债务资本成本,w_E 和 w_D 分别表示股本和债务占融资总额的百分比。这里没有考虑优先股的影响,根据 Damodaran 的经验规则:若优先股的市值小于公司流通市值的 5%,则可将其视为公司的债务项,且不会对估值产生显著影响。

现在我们对于风险和折现率及两者间的关系有了一个大致的了解,接下来我们将详细介绍股权资本成本、债务资本成本和加权平均资本成本的求解方法。其中企业股权资本成本的求解最为复杂,其构成包含了无风险利率、企业股权风险溢价两部分,下两节将对其进行进一步的讨论。

第二节 无风险利率

一、无风险标的资产的特点

无风险利率可以被定义为无风险资产的期望收益率,无风险资产的实际收益率必定与期望收益率相同,即实际收益率的方差为 0。

无风险利率标的资产通常要具备以下特点。

1. 流动性强，二级市场参与程度高

流动性是指资产及时、低成本地转变成现金的能力。对于一项金融产品来说，流动性是极其重要的特性。金融产品的流动性好坏是与交易此类资产二级市场的发达程度相关的。二级市场越发达，流动性越好。

2. 收益稳定，风险小

作为其他金融产品定价的基础，无风险资产的收益率需要保持相对稳定。时刻处于波动之中或者经常因临时性扰动因素造成大幅波动的金融资产很难作为其他金融资产定价的基础。换句话说，无风险利率应是反映市场不确定因素最小的金融工具的利率，其他金融工具的收益率可根据其不确定因素的大小，以无风险利率为基础加上一定的超额收益率，即风险溢价。

3. 资产信用高，无违约风险

违约风险，是指因合约人到期不履行合约义务而不能按期还本付息的风险。其他各类风险导致的损失都有可能引发违约风险，而违约风险具有滚雪球式的连锁反应的危险性。在金融市场上，一笔资金被套牢而发生违约，会沿着债务链迅速地扩散开来，甚至有可能演变成危及整个金融系统的总体金融风险。

4. 可控性好，与其他资产关联性强

无风险证券的利率通常对通货膨胀率、GDP 增长率、失业率等经济指标的变动敏感，是货币当局进行公开市场业务操作、实施货币政策重要的参考依据，能够为货币当局所控制，同时其能够影响金融市场主体的投融资行为，是引导金融市场主体有效配置资源的信号，使得无风险证券的利率同其他金融子市场保持高度的关联。

5. 无再投资风险

这一点相较前几点较为抽象且容易被忽视。理解证券收益率的计算逻辑至关重要：要实现证券的期望收益率，必须将持有期间获得的所有利息收入以相同收益率进行再投资(即用投资收益继续进行新的投资)。然而，未来时点的再投资收益率具有不确定性，这就产生了再投资风险。即便是一只高流动性、无违约风险的固定利率债券，由于投资者无法确保利息收入能够以期望收益率进行再投资，其实际收益率仍可能与预期产生偏差。因此，这类债券仍不能被视为真正的无风险资产。基于这一逻辑，无违约风险的零息债券才是无风险资产的理想选择，因为其收益完全来自到期时的本金兑付，不存在期间利息再投资的风险。

二、无风险资产的选择

在市场经济体制成熟和金融市场机制完善的国家，一般我们认为其政府不存在违约的可能性，因此将政府债券作为无风险利率的标的资产是非常普遍的选择。实践中我们常采用短期国库券作为无风险资产，例如，美国以三个月国库券的利率作为无风险利率，英国以两周国债的回购利率作为无风险利率，分别以此利率为基础对各自国家金融市场内的金融产品进行定价。此外，在国际金融市场上也可以采用具有较高信用级别的银行同业间信贷产品作为无风险资产，典型代表为伦敦同业拆借率(LIBOR)，它是在伦敦银行内部交易市场上的商业银行与其他商业银行进行资金借贷时所涉及的利率。由于商业银行资金实力雄厚且同业拆借期限一般较短，市场普遍认为其不存在违约风险，并认可 LIBOR 作为商业贷款、抵押、发行债务时的基准利率。

我国在 20 世纪 90 年代前，绝大部分学者在使用定价理论时均将无风险利率近似视为同期银行存款利率。因为 1996 以前我国金融市场受到严格管制，由中央银行先确定商业银行的所有存贷款利率，其他金融产品的利率价格，如国债发行价格，参照此利率上浮一定的百分点，以致无法找到更为合适的市场化基准利率。但是，同期银行存贷款利率滞后于经济的发展趋势，不能准确

及时反映货币市场的资金供求状况,其并不是资金供给者和最终需求者之间竞争的结果,严重扭曲了金融市场无风险资产的利率期限结构。但自 1996 年以来,我国逐步推进利率市场化进程,金融市场不断发展完善,如今已存在国债收益率(多选用一年期的国库券收益率)、上海银行间同业拆借利率(SHIBOR)、全国银行间同业拆借利率(CHIBOR)、银行间市场债券回购利率(REPOR)、再贴现利率等多种可衡量无风险利率的金融工具。

三、需要考虑的细节问题

(一)无风险利率应和现金流特征相匹配

在选取无风险利率进行估值时,我们需要注意选择与现金流特征相匹配的无风险利率,主要包括期限匹配、币种匹配、对通货膨胀因素的修正。

1. 期限匹配

期限匹配是指无风险利率取决于预期现金流何时出现,并随时间而变化。例如估值中第一年的现金流使用一年期国债的收益率,第二年的现金流使用两年期的国债收益率,以此类推。显然,这种操作模式在实际中并不可行,只是一种理想化的结果,现实中常常用如下方法满足期限匹配的需求:在对期限较长的投资项目,如股权投资,进行分析估值时,应选择政府的长期债券回报率作为无风险利率;而当在对期限较短的投资项目进行分析估值时,则应该选择国库券等短期债券回报率作为无风险利率。

2. 币种匹配

币种匹配要求利率的计量货币和现金流的计价货币必须保持一致。强调币种匹配原则是因为无风险利率的大小取决于特定的货币,对于不同的计价货币,无风险利率可能会有很大的不同。因此在对企业进行估值时,不能根据该企业所在的国家选择无风险利率,而应该选择现金流计价币种所在国的无风险利率进行计算。

3. 对通货膨胀因素的修正

在计算无风险利率时,还应注意是否应对通货膨胀因素进行修正。在通货膨胀率高且不稳定的时期,有时我们希望剔除通货膨胀对于无风险利率的影响从而获得实际的折现率。这种做法的原因是在通胀率不稳定的时期,企业更倾向于使用实际的增长率(如 EBIT 实际增长率、现金流实际增长率等)。简单的做法是将预期的通货膨胀率直接从名义的无风险利率中扣除。但在美国等金融市场较为发达的国家,已经出现了可以根据通货膨胀率自行调整的通胀指数化财政证券(TIPs),该种债券发行时通常先确定一个实际的票面利率,而到期利息支付除按票面确定的利率标准外还要再加上按债券条款规定期间的通货膨胀率升水,本金的到期支付一般也根据债券存续期间通胀率调整后支付。投资者可以直接选择将该债券的实际票面利率作为剔除了通货膨胀率的实际折现率。

此外,在一国没有政府债券利率或投资者不相信政府债券利率时,可以采用如下的思路来估计无风险利率。第一,根据利率黄金法则,如果经济处于黄金律稳态之下,实际无风险利率会与实际经济增长率大致相等,故该国名义无风险利率可以表示为预期通货膨胀率和 GDP 的长期实际增长率之和。第二,若假设该国与另一国的实际利率相等,则可以用如下公式计算该国的名义无风险利率:

$$\text{无风险利率}_{本币} = (1 + \text{无风险利率}_{外币}) \times \frac{1 + \pi^e_{本币}}{1 + \pi^e_{外币}} - 1 \tag{4-2}$$

式(4-2)中,$\pi^e_{本币}$ 表示本国的预期通货膨胀率,无风险利率$_{本币}$ 表示本国的名义无风险利率。

(二) 考虑主权信用风险

我们以上所有关于无风险利率的讨论都基于一个不存在主权违约风险的政府的基础之上，但正如本章第一节所提到的，现实世界中并非所有国家的政府都能保证如此，尤其在一些较为落后的发展中国家。因此这些国家的政府债券就难以直接作为无风险利率的标的资产，我们必须对其进行一定的调整。标普、穆迪等国际评级机构一般会对世界各国的主权信用进行评级，不同的评价等级对应不同的违约息差。比较简单的方法即用该国政府以本币发行的国债收益率减去该国信用等级对应的违约息差，即可获得该国的无风险利率。

第三节 股权资本成本

任何一项投资的期望回报率都由无风险利率和用于补偿风险的超额收益率组成。在股权投资中，我们将预期的超额收益率部分称作股权风险溢价(equity risk premium，ERP)。在第一节中，我们已经详细阐述了风险与折现率间的正向关系，本节将考察如何用模型量化地计算出风险—收益模型中的股权风险溢价。

一、现代投资学经典模型概述

相比于以定性分析为主的传统投资学，现代投资学偏重关注风险和收益，并注重使用各类数理模型来对二者之间的关系进行衡量。本部分将简要介绍估值中最常使用的现代投资学理论，即资本资产定价模型(CAPM)、套利定价理论(APT)和 Fama-French 三因素模型(FF3M)，以为后文股权资本成本的计算进行铺垫，有关这些模型理论的详细内容请读者参考相关资料进行深入学习。

(一) 资本资产定价模型

资本资产定价模型(capital asset pricing model，CAPM)是由美国斯坦福大学教授夏普等人在马克维茨的证券投资组合理论基础上提出的一种风险—收益模型。CAPM 表明，单个证券的合理风险溢价取决于其对市场组合风险溢价的贡献程度，具体表现形式为

$$E(r_i) - r_f = \beta_i \times [E(r_M) - r_f] \tag{4-3}$$

式(4-3)中 β_i 衡量了证券 i 对市场组合风险溢价的贡献程度，r_f 表示无风险收益率，$E(r_M)$ 表示市场组合的期望收益率。CAPM 的具体表现形式非常简洁，但是其在现实应用中的局限性却非常强，其原因在于运用 CAPM 进行资产定价时必须严格遵循各种假设，其中最为关键的是：所有投资者对证券的预期均相同，都持有充分分散化的市场组合，且处于无摩擦的市场。下面我们将对 β_i 的解析式进行简单推导，以帮助读者理解此假设的重要性。

β_i 所衡量的贡献程度常常用协方差来进行测度，若以 w_i 作为证券 i 在市场组合中的所占比重，则根据马科维茨均值—方差理论，显然证券 i 对市场组合方差的边际贡献，以及证券 i 对市场组合风险溢价的边际贡献可以表示为

$$证券 i 对市场组合方差的边际贡献 = w_i Cov(r_i, r_M) \tag{4-4}$$

$$证券 i 对市场组合风险溢价的边际贡献 = w_i [E(r_i) - r_f] \tag{4-5}$$

则此时证券 i 的收益—波动性比率可表示为

$$证券 i 的收益—波动性比率 = \frac{w_i [E(r_i) - r_f]}{w_i Cov(r_i, r_M)} = \frac{E(r_i) - r_f}{Cov(r_i, r_M)} \tag{4-6}$$

由于市场组合是资本市场线(CML)和有效边界(EPF)的切点[①]，故市场组合的收益—波动性比率，也称为市场组合的夏普比率，可表示为

$$市场组合的夏普比率 = \frac{E(r_M) - r_f}{\sigma_M^2} \quad (4-7)$$

回顾上文所提到的重要假设，由于所有投资者对证券的预期均保持一致性，故投资者所面临的资本配置线(CAL)和有效边界均相同，这种情况下 CAL 即为 CML，即投资者持有的证券组合均是市场组合。因为假设某股票价格过高，投资者均不愿持有，则该股股价在供求作用下价格会降低，直到投资者愿意持有该股票。在均衡状态下，投资者持有的有价证券组合即为市场组合。此时每个证券的收益—波动性比率应和市场组合相同，否则投资者倾向于持有该比率高的资产，直至所有资产的该比率相等，故有：

$$\frac{E(r_i) - r_f}{Cov(r_i, r_M)} = \frac{E(r_M) - r_f}{\sigma_M^2} \quad (4-8)$$

式(4-8)进行变形即为 CAPM 模型：

$$E(r_i) = r_f + \frac{Cov(r_i, r_M)}{\sigma_M^2} \times [E(r_M) - r_f] \quad (4-9)$$

式(4-9)中 $\frac{Cov(r_i, r_M)}{\sigma_M^2}$ 即为 β_i 的解析解。然而该模型却存在两个应用上的问题。其一，我们假定投资者对证券有相同预期，并均持有市场组合，然而现实中这一假定显然很难实现。其二，即使所有投资者在当前时点均持有市场组合，但市场组合也是在不断变化的，这会使得投资者必须每分每刻地调整自身的头寸以与市场组合相匹配，这对于投资者而言极难做到。可见 CAPM 本质上是均衡市场下的定价模型，而市场的均衡始终是一个动态调整的过程，直接使用 CAPM 进行股权资本成本的计算将受到极大限制。

(二) 套利定价理论

上文提到的 CAPM 假定投资者均持有市场组合，本部分所介绍的套利定价理论将放宽这一假设。美国学者斯蒂芬·罗斯于 1976 年提出的一种新的资产定价模型，称为资本资产套利定价理论(the arbitrage theory of capital asset pricing)，简称套利定价理论(APT)。在正式介绍 APT 之前，我们将先引入因素模型，以辅助对后续 APT 的理解。

1. 多因素模型

因素模型(factor model)是一种假设证券的收益率只与不同因素波动有关的经济模型，其中因素往往选取系统的、对所有证券均产生影响的宏观变量。依据因素的数量，因素模型可以分为单因素模型和多因素模型，我们在这里只介绍多因素模型，单因素模型处理起来会更加容易。

由于证券的收益率同时受到宏观经济因素的系统影响和公司特有的影响，故运用多因素模型，我们可以将其表示为

$$r_{i,t} = \alpha_i + \beta_{i,1} F_{1,t} + \cdots + \beta_{i,k} F_{k,t} + \varepsilon_{i,t} \quad (4-10)$$

式(4-10)中证券 i 的收益率同时受到 k 个宏观因素 $F_{j,t}(j=1,\cdots,k)$ 的影响，以及公司特有因素 $\varepsilon_{i,t}$ 的影响，α_i 表示截距项，反映了与市场风险无关的收益，且有 $E(\varepsilon_{i,t}) = 0$，$Cov(\varepsilon_{i,t}, F_{j,t}) = 0(j=1,\cdots,k)$，$Cov(\varepsilon_{i,t}, \varepsilon_{i,l}) = 0(t \neq l)$。

[①] 有关 CAL、CML 及有效边界的详细内容可参见：刘志东，宋斌. 投资学[M]. 北京：高等教育出版社，2019：234-249.

若将式(4-10)取期望并作差，即去均值化，则可得到

$$r_{i,t} - E(r_{i,t}) = \beta_{i,1}[F_{1,t} - E(F_{1,t})] + \cdots + \beta_{i,k}[F_{k,t} - E(F_{k,t})] + \varepsilon_{i,t} \tag{4-11}$$

得到式(4-11)表示形式的最大好处是可以用经济变量的惊奇(surprise)来度量其对股票收益率的影响，但除此之外还可以借此对资产组合的风险进行分析。假设投资者持有一个由 n 种股票构成的资产组合 p，各股票权重为 w_i，且有 $\sum_{i=1}^{n} w_i = 1$，则

$$r_{p,t} - E(r_{p,t}) = \beta_{p,1}[F_{1,t} - E(F_{1,t})] + \cdots + \beta_{p,k}[F_{k,t} - E(F_{k,t})] + \varepsilon_{p,t} \tag{4-12}$$

其中 $\beta_{p,j} = \sum_{i=1}^{n} w_i \beta_{i,j}$ ($j=1,\cdots,k$)，$\varepsilon_{p,t} = \sum_{i=1}^{n} w_i \varepsilon_{i,t}$。考虑用方差反映风险，将上式左右两边取方差，得到

$$\sigma_p^2 = \sum_{i=1}^{k} \beta_{p,i}^2 \sigma_{F_i}^2 + \sigma^2(\varepsilon_p) \tag{4-13}$$

式(4-13)中前一项反映了资产组合系统风险，后一项反映了资产组合的非系统风险。可以证明，当 n 趋于无穷大时，投资组合的非系统风险趋于 0，即可以被消除。[①]而因素所衡量的系统风险的消除则需要借助对冲——这便是套利的内容。

2. 多因素套利定价理论概述

套利是利用证券的错误定价来赚取无风险利润的经济行为。满足零初始投资、正期望收益且对因素的系统风险敏感度是 0 的资产组合，我们称其为套利资产组合。若投资者持有充分分散化的证券组合(否则会受到非系统因素的影响，零组合收益率不成立)，显然当证券的价格和收益率调整到套利机会消失，即套利资产组合收益率为 0 时，市场处于无套利均衡状态，对比式(4-12)，该状态满足：

$$\begin{cases} 零初始投资额：\sum_{i=1}^{n} w_i = 0 \\ 零因素敏感度：\beta_{p,j} = \sum_{i=1}^{n} w_i \beta_{i,j} = 0 (j=1,\cdots,k) \\ 零组合收益率：r_p = \sum_{i=1}^{n} w_i E(r_i) = 0 \end{cases}$$

根据 Farkas 引理，可以求解无套利均衡时的期望收益率为

$$E(r_i) = \lambda_0 + \beta_{i,1}\lambda_1 + \cdots + \beta_{i,k}\lambda_k \tag{4-14}$$

式(4-14)即为多因素套利定价模型，其中 λ_0 可视为无风险利率，λ_j($j=1,\cdots,k$)表示该证券对第 j 个因素敏感性的风险溢价。

经过如上的推导，读者应该体会到套利定价模型和 CAPM 均是市场均衡下的定价模型。二者的一大重要不同便是套利定价模型假设均衡是由于套利给价格施压而逐渐形成的，CAPM 则认为投资者是通过调整自己的最优投资组合来使得市场形成均衡。此外，套利定价模型的建立虽然也要求投资者将投资组合充分分散化，但并不要求这一组合一定是市场组合，从而大大放宽了限制，为模型的应用提供了便利。

(三) Fama–French 三因素模型

相比于 CAPM，假设简化后的套利定价模型在使用上存在一定便利，如 Chen 等(1986)[②]构建五因素宏观经济模型来估计股票收益。但是随着经济形势的复杂化，具体宏观经济因素的选择也将成为一大难点，阻碍了多因素模型的使用。

[①] 王磊. 分散投资消除投资非系统风险的统计学解释[J]. 统计与决策，2005(1):13.

[②] Chen N F, Roll R, Ross S A. Economic forces and the stock market[J]. Journal of Business, 1986: 383-403.

利用公司层面的特征来代替宏观因素度量系统风险是一种可行的替代方法，在各类多因素模型中，最为经典而出名的便是 Fama 和 French(1996)[①]提出的 Fama-French 三因素模型(FF3M)。与 CAPM 严格的理论推导不同，FF3M 是基于实证产生的模型，其回归形式为

$$r_{i,t} - r_{f,t} = \alpha_i + \beta_i(r_{m,t} - r_{f,t}) + s_i r_{\text{SMB},t} + h_i r_{\text{HML},t} + \varepsilon_{i,t} \tag{4-15}$$

式(4-15)中，$r_{m,t}$ 表示市场组合的预期收益率，$r_{\text{SMB},t}$ 表示低市值股票比高市值股票多出的收益，$r_{\text{HML},t}$ 表示高账市比公司比低账市比公司多出的收益。由此可得模型的一般形式为

$$E(r_i) = r_f + \beta_i[E(r_m) - r_f] + s_i E(r_{\text{SMB}}) + h_i E(r_{\text{HML}}) \tag{4-16}$$

在式(4-16)中，r_{SMB} 和 r_{HML} 的风险溢价计算如下所示：

$$r_{\text{SMB}} = r_{\text{small}} - r_{\text{big}}$$
$$r_{\text{HML}} = r_{\text{value}} - r_{\text{growth}}$$

其中，small 表示小规模公司，big 表示大规模公司；value 表示价值型公司，growth 表示成长型公司。为了在此分类基础上充分利用信息，接下来继续对其子类进行等额加权：

$$r_{\text{small}} = \frac{1}{3}(r_{\text{small-value}} + r_{\text{small-neutral}} + r_{\text{small-growth}})$$
$$r_{\text{big}} = \frac{1}{3}(r_{\text{big-value}} + r_{\text{big-neutral}} + r_{\text{big-growth}})$$
$$r_{\text{value}} = \frac{1}{2}(r_{\text{small-value}} + r_{\text{big-value}})$$
$$r_{\text{growth}} = \frac{1}{2}(r_{\text{small-growth}} + r_{\text{big-growth}})$$

其中角标的 value 表示价值型公司，neutral 表示中性公司，growth 表示成长型公司。small-value 则表示小规模价值型公司，其余以此类推。

知识链接：深刻理解阿尔法(α)对于投资分析的意义

阿尔法(α)是衡量投资超额收益的核心指标，代表资产实际收益与风险调整后理论预期收益的差值。正 α 反映主动管理能力，负 α 则暗示策略失效。不同理论对 α 的根源与可持续性存在本质分歧，理解这些差异是投资实践的关键。

1. 资本资产定价模型(CAPM)

CAPM 理论假设市场无摩擦、投资者同质预期且持有市场组合，推导出均衡定价公式：$E(r_i) = r_f + \beta_i[E(r_M) - r_f]$。此时，$\alpha$ 为实际收益中未被市场风险因子解释的残差 ($\alpha = r_i - [r_f + \beta_i(r_M - r_f)]$)。理论上 α 应严格为零，其显著偏离零意味着市场未达均衡(如异质预期或持仓差异)。詹森测度基于此逻辑，将长期正 α 解读为基金经理通过选股或择时超越市场的能力，但其局限性在于其仅纳入单一市场风险因子，忽略了规模、价值等其他系统风险来源。现实中，CAPM 因过度简化极少单独作为基准，更多被多因子模型替代以提升解释力。

2. 有效市场假说(EMH)

EMH 理论认为市场完全有效时，所有信息已反映在价格中，投资者无法通过主动管理持续获得超额收益(α)。EMH 支持者认为：观察到的 α 大多只是短期噪声或统计偶然(如运气)，长期来看，市场会通过套利行为和信息扩散逐渐趋近有效，定价偏差被持续修正，使得纯粹的 α 空间不断收窄。而持续的正 α 实为未识别的风险因子暴露，本质上是伪装的 β(no true alpha, only beta in

---

[①] Fama E F, French K R. Multifactor explanations of asset pricing anomalies[J]. Journal of Finance, 1996, 51(1): 55-84.

disguise)，而非真正的主动管理能力。

3. Fama-French 三因素模型(FF3M)

FF3M 作为 Fama 对 EMH 的实证捍卫，在 CAPM 框架中引入规模因子和价值因子，其形式为 $E(r_i) = r_f + \beta_i[E(r_m) - r_f] + s_i E(r_{SMB}) + h_i E(r_{HML})$。此时 α 为实际收益中未被三因子解释的残差，此扩展实质上是 EMH 中"伪装的 β"思想的实证化——通过更多系统因子将原 CAPM 下误判为 α 的超额收益分解为风险补偿。实证研究表明，多数主动基金的 α 在 FF3M 下变得不显著；若 α 仍显著，则可能指向未被捕捉的风险(如动量、流动性因子)或极少数真实的技能优势。FF3M 的核心理念与 EMH 一脉相承：不断识别新因子，以压缩纯粹的 α 空间。

4. 行为金融理论

行为金融理论基于投资者有限理性的前提，将 α 归因于系统性定价偏差(如过度反应、羊群效应)，并指出非理性行为的持续性及有限套利(如交易成本、卖空限制)共同维系了 α 的长期存在。与 EMH 不同，该理论认为市场无法快速修正错误定价，这使得逆向投资(如买入低估资产)或事件驱动策略(如利用盈利公告后的过度波动)能够利用集体心理偏差获取超额收益。这一理论为主动管理提供了理论根基：在非完全有效的市场中，信息处理能力、行为洞察力与严格投资纪律是获取真正 α 的核心来源。

在不同理论框架下，α 既反映了市场定价机制中的结构性偏差，也折射出信息与行为驱动的多重因素：CAPM 视其为模型残差，EMH 归因于未识别的系统风险，FF3M 通过多因子模型压缩其空间，行为金融则锚定于心理偏差。这些理论的冲突与互补，揭示了市场长期趋近有效，但非理性与信息摩擦始终留存 α 的生存空间。对价值投资者而言，持续获取 α 需穿透双重认知壁垒：深度挖掘信息优势(转化公开数据为"准私有洞察")与行为偏差，同时严守投资纪律过滤短期噪声。α 的本质并非数字游戏，而是对市场有效性边界与人性弱点的洞察：在理性与偏差的博弈中，超额收益诞生于逆向投资的勇气及坚守价值的耐心。

二、风险溢价的估算

无论是在资本资产定价模型的表达中，还是在套利定价模型的表达式中，我们都能看到三个关键因素——无风险利率、风险溢价和相对风险系数贝塔。只要获得了这三项数据，我们便可以轻易地通过计算得到股权资本成本的具体数值。无风险利率的选择与获取已在本章第二节进行了详细的阐述，本小节我们将对风险溢价的估算进行深入探讨。

(一) 成熟市场风险溢价

根据各模型中风险溢价的表达式，我们可以将其定义为预期的市场组合收益率与无风险利率间的差额。然而建立这些衡量模型时，数据均来源于二级市场，因此其衡量的风险溢价实际上是二级市场中股票的风险溢价，而不是我们估值过程中所真正需要的一级市场中的股权风险溢价。不过在折现现金流估值模型中，我们假设市场在长期中股票的定价可以纠正至其内在价值，此时一级市场和二级市场的风险溢价相同，或至少相差无几，因此可以用数据易获得的二级市场股票风险溢价代替一级市场的股权风险溢价，从而为后续的估值提供极大的便利。

如果我们使用历史数据来预测未来的风险溢价，直观看来风险溢价的估算并不复杂，我们只需要使用过去年度市场组合的平均收益率减去政府债券的平均收益率，即历史的平均超额收益，不就可以得到风险溢价数值了吗？

但事实并非如此简单。首先，对于大多数国家而言根本不存在一个有着多年历史、相对成熟的金融市场，可以获取用于进行历史估计的数据。其次，即使在使用美国等成熟市场的历史数据进行估算时，我们常常也要面对以下几个问题：我们应选择哪个历史时期的数据进行计算？政府的无风险证券应选择哪个种类？在计算历史的平均收益率时应使用几何平均还是算术平均？对上述问题的答案不同可能会导致风险溢价的估算结果出现巨大的差异。目前主流的计算方法倾向于使用较长期限的历史数据，这有利于控制风险溢价估计值的标准误(standard error)；同时，由于股权投资的长期性，长期国债的收益率更适合被作为无风险利率进行计算，事实上在折现现金流估值时，我们也常常假设公司可以永久存续经营；最后，考虑到收益率的复合性和长期性，几何平均相较于算术平均更适合用于计算风险溢价。

(二) 新兴市场风险溢价

在通过上述方法估算出成熟市场的股权风险溢价后，我们就可以在此基础上对新兴市场国家的股权风险溢价进行估算了。任何一个国家股权市场的风险溢价都可以表示为

$$i\text{国股权风险溢价} = \text{成熟市场风险溢价} + i\text{国国家风险溢价} \qquad (4\text{-}17)$$

从式(4-17)中可以看出，在计算得出成熟市场风险溢价后，求解 i 国的股权风险溢价还需要计算 i 国国家风险溢价。国家风险溢价衡量了一个国家股权市场相较于成熟市场的额外风险，最简单的估算方法即为直接将该国的违约息差作为国家风险溢价。常见违约息差的度量方法一共有三类：该国所发行的以美元计价债券的违约息差、国家主权信用违约掉期的价差、基于国际评级机构对该国的主权信用评级的违约价差。该估算方法虽然简单便捷，但评级机构对于市场变化的反应速度往往较慢，且债券违约风险可能难以完全涵盖股权市场的所有风险。

除了直接使用违约息差，还有两种常用的估算国家风险溢价的方法。第一种为相对标准差法，首先将成熟市场国家和新兴市场国家股市的标准差进行比较，可以得到两国的相对标准差；其次将相对标准差与成熟市场国家的股权风险溢价相乘可以估算出新兴市场国家的股权风险溢价；最后再将新兴市场与成熟市场的股权风险溢价相减即可得到国家风险溢价。以 A 表示新兴市场国家，B 表示成熟市场国家，其公式为

$$\begin{aligned}\text{国家风险溢价}_A &= \text{股权风险溢价}_A - \text{股权风险溢价}_B \\ &= \text{股权风险溢价}_B \times \text{相对标准差}_{AB} - \text{股权风险溢价}_B \\ &= \text{股权风险溢价}_B \times \text{标准差}_A / \text{标准差}_B - \text{股权风险溢价}_B\end{aligned} \qquad (4\text{-}18)$$

第二种有些类似上述两种方法的结合，我们认为股权的国家风险溢价与国家违约息差之比应该与股权、债券市场的风险比例相同，而这两个市场的风险均可以由对应的标准差衡量。因此，我们可以通过以下公式估算国家风险溢价：

$$\text{国家风险溢价} = \text{国家违约息差} \times \sigma_{\text{股票}} / \sigma_{\text{债券}} \qquad (4\text{-}19)$$

式(4-19)中，σ 表示相应市场以标准差度量的风险。

综上所述，三种估算国家风险溢价的方法各有利弊，投资者在进行计算时可以根据情形的不同灵活结合使用三种方法，并最终得到相应国家的风险溢价。在得到风险溢价的具体数据后，我们便可结合无风险利率、贝塔系数的相关数据顺利对股权风险溢价进行估算了。

(三) 隐含股权风险溢价

前文中提到，我们运用二级市场的历史数据来计算股票风险溢价，进而以此对股权风险溢价进行近似估算，这种估法具有一定的合理性，但是由于风险溢价这一概念本身具备了前瞻性、预期性的特点，故我们自然会思考：有没有一种前瞻性的方法可以计算出风险溢价？答案是肯定的，这便是此部分所要介绍的隐含股权风险溢价(implied equity risk premiums)。

我们继续假设市场整体上有效，即股票总体上定价是正确的，则我们可以前瞻性地估计股票的预期现金流，找到使得现值等于当前支付价格的折现率来估计股票的期望必要收益率，之后将

该期望必要收益率减去无风险利率便可得到股权风险溢价。由于此种方法跳过了计算成熟市场风险溢价、国家风险溢价等步骤,是间接性地计算股权风险溢价的,故计算结果亦称为隐含股权风险溢价。

这种方法自然地让我们联想到债券到期收益率(yield to maturity,YTM)的计算,实际上二者计算的原理完全一致,均是寻找使得净现值为 0 的折现率,但是由于股票和债券存在着较大的差别,故在计算隐含股权风险溢价时我们也应注意如下细节。第一,不同于债券的票息支付,股票的未来现金流具有不确定性,最常见的做法是假设股利满足一定的增长率,并持续若干年。第二,债券到期支付末期票息和面值,但股票具备了无限生命期,我们在假设股利按比率持续增长一定年份后,需要假设其能够按另一比率永续增长,这一比率往往选择无风险利率。第三,YTM 是一个确定值,而隐含股权风险溢价是每时每刻都在动态调整的,因为一方面股价是动态变化的,不同时刻的支付价格会存在差异;另一方面,投资者在不同时点所接收到的信息不同,而信息会影响人们的预期,进而影响对未来现金流的估计,从而造成了计算结果动态变化的特点。

隐含股权风险溢价亦有其独特的意义,因为它是一种前瞻性的数字,反映了市场所要求的风险溢价,对于掌握市场的情绪、风险厌恶程度很有帮助。相比于使用历史数据计算的风险溢价,隐含股权风险溢价和预期的未来现金流均是预期性的,因而二者之间更加贴合。隐含股权风险溢价的求解方法看似简单,但实际上对于未来现金流的估计是计算中的一大难点,增长率的选择、增长期限的确定都需要投资者建立合理的逻辑。对于成熟市场而言,可以考虑采用戈登增长模型等股利折现模型计算隐含股权风险溢价;但在我国,大多数股票不分配股利或者分配股利极少,此方面信息的缺失会使投资者对股票未来现金流的估计更加困难,因此采用直接法计算股权风险溢价,即分别计算成熟市场风险溢价、国家风险溢价,仍然是股权风险溢价计算中的主流方法。

(四) 企业股权风险溢价

我们已经介绍了无风险利率的选取及任一新兴市场股权风险溢价的求解方法,但在估值中我们更加关心的是企业的股权风险溢价。企业的股权风险溢价是预期的股权投资收益率与无风险利率间的差额,若借助 CAPM 模型,其常见的求解方法有三种。

第一种方法假设该国的每家企业都同样程度地面临本国的国家风险,在这种情况下:

$$R_{E,j} = R_f + \text{CRP} + \beta_j \times \text{ERP}_{\text{成熟市场}} \tag{4-20}$$

式(4-20)中 $R_{E,j}$ 表示 j 企业的股权资本成本,R_f 表示无风险利率,CRP 表示该国的国家风险溢价,β_j 表示 j 企业的相对风险系数,$\text{ERP}_{\text{成熟市场}}$ 表示成熟市场股权风险溢价。在这种方法下,该国企业的股权风险溢价即为 $\text{CRP} + \beta_j \times \text{ERP}_{\text{成熟市场}}$。

第二种方法在实际估值中最为常见,其假设一家公司面临的国家风险与它面临的其他市场风险相似:

$$R_{E,j} = R_f + \beta_j \times (\text{ERP}_{\text{成熟市场}} + \text{CRP}) \tag{4-21}$$

此时 $\beta_j \times (\text{ERP}_{\text{成熟市场}} + \text{CRP})$ 为企业的股权风险溢价。

第三种方法则将国家风险作为一个单独的风险因素,各个企业对其有单独的相对风险系数:

$$R_{E,j} = \beta_j \times \text{ERP}_{\text{成熟市场}} + \lambda_j \text{CRP} \tag{4-22}$$

在这种情况下 $\beta_j \times \text{ERP}_{\text{成熟市场}} + \lambda_j \text{CRP}$ 为企业的股权风险溢价,其中 λ_j 衡量了企业和国家风险溢价之间的相对风险系数,其求解的一种思路是根据营业收入中来自非国内的比例,比例越高,则证明企业对本国国家风险的敞口越小,对应的相对风险系数也越低。

三、相对风险系数贝塔

到目前为止,为求解企业的股权资本成本,我们已经介绍了各种经典模型、无风险利率及国家、企业的股权风险溢价求解方法。细心的读者应该注意到,在求解企业股权风险溢价(事实上也是求解企业股权资本成本)时,我们使用了企业的贝塔系数作为企业对各类风险的相对测度。贝塔系数的求解是股权资本成本计算的最后一步,这部分我们将详细讲述贝塔系数的求解方法。

在正式介绍求解方法前,我们首先回顾一个反复提及的假设,即市场整体上是有效的。在这一条件下,二级市场上股票的贝塔系数可以代替股东股权投资的贝塔系数(企业股权贝塔系数),反之二者在数值上可能相差较大,无法较好相互替代。下文将以此为切入点进行分类讨论,探讨在该假设成立和不成立(更确切讲是分析师、投资人认为该假设不成立)时企业股权贝塔系数的求解方法。

(一) 有效市场假设成立

该假设成立时,我们的着眼点便在研究二级市场的股票价格上,以此来求得股票的贝塔系数。直观的想法是直接运用 CAPM、APT 定价模型进行回归分析。但在此之前我们需要回归这些模型的一大共同特点,即这两个定价模型本质上都是均衡状态下的价格模型,且要求投资者充分分散化风险。因此当估值分析师不相信投资者已经充分分散化投资时,所采取的估值方法亦有不同。

1. 投资者已充分分散化投资

在市场整体有效和投资者充分分散化投资的前提下,贝塔系数的求解相对简单,此时 CAPM、APT 均可以直接使用。此处及后文以 CAPM 为例(其余模型同理),对不同情况下股票贝塔系数的求解方法给出介绍。一种方法是可以将企业股票的收益率时间序列作为因变量,将市场组合(一般选取股票指数进行代替)的收益率时间序列作为自变量进行回归,此时回归斜率系数即为企业的贝塔系数,其中时间序列一般选取 5 年,收益率选取月收益率。另外一种可行的方法是直接根据该模型贝塔系数的定义,即用"股票收益率和市场组合收益率的协方差"与"市场组合收益率的方差"作比值,在前提假设均满足的情况下,这两种方法的计算结果应当一致。

2. 投资者未充分分散化投资

当投资者未充分分散化投资时,我们不可以直接使用 CAPM 模型进行计算,因为贝塔系数仅仅度量了系统风险,此处投资者面临的风险包括非系统风险和系统风险两类,继续使用 CAPM 实证回归法和定义法会存在风险衡量错误。事实上,现实中能直接使用 CAPM 的场景寥寥无几,在这种情况下一些可替代的度量方法如下。

(1) 相对价格波动。相对价格波动是一种衡量股票价格波动相对于市场整体波动的方法。它通过比较个别股票的波动性与整个市场指数的波动性来评估股票的风险,即用企业股票的波动率除以市场股票指数的波动率,来帮助投资者了解特定股票的价格波动是否比市场平均水平更大或更小。

(2) 基于代理模型。这种方法的思想可以参考本章第三节的 FF3M 模型,事实上,FF3M 模型的构建思路便是对 CAPM 实证结果中 α 显著不为 0 的解释,即投资者充分分散化了投资,只面临系统风险,但是系统风险并不只是包括了 CAPM 中的市场组合收益风险,还包括了公司规模(小与大)、公司价值(账面市值比)。Liu 等(2019)[①]基于 FF3M 模型对因子进行替换、添加,根据中国股票市场的特点选取中国版的规模因子和价值因子构建出 CH-3 和 CH-4 模型,得到了学术界广泛认可。在我们构建代理模型时,也可以采用这种思想:通过经验分析、数据挖掘技巧找到一些影响股价的因素,之后将其与股票收益率做回归,因素前的斜率系数即为度量相对风险的贝塔系数。

---

① Liu J, Stambaugh R F, Yuan Y. Size and value in China[J]. Journal of Financial Economics, 2019, 134(1): 48-69.

(二) 有效市场假设不成立

这种情况下，贝塔的计算应该避开使用股票的贝塔代替股权的贝塔，而直接尝试求解后者。常见的方法有基于会计的贝塔(accounting beta)和自下而上的贝塔(bottom-up beta)两种。

1. 基于会计的贝塔

如果我们不相信以股票市场价格为基础的风险度量，最简单的想法便是可以避开使用股票数据，而考虑计算基于会计收益的波动性，以此来度量贝塔系数。基于会计的贝塔求解方法有很多，但其本质思想与基于股票价格求解贝塔系数相差无几，主要可以总结成如下几种。

(1) 利用会计数据构建回归模型。与市场有效且投资者充分分散化风险下利用 CAPM 计算贝塔系数的思路类似，一种可行的方法是将企业净收入的增长率作为因变量，将市场指数所包含企业(或所有企业)的平均净收入增长率作为自变量，选取一定的时间窗对二者的时间序列进行回归，所得到的斜率系数便可作为贝塔系数。

(2) 相对会计指标波动。此方法可以用企业净收入的波动率除以市场指数所包含企业(或所有企业)的平均净收入波动率，所得比值即为贝塔系数。

(3) 基于资产负债表比率。这种方法的思想是通过得出企业的综合评分，并与总体均值相比，以此得到贝塔系数，不过难点在于比率的选取，这一点和上文提到的代理模型构建比较类似。这一方法的经典研究是 Altman (1968)①的 Z 分数模型，它使用盈利能力、杠杆率、流动性、偿债能力和收入活动来预测公司是否很有可能破产。此后 Altman 于 2012 年发布了名为 Altman Z-score Plus 的新版本②，可用于评估上市公司和私营公司、制造业和非制造业公司及美国和非美国公司。尽管该版本已有一定时间，但其在衡量企业财务风险方面的思路依然具有参考价值。受此启发，我们可以选择基于资产负债表的某些比率，如负债比率或现金持有量等计算风险评分，并将其与市场指数所包含企业(或所有企业)的该评分均值进行比较，从而得到贝塔系数。

尽管方法和思路非常清晰可行，但是基于会计的贝塔系数因存在较大的不足，导致在实际中使用频率很低。③第一，所谓"好的企业千篇一律，坏的企业各有千秋"，企业的年报在绝大多数情况下是在公司高管粉饰后希望投资者看到的结果，而企业评分往往具有较高的综合性，这就导致了基于资产负债表比率的贝塔系数经计算后很可能约等于 1。第二，会计数据的不可得性限制了回归方法的使用，许多企业只详细公布年度数据，而在季报中会隐去许多关键指标，这使得回归样本大大减少，降低了回归结果的可信度。

2. 自下而上的贝塔

为理解自下而上求贝塔的背后逻辑，我们可以考虑如下所述的事实。

债务融资占比和 EBIT 实际上直接影响股东的利益。企业的股东所关心的是企业的净收入，而企业的净收入和 EBIT、所得税及债务融资占比紧密挂钩，因为股东拥有剩余索取权，若不考虑股利分配，从 EBIT 中扣除支付给债权人的利息和所得税后，余下的才是股东的净收入。直观理解，债务融资占比越高，可能支出的利息就越多，股东收益受经济周期和市场波动的影响就越大，股权的贝塔系数越高。④

除债务融资占比外，EBIT 也是企业经营应当重点关注的内容，其影响因素主要包括产品所属行业特点(例如若产品所在行业受经济波动影响越大，则股权的贝塔系数越高)和固定成本占比。

---

① Altman E. I. Financial ratios, discriminant analysis and the prediction of corporate bankruptcy[J]. Journal of Finance, 1968, 23(4): 589-609.

② 详细内容可参见 Altman Z-Score +的官网：https://altmanzscoreplus.com/。

③ 达摩达兰. 投资估价：评估任何资产价值的工具和技术[M]. 3 版. 北京：清华大学出版社，2014.

④ 假设企业 A 和企业 B 的 EBIT、税率均相同，企业 B 每年需要支付的利息数额大于企业 A，则当两企业的 EBIT 同时变化相同数额后，企业 A 和企业 B 净利润变化百分比的比值为 $(EBIT - I_B) / (EBIT - I_A) < 1$，即此时支付利息数额较大的 B 企业的净利润波动较大，对应了较高的贝塔系数。

产品行业特点对 EBIT 影响的背后原因不必多言，为理解固定成本占比对 EBIT 的影响，我们不妨设想一个固定成本占比很高的企业，在总成本一定的情况下，固定成本金额大，经济萧条时单位产品摊销的固定成本高，无法及时形成应收账款的回笼，阻碍企业的盈利；经济繁荣时单位产品摊销的固定成本则较低，有利于企业的经营发展。因此对企业和股东来说，固定成本像是一把"双刃剑"，较高比重的固定成本导致企业的 EBIT 受市场和经济周期的影响更为明显，呈现顺周期的特点，即股权的贝塔系数越高。

事实上，债务融资占比对企业股权贝塔系数的影响也可从另一个角度考虑。相比于完全的权益融资，企业进行债务融资实际上带来了每期必须支付的固定成本——即按期偿付的利息支出。因而我们可以将债务融资占比上升等效成固定成本的增加，所得结论与上文一致。

如上所述，我们发现股东的收益实际上和债务融资占比(可用财务杠杆衡量)、产品所属行业特点、固定资产占比(可用经营杠杆衡量)三者紧密相关。细心的读者应该注意到，在上述的讨论中我们既没有考虑股票价格因素，也没有考虑会计指标情况，而是从股东利益的来源出发，采用倒推的思路追根溯源，最终聚焦于企业的产品行业、融资结构和成本结构特点。在具体求解衡量这种关系的贝塔系数时，我们应和以上的思路反向进行，即"自下而上"地从企业的产品行业、融资结构和成本结构出发，按如下所示的 6 个步骤，最终求得企业股权贝塔系数。

(1) 确定企业各类主营产品所在的各个行业。

(2) 找到各行业的上市公司(不包括该企业)，并可基于二级市场股票数据，利用回归方法求出它们的贝塔系数，之后取均值，求出各行业的平均贝塔系数。某些读者可能会质疑在这里利用回归求解贝塔系数的正确性，对于一个企业来说，直接使用回归计算的结果可能不稳健，但是根据大数定律，一个行业所有企业的贝塔系数均值将会依概率收敛到某个值，即可将其视为行业贝塔真值。

(3) 上一步求出的平均贝塔系数包含了财务杠杆和经营杠杆信息，通过行业内上市公司的平均债务权益比(按市场价值计算)，可以估算行业去除财务杠杆后的贝塔系数，也称为行业的无杠杆贝塔系数。式中下标"行业 i"表示企业所属的第 i 个行业。

$$\text{无杠杆贝塔系数}_{行业 i} = \frac{\text{贝塔系数}_{行业上市公司均值}}{1+(1-T)\times\left(\dfrac{D}{E}\right)_{行业上市公司均值}} \tag{4-23}$$

(4) 在去除财务杠杆后，下一步是运用行业固定成本与变动成本之比的均值去除经营杠杆，得到行业纯贝塔系数，其不包含任何杠杆信息。

$$\text{纯贝塔系数}_{行业 i} = \frac{\text{无杠杆贝塔系数}_{行业 i}}{1+\left(\dfrac{\text{固定成本}}{\text{可变成本}}\right)_{行业上市公司均值}} \tag{4-24}$$

(5) 在得到行业纯贝塔系数后，接下来就是在其上依次添加目标企业的经营杠杆信息和财务杠杆信息，以得到企业在行业 i 中的贝塔系数。

$$\text{有杠杆贝塔系数}_{行业 i} = \text{纯贝塔系数}_{行业 i} \times \left(1+\left(\dfrac{\text{固定成本}}{\text{可变成本}}\right)_{企业}\right) \tag{4-25}$$

$$\text{贝塔系数}_{行业 i} = \text{有杠杆贝塔系数}_{行业 i} \times \left(1+(1-T)\times\left(\dfrac{D}{E}\right)_{企业}\right) \tag{4-26}$$

(6) 按照各项业务市值在公司市值中所占的比重[①](若该项数据难以获取，也可采用 EBIT 或营

---

① 为求解这一指标，可以考虑利用公司各项业务的营业收入额和"EV/营业收入"指标的行业均值，二者相乘即为公司某项业务的市值。

业收入替代)对所有贝塔系数$_{行业i}$进行加权求和,得到企业股权的贝塔系数,这一贝塔系数包含了行业信息及自身的财务、经营杠杆信息。

$$贝塔系数_{企业} = \sum_{i=1}^{n} 权数_{行业i} 贝塔系数_{行业i} \tag{4-27}$$

在实践中,自下而上的贝塔求解往往会添加行业内所有公司具有相同成本结构的假设,即默认其经营杠杆相同,因而可以省略去除、添加经营杠杆的步骤。这一条件在现实中未必能满足,但之所以这样假设是因为企业在利润表中往往将固定成本和可变成本之和计为营业成本,而不对二者进行分项计算,所以事实上行业内企业的经营杠杆数据较难获取。当然,如果可以获取到这些数据,我们完全可以严格按照上文所述的 6 个步骤计算自下而上的贝塔。

另一种求解经营杠杆的方法是利用 EBIT 相对于营业收入的波动比率(EBIT/营业收入)。回忆上文为引出自下而上贝塔所陈述的事实,显然这一指标越高,则表明公司有着越高的经营杠杆。这种方法的最大缺陷是单年度的相关指标往往存在较大的噪声,因而常见方法是选取该指标一段时间内的均值。

【例 4.1】计算××科技自下而上的贝塔系数。

××科技在 2020 年几乎全部收入均来自中国(占比为 99.97%),其各项主营业务及其营业收入占比,以及各自对应的行业贝塔系数如表 4-1 所示。[①] 此外,估值时点下,××科技的股权市值、债务市值分别为 81.06 亿元、15.86 亿元,假设所得税税率为 15%,则××科技的行业贝塔系数如下。

表 4-1 ××科技各项业务收入及行业贝塔系数

业务名称	营业收入(亿元)	营业收入占比	行业贝塔系数
软件开发及服务	22.32	74.90%	0.876
系统集成销售及服务	6	20.13%	1.232
创新运营业务	1.12	3.76%	0.829
其他	0.36	1.21%	0.252
企业	29.8	100.00%	0.938

注:假设行业内均有相同的经营杠杆。

按照营业收入对企业的各项业务进行加权,得到××科技的行业纯贝塔系数为

$$74.90\% \times 0.876 + 20.13\% \times 1.232 + 3.76\% \times 0.829 + 1.21\% \times 0.252 = 0.938$$

由于我们假设了经营杠杆全部相同,故只需"加回"财务杠杆,即得到××科技的股权贝塔系数为

$$0.938 \times \left(1 + (1-15\%) \times \left(\frac{15.86}{81.06}\right)_{××科技}\right) = 1.094$$

四、股权资本成本的估算

在本节第四部分求解隐含股权风险溢价时提到了股权资本成本的计算,本部分将总结本小节的全部内容,给出企业股权资本成本的求解方法。

在 CAPM 模型框架下,企业的股权资本成本,即项目的股权投资回报率可以表示为

[①] 行业贝塔系数由达摩达兰官网数据获取。

$$R_E = R_f + \beta \times \text{ERP} \tag{4-28}$$

式(4-28)中，R_f 表示无风险利率，其选取必须根据现金流特点，并基于国家违约风险进行修正；β 表示相对风险系数，可以通过股票市场历史数据、会计指标或自下而上法计算得到；$\beta \times \text{ERP}$ 即为企业的股权风险溢价，ERP 常见的计算方法是选取成熟市场的股权风险溢价与企业所在国的国家风险溢价之和，即本节企业股权风险溢价部分的第二种方法。

在 APT 定价模型中，企业的股权资本成本可以写为

$$R_E = R_f + \sum_{i=1}^{n} \beta_i \times \text{RP}_i \tag{4-29}$$

式(4-29)中，β_i 表示 i 因子的相对风险系数，可以通过历史数据或自下而上法计算得到；RP_i 表示 i 因子的风险溢价，一般采取历史数据计算得出。然而因子的恰当选取实际上是一大难点，因此在估值中常常选取市场风险溢价作为唯一因子，或直接借助学者已有研究中的模型(如 FF3)。

第四节 债务资本成本

在上一节中我们详细介绍了在股权投资中用于补偿风险的超额回报率股权风险溢价(ERP)，而本节我们将着重介绍在债权投资中用于补偿风险的超额回报部分——债务资本成本。

债务资本成本指当前可以借款的利率，它一方面反映了企业自身的债务违约风险，另一方面反映了市场利率水平。常见的计算债务资本成本的方法有直接使用到期收益率，以及借助债务违约息差进行计算两种。

一、直接使用到期收益率

查询公司未到期债券的到期收益率是理论上比较简单的做法，它衡量了资本利得和期间利息两部分，因此企业的债券完全流通，直接使用到期收益率便可度量债务资本成本。但现实中，有些公司不能发行债券，且大部分公司即使发债，债券的流动性也比较差，因此这种方法有很大的局限性。

二、借助债务违约息差

回忆我们在第一节第一部分对信用风险的描述，信用风险实际上包括了企业自身和国家层面的两个部分。在第二节对无风险利率进行探讨时，我们考虑了国家主权信用风险对其的影响，本部分对企业债务资本成本的计算应同时包括企业的债务违约风险和国家的主权信用风险，同时，考虑到利息的税盾效应，企业债务融资的税后债务资本成本可以表示为

$$\text{税后债务资本成本} = \text{税前债务资本成本} \times (1-\text{边际所得税率}) \tag{4-30}$$

$$\text{税后债务资本成本} = \text{无风险利率} + \text{国家违约息差} + \text{企业债务违约息差} \tag{4-31}$$

国家违约息差的求法和无风险利率中所描述的相同，与复杂的股权资本成本估算相比，企业债务违约息差的获得要容易得多。标普、穆迪、惠誉作为世界公认的三大国际评级机构，会根据公司的要求，利用公开信息或企业递交的内部信息等，对公司主体进行信用评级。评级很大程度上取决于公司是否有能力获得稳定的现金流并按时还本付息，利息保障倍数(EBIT/利息支出)、EBITDA/利息支出等财务比率是评级机构进行评级的重要依据。

在对公司评级完成后，评级机构需要确定该等级的违约息差。一般的做法是随机选择数只相同等级的债券，按照市场交易量对其各自的到期收益率进行加权平均，并与对应期权的无风险政

府债券进行对比,从而得到该等级债券的违约息差。

在进行债务资本成本的计算时,若评估对象已存在评级,我们能很方便地查询到对应的违约息差。但如果评估对象由于处于新兴市场而不能或不愿参与公司评级,则可以通过查询其近期的信用记录、计算其利息保障倍数等关键的财务比率,并与现有的评级标准进行对比(见表4-2),从而估算模拟出标的资产的评级。

表4-2 利息保障倍数、企业评级和企业违约息差

利息保障倍数 (市值大于50亿美元)	利息保障倍数 (小市值公司)	企业评级	企业违约息差
<0.199999	<0.499999	D2/D	20.00%
0.2~0.649999	0.5~0.799999	C2/C	17.00%
0.65~0.799999	0.8~1.249999	Ca2/CC	11.78%
0.8~1.249999	1.25~1.499999	Caa/CCC	8.51%
1.25~1.499999	1.5~1.999999	B3/B−	5.24%
1.5~1.749999	2~2.499999	B2/B	3.61%
1.75~1.999999	2.5~2.999999	B1/B+	3.14%
2~2.2499999	3~3.499999	Ba2/BB	2.21%
2.25~2.49999	3.5~3.9999999	Ba1/BB+	1.74%
2.5~2.999999	4~4.499999	Baa2/BBB	1.47%
3~4.249999	4.5~5.999999	A3/A−	1.21%
4.25~5.499999	6~7.499999	A2/A	1.07%
5.5~6.499999	7.5~9.499999	A1/A+	0.92%
6.5~8.499999	9.5~12.499999	Aa2/AA	0.70%
≥8.5	≥12.5	Aaa/AAA	0.59%

数据来源:damodaran官方网站;仅适用于非金融类企业,采用2024年1月数据。

第五节 加权平均资本成本

在计算得到股权资本成本(R_E)及税后债务资本成本(R_D)后,只要确定了两成本前的权重系数,便可以计算企业的加权平均资本成本。加权平均资本成本的一般计算公式为

$$\text{WACC} = R_E \times w_E + R_D \times w_D = R_E \times \frac{E}{D+E} + R_D \times \frac{D}{D+E} \tag{4-32}$$

式(4-32)中E和D分别为企业股权市值和债务市值,其中股权的市值即为流通股数目和股价的乘积,该数据较容易获得,而债务的市值往往难以直接获取,特别是许多企业可能未发行债券或债券流通性较差。在这种情况下,一种可行的方法是把企业的所有有息负债(主要包括短期借款、长期借款、融资租赁和应付债券等金融负债)视为付息债券进行市场价值评估:将企业的所有债务的账面价值视为债券的面值,当前的利息支出视为债券的票息支出,企业所有债务的平均到期期限视为债券的到期时间,之后根据企业的当期税前债务成本评估这种付息债券,将其作为企业债务的市值,即

$$\text{债务市值} = \text{利息} \times \frac{1 - \frac{1}{(1+\text{税前债务成本})^{\text{平均期限}}}}{\text{税前债务成本}} + \frac{\text{债务账面价值}}{(1+\text{税前债务成本})^{\text{平均期限}}} \tag{4-33}$$

若公司中存在可转换债券，我们也应对其进行债务和股权的分解。可转换债券可以按持有人的意愿由债券转换为股票，其在转换之前按期付息、到期还本，可以按此计算出其债券的价值，并添加到公司的债务市值中；而持有期间若转换为股票，其实际含义便是赋予了持有人一种选择权，而这种选择权的价值就是可转换债券的发行面值与前者计算出的债券价值之差，应添加到公司的股权市值中。

除此之外，若考虑公司的优先股因素，则需对 WACC 的计算公式进行进一步调整：

$$\begin{aligned} \text{WACC} &= R_E \times w_E + R_D \times w_D + R_P \times w_P \\ &= R_E \times \frac{E}{D+E+P} + R_D \times \frac{D}{D+E+P} + R_P \times \frac{P}{D+E+P} \end{aligned} \quad (4\text{-}34)$$

其中：R_P 表示优先股成本，P 表示优先股的市值。由于优先股股利在发行之初便予以设定，且其偿付次序优先于普通股股利，故可以将其看作永续债券进行成本计算。而优先股市值的计算和股权市值的计算类似，即为优先股数目和每股优先股市值的乘积。优先股成本的计算可以参考债务资本成本计算的到期收益率法进行：

$$R_P = 每股优先股股利 / 每股优先股市值 \quad (4\text{-}35)$$

事实上，在实际估值中往往很少考虑优先股因素，一是因为目前 A 股市场发行优先股的公司十分有限，其适用场合较少；二是因为即使公司发行了优先股，优先股的市值也很难达到全公司流通市值 5% 这一阈值，正如本章第一节所提到的 Damodaran 经验法则：此时将优先股视作债务也不会致使公司估值出现重大变化。

本章小结

本章主要介绍公司折现率(加权平均资本成本)的估计。由于折现率是对风险的反映，故本章首先介绍了投资活动中所面临的各类风险，并给出了加权平均资本成本的整体计算公式。之后分别对加权平均资本成本的两大重要组成部分——股权资本成本和债务资本成本的求解方法给出了详细的介绍。其中，股权资本成本的求解较为复杂，包括计算无风险利率、风险溢价和相对风险系数三部分；债务资本成本的计算大致有两种方法，即到期收益率法和债务违约息差法。最后，本章总结了章节内容，给出了加权平均资本成本的计算方法，并对加权平均资本成本中特殊情况(如公司存在可转换债券和优先股)的计算进行了简要说明。

事实上，折现率的估算是投资价值分析评估中非常重要的一个环节，在后续的学习中，读者会逐渐认识到折现率的小幅波动便会引起估值结果产生非常明显的变化。

课后问答

1. 金融投资中的"风险"与日常生活中的风险有何不同？
2. 可分散风险与不可分散风险有何不同？
3. 风险为何与折现率相关？
4. 什么是无风险资产？无风险资产具有哪些特点？
5. 现实中我们如何选择无风险标的资产？
6. CAPM 模型与 APT 模型在对股权风险溢价的估算中有何异同？
7. 现实中在使用模型估算股权风险溢价时会遇到哪些问题？该如何处理？
8. 什么是债务违约风险？该如何估算债务违约息差？

第五章
财务报表分析与预测

本章任务清单

任务序号	任务内容
1	理解财务报表内容：资产负债表、利润表、现金流量表与所有者权益表
2	了解会计信息质量与财务报表信息的调整
3	了解资产负债的低估与隐藏现象
4	了解收入、支出的确认准则
5	掌握财务报表比率分析方法
6	掌握共同比分析与趋势分析方法
7	理解预测财务报表的编制

财务报表包含了大量信息，能够帮助投资者进行基本面判断，是商业活动的透视镜。财务报表是公司披露信息的主要渠道，广大投资者可以通过分析财务报表评估公司的价值创造能力，从而进行投资决策。投资价值评估过程中对财务报表的利用包含财务报表分析和预测两个层面：一方面，财务报表包含了不同质量的信息，财务报表分析是投资者或分析师从中选取有用信息的一种结构性方法；另一方面，投资收益依赖于公司的未来发展潜力，财务报表预测是基于现有财务报表信息对未来财务状况进行预测。本章将介绍投资价值评估中广泛涉及的财务报表分析、预测的相关知识与方法。

第一节 财务报表概述

财务报表是以会计准则为规范编制的，向股东、债权人、政府及其他有关各方即社会公众等外部反映会计主体财务和经营状况的会计报表。根据我国《企业会计准则——基本准则》[①]第44条，财务会计报表至少应当包括资产负债表、利润表、现金流量表等报表。此外，公司必须公布报告期内股东权益的变化，因此通常还包含所有者权益变动表。

一、资产负债表

资产是指企业过去的交易或者事项形成的、由企业拥有或者控制的、预期会给企业带来经济

---

① 2006年2月15日财政部令第33号公布，自2007年1月1日起施行。2014年7月23日根据《财政部关于修改〈企业会计准则——基本准则〉的决定》修改，即日起实施。

利益的资源,是预期能产生收益的投资;负债是指企业过去的交易或者事项形成的、预期会导致经济利益流出企业的现时义务,是债权人对资产收益的索取权;所有者权益是指企业资产扣除负债后由所有者享有的剩余权益,又称为股东权益,是所有者的剩余索取权。公司资产负债表正是反映三者关系的财务报表,其平衡关系为

$$资产=负债+所有者权益 \tag{5-1}$$

资产负债表(balance sheet)又称财务状况表,是表示企业在一定日期(通常为会计期末)财务状况的主要会计报表。在我国,资产负债表采用账户式结构,报表分为左右两方,左方显示资产各项目,反映全部资产的分布及存在形态;右方显示负债和所有者权益各项目,反映全部负债和所有者权益的构成情况。为方便使用者掌握企业财务状况的变动情况及发展趋势,资产负债表各项目分为"年初余额"和"期末余额"两列。我国资产负债表的基本结构如表5-1所示。

表 5-1　我国资产负债表基本结构

资产	期末余额	年初余额	负债及所有者权益	期末余额	年初余额
流动资产			流动负债		
非流动资产			非流动负债		
			负债合计		
			实收资本		
			资本公积		
			盈余公积		
			未分配利润		
			所有者权益合计		
资产合计			负债和所有者权益合计		

(一) 资产

资产(assets)反映由过去的交易、事项形成并由企业在某一特定日期所拥有或控制的、预期会给企业带来经济利益的资源。在资产负债表中,资产按照"流动资产"和"非流动资产"两大类别列示。

流动资产是预计在一个正常营业周期内变现、出售或耗用,或者主要为交易目的而持有,或者预计在资产负债表日起一年内(含一年)变现的资产,或者自资产负债表日起一年内交换其他资产或清偿负债的能力不受限制的现金或现金等价物。资产负债表中的流动资产项目一般按其变现能力强弱自上而下列示,通常包括:货币资金、交易性金融资产、应收票据、应收账款、预付款项、其他应收款、存货和一年内到期的非流动资产等。

非流动资产是流动资产以外的资产。资产负债表中列示的非流动资产项目通常包括:长期股权投资、固定资产、在建工程、工程物资、无形资产、开发支出、商誉长期待摊费用及其他非流动资产等。

根据流动性高低来排列公司资产反映了现金对企业的重要性。现金是企业的血液,没有现金,其他资产则无法创造利润。因此,资产负债表所列资产的形式能够帮助报表使用者对企业资产的生命力做一个基本判断。

(二) 负债

负债(liabilities)反映在某一特定日期企业所承担的、预期会导致经济利益流出企业的现时义务。在资产负债表中,负债按照"流动负债"和"非流动负债"两大类别列示。

流动负债是预计在一个正常营业周期内清偿，或者主要为交易目的而持有，或者自资产负债表日起一年内(含一年)到期应予以清偿，或者企业无权自主地将清偿推迟至资产负债表日后一年以上的负债。资产负债表中列示的流动负债项目通常包括：短期借款、应付票据、应付账款、预收款项、应付职工薪酬、应交税费、其他应付款、一年内到期的非流动负债等。非流动负债项目通常包括：长期借款、应付债券、递延收益和其他非流动负债等。

正如第四章中计算 WACC 时所提到的，在估值分析中，有息负债是需要重点关注的财务指标。所谓有息负债，是指企业需要支付利息的债务，主要包括短期借款、长期借款、融资租赁和应付债券等金融负债。这些负债与应付账款等经营性无息负债存在本质区别：它们不仅会产生明确的财务成本，还会对企业价值产生深远影响。理解有息负债的重要性需要从三个维度展开：首先，有息负债的利息支出直接影响企业的资本成本。在计算企业价值时，这些负债必须纳入资本结构考量，因为它们会改变加权平均资本成本(WACC)。其次，有息负债会形成刚性现金流出，既包括定期的利息支付，也包括到期的本金偿还，这会显著影响企业的自由现金流。最后，也是最重要的，有息负债的价值创造能力取决于资金使用效率。只有当投入资本回报率(ROIC)高于有息负债的税后利息率时(参见本书第八章)，企业举债经营才真正为股东带来更多价值。

负债在中国传统理念中，并不是一件好事。但是对于公司而言，负债作为一种重要的融资方式，在企业发展过程中是不可或缺的。一方面，借贷行为满足了债权投资者既要求投资获得回报，又不愿意承担股权投资较高风险的需要；另一方面，企业通过债务融资增大了资本规模，分散了股权投资者的投资风险，同时负债作为财务杠杆，在条件符合的情况下能够提高股权投资者的投资回报。

(三) 所有者权益

所有者权益(owner's equity)是企业资产扣除负债后的剩余权益，反映企业在某一特定日期股东(投资者)拥有的净资产总额。在资产负债表中，所有者权益一般按照"实收资本""资本公积""盈余公积"和"未分配利润"分项列示。

实收资本是指投资者作为资本投入企业的各种财产，是企业注册登记的法定资本总额的来源，它表明所有者对企业的基本产权关系。

资本公积是指企业在经营过程中由于接受捐赠、股本溢价及法定财产重估增值等原因所形成的公积金，是投资者或者他人投入企业、所有权归属于投资者，并且投入金额超过法定资本部分的资本。

盈余公积是指企业从税后利润中提取形成的、留存于企业内部、具有特定用途的收益积累，一般分为法定盈余公积和任意盈余公积。

未分配利润是指企业实现的净利润经过弥补亏损、提取盈余公积和向投资者分配利润后留存在企业的、历年结存的利润。

股东权益和负债构成了企业的资金来源，二者的比例关系(负债/所有者权益)通常被称为财务杠杆，反映了企业中每一元的股东投入，企业利用了多少借贷投入来提升股东的投资回报。

二、利润表

利润表(income statement)又称损益表，是反映企业在一定会计期间经营成果的报表，体现企业的收入实现情况和生产经营活动成果。使用者可以通过利润表判断净利润的质量及其风险，有助于其预测净利润的持续性，进行正确决策。利润表反映了收入、费用和利润的基本关系，具体为

$$收入 - 费用 = 利润 \tag{5-2}$$

常见的利润表结构有单步式和多步式两种，单步式利润表是指将本期发生的所有收入汇集在一起，将所有的成本、费用也汇集在一起，然后将收入合计减去成本费用合计，计算出本期净利

润。而多步式利润表是通过对当期的收入、费用、支出项目按性质加以归类，按利润形成的主要环节列示一些中间性利润指标，如营业利润、利润总额、净利润，分步计算当期净损益。

相比于单步式利润表，多步式利润表能提供更为丰富的有关企业盈利能力方面的信息，也便于对企业生产经营情况进行分析，有利于不同企业之间的比较。我国企业基本采用如表 5-2 所示的多步式利润表结构，利润表内容分为"本期金额"和"上期金额"两列。

表 5-2 我国利润表基本结构

项目	本期金额	上期金额
一、营业收入		
减：营业成本		
税金及附加		
销售费用		
管理费用		
研发费用		
财务费用		
资产减值损失		
加：其他收益		
投资收益(损失以"-"号填列)		
公允价值变动损益(损失以"-"号填列)		
信用减值损失(损失以"-"号填列)		
资产减值损失(损失以"-"号填列)		
资产处置收益(损失以"-"号填列)		
二、营业利润		
加：营业外收入		
减：营业外支出		
三、利润总额		
减：所得税费用		
四、净利润		
五、补充项目		
六、每股收益		
(一) 基本每股收益		
(二) 稀释每股收益		

(一) 营业收入

营业收入(revenue)是企业在一定会计期间内，依靠主营业务和其他业务活动所产生的收入，是衡量企业经营活动成果的核心指标之一。营业收入通常包括销售商品、提供劳务及相关附加服务等方面的收入。

在一般情况下，营业收入是企业经营活动中最主要的收入来源之一，其增长或减少往往直接影响到企业的整体盈利水平。

营业收入的计算通常基于实际销售收入减去相关的销售退货、折扣和折让等项目。销售收入是指企业通过销售产品或提供服务获得的收入,而折扣和退货则是销售过程中可能发生的减项。作为利润表的起点,营业收入扣除营业成本后形成毛利,进一步减除期间费用后得出营业利润,最终影响净利润。因此,它也是投资者和管理层关注的重点指标。

从会计处理角度,营业收入通常在企业的利润表中单独列示,并且需要按照权责发生制原则进行确认。这意味着收入应在商品所有权转移或服务提供完成时予以确认,而非仅仅依赖于现金流的入账。此外,营业收入的确认还需要满足一定的实质性标准,即企业已履行完主要的合同义务,且获得收入的金额是可以可靠估计的。

(二) 营业利润

营业利润(operating income)又称经营(性)利润/收益,是企业基本经营活动的成果,也是企业在一定时期获得利润中最主要、最稳定的来源之一,反映了企业核心竞争力的业绩表现。其计算公式为

$$\text{营业利润} = \text{营业收入} - \text{营业成本} - \text{税金及附加} - \text{销售费用} - \text{管理费用} - \text{研发费用} \\ - \text{财务费用} - \text{资产减值损失} + \text{投资收益} + \text{公允价值变动损益} \\ + \text{信用减值损失} + \text{资产减值损失} + \text{资产处置收益} \tag{5-3}$$

然而,在估值中衡量企业的核心经营能力时,需在营业利润的基础上引入剔除融资影响的 EBIT(息税前利润)指标。EBIT 反映企业未受利息支出和所得税干扰的纯经营利润,其计算逻辑直接关联营业利润,计算公式为

$$\text{EBIT} = \text{营业利润} + \text{财务费用} \tag{5-4}$$

式(5-4)中的财务费用主要指利息支出(也称为利息费用)。此调整旨在消除中国准则下财务费用对营业利润的扣减效应,还原企业经营性收益的真实水平。

EBIT 与营业利润的界定差异源于中外会计准则对财务费用属性的划分。中国准则将财务费用视为经营性期间费用,导致营业利润需通过逆向调整(加回财务费用)才能得到 EBIT;而国际准则(如 IFRS/USGAAP)则将财务费用归为非经营性财务活动成本,营业利润天然等于 EBIT。这一差异本质上体现了会计准则对"经营边界"的认知分歧:中国将融资成本纳入经营范畴,而国际严格区分经营与融资活动。在估值实践中,中国企业的营业利润因包含利息支出干扰,直接使用可能扭曲跨企业比较(如高负债企业与低负债企业的经营效率误判)。相较而言,EBIT 通过剥离资本结构差异,更客观地反映企业资产的经营性盈利能力。此外,EBIT 与全球主流的 EV/EBIT、EBIT 利润率等估值指标兼容性更强,可减少跨国分析时会计准则差异的调整成本。因此,尽管营业利润是法定披露指标,EBIT 因其资本结构中性及国际可比性,在中国市场估值中更具决策参考价值。在后续章节的估值方法论述中,EBIT 与营业利润两个术语将不作严格区分。但需要特别说明的是,本文所有估值模型中所采用的利润指标,其计算口径实质上均遵循 EBIT 的标准定义。

(三) 利润总额

利润总额(income before tax)是指企业在生产经营过程中各种收入扣除各种耗费后的盈余,反映企业在报告期内实现的盈亏总额。其计算公式为

$$\text{利润总额} = \text{营业利润} + \text{营业外收入} - \text{营业外支出} \tag{5-5}$$

营业外收入主要包括:与企业日常活动无关的政府补贴、非货币性资产交换利得、出售无形资产收益、债务重组利得、企业合并损益、盘盈利得、因债权人原因确实无法支付的应付款项、教育费附加返还款、罚款收入、捐赠利得等。

营业外支出是指企业发生的与企业日常生产经营活动无直接关系的各项支出,主要包括:非货币性资产交换损失、债务重组损失、公益性捐赠支出、非常损失、盘亏损失等。

(四) 净利润

净利润/收益(net income)是指公司在利润总额中按规定缴纳了所得税后的利润构成，反映了企业一个会计期间内的经营成果，反映了企业财富的增加或减少，一般也称为税后利润。其计算公式为

$$净利润=利润总额-所得税费用 \tag{5-6}$$

其中，

$$所得税费用=应纳税所得\times 所得税税率 \tag{5-7}$$

$$应纳税所得=利润总额+纳税调整增加额-纳税调整减少额 \tag{5-8}$$

纳税调整增加额是指税法规定允许扣除项目中，企业已计入当期费用但超过税法规定扣除标准的金额，如超过税法规定标准的职工福利费、工会费、职工教育经费、业务招待费、公益性捐赠支出、广告费、业务宣传费等。纳税调整减少额是指税法规定允许弥补的亏损和准予免税的项目，如前5年内未弥补亏损和国债利息收入等。但在估值中，我们更常用如下方法直接计算净利润：

$$净利润=(EBIT-I)\times(1-T) \tag{5-9}$$

(五) 补充项目

补充项目主要包括：①出售、处置部门或被投资单位所得收益；②自然灾害发生的损失；③会计政策变更增加(或减少)利润总额；④会计估计变更增加(或减少)利润总额；⑤债务重组损失；⑥其他补充项目。

(六) 每股收益

每股收益即每股盈利(earnings per share，EPS)，又称每股税后利润、每股盈余，是普通股股东每持有一股所能享有的企业净利润或需承担的企业净亏损，同样用来反映企业的经营成果，衡量普通股的获利水平及投资风险。利润表中，每股收益分为"基本每股收益"和"稀释每股收益"。

基本每股收益又称普通股每股利润，计算公式为

$$普通股每股利润=\frac{税后利润-优先股股利}{发行在外的普通股平均股数} \tag{5-10}$$

稀释每股收益是以基本每股收益为基础，假设企业所有发行在外的稀释性潜在普通股均已转换为普通股，从而分别调整归属于普通股股东的当期净利润及发行在外普通股的加权平均数计算而得的每股收益。潜在普通股主要包括可转换公司债券、认股权证和股份期权等，如果没有潜在普通股，则稀释每股收益与基本每股收益相等。

三、现金流量表

现金流量表(cash flow statement)是反映一定时期内(如月度、季度或年度)企业经营活动、投资活动和筹资活动对其现金及现金等价物所产生影响的财务报表，反映企业在一定会计期间现金和现金等价物流入和流出情况，以现金和现金等价物为编制基础。现金包括企业库存现金和可以随时用于支付的存款，现金等价物是指企业持有的期限短、流动性强、易于转换为已知金额现金及价值变动风险很小的投资。

现金流量表包括经营活动、投资活动和筹资活动产生的现金流量三个部分，并附加汇率变动对现金及现金等价物的影响，我国企业的现金流量表基本结构如表5-3所示。

表 5-3　我国企业现金流量表基本结构

项目	本期金额	上期金额
一、经营活动产生的现金流量		
现金流入小计		
现金流出小计		
经营活动产生的现金流量净额		
二、投资活动产生的现金流量		
现金流入小计		
现金流出小计		
投资活动产生的现金流量净额		
三、筹资活动产生的现金流量		
现金流入小计		
现金流出小计		
筹资活动产生的现金流量净额		
四、汇率变动对现金的影响额		
五、现金及现金等价物净增加额		
加：期初现金及现金等价余额		
六、期末现金及现金等价物余额		

（一）经营活动产生的现金流量

经营活动是指直接进行产品生产、商品销售或劳务提供的活动，它们是企业取得净收益的主要交易和事项。其中，经营活动现金流入主要包括"销售商品、提供劳务收到的现金""收到的税费返还"等项目，需要特别注意的是，企业投资于其他企业股票、债券而收到的现金股利或利息也属于经营活动现金流入；经营活动现金流出主要包括"购买商品、接受劳务支付的现金""支付给职工及为职工支付的现金""支付的各项税费"等项目，需要注意的是，投资于长期资产而支付的现金不属于经营活动现金流出，而属于投资活动现金流出。

（二）投资活动产生的现金流量

投资活动包括取得、销售或处置非现金等价物的证券和预期能给公司带来长期收益的生产性资产，以及发放和收回贷款。其中，投资活动现金流入主要包括"收回投资收到的现金""取得投资收益收到的现金""处置固定资产、无形资产和其他长期资产收回的现金净额"等项目，投资活动现金流出主要包括"购建固定资产、无形资产和其他长期资产支付的现金""投资支付的现金"等项目。

（三）筹资活动产生的现金流量

筹资活动包括向债权人借款和偿还本金、从所有者处取得资源和向所有者支付投资回报。其中，筹资活动现金流入主要包括"吸收投资收到的现金""取得借款收到的现金"等项目，筹资活动现金流出主要包括"偿还债务支付的现金""分配股利、利润或偿付利息支付的现金"等项目。

四、所有者权益变动表

所有者权益变动表，又称股东权益变动表，是反映构成所有者权益的各组成部分当期的增减变动情况的报表，解释在某一特定时间内股东权益因企业经营的盈亏及现金股利的发放而产生的变化。2007年以前，我国企业的所有者权益变动表作为资产负债表附表形式展现。新准则颁布后，要求上市公司对外呈报所有者权益变动表，所有者权益变动表成为与资产负债表、利润表和现金流量表并列披露的第四张财务报表。

所有者权益变动表以表5-4中的形式列示。

表 5-4 我国所有者权益变动表基本结构

项目	本年金额						上年金额					
	实收资本(或股本)	资本公积	减:库存股	盈余公积	未分配利润	所有者权益合计	实收资本(或股本)	资本公积	减:库存股	盈余公积	未分配利润	所有者权益合计
一、上年末余额												
加:会计政策变更												
前期差错更正												
二、本年初余额												
三、本年增减变动金额												
(一)净利润												
(二)直接计入所有者权益的利得和损失												
1. 可供出售金融资产公允价值变动净额												
2. 权益法下被投资单位其他所有者权益变动的影响												
3. 与计入所有者权益项目有关的所得税影响												
4. 其他												
上述(一)和(二)小计												
(三)所有者投入和减少资本												
1. 所有者投入资本												
2. 股份支付计入所有者权益的金额												
3. 其他												
(四)利润分配												
1. 提取盈余公积												
2. 对所有者(或股东)的分配												
3. 其他												
(五)所有者权益内部结转												
1. 资本公积转增资本(或股本)												
2. 盈余公积转增资本(或股本)												
3. 盈余公积弥补亏损												
4. 其他												
四、本年末余额												

横向方面，按照所有者权益组成部分列示交易事项对所有者权益各部分的影响，包括实收资本(或股本)、资本公积、盈余公积、未分配利润和库存股。纵向方面，列示所有者权益变动的来源，对一定时期所有者权益的变动情况进行全面反映，其中，本年增减变动金额项目下包括净利润、直接计入所有者权益的利得和损失、所有者投入和减少资本、利润分配和所有者权益内部结转。

(一) 所有者权益组成结构

所有者权益由实收资本(或股本)、资本公积、盈余公积、未分配利润和库存股5个方面组成，所有者权益变动表涵盖了上述5个方面的所有者权益变动。

实收资本(或股本)是投资者按照企业章程、合同或协议的约定，实际投入企业的资本(或股本)，是企业注册登记的法定资本总额的来源，表明所有者对企业的基本产权关系。按照投资形式，实收资本(或股本)可划分为货币资金、实物和无形资产三种，其中实物出资需权威机构认定其入账价值核算为实收资本，无形资产需按投资各方确认的价值作为实收资本入账。

资本公积是企业在经营过程中由于接受捐赠、股本溢价及法定财产重估增值等原因所形成的公积金，是投资者或者他人投入企业、所有权归属于投资者，并且投入金额超过法定资本部分的资本。资本公积主要包含资本(股本)溢价、接受捐赠、拨款转入、资产评估增值、资本折算差额、股权投资准备和其他资本公积等方面的内容。

盈余公积是企业从税后利润中提取形成的、存留于企业内部、具有特定用途的收益积累，根据其用途划分为法定盈余公积和任意盈余公积两类。法定盈余公积是按照法律规定比率提取的盈余公积，我国公司法规定上市公司的法定盈余公积按照税后利润的10%提取，累计额已达注册资本的50%时可以不再提取。任意盈余公积是上市公司按照股东大会的决议提取的盈余公积。

未分配利润是企业实现的净利润经过弥补亏损、提取盈余公积和向投资者分配利润后留存在企业的、历年结存的利润，可在以后年度继续进行分配。相较所有者权益其他部分，企业对于未分配利润的使用有较大的自主权。

库存股是股份有限公司已发行的股票中，由于公司的重新回购或其他原因且不是为了注销的目的而由公司持有的股票。库存股股票既不分配股利，又不附投票权，一般只限于优先股，并且必须存入公司的金库。库存股通常不具有股利分配权、表决权、优先认购权、分派剩余财产权等。同时，库存股作为所有者权益的备抵资产，也即借方余额，所以库存股的增加会导致所有者权益的减少。

(二) 本年增减变动金额

本年所有者权益金额的变动主要受"本年增减变动金额"项目影响，该项目共分为5个部分，分别是：净利润、直接计入所有者权益的利得和损失、所有者投入和减少资本、利润分配和所有者权益内部结转。

净利润项目与利润表中净利润项目含义一致，是指在利润总额中按规定交纳了所得税后公司的利润留成，其数值可直接来源于利润表。

直接计入所有者权益的利得和损失是指不应计入当期损益、会导致所有者权益变动的、与所有者投入资本或向所有者分配利润无关的利得或损失，主要包括"可供出售金融资产公允价值变动""权益法下被投资单位其他所有者权益变动""与计入所有者权益相关的所得税""固定资产等转为投资性房地产时公允价值变动""以权益结算的股份支付而形成的费用""利用衍生工具进行套期"等项目，作用于所有者权益中的资本公积。

所有者投入和减少资本是指直接源于所有者投入资本变动的所有者权益变化，主要包含"所有者投入的普通股"和"股份支付计入所有者权益的金额"等项目，作用于所有者权益中的实收资本(或股本)。

利润分配是将企业实现的净利润,按照国家财务制度规定的分配形式和分配顺序,在企业和投资者之间进行的分配。其主要包含"提取盈余公积"和"对所有者(或股东)的分配"等项目,作用于所有者权益中的盈余公积和未分配利润。

所有者权益内部结转是所有者权益内部各成分之间的转换,不影响所有者权益总量,但是会影响各部分金额,主要包含"资本公积转增资本(或股本)""盈余公积转增资本(或股本)""盈余公积弥补亏损"等项目,作用于所有者权益中的实收资本(或股本)、资本公积和盈余公积。

【例 5.1】 中国上市公司财务报表实例。

我国会计制度下典型的资产负债表、利润表、现金流量表和所有者权益变动表如表5-5至表5-8所示。下述资产负债表隐藏了部分当年无数据的科目。

表 5-5　××实业公司 2024 年资产负债表

单位:元

项目	期末余额	期初余额
流动资产:		
货币资金	2 317 398 248.41	1 330 324 645.49
交易性金融资产	216 397 577.81	—
应收账款	672 224.87	226 032.30
预付款项	112 690 817.93	344 079 466.12
其他应收款	671 221 106.59	471 611 888.90
存货	7 628 435 725.97	7 616 146 900.64
其他流动资产	231 010 398.79	173 774 702.08
流动资产合计	**11 177 826 100.37**	**9 936 163 635.53**
非流动资产:		
可供出售金融资产	248 564 735.61	56 564 735.61
投资性房地产	325 171 703.35	101 331 133.97
固定资产	346 543 963.81	236 851 443.47
无形资产	3 781 634.70	3 752 158.61
商誉	328 791.01	328 791.01
长期待摊费用	4 555 239.28	5 577 512.32
递延所得税资产	6 645 467.05	6 906 125.95
其他非流动资产	441 751 401.98	1 000 000.00
非流动资产合计	**1 377 342 936.79**	**412 311 900.94**
资产总计	**12 555 169 037.16**	**10 348 475 536.47**
流动负债:		
短期借款	350 000 000.00	780 000 000.00
应付账款	112 999 946.57	215 898 011.16
预收款项	974 060 847.55	229 028 737.66
应付职工薪酬	7 230 202.84	3 069 405.65

续表

项目	期末余额	期初余额
应交税费	211 677 469.00	135 934 196.62
应付利息	39 701 456.72	1 326 293.31
其他应付款	1 298 123 772.20	1 711 131 552.03
一年内到期的非流动负债	1 043 000 000.00	750 000 000.00
流动负债合计	4 036 793 694.88	3 826 388 196.43
非流动负债：		
长期借款	2 875 929 600.00	2 686 338 200.00
应付债券	1 500 000 000.00	—
递延所得税负债	349 404 164.43	360 351 172.34
非流动负债合计	4 725 333 764.43	3 046 689 372.34
负债合计	8 762 127 459.31	6 873 077 568.77
所有者权益(或股东权益)：		
实收资本(或股本)	711 217 269.00	711 217 269.00
资本公积金	85 921 100.11	85 921 100.11
盈余公积金	186 645 492.82	179 724 850.91
未分配利润	1 594 057 232.20	1 324 704 259.84
归属于母公司所有者权益合计	2 577 841 094.13	2 301 567 479.86
少数股东权益	1 215 200 483.72	1 173 830 487.84
所有者权益合计	3 793 041 577.85	3 475 397 967.70
负债和所有者权益总计	12 555 169 037.16	10 348 475 536.47

表 5-6　××实业公司 2024 年利润表

单位：元

项目	本期金额	上期金额
营业收入	4 101 031 344.85	3 329 131 391.78
营业总成本	3 646 408 770.30	2 846 560 678.18
营业成本	3 041 310 979.32	2 220 671 156.83
税金及附加	362 128 095.60	465 974 850.26
销售费用	116 499 205.15	65 296 450.10
管理费用	82 234 403.71	72 153 651.99
财务费用	44 236 086.52	22 464 569.00
其他经营收益	18 439 643.39	1 284 684.39
公允价值变动净收益	-8 205 122.67	—
投资净收益	26 644 766.06	1 284 684.39
营业利润	473 062 217.94	483 855 397.99
加：营业外收入	1 713 334.66	1 262 920.16

续表

项目	本期金额	上期金额
减：营业外支出	1 174 344.24	1 425 532.77
其中：非流动资产处置净损失	4 607.45	332 829.99
利润总额	473 601 208.36	483 692 785.38
减：所得税	123 744 180.98	118 771 472.53
净利润	349 857 027.38	364 921 312.85
减：少数股东损益	16 686 031.59	78 130 609.41
归属于母公司所有者的净利润	333 170 995.79	286 790 703.44
综合收益总额	349 857 027.38	364 921 312.85
减：归属于少数股东的综合收益总额	16 686 031.59	78 130 609.41
归属于母公司普通股东综合收益总额	333 170 995.79	286 790 703.44
每股收益：		
基本每股收益	0.4700	0.4000
稀释每股收益	0.4700	0.4000

表 5-7 ××实业公司 2024 年现金流量表

单位：元

项目	本期金额	上期金额
经营活动产生的现金流量：		
销售商品、提供劳务收到的现金	4 095 410 459.76	2 444 152 141.96
收到其他与经营活动有关的现金	272 938 180.12	55 795 387.98
经营活动现金流入小计	4 368 348 639.88	2 499 947 529.94
购买商品、接受劳务支付的现金	1 670 301 681.75	1 014 014 240.93
支付给职工及为职工支付的现金	135 984 820.19	118 210 656.65
支付的各项税费	494 547 991.70	388 116 252.95
支付其他与经营活动有关的现金	940 112 215.33	598 414 371.89
经营活动现金流出小计	3 240 946 708.97	2 118 755 522.42
经营活动产生的现金流量净额	1 127 401 930.91	381 192 007.52
投资活动产生的现金流量：		
收回投资收到的现金	2 222 525 439.30	309 000 000.00
取得投资收益收到的现金	28 579 205.44	1 284 684.39
处置固定资产、无形资产和其他长期资产收回的现金净额	—	4 573.00
收到其他与投资活动有关的现金	151 464 874.31	—
投资活动现金流入小计	2 402 569 519.05	310 289 257.39
购建固定资产、无形资产和其他长期资产支付的现金	2 850 215.00	3 668 828.65
投资支付的现金	2 689 128 139.78	309 000 000.00

续表

项目	本期金额	上期金额
取得子公司及其他营业单位支付的现金净额	—	6 907 361.74
支付其他与投资活动有关的现金	1 007 144 353.84	—
投资活动现金流出小计	3 699 122 708.62	319 576 190.39
投资活动产生的现金流量净额	-1 296 553 189.57	-9 286 933.00
筹资活动产生的现金流量:		
取得借款收到的现金	6 679 000 000.00	2 800 000 000.00
收到其他与筹资活动有关的现金	—	28 033 003.02
筹资活动现金流入小计	6 679 000 000.00	2 828 033 003.02
偿还债务支付的现金	5 126 408 600.00	2 268 141 800.00
分配股利、利润或偿付利息支付的现金	396 366 538.42	331 273 140.70
支付其他与筹资活动有关的现金	35 879 672.51	—
筹资活动现金流出小计	5 558 654 810.93	2 599 414 940.70
筹资活动产生的现金流量净额	1 120 345 189.07	228 618 062.32
汇率变动对现金的影响	—	-16.39
现金及现金等价物净增加额	951 193 930.41	600 523 120.45
期初现金及现金等价物余额	1 277 927 667.74	677 404 547.29
期末现金及现金等价物余额	2 229 121 598.15	1 277 927 667.74
补充资料:		
净利润	349 857 027.38	364 921 312.85
固定资产折旧、油气资产折耗、生产性生物资产折旧	31 330 494.23	19 413 667.12
无形资产摊销	1 283 742.10	590 101.46
长期待摊费用摊销	1 695 866.04	8 433 250.17
处置固定资产、无形资产和其他长期资产的损失	4 607.45	332 789.99
公允价值变动损失	8 205 122.67	—
财务费用	80 862 472.43	31 883 878.92
投资损失	-26 644 766.06	-1 284 684.39
递延所得税资产减少	260 658.90	-985 557.43
递延所得税负债增加	-10 947 007.91	163 454 308.69
存货的减少	1 177 097 386.39	35 121 892.21
经营性应收项目的减少	207 976 604.95	-480 668 703.83
经营性应付项目的增加	-693 580 277.66	239 979 751.76
间接法——经营活动产生的现金流量净额	1 127 401 930.91	381 192 007.52
现金的期末余额	2 229 121 598.15	1 277 927 667.74
减:现金的期初余额	1 277 927 667.74	677 404 547.29
间接法——现金及现金等价物净增加额	951 193 930.41	600 523 120.45

表 5-8　××实业公司 2024 年所有者权益变动表

单位：元

项目	归属于母公司所有者权益					少数股东权益	所有者权益合计
	股本	资本公积	减：库存股	盈余公积	未分配利润		
一、上年期末余额	711 217 269.00	85 921 100.11		179 724 850.91	1 324 740 259.84	1 173 830 487.84	3 475 397 967.70
二、本年期初余额	711 217 269.00	85 921 100.11		179 724 850.91	1 324 740 259.84	1 173 830 487.84	3 475 397 967.70
三、本期增减变动金额				6 920 641.91	202 534 948.93	41 369 995.88	250 825 586.72
（一）综合收益总额					333 170 995.79	16 686 031.59	349 857 027.38
（二）所有者投入和减少资本						44 399 964.29	44 399 964.29
1. 所有者投入的普通股							
2. 其他权益工具持有者投入资本							
3. 股份支付计入所有者权益的金额							
4. 其他						44 399 964.29	44 399 964.29
（三）利润分配				6 920 641.91	-63 818 023.43	-19 716 000.00	-76 613 381.52
1. 提取盈余公积				6 920 641.91	-6 920 641.91		
2. 提取一般风险准备							
3. 对所有者（或股东）的分配					-59 897 381.52	-19 716 000.00	-76 613 381.52
4. 其他							
（四）所有者权益内部结转							
1. 资本公积转增资本（或股本）							
2. 盈余公积转增资本（或股本）							
3. 盈余公积弥补亏损							
4. 其他							
（五）专项储备							
（六）其他							
四、本期期末余额	711 217 269.00	85 921 100.11		186 645 492.82	1 527 275 208.77	1 215 200 483.72	3 726 259 554.42

续表

项目	上期金额						
	归属于母公司所有者权益					少数股东权益	所有者权益合计
	股本	资本公积	减：库存股	盈余公积	未分配利润		
一、上年期末余额	711 217 269.00	85 921 100.11		172 081 377.68	1 102 454 411.15	429 693 618.80	2 501 367 776.74
二、本年期初余额	711 217 269.00	85 921 100.11		172 081 377.68	1 102 454 411.15	429 693 618.80	2 501 367 776.74
三、本期增减变动金额				7 643 473.23	222 249 848.69	744 136 869.04	974 030 190.96
（一）综合收益总额					286 790 703.44	78 130 609.41	364 921 312.85
（二）所有者投入和减少资本						666 006 259.63	666 006 259.63
1. 股东投入的普通股							
2. 其他权益工具持有者投入资本							
3. 股份支付计入所有者权益的金额							
4. 其他						666 006 259.63	666 006 259.63
（三）利润分配				7 643 473.23	-64 540 854.75		-56 897 381.52
1. 提取盈余公积				7 643 473.23	-7 643 473.23		
2. 提取一般风险准备							
3. 对所有者(或股东)的分配					-56 897 381.52		-56 897 381.52
4. 其他							
（四）所有者权益内部结转							
1. 资本公积转增资本(或股本)							
2. 盈余公积转增资本(或股本)							
3. 盈余公积弥补亏损							
4. 其他							
（五）专项储备							
（六）其他							
四、本期期末余额	711 217 269.00	85 921 100.11		179 724 850.91	1 324 704 259.84	1 173 830 487.84	3 475 397 967.70

第二节　会计信息质量与财务报表信息调整

运用财务报表数据对公司投资价值进行评估的重要前提是，财务数据准确地描绘了当期公司决策和行为的经济后果，恰当呈现了公司期末的财务状况，为分析公司未来业绩和风险提供可靠的信息。因此，在进一步分析之前，首先要对财务报表的数据进行评估，分析财务报表会计信息的质量。

高质量的会计信息对价值评估的重要作用表现在两个方面：①高质量的会计信息能够准确地描绘公司的财务状况、经营业绩及风险；②高质量的会计信息能够为当期盈余的经济价值含义和利润的长期可持续性两方面提供充足的信息。

我们对第一个方面的作用进行详细解释，第二个方面的作用将在第六章做具体介绍。

第一，高质量的资产负债表描绘出某一时点由公司控制的、预期会给企业带来未来经济利益的资源及这些资源的求偿权，因此其资产应当反映公司所控制的资源及预计用来创造未来经济利益的资源，对于高度不确定性的、不能为公司控制的、预期未来经济利益超过时效的资产应该被剔除在外。同时，资产负债表中的负债应该体现该时点上公司的所有负债，包括未来支付的长期负债的现值。

第二，高质量的利润表应当完整且公允地概括一家公司在一个会计期间经营活动的盈利和亏损，以及其他事项产生的利得和损失。利润表应当包括所有赚取的且合理预期可能收回的收入，也包括所有已消耗的资源成本。此外，其他事项产生的利得或损失也应该涵盖在利润表内，这些营业外收入或成本可能会对公司表现产生重要影响，但对于其长期发展应该考虑影响能力的持续性。

第三，高质量的现金流量表总结一个会计期间公司业绩表现和财务状况变动的现金流含义，所有非现金交易均不应该出现在现金流量表中。根据规定，现金流量表应该将现金流划分为经营活动现金流、投资活动现金流和筹资活动现金流。

因披露信息性质不同，不同财务报表可能存在的会计信息问题不同。因此，本节对各报表最常见的会计信息问题进行分别介绍。

一、资产、负债的低估与隐藏

会计金额的计量要求符合稳健性原则，导致公司的净资产被系统性地低估，因此资产负债表中可能存在资产、负债的低估问题。此外，管理层对部分资产、负债可能存在恶意隐藏，因此存在隐性资产、隐性负债问题。

(一) 资产项目的价值低估与隐性资产

企业利用其全部拥有的经济资源产生盈利和创造价值，但是资产负债表可能并未完全反映出全部资源，因此在分析资产负债表过程中应当考虑未被反映的经济资源。分析过程中需要挖掘的资产信息包含两类，低估的资产和隐性资产，未被反映的主要原因一类是因其不符合会计资产的定义，另一类是由于历史成本原则和稳健性原则而使账面价值低于内在价值。

一个可能被低估的资产项目是存货，虽然一般公司持有存货的时间较短，但是仍然存在持有期间存货市场价格发生变化的可能性。如果存货价值上升，其市场价值高于账面价值，但是基于会计准则无法对账面价值进行调整，因此资产负债表会低估存货价值，从而导致低估公司价值的可能性，尤其是对于存货数量大、价格波动幅度大的公司，如石油公司、煤炭公司等，低估的存货价值占公司价值的比重相当大。另一个被普遍低估的资产项目是长期固定资产，长期资产寿命长，因此其存续期间价值波动可能性较高，如果资产市场价值变高，但是账面价值无法调整，导致资产低估，例如土地、大型机器设备等。上述是较为常见的被低估的资产项目，但是各公司情况不同，低估的资产也不同，需要根据公司具体情况分析。

相比低估资产，隐性资产更加难以挖掘。因其性质不符合会计资产定义，隐性资产并未体现在资产负债表上。多数隐性资产不被纳入资产负债表的原因是其创造盈利具有较高不确定性，无法准确计量。

但是隐性资产对于公司往往具有至关重要的作用，并且随着科技和经济的发展，公司价值在隐性资产上体现的比例越来越大，而在可触摸的、物质形态的资产上体现的比重逐渐下降，例如管理层能力、核心员工队伍、重大销售合约、政府关系、品牌资产等。因此，在基于会计信息分析公司价值的基础上，应该考虑隐性资产对公司价值的影响，否则可能导致估值结果的较大偏差。

(二) 负债项目的价值低估与隐性负债

负债是资产负债表的另一个重要组成部分，但是资产负债表体现的是负债的账面价值，而估值过程中真正关心的是其内在价值。会计负债具有三条标准：①负债表明企业未来需要付出经济资源来履行；②未来需要付出的经济资源的额度应该能够比较合理、准确地估计和预测；③引起这项企业义务的事件必须是过去发生的。因此，可能存在表外的负债业务，或需要支付的数额无法估计，或导致支付的事件尚未发生。

部分表外义务项目在财务报表附注中体现，如环境成本、未决诉讼、员工的退休养老费用、发行在外的未执行企业股票期权等，在资产负债表的负债内容内并未体现，但是对公司价值具有重大影响。以环境成本为例，对于高污染的企业来说，潜在的环境成本一旦确认，可能对公司价值具有重大影响，甚至导致公司破产。再如表外诉讼，尤其是未判决的诉讼，需要关注诉讼进展，如果判决结果不利于公司，可能存在大额的营业外支出。

除负债低估外，企业为降低资产负债率，可能恶意隐藏应当在资产负债表中确认和披露的负债，称为"隐性负债"。其重要动机是当公司负债已经达到一定规模时，继续增加负债会降低公司资信等级、抬升借贷成本，因此管理层可能恶意隐藏负债，从而达到"美化"资产负债表的目的。但是，隐性负债可能产生重大隐患，因此在投资价值评估时需要尽可能地探查隐性负债。

知识链接：隐性负债

隐性负债，也被称作潜在负债或表外负债，指的是那些在企业的财务报表中没有明确列出，但可能给企业带来未来财务负担的义务。这些负债之所以被称为"隐性"，是因为它们可能不满足传统会计准则中对负债的定义，或者其数额、时间点在报告时无法准确确定。隐性负债可能包括但不限于以下几种类型。

1. 直接性隐性负债

直接性隐性负债通常与企业的日常运营活动直接相关，它们可能不会立即体现在财务报表中，但对未来的财务状况有着直接的影响，例如：①预支费用(企业可能已经支付了未来一段时间的费用，如保险费、租金等，这些费用在实际发生时会减少未来的现金流)；②库存补偿(对于存货价值的变动，特别是存货跌价准备，可能不会立即反映在财务报表中，但它们代表了未来可能的损失)；③长期合同(长期合同可能包含未来的成本和义务，如亏损合同的履行可能导致未来的现金流出)等。

2. 间接性隐性负债

间接性隐性负债与企业运营活动的关联性较低，但它们反映了企业在宏观环境和社会责任方面可能面临的潜在负担，例如：①政府政策性负债(政府的补贴或税收优惠政策可能会变化，企业未来可能失去这些优惠，从而增加财务负担)；②社会责任负债(企业对社会的责任，如环境保护、员工福利等,可能在未来导致额外的支出)等。

3. 未体现的隐性负债

这类负债可能不会在企业的征信报告或财务报表中体现,但它们确实存在并可能对企业的财务状况造成影响,例如:①民间借贷(企业可能通过非正式渠道进行融资,如向亲戚朋友借款或通过非银行借贷机构借款,这些负债不会在正式的财务报表中披露);②合联营企业的债务(企业可能与其合营或联营企业共同承担债务,这些债务可能不会直接反映在企业的财务报表中)等。

隐性负债对企业的财务健康和长期价值具有重要影响。它们可能在不确定的时间点给企业带来重大的财务压力,影响企业的现金流和盈利能力。因此,投资者、分析师和管理层需要对这些潜在的负债进行仔细评估和考量。

【例5.2】安然事件与隐性负债[①]。

安然公司成立于1985年,是由美国休斯敦天然气公司和北方内陆天然气(Inter North)公司合并而成,公司总部设在美国得克萨斯州的休斯敦。公司在首任董事长兼首席执行官肯尼斯·雷的领导下,经历了四大步跨越,从名不见经传的一家普通天然气经销商,逐步发展成为世界上最大的天然气采购商和出售商之一,世界最大的电力交易商之一,世界领先的能源批发做市商,世界最大的电子商务交易平台之一。2000年,安然公司总收入高达1 008亿美元,名列《财富》杂志"美国500强"第七位、"世界500强"第十六位,并连续4年获得《财富》杂志授予的"美国最具创新精神的公司"称号。2001年11月8日,安然向美国证监会递交文件,承认作假账的行为。2001年12月2日,安然向美国纽约破产法院申请破产保护,成为当时美国历史上最大的破产企业之一。

隐藏负债是安然在作假账中的一个重要手段。此外,安然还大量运用金融衍生产品,利用会计准则和市场规定的漏洞。安然公司隐藏负债的大致过程如图 5-1 所示。通过安然公司和 Blockbuster 签订的合资协议我们可以对隐藏负债手段有一个粗浅的认识。

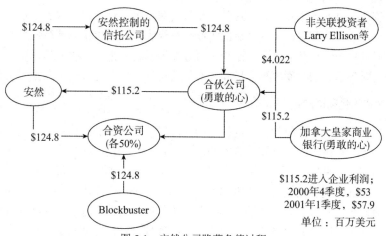

图 5-1 安然公司隐藏负债过程

2000年6月,安然与 Blockbuster 签订协议,双方各持50%股权创建合资公司,合作期为20年。合资公司的主营业务是利用电信网络,将电影录像带传输到顾客家中并供顾客在家中下载观看。根据对合资企业未来现金流的预测,其预估价值为2.49亿美元,双方各拥有1.24亿美元。

但与此同时,安然公司将自己所持有的50%股权转移到自己控制的一家信托公司中,并由该信托公司下设的合伙公司——"勇敢的心"来控制合资企业的那50%股权,这家名为"勇敢的心"的合伙公司采用了特殊目的实体(special purpose entity,SPE)的结构形式。

---

① 案例改编自:姜国华. 财务报表分析与证券投资[M]. 北京:北京大学出版社,2008.

勇敢的心以安然公司通过信托公司提供的担保,向加拿大皇家银行借款1.15亿美元,并将钱转移给安然公司。而根据美国会计准则规定,发起人企业不需要合并下属SPE的财务报表。因此勇敢的心借来并转移给安然的1.15亿元,并没有出现在安然报表的负债项上,也即安然公司通过隐藏负债虚假提高了利润。

二、收入、支出的确认

利润表是全面反映公司收入、成本、费用与盈余的会计报表,是投资者最为关注的报表之一。我国的财务报表采用权责发生制,公司取得收入,不论是否收到现金,都可确认收入;公司发生支出,不论是否支付现金,都需确认成本费用。权责发生制导致收入、支出确认和现金流入、流出的时间不匹配,因此在利润表分析过程中需要重视公司收入与支出数据的信息准确性。

(一) 收入确认的问题

收入确认和现金流入时间不匹配主要存在于两种情况:一种是应计收入,即在会计期间内公司的一笔销售符合收入确认原则,但是客户尚未支付现金,这种情况的收入同时增加等额的收入和资产(应收账款);另一种是预付收入,即在会计期间内,客户支付现金,但是并未在当期取得产品或服务,而是在以后会计期间内获取,这种情况的收入同时增加等额的资产和负债,但是并未确认收入,直到真正提供服务或产品。

多数公司确认收入发生在真正提供产品或服务时。但是,部分特殊业务公司在确认收入时较为复杂,可能与产品或服务提供时间不一致。如大型建设项目,产品的建设周期跨度多个会计期间,但是每一个会计期间都需要出具会计报表,目前该类公司大多采用完成合约法或项目完成百分比法,分阶段确认收入。再如保险行业,可以利用大的客户群体数据估计整体发生安全问题的比率,从而在保险费收到当期确认收入并估算产品成本。

除了收入确认的时间外,收入确认过程容易被公司操控,这是财务报表分析过程中需要辨析的重点问题之一。公司管理层出于各种目的可能会操纵收入确认以提高或降低盈余,因此要对报表进行分析,通过收入账户及应收账款账户是否存在异常变化来洞察收入信息可能存在的问题,尤其是通过公司财务信息的时间序列分析和与类似公司的横向对比分析,寻找异常现象。

(二) 支出的费用化和资产化

公司利润是收入和支出的差额。在会计期间内,经济资源的流出具有两种走向,一种是变为其他资产项目,另一种是成为支出期的成本费用,分别称之为支出的资本化和费用化。只对本期收入产生有帮助,对未来期间收入产生没有帮助的经济资源的支出不能确认为资产,而是作为支出期的费用直接确认。我国确认成本费用的重要原则之一是,本期确认的成本费用应当是为了生产本期的收入而耗费,若对未来会计期间的收入发挥作用,则应在各会计期间内分摊。

虽然会计准则对于资产的定义和费用的确认有明确规定,但是现实中仍有大量的公司发生支出确认费用或资产错误的情况。一笔支出的费用化或资产化对公司当期盈余有很大的影响,若将本应该费用化的支出资产化,盈余会相应提升,因为将大额支出资产化后,可以在未来年度分年摊销,大幅提高当年盈余水平。

需要注意的是,在进行公司投资价值分析与评估时,所依据的计算准则会与会计准则有略微出入。例如,在计算公司自由现金流时,我们通常需要进行研发费用的资本化,即将公司的资本性支出看作资产,估计研发资产摊销期,同时结合过去研发费用的数据,估计当前研发资产的剩余价值,具体计算步骤和方法将在本书的第七章做具体介绍。

由于外部投资者和分析师只能通过公司公开的财务报表信息对其进行评估,因此对于支出确认的分析应当注重以下几个方面。从宏观角度分析,一般经济比较稳定时,公司的运营也较为稳定，成本费用占营业收入的比例变化较小，当经济衰退来临时，企业费用占比会提高。此外，费用变化应该具有行业性趋势，可以与相似公司进行财务信息的比对分析。最后，如果费用变化较大，一般应该是各种费用成比例变化，而非某一类费用的单独波动。如果公司费用波动与上述情况不符，可能存在支出费用化与实际不符的情况，需要进一步探查。

第三节 比率分析

比率分析法、共同比分析法和趋势分析法是财务报表分析的基本方法。通过基本分析方法的运用，从财务报表中提取有用信息帮助价值评估是财务报表分析的根本目的。通过共同比分析法、趋势分析法分析，可以了解企业财务报表数据变动是否与对应的发展战略相适应，运用比率分析法分析能够明确企业成长性与盈利性的驱动因素，以及经营管理水平、资产管理水平、财务管理水平，通过现金流量分析来评价企业的资金运营状况，改善公司资金管理等。

由于比率分析法内容较为复杂，此处专门用一节来讲解，共同比分析法、趋势分析法和现金流量分析法将在后面两节进行讲述。

比率分析法是指将相关的财务项目进行对比，计算出具有特定经济含义的相对财务比率，并以此评价企业财务状况和经营成果的财务报表分析方法。由于企业财务报表项目繁多，阅读过程中难以抓住重点、理清关系，比率分析法通过将两个项目进行对比计算出一个相对比率，从而揭示有意义的经济关系，极大地便利了评价企业财务状况和经营成果的过程，是应用最为广泛的财务分析方法之一。较为常用的财务比率通常覆盖了偿债能力、盈利能力、营运能力等方面。

一、偿债能力

（一）流动比率

流动比率是流动资产与流动负债的比值，衡量公司流动资产在短期债务到期以前，可以变为现金用于偿还负债的能力。其计算公式为

$$流动比率 = \frac{流动资产}{流动负债} \tag{5-11}$$

与营运资金相比，流动比率作为相对比值更能反映出流动资产对流动负债的保障程度，并方便不同公司间的对比。此外，流动比率同样可以反映营运资金与流动负债的关系，其超出 1 的部分即为营运资金与流动负债的比值，这部分资金对流动负债的偿还提供更可靠的保障。

一般而言，流动比率越高，表明公司的流动性越强，流动负债的安全程度越高，短期债权人到期收回本息的可能性越大。但是，对于公司而言，流动比率并非越高越好。过高的流动比率表明资金中流动资产占的比例过大，其盈利能力相对较差，可能导致公司盈利能力较差。此外，流动比率过高可能是存货大量积压、应收账款长时间不能收回等原因造成，表明公司的资产管理效率较低。因此，对于流动比率需要结合公司具体情况进行具体分析。

经验认为，流动比率在 2 左右较为合理，财务分析中往往以 2 为比较标准，偏离 2 太多则存在一定问题。但是这个经验数据并非绝对的，需结合具体时期、经济背景、行业、公司情况进行标准的调整。

（二）速动比率

速动比率是速动资产和流动负债的比值，用于衡量公司流动资产中可以立即变现用于偿还流动负债的能力。其中，速动资产是指能够迅速转化为现金的资产。速动比率的计算公式为

$$速动比率 = \frac{速动资产}{流动负债} \tag{5-12}$$

$$速动资产 = 流动资产 - 存货 - 预付账款 - 待摊费用 \tag{5-13}$$

一般而言，速动比率越高，表明公司的流动性越强，流动负债的安全程度越高，短期债权人到期收回本息的可能性越大。但是，与流动比率类似，对公司而言，速动比率并非越高越好，仍需要结合具体情况具体分析。

经验认为，速动比率在 1 左右较为合理，财务分析中往往以 1 为比较标准，偏离 1 太多则存在一定问题。

（三）资产负债率

资产负债率又称为负债比率，是公司负债总额与资产总额的比值，反映总资产中借债筹资的比例。其计算公式为

$$资产负债率 = \frac{负债总额}{资产总额} \tag{5-14}$$

资产负债率是公司资产对负债的保障程度，资产负债率越高，公司资产对负债的保障能力越强。此外，资产负债率还反映了公司的资本结构问题，资产负债率越高，表明借入资金在全部资金中所占比重越大，公司不能偿还负债的风险越高。同样，资产负债率越高，财务杠杆越高，则公司每年的债务利息越高，当公司经营恶化时扩大所有者损失的风险也越大。

虽然一般而言，资产负债率越低，公司的负债越安全、财务风险越小。但是从公司和股东的角度，资产负债率并非越低越好，资产负债率过低通常表明公司没有充分利用财务杠杆，未能充分利用负债经营的好处。因此，需权衡收益与风险，充分考虑公司内部因素和外部市场环境，进行合理分析。

（四）产权比率

产权比率是企业负债总额与所有者权益总额的比值，反映股东权益对负债的保障程度。其计算公式为

$$产权比率 = \frac{负债总额}{所有者权益总额} \tag{5-15}$$

产权比率表明由债权人提供的资金和由投资者提供的资金来源的相对关系，反映企业基本财务结构是否稳定。根据公式可知，产权比率等于资产负债率除以股权比率，因此产权比率与资产负债率同方向变动，其分析与资产负债率类似。

（五）利息保障倍数

利息保障倍数，又称利息覆盖率，是息税前利润(EBIT)与利息费用的比值，用以衡量企业所实现的经营成果偿付借款利息的能力。由于支付利息费用和缴纳所得税之前的所有利润均可用于利息支付，因此分子使用息税前利润。利息保障倍数的计算公式为

$$利息保障倍数 = \frac{息税前利润}{利息费用} \tag{5-16}$$

$$息税前利润 = 利润总额 + 利息费用 = 净利润 + 所得税 + 利息费用 \tag{5-17}$$

值得说明的是，上述利息费用不仅包括计入财务费用中的利息费用，还包括已经资本化的利息费用。但是，实践中，企业外部主体难以获得财务费用科目的具体构成，通常使用财务费用代

替利息费用，但当财务费用为负时利息保障倍数没有意义。

一般而言，利息保障倍数越高，企业支付利息的能力越强。利息保障倍数若低于 1，则说明企业实现的经营成果不足以支付当期利息费用，意味着企业的付息能力非常低，财务风险极高，需引起高度重视。但是，对于企业和所有者而言，利息保障倍数并非越高越好，过高的利息保障倍数若非由高利润而是由低利息导致，说明企业的财务杠杆程度很低，未能充分利用举债经营的优势。

二、盈利能力

盈利能力指标的选取和衡量是投资价值分析评估的重要内容，而部分盈利指标，如资产回报率(ROA)、股东权益回报率(ROE)、资本回报率(ROC)在会计范畴下和估值范畴下的定义有所不同。本部分将从会计和估值的角度分析盈利能力指标的表达式及具体含义，后续章节中如无特殊说明，均采用估值视角的定义。

(一) 营业利润率

营业利润率(operating margin)是企业营业利润和营业收入的比值，反映在考虑营业成本的情况下，企业管理者通过经营获取利润的能力，以衡量企业经营的效率。其中，营业收入包含主营业务收入和其他业务收入。营业利润率的计算公式为

$$营业利润率 = \frac{营业利润}{营业收入} \tag{5-18}$$

$$营业收入 = 主营业务收入 + 其他业务收入 \tag{5-19}$$

一般而言，营业利润率越高，表明企业单位业务收入获取的营业利润越高，企业通过经营获取利润的能力越强，企业经营效率越高。营业利润率受销售数量、单位产品平均售价、单位产品制造成本、成本管理能力等因素的影响，分析过程中可从上述方面探讨改善措施。

(二) 资产回报率(ROA)

会计中资产回报率(return on assets，ROA)又称为总资产收益率，是净利润与平均资产总额的比值，反映企业运用全部资产的总体获利能力，是衡量企业资产运营效益的重要指标，用以表明资产利用效率和企业在增加收入、节约资金使用方面的效果。

$$ROA = \frac{净利润}{平均资产总额} \tag{5-20}$$

$$平均资产总额 = \frac{1}{2} \times (期初资产总额 + 期末资产总额) \tag{5-21}$$

在具体分析过程中，ROA 可以分解为与营业收入有关的组成部分，从而更加清晰地表述公司业绩变化的因素构成。由于：

$$销售净利率 = \frac{净利润}{营业收入} \tag{5-22}$$

$$资产周转率 = \frac{营业收入}{平均资产总额} \tag{5-23}$$

表明 ROA 可部分转化为上述两个比率的乘积，ROA 的高低取决于企业销售盈利水平和资产管理水平。一般而言，ROA 越高，资产利用效率越高，企业在增加收入、节约资金等方面表现越好。此外，企业可根据该指标与市场利率比较，若该指标高于市场利率，则表明企业可以充分利

用财务杠杆，进行举债经营，从而获得更多的回报。

而在估值视角，ROA 被定义为

$$ROA = EBIT_t \times (1-税率)/总资产账面价值_{t-1} \tag{5-24}$$

在估值领域内，ROA 的作用微小，甚至没有什么参考价值。虽然会计领域内 ROA 对于企业的评价有一定帮助，但它没有将企业投资于运营项目的资本从总资产中剥离出来。换言之这一指标实际上无法直接考察企业投资于营业项目所得到的收益，其主要作用是辅助部分关键财务指标的分解。

(三) 股东权益回报率(ROE)

会计定义下的股东权益回报率(return on equity，ROE)又称为净资产回报率、股权回报率或权益资本回报率，是净利润与平均所有者权益的比值，反映股东权益的收益水平，用以衡量公司运用自有资本的效率。其计算公式为

$$ROE = \frac{净利润}{平均所有者权益} \tag{5-25}$$

$$平均所有者权益 = \frac{1}{2} \times (期初所有者权益 + 期末所有者权益) \tag{5-26}$$

一般而言，ROE 越高，表明股东投入的资金获取回报的能力越强，企业股东权益的收益水平越好。提高 ROE 的途径有两个。一是通过经营改善直接提升 ROE，在企业资本结构(负债/权益比)不变时，通过增加收入、减少支出、提高资产周转效率来提升资产回报率(ROA)。由于 ROE=ROA×权益乘数，当权益乘数(资本结构)固定时，ROA 的提高将等比例传导至 ROE。二是在 ROA 大于借债利率(比如银行贷款利率)时，通过增加负债比例，利用"借钱生钱"的杠杆效应放大 ROE。具体来说，当企业用低息借款(如 2.5%的利率)投资赚取更高收益(比如 ROA=10%)时，多赚的差额(10%-2.5%=7.5%)会全部归股东所有，从而显著提升 ROE。

在估值中，ROE 同样衡量了公司利用股权即自有资本获利的能力，其常见的计算公式为

$$ROE = 净利润_t / 股权账面价值_{t-1} \tag{5-27}$$

ROE 的分子是期末的净利润，因为它衡量了去除了债权人可分配的利息收入后股权投资者可得到的收益。分母选取了期初的股权账面价值，其包含了现金，而现金只能赚取无风险投资收益，本质上无法反映公司的经营能力。因此更为合理的方法是将现金从分母中剔除，这时为了保证分子分母测度的统一性，也需要从分子中扣除从现金中得到的利息部分——这便有了非现金ROE(non-cash ROE)：

$$非现金ROE = \frac{非现金净利润_t}{非现金股权账面价值_{t-1}} = \frac{净利润_t - 现金所得利息_t \times (1-税率)}{股权账面价值_{t-1} - 现金_{t-1}} \tag{5-28}$$

ROE 在估值中可以帮助我们估计公司未来净利润和每股收益增长率，特别是在对股权现金流进行评估时，该指标的作用非常重要。

(四) 资本回报率(ROC)

在会计中，资本回报率(return on capital，ROC)是净利润与平均资本总额的比值。与资产回报率类似，ROC 反映企业运用全部资本的总体获利能力，是衡量企业资本运营效益的重要指标，用以表明资本利用效率和企业在增加收入、节约资金使用方面的效果。其计算公式为

$$ROC = \frac{净利润}{平均资本总额} \tag{5-29}$$

由于 ROC 与 ROA 计算构成相似,只是在分母上用平均资本总额(股东权益+有息债务)替代平均资产总额(股东权益+总负债),趋势和能力反映是一致的,因此其分析过程与 ROA 相同,此处不赘述。

在估值中 ROC 也称为投入资本回报率(return on invested capital,ROIC),衡量公司利用已投入资本的总体获利能力,故在非现金 ROE 的基础上,其分子应该包括给债权人的利息收入,分母也应相应地添加对应的债务账面价值。其计算公式为

$$ROIC = EBIT_t \times (1-税率)/(股权账面价值_{t-1}+有息债务账面价值_{t-1}-现金_{t-1}) \tag{5-30}$$

选取账面价值在估值中是很少见的行为,这里选取账面价值的原因是市场价值在某种程度上包括了公司的在位资产和成长性资产(正如第一章所言,若市场有效,则市场价值与内在价值相差不大)。成长性资产尚未获利,其仅仅是一种未来展望,故 ROIC 衡量的仅仅是现有在位资产的获利情况,因此选取账面价值是合理的方法。

和在会计中相反,ROIC 在估值中的作用举足轻重,该指标可以帮助我们在估值中获取 EBIT 的成长率,其聚焦于公司整体利用资产进行运营获利的能力,可以辅助投资者选出拥有高投资回报率项目的潜力公司。

(五)每股收益(EPS)

每股收益(earning per share,EPS)又称为每股盈利、每股税后利润、每股盈余,是税后利润减去优先股股利与普通股份总数的比值,表明普通股股东每持有一股所能享有的企业收益,通常被用来反映企业的经营成果,衡量普通股的获利水平及投资风险。每股收益的计算公式为

$$每股收益 = \frac{税后利润-优先股股利}{普通股份总数} \tag{5-31}$$

一般而言,每股收益越高,表明每股可获得的净收益越多,普通股的获利水平越高。这一指标通常会对股票价格产生较大的影响,但是,需要说明的是,每股收益并未反映股票所包含的风险,且每股收益水平并未代表股利水平,具体的股利水平取决于企业的股利分配政策。

(六)市盈率

市盈率(P/E)又称为本益比、股价收益比率或市价盈利比率,是每股市价与每股收益的比值,是评估股价水平合理性的常用指标之一,同时是投资者对公司未来发展态度的体现。其计算公式为

$$市盈率 = \frac{每股市价}{每股收益} \tag{5-32}$$

一般而言,市盈率越高,表明投资者对该公司发展前景的态度越积极,但是另外,如果一家公司股票的市盈率过高,那么该股票的价格存在泡沫,价值被高估。结合经典的 CAPM 模型思想,影响市盈率的因素主要包括股利支付率、无风险资产投资收益率、市场组合资产的预期收益率、无杠杆的风险敏感系数、杠杆程度、权益乘数、企业所得税、销售净利率、资产周转率等。经验认为,市盈率水平在 14~20 为正常水平。市盈率低于 14 则企业价值被低估,当市盈率小于 0 时表明公司盈利为负。市盈率高于 20 时企业价值被高估,当高于 28 时股市可能存在投机性泡沫。但是对市盈率的分析仍需从动态的角度出发,结合投资者对企业增长潜力的态度,以及不同行业的特点,避免教条式的数值比较。

(七) 市净率

市净率(P/B)是每股市价与每股净资产的比率，反映投资过程中付出与回报的关系。在高风险企业和实物资产占比较高的企业评估过程中，市净率尤为重要。其计算公式为

$$市净率 = \frac{每股市价}{每股净资产} \tag{5-33}$$

一般而言，市净率越低，表明企业每股内含净资产高而每股市价不高，其投资价值越高。此外，市净率可用于投资分析，市净率大于 1 的企业表明其市价高于账面价值，企业资产质量较好，具有发展潜力。但是，与市盈率类似，对市净率的分析需要从动态角度出发，同时考虑市场环境及公司经营情况、盈利能力等因素。

三、营运能力

(一) 存货周转率

存货周转率又称存货周转次数，是企业一定时期内营业成本或营业收入与存货平均余额的比值，用于反映存货的周转速度。存货周转率分为以成本为基础的存货周转率和以收入为基础的存货周转率，前者衡量存货资金占用量是否合理及其流动性，后者衡量存货的盈利能力及流动性。按成本基础法和收入基础法对其进行计算，计算公式分别为

$$存货周转率 = \frac{营业成本}{存货平均余额} \tag{5-34}$$

和

$$存货周转率 = \frac{营业收入}{存货平均余额} \tag{5-35}$$

$$存货平均余额 = \frac{1}{2} \times (期初存货 + 期末存货) \tag{5-36}$$

存货周转率指标可以反映企业存货管理水平的高低，影响企业的短期偿债能力。一般而言，存货周转率越高，存货周转速度越快，存货的占用水平越低，流动性越强，存货转换为现金或应收账款的速度越快。

除存货外，还可对应收账款、固定资产、流动资产、总资产等不同科目进行周转率计算，其分析与存货周转率类似，此处不赘述。

(二) 存货周转天数

存货周转天数又称存货周转期，是会计周期与存货周转率的比值，反映企业从取得存货开始至消耗、销售为止所经历的天数。一般而言，一个会计周期为 1 年，会计处理中常采用 360 天。其计算公式为

$$存货周转期 = \frac{360}{存货周转率} \tag{5-37}$$

一般而言，存货周转天数越少，存货变现的速度越快，资金占用在存货的时间越短，存货管理工作的效率越高。除会计年度分析外，存货周转分析指标也可用于会计季度和会计月度等的存货周转分析，将计算公式中的分子分别替换为会计季度和会计月度的天数即可。

除存货外，还可对应收账款、固定资产、流动资产、总资产等不同科目进行周转天数计算，其分析与存货周转天数类似，此处不赘述。

第四节 共同比分析与趋势分析

除上述的比率分析外，在财务报表分析过程中经常用到对比分析和时间序列分析，共同比分析和趋势分析分别是这两种分析方法下较为常用、有效的分析方式。本节对共同比分析和趋势分析的讲述主要通过实例开展。

一、共同比分析

共同比分析是一种标准化的分析方法，将每个指标都表示为一个固定指标的百分比，用以消除规模影响，该百分比数据可以揭示出企业经营活动的特点，通常用于企业间的比较分析。对于标准的资产负债表，共同比分析通常以总资产为基准；对于调整后的资产负债表，则分别以经营资产总额、经营负债总额等指标为共同比。通过共同比分析，可以较为便捷地发现企业间的差异，以及一个企业内资产负债的结构性特征。

【例5.3】A公司和B公司的共同比分析。

共同比分析同样用于对比两个相同行业、规模接近的公司经营情况。选取两个机械行业领军型企业A公司和B公司作为此处共同比分析的案例公司。

A公司和B公司2024年资产负债表主要科目共同比分析如表5-9所示。

表5-9 A公司和B公司2024年资产负债表主要科目共同比分析

资产负债表主要科目	A公司		B公司	
	金额(万元)	百分比(%)	金额(万元)	百分比(%)
货币资金	744 206.20	12.09	819 368.64	9.19
应收票据	28 300.60	0.46	219 695.20	2.46
应收账款	1 808 478.70	29.38	3 011 626.82	33.78
预付款项	33 740.90	0.55	38 088.63	0.43
存货	622 029.90	10.11	1 277 007.17	14.33
一年内到期的非流动资产	15 959.30	0.26	1 221 241.24	13.70
可供出售金融资产	65 250.60	1.06	140 721.44	1.58
长期应收款	29 759.40	0.48	192 473.61	2.16
长期股权投资	152 793.90	2.48	60 354.14	0.68
固定资产	1 401 441.70	22.77	745 092.89	8.36
在建工程	96 581.30	1.57	61 809.06	0.69
无形资产	418 778.10	6.80	479 293.92	5.38
开发支出	48 950.20	0.80	9 038.79	0.10
商誉	3 617.30	0.06	211 646.97	2.37
递延所得税资产	116 590.90	1.89	113 718.29	1.28
资产总计	6 155 496.70	—	8 914 102.35	—
短期借款	890 849.40	14.47	491 154.31	5.51
应付票据	292 321.50	4.75	560 128.04	6.28
应付账款	460 534.80	7.48	658 952.88	7.39

续表

资产负债表主要科目	A公司		B公司	
	金额(万元)	百分比(%)	金额(万元)	百分比(%)
预收款项	106 270.00	1.73	77 417.30	0.87
其他应付款	229 715.70	3.73	314 996.52	3.53
一年内到期的非流动负债	219 925.20	3.57	322 836.30	3.62
长期借款	941 294.70	15.29	1 009 956.44	11.33
应付债券	418 417.20	6.80	1 298 496.08	14.57
实收资本(或股本)	765 794.60	12.44	766 413.22	8.60
资本公积金	59 460.30	0.97	1 269 407.12	14.24
盈余公积金	261 265.00	4.24	293 841.88	3.30
未分配利润	1 361 625.20	22.12	1 496 355.85	16.79
负债和所有者权益总计	6 155 496.70	—	8 914 102.35	—

从表 5-9 的资产负债表共同比结果可以发现，两个机械行业领军型企业在资产负债结构方面存在某些特性：①超过 1/5 的资产以应收账款形式存在，一方面表明公司可能具有长期稳定的交易伙伴，另一方面也需继续控制应收账款风险，计提适当的坏账准备；②超过 1/10 的资产以存货形式存在，机械行业属于重型生产制造业，产成品价值较高，因此存货价值占比偏高；③长期借款是负债的主要构成，机械产品生产周期相对其他轻工业而言较长，资金需求量高且流转速度较慢，因此长期负债比重较大。

但是，资产负债表共同比结果表明，A 公司和 B 公司的资产负债结构仍然存在显著差异：①A 公司较 B 公司更加偏好持有货币型现金；②A 公司固定资产比率远高于 B 公司；③B 公司较 A 公司计提了更多比率的商誉；④A 公司的短期借款比例高于 B 公司，其资产需要具有更高的流动性；⑤B 公司的应付债券比例较高，属于长期负债性质；⑥B 公司的资本公积比例高于 A 公司，其上市以来的资本溢价程度较高。

A 公司和 B 公司 2024 年利润表主要科目共同比分析如表 5-10 所示。

表 5-10　A公司和B公司 2024 年利润表主要科目共同比分析

利润表主要科目	A公司		B公司	
	金额(万元)	百分比(%)	金额(万元)	百分比(%)
营业收入	2 328 007.20	—	2 002 251.67	—
营业成本	1 717 940.20	73.79	1 524 468.69	76.14
税金及附加	21 956.20	0.94	22 540.32	1.13
销售费用	235 906.60	10.13	244 596.08	12.22
管理费用	212 080.50	9.11	173 398.75	8.66
财务费用	87 539.30	3.76	103 545.79	5.17
资产减值损失	94 842.10	4.07	127 177.36	6.35
营业利润	119 552.20	5.14	-180 345.12	-9.01
营业外收入	43 760.70	1.88	93 890.67	4.69
营业外支出	157 016.00	6.74	15 068.09	0.75

续表

利润表主要科目	A 公司		B 公司	
	金额(万元)	百分比(%)	金额(万元)	百分比(%)
利润总额	6 296.90	0.28	−101 522.54	−5.07
所得税	10 083.00	0.43	−11 041.70	−0.55
净利润	−3786.1	−0.16	−90 480.84	−4.52

从表 5-10 所示的利润表主要科目共同比分析可以看出，2024 年 A 公司的营业收入较 B 公司高 32 个亿元，但是后者的营业成本占比却高于前者，且多项费用的占比均高于 A 公司，在销售费用上高出两个百分点，导致 B 公司的 2024 年营业利润为负，最终利润总额、净利润均为负。

二、趋势分析

趋势分析是以某一年指标数值为基数，将其他年份的数额表现为其指数的形式。趋势分析包含时间序列，描述了财务指标随时间变化的趋势。此外，趋势分析可以和共同比分析合并，即根据共同比编制趋势性报表，便于进行企业间的趋势比较。

【例 5.4】××实业公司趋势分析。

趋势分析是对同一家公司的时间序列分析，观察公司财务报表项目随时间变化的情况。选取××实业公司从 2020 年到 2024 年的财务报表作为案例进行趋势分析。

××实业公司 2020—2024 年资产负债表主要科目趋势分析如表 5-11 所示。

表 5-11 ××实业公司 2020—2024 年资产负债表主要科目趋势分析

资产负债表主要科目	2024 年	2023 年	2022 年	2021 年	2020 年	基年 2014 年
货币资金	1 149.23%	659.73%	375.82%	818.84%	721.90%	20 164.74
存货	1 242.94%	1 240.93%	843.64%	478.21%	299.00%	61 374.34
投资性房地产	518.30%	161.51%	167.38%	175.19%	41.02%	6 273.85
固定资产	3 686.21%	2 519.40%	2 202.03%	2 285.93%	32.96%	940.11
资产总计	1 157.88%	954.37%	624.56%	485.38%	325.86%	108 432.50
短期借款	1 861.70%	4 148.94%	—	851.06%	—	1 880.00
应付账款	89 257.42%	170 535.55%	28 592.10%	56 437.99%	4 603.63%	12.66
预收款项	46 436.92%	10 918.61%	4 890.58%	11 484.07%	7 322.79%	209.76
应交税费	39 250.42%	25 205.67%	18 027.48%	11 577.14%	5 362.36%	53.93
一年内到期的非流动负债	2 096.06%	1 507.23%	1 165.59%	1 148.16%	345.66%	4 976.00
长期借款	1 057.32%	987.62%	848.53%	557.99%	460.20%	27 200.08
负债合计	2 102.41%	1 649.14%	1 024.78%	798.07%	500.27%	41 676.65
实收资本(或股本)	380.25%	380.25%	380.25%	253.50%	169.00%	18 703.94
资本公积金	−75.95%	−75.95%	−75.95%	−36.11%	−36.11%	−36.11%
盈余公积金	338.99%	326.42%	312.54%	273.20%	211.28%	5 505.94
未分配利润	2 342.63%	1 946.79%	1 620.17%	1 437.54%	1 156.77%	6 804.56
归属于母公司所有者权益合计	386.27%	344.87%	310.43%	274.35%	216.93%	66 736.62
所有者权益合计	568.20%	520.61%	374.70%	290.16%	216.98%	66 755.85

从表 5-11 的资产负债表趋势分析结果来看，××实业公司多项资产负债项目均呈现逐年增长趋势。2024 年的资产总额是 2020 年资产总额的 4 倍左右，负债总额是 2020 年负债总额的 4 倍左右，所有者权益是 2020 年的 2 倍左右。投资性房地产 2024 年出现突增，2021—2023 年相对平稳，表明 2024 年××实业公司房地产出租或资本增值情况较好。固定资产于 2021 年呈现了飞跃式增长的态势，并在 2022—2024 年稳中有增，作为房地产类公司，呈现重资产化的趋势。负债类项目中，2024 年短期借款和应付账款较 2023 年大幅下降，但是预收款项和应交税费有所上升，可能存在预售房产尚未交付的情况。2022 年××实业公司经历一次扩股增资，资本公积下降，但未分配利润呈现逐年上升趋势。

××实业公司 2020—2024 年利润表主要科目趋势分析如表 5-12 所示。

表 5-12　××实业公司 2020—2024 年利润表主要科目趋势分析

利润表主要科目	2024 年	2023 年	2022 年	2021 年	2020 年	基年 2014 年
营业收入	1 624.31%	1 318.58%	843.77%	925.65%	711.82%	25 247.86
营业成本	1 851.21%	1 351.70%	747.16%	756.32%	566.87%	16 428.77
税金及附加	2 723.75%	3 504.84%	2 763.15%	3 011.87%	2 389.01%	1 329.52
销售费用	1 327.93%	744.29%	601.42%	529.10%	534.87%	877.30
管理费用	279.19%	244.96%	241.68%	194.55%	165.72%	2 945.48
财务费用	433.91%	220.36%	300.34%	−69.57%	−62.37%	1 019.47
营业利润	1 417.47%	1 449.81%	1 142.17%	1 797.76%	1 381.63%	3 337.36
营业外收入	52.44%	38.65%	39.11%	1.75%	26.78%	326.72
营业外支出	28.77%	34.93%	86.74%	39.37%	64.55%	408.10
利润总额	1 454.56%	1 485.56%	1 163.77%	1 837.94%	1 410.77%	3 255.97
净利润	1 413.83%	1 474.71%	1 079.38%	1 817.81%	1 391.53%	2 474.53

从表 5-12 的利润表趋势分析结果看，××实业公司的营业收入、营业成本和费用基本都呈现逐年增长的状态，且增长幅度相当，因此营业利润变化相对平稳。2020—2024 年的营业外收入和营业外支出均低于基年 2014 年，××实业公司将更多的精力投入主营业务当中，且意外事件的发生减少。从总体来看，除 2022 年各项利润指标(除净利润)有所下滑以外，其他各年基本呈现平稳增长的趋势。

共同比分析和趋势分析是财务报表分析过程中的常用分析方法。对一个公司财务报表进行分析，单靠当期财务数据难以形成整体评价，需要结合行业情况和其历史发展情况进行分析。此外，共同比分析和趋势分析可结合使用，即在共同比分析中加入时间项，方法与上述案例中的相同，在此不赘述。

第五节　现金流量分析

一、现金流量总量分析

若企业现金净流量大于零，即现金流入大于现金流出，说明企业三种活动产生的现金收入足以支持三种活动所需的现金支出，企业具有还款能力；若企业现金净流量小于零，意味着现金流入不能满足全部的现金流出。由于偿还借款只是现金流出的一部分，企业是否具有还款能力需要针对现金流量结构做进一步分析。

二、现金流量结构分析

(一) 经营活动现金流量分析

经营活动现金流量是企业现金的主要来源，与净利润相比，经营活动现金流量能更确切地反映企业的经营业绩。若经营活动产生的现金净流量小于零，意味着企业通过正常的商品购、产、销经营活动所带来的现金流入，不足以支付该经营活动引起的现金流出，为维持正常经营活动，企业一般通过以下几种方式解决现金支付问题：①消耗企业现存的货币积累；②占用本来可以用于投资活动的现金，推迟投资活动的进行；③进行额外的借款融资，以支持经营活动现金需要；④拖延支付债务等。当经营活动产生的现金净流量持续小于零时，说明企业通过经营活动创造现金流量的能力下降，企业难以维持正常经营活动。

若经营活动产生的现金净流量大于零，一般而言，意味着企业生产经营状况较好，但还需要做进一步的分析。但是如果经营活动产生的现金净流量大于零，却不足以补偿当期的非现金消耗性成本，这意味着企业通过正常的商品购、产、销经营活动所带来的现金流入，能够支付该经营活动引起的现金流出，但没有余力补偿一部分当期的非现金消耗性成本(如固定资产折旧)。如果这种状况持续下去，从较长时期看，企业经营活动产生的现金流量也不可能维持企业正常经营活动。

(二) 投资活动现金流量分析

通常情况下，企业进行投资活动主要有三个目的：①为企业正常经营活动奠定基础，如修建或改扩建厂房、购建机器设备等；②为企业发展进行股权性投资；③利用暂时闲置的货币资金进行短期投资，以获得较高的投资收益。

若投资活动产生的现金净流量小于零，在企业的投资活动符合企业的长期规划和短期计划的条件下，表明企业扩大再生产的能力较强，产业及产品结构有所调整，参与资本市场运作、实施股权及债权投资能力较强，也反映了企业经营扩张的内在需求。

当投资活动产生的现金净流量大于零时，表明企业投资收效显著，投资回报及变现能力较强，如果是企业处理既有长期资产以求变现，则表明企业产业、产品结构有所调整，或者未来的生产能力将受到严重影响，已经陷入债务危机之中。因此，还应对导致投资活动的现金流量变化的原因进行具体分析。

(三) 筹资活动现金流量分析

筹资活动的现金流量反映了企业的融资能力和融资政策。当筹资活动产生的现金净流量大于零时，表明企业通过银行及资本市场筹资的能力较强，但应密切关注资金的使用效果，防止未来无法支付到期的负债本息而陷入债务危机。分析企业筹资活动产生的现金净流量大于零是否正常，关键要看企业的筹资活动是否已经纳入企业的发展规划，是企业扩大投资和经营活动的主动行为，还是企业投资活动和经营活动的现金流出失控而不得已的被动行为。

三、现金流量综合分析

全面考虑企业的经营活动现金流量、投资活动现金流量、筹资活动现金流量，可以得出企业现金流量的一些综合信息。因此当我们分析公司现金流量表时，可以根据这三个部分的相互关系推断公司所处发展阶段，并帮助报表使用者预测企业未来的盈利水平。

下面就不同的现金净流量构成情况通过表格形式做概括性分析，下表中给出了8种现金流量构成情况及原因分析，表5-13中的"+"号表示该类现金流量为正，"-"号表示该类现金流量为负。表中所述是企业现金流量表反映的一般状况，应该强调的是企业在不同发展阶段，现金流量的特点是不一样的，因此，分析现金流量要结合企业发展阶段综合考虑，而不能简单下结论。

表 5-13 综合流量分析表

序号	现金净流量 经营	现金净流量 投资	现金净流量 筹资	原因分析
1		+	+	如果投资活动的现金主要来自投资收益，则企业经营和投资效益状况良好。这时仍然进行融资，如果没有好的投资机会，可能造成资金的浪费。如果投资活动现金流量主要来自投资项目的处置、收回，则另当别论
2	+	+	−	如果投资活动的现金主要来自投资收益，则企业经营和投资活动进入良性循环阶段。融资活动进入偿还期，但财务状况尚比较安全，一般不会发生债务危机。如果投资活动现金流量主要来自投资项目的处置、收回，则另当别论
3		−	+	企业经营状况良好。在内部经营稳定进行的前提下，通过筹集资金进行投资，往往是处于扩张时期，应注意分析投资项目的盈利能力及可行性
4		−	−	企业经营状况良好。一方面在偿还以前的债务，另一方面要继续投资，应关注经营状况的变化，防止经营状况恶化导致财务状况恶化
5	−	+	+	经营活动创造现金的能力较差，主要靠借债维持生产经营的需要。应着重分析投资活动现金净流入是来自投资收益还是收回投资，如果是后者则形势较为严峻
6	−	+	−	经营活动已经发出危险信号，如果投资活动现金流入主要来自收回投资，则基本处于破产的边缘，需要高度警惕
7	−	−	+	企业靠借贷维持日常经营和生产规模的扩大，财务状况很不稳定。假如是处于投入期的企业，一旦渡过难关，还有可能发展；如果是处于成长期或稳定期的企业，则需要高度警惕
8	−	−	−	企业财务状况非常危险。这种情况往往发生在高速扩张时期，市场变化导致经营状况恶化，加上扩张时投入了大量资金，使企业陷入两难的境地

【例 5.5】不同企业发展阶段现金流量结构比较[①]。

不同企业发展阶段现金流量结构比较如表 5-14 所示。

表 5-14 不同企业发展阶段现金流量结构比较

项目	起步并高速发展阶段	低速成长阶段	成熟稳定阶段	衰退阶段
经营现金流	−3	5	13	7
投资现金流	−14	−12	−7	−2
融资现金流	17	7	−6	−5
净现金流	0	0	0	0

为了增强可比性，我们使表 5-14 中各个阶段的净现金流等于零，便于对各阶段的现金流结构进行比较。

第一阶段：起步并高速发展阶段。此时，公司需要从股东和债权人那里募集大量资金用于公司发展，因为融资现金流为正；而融集到的资金先投资于长期固定资产，如购买厂房设备，然后投资于存货、原材料等流动资产，因此投资活动表现为大量现金流出，投资现金流为负，经营活动现金流表现为相对少量的现金流出。

第二阶段：低速成长阶段。此时，企业在第一阶段的投资开始运营生产产品，因此经营活动开始产生正的现金流入；但由于企业仍需要一定资金保持发展增速，因此经营活动的现金无法完

---

① 案例改编自：姜国华. 财务报表分析与证券投资[M]. 北京：北京大学出版社，2008.

全补充投资活动需要，企业仍需要向投资者募集少量资金，因此融资活动现金流表现为少量流入，用于扩大再生产的投资活动现金流表现为负。

第三阶段：成熟稳定阶段。此时，由于企业经营活动已趋于成熟稳定，因此能够产生大量的现金流入，其中一部分用于维护固定资产的生产能力保证再投资，另一部分以股利等形式回报给投资者，因此，经营现金流表现为正，投资活动和融资活动现金流表现为净流出。

第四阶段：衰退阶段。此时企业的经营活动仍产生现金流入，但是流入量远小于成熟阶段，现金流中的小部分用于再投资，大部分回报给投资者。

第六节　编制预测财务报表

一、预测财务报表概述

预测财务报表是企业价值评估中非常重要的一步，通过编制预测利润表、资产负债表和现金流量表来反映企业未来经营活动、投资活动和融资活动的预期。这些活动将决定企业的未来盈利、增长、财务状况、现金流和风险，是企业价值的重要基础。

二、编制预测财务报表的流程

（一）第一步：预测营业收入

编制预测财务报表的第一步是预测营业收入，预测营业收入的基础是过去年度的收入，核心是对未来营业收入增长率的预测。加强营业收入管理，可以促使企业深入研究和了解市场需求的变化，以便做出正确的经营决策，避免盲目生产，这样可以提高企业的素质，增强企业的竞争力。

在预测营业收入时，需要考虑多方面的影响因素，包括宏观经济信息、行业信息、公司战略和经营信息，由此来判断企业未来收入的变化状态，是上升、下降、平稳状态还是周期性变化。图 5-2 总结了这些因素的具体情况。

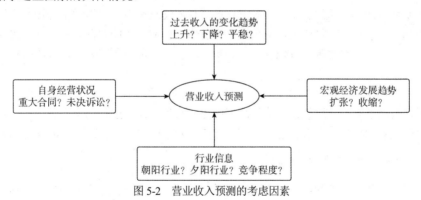

图 5-2　营业收入预测的考虑因素

以行业信息为例，如果企业所处行业属于成熟行业，其在前几个营业期间内已经保持一个合理稳定的增长速度或者周期性变化的增长速度，可以将通过历史数据得到的增长率用作预测未来营业收入的依据；如果企业所处的行业是高速增长的新兴行业，或者企业正在转型，利用历史的增长率预测未来就会造成估计误差，这就需要根据对企业未来发展的判断而选择合适的增长率，进而对公司未来期间的营业收入进行预测。

（二）第二步：预测营业费用

营业费用的预测取决于固定成本与可变成本的比例关系。如果营业费用中可变成本的比例较高且公司的资产资本结构、成本控制等方面无重大变化，可以假设营业费用的增长率与营业收入一致，利用共同比财务报表中的营业费用与营业收入的比例来预测营业费用；如果营业费用中不随营业收入线性变化的固定成本的比例较高，或者公司的资产资本结构、成本控制等方面在未来年度可以预期到有重大变化，可以通过对比营业费用的历史增长率与营业收入的增长率来估计营业费用中可变成本和固定成本的结构，调整成本费用率。

以建设公司为例，如果有重大工程项目即将完工并转为固定资产，则需要调整折旧费用占营业收入的比例；再如，公司在当期公告发布公司战略，未来将大幅削减负债，则需要调整利息费用占营业收入的比例。前两步完成了利润表中关于经营活动的预测。

（三）第三步：预测各类资产

对于资产负债表的预测主要集中在资产、负债和所有者权益等几个大类。首先对资产负债表上的各类资产进行预测。与未来成本费用率的预测相似，除非公司将经历重大的经营活动或资本结构变化，过去期间的资产周转率可以作为对未来资产周转率的预测依据。在该预测下，可以利用预测收入除以预测资产周转率得到未来期间期末的预测资产总额，再通过对资产负债表的共同比分析，得到各个资产项目占资产总额比例的历史数据。

但需要注意的是，对未来资产项目比例不可以完全按照历史信息确认，需要考虑公司的发展前景、市场状况和经济形势后进行调整，如存货水平、固定资产投资水平等，得到资产项目的预测结构。

根据预测结构及前面得到的预测资产总额，可以得到资产主要项目的预测金额，包括现金和短期投资等所有流动资产，也包括固定资产等长期资产。

（四）第四步：预测负债和所有者权益

在完成对资产的预测之后，开始对资产负债表上的负债和所有者权益进行预测。随着公司经营规模的扩大，像应付账款、预收账款等经营过程中自然产生的负债也会增加，这自然会解决企业的一部分资金需要，剩余的部分才需要通过融资活动来解决。

对于需要融资活动解决的资金，同预测资产项目的过程类似，可以通过对资产负债表的共同比分析，根据负债、权益项目历史比例预测未来负债、权益项目的比例。初步确定比率之后，需要根据企业的融资需求对比例进行调整，比如预测的负债总额与所有者权益总额的和小于预测资产总额。

根据优序融资理论，在正常情况下，公司会先选择通过债务融资弥补资金缺口，只有当债权融资不够时，公司才会通过股权融资弥补。因此先对负债的比率进行调整，之后用预测的资产总额减预测的负债总额得到所有者权益的预测值。这一步完成了资产负债表中关于融资活动的预测。

（五）第五步：预测利润表并调平资产负债表

上述步骤已经预测出了利润表中关于经营活动的部分，以及资产负债表中的大部分内容，接下来进行投资活动的预测。如果企业没有大规模的投资计划，可以忽略对投资活动的预测，而采用预测资产的方式预测固定资产、无形资产等经营性长期资产(第三步已经完成)；如果公司有扩张等大规模的投资计划，需要根据投资计划预测未来会计期间长期投资和固定投资。然后需要估计这些投资活动的未来获利情况，其中投资收益的预测计入利润表中的相应科目。

另外，要完成利润表中其他项目的预测。在第四步中完成了对负债的预测，根据当前利率情况，可以对财务费用进行估计；营业外收入不具有持续性，一般可以预测这个部分为 0，如果公司在未来明显会有某些意外的收入和支出，就需要对营业外收入进行预测；补贴收入可以直接根据历史数据预测；所得税的预测可以参考实际所得税税率(所得税除以利润总额)的历史数据。

由预测利润表可得预测的净利润,根据公司各种计提公积金和对利润分配的计划,就可以预测资产负债表中所有者权益的其他项目。但是,这时的资产负债表一定是不能满足"资产=负债+权益"等式的,需要调平资产负债表。银行存款、短期投资和短期借款是调平资产负债表的主要工具,这实际上和企业的实际经营情况类似,企业通常在资金有结余时进行短期投资,而在资金不足时进行短期借款。但是,调整短期借款会引起财务费用的改变,从而影响净利润和未分配利润,进而使已经平衡的资产负债表变得不平衡,因此,如果对短期借款的调整金额较大,需要调整财务费用和其他相关的科目,如此经过若干次的调整,逐渐达到资产负债表的最终平衡。

(六) 第六步:预测现金流量表

完成利润表和资产负债表的预测以后,预测现金流量表可以通过间接法推算得到。间接法现金流量及各项目的预测方法如表 5-15 所示。

表 5-15　间接法现金流量及各项目的预测方法

净利润	来自预测利润表
加:资产减值准备	根据以往年度现金流量表中这些项目的数额与相应资产项目的比例关系预测
固定资产折旧	
无形资产摊销	
长期待摊费用摊销	
处置固定资产、无形资产和其他长期资产的损失(减收益)	在预测报表中,这些项目可以假设为 0
固定资产报废损失(减收益)	
公允价值变动损失(减收益)	
财务费用(减收益)	来自预测利润表
投资损失(减收益)	来自预测利润表
递延所得税资产减少(减增加)	来自预测资产负债表与上年数额的差额
递延所得税负债增加(减减少)	
存货的减少(减增加)	
经营性应收项目的减少(减增加)	
经营性应付项目的增加(减减少)	
其他	
经营活动产生的现金流量净额	

三、预测财务报表的作用

对企业的利润表、资产负债表、现金流量表分别进行预测,而不只是根据预测的收入增长和利润率得到对利润和现金流的简单预测,是因为通过全套预测的财务报表可以进行敏感性分析和合理性分析。利用预测财务报表可以估计净利润和现金流的预测值对各种关键假设的敏感性,例如通过预测财务报表估计收入增长和新增投资的变化情况对企业盈利能力的影响;利用预测财务报表还可以对预测结果本身的合理性进行判断,例如预测的新增股权融资可能由于融资限制不能实现,企业转而进行的债务融资可能降低收入增长水平,从而对收入增长预测值的合理性进行分析。

本章小结

本章系统构建了财务报表分析与预测的方法论体系。从基础层面来看，详细解析了四大报表的内在逻辑：资产负债表揭示"资产=负债+所有者权益"的静态平衡，利润表展现"收入-费用=利润"的动态过程，现金流量表追踪现金流转轨迹，所有者权益变动表记录股东权益变迁。从分析层面来看，提出三大方法论支柱：比率分析通过偿债能力(如流动比率、利息保障倍数)、盈利能力(如 ROE、ROIC)、营运能力(如存货周转率)等指标进行企业诊断；共同比分析与趋势分析则分别从结构优化和发展轨迹维度进行洞察。从预测层面来看，建立了六步预测法：从营业收入预测出发，逐步推导费用、资产、负债及权益项目，最终通过现金流量表验证预测合理性。特别需要强调的是，估值视角下的财务分析需关注 EBIT、ROIC 等与会计指标的差异，同时警惕隐性负债、收入确认舞弊等财务陷阱。掌握这套分析框架，投资者方能透过数字迷雾，准确评估企业的真实价值。

课后问答

1. 资产负债表的核心恒等式是什么？如何理解其反映的企业财务结构？
2. 比较利润表"多步式"与"单步式"编制的优劣，说明我国企业采用何种格式？
3. 现金流量表三大活动分别包含哪些典型项目？为何说经营活动现金流是"造血能力"的核心指标？
4. 什么是"隐性负债"？举例说明其如何影响企业价值评估。
5. 计算并分析流动比率与速动比率的差异，为何速动比率更能反映紧急偿债能力？
6. ROE 与 ROIC 在计算口径上有何本质区别？为何估值更强调 ROIC 指标？
7. 如何通过趋势分析发现企业战略转型信号？
8. 预测财务报表时，为何需要多次迭代调整才能实现资产负债表平衡？
9. 比较"完成百分比法"与"完成合同法"的收入确认差异，其对建造类企业财报有何影响？

第六章

盈利能力分析与盈余衡量

本章任务清单

任务序号	任务内容
1	掌握会计中盈利能力分析的核心指标及其分解方法
2	理解会计盈余与经济利润的区别,掌握盈余的常用衡量指标
3	分析盈余可持续性的分类及意义,区分永久性、暂时性与价格无关性盈余
4	识别盈余操纵的常见手段及其经济后果
5	辨析盈余管理与盈余操纵的差异,理解盈余管理的动机与影响
6	掌握结构化盈余预测与时间序列预测的方法,明确预测的局限性
7	学习通过财务报表调整应对盈余操纵,提高预测准确性

盈利能力是公司价值的核心驱动因素,直接影响着公司的现金流大小和风险水平,而盈余作为盈利能力的直接体现,其真实性与可持续性直接影响投资决策的准确性。本章从盈利能力分析入手,通过分解资产回报率(ROA)和股东权益回报率(ROE),揭示企业盈利的内在动因;进而探讨盈余的衡量方法,辨析会计盈余与经济利润的差异,并强调盈余可持续性对长期价值评估的重要性。此外,针对实务中常见的盈余操纵与盈余管理行为,本章系统分析其手段、动机及调整方法,最后介绍结构化预测与时间序列预测两种盈余预测技术,为投资价值评估提供科学工具。

第一节 盈利能力分析

目前在会计中运用较为广泛的衡量企业盈利能力的指标有两个:一个是资产回报率(ROA),另一个是股东权益回报率(ROE)。在盈利能力分析过程中,我们重点关注的是什么因素最终推动回报率变化,因此分析过程是一层一层向内剥离的过程,找到并分析核心的原始要素。

一、资产回报率(ROA)分析

ROA 是衡量每单位资产创造净利润的指标,衡量的是公司为股东和债权人共同创造价值的能力。换句话说,ROA 忽略了资产融资的方式和成本,即不考虑债务融资和权益融资的比例。其计算公式为

$$\text{ROA} = \frac{\text{净利润}}{\text{平均资产总额}} \tag{6-1}$$

对于合并资产负债表而言，分子中的净利润要求反映所有主体的盈利，包括母公司和少数股东权益。

(一) 第一步分解

根据"杜邦分析法"，我们可对 ROA 做进一步分解，将其分解为资产周转率(asset turnover，ATO)和销售净利率(net profit margin，NPM)的乘积。

$$ATO = \frac{营业收入}{平均资产总额} \tag{6-2}$$

$$NPM = \frac{净利润}{营业收入} \tag{6-3}$$

显然，ROA = ATO × NPM。NPM 是单位收入所创造的利润，其反映的核心是成本控制问题。在收入相同的情况下，成本控制得越好，NPM 越高。虽然企业的核心竞争力通常源于产品/服务的差异化优势，但完全不可替代的竞争优势在现实中较为罕见。对于垄断企业而言，其价格制定能力使得成本控制并非生存关键；然而在竞争性市场中，企业作为价格接受者，成本控制的重要性显著提升。卓越的成本控制能力不仅能够提升 NPM，更能增强企业应对经济周期波动、行业竞争加剧等挑战的韧性，从而提升 ROA。

ATO 是每单位价格资产所产生的收入，反映的是公司运用资产的效率。高效率的公司能够尽可能调动所有资产进入生产活动，产生更高的利润，避免存在呆滞资产和不良资产。但是，我们在讨论资产效率时，经常将资产狭义理解为固定资产，而忽略现金和金融资产的运用效率。高效率运用资产是指将大部分资产都投入生产和经营活动中，过多持有现金和金融资产表明资产利用不足。因此，公司需要在保证正常经营的基础上，充分利用现金和金融资产，提高资产利用效率。

从理论上看，提升 ATO 或 NPM 都能提高 ROA，但实践中两者往往存在此消彼长的关系。典型例证是：企业通过增加广告投入提升 ATO 的同时，往往伴随着销售费用的增加，从而导致 NPM 下降。因此基于上述分析，在评估企业盈利能力时，需要重点识别 ATO 与 NPM 的相对贡献度，这一贡献度分布具有显著的行业异质性。在完全竞争行业，由于利润率存在市场均衡约束，ATO 成为关键驱动因素；而在垄断性行业，凭借定价优势，NPM 则占据主导地位。

(二) 第二步分解

为了更好地分析公司盈利能力，我们对上述指标进行第二步分解。分解 NPM 的目的是了解成本、费用项目中，哪些对 ROA 具有决定作用；分解 ATO 的目的是了解资产项目中哪些利用效率高。

$$NPM = \frac{净利润}{营业收入} \tag{6-4}$$

$$NPM = 1 - \frac{营业成本}{营业收入} - \frac{营业费用}{营业收入} - \frac{净利息支出}{营业收入} - \frac{所得税}{营业收入} \pm \frac{其他非经常性损益}{营业收入} \tag{6-5}$$

通过将 NPM 分解为费用和成本项目的公式，可以结合公司的财务信息数据，分析其与同行业成本费用结构的差异，寻找优化的空间，以控制成本，提高 NPM 数值，达到提升 ROA 的效果。

ATO 可以分解为主要资产项目的周转率，包括应收账款周转率、存货周转率、固定资产周转率等。通过分解，可以分析公司在哪些资产类型上的使用效率有待提升，从而有目标地管理公司，实现整体资产周转效率的提升。

二、股东权益回报率(ROE)分析

如本节第一部分所述,资产回报率(ROA)衡量的是不考虑融资来源时的盈利能力,忽略了债务融资和权益融资的比例及债务融资的成本,反映的是企业运用所有资产(包括股权资产和债务资产)创造盈利的能力。而对于公司所有者——股东而言,其价值不仅取决于公司经营活动的成果(ROA),还取决于公司利用债权人资金为股东创造价值的能力(财务杠杆)。

股东权益回报率(ROE)关注的则是股权融资的回报率。事实上,股东权益回报率下又包含普通股股东权益回报率(ROCE),其是扣除成本费用、债务融资成本、优先股成本之后针对普通股股东的投资回报率。但是,由于我国不允许发放优先股,所以对 ROE 和 ROCE 不予区分。其计算公式为

$$\text{ROE} = \frac{\text{净利润}}{\text{平均所有者权益}} \tag{6-6}$$

将其进行分解可以得到

$$\text{ROE} = \frac{\text{净利润}}{\text{净利润}+\text{利息}(1-\text{税率})} \times \frac{\text{净利润}+\text{利息}(1-\text{税率})}{\text{平均资产总额}} \times \frac{\text{平均资产总额}}{\text{平均所有者权益}} \tag{6-7}$$

将净利润与息前税后利润的比值定义为权益负债利润比,则有

$$\text{ROE} = \text{ROA} \times \text{权益负债利润比} \times \text{资产权益率} \tag{6-8}$$

即将 ROE 分解为 ROA、权益负债利润比、资产权益率的乘积。从上式可以看出,ROE 不仅取决于 ROA,还取决于资产权益率和权益负债利润比。资产权益率是财务杠杆的衡量指标之一,反映企业利用债权人资金的程度。权益负债利润比反映利润表的财务杠杆效应,是资产创造出的总盈余中属于股东的比例。

结合本节第一部分所介绍的资产回报率(ROA)分析,可根据"杜邦分析法"对 ROE 进行三级分解,直至使得 ROE 与利润表和资产负债表的基本项目挂钩,以便明确影响 ROE 水平和变化的最主要因素,同时发现分析对象的成本控制情况、资产运营效率情况等,具体分解情况如图 6-1 所示:

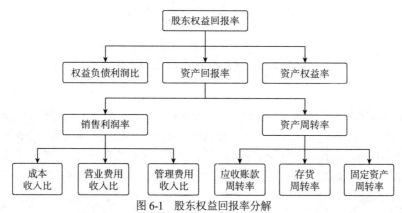

图 6-1 股东权益回报率分解

【例 6.1】ROA 的计算。

以表 5-6 的××实业公司为例,利用其基础数据,调整利润表如表 6-1 所示,假设所得税税率是 30%,计算 ROA。

表 6-1　调整后的××实业公司 2024 年利润表

单位：元

项目	原始数据	调整	调整后数据
营业收入	4 101 031 344.85		4 101 031 344.85
营业总成本	3 646 408 770.30	−80 862 472.43	3 565 546 297.87
营业成本	3 041 310 979.32		3 041 310 979.32
税金及附加	362 128 095.60		362 128 095.60
销售费用	116 499 205.15		116 499 205.15
管理费用	82 234 403.71		82 234 403.71
财务费用	44 236 086.52	−80 862 472.43	−36 626 385.91
其中：利息支出	80 862 472.43	−80 862 472.43	0
其他经营收益	18 439 643.39		18 439 643.39
公允价值变动净收益	−8 205 122.67		−8 205 122.67
投资净收益	26 644 766.06		26 644 766.06
营业利润	473 062 217.94		553 924 690.37
加：营业外收入	1 713 334.66		1 713 334.66
减：营业外支出	1 174 344.24		1 174 344.24
利润总额	473 601 208.36		554 463 680.79
减：所得税	123 744 180.98		166 339 104.24
净利润	349 857 027.38		388 124 576.55

调整后得到息前税后净利润为 388 124 576.55 元。根据表 5-5，××实业公司 2024 年平均资产总额为 11 451 822 286.82 元 $\left[\frac{1}{2}\times(12\,555\,169\,037.16+10\,348\,475\,536.47)元\right]$。计算 ROA，有

$$\text{ROA} = \frac{388\,124\,576.55}{11\,451\,822\,286.82} = 3.39\%$$

ROE 需要使用调整前净利润数据进行计算，根据表 5-5，××实业公司 2024 年平均所有者权益总额为 3 634 219 772.78 元 $\left[\frac{1}{2}\times(3\,793\,041\,577.85+3\,475\,397\,967.70)元\right]$。计算 ROE，有

$$\text{ROE} = \frac{349\,857\,027.38}{3\,634\,219\,772.78} = 9.63\%$$

第二节　盈余的概念与衡量

盈余即收入款项对于支出款项的超过额，在企业投资价值分析与评估过程中通常采用会计盈余作为盈余的财务表示形式。会计盈余一直被当作会计信息中最重要的概念之一和决策所依据的重要指标，通常认为，会计盈余能向信息使用者提供进行决策的有用信息，它对未来会计盈余或未来现金流量具有预测功能，通过对会计盈余的研究，能获得股票的超额收益。

一、会计盈余

会计盈余由比弗(Beaver W. H.)提出，是指从收入中扣减掉所有生产要素的成本之后的剩余，通常又称为利润或收益，是财务报告中最为重要的数据之一。通常所指的会计盈余为会计利润，是在损益表中披露的税前利润，是按照会计准则要求，对经济活动进行确认、计量、记录和报告

而得出的反映企业本期经营成果的指标。

会计利润是最常用、可靠的会计盈余衡量方式之一，是指企业所有者在支付除资本以外的所有要素报酬之后剩下的利润，是根据会计准则计算的结果。会计利润金额即账面利润，是公司在利润表中披露的利润总额。此外，会计利润由财务会计核算，其确认、计量和报告的依据是会计准则和会计制度，对收益的确认严格遵循权责发生制原则，对成本和费用的确认严格遵循与收入配比的原则，因此数据的合规性和可靠程度较高。

知识链接：会计利润和经济利润

会计利润和经济利润是两个在财务分析中常用的概念，它们在某些方面相似，但在核心理念和计算方法上存在明显差异。

会计利润是基于会计准则计算的利润，它反映了企业在一定时期内的经营成果。会计利润的计算主要基于显性成本，即企业在生产过程中实际支付的成本，如原材料、工资和租金等。这种利润计算方式便于理解和应用，因为它遵循了会计准则的要求，对收益的确认严格遵循权责发生制原则，对成本和费用的确认严格遵循与收入配比的原则。因此，会计利润通常被视为企业盈利能力的直接体现，并广泛用于财务报告和投资者决策。

经济利润的概念相对更为复杂，它不仅考虑了会计利润中的显性成本，还考虑了隐性成本，如机会成本。经济利润的计算公式是企业的收入减去所有显性成本和隐性成本(包括资本的机会成本)。这意味着，如果企业的投资回报率低于资本成本，即使会计利润为正，经济利润也可能是负的。因此，经济利润更能反映企业的真实盈利能力，因为它考虑了资本的机会成本，即企业使用资本本来可以获得的最低回报。

从利益主体的角度来看，会计利润是从企业所有者的角度出发，关注的是所有者投入资本的回报。而经济利润则是从企业作为一个独立实体的角度出发，不仅考虑了所有者的权益，还考虑了债权人和其他相关方的利益。

尽管会计利润和经济利润在计算和概念上有所不同，但它们之间存在紧密的联系。会计利润是计算经济利润的基础，因为经济利润是在会计利润的基础上，进一步扣除了资本的机会成本。此外，无论是会计利润还是经济利润，它们都是衡量企业绩效和价值创造能力的重要指标，是企业追求价值最大化过程中的关键目标。

在现代会计要求的应计制体系下，收入的确认是根据公司是否已经发生收取该笔收入的权利，而并非依据现金是否入账；费用的确认是根据公司是否已经发生了支付该笔费用的义务，而并非依据现金是否流出。因此，会计利润实际包含两个部分，现金盈余和应计盈余，前者是已经收到的现金盈余，后者是尚未收到现金但是公司有权在未来收到的现金盈余。在披露的现金流量表中，经营活动净现金流即为现金盈余，总会计利润与现金盈余的差额即为应计盈余。

二、盈余的其他衡量

除了最常用的以利润金额表示盈余外，其他部分指标也可用于盈余的衡量，主要包括每股盈余、净利润、销售净利率、股东权益回报率等，其中，每股盈余(EPS)是最常用的衡量指标。

(一) 每股盈余

每股盈余又称为每股收益，是指公司税后净利润扣除应发放的优先股股利的余额与发行在外的普通股平均股数之比。每股收益是上市公司重要的财务指标，可衡量上市公司的盈利能力，是衡量企业盈余的最常用指标之一。由于我国不存在优先股发行，所以计算过程中不需要进行优先股股利扣除。此外，每股盈余在利润表中要求披露，可以直接获取。其计算公式为

$$\text{EPS} = \frac{\text{净利润-应发放的优先股股利}}{\text{发行在外的股数}} \tag{6-9}$$

选取每股盈余作为首要盈余衡量指标的原因包括：①每股盈余是上市公司盈余披露的一项重要指标，数据相对容易获得；②每股盈余是国家规定的衡量企业经营业绩的主要指标之一；③每股盈余与每股价格是反映上市公司盈余信息与价格之间关系的一组相对应的重要指标。

(二) 净利润

净利润是指在利润总额中按规定交纳所得税后公司的利润留成，一般也称为税后利润或净利润。净利润是一个企业经营的最终成果，是衡量一个企业经营效益的主要指标。净利润要求在公司利润表中进行披露，可以直接通过利润表获得。其计算公式为

$$\text{净利润} = \text{利润总额} - \text{所得税费用} \tag{6-10}$$

净利润是一项非常重要的经济指标。对于投资者，净利润是了解投资回报水平的基本因素；对于管理者而言，净利润是进行经营管理决策的基础。此外，净利润也是评价企业盈利能力、管理绩效及偿债能力的一个基本工具，是一个反映和分析企业多方面情况的综合指标。

(三) 销售净利率

销售净利率，是净利润占营业收入的百分比，反映每单位货币营业收入带来的净利润金额。其计算公式为

$$\text{销售净利率} = \frac{\text{净利润}}{\text{营业收入}} \tag{6-11}$$

销售净利率是对公司主营业务盈余的衡量，表明公司通过销售主营业务产品获得收益的能力。它与净利润成正比关系，与营业收入成反比关系，公司在增加营业收入额的同时，必须相应地获得更多的净利润，才能使销售净利率保持不变或有所提高。

(四) 股东权益回报率(ROE)

股东权益回报率(ROE)是公司税后利润除以净资产得到的百分比率，反映股东权益的回报水平，用以衡量公司运用自有资本的效率。其计算公式为

$$\text{ROE} = \frac{\text{净利润}}{\text{平均所有者权益}} \tag{6-12}$$

ROE 越高，表明投资带来的收益越高。该指标体现自有资本获得净收益的能力。以 ROE 作为盈余衡量指标，能够较好地反映企业净资产即股权资金的收益水平，但是该指标与每股盈余的互补性较低，同时在分析过程中并非越高越好，需要对毛利率、净利润、周转速度、财务杠杆等方面进行更加细致的研究。

【例 6.2】盈余的衡量。

以××实业公司为例，以不同指标衡量其 2020—2024 年的盈余水平。需要用到的数据如表 6-2 所示。

表 6-2 ××实业公司 2020—2024 年财务报表部分数据

单位：万元

项目	2024 年	2023 年	2022 年	2021 年	2020 年
营业收入	410 103.13	332 913.14	213 035.03	233 705.91	179 718.50
利润总额	47 360.12	48 369.28	37 891.99	59 842.86	45 934.16

续表

项目	2024 年	2023 年	2022 年	2021 年	2020 年
所得税费用	12 374.42	11 877.15	11 182.29	14 860.63	11 500.38
净利润	34 985.70	36 492.13	26 709.70	44 982.23	34 433.77
所有者权益	379 304.16	347 539.80	250 136.78	193 701.36	144 845.37
基本每股盈余	0.4700	0.4000	0.3800	0.9500	1.0900

依据上述计算公式，可以得到各盈余指标计算值，如表 6-3 所示。

表 6-3　××实业公司 2020—2024 年盈余指标结果

项目	2024 年	2023 年	2022 年	2021 年	2020 年
会计利润(万元)	51 014.29	51 331.35	39 656.84	61 401.64	45 934.16
现金盈余(万元)	121 438.90	40 453.57	−114 450.39	38 246.43	40 044.78
应计盈余(万元)	−70 424.61	10 877.78	154 107.23	23 155.21	5 889.38
每股盈余(万元)	0.47	0.40	0.38	0.95	1.09
净利润(万元)	37 685.10	38 726.86	27 953.73	46 153.93	34 433.77
销售净利率	8.53%	10.96%	12.54%	19.25%	19.16%
股东权益回报率	9.22%	10.50%	10.68%	23.22%	23.77%

表 6-3 中会计利润、现金盈余、应计盈余等以货币计量的盈余是调整过后以 2020 年为基年的数值，使得数据具有可比性。可以看到，会计利润和净利润的总趋势是一致的，在 2022 年、2024 年经历下滑，表明以货币计量的盈余指标具有一致性；销售净利率和股东权益回报率趋势一致，前者表现的是营业收入中净利润的占比，后者是所有者权益中净利润的占比；每股盈余仅在 2022 年经历下滑，是每股所分享的净利润。

三、盈余可持续性

会计盈余的可持续性是指该盈余在未来各会计期间重复发生的可能性。已有研究发现，盈利的预测性和其可持续性为正相关关系。如果一个公司盈利的预测性很强，那么可以认为其持续性很强，稳定性很高，其盈利质量也很高。如果盈余项目仅仅影响本期收益，而与公司未来业绩无关，那么这种盈余项目的持续性是弱的，如若盈余项目的发生不仅能表明本期利润增加，也能预示未来业绩的持续发生，则认为其持续性是强的。

(一) 盈余可持续性的分类

会计盈余项目按照可持续性的大小和对现金流的影响可以分为三类。①永久性会计盈余，这类会计盈余预期会持续到公司未来的会计年度，即以后年度还会产生相同数额的盈余，并且会影响公司的当期和未来现金流量。②暂时性会计盈余，这类会计盈余的持续性仅止于当前会计年度，一般产生于一次性交易，对现金流存在影响。③价格无关性会计盈余，此类会计盈余是由公司的会计变更引起的，它既不会影响公司当前会计年度的经济业绩，也不会影响以后会计年度的经济业绩，不会影响当期和以后各期的现金流量。

(二) 盈余可持续性的意义

(1) 盈余的持续性是公司可持续发展的重要特征。公司存在的本质就是创造利润，董事会的目标就是要使企业持续、稳定、健康地发展下去，实现公司价值最大化，为利益相关者集团创造更多财富。而可持续发展包括多个方面，很重要的一方面就是盈利的可持续，没有盈利的可持续发展，就难以保证生产和销售的可持续，就没有公司的可持续发展。

(2) 盈余的持续性是公司价值最大化的根本要求。公司价值包括股东价值和债权人价值，无论哪一方的价值都与盈余密切相关。债权人的利益保障要靠持续稳定的收益，而股东价值则体现在股票未来收益的现值。在股东要求的回报率不变的情况下，股票的价值就取决于盈利能力的可持续性和成长性。因此公司的价值取决于盈利的可持续性和成长性。

(3) 关注盈余的持续性有助于证券监管部门制定合理的政策。上市公司对外披露报表的目的是向现有的和潜在的投资者提供决策相关的信息，而投资者最为关注的也是公司的盈余信息，如果较高的盈余背后是一次性的交易或管理当局故意的操纵，那么这种盈余信息的有效性就会大打折扣，甚至会误导投资者。所以监管部门在制定相关的政策时应考虑到不同盈余项目的不同持续性水平，根据持续性不同而设计的多步式利润表有助于投资者辨别盈余的真实面目。

(4) 分析盈余的持续性有助于进行盈余质量的研究。因为现实生活中越来越多的盈余操纵使得对盈余指标的质量问题的研究日益成为关注的焦点，盈余操纵的问题会在之后的内容中讲述。自 20 世纪 80 年代以来，盈余质量研究成为美国学术界研究的重点问题之一。我国资本市场发展较晚，相关制度尚待完善，对盈余质量的研究属于起步阶段，所以对盈余持续性的分析有助于今后对盈余质量进行深入研究。

第三节 盈余操纵

2001 年，美国爆发了从安然公司、世通公司开始的一系列会计作假丑闻。会计诚信问题受到了世界各国的重视。丑闻爆发后 7 个月时间内，安然公司价值从 415 亿美元下降到 67 亿美元，损失了 83.8% 的财富，世通公司从 420 亿美元下降到 5.6 亿美元，损失了 98.6% 的财富，这两个公司的舞弊行为导致了自身和社会极大的经济损失。此外，盈余操纵的影响不仅仅涉及经济损失，对相关者同样有严重的负面影响。以安然公司为例，如表 6-4 所示，其丑闻使自身进入破产程序，导致大量的员工失业，员工再就业十分困难，涉及较高成本。而且，员工的退休金完全投资在了安然的股票上，因此公司破产导致员工的退休金丧失；而安然公司破产导致债权人无法收回贷款，蒙受损失；最后，安然丑闻导致相关合作方如投资银行、会计师事务所等机构声誉严重受损，尤其是会计师事务所安信达公司(倒闭)。

表 6-4 安然公司会计丑闻对相关者的影响

相关者	影响
股东	从丑闻爆发前半年到丑闻爆发后一个月的 7 个月内，投资者损失了 83.8% 的财富，从 415 亿美元下降到 67 亿美元
债权人	无法收回贷款
员工	失业、再就业困难、退休金丧失、个人声誉受损
投资银行	声誉严重受损、赔偿投资者
审计事务所	审计师安达信公司倒闭
证券市场	投资者信心受到重创、股票市场进入熊市
经理层	董事长、总经理、财务总监等高管被判有罪入狱，副董事长自杀

会计信息作假是盈余操纵导致的，操纵过的盈余信息不能真实地反映公司的经营状况和公司价值，因此对盈利预测和价值评估造成极大的困难。虚假的盈余信息导致投资者错误判断企业的投资价值，造成重大投资损失，因此在盈余分析过程中需要尽可能地发现财务报表中的盈余操纵影响，发现虚假信息，对财务信息进行调整，使其接近公司真实经营状况。

一、盈余操纵的手段

盈余操纵的定义有两个层面。第一个层面是公司实际汇报的盈余不同于准则盈余,准则盈余是指完全严格执行会计准则规定而得到的盈余。这一层面的盈余操纵是公司在收入、成本、费用、资产、负债等方面的确认没有完全按照会计准则的规定,大多数盈余操纵属于这一类,比如将应当费用化的支出进行资产化,虚增当期盈余。

第二个层面是公司的盈余计量和汇报符合会计准则的要求,但是为了进行盈余操纵,公司进行一些实际的业务安排,但这些业务是脱离公司发展目标的。这一个层面是通过改变实际业务活动来实现盈余操纵,而第一个层面往往是在所有实际业务发生后操纵汇报财务信息的过程。

依据盈余操纵的两层定义,可以将盈余操纵的手段分为两类。第一类手段是会计期间已经结束,所有的业务已经发生,公司决定如何根据这些业务计量和汇报会计盈余。在该过程中,公司可能会选择和会计准则规定不一致的计量和汇报方法,即对应第一层面定义的盈余操纵。这一类操纵手段是非常常见的。例如,如果公司发生了应收账款,必须估计坏账费用,为了提高本期盈余,公司可能会少提坏账费用,从而达到操纵盈余的目的。

第二类手段发生在会计期间,需要公司设计、制造出一些原本正常经营不需要的业务,开设新业务的目的就是操纵盈余。这一类操纵手段往往在第一类操纵手段无法达到目的时使用。例如在会计期间结束以前,公司发现本期收入难以达到上一期间的水平,盈余会大幅下滑,其可能会改变销售政策,制造一些本不可能发生的销售业务以提高收入,如赊销产品给熟人增加应收账款,在会计期间结束以后再将产品收回。可以看到,第一类盈余操纵基本不影响公司的内在价值,但是第二类盈余操纵会影响内在价值,因为构建本不需要的实际业务同样会发生成本。

从安然公司和世通公司的案例可以看出,盈余操纵对股票价格变化有极大的影响。如果不能察觉盈余操纵问题,投资者可能遭受巨大的投资损失。实际情况下,发现盈余操纵是十分困难的,但是,我们在对公司进行投资价值评估时仍然要尽量分析财务报表中是否存在盈余操纵行为。

发现盈余操纵可以分为两个步骤。第一个步骤是基于报表数据的基本分析,发现盈余操纵的可疑痕迹。该步骤的基本原理是,公司会计信息之间应该具有一定的正常关系,如各项费用的变化应当基本一致,若某项费用的变化和其他费用变化趋势明显不符,应当予以关注。第二个步骤是投入更多的人力和资源进行深入分析,通过企业访问、秘密调查等形式来收集更多的信息,以确认是否有盈余操纵发生。

【例 6.3】 盈余操纵案例。[①]

下面介绍一个操纵财务汇报的经典案例。美国在线是一家为成员提供网上互动交流及相关服务的公司,创办于 1985 年,主要收入来源是成员月费和广告收入。该公司通过盈余操纵,表现出多年业绩增长,带动股票价格超常增长,并最终利用高价股票收购另外一家大型公司——时代华纳。时代华纳的业务包括电视电影制作、电视传播及网络、出版、音乐制作与发行、有线电视传输等。当网络泡沫破裂以后,美国在线等高科技公司股票价格和市场价值大跌,投资者损失严重。

表 6-5 是美国在线和时代华纳的会计数据,为收购谈判中公开的最新数据。从会计数据上来看,1999 年,时代华纳比美国在线几乎在各个方面都更有优势。时代华纳的总资产约 512 亿美元,是美国在线的 5 倍左右;时代华纳所有者权益约 97 亿美元,是美国在线的 1.5 倍左右;总收入约 273 亿美元,是美国在线的 4.8 倍左右;EBITDA(税息折旧及摊销前利润)约 73 亿美元,是美国在线的 5.5 倍左右。从现金流角度比较,时代华纳的营业现金流约 39.5 亿美元,是美国在线的 2.4 倍左右;自由现金流约 20.2 亿美元,而美国在线的自由现金流约-7 亿美元。不论从哪个会计项目比较,时代华纳都远比美国在线表现好,但是 2000 年 1 月 10 日,美国在线宣布收购时代华纳,这是美国历史上最大的企业收购案之一。这次收购是以股票进行的非现金收购,涉及的股票市值达 1 560 亿美

[①] 案例改编自:姜国华. 财务报表分析与证券投资[M]. 北京:北京大学出版社,2008.

元，收购完成的新公司中，原美国在线的股东占55%，原时代华纳股东占45%。

表6-5 时代华纳和美国在线1999会计年度会计数据比较

单位：百万美元

项目	时代华纳	美国在线
营业收入	27 333	5 724
营业利润	3 582	942
总资产	51 239	10 396
负债	41 526	4 065
股东权益	9 713	6 331
负债/股东权益	4.28	0.64
现金余额	1 284	2 554
营业现金流	3 953	1 640
自由现金流	2 023	-707
财务现金流	-1 181	1 729
EBITDA	7 333	1 335

为什么一个在各个会计项目上都远远好于美国在线的时代华纳，反而被美国在线收购？原因就是美国在线虽然经营业绩差，但股票市场表现好，它就是利用了自己高昂的股价和庞大的市值进行收购。1996年，时代华纳的市值是160亿美元，美国在线只有39亿美元。但到1999年底，时代华纳的市值是850亿美元，美国在线已经猛增到1 690亿美元。

美国在线20世纪90年代后半期的市场价值飙升就是市场泡沫和盈余操纵共同运作的结果。当时正值互联网泡沫，高科技公司的业绩普遍迅速增长。而通过操纵财务汇报，美国在线推动自己的股票价格爆发式上涨。

美国在线的收入来源是注册客户，为了招揽客户注册，公司需要花费大量的支出。1996年以前，美国在线将这些支出资产化为长期资产。我们知道，本期支出如果费用化，会进入利润表成为费用，从而降低本期利润率，如果资产化，对利润的影响相对较小，因为这笔支出是在未来若干年中通过折旧费用逐渐进入利润表的。因此，这一操纵行为增加了美国在线的利润。但是，资产化的支出余额随时间大幅增加，几年之后，一个会计期间计提的折旧费用就会超过该期间内发生的新支出，此时支出资产化反而不利于盈余。因此，在1997年，美国在线改变会计政策，它把资产负债表上原资产化的和招揽客户有关的长期资产3.8亿美元作为资产减值注销，并从1997年开始将招揽客户支出费用化。这一变化有两方面的效果：①它把未来期间需要承担的大量折旧费用一并取消，减少了未来期间本该分摊的折旧费用；②因为未来年度新发生的招揽客户支出小于以前年度资产化部分的折旧费用，所以会计政策改变后的效果是提高了未来的盈余。

表6-6比较了1992年到2000年美国在线每股实际盈余与分析师预测的比较，除了1993年和1997年外，美国在线的实际盈余远远高于分析师的预测。这两个年度不存在这一现象的原因是，1993年网络泡沫刚刚兴起，没有达到分析师预测水平，1997年作为会计政策转变年度也不予考虑。

表6-6 美国在线每股实际盈余与分析师预测的比较

会计年度	分析师预测	每股实际盈余
1992	0.41	0.41
1993	0.49	0.46
1994	0.75	0.76
1995	0.43	0.57
1996	0.47	0.51

续表

会计年度	分析师预测	每股实际盈余
1997	-0.30	-0.32
1998	0.51	0.55
1999	0.33	0.39
2000	0.38	0.40

通过上述盈余操纵，美国在线的市场价值突飞猛进，超过时代华纳，并最终将其收购。但是合并之后，美国在线部分随着网络经济泡沫的破裂而收入下降，导致巨额亏损，公司股票价格大幅下跌。这个交易中，原美国在线股东事实上用自己高估的股票换取了时代华纳的优质资产，所以他们手中股票价格下跌幅度远远小于没有合并的情况。但是，原时代华纳公司的股东用自己的优质资产换取了价格高、价值低的美国在线股票，股票价格下跌幅度远超过没有合并的情况。不过美国在线最终因为财务造假东窗事发，股价跌至0.26美元，宣告破产。

二、盈余操纵影响的调整

出于满足监管机构最低要求、银行贷款最低要求、达到分析师的预测估计等动机，企业可能会采取虚增收入、虚减成本费用开支来操纵盈余。企业操纵盈余的行为不仅会影响其过去盈余，也会对未来盈余产生影响，因此，投资者在进行盈余预测之前需要进行调整。

为了保证盈余预测与企业实际公开的历史盈余序列相协调，投资者可以先在历史数据基础上，通过先前介绍的时间序列盈余预测做未来盈余预测，再对盈余操纵的影响进行调整。

如果企业通过操纵收入来操纵盈余，调整思路为：企业不管用哪种手段操纵收入，目的是提高本期及以后相应期间的盈余，但根据均值回转特征企业价值必然会回归常态，所以，投资者应考虑其虚增收入的后果，在以后期间调低盈余预测值。

如果企业通过操纵费用来操纵盈余，调整思路为：成本费用大部分是由相关资产的历史成本分摊而来。而且必须在使用期内摊销完毕。所以，前期少提费用，后期必然多确认，盈余也必然下降。因此，投资者应该相应调低盈余预测值。

但在调整盈余操纵的影响时，投资者需要明确进行调整的时间区间，即确定操纵盈余的后果会在未来哪几个期间显现，这依赖于投资者对目标企业的熟悉程度和研究深度。

【例6.4】 企业盈余操纵调整。[①]

假设A公司产品生产只依赖于一件机器设备，且只存在折旧一项费用，该机器设备2018年的购入成本为100万元，并在未来5年中每年能够为公司产生收入30万元，企业采用直线折旧法对设备进行折旧处理。

费用操纵调整示例(无操纵时)如表6-7所示。

表6-7 费用操纵调整示例(无操纵时)

单位：万元

项目	2018A	2019A	2020A	2021A	2022E	总和
收入	30	30	30	30	30	150
折旧费用	20	20	20	20	20	100
净盈余	10	10	10	10	10	50

注：A代表实际值；E代表预测值。

若不存在盈余操纵，由表6-7可知，预测2022年的收入为30万元，费用为20万元，净盈余10万元。

[①] 案例改编自：姜国华. 财务报表分析与证券投资[M]. 北京大学出版社，2008.

如果在 2021 年，企业进行了盈余操纵，即在设备的生产力不变的前提下降低折旧费至 16 万元。如果在 2022 年进行盈利预测时仅仅根据过去盈利的增长，而忽略了盈余操纵的影响的话，则将很可能得出未来盈余继续维持在较高水平的结论，但实际 2022 年折旧费应为 24 万元，此时净盈余仅为 6 万元，如表 6-8 所示。

表 6-8　费用操纵调整示例(有操纵时)

单位：万元

项目	2018A	2019A	2020A	2021A	2022E	总和
收入	30	30	30	30	30	150
折旧费用	20	20	20	16	24	100
净盈余	10	10	10	14	6	50

注：A 代表实际值；E 代表预测值。

第四节　盈余管理

盈余管理和盈余操纵不同，盈余操纵是违反会计准则的行为，而盈余管理是在会计准则允许的范围内进行的。会计学界对盈余管理的概念有着诸多不同意见。目前，主流定义包含两个。第一个由美国会计学家斯考特提出，盈余管理是指在会计准则允许的范围内，通过对会计政策的选择使经营者自身利益或企业市场价值达到最大化的行为。第二个则由美国会计学家凯瑟琳·雪珀提出，盈余管理实际上是企业管理人员通过有目的地控制对外财务报告过程，以获取某些私人利益的"披露管理"。

根据以上两个定义，可以看出盈余管理主要具备以下基本含义。①盈余管理的主体是公司管理层，它包括经理人员和董事会。尽管经理人员和董事会进行盈余管理的动机并不完全一致，但他们对公司会计政策和对外报告盈余都有重大影响，企业盈余信息的披露由他们各自作用的合力所决定。②盈余管理的客体是公司对外报告的盈余信息(即会计收益)。在雪珀的定义中，盈余管理不仅指对会计收益的调整和控制，而且包括对其他会计信息的披露的管理，但是对会计收益以外的财务数据的操纵并不具有普遍的意义，它所具有的经济后果相对而言要小得多。③盈余管理的方法是在会计准则允许的范围内综合运用会计和非会计手段来实现对会计收益的控制和调整，它主要包括会计政策的选用、应计项目的管理、交易时间的改变、交易的创造等。④盈余管理的目的是盈余管理主体自身利益的最大化，包括管理人员自身利益的最大化和董事会成员所代表的股东利益的最大化。

一、盈余管理的目的

盈余管理的终极目的是获取私人利益。一般认为，通过盈余管理获取私人利益的主体是公司的高级雇员，包括总经理、部门经理和其他高级主管。现代意义上的公司制企业是以所有权与经营权的分离为基础的，公司的大股东可能并不参与日常经营管理，真正掌握管理权的往往是公司的高级雇员。委托—代理关系建立之后，"道德风险""信任危机"等问题也随之产生。现代企业管理中，股东通常采用业绩—报酬激励的方式来促使管理者尽最大努力工作。但是，管理激励机制产生了双重效应：一方面，它使管理者的管理活动迅速向股东的目标靠拢；另一方面，它又使管理者更积极地谋求任期内自身利益的最大化，包括报酬最大化、更多晋升机会等。为此，管理者就有动机采用盈余管理来达到自己的目的。

管理当局为了实现个人利益最大化的最终目的，在实施盈余管理过程中会有一些具体目的。与其终极目的不同的是，盈余管理的具体目的一般是以促进企业发展为中介，以达到公司规模扩张后管理者报酬的增加、在职消费层次的提高，以及政治前途的发展等终极目的。

盈余管理的具体目的一般表现为 4 个方面。①筹资目的，企业采用盈余管理，进行财务包装，合规合法地"骗"得上市资格，经过盈余粉饰的报表还有助于企业获得较高的股票定价；②避税目的，管理者会通过选用适当的会计政策和方法调减应纳税所得额，从而有资格按照顾性税率缴纳所得税；③获取政治成本的目的，政治成本是指某些企业面临与会计数据明显正相关的严格管制和监控，一旦财务成果高于或低于一定的界限，企业就会招致严厉的政策限制，从而影响正常的生产经营。为了避免发生政治成本，管理者通常会设法降低汇报盈余，以非垄断等形象出现在社会公众面前；④规避债务契约约束的目的，如果企业的财务状况接近于违反债务契约，管理者有可能调增报告利润，以减少违约风险。盈余管理成为企业降低违约风险的一个工具。

二、盈余管理的影响

从某种程度上来说，盈余管理有其积极的作用。首先，根据契约论，在收益"硬约束"的条件下，在未来不确定的情况下，给予管理者一定的盈余管理空间，可以降低契约成本，还可以使管理者对预期或突发事件做出快速反应，进一步激发他们的创新能力，从而较好地克服合同的不完备性和固定性，保护企业管理者自身的利益。其次，由于管理者掌握了大量的内部信息，若要以报告的形式把这些复杂且专业化强的信息传递给投资者，代价很高，盈余管理则能通过"利润均衡化"手段传递企业原本无法传递的内部信息，从而有助于减少因资本市场激烈波动对投资者决策行为的影响。

但是，虽然盈余管理有上述积极作用，但如果大量地使用盈余管理的会计方法，也会带来一些不利的影响。首先，降低了财务报表信息的可靠性，对会计信息按照其管理目标的需要进行"加工、改造"，使所反映的企业业绩同企业经营实际脱节，盈余管理使报表上的盈利信息成为数字游戏，从而使整个财务报告的可靠性降低，对外部会计信息使用者和决策者失去有用性。其次，对企业的发展具有一定的风险，盈余管理虽然能够在一定程度上维护管理者甚至是企业的利益，但如果盈余管理行为一直得不到约束和监督，会形成一种不良的行为定式，即通过盈余管理的方式而不是通过创新努力而获取高额利润，这极大损害了资本提供者的利益，如果这种现象在社会上蔓延且成为常态，会导致资本市场和借贷市场失灵，不仅使管理者预期的目标难以实现，还会影响企业的声誉和形象，给企业以后的发展造成不良影响。最后，由于盈余管理主要来自管理者的经济利益驱动，而其经济利益与投资者、债权人及国家的利益存在不一致性，因此，在很多情况下，盈余管理会损害投资者、债权人和国家的利益。

第五节　盈余预测

未来盈余预测是投资价值评估的核心所在，财务报表分析是为盈余预测奠定基础。本节介绍两种预测方法：第一种是结构化盈余预测，是对未来会计期间资产负债表、利润表和现金流量表的整体预测，从收入开始预测利润表，在当期资产负债表的基础上，结合利润表的预测，对未来资产负债表进行预测，最后构建未来现金流量表。第二种是盈余的时间序列预测，仅运用本期和过去的盈余信息，利用统计方法探索盈余的时间序列的统计规律，进而预测未来的盈余水平。不论哪种方法，盈余预测都需要使用本期和往期的财务数据，这要求本期和往期的财务数据是正确的、高质量的。因此，在进行盈余预测之前，要尽可能地分析是否存在盈余操纵的现象，如果存在，则需要对财务数据进行调整。

当然，盈余预测的预测能力是有限的。①能够真正比较准确预测的未来时间段很短，一般为 1～3 年，如果预测未来 4～5 年的盈余水平，则准确度会大幅下降，预测未来 5 年以上的盈余水平几乎无法判断其准确性。所以，一般的盈余预测都会限制在5年甚至3年以内。②未来盈余的组成部分中，有些科目是可以预测的，有些科目是难以预测的。盈余预测的原理是盈余的可持续性，公司经营活动的大部分是连续的，发生剧烈变化的情况较少，具有可预测性。但是，同样存在一些经营或非经营活动是不具有持续性的，其发生或结束较为随机，如自然灾害造成的亏损，这类活动难以预测，是非经常性损益。因此，在盈余预测过程中，主要精力放在对可持续经营性活动盈余的预测，假设非经常性损益项目盈余为零。③盈余预测的方法只是一个相对科学的预测框架，并非绝对准确，世界上不存在绝对准确的预测，因此对未来盈余的判断还需要结合信息的广度和深度，对企业商业模式进行分析，增强预测的准确性。

一、结构化盈余预测

所谓结构化盈余预测，就是对未来期间资产负债表、损益表和现金流量表的整体预测。我们可以利用三张报表之间的钩稽关系，从收入预测起，预测损益表，在本期资产负债表的基础上，结合对损益表的预测，预测未来期间完整的资产负债表，最终构建出未来的现金流量表。

对于如何编制预测财务报表，在本书第五章第五节已进行详细介绍，在此不加以赘述，而仅对关键步骤作简要说明。

第一步，预测企业未来收入。根据企业现有资产产生收入的能力确定资产周转率，根据企业控制成本和费用的能力确定销售利润率，结合宏观经济发展情况、行业信息及企业自身的特殊经营状况确定营业收入的增长率，即可获得未来期间企业收入水平的预测值。

第二步，预测损益表上的成本与费用科目。通常而言，除非存在可以预测到的特殊情况，例如企业有重大在建工程项目即将完工并转为固定资产等情况，一般而言，我们可以假设未来各项成本、费用占营业收入的比率维持在过去的水平之上，即成本和费用科目与收入水平保持较稳定的比例关系。预测收入减去预测的产品成本得到主营业务利润，主营业务利润减去预测的营业费用、管理费用和财务费用得到营业利润。营业利润之后的非经常性损益难以预测，根据之前的假设，没有确定性根据的情况下，非经常性损益假设为零。营业利润加非经常性损益之后得到利润总额，乘以税率得到所得税费用并在利润总额中扣除，得到净利润，即净盈余的预测。

第三步，预测资产负债表。由于第二步预测损益表时考虑不完全，利息费用和折旧费用的预测还依赖于资产负债表，因此还需要对资产负债表中的三类项目——资产、负债和所有者权益进行预测，并根据历史数据的比例对细分项进行更为细化的预测。与此同时，我们需要根据负债和股东权益的初步预测数据判断企业是否需要通过债券弥补资金缺口，并随之调整对利息费用的预测。

结构化盈余预测的特点是能够充分利用财务信息，保证了预测时的全面和准确，但缺点在于预测过程较为烦琐，需要考虑宏观经济、中观行业、微观企业信息多个方面的影响因素。

二、时间序列盈余预测

基于盈余时间序列的预测是指在盈余历史序列的基础上，通过统计方法发现，某年的盈余和上一年盈余之间有相关关系，然后根据该相关关系预测下一年的盈余水平。

假设已有的盈余数据有 n 年，利用已有的数据进行如下回归分析。

$$\mathrm{EPS}_t = a + b \times \mathrm{EPS}_{t-1} + e_t \tag{6-13}$$

通过统计分析得到 a 和 b 的估计值，再利用上式代入当期的盈余数据，得到下一期的盈余预测值，以此类推。如果公司的盈余符合这样的统计规律，则称该公司的盈余遵守随机游走过程。但是事实上，很少有公司的盈余完全符合随机游走过程，但也可能有特例存在。更多情况下，我们使用的回归方程如下式所示。

$$\frac{\text{EPS}_t}{\text{EPS}_{t-1}} = a + b \times \frac{\text{EPS}_{t-1}}{\text{EPS}_{t-2}} + e_t \tag{6-14}$$

EPS_{t-1} 表示对应盈余上一年的每股权益、每股资产或每股股票价格。这是为了将变量进行标准化，增加不同年份之间回归变量的可比性。通过上式得到 a 和 b 的估计值之后，将本期盈余数据和上一期的每股权益、每股资产或每股股票价格数据代入，再乘以本期的每股权益、每股资产或每股股票价格，得到下期的盈余预测值，以此类推。

时间序列的盈余预测方法可以通过统计手段利用大样本数据进行统计分析，发现盈余数据之间的统计特征并加以利用，这是结构化预测方法难以做到的。在实际预测中，因为结构化预测方法能够充分利用财务历史数据，二者也可以结合运用，通过时间序列的预测方法提高结构化预测方法的准确性。

本章小结

本章构建了从盈利能力分析到盈余预测的完整框架。首先，通过 ROA 和 ROE 的分解(如杜邦分析法)，剖析企业盈利的驱动因素，明确成本控制与资产效率的关键作用。其次，对比会计盈余与经济利润的差异，指出每股盈余(EPS)、净利润等指标的应用场景及局限性，并强调盈余可持续性对价值评估的意义。随后，区分盈余操纵(如安然事件中的费用资本化)与盈余管理(如平滑利润)，分析其动机与经济后果，提出通过财务调整还原真实盈余的方法。最后，介绍结构化预测(三表联动)与时间序列预测(统计模型)两种技术，指出预测需结合行业特征并警惕非经常性损益的干扰。本章内容为后续现金流估算与估值奠定了理论基础。

课后问答

1. 衡量企业盈利能力的指标有哪些？分别如何计算？
2. 会计利润与经济利润的核心区别是什么？举例说明隐性成本如何影响经济利润。
3. 为什么盈余的可持续性重要？永久性盈余和暂时性盈余对估值的影响有何差异？
4. 为什么公司管理层要进行盈余管理？
5. 盈余管理与盈余操纵的界限是什么？举例说明合规的盈余管理手段。
6. 如何对公司未来的盈余进行预测？

第七章

从盈余到现金流

本章任务清单

任务序号	任务内容
1	了解现金流的概念及其在现代公司金融中的作用
2	辨析利润和现金流的区别,明确权责发生制和收付实现制的差异
3	理解利润的更新与调整方法
4	掌握估值中费用归类错误的调整技巧,如研发费用资本化和经营租赁调整
5	熟悉盈余管理的影响及调整方法,包括一次性项目与收购分立的处理
6	掌握股权自由现金流(FCFE)和公司自由现金流(FCEE)的计算方法
7	理解有效税率和边际税率,以及再投资对现金流的影响和调整逻辑

现金流是企业的生命线,它不仅反映了公司的财务健康状况,更是投资价值评估的核心依据。会计利润虽能体现企业的盈利能力,但其基于权责发生制的特性可能导致与实际现金流动脱节。本章从现金流的基本概念出发,系统介绍其构成、分类及与利润的区别,并深入探讨如何通过利润调整和再投资分析,最终准确衡量股权自由现金流(FCFE)和公司自由现金流(FCFF)。

第一节 现金流概述

现金流是现代公司金融中的一个重要概念,是指公司在一定会计期间按照现金收付实现制,通过一定经济活动(包括经营活动、投资活动、筹资活动和非经常性项目)而产生的现金流入、现金流出及其总量情况,即公司一定时期的现金和现金等价物的流入和流出的数量。

一、现金流的内容与分类

(一) 现金流量表的内容

现金流量表中包括三个方面的现金流量,分别为经营活动现金流量、投资活动现金流量和筹资活动现金流量。

经营活动是指直接进行产品生产、商品销售或劳务提供的活动,它们是公司取得净收益的主要交易和事项。经营活动的范围很广,包括了除投资活动和筹资活动以外的所有交易和事项。一般来说,经营活动产生的现金流入项目主要有:销售商品、提供劳务收到的现金,收到的税费返还,收到的其他与经营活动有关的现金。经营活动产生的现金流出项目主要有:购买商品、接受劳务支付的现金,支付给职工及为职工支付的现金,支付的各项税费,支付的其他与经营活动有关的现金。

投资活动是指长期资产的购建和不包括在现金等价物范围内的投资及其处置活动。其中，长期资产是指固定资产、无形资产、在建工程、其他资产等持有期限在一年或一个营业周期以上的资产。需要注意的是，与《企业会计准则——投资》所讲的"投资"不同，这里的投资活动既包括实物资产也包括金融资产。购建固定资产不是"投资"，但属于投资活动。一般而言，投资活动产生的现金流入项目主要有：收回投资所收到的现金，取得投资收益所收到的现金，处置固定资产、无形资产和其他长期资产所收回的现金净额，收到的其他与投资活动有关的现金；投资活动产生的现金流出项目主要有：购建固定资产、无形资产和其他长期资产所支付的现金，投资所支付的现金，支付的其他与投资活动有关的现金。

筹资活动是指导致公司资本及债务规模和构成发生变化的活动。其中资本既包括实收资本(股本)，也包括资本溢价(股本溢价)；债务是指对外举债，包括向银行借款、发行债券及偿还债务等。因此，应付账款、应付票据等商业应付款属于经营活动，不属于筹资活动。一般而言，筹资活动产生的现金流入项目主要有：吸收投资所收到的现金，取得借款所收到的现金，收到的其他与筹资活动有关的现金；筹资活动产生的现金流出项目主要有：偿还债务所支付的现金，分配股利、利润或偿付利息所支付的现金，支付的其他与筹资活动有关的现金。

(二) 现金流的分类

目前有关现金流的分类方法主要有三种。

第一种将现金流区分为权益现金流和公司现金流。权益现金流仅表示公司中权益投资者进行投资时产生的现金流，是扣除与债权人相关的所有现金流之后的剩余现金流，通常以股权自由现金流进行衡量。公司现金流是公司产生的属于公司所有权人的现金流，是债务偿还前的现金流，涵盖了权益投资者和债权投资者两类群体。但是，这两类现金流均为税后现金流，并且需要扣除再投资需要的现金流出。

第二种将现金流区分为名义现金流和实际现金流。名义现金流包含预期通货膨胀率，必须用一种确定的货币表示，因为预期膨胀率会随币种的变化而变化，从而导致不同货币估计的现金流之间存在差异。实际现金流不包含预期通货膨胀率，只显示真实购买力的变化。

第三种将现金流区分为税前现金流和税后现金流。第一种分类中的权益现金流和公司现金流是公司的税后现金流，是投资者的税前现金流。同样，现金流也可以在公司税前进行定义。

二、利润与现金流的区别

现金流是从盈余中得来的，但是又不同于盈余。在之后的两章中，我们运用盈余最常用的衡量指标——会计利润来代表盈余，因此更多时候直接称之为"利润"或"会计利润"。公司实现的净利润与现金流量都是公司的经营成果，是分析公司财务状况的主要指标，从这个意义上来说，二者是相同的。但实际上，二者存在明显的区别，具体表现在以下三个方面。

(1) 计量基础不同。公司的财务利润是以权责发生制为基础计算出来的，即收入与支出均要考虑其受益期，不同期间受益就将收入或支出归属于不同的时期，进而得出该期间的利润。而现金流量却不同，它是以收付实现制为基础计算出来的，即不论该笔收入与支出属于哪个会计期间，只要是在这个期间实际收到或支出的现金，就作为这个期间的现金流量。

(2) 包含的内容不同。中国企业会计准则及会计制度规定，净利润一般包括营业利润、投资净收益、补贴收入和营业外收支等部分。而现金流量的内容虽然主要是利润，但它还包含了其他组成部分，除包括购买和销售商品、投资或收回投资外，还包括提供或接受劳务、购建或出售固定资产、向银行借款或偿还债务等。

(3) 说明的经济含义不同。财务利润，其数额大小在很大程度上反映公司生产经营过程中所取得的经济效益，表明公司在每一会计期间的最终经营成果。而现金流量的多少能清楚表明公司经营周转是否顺畅、资金是否紧缺、支付偿债能力大小，以及是否过度扩大经营规模，对外投资是否恰当，资本经营是否有效等，从而为投资者、债权人、企业管理者提供非常有用的信息。

在现代公司的发展过程中，现金流决定了公司的兴衰存亡，在众多价值评价指标中基于现金流的评价最具权威性，现金流量比传统的利润指标更能说明盈利质量。一方面，现金流量只计算营业利润而将非经常性收益剔除在外；另一方面，会计利润是按照权责发生制确定的，可以通过虚假销售、提前确认销售、扩大赊销范围或者关联交易调节利润，而现金流量是根据收付实现制确定的，上述调节利润的方法无法取得现金从而不能增加现金流量。现金流量指标可以弥补利润指标在反映公司真实盈利能力上的缺陷，因此掌握对现金流的衡量与分析是必要的。

第二节　利润的更新与调整

公司利润表主要披露了营业利润、利润总额和净利润等利润形式。[①]但是，当使用这些利润分析现金流并对公司进行估值时，必须考虑该利润数值是否为已知公司短期内已发生变化的前提下尽可能最新的估计，是否存在会计错误，是否存在盈余操纵、盈余管理等行为。如果存在上述现象，则需要及时对利润进行更新或调整更正，再运用到价值评估过程中。本节将首先介绍利润更新的一般操作，之后考查公司的费用归类错误和盈余管理，从而对利润进行调整，并分析其对ROE、ROIC盈利指标的具体影响。

一、利润的更新

一般来说，公司财务报表的披露体现在公司年报当中，部分公司存在半年报和季报，但是年报中的会计信息通常更为完整。然而，年报只在会计年度结束之后才予以公布，但是价值评估的时间往往在会计年度中间，若此时依然使用被评估公司年报中的信息，其时效性较差，评估风险较高，因此应当使用更新的信息予以替换。对于有季报披露的公司来说，可以使用季报中的财务数据进行更新。对于季报中没有的会计科目，就只能继续使用最近年报中的数据或者在最近一个季度结束以后对其数据进行估计。但是前者将导致输入变量的不一致，后者将导致估计误差。这是更新利润所必须要面对的问题，尤其是对于刚成立不久的公司，价值评估的关键是要坚持使用能搜集到的、经过最新调整的数据，尽管可能存在估计误差。因为新成立的公司往往经历快速增长阶段，财务信息变化较快，使用年度财务报表信息极可能低估这些公司的价值。必要时，评估人员可以通过非官方渠道获得的信息对财务信息进行调整。

二、费用归类错误的更正

在一般的财务报表中，公司发生的费用分为经营费用(主要包括营业成本和销售费用)、管理费用和财务费用三个大类。对会计利润的计量有时会因为对经营费用、管理费用和财务费用的错误分类而发生错误，最常见的错误包括：①将应当进行摊销的研发费用错误地包含在经营费用中，从而导致各项利润指标的错误估计，或者说将应当资本化的支出错误地进行了费用化；②将应该属于财务费用的经营租赁当作经营费用，虽然不会影响净利润的计量，但是会影响现金流的测度。

[①] 正如本书第五章第一节所述，标准利润表中的"营业利润"未包含财务费用，而EBIT需加回财务费用的利息净支出以消除融资结构影响。本书后续章节中，凡涉及"营业利润"或"经营利润"的估值指标，如无特别说明，本质上均指代EBIT口径，而非利润表的原始数据。

(一) 应资本化支出错误地费用化

将本应资本化的支出错误地费用化会导致会计利润的错误计量。例如，财务报表中对研发费用的处理存在不妥，由于研发产品的不确定性，无法计量其准确价值，会计准则通常要求对研发费用进行费用化。

研发支出费用化是指研发费用发生当时全部作为期间费用，计入当期损益。采用这种账务处理方式的通常是稳定保守型企业，因为研发项目是否能够产出成果，本身带有极大的不确定性，导致能否给企业带来经济利益也有了很大的不确定性。因此，企业秉持稳健性的原则，会把研发费用支出作为当期费用支出进行处理，由于所有的研发支出都计入当期损益，所以会降低企业的营业利润；同时，此种账务处理也可能会造成对企业成长性的误判，从而使得资产负债表部分失真。但费用化处理具有节税作用，可以减少企业当期的现金流出。

研发支出资本化是指将研发费用在发生时予以资本化，等到开发成功取得收益时再进行摊销。这种方法主要着眼于权责发生制原则，它假定企业同时或在连续的几个年度内存在若干研究与开发项目，不论风险有多大，有些项目总能成功，形成某些无形资产并取得收益，进而增加公司的资产价值与股权的账面价值。这样，将所有研究与开发项目看成一个整体，然后将研究与开发的全部收益与全部费用进行配比。资本化可以减少当期损益，形成无形资产后可以分期摊销，从而释放利润，增加营业利润；缺点在于利润高导致企业所得税税负会很高；同时，如果资本化处理的研发投入没有达到预期收益，公司就会面临无形资产减值的风险。

【例7.1】研发支出全部费用化和部分资本化对净利润的影响。

假设2024年某家医药类企业，营业收入为1 000万元，营业成本为500万元，研发费用为300万元，2023年该企业研发费用为100万元，则研发费用费用化和资本化对净利润的影响如表7-1所示。

表7-1 研发费用费用化和资本化对净利润的影响

单位：万元

项目	费用化	资本化
营业收入	1 000	1 000
营业成本	500	500
研发费用	300	300
其中：费用化	300	0
其中：资本化	0	300
无形资产摊销(只考虑研发费用，5年摊销完毕)	0	20
税前利润(只考虑研发费用)	200	480
所得税(税率25%)	50	120
税后利润	150	360

通过以上例子可以看出，在研发支出全部费用化的情况下，企业需直接扣除300万元研发费用，导致税前利润为200万元；而选择资本化处理时，仅需摊销20万元(2023年100万元的研发费用分5年摊销)，税前利润因此增至480万元。两者所得税差异为(480-200)×25%=70万元，税后利润差额相应为(480-200)×75%=210万元。然而，直接将资本化后的税后利润计为360万元并不准确。因为在资本化处理下，未摊销的研发支出(300-20=280万元)本应在费用化时全额抵税，但资本化后仅通过逐年摊销抵税，导致当期少抵扣280万元，多缴纳所得税70万元(280×25%)。因此，需将这部分"被忽视的税收利益"加回，调整后真实净利润应为360+70=430万元(而非直接对比的360万元)，详细内容将在本章第四节展开。此时可发现：与费用化相比，资本化处理使税前利润增加280万元(480-200)，净利润实际增加280万元(430-150)。这体现了研发支出资本化对

提升短期利润表表现的作用,同时使无形资产摊销与未来收益更匹配,增强会计处理的一致性。

在公司估值时,研发支出费用化将导致研发创造的资产价值并未被作为公司总资产的一部分在资产负债表中予以体现,会对公司的资本计量和利润率产生影响。因此,即使对未来利润的影响存在不确定性,研发费用仍然应该资本化。为了对研发费用资本化并进行研发产品估值,需要对公司将研发成果转化为市场产品的平均时间进行估计,即研发资产的摊销期。研发资产的摊销期会因公司性质的不同而不同,例如,相比较软件公司的研发摊销期,医药公司的研发摊销期会长得多,因为新药品的许可需要较长的时间。

研发资产摊销期估计完成后,在该时间范围内收集有关过去研发费用的数据。假定整个期间内摊销额是相同的,对现有研发资产剩余价值的估计为

$$研发资产价值 = \sum_{t=0}^{n} 研发支出_{-t} \times \frac{n-t}{n} \tag{7-1}$$

例如,对一项摊销期为 6 年的研发资产而言,可以累积 5 年前研发费用的 1/6、4 年前研发费用的 1/3、3 年前研发费用的 1/2、2 年前研发费用的 2/3、1 年前研发费用的 5/6 和当年全部研发费用得到研发资产的价值。相应地,资产价值和权益价值也会增加。调整后的权益账面价值是调整前权益账面价值与研发资产价值的总和。

然后,正如上文所介绍的,我们应对营业利润、利润总额和净利润同样进行调整。首先,将之前减去的研发费用重新加回营业利润中;其次,研发资产需要进行摊销,需对摊销金额予以扣除,得到调整后的营业利润。利润总额的调整与之类似。但是由于净利润是税后利润,对其调整需要考虑税率,因此应当在原净利润基础上增加税后研发费用再减去税后研发资产摊销。此外还应对公司的权益价值进行一定的调整,具体调整公式为

$$调整后的营业利润 = 原营业利润 + 研发费用 - 研发资产的摊销 \tag{7-2}$$

$$调整后的利润总额 = 原利润总额 + 研发费用 - 研发资产的摊销 \tag{7-3}$$

$$调整后的净利润 = 原净利润 + (1 - 所得税税率) \times (研发费用 - 研发资产的摊销) \tag{7-4}$$

$$调整后的权益账面价值 = 原权益账面价值 + 研发资产价值 \tag{7-5}$$

除了上述的研发费用错误地费用化外,还有其他费用也应当进行资本化处理。例如:咨询公司的招聘和培训成本,因为经过招聘和培训之后的咨询人员可以被看作公司的核心资产,长期为公司提供利润;某些公司的广告费用,因为这些公司认为广告支出可以提升品牌价值;新兴小型公司的销售、日常和管理费,因为其认为这些支出有利于提升自己的公司知名度,从而带来潜在的长期客户。当然,在判断一项支出是应该资本化还是费用化时,应当特别谨慎,一项支出的资本化必须有真实的证据表明公司将从该项费用中获益,并且持续数个会计期间。

需要特别注意的是,不同国家对研发支出的会计处理规定不同:美国和德国规定,研发费用全部计入当期损益,不予资本化。而荷兰、巴西则允许研发费用全部资本化。英国和中国则允许灵活处理。

对于中国企业,如果在会计处理过程中进行资本化处理,需要满足如下 5 个条件:①完成该无形资产以使其能够使用或出售在技术上具有可行性;②具有完成该无形资产并使用或出售的意图;③无形资产产生经济利益的方式,包括能够证明运用该无形资产生产的产品存在市场或无形资产自身存在市场,无形资产将在内部使用的,应当证明其有用性;④有足够的技术、财务资源和其他资源支持,以完成该无形资产的开发,并有能力使用或出售该无形资产;⑤归属于该无形资产开发阶段的支出能够可靠地计量。

对于被估值公司而言,如果公司已经满足了上述 5 个条件并进行了费用资本化处理,在估值

时则无须进行额外调整。此外,需要注意的是,将研发费用资本化处理并不会改变公司自由现金流(FCFF)。因为这种处理会使得研发费用从期间费用转为资本支出(变化额为研发费用与研发资产的摊销之差),在下一节中读者将看到,两者在 FCFF 的计算中具有等效的抵销效果。由于 FCFF=EBIT(1-T)-净资本支出-营运资本变化额,EBIT(1-T)即上文所说的税后利润的上升与净资本支出的增加在数值上相互抵销,因此 FCFF 在资本化前后保持不变。

【例 7.2】研发费用资本化调整案例。

以某科技公司为例进行研发费用资本化调整。作为一家拥有领先技术和产品的公司,该公司每年投资大量资金用于研发。在公布的 2024 年 9 月末结束的财务年度中,其研发费用为 100.45 亿元。由于电子产品更新换代较快,因此假设该公司研发成果的摊销期为三年。该公司过去三个会计期间的研发费用,如表 7-2 所示。

表 7-2 某科技公司过去三年研发费用信息

单位:百万元

年份	研发费用
本期(2024)	10 045
-1 期(2023)	8 067
-2 期(2022)	6 041
-3 期(2021)	4 475

假设每年摊销的比例相等,从而可以估计出每年创造的研发资产价值和今年研发费用的摊销情况,如表 7-3 所示。

表 7-3 某科技公司 2024 年研发费用摊销和研发资产价值

单位:百万元

年份	研发费用	未摊销部分		当年摊销
		比例	金额	
本期(2024)	10 045	100%	10 045	
-1 期(2023)	8 067	2/3	5 378	2 689
-2 期(2022)	6 041	1/3	2 013.67	2 013.67
-3 期(2021)	4 475	0	0	1 491.67
研发资产的价值			17 436.67	
当年摊销的费用				6 194.34

其中,2024 年的研发费用并未进行摊销,因为我们假设研发费用是在会计期间的期末发生的。以前年度尚未摊销的研发费用总计为 174.37 亿元,可以看作该科技公司研发资产的价值。2024 年当年对以前研发费用的摊销总计是 61.94 亿元。

最后一步是对营业利润进行调整,以反映研发费用的资本化。2024年该科技公司公布的营业利润为 613.72 亿元,调整后的营业利润为

$$调整后的营业利润 = 613.72 + 100.45 - 61.94 = 652.23(亿元)$$

2024 年该科技公司公布的净利润为 456.87 亿元,调整后的净利润为(在前面,我们已讨论了不考虑税收因素的理由)

$$调整后的净利润 = 456.87 + 100.45 - 61.94 = 495.37(亿元)$$

根据年报可知,2024 年该科技公司权益账面价值为 1 282.49 亿元,则调整后的权益账面价值

为原权益账面价值和研发资产价值(174.37亿元)的总和，为1 456.86亿元。调整研发后的ROE为495.37/1 456.86=34.00%，与调整前的456.87/1 282.49=35.62%相比有所降低。

(二) 财务费用的调整

会计人员有时会将属于财务费用的科目记为经营费用，最常见的是将经营租赁费用作为经营费用处理，相对地，资本租赁被作为负债项目。但是，如果公司租赁资产并将其划分为经营性租赁，公司负债要比将其作为财务费用多很多。因为，公司签订租赁合同应当承诺在未来期间支付租金，如果没有履行该承诺，则将失去该项资产。因此，财务分析中，应当将该项支出看作财务成本，纳入财务费用中，并将未来的租赁承诺通过折现的方式转变为负债，得到的现值看作经营性租赁的债务价值。调整后的负债为

$$调整后的负债 = 原负债 + 租赁义务的现值 \tag{7-6}$$

对营业利润的调整分为两步：首先，由于经营租赁是一项财务费用，应当将其重新加回经营利润之中；之后，在原营业利润中扣除原财务报表租赁资产的折旧。调整公式为

$$调整后的营业利润 = 原营业利润 + 经营租赁财务费用 - 原租赁资产的折旧 \tag{7-7}$$

【例7.3】 经营性租赁费用化调整案例。

以某服装公司为例对经营性租赁费用化调整进行说明。2024年，该公司资产负债表上的常规债务为19.7亿元，营业利润为10.12亿元，经营性租赁的租金为9.78亿元，税前债务资本成本约为6%，公司未来7年经营性租赁信息如表7-4所示。

表7-4 某服装公司未来7年经营性租赁信息

单位：百万元

年份	租赁承诺	现值(折现率：6%)
1	899.00	848.11
2	846.00	752.94
3	738.00	619.64
4	598.00	473.67
5	477.00	356.44
6&7	982.50(每年)	1 346.04

$$租赁义务的现值 = 848.11 + 752.94 + \cdots + 1 346.04 = 4 396.85(百万元)$$
$$调整后的负债 = 原负债 + 租赁义务的现值 = 1 970 + 4 397 = 6 367(百万元)$$
$$调整后的营业利润 = 原营业利润 + 经营租赁财务费用 - 原租赁资产的折旧$$
$$= 1 012 + 978 - 4 376.85/7 = 1 362(百万元)$$

值得注意的是，将经营性租赁资本化的会计处理方式并不会改变企业的净利润水平。虽然原本作为期间费用计入的租赁支出被拆分为资产折旧与利息费用两部分，但这只是费用结构的重新分类，费用总额在整个租赁期间内并未发生变化。因此，净利润保持不变。资本化的主要影响在于影响营业利润，提升了资产与负债的账面金额，从而提高了营业利润进而改变了资本结构与资本回报率等关键财务比率，但对净利润本身不构成实质性影响。

三、盈余管理的利润调整

公司管理层有时为了让利润超出分析人员对利润的估计而采取盈余管理行为，关于盈余管理相关内容的介绍已在第六章中阐述。为了获得对公司更加准确的投资价值评估，需要对盈余管理

的会计信息进行调整，尽可能地获取真实的财务信息。

(一) 一次、再次和非经常性项目

当期和往期营业利润是推算未来营业利润和净利润的基础，应当反映公司的持续经营状况，不包含任何一次性和特殊项目，因此需要将会计科目中的此类项目予以剔除，主要包含 4 个方面：①真正的一次性费用和利润，比如往年一次重大重组产生的费用，这些费用在分析时可以不予考虑，在有关营业利润和净利润的计算中扣除，一次性费用也按相同的办法处理。②不是每年但是过去间隔性发生的费用和利润，比如一个公司过去几年中每三年就发生一次重组，如果我们将该特殊费用认为是公司的正常费用，则会导致价值评估出现误差，但是忽略上述费用同样不合理，因此可以将这些费用逐年摊销处理，反映其每年的承担额。③费用和收入每年发生，但变动较大，最好的方法是在整个时间段内平均处理这些费用进行规范，并在每年的利润中扣除应承担的金额。④项目每年发生，但是经常会改变正负符号，例如汇率对于对外贸易公司的影响，处理这类费用较为谨慎的方法是忽略这些费用，因为这类变动导致增加或减少的利润是经常变化的，将其作为长期利润的一部分会误导评估结果。

上述 4 类项目的区分要求充分了解公司的财务历史，但是通常较为困难，应当充分谨慎。

(二) 收购和分立

1. 公司收购

公司收购是指一个公司通过产权交易取得其他公司一定程度的控制权，以实现一定经济目标的经济行为。每一次收购后的一段时间内，收购行为的会计处理可能对公布的利润产生较大的影响。收购经常会带来对商誉的摊销，将减少未来期间的净利润和经营利润，使得 ROE 和 ROIC 均下降。事实上，对商誉摊销最安全的方法就是关注摊销前的利润。以技术类公司为例，在支付超过账面价值的溢价时，技术类公司已经采用某些策略得到了创造的商誉，因为支付给技术公司的超出部分的市场价值正是长期投入研发的价值。商誉摊销是被收购公司原本正在进行的研发项目被注销所导致的。这种处理方式会产生一项不涉及现金流出的费用。因此，在分析时，应更关注商誉摊销前的利润，即注销前的实际盈利水平。

但即使忽略了商誉摊销的影响，收购带来的商誉仍然真切地存在于绝大多数公司的资产负债表中，其可能对公司的回报率指标 ROIC 产生影响，从而影响企业的估值。回到商誉的定义，其为收购价格和目标公司资产账面价值之差，而目标公司的账面价值仅仅衡量其在位资产的价值，因而商誉实际上可以做如下分解分析。

$$
\begin{aligned}
商誉 &= 收购价格 - 目标公司账面价值 \\
&= 目标公司在位资产市场价值 - 目标公司账面价值 \\
&\quad + 目标公司成长性资产价值 \\
&= 目标公司收购后协同效应价值 \\
&\quad + (-) 收购时对目标公司的过多(少)支付
\end{aligned}
\tag{7-8}
$$

回顾 ROIC 的定义，ROIC 仅仅衡量了投入资本所带来的价值，现在我们便要从商誉的几项构成因素中找出真正的"投入资本"。对于商誉这部分增值而言，除目标公司的成长性资产价值外，因为成长性资产尚未发生，自然谈不上投入，其余各项均应归纳于投入资本：协同效应所创造的价值往往可以在未来年份体现在收益中，收购时对目标公司的过多(少)支付也应体现在投入资本中，因为这体现了收购方投资决策能力的不足(优秀)。但是从商誉中剥离出成长性资产的价值也是一大难点，在实践中，常常假设在收购前目标公司的市场价值是正确的，因而此时目标公司市场价值和账面价值的差额即反映了该公司的成长性资产价值，有

$$\begin{aligned}
商誉 &= 收购价格 - 目标公司账面价值 \\
&= (收购价格 - 目标公司收购前市场价值) \\
&\quad + (目标公司收购前市场价值 - 目标公司账面价值) \\
&= 协同效应价值 + 过多(少)支付 + 目标公司成长性资产价值
\end{aligned} \quad (7\text{-}9)$$

回到 ROIC 的计算，分母的处理应该在原有基础上扣除目标公司成长性资产，因而虽然商誉的摊销部分可以不体现在现金流中，但是在计算现金流增长率时，不要忽略这部分内容对 ROIC 分母的影响。

2. 公司分立

公司分立是指一个公司依照公司法有关规定，通过股东会决议分成两个或两个以上的公司。当公司分立时，会以资本利得的形式获得利润，不经常发生的分立行为可以被看作一次性项目予以忽略。但是有些公司会按照一定规律来分立以剥离资产，对于这一现象，我们应当忽略其分立所产生的利润。但当估计净资本支出时，则应考虑剥离扣除资本利得税后所产生的净现金流。例如，一家公司的资本支出为 500 万元，折旧为 300 万元，每年剥离 120 万元资产，则其净资本支出为 80 万元：

$$净资本支出 = 资本支出 - 折旧 - 资产剥离 = 500 - 300 - 120 = 80(万元)$$

(三) 回购股票或分配股利

当一家公司考虑分配股利或回购股票时，虽然 EBIT 并不会直接受到影响，但股本账面价值会因此减少，净收入也会出现一定程度的下滑，因为用于分配股利或回购股票的现金在前期产生了收入，而计算净收入时自然应扣除这部分。回购或分配股利往往会导致 ROE 的上升(如果选用传统的 ROE)，即分母账面价值的下降程度和分子净收入的减少程度并不是等比的，我们可以通过如下案例辅助理解。

假设某公司在期初拥有 100 万元的股权账面价值(包含现金)，期末产生了 40 万元的净收入，则按传统方法的 ROE 计量，其数值大小为 40%。现在公司将其所持有的全部 20 万元现金进行分红(回购亦是同理，此处不赘述)，且这些现金带来了 1 万元税后利息收入，则调整后的 ROE 为

$$调整后 ROE = \frac{40-1}{100-20} = 48.75\% > 40\%$$

因而回购或分配股利实际上会带来 ROE 的提升，不过应注意的是，当我们采用非现金 ROE 进行股权回报率的衡量，或衡量公司层面的投入资本回报率(ROIC)时，公司的这一行为将不会对这两个指标产生任何影响。

(四) 交叉持股

公司有时持有其他公司的股份，这些交叉持有的股份也会影响公司股权价值和资本回报率的计算。交叉持股一般可分为三种类型：①少数被动持股，此时只有从持股中获得的股利被记录在收益中；②少数主动持股，此时子公司的净收入(亏损)在损益表中作为对净收入的调整；③多数主动持股，此时利润表被合并，子公司的全部 EBIT 显示为公司 EBIT 的一部分。

对于前两种少数类型的持股，常见的方法是对这些持股分别估值，最后加总；而对于多数股合并报表的情况，可以考虑先评估合并后的公司，再从中减去少数股东持有的部分。这一部分的计算比较复杂，相关案例将在本书第二十章详细介绍。

第三节 现金流的衡量

对公司现金流的衡量有两种：一种是对公司有要求权人的现金流，是权益投资人和债权投资人的共同现金流，称为公司自由现金流(FCFF)；另一种是公司股东的现金流，仅为权益投资人的现金流，称为股权自由现金流(FCFE)。公司自由现金流是在股权自由现金流的基础上再增加债权人的现金流，因此我们先介绍股权自由现金流，之后在其基础上再介绍公司自由现金流。

一、股权自由现金流(FCFE)

公司的股权投资者拥有该公司产生的现金流的剩余要求权，即拥有在公司偿还包括债务在内的所有财物义务，以及满足了投资需要、运营成本之后的全部剩余现金流。股权自由现金流量就是企业支付所有营运费用、再投资支出、所得税和净债务支付后可分配给企业股东的剩余现金流量。

(一) 无财务杠杆的公司股权自由现金流

无财务杠杆的公司没有债务，不需要支付利息费用和偿还本金，且公司的资本性支出和营运资本全部来源于股权资本。因此，无杠杆公司的股权自由现金流计算步骤如下。

$$净收益 = (EBIT - I) \times (1 - 所得税税率) \tag{7-10}$$

$$经营现金流 = 净收益 + 折旧和摊销 \tag{7-11}$$

$$FCFE = 经营现金流 - 资本性支出 - 营运资本变化额 \tag{7-12}$$

其中，折旧和摊销分为固定资产折旧、无形资产摊销和长期待摊费用的摊销，是其当年增加额，分别可以从财务报表附注的不同科目下获得。资本性支出是通过支出取得财产或劳务，通常予以资本化，一般体现在固定资产和无形资产，包括固定资产本期增加额、在建工程本期增加额——本期转入固定资产的金额、无形资产本期增加额、投资性房地产的本期增加额、递延资产的本期增加额——递延所得税资产本期增加额等，亦可直接从财务报表的现金流量表中"购建固定资产、无形资产和其他长期资产支付的现金"科目获取。营运资本是非现金流动资产与无息流动负债的差额，营运资本变化额即为营运资本的期末余额减去期初余额。

通过上述计算过程，可以获得当期和往期的无杠杆公司的股权自由现金流。股权自由现金流是满足了公司所有财务需要之后的剩余现金流，可能为正，也可能为负。如果股权自由现金流为负，公司需要筹集新的股权资本；如果股权自由现金流为正，则公司可能以股票现金股利的形式将剩余现金流发放给股权资本投资者。但是，事实上多数公司都选择负债经营的方式，以充分利用自身信用获得额外的资本投入运营过程中，获取更多的收益。

(二) 有财务杠杆的公司股权自由现金流

有财务杠杆的公司除了要支付无财务杠杆公司的全部费用外，还要使用现金支付利息费用和偿还本金。但是有财务杠杆的公司可以通过新的债务为资本性支出和营运资本需求进行融资，从而减少所需的股权资本投资。

$$净收益 = (EBIT - I) \times (1 - 所得税税率) \tag{7-13}$$

$$经营现金流 = 净收益 + 折旧和摊销 \tag{7-14}$$

$$\begin{aligned} FCFE = {} & 经营现金流 - 资本性支出 - 营运资本变化额 \\ & - 偿还本金 + 新发行债务收入 \end{aligned} \tag{7-15}$$

其中，偿还本金即为债务融资当年需偿还的本金金额，体现在现金流量表中的"偿还债务支付的现金"科目；新发行债务收入为现金流量表中"取得借款收到的现金"与"发行债券收到的现金"科目的和。

相比于无财务杠杆的公司而言，从公式上来看，有财务杠杆的公司似乎可以通过提高新发行债务收入，即不断举债增加杠杆来提高 FCFE，当公司的资本结构为全部举债经营时正好实现股权价值的最大化。不过显然，现实世界中的公司都选择了适度的债务水平，这一结论和现实世界的情况出现了分歧，我们可以站在估值现金流和折现率的视角，对这一现象做出解释：一方面，一味地增加负债固然会使得新发行债务的收入提升，但公司未来需要偿还的本金和利息也会增加，从而可能使得公司未来现金流不增反减；另一方面，负债权益比的增大会使公司的杠杆性贝塔系数增大，导致股权资本成本增加——这也正是含税 MM 定理命题 II 的内容。①

因此，免费的午餐是不存在的。从直观上来看，即使通过新发行债务使得 FCFE 增加，那么因折现率的提高，最终一定会有一个最优解使得公司的股权价值最大化。然而实际上这种最优解的计算在现实中很难做到，因为其计算过程常常要建立大量的理论假设，一旦建立过多的假设，再完美的计算结果也将是"精确的错误"。

【例 7.4】FCFE 计算。

以某电器公司为例进行股权自由现金流计算，其具体财务数据由 2024 年度报告获取。计算股权自由现金流的主要数据源于现金流量表，该公司存在债务融资行为，因此选取有杠杆的公司 FCFE 的计算方法，计算过程如表 7-5 所示。

表 7-5　某电器公司 2024 年股权自由现金流计算

单位：元

项目	金额
(1) 净利润	15 524 634 903.87
(2) 所得税	3 006 555 172.73
(3) 利息费用	310 546 323.57
(4) EBIT=(1)+(2)+(3)	18 841 736 400.17
(5) 净收益=(4)−(2)	15 835 181 227.44
(6) 固定资产折旧	4 904 007.27
(7) 无形资产摊销	73 307 470.22
(8) 长期待摊费用摊销	0
(9) 经营现金流=(5)+(6)+(7)+(8)	18 609 401 554.09
(10) 资本性支出	3 276 936 026.68
(11) 流动资产期初余额	120 949 314 644.95
(12) 流动资产期末余额	142 910 783 531.64
(13) 流动资产增加额=(12)−(11)	21 961 468 886.69
(14) 流动负债期初余额	112 625 180 977.76
(15) 流动负债期末余额	126 876 279 738.73
(16) 流动负债增加额=(15)−(14)	14 251 098 760.97
(17) 营运资本变化额=(13)−(16)	7 710 370 125.72
(18) 偿还本金	11 054 156 840.31
(19) 新发行债务收入	9 382 413 204.61
(20) FCFE=(9)−(10)−(17)−(18)+(19)	3 254 342 916.83

---

① 含公司税的 MM 定理命题 II 认为 $R_s = R_0 + \dfrac{B}{S}(1-T)(R_0 - R_B)$，其中 R_s 和 R_B 分别表示股权资本成本和债务资本成本，R_0 表示无杠杆情况下公司的股权资本成本。详细内容可参见罗斯. 公司理财[M]. 北京：机械工业出版社，2018.

二、公司自由现金流(FCFF)

公司的全部价值属于公司各种权利要求者,包括股权资本投资者、债权人和优先股股东,公司自由现金流量是指扣除税收、必要的资本性支出和营运资本变动额后,能够支付所有的清偿权者(债权人和股东)的现金流量总和。其计算方法有两种,一种是将公司不同权利要求者的现金流加总,企业自由现金流计算表如表7-6所示;第二种方法是从息税前利润开始计算,如下式所示。

$$FCFF = EBIT \times (1 - 所得税税率) + 折旧 - 资本性支出 - 营运资本变化额 \quad (7-16)$$

折旧、资本性支出和营运资本变化额的数据获取方法和计算方法已经在FCFE的部分中予以阐述,本处不赘述。

表7-6 企业自由现金流计算表

权利要求者	权利要求者的现金流	折现率
股权资本投资者	股权资本自由现金流	股权资本成本
债权人	利息费用×(1-税率)+偿还本金-新发行债务	税后债务成本
优先股股东	优先股股利	优先股资本成本
公司	企业自由现金流=股权资本自由现金流+利息费用×(1-税率)+偿还本金-新发行债务+优先股股利	资本加权平均成本

可以看出,公司自由现金流并没有涵盖利息费用的税盾优惠,因为这一现金流位于债务偿付之前,第四章加权资本成本的计算中已经考察了这种税盾优惠,体现在折现现金流计算的分母上,若在折现现金流分子(FCFF)中继续考虑这种优惠将会导致重复计算。对于一个有财务杠杆的公司,公司自由现金流通常高于股权自由现金流;对于无财务杠杆的公司,二者是相等的。

细心的读者可能会想:含税MM定理命题I认为使用负债会提升公司价值,因此公司一味地增加债务便可使公司自身的价值最大化。[1]但这一结论同样和现实中公司的资产结构相违,当公司的债务不断增加时,其往往会面临破产重整的风险。例如海航集团靠大规模举债经营,随着现金流的恶化,自有资金无法全部偿还银行贷款,于是只能借新钱还旧债,最终在2021年破产重整。我们可以从MM理论的假设和加权平均资本成本(WACC)这两个视角出发,探讨本节内容和MM理论间的协调性。

其一,从含税MM理论的假设出发,该理论关键的两条假设是:不考虑公司所面临的财务困境和破产风险,以及公司所有现金流量都可按照年金方式计量,即零增长现金流。对负债占比极高的公司进行价值评估时,公司会面临较高的破产风险,而零增长现金流的假设往往更难满足,因此不能直接机械地套用有税MM理论的命题进行分析。

其二,在本节第一部分股权自由现金流(FCFE)中,我们已经分析论证了使用负债会提高公司的股权资本成本。当负债较少时,由于债务资本成本一般低于股权资本成本,WACC会因为债务成本的抵税作用和负债占比的提高而降低,公司的估值水平可能上升;但随着负债的大量增加,利息的上升会提升企业的利息保障倍数,从而使得企业债务违约风险上升,导致债务资本成本增加,最终WACC会在股权、债务资本成本两方面的作用力下升高,公司的估值水平降低。事实上,以上内容也是对MM理论未考虑财务困境成本的补充,负债一方面能带来利息开支的税盾优惠,另一方面也会带来各种成本(如财务困境成本、破产成本等)。[2]

---

[1] 含公司税的MM定理命题I认为 $V_L = V_U + t_C B$,其中 V_L 和 V_U 分别表示杠杆公司和无杠杆公司的价值,B 表示公司的负债。详细内容可参见罗斯. 公司理财[M]. 北京:机械工业出版社,2018.

[2] 在综合考虑税盾和困境成本后,公司的资本成本随债务增加会呈现U型曲线,公司价值随债务增加会呈现∩型曲线。详细内容可参见罗斯. 公司理财[M]. 北京:机械工业出版社,2018.

因此同股权价值的评估相似，在评估公司价值时，负债也会存在一个最优值，使得公司的价值最大，但这一最优值的计算同样是难点，而且几乎是无法实现的。因此在实践中，公司一般选择确定"适度的负债区间"，往往是选择"行业或先进企业的平均负债比例 $\bar{D}$"作为基准，利用统计分析方法确定这些企业的负债比例分布(多为偏态分布或正态分布)。之后结合公司自身特点，基于统计分布结果将负债率划分若干个负债区间，并确定其中适度的负债区间(公司大多选择包含均值 $\bar{D}$ 的负债区间)。最后，在适度负债区间的基础上，根据公司所处生命周期阶段进行调整，例如，成长期企业的收入、利润较高，可以选择"适度偏高"的负债比率；夕阳企业的收入、利润均下滑，应该采取"适度偏低"的负债比率。

【例 7.5】 FCFF 计算。

以某电器公司为例进行公司自由现金流计算，其具体财务数据由 2024 年度报告获取。计算公司自由现金流的主要数据源于现金流量表，计算过程如表7-7所示，部分数据的获取与计算过程与表 7-5相同，不再重复列出。

表 7-7 某电器公司 2024 年公司自由现金流计算

单位：元

项目	金额
(1) EBIT	18 841 736 400.17
(2) 所得税税率	16.22%
(3) 固定资产折旧	4 904 007.27
(4) 资本性支出	3 276 936 026.68
(5) 营运资本变化额	7 710 370 125.72
(6) FCFF=(1)×[1−(2)]+(3)−(4)−(5)	4 803 204 610.93

从计算结果来看，FCFF 高于 FCFE，这符合有杠杆公司的一般规律。

三、名义现金流与实际现金流

在现金流衡量完成后，我们补充介绍通货膨胀对现金流的影响作用。通货膨胀对价值的影响部分取决于通货膨胀是否被人们预期，而预期的通货膨胀在计算价值过程中可以反映在现金流和折现率中。通货膨胀对现金流的影响主要表现在实际现金流和名义现金流之间的关系上。名义现金流包括了预期通货膨胀的因素，估计名义现金流的过程要求分析人员不仅要估计总体价格水平的通货膨胀率，还要估计公司所出售或使用的商品和劳务的价格上涨幅度。实际现金流则剔除了通货膨胀的影响，反映了真实的购买力情况。一般通过财务报表计算出的现金流为名义现金流。名义和实际现金流之间的关系是由预期的通货膨胀率所决定的。其计算公式为

$$\text{实际现金流}_t = \frac{\text{名义现金流}_t}{1+E[I]_t} \tag{7-17}$$

其中，$E[I]_t$ 是总体价格水平的预期通货膨胀率。通货膨胀对于实际现金流的影响将部分取决于公司出售的商品的通货膨胀率与公司所使用的资源的通货膨胀率之间的差额。如果公司所出售商品价格的上升速度快于其成本上升的速度，那么实际现金流会随着通货膨胀率的上升而增加；反之，实际现金流将减少。

第四节 税率与再投资的调整

本章第二部分所涉及的利润的更新与更正是对往期财务报表中会计信息的处理的调整，是对原利润数据的调整。得到经营利润后，我们需要扣除所得税得到净利润，通过净利润计算现金流过程中还需扣除再投资的金额。在本章第三部分的 FCFE 和 FCFF 的计算过程中也体现了税费的扣除与再投资(营运资本追加)的扣除，因此接下来我们对税费和再投资进行更加全面、深入的介绍。

一、税收效应

通常，我们使用扣除的利息和税前利润总额的比值代表近似税率，但是这种简化过程会因为估值过程中的一些问题而变得复杂。首先，因为亏损可以向后抵补，所以净经营亏损造成的损失可以产生节税效应，尤其是对于刚成立的公司；其次，公司的有效税率和边际税率之间存在差异，因此需要对二者进行选择；最后，研发和其他费用资本化将增加税费，而将其费用化会产生更强的节税效应。以下我们分别对 3 个问题展开讨论。

(一) 有效税率与边际税率

在税费计算过程中，通常面临几种不同税率的选择。财务报表中利用税费和利润计算出来的是有效税率，由于大多数国家具有税费扣除标准或者免征额，所以不同利润水平的税率是不一致的，因此存在有效税率的说法。另一种概念是边际税率，是公司取得最后一单位货币利润时所适用的税率，该税率取决于税法。例如，我国公司所得税的基本边际税率为 25%，对于符合既定条件的公司可采取税收优惠。

对于大多数公司而言，由税法规定的边际税率基本相同，但是有效税率却存在很大的差距。有效税率和边际税率不同的原因主要有以下几个。①在部分国家，用于纳税的报表和财务报告的报表遵循不同的会计准则，最典型的是美国公司，用于财务报告的报表一般使用直线法计提折旧，用于纳税的报表采用加速法计提折旧，我国不存在这一问题。②公司有时存在税收抵免的情况，税收抵免能够将有效税率降低到边际税率以下。③公司有时会将缴纳税费的时间向后推迟，如果公司推迟纳税，则本期纳税的有效税率将低于边际税率，但是在下一期，公司的有效税率将高于边际税率。④税率为阶梯式结构，即不同的有效税率存在不同的起征点，应税利润的第一个等级会比后续等级的税率低，导致整个公司支付税费的有效税率低于其支付的最后一个边际税率。

对于跨国公司而言，在不同国家的利润会按照不同的税率征税，最终边际税率存在争议，主要有 3 种确认方法。第一种是使用边际税率的加权平均值，权重以公司在各国取得的收入为基础，但是这种方法得到的边际税率会随着不同国家利润的变化而改变，不利于预测使用。第二种是使用母公司所在国家的边际税率，存在一个利润归属假设，即公司在各个国家获得的利润最终都要回到母公司所在国。第三种是将各国的利润区分开，对每一个利润使用不同的边际税率，这一方法增大了计算量，但是最为安全。

在投资价值评估过程中，边际税率和有效税率的选择很重要，通常采用以下原则：如果在各期间内必须对利润使用同样的税率，则选择边际税率更为合理，因为公司不可能永远取得相同的有效税率，当新的资本支出逐渐降低时，所公布的利润与应税利润之间的差额将会变小；另外，税收抵免很少是永久性的，其只是税收优惠政策的一种体现。有时估值过程会从净利润或每股利润开始，二者都是税后利润，表面上回避了对税率的估计，其实该税后利润反映的是有效税率，但未来期限的有效税率变化可能导致估值误差。

【例 7.6】税率假设对未来现金流的影响。

由于我们尚未涉及公司投资价值评估的具体方法和现金流增长的评估方法，此处仅探讨采用不同税率对未来现金流的影响，且假设 EBIT 在今后 5 年中每年增长 10%，再投资每年增长 5%。假定某公司当期的 EBIT 为 200 万元，再投资 40 万元。由于免税效应，该公司当年的有效税率为 20%，边际税率为 25%。下面我们对比两种不同税率假设对未来现金流的影响。两种假设下，该公司未来 5 年的现金流预测分别如表 7-8 和表 7-9 所示。

表 7-8　始终为有效税率的未来 5 年现金流

单位：万元

项目	税率					
	20%	20%	20%	20%	20%	20%
	当期	+1 期	+2 期	+3 期	+4 期	+5 期
EBIT	200.00	220.00	242.00	266.20	292.82	322.10
EBIT×(1−t)	160.00	176.00	193.60	212.96	234.26	257.68
再投资	40.00	42.00	44.10	46.30	48.62	51.05
FCFF	120.00	134.00	149.50	166.66	185.64	206.63

表 7-9　始终为边际税率的未来 5 年现金流

单位：万元

项目	税率					
	25%	25%	25%	25%	25%	25%
	当期	+1 期	+2 期	+3 期	+4 期	+5 期
EBIT	200.00	220.00	242.00	266.20	292.82	322.10
EBIT×(1−t)	150.00	165.00	181.50	199.65	219.62	241.58
再投资	40.00	42.00	44.10	46.30	48.62	51.05
FCFF	110.00	123.00	137.40	153.35	171.00	190.53

从结果可以看到，在有效税率低于边际税率的情况下，使用有效税率的未来 FCFF 的金额高于边际税率假设下的 FCFF，且随着时间的推移，差额扩大。反之，则有效税率的未来 FCFF 的金额低于边际税率假设下的 FCFF。

(二) 净营业亏损的节税效应

对于能够将巨额净经营亏损(net operating loss，NOL)向后结转或继续营业的公司来说，在公司扭亏为盈的前几年会有明显的节税效应。这种节税效应的计算方法有两种。第一种是随着时间的推移而改变税率，早期亏损向后结转抵消了未来的营业利润，使得这些公司的有效税率为零。之后，向后结转的亏损金额逐渐减少，公司税率逐渐升高到边际税率。第二种方法是在估值过程中忽略由净经营亏损所带来的节税效应，然后再加上净经营亏损预期将产生的节税效应，这种方法的假设是节税能够保证并可以立即完成。在估值过程中，第二种方法更加常用。

虽然节税效应可以减少公司的实际税费，但是一些国家对经营亏损向后结转有较为严格的限制，在这种情况下，经营亏损的节税价值会减少。

【例 7.7】经营亏损的节税效应。

假设某公司当期公布了 100 万元的经营亏损，过去累计亏损 600 万元，未来预期每年的经营性亏损或盈利如表 7-10 所示。应税收入的边际税率为 25%。该公司所在国家允许经营亏损向后结转，对结转金额没有限制。则其本期经营亏损的未来节税效应如下。

表 7-10　未来 10 年的亏损、收入和节税效应

单位：万元

年份	经营性亏损或盈利	年末 NOL	应税收入	税款	有效税率(%)
当期	−100.00	−600.00	0.00	0.00	0
1	−700.00	−1 300.00	0.00	0.00	0
2	−500.00	−1 800.00	0.00	0.00	0
3	−300.00	−2 100.00	0.00	0.00	0
4	−100.00	−2 200.00	0.00	0.00	0
5	100.00	−2 100.00	0.00	0.00	0
6	300.00	−1 800.00	0.00	0.00	0
7	500.00	−1 300.00	0.00	0.00	0
8	700.00	−600.00	0.00	0.00	0
9	900.00	—	300.00	75.00	8.33
10	1100.00	—	1 100.00	275.00	25.00

可以看到，该公司在未来的 4 年继续亏损，第 5 年开始盈利。但是由于公司过去累计亏损较多，从第 9 年才开始总体扭亏为盈，并支付税额。但是，在第 9 年仍然存在部分亏损抵补，因此有效税率小于边际税率；第 10 年，经营性盈利和应税收入相同，因而有效税率与边际税率相等。

(三) 研发费用的节税效应

在本章第二节中，我们提出研发费用应当资本化，并对会计科目进行相应的调整。但是如果研发费用资本化，则失去相应的节税效应。因为费用化的研发费用可以减少利润，降低税费；但是资本化的研发费用只能扣减折旧，节税效应大大降低。为了增加节税效应，使调整后的利润与实际情况尽可能一致，需要将研发费用与研发摊销差额的节税效应加到公司税后的经营利润上。增加的节税效应计算公式为

$$\text{增加的节税效应} = \text{本期研发费用} - \text{研发资产摊销额} \times \text{税率} \quad (7\text{-}18)$$

其他原费用化的费用，我们在将其调整为资本化以后，进行相似的处理。

【例 7.8】研发费用的节税效应。

继续前面的例 7.2，即以某科技公司作为研发费用节税效应的案例。回顾例 7.2，可以知道该公司本期的研发费用为 100.45 亿元，本期研发资产的摊销额为 61.94 亿元，假设税率是 38%。可以知道，如果将研发支出费用化，则该公司可以全额扣除 100.45 亿元，但是如果资本化，只能扣除当期摊销的 61.94 亿元。

$$\text{费用化后的节税效应} = 100.45 \times 38\% = 38.17(\text{亿元})$$
$$\text{资本化后的节税效应} = 61.94 \times 38\% = 23.53(\text{亿元})$$
$$\text{节税效应差额} = 38.17 - 23.53 = 14.63(\text{亿元})$$

由于该公司原财务报表费用化了研发费用，我们调整过后使其节税效应减少了 14.63 亿元，应当在经营性利润中予以补充。由于例 7.2 中已计算出调整后的经营性利润为 652.23 亿元，则调整节税效应后的税后利润为

$$\text{调整后的税后利润} = 652.23 \times (1 - 38\%) + 14.63 = 419.01(\text{亿元})$$

另一方面，先计算未调整的税后利润，再统一针对研发费用资本化调整，也有相同结果。

$$\text{调整后的税后利润} = 613.72 \times (1 - 38\%) + 100.45 - 61.94 = 419.01(\text{亿元})$$

二、再投资

公司的现金流需要扣除再投资以后再对利润进行计算,估计再投资时主要需要考虑净资本支出和营运资本投资两个因素。净资本支出是资本支出与折旧的差额,营运资本投资是营运资本的增加额,是流动资产增加额与流动负债增加额的差值。

(一) 净资本支出

在估计净资本支出时,一般会从资本支出(现金流出)中扣除折旧(现金流入),因为折旧产生的现金流已经抵消了部分资本支出。关于资本支出和折旧的信息可以从财务报表中得到,但是预测较为困难,主要有三个原因:①公司发生的资本支出通常为大额支出,第一年为巨额投资,接下来是小额投资;②会计准则中定义的资本支出不包括作为经营费用处理的资本费用,比如我们前面举例的研发费用;③收购业务没有被作为资本支出处理,对于主要依靠收购实现增值的公司,这样会低估净资本支出。

对于第一个问题,我们需要对未来支出进行平滑处理。公司很少会有平滑的资本支出流,通常经过一段很高的资本支出时期后,紧接着经历一段资本支出相对较少的时期。但是,在预测未来现金流时,需要对其进行规范处理。一种方法是采用公司一段时间内的平均资本支出,选取的平均年数因公司而异,取决于公司进行大规模投资的频率。另一种方法是采用资本支出的行业平均值,尤其是对于成立时间较短或者经营业务已经改变的公司来说,采用平均资本支出对未来进行的预测并不准确,可以采用行业平均值和过去几年平均值的加权值作为预测值,权重取决于公司在行业中的规模。

对于第二个问题,我们需要谨慎识别费用的资本化和费用化,因为它对资本支出、折旧及之后的净资本支出的估计均有明显的影响。如果将一些经营费用重新分类为资本费用,则应该将该项目的本期价值作为一项资本支出看待,同时对该项资产的摊销会增加本期折旧,而净资本的支出将增加上述两项的差额。

对于第三个问题,估值过程中经常选择忽略收购,但是可能造成评估误差。在估计资本支出时,我们选择不区分内部投资和外部投资,一家公司的资本支出应当包括收购支出,但是因为大多数公司很少发生收购,且每次收购的价格不同,因此需要规范资本支出;然而对于经常发生收购的公司,则需要将收购归入资本支出范围。假设一个公司每五年进行一次收购,收购成本为150万元,则对其资本支出的推算大约每年30万元,并且每年的数据依据相应的通货膨胀水平进行调整。将收购归入净资本支出,可能会导致估值困难,特别是对于不经常进行大收购的公司而言,因此选择不考虑公司收购。相应地,在估值过程中,收购带来的增长部分不予考虑,忽略收购的影响将导致高估公司价值,因为利润中包含收购带来的部分,但是成本中的部分被忽略。

(二) 营运资本投资

再投资的第二个部分是为营运资本准备的现金,通常来说,营运资本的增长会占用更多的现金,从而减少现金流,反之则增加现金流。一般来说,营运资本定义为流动资产与流动负债的差额,但有时在估值过程中计量营运资本时,需要对该概念进行调整。部分时候需要剔除现金及其等价物。公司持有大量现金时,一般会将现金投资于短期、变现能力强的债券或票据,但是这些有价证券带来的回报只是反映了无风险的公允回报,并不能反映公司本身的经营能力,因而予以剔除。但是也有例外情况,即公司为了每天正常经营必须持有大量现金,或者在一个银行系统不发达的地区现金无法投资或者只能取得一个较低的回报率,这时现金可以被看作营运资本的一部分。此外,可以在流动负债中剔除有息债务,如短期负债和长期负债中本期到期的部分,因为在计算资本成本中已经考虑了这些债务。剔除上述内容之后的营运资本我们称之为非现金营运资本。

虽然使用财务报表可以比较容易地评估非现金营运资本的变化，但是仍需要采取谨慎的态度，因为非现金营运资本的变化情况通常不稳定。在估计过程中，我们可以将非现金营运资本占收入的百分比和每期预期的收入变化相联系，来估计未来非现金营运资本的预期变化。在某些时候，非现金营运资本可能为负，例如当一个公司已经有过多的存货时，则可能会降低营运资本，直到系统中不再有低效率存在。这种情况下，我们可以假设短期内营运资本为负，但是在长期中必须拒绝这一假设，因为持续的负营运资本累积对公司的信用风险影响巨大。

【例7.9】非现金营运资本。

以××实业公司为例计算其2024年期末和期初的非现金营运资本，继而计算其非现金营运资本的变动额。其2024年流动资产和流动负债如表7-11所示。

表7-11　××实业公司2024年流动资产和流动负债

单位：元

项目	期末余额	期初余额
流动资产：		
货币资金	2 317 398 248.41	1 330 324 645.49
交易性金融资产	216 397 577.81	
应收账款	672 224.87	226 032.30
预付款项	112 690 817.93	344 079 466.12
其他应收款	671 221 106.59	471 611 888.90
存货	7 628 435 725.97	7 616 146 900.64
其他流动资产	231 010 398.79	173 774 702.08
流动资产合计	**11 177 826 100.37**	**9 936 163 635.53**
流动负债：		
短期借款	350 000 000.00	780 000 000.00
应付账款	112 999 946.57	215 898 011.16
预收款项	974 060 847.55	229 028 737.66
应付职工薪酬	7 230 202.84	3 069 405.65
应交税费	211 677 469.00	135 934 196.62
应付利息	39 701 456.72	1 326 293.31
其他应付款	1 298 123 772.20	1 711 131 552.03
一年内到期的非流动负债	1 043 000 000.00	750 000 000.00
流动负债合计	**4 036 793 694.88**	**3 826 388 196.43**
营运资本	**7 141 032 405.49**	**6 109 775 439.10**
非现金流动资产	**8 860 427 851.96**	**8 605 838 990.04**
非计息流动负债	**2 643 793 694.88**	**2 296 388 196.43**
非现金营运资本	**6 216 634 157.08**	**6 309 450 793.61**

营运资本变动额 = 7 141 032 405.49 − 6 109 775 439.10 = 1 031 256 966.39(元)

非现金营运资本变动额 = 6 216 634 157.08 − 6 309 450 793.61 = −92 816 636.53(元)

本章小结

本章系统阐述了从盈余到现金流的完整分析框架。首先，明确了现金流的定义、内容及分类，指出其与利润在计量基础、经济含义上的本质差异。其次，通过利润更新与调整(如研发费用资本化、经营租赁重分类、盈余管理修正等),揭示了财务报表数据背后的真实经营状况。随后,详细讲解了 FCFE 和 FCFF 的计算方法,强调债务融资与再投资对现金流的影响。最后,探讨了税率选择(边际税率与有效税率)和再投资(营运资本与非现金资产)的调整逻辑。本章内容为折现现金流估值法提供了关键输入参数,是投资价值评估的核心环节。

课后问答

1. 现金流量的三大分类是什么?列举每类的主要流入与流出项目。
2. 比较权责发生制与收付实现制下利润和现金流的差异。
3. 为什么需要对财务报表中的利润进行更新?时效性不足会带来哪些风险?
4. 研发费用资本化与费用化对净利润和资产负债表有何不同影响?
5. 如何调整经营性租赁费用以反映真实的财务成本?
6. 无杠杆公司与有杠杆公司的 FCFE 计算有何区别?解释新发行债务收入的作用。
7. FCFF 的计算为何不扣除利息费用?其与 FCFE 的关系如何?
8. 有效税率与边际税率的差异源于哪些因素?估值中应如何选择?
9. 为什么营运资本中需剔除现金及有息债务?负营运资本是否可持续?
10. 若某公司频繁通过资产剥离提升利润,估值时应如何调整现金流?
11. 结合 MM 理论,分析债务增加对 FCFF 和资本成本的双重影响。

第八章
现金流增长率的估算

本章任务清单

任务序号	任务内容
1	掌握增长期间确定的关键因素及其影响逻辑
2	掌握历史增长率估算的两种方法:平均数估计法与回归模型法
3	理解专业人员盈利预测法的优势与局限性
4	掌握基本面预测法的核心逻辑,区分权益收益增长与经营收益增长的测算方法
5	熟悉 ROE 与 ROIC 在增长率估算中的作用,分析杠杆比率、边际利润率等决定因素
6	了解不同资本回报情形下的增长率调整策略
7	掌握"自上而下"估值法在负资本回报公司中的应用步骤

在第七章,我们介绍了如何从盈余出发,更好地衡量现金流,本章我们将研究现金流增长率。现金流增长率的估算是投资价值评估的核心环节,其准确性直接影响估值结果,本章系统介绍了三种主流估算方法:历史增长率法基于过去数据推演未来趋势,适用于业务稳定的企业;专业人员预测法整合内外部信息,但需警惕主观偏差;基本面预测法则从财务比率出发,将增长内生化,尤其适合分析成长潜力与竞争优势。此外,本章深入探讨了增长期间的确定逻辑,以及不同资本回报情景下的增长率调整技术,为复杂商业环境下的估值实践提供科学工具。

第一节 增长期间的确定

公司增长期间的确定是估值过程中比较困难的问题之一。在明确公司增长区间时,需要关注两方面的问题。①所有的公司最终都会结束高速增长,一种结果是公司进入稳定增长阶段,因为高速增长会使公司规模扩大,逐渐达到规模报酬不变的水平;另外一种结果则是公司无法继续生存,最终被清算出局。②我们需要考虑高增长的价值,即公司边际投资所取得的高额回报,增加的价值来自公司超过资本成本所得到的资本回报。因为增长是一把双刃剑,一方面增长推高了营业收入,但另一方面也要求公司留出资金进行再投资。因此,当假设公司在一定未来期间内保持高速增长时,隐含假设了这期间公司将取得超额回报,即能够实现增长正的净效应。在一个竞争性市场中,超额回报会吸引新的竞争者,导致超额回报逐渐消失。

确定公司高速增长的时间,一般需要考虑三个方面的因素,包括公司规模、已有增速和竞争优势。

首先,公司规模方面。在其他条件同等的前提下,规模较小的公司比规模较大的公司更有可能赢得并保持超额回报,因为较小的公司通常有更多的发展空间和更大的潜在市场。但是,此处对规模的确认，不仅需要考虑其市场份额，还应该考虑整个产品或服务市场的潜在增长空间。公司在已经占有较大市场份额的同时仍有可能保持高速增长，因为整个市场在迅速增长。

其次，已有增速方面。当前财务因素对预测增长率具有一定的影响。对于收入迅速增长的公司而言，其在近期收入仍然可能保持迅速增长的趋势；在本期能取得高资本回报和高超额回报的公司，接下来几年内依旧可能保持这一趋势。因此，对于具有较高增长水平的公司，未来增长区间的预测需要考虑其当期的公告内容。

最后，竞争优势方面。竞争优势是决定公司高增长期间长短的关键因素。如果行业存在明显的进入壁垒，公司具有持续的竞争优势，则增长期间比较长。反之，如果行业较容易进入，或者公司的竞争优势逐渐减弱，则对高速增长期间的预测需要更加保守。已有的管理质量会影响公司成长，因为管理者会做出提高竞争优势甚至创造新优势的管理决策。

确定增长期间以后，我们进入现金流增长估算的关键环节，即预测未来期间的现金流增长率。之后的章节主要介绍预测增长率的常用方法，每种方法都有自身的优势和局限性，因此实际预测中可以综合运用。

第二节 历史增长率估算法

公司的历史发展记录是预测现金流增长最合理的原始资料之一。通常来说，历史增长率能够反映一定的未来增长率信息。因此，我们将历史增长率估算法作为第一种增长率估算方法进行介绍。

一、平均数估计法

（一）计算方法的选择

对历史增长率的计算主要采用平均增长速度，使用的平均数主要包括算数平均数和几何平均数。算数平均数是历史增长速度的简单平均，几何平均数则考虑复合增长情况下对历史增长速度进行平均。两种平均数的计算公式为

$$算术平均数 = \frac{\sum_{t=1}^{n} g_t}{n} \tag{8-1}$$

$$几何平均数 = \left(\frac{收益 S_0}{收益 S_{-n}}\right)^{\frac{1}{n}} - 1 \tag{8-2}$$

其中，g_t 是第 t 年的增长速度，收益 S_{-n} 是 n 年前的收益。

上述两种估计方法的计算结果可能会存在很大的差异，尤其是对于那些收益波动较大的公司。在各年的增长状况并不稳定时，即各年增长率方差较大时，几何平均数是对历史收益真实增长状况更为准确的度量。

此外，对于历史增长率的计算可能因为某年负收益的情况而导致误差。当某年收益为负时，计算出的变化百分比是负数，得到的增长率是无意义的，尤其是对于几何平均数。因此，当收益为负时，我们通常将其忽略或者进行人为调整。

（二）估计的期间

公司的平均增长率会因为估计起始点和终结点的不同而发生变化。预测时段的长度取决于分析人员的判断，但是应该根据历史增长率对估计时段长度的敏感性来决定历史增长率在预测中的权重。

【例 8.1】算术平均数与几何平均数的区别。

以××科技为例，表 8-1 展示了该公司自 2020 年至 2024 年的利润数据。通过计算××科技 2020 年至 2024 年间营业收入、EBIT、EBITDA 和净利润的历史增长率，可以帮助读者对算术平均数与几何平均数有更深的理解。

表 8-1 ××科技 2020—2024 年利润信息

年份	收入(元)	增长率(%)	EBIT(元)	增长率(%)	EBITDA(元)	增长率(%)	净利润(元)	增长率(%)
2020	122 274 380.05		21 580 252.43		22 542 635.75		19 680 004.89	
2021	154 110 085.68	26.04	29 527 698.38	36.83	30 751 583.05	36.42	28 913 901.38	46.92
2022	189 549 474.16	23.00	38 347 779.65	29.87	39 648 164.51	28.93	35 428 947.64	22.53
2023	220 800 332.75	16.49	61 095 706.26	59.32	63 161 700.81	59.31	53 710 513.67	51.60
2024	303 823 156.30	37.60	86 509 201.21	41.60	89 021 493.35	40.94	81 058 482.42	50.92
算术平均数		25.78		41.90		41.40		42.99
几何平均数		25.55		41.50		40.97		42.46
标准差		7.65		10.89		11.19		11.95

收入、EBIT、EBITDA 和净利润的算术平均数的增长率均高于几何平均数的增长率，且两者差距随着增长率标准差的增大而增大，即当公司财务数据波动性较大时，历史增长率的几何平均数是更为准确的。

二、线性和对数线性回归模型

算术平均值中不同时期盈利水平的权重是相等的，并且忽略了盈利中的复利影响。而几何平均值则考虑了复利的影响，但它只使用了收益时序数据中的第一个和最后一个盈利观察值，忽略了中间观察值反映的信息和增长率在整个时期内的发展趋势。这些问题可以通过对每股盈利和时间运用普通最小二乘法(OLS)进行回归分析得到。这一模型为

$$\text{EPS}_t = a + bt \tag{8-3}$$

其中：EPS_t 是 t 时期的每股盈利。

时间变量的系数是度量每一时期盈利水平变化的指标。该线性模型虽然考虑了复利计算的影响，但是因为它是以绝对值来解释增长率，所以预测效果并不理想。这一模型的对数线性形式把系数转化成度量百分比变化的相对值指标，模型形式为

$$\ln(\text{EPS}_t) = a + bt \tag{8-4}$$

其中：$\ln(\text{EPS}_t)$ 是 t 时期每股盈利的自然对数。

时间变量的系数度量单位时间内盈利的百分比变化量。

负盈利的问题同样也出现在回归模型中，因为每股净收益只有大于 0，其对数才存在。对于出现负盈利的公司，至少有两种方法可获得有意义的盈利增长估计值。一种方法是使用前面定义的模型：

$$\text{EPS}_t = a + bt \tag{8-5}$$

则增长率可近似表示为

$$\Delta \text{EPS} = \frac{b}{\left(\dfrac{\text{EPS}}{t}\right)} \tag{8-6}$$

这里假定整个回归时间区间的平均 EPS 为正值。另一种估计公司增长率的方法是使用以下公式:

$$\Delta \text{EPS}_t = \frac{(\text{EPS}_t - \text{EPS}_{t-1})}{\max(\text{EPS}_t, \text{EPS}_{t-1})} \tag{8-7}$$

注意这些历史增长率的估计方法并没有提供任何关于这些增长率对于预测未来增长率是否有用的信息,实际上正是因为这一点,我们可以认为当盈利为负时,历史增长率是"没有意义"的,并且应在预测未来增长率时将其忽略。

【例 8.2】历史增长率的计算。

以××实业公司为例,采用其 2008—2024 年利润总额、净利润、EBIT、EBITDA 数据计算历史增长率(见表 8-2)。但是,因为其 2008 年盈利为负,所以在计算过程中对负盈利进行忽略,实际起点为 2009 年。此外,对数据利用 CPI 进行通货膨胀调整,以 2008 年为基年,得到实际利润数据。

表 8-2 ××实业公司 2008—2024 年利润信息

年份	利润总额		净利润		EBIT		EBITDA	
	金额(元)	增长率(%)	金额(元)	增长率(%)	金额(元)	增长率(%)	金额(元)	增长率(%)
2024	32 715.67	−4.10	24 167.60	−6.10	34 460.42	−3.25	36 830.51	−2.11
2023	34 114.45	25.89	25 737.59	34.74	35 619.71	21.03	37 625.35	21.68
2022	27 099.05	−37.92	19 101.86	−41.79	29 431.65	−31.66	30 922.46	−28.72
2021	43 653.51	26.98	32 813.14	27.32	43 064.82	27.15	43 382.07	27.49
2020	34 378.74	50.96	25 771.44	51.23	33 868.91	49.11	34 027.66	48.57
2019	22 772.79	59.85	17 040.80	59.89	22 714.10	52.81	22 903.61	52.66
2018	14 246.34	104.11	10 657.93	104.51	14 864.32	80.68	15 002.93	79.01
2017	6 979.86	128.30	5 211.33	156.58	8 226.78	161.06	8 381.24	154.87
2016	3 057.27	−18.91	2 031.04	−26.04	3 151.36	−16.99	3 288.48	−16.75
2015	3 770.03	25.67	2 746.20	20.45	3 796.39	12.37	3 950.10	3.99
2014	3 000.06	23.88	2 280.04	35.51	3 378.59	4.89	3 798.63	4.06
2013	2 421.74	22.64	1 682.50	9.20	3 221.08	36.31	3 650.29	43.85
2012	1 974.73	11.12	1 540.68	−3.22	2 362.99	44.78	2 537.57	40.97
2011	1 777.14	15.46	1 591.88	6.85	1 632.08	−39.15	1 800.06	−34.84
2010	1 539.15	−7.39	1 489.82	2.05	2 682.26	84.39	2 762.41	82.32
2009	1 661.88	−116.38	1 459.88	−114.33	1 454.71	−125.63	1 515.12	−127.02
2008	−10 145.24		−10 188.47		−5 675.75		−5 607.64	

1. 平均增长率

根据表 8-2 的数据,得到其算术平均增长率和几何平均增长率如表 8-3 所示。

表 8-3 ××实业公司平均增长率

%

项目	利润总额	净利润	EBIT	EBITDA
算术平均	19.38	19.80	22.37	21.88
几何平均	20.47	19.17	21.87	22.07

2. 回归模型法

利用 EPS 对时间进行线性回归得到回归方程如下：

$$EPS_t = -99.425 + 0.0497t$$

利用 EPS 对时间进行对数线性回归得到回归方程如下：

$$\ln(EPS_t) = -352.15 + 0.1746t$$

虽然历史增长率对于预测未来现金流增长率具有价值，但是很少被认为能提供足够的信息。因为企业都有自己的生命周期，随着企业规模的扩大，其发展阻力也会随之增大，最终趋于行业均值或宏观经济增长率水平。而历史增长率只能反映企业在过去经营时期的表现，未来企业的生命周期很可能发生改变，使得历史数据不再有效。此外，经济周期对历史增长率会有很大的影响，如果使用的历史增长率与预测目标跨越了经济周期，则相对价值较小。

第三节 专业人员盈利预测法

分析人员在评估企业未来现金流增长时，可能会借鉴其他专业分析人员对收益现金流增长的预测，此方法称为专业人员盈利预测法。专业人员在分析过程中，除历史数据外，还使用其他信息进行预测，这是专业人员盈利预测法优于历史数据法的原因。一般而言，其他信息主要包括：在最近的盈利报告之后已经公开的公司特定信息、影响未来增长率的宏观经济信息、竞争对手披露的有关未来前景的信息、企业未公开的信息、盈利以外的其他公共信息。

一、专业人员盈利预测法的准确性

分析人员的预测能力已被广泛细致地进行了研究，根据预测期间，其预测效果可分为短期效果和长期效果两类。

短期效果方面，研究结果一致认为对于短期收益预测(未来一季度到四季度)分析人员比依靠历史数据的模型能够提供更好的盈利预测。部分研究学者认为，对于未来一个季度和两个季度的预测，分析人员预测的可靠性比时间序列模型强；而对于未来三个季度的预测，二者相差不大；对于未来四个季度的预测，分析人员的预测要比时间序列模型的预测差。这样看来，分析人员利用公司特定信息获得的优势，似乎随着预测期间的延长而逐步变为劣势。

长期效果方面，几乎没有迹象表明当预测期间达 3~5 年时，分析人员能提供更好的盈利预测。早期研究认为分析人员的长期预测能力很弱。人们往往凭直觉认为：与时间序列模型或其他基于历史数据的模型相比，分析人员对未来增长率的预测更准确的原因是他们运用更多的信息。然而有证据表明，这种预测优势在长期预测中会变得很小，并且即使在分析人员的预测中，历史增长率也占有重要的地位。

二、不同专业人员的估计

一般对公司形成未来增长意见的人员主要包括公司管理层和对该公司进行证券投资价值分析的行业研究人员。不同专业人员的信息来源、信息丰富程度、估计立场不同，可能其利用价值和估计结果也存在差异。

(一) 管理层的估计

一般而言，用于预测未来收入和收益的大量数据都是由公司管理层提供的，公司管理层自身也会对公司未来增长进行预测。但是，公司管理层很难无偏见地预测公司未来的发展前景，也很难无偏见地预测他们自身的管理能力。因此,管理层的预测只能被看作一种较好的预期,而不是对未来的客观预测。此外,当公司管理层的利益与满足或超出市场预测相关联时,管理层可能为自身利益而降低其公布的未来预期,使得公司未来发展更容易满足原先的预期水平。

公司管理层的预测是各种矛盾假设的综合,比如管理层可能预测未来每年增长15%,但是这期间很少甚至没有新的资本支出。在不增加资本支出的情况下,使用现有资产实现长期增长是一件很难的事情。

虽然管理层的预测有种种不客观的局限性,但是我们并不认为管理层的预测应该被忽略。事实上,管理层的预测仍然能够提供一些有用的信息,关键是要保证预测是可行的,以及与事实保持一致。

(二) 研究人员的估计

市场上大量的金融机构会对上市公司进行研究分析,包括其财务状况、未来增长、投资价值等方面。我们可以通过公开信息或购买相关报告获取这些研究人员所做的增长预测。

研究人员的预测相比历史增长率具有一些优势。首先,研究人员除了利用历史数据以外,还可以使用已有收益报告中关于公司和整个经济的信息,从而更加全面地判断未来的增长状况。其次,研究人员会考虑竞争公司的相关信息,尤其是关于公司价格政策和未来发展判断的信息条件,会使得预测更加客观。最后,研究人员有时可以接触到内部信息,这些内部信息可能是关于公司未来发展方向但未在历史收益中体现的信息。

虽然研究人员的预测对未来总体增长率的预测非常有用,但是研究人员的预测有其局限性。一方面,研究人员可能过分注重依据历史收益数据进行模型预测,而忽略公司其他类别信息,比如资产、负债等对未来增长率有影响的信息。另一方面,研究人员依赖相同的原始资料,如果该数据本身发生错误将导致研究人员总体的偏差。因此我们通常综合研究人员和管理层的预测得到总体的未来预测。

三、专业人员盈利预测法的利用

尽管在很多情形下使用专业人员的预测优于历史增长率,但是利用专业人员预测的增长率也应注意以下几点。

(1) 专业人员在预测时具有很强的羊群效应,尤其是当业内个别金牌分析师发布研报后,其余专业人员的预测结果往往会向其靠拢,这会使得研究人员的综合加权预测结果与之前无明显变化。

(2) 专业人员预测所需的数据来源会存在诸多差异,此外少部分专业人员会与公司内部人员串谋联合,从而在研报中呈现出有利于公司内部人员的预测结果,这可能导致专业人员的预测结果不够中立客观,不利于投资者的使用。

(3) 专业人员所使用的内部信息和宏观信息可能没有预期的那么多,其预测的主要依据仍然是历史数据,因为一旦结果出现偏误,他们会将错误归咎于历史数据的不可靠,借此逃避责任,因此需要辩证看待专业人员的预测结果。

(4) 对于投资者而言,部分投资者可能更倾向于选择他们信赖的专业人员,而不去进行理性分析。

【例8.3】A股市场研究人员盈利预测的效果。①

利用分析师上调(下调)盈利占比来构造分析师预测修正指标(MAF)。具体而言,采用上调与下调占比的相对值的同比来表征分析师预测修正指标,其中:

$$分析师预测修正指标(MAF) = \frac{1+盈利上调占比}{1+盈利下调占比}$$

---

① 案例来源:国盛证券于2022年4月3日发布的投资策略专题《分析师如何帮我们预测经济&战胜市场?》

MAF 能够及时反馈公司基本面的边际变化(尤其是对于新信息的及时捕捉)。因为如果分析师在某一时点上调(或下调)了所跟踪公司的盈利预测数值,则有理由相信该分析师捕捉到了影响公司远期业绩的新信息,而上调(或下调)的幅度及分析师数量可以反映出公司基本面预期变化的程度。

基于个股分析师预测修正指标(MAF),可以筛选出前 20 或 40 只个股构建投资组合并进行历史回测。考虑到对同一只个股研报发布的频率较低,这里将分析师预测修正指标观察窗口设定为近 2 个月。公司的具体筛选条件如下:①每次调仓时首先选择分析师上调占比在 90%以上的公司,即上调次数/总预测次数>0.9,代表分析师盈利上调占比较多的个股;②筛选分析师下调次数为 0 的公司,代表当前公司无负面新增消息;③为了排除个别预测数据误差,筛选出前 2 个月内覆盖的分析师数量大于 5 的公司,并选出前 20 与前 40 的个股构建投资组合。若个股数量不足 20 或者 40,则将选股条件进一步放松至:分析师数量大于 2 且上调占比在 50%以上(上调次数/总预测次数>0.5)。

分析师预测"40 组合"、分析师预测"20 组合"回测绩效如表 8-4 所示。

表 8-4　分析师预测组合回测绩效(以 2019.12.31 为基期)

条件组合	绝对收益	年化收益	基准年化	夏普比率	超额年化	超额夏普
"20 组合"	513.6%	16.61%	1.52%	0.18	15.09%	0.31
"40 组合"	473.27%	15.94%	1.52%	0.19	14.42%	0.34

结果显示,分析师预测"20 组合"与"40 组合"均能大幅跑赢沪深 300,且能在过去 11 年持续且稳定创造超额价值。"40 组合"年化收益在 15.94%,"20 组合"年化收益进一步提升至 16.61%。此外,从超额收益来看,忽略收益基数的影响,经过分析师预测指标筛选的"20 组合"与"40 组合"从 2010 年至今均表现出超额收益高和稳定性高的特征。这说明中国的分析师在一定程度上能够帮助投资者有效进行个股组合的筛选,但是对投资者而言仍需择机应变,不可盲目相信分析师的结论。

第四节　基本面预测法

使用历史数据和专业人员所做的估计时,增长率被视作影响公司价值的外生变量,与公司经营的细节相脱离。虽然现金流的增长可以用历史数据或专业人员预测来衡量,但是它最终是由公司产品生产线、销售利润、杠杆比率、股利政策等方面的决策决定的,这些称为公司的基本面。将增长融入价值的最好方法是使增长成为价值的内生变量。因此,可以通过对基本面的分析计算现金流的增长率,其主要方法是通过已知的公司基本财务数据、财务比率进行计算。

在基本面预测部分,收益的增长取决于再投资的数量和质量,前者可用再投资率衡量,后者则多用 ROE 或 ROIC 等衡量。因此,我们首先介绍权益收益增长(每股收益增长和净收益增长)与基本面指标之间的关系,再分析经营收益增长(EBIT 增长)的决定因素。

一、权益收益的增长

对权益现金流的估计有两个可选指标:如果要估计股权价值总额,一般应该从净收益(NI)的估计开始;如果是估计单位股票投资的价值,则应该从每股收益(EPS)的估计开始。分析师一般选择对 EPS 进行预测,本部分将首先介绍对每股收益增长的估计,之后说明净收益增长估计的方法。

(一)每股收益增长的估计

若假设公司不发行新股筹资,且所有留存收益都用于公司的再投资,则通过股利支付率和

ROE 可以估计净收益的增长,即每股收益的增长。在讨论这一事实之前,我们先将增长率的具体推导过程展示如下:

$$g = \frac{投资收益变化}{现有投资收益}$$

$$= \frac{现有项目投资 \times (ROI_{新项目} - ROI_{现有项目}) + 新项目投资 \times ROI_{新项目}}{现有项目投资 \times ROI_{现有项目}}$$

$$= \frac{ROI_{新项目} - ROI_{现有项目}}{ROI_{现有项目}} + 再投资率 \times ROI_{新项目} \qquad (8\text{-}8)$$

其中,ROI (return on investment)表示投资回报率,为投资收益与投入资本的比值,该指标指代了广义的投资回报率,其可根据投入资本的不同具体细化为 ROIC 和 ROE。事实上,以上增长率的表达形式即为增长率计算的一般公式,只不过当具体到对每股收益、净收益和 EBIT 增长的测度时,式中的投资回报率和再投资率各有指代。

但不论是对何种盈利指标进行度量,再投资率、ROI 及持续年限的选择仍然是一大难点:对于处于快速成长期的公司,其短期内的再投资率和 ROI 往往呈现上升趋势,但这一趋势会随着业务的成熟而下降,最终趋向稳定(可能会收敛于行业均值),因为随着业务的发展,公司的提升空间逐渐变小。从长期来看,我们在估值时可以假设 ROI 和再投资率保持稳定。

对于每股收益 EPS 的增长而言,由于我们假设所有的留存收益均用于再投资,则有

$$ROI = ROE = 净利润_t / 股权账面价值_{t-1} \qquad (8\text{-}9)$$

$$再投资率 = 留存收益率 = 1 - 股利支付率 \qquad (8\text{-}10)$$

$$g = \frac{ROE_{t+1} - ROE_t}{ROE_t} + (1 - 股利支付率) \times ROE_{t+1} \qquad (8\text{-}11)$$

若假设 ROE 保持不变,则 EPS 的增长率可以简化为

$$g = 留存收益率 \times ROE \qquad (8\text{-}12)$$

(二) 净收益增长的估计

如果我们放宽全部的留存收益用于再投资的假设,则净收益的增长可能与每股收益的增长存在差异。比如,公司可以通过发行新股来投资新项目,从而使净收益明显增长,但是使每股收益的增长停滞。度量净收益增长与公司基本面之间的关系,可以通过估算公司将净收益用于再投资的比例来实现。这些再投资通常以权益形式用于净资本支出和营运资本的增加。

$$权益再投资 = 净资本支出 + 非现金营运资本的变化 - (发行的新债务 - 偿还的债务) \qquad (8\text{-}13)$$

$$权益再投资率 = 权益再投资 / 非现金净收益 \qquad (8\text{-}14)$$

之所以要扣除现金因素的影响,是因为现金可以用于有价证券等投资,从而带来利息的净收入。而不同于研究 EPS 的单位投资收益,在这里我们研究的对象是公司因其经营能力产生的净收益,即公司股权价值,故需要将现金从计算中剥离出来。而由于我们剥离了现金因素,故相应的 ROE 也应与之匹配,即选取非现金 ROE,对该指标的修正如下:

$$ROI = 非现金ROE = \frac{净利润_t - 现金所得利息_t \times (1 - 税率)}{股权账面价值_{t-1} - 现金_{t-1}} \qquad (8\text{-}15)$$

若继续假设非现金 ROE 始终保持不变,则

$$净收益的预期增长率 = 权益再投资率 \times 非现金ROE \qquad (8\text{-}16)$$

二、权益收益的决定因素

从上述内容可以知道，权益收益部分是由 ROE 决定的，而根据第六章盈利能力分析可以知道 ROE 受到财务杠杆、销售净利率和资产周转率的影响。此外，权益收益的回报还涉及平均回报和边际回报，不同的衡量方式将导致不同的增长率水平。

（一）杠杆比率

公司财务杠杆比率影响 ROE，进而影响收益增长率。从广泛意义上讲，如果项目的资本回报率 (ROC) 超过债务的税后利率，提高财务杠杆将导致更高的 ROE。上述关系可以通过公式表示为

$$\text{ROE} = \text{ROC} + 杠杆比率 \times [\text{ROC} - 利息率 \times (1 - 税率)] \tag{8-17}$$

其中，杠杆比率为债务和权益账面价值的比值，利息率是利息支出和债务账面价值的比值，ROC 在此处的计算公式为[①]

$$\text{ROC} = \text{EBIT} \times \frac{1 - 税率}{债务的账面价值 + 权益的账面价值} \tag{8-18}$$

根据上述公式的拓展形式，结合本节第一部分中的净收益增长率公式，可以得到增长率的计算公式为

$$g = 留存收益率 \times P\{\text{ROC} + 杠杆比率 \times [\text{ROC} - 利息率 \times (1 - 税率)]\} \tag{8-19}$$

这一公式清晰地表明了财务杠杆比率的变化对增长率影响的二重性，即只有当回报(ROC)大于借贷成本[利息率×(1−税率)]时，提升杠杆比率才能给股东带来更多的收益。这是分析财务重组对增长率和企业价值影响的有效方法。

（二）销售净利率和资产周转率

如果资产回报率和销售净利率、营业收入有关，则对其可以继续进行分析。相关计算公式为

$$\text{ROA} = \text{EBIT} \times \frac{1 - 税率}{总资产} = \left[\text{EBIT} \times \frac{1 - 税率}{营业收入}\right] \times \frac{营业收入}{总资产} \tag{8-20}$$

$$销售净利率 = \text{EBIT} \times \frac{1 - 税率}{营业收入} \tag{8-21}$$

$$资产周转率 = \frac{营业收入}{总资产} \tag{8-22}$$

$$\text{ROE} = 销售净利率 \times 资产周转率 \tag{8-23}$$

根据上述公式，ROE 是销售净利率和资产周转率的正比例函数，因此可以在计算时将 ROE 利用销售净利率和资产周转率替换。

（三）平均回报和边际回报

ROE 可以通过将最近一年的净收益除以前一年年末权益的账面价值得到，在这种计算方式下，ROE 衡量了公司账面已经存在一段时间的旧项目和最近新项目的综合质量。由于存续时间较长的项目往往贡献了大部分收益，规模较大的公司在市场竞争中通常会面临新增项目回报率下降

[①] 如果我们采用式(5-30)的方式计算 ROC，则式(8-17)应对应修正为：$\text{ROE} = \left(1 - \frac{C}{E}\right) \times \text{ROC} + 杠杆比率 \times [\text{ROC} - 利息率 \times (1 - 税率)]$（显然不影响结论）。

的情况,但这一现象在平均 ROE 指标中往往难以显现。需要注意的是,新增项目的收益表现具有两个特点:一是存在收益实现的时滞性(初期回报较低),二是其回报水平能够预示未来增长潜力。为准确衡量新增项目的投资回报,可以采用边际股权回报率(ΔROE)这一专门指标。其计算公式为

$$\Delta ROE = \frac{\Delta 净收益_t}{\Delta 权益账面价值_{t-1}} \tag{8-24}$$

【例 8.4】权益收益的增长。

1. 每股收益的增长

以留存收益率和权益回报为基础分析公司的每股收益预期增长率。假设存在 A、B、C、D 四家公司,其 ROE 分别为 11%、18%、18%和 22%,留存收益率分别为 30%、90%、10%和 50%。则每股收益增长率预测如表 8-5 所示。

表 8-5 每股收益增长率预测

公司	ROE	留存收益率	每股收益预期增长率
A	11%	30%	3.30%
B	18%	90%	16.20%
C	18%	10%	1.80%
D	22%	50%	11.00%

B 公司有最高的预期增长率,因为其留存收益率较高。D 公司次之,因为其权益回报率最高。虽然 C 公司的权益回报率并非最低,但是因为留存收益率过低,使得预期增长最低。

2. 净收益的增长

以甲公司和乙公司为例,分析其净收益增长率预测如表 8-6 所示。

表 8-6 净收益增长率预测

单位:百万元

项目	甲公司	乙公司
非现金净收益	25 011	1 141
净资本支出	4 243	925
营运资本的变化	336	-50
净债务发行或偿还	333	140
权益再投资率	16.98%	64.40%
ROE	21.88%	16.55%
预期增长率	3.17%	10.66%

如果采用分解法调整两家公司的 ROE,则得到计算结果如表 8-7 所示。

表 8-7 ROE 的计算结果

项目	甲公司	乙公司
ROC	15.10%	8.28%
杠杆比率	10.23%	87.66%
利息率	6.68%	2.51%
税率	35%	33%
ROE	16.20%	14.06%

将表 8-7 的分解计算 ROE 与表 8-6 的 ROE 对比,注意到使用分解计算会使两家公司的 ROE 均有

所下降，原因在于这里的税率是边际税率。此外，乙公司较高的 ROE 明显是源于债务的使用。

三、经营收益的增长

前文我们站在股东视角，讨论了权益收益增长的两种计算方法，本部分将从企业的视角分析经营收益的增长。区别于权益收益，经营收益不仅要考虑股东的收益（即净收益），还要考虑以利息支付形式支付给债权人的收益。经营收益增长的估计可以分为三种情况：第一种是公司取得稳定的资本回报，可以预期该公司保持稳定的增长；第二种是公司取得正的且不断变化的资本回报率，可以预期其经营收益随时间不断增长；第三种是公司出现负的变化的资本回报情形。下面，我们分别讨论不同情况下的经营收益增长。

（一）稳定的资本回报情形

当公司有稳定的资本回报时，其经营收益的预期增长率为

$$\text{EBIT的预期增长} = \text{再投资率} \times \text{ROIC} \tag{8-25}$$

$$\text{再投资率} = \frac{\text{净资本支出} + \text{非现金营运资本的变化}}{[\text{EBIT} \times (1-\text{税率})]} \tag{8-26}$$

$$\text{ROI} = \text{ROIC} = \text{EBIT} \times \frac{1-\text{税率}}{\text{股权账面价值} + \text{债务账面价值} - \text{现金}} \tag{8-27}$$

其中，再投资率的选取可以参考历史平均数据，这点适用于稳定的成熟期公司。但对于成长型公司而言，需要对这一指标进行标准化，一种可行的方法是参考该成长型公司所属行业的业内平均再投资率。此外，在再投资率的计算中，我们同样需要按第七章第二节所述的内容对利润进行更新调整。

ROIC 表示投入资本回报率，在 ROIC 的分子中，我们忽略了利息的税收优惠，因为它已经包含在资本成本中。若是在计算税后 EBIT 时使用了实际缴纳的税款（即考虑税盾效应），这将导致税盾优惠的双重计算，一次是在 ROIC 中（由于利息抵税该指标增加），另一次是在 WACC 中（由于反映相同的抵税效应而减少），从而导致结果出现偏误。ROIC 分母中现金扣除的原因和对权益收益增长计算时非现金 ROE 的调整原理一致，在这里不再赘述。

（二）正的且不断变化的资本回报率情形

上文假定了资本回报率始终不变，如果资本回报随时间增长，则公司的预期增长率将包含另一个因素，即资本回报率的变化率。如果资本回报率提高 10%，即使公司不追加任何再投资，则预期增长率也会提高 10%。因为资本回报的提高增加了已有资产的收益，这种提高被转换为经营收益的增长率。正如本节第一部分所述，其计算公式如下。

$$\text{预期增长率} = \text{ROC}_t \times \text{再投资率} + \frac{\text{ROC}_t - \text{ROC}_{t-1}}{\text{ROC}_{t-1}} \tag{8-28}$$

发生正的资本回报率变化的公司主要是目前资本回报较差的公司，未来发展中它提高经营效率和利润率的同时，也提高了资本回报。这种公司经营收益预期增长远高于再投资率和资本回报的乘积，因为这些公司发生好转之前资本回报比较低，因此资本回报较小的变化也会导致其增长率的较大变化。这种高效率的投资效益现象即许多企业所追求的"提质增效"，即将投资的重点从影响增长的数量因素（再投资率）逐渐偏移到影响增长的质量因素（ROIC 比率）上，换言之就是外延式投资向内涵式投资的转变。

(三) 负的变化的资本回报情形

当公司正在发生亏损时，资本回报为负，再投资率也是负的。这种情况下，直接计算增长是没有意义的，这时我们可以考虑从恒为正数的营业收入着手计算，即从公司的营业收入出发，采用"自上而下"的方法计算公司的再投资、现金流，最终完成估值。

这一方法的具体步骤如下：①估计公司未来一段时间内营业收入的增长率，可以采用行业平均数据或历史数据，并结合公司当前的成长特点进行估计；②估算每年的预期营业利润率(EBIT/营业收入)，这一步需要首先设定公司未来将要实现的营业利润率，之后由基年利润率逐渐向其收敛，可以采用线性收敛等方式进行；③估计产生收入增长和预期营业利润率所需的再投资，这一过程可以借助营业收入/投入资本比率。

事实上，这种自上而下的估计方法也是实际估值中非常常见的估值手段，下文在例 8.5 中将详细介绍这一方法的具体应用，以帮助读者深入理解。

【例 8.5】经营收益的增长。[①]

1. 稳定资本回报

以某水泥公司和德国的某软件公司为例(假设公司无现金)，计算经营收益的增长。具体数据和计算过程如表 8-8 所示。

表 8-8　经营收益的计算

单位：百万欧元

项目	某水泥公司	某软件公司
EBIT	232	2 161
EBIT(1-税率)	173	1 414
债务	299	530
权益	445	6 565
ROC	23.25%	19.93%
资本支出	110	2 027
折旧	60	1196
营运资本的变化	52	-19
再投资	102	812
再投资率	58.96%	57.43%
预期增长率	13.71%	11.44%

2. 正资本回报

假设一家公司税后 ROC 为 4%，再投资率为 26%，则该公司的预期增长率为

$$预期增长率 = 4\% \times 26\% = 1.04\%$$

假设公司下一年已有资产和新投资的 ROC 提高到 6%，再投资率保持不变，则下一年的预期增长率为

$$预期增长率 = 6\% \times 26\% + \frac{6\% - 4\%}{4\%} = 51.56\%$$

如果已有资产的 ROC 在接下来 5 年内逐步提高到 6%，则接下来 5 年每年的预期增长率为

$$每年的预期增长率 = 6\% \times 26\% + \left\{\left[1 + \frac{6\% - 4\%}{4\%}\right]^{\frac{1}{5}} - 1\right\} = 10.00\%$$

[①] 部分案例来源：达摩达兰论估价：面向投资和公司理财的证券分析[M]. 大连：东北财经大学出版社，2010.

3. 负资本回报

××技术是一家聚焦于信息与通信领域的公司，其2024年年报显示该公司的EBIT为负数。我们避开利用公式法直接计算EBIT增长率这一步骤，而采用自上而下的方法，以2024年为基年，间接估计公司的再投资额及未来的税后营业利润，最终得到公司自由现金流。

2025年季报显示，××技术的营业收入不及2024年同期，我们乐观假设其在2025年出现5%的营收增长，并在未来5年线性趋近业内均值9.14%，在第6至10年线性收敛到无风险利率2.75%。营业利润率选取了行业均值6.37%作为最终估计，假设××技术的该指标可线性收敛此数值。营业收入/投入资本比率在前5年假设能够维持公司基年的水平0.50，后5年则趋同于行业均值1.46。

由此，我们便可以得到未来的税后EBIT，同时将营收变化和营业收入/投入资本比率进行相除，也可计算得到公司未来每年的再投资率。于是FCFF的结果也显而易见。这一方法具体操作的关键数据如表8-9所示(假设所得税税率为25%)。

表8-9 ××技术自上而下法估值计算表

单位：亿元

年份	营收增长率	营业收入	营业利润率	EBIT	税后EBIT	营收变化	营业收入/投入资本比率	再投入	投入资本	ROIC	FCFF
基年		8.34	-1.44%	-0.12	-0.12				15.51	-0.77%	
1	5.00%	8.76	-0.66%	-0.06	-0.06	0.42	0.50	0.83	16.34	-0.35%	-0.89
2	6.04%	9.29	0.12%	0.01	0.01	0.53	0.50	1.06	17.40	0.07%	-1.05
3	7.07%	9.94	0.90%	0.09	0.09	0.66	0.50	1.31	18.71	0.48%	-1.22
4	8.11%	10.75	1.68%	0.18	0.15	0.81	0.50	1.61	20.33	0.76%	-1.46
5	9.14%	11.73	2.47%	0.29	0.22	0.98	0.50	1.96	22.29	0.97%	-1.75
6	7.86%	12.65	3.25%	0.41	0.31	0.92	1.46	0.63	22.92	1.34%	-0.32
7	6.58%	13.49	4.03%	0.54	0.41	0.83	1.46	0.57	23.49	1.73%	-0.16
8	5.31%	14.20	4.81%	0.68	0.51	0.72	1.46	0.49	23.93	2.14%	0.02
9	4.03%	14.77	5.59%	0.83	0.62	0.57	1.46	0.39	24.37	2.54%	0.23
10	2.75%	15.18	6.37%	0.97	0.73	0.41	1.46	0.28	24.65	2.94%	0.45

四、基本面预测法的运用

研究增长率的决定因素和从财务基本因素出发估计增长率显然有许多好处，但在具体的运用中，用来估计增长和评估公司价值所需的输入变量很多，主要存在如下几个问题。

(1) 当前值和预测值。这些模型所使用的大多数输入变量的当前值通常是很容易得到的，但是估值的目标是预测未来增长率，需要的是这些输入变量的预测值。变量的当前值可能有益于估计其预测值，但它们很难为准确预测提供足够的信息。

(2) 强调账面价值。尽管账面价值对未来增长率预测的影响远远小于变量当前值，但是如果模型都侧重于账面价值，将会忽略市场和公司的新信息，进而导致公司价值估计不准确。

(3) 详细程度。前面描述的增长率基本模型可以进行进一步的推导，使之越来越详细。但是要求的输入变量越多，由这些输入变量的预测误差所导致的估值"噪声"越大，从而抵消了潜在的收益。

(4) 输入变量与公司类型的一致性。当把变量预测值输入这些模型时，研究人员应确保他们所使用的变量数据与被预测公司的情况是一致的。

本章小结

　　本章构建了现金流增长率估算的完整方法论体系。首先，明确增长期间的确定需综合公司规模、历史增速及竞争优势三大因素。其次，对比历史增长率法(算术/几何平均、回归模型)与专业人员预测法(管理层与分析师预测)的适用场景及局限性，指出后者在短期预测中更具优势但需防范羊群效应。随后，重点解析基本面预测法，通过 ROE、ROIC 等指标将增长内生化，并区分权益收益增长与经营收益增长的测算逻辑，强调杠杆比率与销售净利率的关键作用。最后，针对不同资本回报情形(稳定、正变化、负变化)提出差异化处理方案，尤其推荐采用自上而下法应对负回报公司估值。本章为后续折现现金流模型奠定了增长率估算基础。

课后问答

1. 为何公司规模较小反而可能延长高速增长期？请结合市场份额与市场潜力分析。
2. 几何平均数相比算术平均数更适用于哪类公司？请解释波动率对平均数选择的影响。
3. 针对持续亏损企业，为何自上而下法比直接增长率公式更适用？
4. 结合本章内容，讨论在什么情况下应该优先使用基本面预测法而不是历史增长率法？
5. 在数字化时代，大数据和人工智能技术可能会如何改变传统的增长率预测方法？

第九章

股利折现模型

本章任务清单

任务序号	任务内容
1	掌握股利折现模型的基本原理及现值计算逻辑
2	掌握不变增长模型的公式推导及适用条件
3	能够灵活运用股利折现模型的不同形式对每股价值进行评估
4	掌握股利折现模型对股票回购和行业估值的拓展应用
5	了解股利折现模型的优点和局限性

股利折现模型(DDM)作为股权估值的基础工具,将每股价值锚定于未来股利现金流的现值总和。本章系统介绍了 DDM 的核心框架:从最简单的零增长模型到复杂的三阶段模型,逐步构建适应不同生命周期企业的估值体系。通过分析 Gordon 模型对稳定增长企业的适用性、两阶段模型对转型期企业的捕捉能力,以及 H 模型对增长率平滑过渡的处理,读者将掌握如何根据企业特征选择合适的估值模型。本章还特别探讨了股票回购对传统 DDM 的修正,以及模型在行业层面的扩展应用,为投资决策提供多维度的价值评估视角。

第一节 模型概述

股利折现模型(DDM 模型)是最基础的折现现金流估值模型之一,主要用来对股权价值进行评估,即股权资本的价值可以由预期股利的现值进行加总得到。该模型假设只有股利为股东可获得的现金流,这一前提条件使得其估值结果较为保守。但是,该模型的基本原则和理念仍在公司估值中广泛使用。

模型的基本原理是现值原则——任何资产的价值都是将预期未来现金流按照与现金流风险程度相对应的折现率进行折现所得的价值。当投资者投资上市公司的股票时,他一般期望获得如下两种现金流:持有期间的股利收入和持有期末的预期股票价格,而持有期末的预期股价又取决于未来的股利收入,因此股票的价值可以写作无限期的股利的现值之和,具体公式为

$$\text{每股股票的价值} = \sum_{t=1}^{\infty} \frac{\text{DPS}_t}{(1+k)^t} \tag{9-1}$$

其中,DPS_t 为第 t 期的预期每股股利;k 为股权的必要回报率,即股权资本成本。

在该模型中,主要输入变量为预期每股股利和股权的必要回报率。为获得预期股利,我们需要假设收益的预期增长率和股利支付率。股权的必要回报率则可用二级市场的股票必要回报率近似代替,其数值大小取决于它的风险,股票的风险水平有多种衡量方式,包括资本资产定价模型

和套利定价模型。

第二节　模型的具体形式

在现实的公司估值中，我们不可能对公司股利做出无限期的预测，因此我们根据对未来股利增长率的不同假设将模型划分为几种不同的类型。

一、不变增长模型

(一) 模型概述

不变增长模型也称为 Gordon 增长模型，它假设公司的股利在很长的一段时间内以某一稳定的速度增长。即，在股利增长率预期保持不变时，各期股利均可以表示为第一期股利的倍数，从而利用等比数列求和公式可以得到每股股票的价值为

$$每股股票的价值 = \frac{DPS_1}{k-g} \tag{9-2}$$

其中，DPS_1 为下一年的预期股利；k 是股权资本成本；g 是股利的不变增长率。

(二) 适用条件

不变增长模型适用于估计居于成熟期且处于"稳定状态"公司的股权价值，并且股利的预期增长率通常不超过宏观经济的增长率。所谓稳定状态是指公司的股利支付政策在一段时间内将保持稳定。因此，当公司支付其所能支付的全部股利时，不变增长模型能够准确估计公司股票的价值，而对于那些习惯支付低于其所能够支付的股利并且在此过程中积累现金的公司而言，该模型将会低估其股票的价值。

虽然不变增长模型是对股权价值进行评估的一种简单有效的方法，但它要求公司的股利必须以一个稳定的比率增长，即公司必须处于稳定状态。此时，在确定稳定增长率时有两个问题值得我们注意。首先，在预期股利会持续增长时，公司其他经营指标(净收益)预期也应该能够按照同样的比率增长。举例而言，考虑一家股利长期增长率为 5%的公司，该公司收益的持续增长率为 4%。随着时间的推移，其股利的长期增长将导致公司发放的股利超过收益，股利支付率将趋近于零，这表明公司并非处于稳定状态，这与股利增长率固定的假设相违背。因而，虽然模型只对股利的预期增长率提出要求，但如果公司处于稳定状态，我们就可以用公司的预期收益增长率代替股利增长率，并会得出同样的结果。

其次，将何种增长率作为稳定增长率才是合理的，通常我们使用公司所处经营环境中的经济增长率作为公司预期的增长率。但是，公司的预期增长率通常不会超过经济增长率，因为公司不可能在长时间内以一个高于所处宏观经济环境总体增长率的速度增长。而且，即使所有分析人员都认为公司处于稳定增长阶段，他们对经济增长率及公司股利稳定增长率的具体数值的估计也不尽相同，主要包括以下三个原因。

(1) 分析人员在估计经济增长率时，由于对不确定性估计的不同会采用不同的基准增长率，比如对长期通货膨胀率预期较高的分析人员会得出较高的经济增长率。而宏观经济的名义增长率为实际增长率和预期通货膨胀率之和，预期通货膨胀率存在较大的不确定性，若对长期通货膨胀率预期较高，比如 5%，则名义增长率为 11.5%；相反，若对长期通货膨胀率预期较低只有 2%，则宏观经济的名义增长率仅为 8.5%。

(2) 虽然公司的稳定增长率不能超过经济增长率，但稳定增长率比宏观经济增长率低的现象时有发生。在这种情况下，公司与经济体的相关性将变得越来越小，即使不同分析人员估计的经济增

长率大致相同，他们也可能会使用比名义增长率低得多的稳定增长率来评估公司的价值。

(3) 分析人员可能会背离对稳定增长率的严格限定。如果一家公司能够连续几年保持高于稳定增长率水平的增长率，则我们可以通过在稳定增长率基础之上添加溢价的方法来近似评估公司的价值，以此来反映其在最初的几年里高于平均值的增长情况。然而，分析人员对溢价的选择并不是随意的，模型对增长的敏感性意味着稳定增长率不能高于经济增长率的 0.25%～0.5%。如果偏离较大，则违背了不变增长模型对稳定增长的假设，分析人员最好使用两阶段或三阶段模型来获得"超常"增长率。

然而，我们也应该注意到，不变增长模型关于公司稳定增长的假设较为严格，很难一直满足，尤其是在收益具有波动性的情况下。因此，我们可以适当放宽模型的假设，对于一家预期各年收益增长率都会发生波动，但平均增长率大致保持不变的周期性公司，不变增长模型也是适用的，并且一般不会产生太大的损失，主要原因包括：①即使收益是波动的，但股利仍然可以保持平稳，因此股利增长率受各年收益增长变化的影响较小；②使用平均增长率对数学计算结果的影响比使用固定增长率要小。

(三) 限制条件

不变增长模型严格依赖于公司稳定增长这一假设，并且对股利增长率十分敏感，当模型选择的股利增长率收敛于股权资本成本时，公司股票的价值会趋近于无穷大。因此为了在满足公司稳定增长的假设下更为准确地评估股票的价值，必须把股利的稳定增长率限定在一个合理的范围内。

【例 9.1】稳定增长率的选择。

假定某公司目前处于稳定增长阶段，上一个年度的每股收益为 5 元，预期股利增长率为 7%，股利支付率为 40%，股权资本成本为 15%，则每股股票价值为

$$每股价值 = \frac{5 \times 40\% \times (1+7\%)}{15\% - 7\%} = 26.75(元)$$

该公司股票价值对预期股利增长率的敏感性如图 9-1 所示。

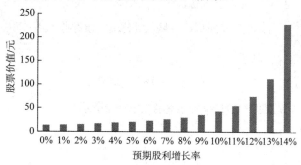

图 9-1 股票价值对预期股利增长率的敏感性

随着预期股利增长率的提高，股票价值也逐渐增加，当预期股利增长率趋近股权资本成本 15%时，股票价值将趋近于无穷大，因为此时式(9-2)中分母 $k-g$ 趋近于零，即

$$每股股票的价值 = \lim_{g \to k} \frac{DPS_1}{k-g} = \infty$$

(四) 特殊形式

在不变增长模型中，若预期股利增长率为零，则该模型退化为零增长模型，它是不变增长模型的一种特殊形式。零增长模型通常与公司的固定股利支付政策相联系。在不变增长模型中，令 $g=0$，得到零增长模型，具体公式为

$$\text{每股股票的价值} = \frac{\text{DPS}}{k} \tag{9-3}$$

式中，DPS 为一定时期内的固定股利；k 是股权资本成本。

【例 9.2】 使用不变增长模型估计每股价值。

××电能是一家电力公司，其基本信息如下。

(1) 根据公司的规模和它所处的地区判断该公司处于稳定增长阶段，存在一个较为稳定的增长率，预期收益和股利的增长率为 3%。

(2) 公司的贝塔值为 0.75，并在整个时期内保持稳定。

(3) 公司上一年度的每股收益为 3 元，股利支付率为 40%。

(4) 公司发放的股利大约等于公司的股权自由现金流。

(5) 市场上同期的国库券收益率为 4%，市场组合收益率为 8%。

根据资本资产定价模型可得

$$\text{股权资本成本} = 4\% + 0.75 \times (8\% - 4\%) = 7\%，$$

根据不变增长模型可得每股价值[在条件(4)下，每股价值即为股权价值/流通股总数]为

$$\text{每股价值} = 3 \times 40\% \times (1 + 3\%) / (7\% - 3\%) = 30.90 \,(\text{元})$$

假设××电能股票当天的交易价格为 41.6 元，该公司必须保持多高的增长率才能确保股票当前的交易价格是合理的？

这个问题涉及计算隐含增长率，即根据目前股价推算出使其价值收敛于价格时的增长率，这种基于市场价格估计出的增长率被称为隐含增长率。但求得的隐含增长率未必是真实的增长率，这二者的差异造成了股票价值和价格的差异。计算过程如下。

根据不变增长模型，$41.6 = 3 \times 40\% \times (1 + g) / (7\% - g)$，解得 $g = 4\%$。

即为确保公司股票的合理价格是 41.6 元，公司的收益和股利增长率应为 4%。

根据隐含增长率，我们还可以求得隐含股权回报率，公式为

$$\text{隐含股权回报率} = \text{隐含增长率} / \text{留存收益率}$$

××电能的隐含股权回报率为

$$4\% / (1 - 40\%) = 6.67\%$$

该公司股票价值对预期股利增长率的敏感性如图 9-2 所示。

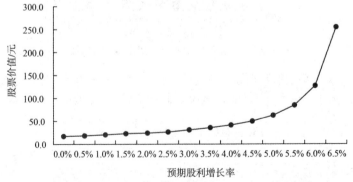

图 9-2　××电能公司股票价值对预期股利增长率的敏感性

二、传统两阶段增长模型

(一) 模型概述

两阶段增长模型考虑了公司在不同的发展时期增长率存在的差异。通常情况下，成长期公司的发展速度较快，而成熟期公司的增长速度会逐渐减慢并趋于平稳。这一模型将公司的增长划分为两个阶段：增长率较高的初始阶段及随后的稳定阶段，在稳定阶段公司的预期增长率在长期内保持不变。

虽然在大多数情况下，初始阶段的增长率高于稳定增长率，但也可以将模型进行调整，用于评估那些预期几年内增长率较低甚至为负，然后又恢复到稳定增长率的公司的每股价值。假定公司从第$(n+1)$期开始进入稳定增长阶段，则股票的价值等于超常增长阶段股利的现值之和加上期末股票价格的现值，具体公式为

$$P_0 = \sum_{t=1}^{n} \frac{DPS_t}{(1+k_n)^t} + \frac{P_n}{(1+k_n)^n} \tag{9-4}$$

式(9-4)中，P_0代表公司每股股票的价值，DPS_t代表第t期公司的预期股利，k_n代表高增长时期公司的股权资本成本，P_n代表第n期末公司的每股股价 $\left(P_n = \dfrac{DPS_{n+1}}{k_s - g}\right)$，$k_s$代表稳定增长时期公司的股权资本成本，$g$代表公司在稳定增长时期的预期股利增长率，把式(9-4)进一步写为

$$P_0 = \sum_{t=1}^{n} \frac{DPS_t}{(1+k_n)^t} + \frac{DPS_{n+1}}{(k_s - g)(1+k_n)^n} \tag{9-5}$$

在股利的超常增长率g_n和股利支付率在前n年中保持不变时，式(9-5)可进一步简化为

$$P_0 = \frac{DPS_0(1+g_n)[1-(1+g_n)^n/(1+k_n)^n]}{k_n - g_n} + \frac{DPS_{n+1}}{(k_s - g_s)(1+k_s)^n} \tag{9-6}$$

(二) 稳定增长时期股利支付率的估计

在不变增长模型下对预期公司增长率的约束(小于等于名义经济增长率)在两阶段增长模型中的稳定增长阶段仍然适用。此外，其股利支付率必须与所估计的增长率保持一致，如果增长率在初始阶段过后预期会大幅下降，则稳定阶段的股利支付率应该高于增长阶段的股利支付率。稳定的公司与增长中的公司相比，能够将更多的收益用作股利支付。这可以根据前面所描述的基本增长模型得到，该模型的具体形式为

$$\begin{aligned} 预期增长率 g &= 留存收益率 \times 股权回报率 \\ &= b \times ROE \\ &= b \times \{ROC + D/E[ROC - i(1-t)]\} \end{aligned} \tag{9-7}$$

式(9-7)中，g为预期增长率，b为留存收益率，ROE为股权回报率，ROC为资本回报率，D/E为负债权益账面值的比率，i为利息负债账面值的比率，t为税率。

由于股利支付率=1−留存收益率，所以股利支付率可以表示为$1-b$，进一步地，计算公式可表示为

$$股利支付率 = 1-b = 1- \frac{预期增长率}{股权回报率} = 1- \frac{g}{\{ROC + D/E[ROC - i(1-t)]\}} \quad (9-8)$$

因此在公司从超常增长阶段进入稳定增长阶段后,相关输入变量必须要相应地进行调整。同样地,公司的股权回报率在公司进入稳定增长阶段后也应降到与之相称的水平。

【例9.3】两阶段股利支付率和增长率的对比。

S公司在初始超常增长阶段和稳定增长阶段的相关财务指标如表9-1所示。

表9-1　S公司不同成长阶段的相关财务指标

指标	超常增长阶段	稳定增长阶段
资本回报率(ROC)	20%	12%
股利支付率($1-b$)	20%	
负债权益比(D/E)	1.00	1.00
利息率(i)	10%	6%
增长率(g)		8%

假设公司的所得税率为25%。

超常增长时期的增长率 $= (1-20\%) \times \{20\% + 1 \times [20\% - 10\% \times (1-25\%)]\} = 26\%$

稳定增长时期的股利支付率 $= 1 - 8\% / \{12\% + 1 \times [12\% - 6\% \times (1-25\%)]\} = 58.97\%$

当公司从超常增长阶段进入稳定增长阶段后,增长率从26%下降到8%,股利支付率从20%上升为58.97%,较为合理。

(三) 适用条件

由于两阶段增长模型是建立在将公司增长划分为两个阶段(高增长阶段和稳定增长阶段)基础之上的,因此比较适合那些目前或在未来几年内将保持高速增长,随后进入稳定增长阶段的公司。例如,某公司在未来几年内对某种利润丰厚的产品享有专利权,因此预期公司的收益在这一时期将实现超常增长。然而,一旦专利权到期,公司则转回稳定增长。此外,当公司所处的行业存在巨大的进入障碍时,该公司将会经历超常增长阶段,随着障碍的逐渐消除,公司会进入稳定增长阶段。

增长率由初始阶段较高的水平突然降至稳定增长水平的假设表明这一模型对那些在初始增长阶段增长率适中的公司更加适用。例如,假定一家公司初始阶段的超常增长率为15%,稳定增长阶段的增长率为8%要比假设一家公司的增长率从40%降到8%更为合理。

(四) 限制条件

两阶段增长模型虽然对于评估处于不同发展阶段公司的股票价值较为准确可靠,但它的假设和计算过程中仍然存在着一些问题。

(1) 该模型假设公司在超常增长阶段的增长率很高,在此阶段结束后马上进入稳定增长阶段,增长率陡降至较低的稳定增长率,这种增长率的突然转变显然是不符合实际的。

(2) 超常增长阶段的长度难以确定。这个阶段长度的高估将直接导致高估公司的价值,虽然在理论上这一阶段的长度与公司的生命周期及发展状况相关,但是其具体的量化在实践中还是很困难的。

(3) 在运用两阶段增长模型估算股票价值时,一个重要的组成部分是计算超常增长阶段的期末价格,而它又是根据不变增长模型估算出来的,对预期的稳定增长率十分敏感,因此预期稳定增长率的过高或过低估计也会对估值结果产生一定的影响。

【例 9.4】 运用两阶段增长模型估计每股价值。

ABC 公司是一家世界领先的制药公司,假设其在几年内对某种利润丰厚的药品享有专利权,因此可以预期它在 5 年内将保持高速增长,随着专利权的到期,该公司将回归稳定增长,当前每股收益为 10 元,公司在两个阶段的财务指标如表 9-2 所示。

表 9-2 ABC 公司不同成长阶段财务指标

指标	高速增长阶段	稳定增长阶段
股利支付率	10%	
股权回报率	18%	10%
增长率		4%
贝塔系数	1.4	1.0
无风险利率	3.5%	3.5%
风险溢价	4.5%	4.5%

高速增长阶段,每股收益预期增长率=留存收益率×股权回报率=(1-10%)×18%=16.2%。

5 年后,稳定时期的股利支付率=1-留存收益率=1-4%/10%=60%。

根据资本资产定价模型,前5年的股权资本成本=3.5%+1.4×4.5%=9.8%,稳定增长时期的股权资本成本=3.5%+1.0×4.5%=8%。

首先,计算 ABC 公司高速增长阶段预期股利的现值。

第一年:$[10\times(1+16.2\%)\times10\%]/(1+9.8\%)=1.06$。

第二年:$[10\times(1+16.2\%)^2\times10\%]/(1+9.8\%)^2=1.12$。

第三年:$[10\times(1+16.2\%)^3\times10\%]/(1+9.8\%)^3=1.19$。

第四年:$[10\times(1+16.2\%)^4\times10\%]/(1+9.8\%)^4=1.25$。

第五年:$[10\times(1+16.2\%)^5\times10\%]/(1+9.8\%)^5=1.33$。

合计:$1.06+1.12+1.19+1.25+1.33=5.95$。

由于本题中高速增长阶段的增长率均相同,所以可以通过使用下列公式快速得出股利现值。

$$股利现值=\frac{10\times0.1\times(1+16.2\%)\times(1-1.162^5/1.098^5)}{0.098-0.162}=5.95(元)$$

其次,运用不变增长模型计算高速增长阶段期末的股票价值:$P_5=\dfrac{\mathrm{DPS}_6}{k_s-g_s}$。

$$\begin{aligned}\mathrm{DPS}_6&=\mathrm{EPS}_6\times稳定时期的股利支付率\\&=\mathrm{EPS}_0\times(1+g_h)^5\times1.04\times60\%\\&=10\times(1+16.2\%)^5\times1.04\times60\%\\&=13.22(元)\end{aligned}$$

$$P_5=\frac{\mathrm{DPS}_6}{k_s-g_s}=\frac{13.22}{8\%-4\%}=330.5(元)$$

高速增长阶段的期末价格还应按高速增长阶段的股权资本成本的 9.8%折现到当前时点,原因在于投资者必须冒高速增长阶段的风险来获得最终的价格,因此高速增长阶段期末的股票价值折现到当前时点为

$$\text{高速增长阶段期末股票价值的现值} = \frac{P_5}{(1+9.8\%)^5} = \frac{330.5}{(1+9.8\%)^5} = 207.09(\text{元})$$

将股利的现值和期末股票价值的现值加总,可得到最终的股票价值。

$$P_0 = 5.95 + 207.09 = 213.04(\text{元})$$

假设 ABC 公司当前的股票价格为 162.45 元,则显然该公司股价被严重低估,与我们的分析相比,市场对 ABC 公司未来增长持有不同的看法,如果市场上的股价是合理的,公司在未来 5 年的高速发展阶段增长率只有 10%。在这里我们只改变了高速增长阶段的增长率,其他变量保持不变,另外,也可以使用诸如股权回报率、稳定增长期的长度等其他变量来进行重复测试。图 9-3 描述了股票价值对高速增长阶段增速的敏感性。

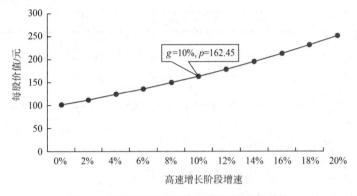

图 9-3 股票价值对高速增长阶段增速的敏感性

可以看出,我们估计的增长率为 16.2%,与 10%的隐含增长率存在一定的偏差,那么这种偏差说明了什么呢?一种观点认为,应将这种偏差看作一种误差,在不影响对低估股票进行估值的情况下,每股收益的实际增长率可能比 16.2%低得多。另一种观点则认为,我们在估计增长率时遗漏了某些关键因素,比如该公司的收益具有周期性特征,而当年可能是收益较高的一年,误将未来 5 年均视作高收益年份,因而高估了增长率和公司股价。

(五) 增长的价值

"增长是有价值的"这一命题受到广泛认同,当投资者投资于具有高增长潜力的公司时,他们将为自己的投资支付价格溢价,但是人们在"增长的价值应为多少"这一问题上却存在着很大的分歧。在实证研究中,长期内低市盈率股票的收益率要高于高市盈率股票的收益率,这表明投资者为增长支付了过高的价格。接下来,我们要对增长的价值进行讨论,并与投资者为增长支付的价格进行比较。

通常情况下,我们认为增长的价值(以公司的每股价值为例进行分析)可以分为三个部分。

$$\text{增长的价值} = \text{超常增长的价值} + \text{稳定增长的价值} + \text{现有资产的价值} \tag{9-9}$$

式(9-9)中:

$$\text{超常增长的价值} = \text{前 } n \text{ 年超常增长的每股价值} - \text{稳定增长时的每股价值}$$

$$= \frac{DPS_0(1+g_n)[1-(1+g_n)^n/(1+k_n)^n]}{k_n - g_n} + \frac{DPS_{n+1}}{(k_s - g_s)(1+k_s)^n} - \frac{DPS_1}{(k_s - g_s)}$$

且有:

稳定增长的价值 = 稳定增长时的每股价值 - 零增长时的每股价值

$$= \frac{\text{DPS}_1}{(k_s - g_s)} - \frac{\text{DPS}_0}{k_s}$$

同时：

$$\text{现有资产的价值} = \frac{\text{DPS}_0}{k_s}$$

【例 9.5】 计算 ABC 公司增长的价值。

在例 9.4 中我们计算得出，ABC 公司：

前 n 年超常增长的价值 = P_0 = 213.04(元)

稳定增长时的每股价值 = $\frac{\text{DPS}_1}{(k_s - g_s)} = \frac{10 \times 10\% \times (1 + 4\%)}{(8\% - 4\%)} = 26$(元)

现有资产的价值 = $\frac{\text{DPS}_0}{k_s} = \frac{10 \times 10\%}{8\%} = 12.5$(元)

因此有：

超常增长的价值 = 213.04 − 26 = 187.04(元)

稳定增长的价值 = 26 − 12.5 = 13.5(元)

三、改进的两阶段增长模型——H 模型

(一) 模型概述

H 模型也是一个两阶段增长模型，与传统的两阶段增长模型不同，它假设公司在初始增长阶段的增长率会随着时间的推移而线性递减，并最终达到稳定增长阶段的增长率。该模型由 Fuller 和 Hsia (1984)[①]提出，其假设收益增长率由较高的初始增长率(g_a)开始，随着时间的推移线性递减(假设持续时间为 $2H$)，并最终达到稳定增长率(g_s)，同时假设股利支付率和股权资本成本将一直保持不变，且不受增长率变化的影响。图 9-4 描述了 H 模型下预期增长率的变动。

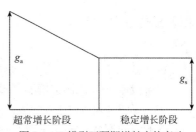

图 9-4 H 模型下预期增长率的变动

在 H 模型下，当前公司的每股价值可以写为

$$P_0 = \frac{\text{DPS}_0 \times (1 + g_s)}{(k - g_s)} + \frac{\text{DPS}_0 \times H \times (g_a - g_s)}{(k - g_s)} \tag{9-10}$$

式(9-10)中，P_0 为当前公司的每股价值，DPS_0 为当前公司的股利水平，g_s 为公司稳定增长时期的增长率，g_a 为超常增长时期的增长率，k 为股权资本成本，H 为超常增长期的一半。

(二) 适用范围

H 模型适用于那些当前正处于快速增长阶段的公司，但是随着其规模的日益扩大及现有的差别优势将随着竞争的加剧而逐渐减小，其增长率将逐渐下降。同时，股利支付率不变的假设也使得它不适用于当前股利很低或不支付股利的公司。

---

① Fuller R J, Hsia C C. A simplified common stock valuation model[J]. Financial Analysts Journal, 1984, 40(5): 49-56.

(三) 限制条件

H模型在一定程度上改进了传统的两阶段增长模型,它解决了增长率从超常增长阶段陡然降至稳定增长阶段的问题,但它也存在新的问题。首先,它假定增长率从初始的高增长率线性递减至稳定增长率,增长率的下降必须严格按照模型的设定进行,如果这一假定与实际情况偏差较小,则对每股价值的估计结果影响不大;但是如果偏差较大的话,则可能会引发问题。其次,股利支付率不变的假设也陷入了自相矛盾的境地,随着增长率的逐渐下降,公司应把更多的现金用来发放股利,股利支付率不变的假设与此相违背。

【例 9.6】运用 H 模型估计每股价值。

××食品是一家食品公司,今年的每股收益为 3 元,支付的股利为 1.28 元,未来 5 年收益的预期增长率为 16%,但这一增长率预计在随后的 5 年中以线性的方式下降(每年 2%)到 6% 的稳定增长水平。增长率下降归因于两个因素:

(1) 随着公司规模的逐渐扩大,保持较高的增长率越来越困难;
(2) 由于竞争的加剧,公司的两种主导食品的市场份额越来越小,利润空间大大减小。

××食品的基本财务信息为:相对风险系数 β=1.25,无风险利率=3.5%,股权风险溢价=6%,所以,根据资本资产定价模型:

股权资本成本 $= 3.5\% + 1.25 \times 6\% = 11\%$

稳定增长的价值 $= \dfrac{DPS_0 \times (1+g_s)}{(k-g_s)} = \dfrac{1.28 \times (1+6\%)}{(11\%-6\%)} = 27.14(元)$

超常增长的价值 $= \dfrac{DPS_0 \times H \times (g_a - g_s)}{(k-g_s)} = \dfrac{1.28 \times 2.5 \times (16\%-6\%)}{(11\%-6\%)} = 6.4(元)$

股票的价值 $= 27.14 + 6.4 = 33.54(元)$

四、三阶段增长模型

(一) 模型概述

三阶段增长模型是传统两阶段增长模型和 H 模型的结合,它假设公司将经历稳定的高增长阶段、增长率线性递减的第二阶段及稳定的低增长阶段,并且没有对股利支付率的限定,因此是一种较为通用的模型。股票的价值是高增长时期及转换时期的预期股利现值与转换期末股价的现值之和。图 9-5 描绘了三阶段增长模型预期股利增长率与股利支付率的变动。

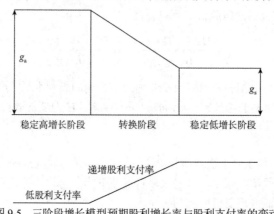

图 9-5 三阶段增长模型预期股利增长率与股利支付率的变动

在三阶段增长模型下,公司股票的每股价值为

$$P_0 = \sum_{t=1}^{n_1} \frac{\text{EPS}_0 \times (1+g_a)^t \times \pi_a}{(1+k_n)^t} + \sum_{t=n_1+1}^{n_2} \frac{\text{DPS}_t}{(1+k_{tr})^t} + \frac{\text{EPS}_{n_2} \times (1+g_s) \times \pi_s}{(1+k_s)^{n_2}(k_s-g_s)} \times \pi \qquad (9\text{-}11)$$

其中，EPS_t 是第 t 年的每股收益，DPS_t 是第 t 年的每股股利，g_a 是高增长阶段的增长率(持续期为 n_1)，g_s 是低增长阶段的增长率，转换期持续时间为 (n_2-n_1)，k_n、k_{tr} 和 k_s 分别是高增长阶段、转换阶段和低增长阶段的股权资本成本，π_a 和 π_s 分别为高增长阶段和低增长阶段的股利支付率。

(二) 适用范围

三阶段增长模型非常灵活，它不仅适用于那些增长率会随着时间的推移发生变化的公司，还适用于其他方面预期也会发生变化的公司，诸如股利支付政策和风险方面等。该模型尤其适用于在初始阶段以非常高的增长率增长，但随着公司规模的扩大及竞争的加剧，公司优势逐渐减弱，增长率逐渐下降至稳定增长率。与此同时，公司在初始高增长阶段执行较低的股利支付率，随着增长率的下降而不断提高股利支付率。

(三) 限制条件

由于三阶段增长模型不存在许多人为限制的条件，因此较其他的股利折现模型更为贴近现实情况。但是，也正是因为该模型的限制条件较少，它需要更多的输入变量——不同阶段的股利支付率、股权资本成本、增长率等。因此，对于那些在估值过程中存在大量"噪声"的公司，这些输入变量的误差可能会完全抵消增加输入变量带来的好处。

【例9.7】运用三阶段增长模型估计每股价值。

××乳业是一家知名的乳制品生产商，由于其完整的产业链、品牌的知名度和较高的市场份额，新企业存在较大的进入障碍，因此预期收益增长率会在 5 年内保持较高的水平，去年该企业的股权回报率为 23.5%，发放了每股 1 元的股利(报告的每股收益为 10 元)，假定公司在 5 年内能够保持当前的股权回报率和股利支付率，则会得到每股收益的预期增长率为 21.15%。

$$\text{股利支付率} = \frac{\text{每股股利}}{\text{每股收益}} = \frac{1}{10} = 10\%$$

$$\text{预期增长率} = \text{留存收益率} \times \text{股权回报率} = (1-10\%) \times 23.5\% = 21.15\%$$

估计××乳业高增长时期的股权资本成本时使用的贝塔系数为 1.2，无风险利率为 3.5%，市场风险溢价为 6%，因此，根据资本资产定价模型可以得到高增长时期该公司的股权资本成本为 10.7%。

$$\text{高增长时期的股权资本成本} = 3.5\% + 1.2 \times 6\% = 10.7\%$$

我们假设 5 年后贝塔系数开始下降，10 年后将下降至稳定增长时期的系数 1，市场的风险溢价也将降至 5.5%，因此，稳定增长时期的股权资本成本将降至 9%。

$$\text{稳定增长时期的股权资本成本} = 3.5\% + 1.0 \times 5.5\% = 9\%$$

同时，5 年后，随着竞争的加剧，股权回报率开始逐渐下降，预期在第十年将降至稳定的 9%，公司在稳定增长时期的增长率为 4%，则稳定增长时期的股利支付率为 55.56%。

$$\text{稳定增长时期的股利支付率} = 1 - \frac{\text{预期增长率}}{\text{股权回报率}} = 1 - \frac{4\%}{9\%} = 55.56\%$$

表 9-3 展示了基于股利支付率和预期增长率的假设，公司未来十年的每股收益和每股股利的估计。

表 9-3　××乳业未来每股收益和每股股利估计表

单位：元

年份	每股收益	预期增长率(%)	股利支付率(%)	每股股利	股权资本成本(%)	累计股权资本成本	每股股利的现值
当前	10.00		10.00	1.00			
1	12.12	21.15	10.00	1.21	10.70	1.1070	1.09
2	14.68	21.15	10.00	1.47	10.70	1.2254	1.20
3	17.78	21.15	10.00	1.78	10.70	1.3566	1.31
4	21.54	21.15	10.00	2.15	10.70	1.5017	1.43
5	26.10	21.15	10.00	2.61	10.70	1.6624	1.57
					高增长阶段股利的现值		**6.60**
6	30.88	18.30	25.50	7.87	10.41	1.8355	4.29
7	35.57	15.21	33.64	11.97	10.10	2.0208	5.92
8	39.78	11.84	41.10	16.35	9.78	2.2185	7.37
9	42.82	7.62	48.39	20.72	9.46	2.4284	8.53
10	44.53	4.00	55.56	24.74	9	2.6470	9.35
					转换阶段股利的现值		**35.46**

根据第 11 年的每股收益，4%的稳定增长率，9%的股权资本成本及 55.56%的股利支付率，我们可以得到转换期末的股价为

$$\text{转换期末的每股价值} = \frac{44.53 \times 1.04 \times 0.5556}{0.09 - 0.04} = 514.61(元)$$

$$\text{转换期末的每股价值的现值} = \frac{514.61}{2.6470} = 194.41(元)$$

每股价值 = 高增长阶段股利的现值 + 转换阶段股利的现值 + 转换期末每股价值的现值
　　　　 = 6.6 + 35.46 + 194.41
　　　　 = 236.47(元)

第三节　股利折现模型的评价

一、模型的优点

股利折现模型最大的优点是简单、直观，因为其假设股利是公司支付给投资者唯一有形的现金流，同时对股利的预测只需在上一年已支付股利的基础上对股利增长率进行预测。与之相对应，我们后两章所要介绍的自由现金流折现模型则需要对各种现金流进行估计，而且在估计时必须对资本支出、折旧和营运资本做出假设，并且保守的投资者可能认为他们对公司的这些现金流没有索取权。

另外，公司的股利政策通常比较稳定，即使是在收益波动的情况下，管理人员也会将股利设定在他们所能够维持的水平上。相比之下，现金流则会存在较大的不确定性，它会随着公司的收益和再投资状况的变化而变化。因此，随着时间的推移，基于股利折现模型评估的每股价值要比基于自由现金流模型评估的价值的波动性小，可以用来预测周期性业务。

二、模型的局限性

股利折现模型的局限性在于它仅仅以股利作为每股价值评估的依据。

首先，并不是所有的公司都会将自由现金流全部作为股利发放给股东，许多公司会选择保留一部分能够支付给股东的现金，使得这些公司的股权自由现金流大于股利支付。虽然股东对公司保留的这部分现金余额没有直接的索取权，但他们确实拥有这些现金余额的一部分，并体现在他们所持有的股权价值上，此时股利折现模型会低估每股价值。与此相反，如果公司的股利支付远远大于它的股权自由现金流，其差额来自外部融资(发行的股票或债务)，则股利折现模型会高估每股价值，因为我们假设公司能够不断地吸收外部资金来支撑高于可支配资金的那部分股利支付。

其次，分析师们普遍认为股利折现模型计算出的价值过于保守，这主要是因为股票价值不仅仅由股利决定，还取决于其他很多因素，比如，品牌的价值、公司在资本市场上的融资能力等隐形价值。

最后，DDM 模型对于股利的增长率和股权资本成本非常敏感，因而选择合适的模型形式和输入参数在这一估值方法中尤为重要。

三、模型的适用性

股利折现模型主要适用于以下几种情况。

(1) 对于将股权自由现金流作为股利支付的公司来说，运用股利折现模型能够得到每股价值的真实估计值。这些公司通常处于稳定增长时期，具有稳定的收益，会试图调整股利以控制现金流。

(2) 对于拥有的股权自由现金流高于股利支付的公司来说，股利折现模型确立了公司的一个基准的价值。即假设这些不用于支付股利的现金全部浪费在无用的投资或购买上，该模型估计的价值等于每股真实价值，否则低于真实价值。即便是当前不发放股利的高增长公司，也不能认定其不能运用股利折现模型进行估值，如果对股利支付率的调整能够反映预期增长率的变化，我们仍能根据增长率下降时将支付的股利来对公司的股票进行估值。

(3) 在一些现金流很难评估或者不可能评估的行业里，股利作为唯一的现金流在一定程度上可以直接被用于估值，比如金融服务行业。

四、股利折现模型在实际运用中的问题

(一) 股利折现模型的表现并不是每一年都强于市场平均水平

Haugen 在 1993 年公布了他对股利折现模型进行实证检验的结果[1]，在他的研究中，股利折现模型在整个 5 年内的表现强于市场，但有个别年份该模型的表现明显弱于市场平均水平。他使用股利折现模型分析了 1979 年第一季度到 1991 年第四季度 250 家大型资本化公司，并把他们分为 5 组，每组公司对市场风险的敏感程度大致相似(拥有大致相同的贝塔值)。由 6 个分析人员对每家公司在不同阶段的增长率和不同阶段的持续时间进行预测，然后基于这些预测值评估公司价值。样本期内 5 个证券组合的收益情况如表 9-4 所示。

表 9-4 样本期内证券组合的收益情况

年份	5 种股票组合					250 种股票	标普 500
	价值低估	2组	3组	4组	价值高估		
1979	35.07	25.92	18.49	17.55	20.06	23.21	18.57
1980	41.21	29.19	27.41	38.43	26.44	31.86	32.55
1981	12.12	10.89	1.25	-5.59	-8.51	28.41	24.55
1982	19.12	12.81	26.72	28.41	35.54	24.53	21.61
1983	34.18	21.27	25.00	24.55	14.35	24.10	22.54

---

[1] 参考：达摩达兰. 投资估价：评估任何资产价值的工具和技术[M]. 3 版. 北京：清华大学出版社，2014.

续表

年份	5种股票组合					250种股票	标普500
	价值低估	2组	3组	4组	价值高估		
1984	15.26	5.50	6.03	-4.20	-7.84	3.24	6.12
1985	38.91	32.22	35.83	29.29	23.43	33.80	31.59
1986	14.33	11.87	19.49	12.00	20.82	15.78	18.47
1987	0.42	4.34	8.15	4.64	-2.41	2.71	5.23
1988	39.61	31.31	17.87	8.18	6.76	20.62	16.48
1989	26.36	23.54	30.76	32.60	35.07	29.33	31.49
1990	-17.32	-8.12	-5.81	2.09	-2.65	-6.18	-3.17
1991	47.68	26.34	33.38	34.91	31.64	34.34	30.57
总计	1253	657	772	605	434	722	654

可以看出，从1979年到1991年的大部分年间价值低估的股票组合比价值高估的股票组合及标准普尔500指数的收益率都高，但是它在这13年中有6年弱于市场平均水平(1981、1982、1986、1987、1989和1990)。而如果我们关注整体的250种股票组合，会发现它有4年比低估股票组合的表现还差(1982、1986、1989和1990)。

(二) 股利折现模型是否等价于低市盈率和高股利收益率

股利折现模型赋予近期的收益以较大的权重，而赋予远期的收益以较小的权重，因此，它倾向于认为高市盈率、低股利支付率的股票价值被高估，而低市盈率、高股利支付率的股票价值被低估。这一价值发现与实证研究的市场有效性是一致的：牛市行情中，低市盈率、高股利支付率的股票通常有更好的表现。那么，相比于依靠市盈率和股利支付率的判断来评估股票价值，股利折现模型是否具有明显的优势，即能获得稳定的超额收益呢？

Jacobs和Levy(1988)[①]认为这一边际收益率相当的小，如表9-5所示，使用股利折现模型挑选股票的季度超额收益率仅为0.06%，相比之下，使用低市盈率挑选股票的季度超额收益率为0.92%，使用现金流挑选股票的季度超额收益率为0.18%，使用现金收入挑选股票的季度超额收益率为0.96%，均高于使用股利折现模型所能获得的超额收益率。

表9-5 不同标准所选股票的季度平均超额收益率

标准	季度平均超额收益率(1982—1987)
股利折现模型	0.06%
低市盈率	0.92%
账面价格比率	0.01%
现金流价格比率	0.18%
营业收入价格比率	0.96%
股利收益率	-0.51%

(三) 与股利支付相关的税收考虑

由于股利折现模型挑选出的股票通常具有较高的股利水平，因此，不同国家之间股利所得税率与纳税时间的差异会对投资者的收益产生很大影响，本章之前的研究都没有考虑个人所得税的差异，因此在一定程度上高估了股利折现模型的超额收益率。

在国外的税收体系中，股利所得税与资本利得税往往同时存在，并且税率存在差异，因此上

---

① Jacobs B I, Levy K N. Disentangling Equity Return Regularities: New Insights and Investment Opportunities[J]. Financial Analysts Journal, 1988, 44(3):18-43.

市公司的分配选择往往会受到税率差异的左右。在美国，里根签署《税收改革法案》之前，现金股利作为个人所得计入个人所得税的应纳税所得额，其适用的平均税率为40%。而投资者通过股票回购获得的投资利润，则计入资本利得税的应纳税所得额，其所适用的平均税率较股利所得税的税率要低。同样地，资本市场非常发达的英国和德国，税率所造成的对上市公司分配选择的影响更为明显。在英国，股利所得税和资本利得税的平均税率均为40%，而在德国，股利所得税的税率为53%，资本利得税的税率为20%~30%。由于存在于英国与德国的巨大的税收差异，英国在现金股利的发放上，金额约为德国现金股利发放的两倍。

我国目前对于资本利得收益尚未单独设置"资本利得税"，而是将个人转让股权、股票等资产的收益按"财产转让所得"征收个人所得税。同时，我国对股利的个人所得税实行差别化征收：持股1个月以内的，税负为20%；持股1个月至1年(含1年)的，税负为10%；持股超过1年的，暂免征收个人所得税。[①]此外，个人转让上市公司流通股(非限售股)的所得暂免征收个人所得税，而限售股解禁后转让的收益仍按20%税率征收。[②]

综上所述，现实中股利折现模型的运用更为复杂。对于短期投资者而言，由于股利折现模型的表现具有较大的波动性，因此可能不会产生预期的超额收益；对于习惯于按照市盈率等财务指标挑选股票的投资者而言，股利折现模型的表现并不稳定，不存在绝对的优势；对于股利所得税率较低的国家的投资者，股利折现模型虽不是唯一可选的估值工具，但可以产生较好的效果，而对于股利所得税率较高的国家的投资者而言，其所能带来的好处十分有限。

第四节　股利折现模型的延伸

一、股票回购

股利折现模型最大的局限性就在于它仅以股利作为股东获得的现金流，并在此基础上对公司价值进行评估，但是近年来，公司越来越倾向于以股票回购作为其向股东返还现金的方式，我国也不例外，尤其是2015年7月股市的一路下跌令各大上市公司十分不安，为避免股民对股市丧失信心从而引发公司的经营危机，纷纷采用股票回购的方式扭转不利局势，一些经营状况比较好的公司，因为当前现金流比较充裕，同时又对本公司未来的发展充满信心，大多通过高管增持、股份回购的方法向投资者传递出股价被低估的信号。因此，股份回购再一次引起我们的关注。

通常情况下，企业实行股份回购之后，流通在外的股份减少，从而股价会上升，投资者会获得资本利得收入。因此，股票回购在某种程度上和现金股利具有相同的效果。同时，股票回购对于投资者也有着明显的税收优势，由于目前我国不对资本利得征税，而对现金股利则要差别征收最高达20%的个人所得税，因此股票回购的税收优势使其比现金股利更受投资者欢迎。因此，企业从投资者获利的角度，会以股票回购代替现金股利。

在此背景下，我们不仅要将现金股利作为公司向股东返还的现金，还要进一步将股利折现模型的现金流拓展到股票回购返还给股东的现金。将股票回购融入股利折现模型的最简单的方式就是把它直接加入股利当中，并计算调整后的股利支付率：

$$调整后的股利支付率 = \frac{现金股利 + 股票回购}{净收益} \qquad (9\text{-}12)$$

---

① 国务院. 关于将国家自主创新示范区有关税收试点政策推广到全国范围实施的通知：国发〔2015〕59号[A/OL]. (2015-09-08)[2025-03-20].

② 国家税务总局. 关于做好限售股转让所得个人所得税征收管理工作的通知：国税发〔2010〕70号[A/OL]. (2010-01-25)[2025-03-20].

这样计算的问题就在于股票回购不同于股利，它不会被平滑，因此这样计算出的股利支付率并不稳定同时也并不准确。比如，公司可能在某一年回购20亿元的股票，而在未来4年内却不再回购股票，因此我们在估计调整后的股利支付率时应尽可能地多观察一些年份(依股票回购的周期而定)，并取观察年份的平均值。另外，有时公司进行股票回购的动机为调整资本结构，在这种情况下，股票回购不是通过自有资金，而是通过提高财务杠杆实现的，此时在计算调整后的股利支付率时还要减去发行的长期债务。

$$调整后的股利支付率 = \frac{现金股利+股票回购-发行的长期债务}{净收益} \quad (9\text{-}13)$$

对股利支付率的调整将会对预期增长率和转换阶段的股价产生连锁影响，调整后的预期增长率为

$$调整后的预期增长率 = (1-调整后的股利支付率) \times 股权回报率 \quad (9\text{-}14)$$

需要注意的是，股票回购对预期增长率的影响不仅体现在股利支付率的调整，还反映在股权回报率的变化，这主要是由于股票回购会明显减少公司股权的账面价值，从而提高股权回报率，如果我们用股票回购后的股权回报率作为边际股权回报率来度量新增投资的回报率，则会高估每股价值，只有将近些年股票回购的价值加回现有股权的账面价值中并重新估计股权回报率才能估计出更为合理的股权回报率。

【例9.8】考虑股票回购的股利折现模型的运用。

A公司是我国一家知名的公司，由于2021—2024年国内产品价格上升而获得大量现金流，增加了每年的股利和股票回购，表9-6列示了2021—2024年该公司的股利和股票回购情况。

表9-6 A公司2021—2024年公司股利和股票回购情况

项目	2021年	2022年	2023年	2024年	均值
每股收益(元)	0.76	0.73	0.63	0.71	0.71
每股股利(元)	0.291	0.345	0.317	0.292	0.311
每股股票回购(元)	0.211	0.305	0.298	0.256	0.268
合计(元)	0.502	0.650	0.615	0.548	0.579
股利支付率	38.29%	47.26%	50.32%	41.13%	44.00%
调整股利支付率	66.05%	89.04%	97.62%	77.18%	81.80%

在2021—2024年，传统的股利支付率平均只有44%，但调整后的股利支付率达到了81.80%，因而调整后的留存收益比率为18.2%，根据调整后的留存收益率(1-81.80%)和预期股权回报率(20%)，我们可以得到该公司长期收益的预期增长率为

$$预期增长率 = (1-调整后的股利支付率) \times 股权回报率$$
$$= (1-81.80\%) \times 20\%$$
$$= 3.64\%$$

我们假设该公司的股权贝塔系数为0.85，无风险利率为3.5%，股权市场风险溢价为4%，则该公司的股权资本成本为

$$股权资本成本 = 3.5\% + 0.85 \times 4\% = 6.9\%$$

根据2021—2024年A公司的信息可以计算出调整后的每股股利为

$$调整后的每股股利 = 平均每股收益 \times 调整后的股利支付率$$
$$= 0.71 \times 0.8180$$
$$= 0.58(元)$$

然后运用稳定增长模型可得 A 公司的每股价值为

$$每股价值 = \frac{调整后的每股股利 \times (1+g)}{股权资本成本 - g}$$
$$= \frac{0.58 \times (1+3.64\%)}{6.9\% - 3.64\%}$$
$$= 18.46(元)$$

二、行业及市场价值评估

本章到目前为止论述的都是单个公司的每股价值评估，事实上，我们同样可以根据股利折现模型来评估某个行业甚至整个市场的价值。即，我们可以用某个行业或整个市场中所有股票价值的合计来代替股票的市场价格；用所有股票的股利和股票回购合计来代替预期股利；用股票指数的累计收益增长率和股利增长率来代替预期增长率。当我们评估某个行业的价值时，应使用该行业的贝塔系数，而评估整个市场的价值时，贝塔系数则直接取 1。当预期收益增长率大于经济增长率时，我们可使用两阶段增长模型；值得注意的是，在评估整个市场的价值时应避免设置过高的增长率和过长的增长期，因为在整个市场中所有公司的累计收益增长率是很难高于整个经济的增长率的。

【例 9.9】运用股利折现模型评估市场的价值。

X 指数当前的交易价格为 3 246.07 元，该指数的平均股利收益率为 2%，包括股票回购在内的调整后的股利收益率为 2.5%。(调整后的)股利收益率和(调整后的)股利支付率计算思路一致，区别仅在于分母为当前股价或市值。分析人员估计 5 年内该指数的预期增长率为 8%，而 5 年后，该指数收益的预期增长率为 4%(以国债利率作为长期名义经济增长率)。假设风险溢价为 3.5%，则股权资本成本为

$$股权资本成本 = 4\% + 3.5\% = 7.5\%$$
$$当前调整后的股利 = 3 246.07 \times 2.5\% = 81.15(元)$$

在未来 5 年预期收益增长率为 8%，股权资本成本为 7.5% 的假设下，各期预期股利及现值如表 9-7 所示。

表 9-7　预期股利大小及其现值

项目	1	2	3	4	5
预期股利(元)	87.64	94.65	102.23	110.40	119.24
折现因子	0.9302	0.8653	0.8050	0.7488	0.6966
股利的现值(元)	81.53	81.91	82.29	82.67	83.05

$$第6年的预期股利 = 119.24 \times (1+4\%) = 124.01(元)$$
$$第5年年末指数的价值 = \frac{第6年的预期股利}{股权资本成本 - 预期增长率} = \frac{124.01}{7.5\% - 4\%} = 3 543.14(元)$$
$$转换时期股票价格的现值 = \frac{3 543.14}{(1+7.5\%)^5} = 2 468.01(元)$$

所以：

X指数的价值 = 高增长时期股利的价值 + 转换期股价的现值
= 81.53 + 81.91 + 82.29 + 82.67 + 83.05 + 2 468.01
= 2 879.46(元)

通过以上计算可以看出，该指数当前被市场严重高估了。

第五节　股利折现模型案例分析

一、某照明公司价值评估

某照明公司是一家以生产和经营各种电光源产品及配套灯具为主的一家高新技术企业。它集创造、创新、生产、研发、设计、销售于一体，拥有自己的设计研发中心和国际先进的制造工艺和生产流水线，于 1993 年在深圳证券交易所挂牌交易。作为老牌绩优蓝筹股，该公司一直以业绩优良、股利分配慷慨著称。该公司的基本财务数据如下文所示。

(一) 股权资本成本

某照明公司的股权资本成本的相关数据为：①股权贝塔系数为 1.0029；②无风险利率为 1.52%(2025 年我国一年期国债收益率)；③市场风险溢价为 5.63%。[①]

由此得到：股权资本成本=1.52%+1.0029×5.63%=7.16%。

(二) 预期增长率

在不增发新股并保持运营效率和财务政策不变的情况下，我们用公司的可持续增长率代替预期增长率。可持续增长率是指不发行新股、不改变经营效率(不改变销售净利率和资产周转率)和财务政策(不改变权益乘数和留存收益率)时，其销售所能达到的增长率。可持续增长率的计算公式为

$$可持续增长率 = 销售净利率 \times 总资产周转率 \times 权益乘数 \times 留存收益率 = ROE \times b$$

某照明公司的具体财务数据如表 9-8 所示。

表 9-8　某照明公司的具体财务数据

年份	销售净利率	总资产周转率	权益乘数	留存收益率
2020	18%	63%	1.15	3.36%
2021	10%	74%	1.15	5.13%
2022	8%	82%	1.20	5.26%
2023	1%	47%	1.19	32.96%
2024	32%	55%	1.22	50.17%

表 9-9 展示了某照明公司的可持续增长率、收入增长率及 GDP 增长率的对比情况。

表 9-9　某照明公司的可持续增长率、收入增长率及 GDP 增长率的对比情况

项目	2020 年	2021 年	2022 年	2023 年	2024 年	均值
可持续增长率	43%	43%	41%	18%	10.75%	31%
收入增长率	-2.6%	14.7%	21.4%	-6.3%	17.03%	8.85%
GDP 增长率	2.24%	8.45%	3.00%	5.20%	5.00%	4.78%

---

① Damodaran A. Equity risk premiums (ERP): Determinants, Estimation, and Implications – The 2024 Edition[R]. Available at SSRN 4751941, 2024.

总体来说，某照明公司的可持续增长率在 5 年内的平均值为 31%，远高于同期的收入增长率和国内生产总值增长率，但是我们可以看到，从 2020 年到 2024 年可持续增长率一直呈下降趋势，公司的留存收益率从 2023 年开始骤然提高，这表明公司的这种成长能力在未来是不可持续的，公司正在逐渐由高增长阶段向稳定增长阶段过渡。

(三) 股利折现模型估值

我们假定某照明公司目前正在由高增长阶段向稳定增长阶段过渡，我们推测公司在 2030 年进入稳定增长阶段(高速增长 5 年)，稳定增长阶段的增长率为 1.52%(等于无风险利率)，因此按照增长率线性递减，假定公司 2025 年的预期增长率为 9.21%，2026 年的预期增长率为 7.67%，2027 年的预期增长率为 6.13%，2028 年的预期增长率为 4.60%；2029 年的预期增长率为 3.06%，拟采用两阶段 H 模型估计公司价值。该公司 2015—2024 年的股利分配情况如表 9-10 所示。

表 9-10　某照明公司股利分配情况(每 10 股)

单位：元

年份	2015	2016	2017	2018	2019	2020	2021	2022	2023	2024	均值
股利	0.585	0.220	0.220	0.250	0.250	0.310	0.160	0.220	0.013	0.420	0.265

由于 2015 年和 2016 年股利相差较大，为了消除异常年份对股价估计的影响，我们以 10 年股利的平均值为基础计算未来年份的预期股利。根据预期增长率，2025—2029 年公司的预期股利如表 9-11。

表 9-11　2025—2029 年公司的预期股利(每 10 股)

单位：元

年份	2025	2026	2027	2028	2029
预期股利	0.289	0.312	0.331	0.346	0.357
折现因子	0.93	0.87	0.81	0.76	0.71
股利的现值	0.270	0.271	0.269	0.262	0.252

则某照明公司的内在价值为

$$2029年年底股票价值 = \frac{2030年的预期股利}{股权资本成本 - 稳定增长率}$$
$$= \frac{0.362}{7.16\% - 1.52\%}$$
$$= 6.41(元)$$

$$2029年年底股价的现值 = \frac{2029年年底股票价值}{(1+股权资本成本)^5}$$
$$= \frac{6.41}{(1+7.16\%)^5}$$
$$= 4.535(元)$$

股票价值 = 增长阶段各期股利的现值 + 2029年年底股价的现值
$$= 0.270 + 0.271 + 0.269 + 0.262 + 0.252 + 4.535$$
$$= 5.86(元)$$

2024 年 12 月 30 日该公司的收盘价为 9.84 元，高于我们对其价值的评估，如果我们的估值准确，从长期来看，该公司的股价应呈现下跌的趋势。

二、某酒业公司价值评估

某酒业公司是以其系列酒的生产经营为主,同时生产经营精密塑胶制品、成套小汽车模具、大中小高精尖注射和冲压模具,并涉足生物工程、药业、印刷、电子、物流运输和相关服务业等行业,具有深厚企业文化的现代企业集团。

我们预计公司在5年内还将处于高速增长阶段,从第6年开始进入稳定增长阶段。

(一)股权资本成本

某酒业公司的股权资本成本的相关数据为:①股权贝塔系数为1.525;②无风险利率为1.52%;③市场风险溢价为5.63%。

因此,高速增长阶段的股权资本成本=1.52%+1.52×5.63%=10.10%。

(二)预期增长率

预期增长率的计算公式为

$$预期增长率 = b \times \text{ROE} = b \times [\text{ROC} + (D/E) \times (\text{ROC} - i_D)]$$

其中,b 为留存收益率,ROC 为资本回报率,D/E 为负债权益比,i_D 为税后债务利息率。

表 9-12 汇总了 2015—2024 年该公司的股利水平及股利支付率情况。

表 9-12 2015—2024 年该公司的股利水平及股利支付率

年份	2015	2016	2017	2018	2019	2020	2021	2022	2023	2024	均值
每10股股利	0	0.5	1.5	3	5	8	7	6	8	9	4.8
每股股利	0	0.05	0.15	0.3	0.5	0.8	0.7	0.6	0.8	0.9	0.48
每股收益	0.39	0.48	0.85	1.16	1.62	2.62	2.10	1.54	1.21	1.79	1.376
股利支付率	0	10.42%	17.65%	25.86%	30.86%	30.53%	33.33%	38.96%	66.12%	50.28%	34.88%

股利支付率我们取 2015—2024 年股利支付率的平均值,约为 34.88%;根据该公司 2024 年的资产负债表,ROC 为 678 453 万元/6 217 440 万元=10.91%;负债权益比率为 1 396 850 万元/4 820 590 万元=28.98%;从资产负债表可以看出,该公司的负债主要是由流动负债构成,且无短、长期借款,负债主要由应付款项(包括应付账款、应付税率、应付职工薪酬、其他应付款等)和预收账款组成,因而债务利息率接近于 0。

因此,我们假设高速增长时期的预期增长率=(1-34.88%)×(10.91%+0.2898×10.91%)=9.16%。稳定增长阶段的预期增长率为行业平均增长率 8.09%。

(三)市盈率

市盈率是衡量上市公司盈利能力的重要指标,它反映了投资者对每一元的净利润所愿意支付的价格,是市场对公司的共同期望指标。酒类属于传统行业,其市盈率普遍较低,因而该公司市盈率处于较低水平,酒业的期望回报率一般为 5%~10%,所以通常认为正常的市盈率为 5~20 倍,我们计算了过去十年 2015—2024 年的市盈率的平均值,大约为 30.11,由于 2015 年股市存在泡沫,股价被严重高估,因此我们考虑剔除这一异常年份,此时的市盈率约为 20.4,与我们的估计范围大致相符,考虑到该公司的品牌价值和知名度,加之我们需要的是公司进入稳定增长阶段的市盈率水平,因此我们取 20 作为该公司进入稳定增长阶段的市盈率。2015—2024 年该公司股票市盈率水平如表 9-13 所示。

表 9-13　2015—2024 年该公司股票市盈率水平

年份	2015	2016	2017	2018	2019	2020	2021	2022	2023	2024	均值
市盈率	117.5	19.3	16.8	14.0	7.5	10.8	20.2	30.0	37.0	28.0	30.1

(四) 股票价值评估

目前的每股价值可以表示成未来 5 年高增长阶段股利的现值与 5 年后股价的现值之和。根据市盈率的公式，可改写为股价等于每股收益乘以市盈率。

$$\begin{aligned} P_0 &= \sum_{t=1}^{5} \frac{\text{DPS}_0(1+g)^t}{(1+r)^t} + \frac{\text{EPS}_0(1+g)^5 \times (P/E)}{(1+r)^5} \\ &= \sum_{t=1}^{5} \frac{0.48 \times (1+9.16\%)^t}{(1+10.10\%)^t} + \frac{1.376 \times (1+9.16\%)^5 \times 20}{(1+10.10\%)^5} \\ &= 2.34 + 26.37 \\ &= 28.70 (\text{元}) \end{aligned}$$

因此，我们对于该公司每股内在价值的估计大约为 28.70 元，而 2024 年 12 月 30 日该公司的收盘价为 35.93 元，高于我们估计的价值。由于股利只是股东对公司索取权的部分体现，因此，我们仅将股利作为股东获得的现金流很可能低估公司每股的价值。

本章小结

本章主要介绍了价值评估的股利折现模型，这一模型的基本原理就是将股利看作股东获得的唯一现金流，进而将每股价值看作未来股利的现值之和。根据增长阶段的不同划分，可以分为不变增长模型、两阶段增长模型和三阶段增长模型，对处于不同发展阶段的公司应使用不同的模型进行估值。虽然股利折现模型简单直观，但是，在很多情况下公司的股利并不能反映或不能完全反映股东对公司的索取权，尤其是在股利支付率较低的中国，因此，在使用这一模型进行估值时要注意模型的适用性。同时，本章也通过对某照明公司和某酒业公司的实际价值评估案例，详细展示了模型参数(如增长率、折现率)的实务确定方法，帮助读者在实际应用中掌握股利折现模型。

课后问答

1. 股利折现模型有几种具体形式？各自的适用范围是什么？
2. 为什么不变增长模型要求稳定增长率小于股权资本成本？请从数学和经济意义两个角度解释。
3. 股利折现模型的优点和局限性是什么？
4. 股利折现模型在什么情况下会系统性低估每股价值？请结合自由现金流进行分析。
5. 股利折现模型如何处理股票回购？
6. 如何利用股利折现模型对行业及市场进行价值评估？
7. 在数字化经济下，许多成长型企业选择零股利政策，这对股利折现模型的实用性提出了什么挑战？

第十章

股权自由现金流折现模型

本章任务清单

任务序号	任务内容
1	掌握股权自由现金流的含义及计算
2	掌握股权自由现金流模型的基本原理及基本公式
3	能够灵活运用股权自由现金流模型的不同形式对股权价值进行评估
4	掌握股权自由现金流模型的适用范围
5	了解股权自由现金流模型的优点和局限性
6	掌握股权自由现金流模型和股利折现模型的区别和联系
7	掌握股权自由现金流的含义及计算

股权自由现金流折现模型(FCFE 模型)是价值评估的核心工具之一，尤其适用于股利政策与真实现金流不匹配的企业。与股利折现模型(DDM 模型)不同，FCFE 模型以股东潜在可获得的全部自由现金流为基础，规避了股利黏性、再投资需求或税收政策对估值的干扰。本章将系统阐述 FCFE 的计算方法、模型构建及实际应用，并通过对比 DDM 模型，揭示其在特定场景下的优势与局限，帮助读者在复杂财务环境中做出更精准的价值判断。

第一节 股权自由现金流

公司每年不仅需要偿还债务的本金和利息，还要为其今后的发展而维护现有的资产，同时购置新的资产，当我们把这些费用全部从现金流收入中扣除之后，余下的现金流就是股权自由现金流(FCFE)。股权自由现金流是指在除去经营费用、税收、债务偿还及为保持预定现金流增长所需的全部资本性支出后的现金流。它的具体计算公式为

$$FCFE = 净收益 + 折旧 - 资本性支出 - 净营运资本增加 - 债务本息偿还 + 新发行债务 \quad (10\text{-}1)$$

股权自由现金流不同于股利，它是股利发放的全部来源，有些公司会选择将全部的股权自由现金流都作为股利发放给股东，但大部分公司都会保留一定的股权自由现金流，股权自由现金流之所以不同于股利，主要在于以下几个方面。

(1) 股利稳定性的要求。股利支付的稳定通常是公司稳定发展的标志之一，因此一般来说公司都不愿意变动股利支付额，尤其不愿意减少股利支付额。因而股利在某种程度上是具有黏性的，股利的波动性通常要远远小于收益和现金流的波动性。因此，即使公司收益或股权自由现金流增长，公司也不愿意提高股利支付，因为管理者不能确定这种较高的股利支付在未来能否延续下去，

一旦不能延续，股利支付的突然降低反而会给公司带来负面影响。

(2) 再投资的需要。如果一个公司正处于成长期，其预期将来的资本支出会有所增加，考虑到新股发行的成本较高，公司通常会选择降低股利支付，多保留一些现金满足未来再投资的需要。

(3) 税收因素。股权自由现金流有多少会转化为股利发放给股东还取决于股东所面临的税收政策，即股利所得税和资本利得税的权衡。如果股东面临的股利所得税较低，那么公司可能会通过借债或发行新股来支付高于股权自由现金流的股利；反之，如果股东面临的股利所得税高于资本利得税，那么公司可能会发放较少的股利，而选择将更多的现金保留在企业内部用于再投资。

(4) 信号因素。股利支付通常被视作公司发展前景的信号，一般来说，股利增加，则公司前景看好，股价会攀升；股利减少，则公司前景暗淡，股价会下跌。因此，公司会利用股利支付的这种信号作用，通过股利的增减向外界传达出公司希望向外界展示的发展状态，这也使得股利与股权自由现金流不同。

第二节　模型概述

一、基本原则

股权自由现金流折现模型就是将股权自由现金流作为股东预期获得的唯一现金流来估算股票价值的模型。因此，股权自由现金流折现模型并没有违背上一章的股利折现模型，而是股利折现模型的另一种形式，即潜在股利折现模型，该模型与股利折现模型最大的区别就在于用股权自由现金流代替实际股利。

这一模型暗含了两个基本假设：一是用股权自由现金流来代替股利；二是将股权自由现金流全部支付给股东。事实上，由于上市公司通常不会将股权自由现金流全部支付给股东，股东对股权自由现金流不一定具有完全的索取权。这里的第二个假设主要是基于上市公司具有能够发挥作用的、健全的公司治理机制这一假设，即使股东无法促使管理者将股权自由现金流全部作为股利发放给股东，但他们能够通过股东大会等健全的公司治理机制向管理者施加压力，尽可能地减少委托代理风险，确保留在公司的股权自由现金流用在合理的地方以增加股东未来的收益，而不是被管理者肆意浪费掉。

股权自由现金流折现模型的第二个假设有两个基本后果。首先，它意味着公司将不会有现金的积累。在股权自由现金流为正的情况下，公司在每一期都将满足了债务偿还及公司未来再投资需要的剩余现金全部支付给了股东，因此公司不会有对未来现金的积累；其次，由于公司将所有的股权自由现金流都支付给了股东，留存收益的预期增长将仅包括经营资产所带来的收益的增长，而不包括有价证券带来的收益的增加。

上一章我们提到了调整的股利折现模型，它把股票回购作为股东预期获得的现金流的一部分加入股利当中。在这里，我们可以将股票回购看作管理者未完全将股权自由现金流作为股利支付给股东的现金留存的回报。因此可以将股权自由现金流折现模型看作一段时期内公司以股利和股票回购的方式给予股东全部回报的一个平滑的估计。

二、调整的预期增长率与股权回报率

在股利折现模型中，我们认为凡是没有作为股利进行支付的现金都会被再投资于公司之中，因而可以将股利的预期增长率看作留存收益率与股权回报率的乘积。虽然股权自由现金流也是归属于股东的现金流，但由于留存收益率的概念违背了将股权自由现金流全部支付给股东的假设，因此式(10-2)中计算预期增长率的方法在股权自由现金流折现模型中显然不再合理，需要对相关变

量进行一定的调整。

$$\text{预期增长率}_t = \text{留存收益率}_t \times \text{股权回报率}_t \tag{10-2}$$

首先,应对留存收益率进行调整,由于在股权自由现金流折现模型下公司没有现金留存,因此留存收益率这一变量显然无法得到。为了反映公司再投资的比例,可以间接地使用公司的投资支出代替现金留存,同时将留存收益率的分母项扣除现金和有价证券带来的利息收益,从而将留存收益率调整为股权再投资率,股权再投资率是衡量净收益被再次投回公司的百分比,具体公式为

$$\text{股权再投资率}_t = \frac{\text{净资本支出}_t + \text{营运资本变化}_t - \text{新发行的债务}_t - \text{旧债务的偿还}_t}{\text{净收益}_t - \text{现金和有价证券的税后收益}_t} \tag{10-3}$$

接着,还要对股权回报率进行调整。如上节所描述的,在股权自由现金流折现模型中,公司所有的股权自由现金流全部支付给股东,因此,我们需要在股权回报率的分子项中扣除现金和有价证券带来的税后利息收益,在分母项即股权的账面价值中扣除现金和有价证券的价值,这一结果刚好反映的是非现金股权回报率,具体计算公式为

$$\text{非现金股权回报率} = \frac{\text{净收益}_{t-1} - \text{现金和有价证券的利息收益}_t \times (1-\text{税率})}{\text{股权账面价值}_{t-1} - \text{现金和有价证券}_{t-1}} \tag{10-4}$$

将股权再投资率与非现金股权回报率相乘,即得到股权自由现金流折现模型下调整后的预期增长率,具体公式为

$$\text{调整后的预期增长率} = \text{股权再投资率} \times \text{非现金股权回报率} \tag{10-5}$$

利用这一调整后的增长率和非现金股权回报率可以计算出各年度的 FCFE,之后将其折现加总,并加上现金的账面价值(这是因为我们在计算股权回报率时未考虑现金带来的回报),便可以得到公司的股权价值。

三、每股价值与股权价值

在本章中,我们所做的估值有的是使用每股收益和每股现金流的值,从而计算得到对每股价值的估计;也有的是使用总股权收益和总股权现金流,从而计算得到公司的股权价值,然后再除以公司发行在外的普通股股数,得到公司的每股价值的估计。那么这两种方法有什么区别呢?

每股价值的方法更为简单一些,并且也较容易理解,大部分数据服务会报告每股收益并分析每股收益变动的原因,因而本章也重点基于"每股(股权)价值"展开介绍。即便如此,通常也要附上总股权价值,原因如下。

(1) 若使用的是净收益而非每股收益,则在分析时需要将净收益拆分为来自经营资产与现金资产的部分,并分别对其进行估值。这种拆分有助于理解经营性收益与非经营性现金流的来源和价值。

(2) 当公司存在流通在外的认购权、认股权证或可转换债券时,直接使用每股估值法可能产生偏差。因为这些潜在权益工具未来可能被转换为普通股,从而稀释原有股东的持股比例。在此情形下,应将这些潜在股权工具所对应的稀释效应纳入估值计算,即考虑"全部稀释"条件下的每股价值。然而,由于这些工具本身的价值难以准确衡量,且其转换的可能性不一,单纯采用每股估值法难以准确刻画其影响。因此,更可靠的做法是先对整个公司的股权总价值进行估算,并将估值得到的总价值减去这类潜在权益工具对普通股数量的稀释,最终得出更为准确的每股股权价值。

第三节　模型的具体形式

在这一节，我们将介绍股权自由现金流折现模型(FCFE 模型)的三种具体形式，即稳定增长模型、两阶段增长模型和三阶段增长模型，由于我们只是将股利折现模型中的股利换为股权自由现金流，因此可将这一节看作上一章股利折现模型的变体。

一、稳定增长的 FCFE 模型

(一) 模型概述

稳定增长的 FCFE 模型假设公司一直以稳定的比率增长从而处于稳定的状态，在这种情况下，公司的股权自由现金流将以一个固定的增长率逐年增长，因而股权价值为预期下一期的股权自由现金流、预期的稳定增长率及股权资本成本的函数，具体公式为

$$P_0 = \frac{FCFE_1}{k-g} \tag{10-6}$$

其中：P_0 为公司股权的价值；$FCFE_1$ 为预期下一期的股权自由现金流；k 为公司的股权资本成本；g 为公司股权自由现金流的预期稳定增长率。

(二) 适用条件

与不变增长的股利折现模型类似，稳定增长的 FCFE 模型同样适用于那些预期增长率不高于其所处经济环境中名义增长率的公司。然而，相较于股利折现模型，FCFE 模型在现金流处理上更为贴近企业实际，因为在不变增长的股利折现模型中，公司的股利支付往往与其真实可分配的股东现金流(即股权自由现金流)存在显著偏离——有时远高于 FCFE，有时则显著低于 FCFE，这种偏离与公司已进入稳定增长阶段的基本假设并不一致。因此，FCFE 模型通常被认为更能反映企业的内在价值。需要强调的是，在公司将全部的 FCFE 作为股利支付给股东的特殊情形下，这两个模型在理论上应得出相同的每股价值(或者股权价值)。

(三) 限制条件

由于 FCFE 模型与不变增长的股利折现模型非常类似，因此它在应用方面也面临着同样的限制条件。首先，模型中的预期稳定增长率应该是合理的，即不超过所处经济环境中的名义经济增长率。其次，公司处于稳定增长阶段的假设也暗含了公司必须具备其他的稳定增长条件：公司的折旧必须能够弥补资本性支出；公司应具备平均风险，即公司的股权资本成本应与市场全部股票的平均股权资本成本相等。如果用资本资产定价模型估算公司的股权资本成本，则公司的贝塔值应等于市场的贝塔值等于 1。

【例 10.1】稳定增长的 FCFE 模型的应用。

B 公司的基本信息如下所示：①就公司的规模而言，其不可能在相当长的时期内保持高于整体经济发展速度的增长率；②公司目前的股利支付远远低于公司的股权自由现金流；③公司的财务结构相当稳定，B 公司 2024 年的相关财务数据如表 10-1 所示。

表 10-1　B 公司 2024 年的相关财务数据

单位：元

财务指标	金额
每股收益	3.5
每股现金利息税后收益	0.3
每股股权账面价值	20.1
每股现金账面价值	3.71
每股资本性支出	3.5
每股折旧	3
每股净营运资本增加额	0.5
固定负债比率	25%

补充信息：①净收益、资本性支出、折旧和营运资本预计每年都以相同的增长率增长；②假定公司以目标负债比率作为融资依据，为资本净支出和净营运资本的增加提供资金支持；③公司 2023 年现金和有价证券的每股价值为 4 元，每股股权账面价值为 20 元；④公司股票的贝塔系数为 0.9，无风险利率为 3.5%，市场的风险溢价为 4.5%。

根据资本资产定价模型，股权资本成本 = 3.5% + 0.9 × 4.5% = 7.55%。

2024 年 B 公司的非现金股权回报率为

$$\text{非现金股权回报率}_{2024} = \frac{\text{每股收益}_{2024} - \text{每股现金利息税后收益}_{2024}}{\text{每股股权账面价值}_{2023} - \text{每股现金股权账面价值}_{2023}}$$

$$= \frac{3.5 - 0.3}{20 - 4} = 20\%$$

$$\text{股权再投资率}_{2024} = \frac{\text{资本性支出}_{2024} - \text{折旧}_{2024} + \text{净营运资本增加}_{2024} - \text{净债务增加}_{2024}}{\text{非现金净收益}_{2024}}$$

$$= \frac{3.5 - 3 + 0.5 - (3.5 - 3 + 0.5) \times 25\%}{3.5 - 0.3}$$

$$= 23.44\%$$

预期增长率 = 股权再投资率 × 非现金股权回报率 = 23.44% × 20% = 4.69%

将预期增长率应用到非现金净收益可得到公司的每股价值：

$$\text{公司的每股价值} = \frac{(3.5 - 0.3) \times (1 - 23.44\%) \times (1 + 4.69\%) + 3.71}{7.55\% - 4.69\%} = 93.39(\text{元})$$

二、两阶段 FCFE 模型

（一）模型概述

两阶段 FCFE 模型适用于那些在初始年份保持较高的增长率，一段时期之后突然下降至稳定增长率的公司。在这种情况下，公司股票的价值由两部分组成：一部分是高增长阶段每股 FCFE 的现值；另一部分是转换时期每股价值的现值，具体计算公式为

$$P_0 = \text{高增长阶段每股FCFE的现值} + \text{转换时每股价值的现值}$$
$$= \sum_{t=1}^{n} \frac{FCFE_t}{(1+k_n)^t} + \frac{P_n}{(1+k_n)^n} \tag{10-7}$$

其中：P_0 代表公司的每股价值；$FCFE_t$ 代表第 t 期公司的预期每股股权自由现金流；k_n 代表高增长时期公司的股权资本成本；P_n 代表第 n 期末公司的每股价值 $\left(P_n = \dfrac{FCFE_{n+1}}{k_s - g}\right)$；$k_s$ 代表稳定增长时期公司的股权资本成本；g 代表公司在稳定增长时期的预期增长率，可以把式(10-7)进一步写为

$$P_0 = \sum_{t=1}^{n} \frac{FCFE_t}{(1+k_n)^t} + \frac{FCFE_{n+1}}{(k_s - g)(1+k_n)^n} \tag{10-8}$$

需要注意的是，在应用稳定增长模型的时候，我们仍然要考虑与稳定增长阶段相关的假定，并保证高速增长阶段的假定与稳定增长阶段的假定保持一致。比如，公司在超常增长阶段内的资本性支出会远大于折旧，但当公司进入稳定增长阶段后，二者的差距应该逐渐缩小。

【例 10.2】稳定增长阶段的资本性支出与折旧。

假设 C 公司在未来 5 年内以每年 20% 的速度增长，第 6 年之后进入稳定增长阶段，稳定增长率为 6%，今年的每股收益为 3 元，每股资本性支出为 2.5 元，每股折旧为 1.5 元。我们假设资本性支出、折旧和收益的增长速度相同，那么第 5 年每股的收益、资本性支出、折旧和每股 FCFE 分别为：7.46 元、6.22 元、3.73 元、4.97 元。

如果我们在使用稳定增长模型时没有对资本性支出与折旧之间的差异进行调整，那么高速增长阶段期末的每股 FCFE 是 $4.97 \times 1.06 = 5.27$ 元。

利用这个数据我们可以算出高速增长期末股票的价值，但由于这种计算方式高估了稳定增长阶段的资本性支出，因此会低估股票的真实价值。在这里，为了满足稳定增长阶段的假设，我们采用两种调整方式使得稳定增长阶段的资本性支出与折旧之间的差异逐渐缩小。

(1) 假设在稳定增长阶段内，折旧刚好可以弥补资本性支出。

因此，第 6 年的每股 FCFE = $7.46 \times 1.06 = 7.91$ 元。

然而这一假设对于一些行业的企业来说是很难成立的，因为即使是在不增长的阶段，一些行业公司的资本性支出也会超过折旧。

(2) 分别设定资本性支出和折旧在前 5 年内的增长率，以使得二者到第 6 年时大致相等。例如，假设 5 年中资本性支出的增长率为 30%，折旧的增长率为 44%，那么第 5 年的每股收益、资本性支出、折旧和每股 FCFE 则分别为：7.46 元、9.28 元、9.29 元、7.47 元，并且这个现金流可以保持 6% 的增长速度。

(二) 模型的适用性

两阶段 FCFE 模型的假设条件与两阶段股利折现模型的假设是相同的，二者唯一的区别就在于归属于股东的现金流是股利还是股权自由现金流。然而，相较于两阶段股利折现模型，两阶段的 FCFE 模型给出了更好的估计结果，特别是对于那些当前支付的股利不能长久维持或股利支付远低于股权自由现金流的公司。

【例 10.3】两阶段 FCFE 模型应用。

Y 公司估值：Y 公司是一家生物制药公司，2024 年同行业的 X 公司打算收购 Y 公司以获得某品种特效药物的专利配方，与现有事业部产品形成协同效应，因此 X 公司要对 Y 公司进行估值。

公司基本信息：①由于 Y 公司拥有某种特效药的专利配方，专利期 5 年，因此我们推测其在 5 年内将实现高速增长，5 年后将进入稳定增长阶段；②Y 公司目前不支付股利，并且在未来也没

有支付股利的打算,随着公司的逐步壮大,它的 FCFE 也会随之增长;③公司的财务结构比较稳定。Y 公司 2024 年的财务信息如表 10-2 所示。

表 10-2　Y 公司 2024 年部分财务信息

单位:元

财务指标	金额
每股净收益	3.5
每股税后现金利息收益	0.5
每股股权账面价值	18.8
每股现金账面价值	3.41
每股资本性支出	3.2
每股折旧	1.6
每股净营运资本增加额	0.5
每股债务净增加	0.8
每股现金和有价证券的价值	4.52

公司其他信息:①资本性支出、折旧和经营收入的预期增长率都与收益的增长率相同;②高增长时期公司的贝塔系数为 1.15;稳定增长时期公司的贝塔系数为 1;③无风险利率为 2%,风险溢价为 4.5%;④2023 年 Y 公司现金和有价证券的每股价值为 3.6 元,每股股权账面价值为 18.7 元。根据 2024 年的收益和年初股权和现金的账面价值,我们可以计算出非现金股权回报率。

$$非现金股权回报率_{2024} = \frac{非现金净收益_{2024}}{非现金股权账面价值_{2023}}$$

$$= \frac{3.5 - 0.5}{18.7 - 3.6} = 19.87\%$$

根据各项支出和非现金收益可以计算出股权再投资率。

$$股权再投资率_{2024} = \frac{资本性支出_{2024} - 折旧_{2024} + 净营运资本增加_{2024} - 净债务增加_{2024}}{非现金净收益_{2024}}$$

$$= \frac{3.2 - 1.6 + 0.5 - 0.8}{3.5 - 0.5} = 43.33\%$$

我们假设该公司在 5 年内将保持现在的非现金股权回报率和股权再投资率,则预期增长率为

$$预期增长率 = 股权再投资率 \times 非现金股权回报率$$
$$= 43.33\% \times 19.87\% = 8.61\%$$

根据资本资产定价模型,可以得到高增长时期和稳定增长时期的股权资本成本。

高增长时期的股权资本成本 $= 2\% + 1.15 \times 4.5\% = 7.18\%$

稳定增长时期的股权资本成本 $= 2\% + 1 \times 4.5\% = 6.5\%$

5 年后,公司进入稳定增长阶段,我们假设预期增长率下降至 2%(等于无风险利率),股权回报率下降至 12%,则可计算出稳定增长时期的股权再投资率为

$$股权再投资率 = \frac{预期增长率}{股权回报率} = \frac{2\%}{12\%} = 16.67\%$$

我们假设未来 5 年内 Y 公司的预期增长率为 8.61%,股权再投资率为 43.33%,股权资本成本为

7.18%，则表 10-3 列示了未来 5 年公司的每股股权自由现金流及现值。

表 10-3 Y 公司的每股股权自由现金流及现值

单位：元

年份	1	2	3	4	5
预期增长率	8.61%	8.61%	8.61%	8.61%	8.61%
每股非现金净收益	3.26	3.54	3.84	4.17	4.53
股权再投资率	43.33%	43.33%	43.33%	43.33%	43.33%
每股 FCFE	1.85	2.01	2.18	2.36	2.57
股权资本成本	7.18%	7.18%	7.18%	7.18%	7.18%
折现因子	0.9330	0.8705	0.8122	0.7578	0.7070
每股 FCFE 的现值	1.73	1.75	1.77	1.79	1.82

因此，高增长时期的每股 FCFE 的现值为 $1.73+1.75+1.77+1.79+1.82=8.85$ 元。

接着我们要计算高增长期末股票的价值，首先对第 6 年的每股 FCFE 进行预测：

第6年每股FCFE = 第5年的每股非现金净收益 × (1+预期稳定增长率) × (1−股权再投资率)
$= 4.53 \times (1+2\%) \times (1-16.67\%) = 3.85(元)$

$$转换期末每股价值 = \frac{FCFE_6}{r-g} = \frac{3.85}{6.5\%-2\%} = 85.56(元)$$

$$转换期末每股价值的现值 = \frac{85.56}{(1+7.18\%)^5} = 60.49(元)$$

因此，我们可以得到每股价值为

$$每股价值 = \begin{matrix}高增长阶段各期\\每股FCFE的现值\end{matrix} + \begin{matrix}转换期末每股\\价值的现值\end{matrix} + \begin{matrix}每股现金\\账面价值\end{matrix}$$
$$= (1.82+1.79+1.77+1.75+1.73) + 60.49 + 3.41$$
$$= 8.85 + 60.49 + 3.41$$
$$= 73.75(元)$$

三、三阶段 FCFE 模型

(一) 模型概述

三阶段 FCFE 模型适用于那些要经历三个不同增长阶段的公司。这三个阶段一般是：最初的高增长阶段、增长率下降的转换阶段和稳定增长阶段。这时，公司股票的价值是前两个阶段 FCFE 的现值和转换期末股价的现值之和，具体公式为

$$P_0 = \sum_{t=1}^{n_1} \frac{FCFE_t}{(1+k_n)^t} + \sum_{t=n_1+1}^{n_2} \frac{FCFE_t}{(1+k_{tr})^t} + \frac{FCFE_{n_2} \times (1+g_s)}{(1+k)^{n_2} \times (k_s-g_s)} \tag{10-9}$$

式中，$FCFE_t$ 是第 t 年的股权自由现金流，高增长阶段持续期为 n_1，转换阶段持续时间为 (n_2-n_1)，k_h、k_{tr} 和 k_s 分别是高增长阶段、转换阶段和稳定增长阶段的股权资本成本，g_s 是稳定增长阶段的预期增长率。

(二) 限制条件

由于模型假定了公司的增长速度会经历高增长、转换及稳定增长三个不同的阶段，因此其他变量的假定都必须与这一增长率的假定相一致，具体来说包括以下几个方面。

1. 资本性支出和折旧

在高速增长阶段，公司的资本性支出可能比折旧高很多；但在转换阶段，随着增长速度的减缓，资本性支出与折旧的差距会逐渐缩小；当公司进入稳定增长阶段时，二者应大致持平。我们定义净资本性支出为资本性支出与折旧的差额，则在不同的增长阶段，净资本性支出的变动应如图 10-1 所示。

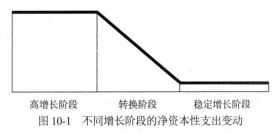

图 10-1　不同增长阶段的净资本性支出变动

2. 风险

随着公司增长速度的变化，公司的风险也会随之变化。在资本资产定价模型中，随着公司增长速度的下降，公司的贝塔系数会趋近于 1。这一结论已经得到了实证研究的确认。在实证研究中，我们观察一组具有高贝塔系数股票的投资组合，发现随着时间的推移，当这些公司的规模逐渐庞大并且进行多角化经营之后，整个投资组合的贝塔系数就会趋近于 1。

(三) 适用性

由于三阶段 FCFE 模型考虑了公司增长的三个不同阶段，因而相较于稳定增长模型和两阶段增长模型来说更为符合公司发展的实际情况，适用性更强，尤其适用于那些当前正处于高增长阶段的公司的估值。该模型与三阶段股利折现模型十分类似，唯一的区别是将现金流由股利替换成了 FCFE，因此对于那些股利支付额远大于或远小于 FCFE 的公司来说，这一模型可以比股利折现模型更好地评估公司的价值。

【例 10.4】三阶段 FCFE 模型应用：D 公司估值。

D 公司是中国著名的自营式电商企业，在中国自营式电商市场的占有率达 50%以上。基于互联网行业目前良好的发展态势及 D 公司在整个行业中的领先地位，我们假定公司目前正处于高速增长阶段，适用于三阶段增长模型；并且由于公司当前并没有支付股利，因此考虑用三阶段的 FCFE 模型评估公司的价值。

2024 年，该公司报告的每股净收益为 4.34 元，其中现金和有价证券的每股收益为 0.82 元，每股现金账面价值为 2.71 元。该公司 2023 年每股股权的账面价值为 10.78 元，现金的每股账面价值为 2.77 元，因此该公司的非现金股权回报率为

$$2024年非现金股权回报率 = \frac{2024年非现金净收益}{2023年非现金股权账面价值}$$
$$= \frac{4.34 - 0.82}{10.78 - 2.77} = 43.95\%$$

为了计算股权再投资率，我们考察了过去 5 年公司的平均净资本性支出和营运资本投资额，以及债务的偿还和发行情况：

　　标准的净资本性支出=3.67(百万元)
　　标准的非现金营运资本的变化=0.90(百万元)
　　标准的净债务现金流=2.87(百万元)

$$标准股权再投资率 = \frac{净资本性支出 + 净营运资本的增加 - 净债务的增加}{非现金净收益}$$

$$= \frac{3.67 + 0.90 - 2.87}{4.34 - 0.82} = 48.30\%$$

则未来 5 年公司的预期增长率为

$$预期增长率 = 非现金股权回报率 \times 标准股权再投资率$$
$$= 43.95\% \times 48.30\%$$
$$= 21.23\%$$

从第 6 年起，D 公司将进入增长速度递减的转换阶段，到第 11 年进入稳定增长阶段，稳定增长速度为 6%，为了计算稳定增长时期的股权再投资率，我们假定稳定增长阶段的股权回报率将降至 15%。因此稳定增长时期的股权再投资率为

$$稳定增长时期的股权再投资率 = \frac{预期增长率}{股权回报率} = \frac{6\%}{15\%} = 40\%$$

高增长阶段公司的贝塔系数为 1.3，在转换阶段贝塔系数一直线性下降至稳定增长阶段的 1；无风险利率为 3.5%，风险溢价为 4.5%，因此，股权资本成本为

$$高增长阶段的股权资本成本 = 3.5\% + 1.3 \times 4.5\% = 9.35\%$$

$$稳定增长阶段的股权资本成本 = 3.5\% + 1 \times 4.5\% = 8\%$$

为了对 D 公司的价值进行评估，我们首先要计算高增长阶段和转换阶段的股权自由现金流的现值。前 5 年预期增长率为 21.23%，股权再投资率为 48.30%；6 到 10 年的预期增长率会下降至 6%，股权再投资率会下降至 40%。高增长阶段和转换阶段的现金流具体估计结果见表 10-4 和表 10-5。

表 10-4 高增长阶段现金流具体估计结果

单位：元

年份	1	2	3	4	5
预期增长率	21.23%	21.23%	21.23%	21.23%	21.23%
每股非现金净收益	4.27	5.17	6.27	7.60	9.22
股权再投资率	48.30%	48.30%	48.30%	48.30%	48.30%
每股 FCFE	2.21	2.67	3.24	3.93	4.77
股权资本成本	9.35%	9.35%	9.35%	9.35%	9.35%
折现因子	0.9145	0.8363	0.7648	0.6994	0.6396
每股 FCFE 的现值	2.02	2.23	2.48	2.75	3.05

表 10-5 转换阶段现金流具体估计结果

单位：元

年份	6	7	8	9	10
预期增长率	18.18%	15.14%	12.09%	9.05%	6%
每股非现金净收益	10.90	12.55	14.06	15.34	16.26
股权再投资率	46.64%	44.98%	43.32%	41.66%	40%
每股 FCFE	5.82	6.91	7.97	8.95	9.76
贝塔值	1.24	1.18	1.12	1.06	1
股权资本成本	9.08%	8.81%	8.54%	8.27%	8%
折现因子	0.5864	0.5389	0.4965	0.4586	0.4246
每股 FCFE 的现值	3.41	3.72	3.96	4.10	4.14

因此，我们可以得到，高增长阶段和转换阶段每股 FCFE 的现值为

$$2.02+2.23+2.48+2.75+3.05+3.41+3.72+3.96+4.10+4.14=31.86(元)$$

接着，我们要计算转换期末每股价值的现值：

$$\text{第11年的FCFE的每股价值现值} = \frac{\text{FCFE}_{10} \times (1+6\%)}{8\%-6\%} \times 0.4264 = 220.57(元)$$

因此：

$$\begin{aligned}\text{每股股权价值} &= \begin{array}{c}\text{两阶段每股}\\ \text{FCFE现值}\end{array} + \begin{array}{c}\text{转换期末每股}\\ \text{价值的现值}\end{array} + \begin{array}{c}\text{每股现金和有价}\\ \text{证券的价值}\end{array} \\ &= 31.86 + 220.57 + 2.71 \\ &= 255.14(元)\end{aligned}$$

第四节　FCFE 模型的评价

总体来说，FCFE 模型是 DDM 模型的一种特殊形式，它以潜在的股利支付代替了实际的股利支付作为股东获得的现金流，适用于对股利支付与股权自由现金流相差较大的公司进行价值评估，接下来我们将进一步探讨 FCFE 模型的优点和局限性。

一、FCFE 模型的优点

（一）使每股价值的评估不再受股利政策的限制

在股利折现模型下，每股价值的评估很大程度上取决于公司的股利政策，因为该模型假设股利是股东获得的唯一现金流。这一特征的弊端在于，对于那些一贯支付少于或多于公司所能支付的股利的公司而言，股利折现模型并不能准确评估每股价值。在这种情况下，运用股东潜在获得的收益代替实际获得的收益，即用 FCFE 代替股利作为股东获得的现金流能更加准确地评估每股价值，不再受管理者股利政策的限制。

（二）FCFE 可以为负

在 DDM 模型中，我们假设企业会持续发放股利，因此模型中的现金流始终为正值，也就是说，股利始终大于等于零。但在 FCFE 模型中，用来估值的现金流是"留给普通股股东"的自由现金流，这个数值并不一定为正。特别是在公司发展初期或扩张阶段，为了扩大业务，企业可能需要大量资金进行再投资，此时即使盈利，也会因为现金流出过多而导致 FCFE 为负。另外，如果企业负债水平较高，偿还本息的支出也会压缩可分配给股东的现金流，同样可能出现负的 FCFE。

FCFE 为负是否合理，需要结合公司情况来判断。如果公司当前的投资项目能够带来高于股东要求收益率的回报率，那么这类再投资就是值得的，短期 FCFE 为负也可以接受。这说明公司是在"用现在的钱换未来更大的价值"。但需要注意的是，不论是投资需求还是债务负担，FCFE 为负的公司通常需要借钱或融资来维持运作。市场往往会预期这些公司在未来要增发新股或新增债务，这会稀释股东权益或增大财务压力。如果未来无法顺利融资，公司就可能面临资金链断裂，甚至破产的风险。

由于市场已经预见到这些潜在风险，负的 FCFE 往往已经在当前股价中体现。也就是说，投资者在估值时应考虑这种"预期中的融资行为"。当我们需要用FCFE模型进行估值时，基期的 FCFE 如果为负，应该谨慎选择一个具有代表性的数据作为估值的起点。常用的处理方法包括以下几种：

如果过去 N 年 FCFE 的算术平均值为正，可采用该平均值作为基准；如果加权平均值为正，说明近年数据权重更高，优先使用加权平均值；如果最近一年 FCFE 为正，可直接取该年作为基准；如果最近一年仍为负，则可从历史中选择某一年较为正常的 FCFE 值，作为估值起点(具体年份应由分析者根据企业实际情况判断)。

二、FCFE 模型的局限性

(一) 易犯双重计算的错误

在 FCFE 模型中，十分重要的一个假设是 FCFE 将被全部支付出去，因此公司将不会有现金积累，从而在价值评估中我们也不需要再关注未来现金的余额。但由于公司支付的股利通常小于 FCFE，因此分析人员在折现公司 FCFE 以评估股权价值的同时，也会关注公司的现金积累，从而出现双重计算的错误。

(二) 新债务的发行难以估计

在 FCFE 模型中，股权自由现金流的计算十分重要，为了计算股权自由现金流，分析人员需要评估每年的净资本性支出、追加的营运资本及发行新债务筹集的资金，虽然前两项评估较为容易，但对于新债务的发行和旧债务的偿还带来的现金流变动则比较复杂。当公司一直保持某一稳定的负债比率为资本性支出和营运资本的增加融资，并用新发行的债务来偿还旧债务时，FCFE 的计算公式可以进行如式(10-10)的简化；但是，如果公司的债务比率随时间的推移和公司的发展而不断变化，我们则需要估计公司为获得期望的负债比率而发行的新债务。

$$\begin{aligned} \text{FCFE} &= 净收益 - 资本性支出 - 折旧 - 非现金营运资本增加 \\ &\quad + (新债务的发行 - 旧债务的偿还) \\ &= 净收益 - 资本性支出 - 折旧 \times (1 - 固定债务比率) \\ &\quad - 非现金营运资本增加 \times (1 - 固定债务比率) \end{aligned} \quad (10\text{-}10)$$

三、FCFE 模型的适用性

运用 FCFE 模型估值的关键在于股权自由现金流的计算，相较于 DDM 模型中唯一的现金流——股利，股权自由现金流的计算由于要评估资本支出、折旧、营运资本及净债务现金流而较为复杂，尤其是当公司的预期债务比率随着时间的推移而变化时，净债务现金流的估算较为困难。因此，当计算公司股权自由现金流的因素容易获得和评估时，股权自由现金流折现模型是估值的理想选择，但是当计算公司股权自由现金流的因素很难获得和评估时(比如金融服务公司)，运用 DDM 模型进行股票或股权的价值评估不失为一种更为现实的选择。

第五节　FCFE 模型和 DDM 模型的比较

一、二者的联系

正如前文所言，FCFE 模型是 DDM 模型的变体，二者唯一的区别是现金流范围的界定，即现金流为股东的潜在收益还是实际收益。因此，当股东的实际收益与潜在收益相等时，即公司将全部的 FCFE 都作为股利发放给股东时，两个模型对股票或股权价值的评估结果是相同的。

二、二者的区别

在更多的情况下，FCFE 模型和 DDM 模型的估值结果是不同的，具体可以以股利和 FCFE 的大小关系进行比较讨论。

（一）股利小于 FCFE

当企业实际支付的股利少于其理论上可分配的 FCFE 时，意味着公司保留了部分现金，而非将其分配给股东，此时 FCFE 模型的估值结果显然高于 DDM 模型。这种"保留盈余"的使用方式会对估值结果产生不同影响，需结合保留现金的具体用途进行分析。

(1) 若多余现金被用于净现值((NPV)为正的项目投资，说明公司将这部分保留下来的资金用于创造股东财富。在这种情况下，DDM 模型只基于实际股利，会低估公司股权价值；而 FCFE 模型则充分考虑了公司内部投资对未来自由现金流的贡献，从而能够更准确地反映公司真实的股权价值。

(2) 若多余现金被用于 NPV 为零的项目投资，则这些投资既不创造价值，也不毁损价值，保留现金仅仅是"中性操作"。这时，DDM 模型虽然忽略了投资部分，但由于这些项目不会增加股东财富，因此估值反而更接近真实股权价值；而 FCFE 模型假设这部分资金为股东可得，从而高估了公司的实际股东价值。

(3) 若多余现金被用于 NPV 为负的项目投资，则说明公司做出了错误的投资决策，例如溢价收购或低回报的扩张。这类投资会摊薄未来回报、侵蚀股东财富。尽管 DDM 和 FCFE 模型在形式上都未能准确识别这类价值毁损，但由于 FCFE 模型将这部分负向投资视为股东可得，从而高估的程度更严重。在实务中，这种情况并不少见，许多公司因保留大量现金未用于回购或分红，反而进行了效率低下的扩张或不理性的并购，导致股权价值下降。

（二）股利大于 FCFE

当公司股利分配大于 FCFE 时，则必须依赖外部融资来维持其股利政策。这种"透支式分配股利"对企业股权价值具有不利影响，因此不可简单认为 DDM 结果偏高。

(1) 如果通过发行新股融资，公司实际上是在"借股东的钱还股东的钱"——通过稀释原有股东权益来向全体股东派息。由于新股发行会产生发行费用、信息不对称等成本，且这些资金并未用于扩展业务或提高价值，因此从价值创造角度看，等同于一种无谓的资本支出，会直接降低股权价值。

(2) 如果通过发行债务融资，公司的财务杠杆上升，偿债压力增大，财务风险上升。如果超过了合理的负债能力，还可能引发信用评级下调或未来融资成本上升，长期来看会侵蚀股权价值乃至整个公司的价值。

(3) 更重要的是，持续高额地分配股利会减少公司可自由支配的资金，使得公司在遇到真正高回报的投资机会时，可能因缺乏可用资本而被迫放弃，从而错失增长机会，损害股东长期利益，降低股权价值。

在此情形下，使用 DDM 模型进行估值将面临显著偏误。因为 DDM 模型仅依据当前的股利进行贴现，默认该股利水平具有可持续性，而忽略了其依赖外部融资这一本质特征，从而容易高估股权价值。相较之下，FCFE 模型并不依赖股利的实际支付水平，而是以企业实际可自由分配的现金流作为估值基础。在股利超过 FCFE 时，FCFE 模型本身就反映出股权自由现金流的不足，因此在默认前提不变的情况下，FCFE 模型的估值结果更具现实约束性，不会受到表面股利政策的误导。但需要注意的是，若分析者在预测未来 FCFE 时未能充分识别股利政策与融资行为之间的关联，而错误地假设未来仍将持续当前的 FCFE 水平，估值仍可能偏高。因此，在 FCFE 估值中，保持对企业融资结构与资本可持续性的合理判断是关键。

(三) 两个模型对增长的假设存在差异

上文的分析我们都是基于两个模型对预期增长率有着相同假设，但是实际上两个模型中的增长率应该是不同的。因为 FCFE 模型假设全部自由现金流支付给股东，无内部留存，而 DDM 模型依赖留存收益驱动增长，因此两者的增长率来源不同。其中，FCFE 模型应将 ROE 调整为非现金 ROE，而 DDM 模型则应将留存收益率视为再投资率。DDM 模型和 FCFE 模型的对比如表 10-6 所示。

表 10-6　DDM 与 FCFE 模型的对比

项目	DDM 模型	FCFE 模型
现金流	股利	股权自由现金流
假设	留存收益被再投资于经营资产和现金有价证券	留存收益仅被投资于经营资产
增长率	留存收益率和 ROE 的乘积，衡量经营资产和现金有价证券两方面收益的增长状况	股权再投资率和非现金 ROE 的乘积，只衡量经营资产收益的增长状况
现金和有价证券	来自现金和有价证券的收入最终会转化为公司的收益，并进一步转化为股利。因此，在评估股权价值时，不需要单独考虑这些现金和有价证券	(1) 现金和有价证券的收益被计入有关收益的预测之中，在此基础上直接对股权价值进行评估 (2) 忽略现金和有价证券带来的收益，最后在由经营资产现金流计算得到的股权价值的基础上，加上现金和有价证券的价值，得到最终的股权价值

在现实的估值中，哪个模型更适合被用于评估公司的市场价格要取决于公司控制权市场的开放程度。如果公司控制权市场的开放程度较高，即公司有较大的可能性被收购或发生控制权的转移，这时股利政策在很大程度上可能被操纵，运用 FCFE 模型评估公司的股权或每股价值更为合理；如果公司控制权市场的开放程度较低，即由于公司规模或收购的市场和法律限制将使得公司控制权的转移较为困难，此时，运用 DDM 模型所评估的价值更为合理。

【例 10.5】FCFE 模型与 DDM 模型是否等价。

康晋××是一家医疗公司，其 2024 年的净收益为 300 万元，并支付了 50 万元的股利，当年的收入为 3 200 万元。当期公司的资本性支出为 120 万元，折旧为 60 万元，非现金营运资本占收入的比例常年保持在 5%，新债务的净发行额为 20 万元。公司目前并无现金留存。

我们假设公司具有市场平均的风险，即贝塔系数为 1，无风险利率为 4%，市场风险溢价为 5%，则根据资本资产定价模型，可得公司的股权资本成本为 9%。同时我们假设公司的股权资本成本将保持不变。

$$股权资本成本 = 无风险利率 + 贝塔系数 \times 市场风险溢价 = 4\% + 1 \times 5\% = 9\%$$

为了评估康晋××目前的价值，我们假设公司未来 5 年的增长率为 10%(即收入、净收益、资本性支出、折旧及净债务均以 10%的增长率增长)。表 10-7 展示了康晋××未来 5 年的每股的股权自由现金流和股利。

表 10-7　康晋××未来 5 年的股权自由现金流和股利

单位：万元

项目	2024 年	2025 年	2026 年	2027 年	2028 年	2029 年
收入	3 200	3 520	3 872	4 259.2	4 685.12	5 153.63
净收益	300	330	363	399.3	439.23	483.15
-资本性支出	120	132	145.2	159.72	175.69	193.26
+折旧	60	66	72.6	79.86	87.85	96.63

续表

项目	2024 年	2025 年	2026 年	2027 年	2028 年	2029 年
-营运资本变化额		160	176	193.6	212.96	234.26
+净债务增加	20	22	24.2	26.62	29.28	32.21
=股权自由现金流		126	138.6	152.46	167.71	184.48
股利	50	55	60.5	66.55	73.21	80.53

我们假设公司从第 5 年年末开始将保持稳定增长,每年的增长率为 4%,并且稳定的股权回报率为 12%。为评估股权自由现金流折现模型下股权在高增长期末的价值,我们应首先计算稳定增长时期的股权再投资率。①

$$股权再投资率 = \frac{预期增长率}{股权回报率} = \frac{4\%}{12\%} = 33.33\%$$

如果根据增长率和股权回报率来衡量稳定增长时期的股利支付率,则股权价值的计算如下。

$$稳定增长时期的股利支付率 = 1 - 稳定增长时期的股权再投资率 = 66.67\%$$

$$第5年年末的股权价值 = \frac{第5年的净收益 \times (1+预期增长率) \times 股利支付率}{股权资本成本 - 预期增长率}$$

$$= \frac{483.15 \times 1.04 \times 66.67\%}{9\% - 4\%}$$

$$= 6\,700.02(万元)$$

此时,我们发现上述两个模型在高增长期末的股权价值是相等的,然而如果我们在此基础上考虑高增长时期股价的现值,则我们得到的股权价值将会有差异。

$$股权价值_{FCFE} = \frac{126}{1.09} + \frac{138.6}{1.09^2} + \frac{152.46}{1.09^3} + \frac{167.71}{1.09^4} + \frac{184.48}{1.09^5} + 6\,700.02 = 7\,288.71(万元)$$

$$股权价值_{DDM} = \frac{55}{1.09} + \frac{60.5}{1.09^2} + \frac{66.55}{1.09^3} + \frac{73.21}{1.09^4} + \frac{80.53}{1.09^5} + 6\,700.02 = 6\,956.99(万元)$$

由于公司支付的股利小于公司拥有的股权自由现金流,因此使用股利折现模型评估的价值要小于使用股权自由现金流折现模型评估的价值。但是,值得注意的是,我们假设公司目前没有现金留存,而股利折现模型中存在公司的现金积累,为了估计现金积累,我们假设凡是在各年没有用于股利支付的现金都将以 9%的股权资本成本进行再投资,则未来 5 年的现金余额如表 10-8 所示。

表 10-8　康晋××未来 5 年的现金余额

单位:万元

项目	2025 年	2026 年	2027 年	2028 年	2029 年
FCFE	126	138.6	152.46	167.71	184.48
股利	55	60.5	66.55	73.21	80.53
保留现金	71	78.1	85.91	94.50	103.95
累计现金积累	71	155.49	255.39	372.88	510.39

$$累计现金积累_{2026} = 71 \times 1.09 + 78.1 = 155.49(万元)$$

$$累计现金积累_{2027} = 155.49 \times 1.09 + 85.91 = 255.39(万元)$$

$$累计现金积累_{2028} = 255.39 \times 1.09 + 94.50 = 372.88(万元)$$

---

① 实际上,使用传统 ROE(而不是非现金 ROE)进行 FCFE 折现估值也是可行的方法。本章从本例题开始将使用这种方法进行估值计算,使用这种方法则不必在股权价值中加回现金账面价值。

$$累计现金积累_{2029} = 372.88 \times 1.09 + 103.95 = 510.39(万元)$$

根据第5年年末累计现金积累额和股权资本成本可得,第5年末累计现金积累的现值为

$$累计现金积累的现值_{2029} = \frac{510.39}{1.09^5} = 331.72(万元)$$

因此,运用股利折现模型计算出的股权价值应包含现金积累的价值:

$$股权价值_{DDM} = 传统DDM价值 + 现金积累的价值 = 6\,956.99 + 331.72 = 7\,288.71(万元)$$

我们发现,这一结果与我们之前运用股权自由现金流折现模型计算出的价值完全一致,这并不是偶然,而是在一定假设的基础上得到的必然结果,具体假设主要可以分为两点。其一,高增长期末的股权价值(转换期末的股价)是运用FCFE模型中的股权再投资率和DDM模型中的股利支付率来计算的。如果分析人员在计算转换期股价时使用了与预期增长率和股权回报率不一致的股权再投资率和股利支付率,则二者会有较大差异。按照惯例,使用行业平均的股利支付率和股权再投资率来计算转换期末价值将会得到同样的结果。其二,股权自由现金流中没有作为股利支付的现金会按股权资本成本进行再投资。这就意味着公司中未以股利的形式支付的现金均没有产生正的收益,抑或是被投资于净现值为零的项目,抑或是由于委托代理问题被管理层浪费掉,因此超额现金积累的价值是中立的。一旦公司将留存现金投到具有正的净现值的项目中去,二者的价值将产生差异。

第二个假设十分关键,对于存在现金积累的公司来说,投资者关心的是其超额现金积累是否被用于不良的投资项目,即净现值为负的项目,以下我们将分别假设公司超额现金的再投资率为10%和8%,以此来分析公司的投资机会即股权回报率对股权价值的影响。

(1) 公司的再投资收益率为10%,高于股权资本成本,即超额现金积累被投资于净现值为正的项目。各年的累计现金积累额如表10-9所示。

表10-9 康晋××未来各年累计现金积累额

单位:万元

项目	2025年	2026年	2027年	2028年	2029年
FCFE	126	138.6	152.46	167.71	184.48
股利	55	60.5	66.55	73.21	80.53
保留现金	71	78.1	85.91	94.50	103.95
累计现金积累	71	156.2	257.73	378	519.75

$$累计现金积累的现值_{2029} = \frac{519.75}{1.09^5} = 337.80(万元)$$

$$股权价值_{DDM} = 传统DDM价值 + 现金积累的价值 = 6\,956.99 + 337.80 = 7\,294.79(万元)$$

因此,可以看到,当公司将超额累计现金被投到具有正的净现值的项目中时,其股权价值要高于将全部股权自由现金流支付给股东的情况。

(2) 公司的再投资回报率为8%,低于股权资本成本,即超额现金积累被投资于净现值为负的项目。各年的累计现金积累额如表10-10所示。

表10-10 康晋××未来各年累计现金积累额

单位:万元

项目	2025年	2026年	2027年	2028年	2029年
FCFE	126	138.6	152.46	167.71	184.48
股利	55	60.5	66.55	73.21	80.53

续表

项目	2025 年	2026 年	2027 年	2028 年	2029 年
保留现金	71	78.1	85.91	94.50	103.95
累计现金积累	71	154.78	253.07	367.82	501.19

$$累计现金积累的现值_{2029} = \frac{501.19}{1.09^5} = 325.74(万元)$$

$$股权价值_{DDM} = 传统DDM价值 + 现金积累的价值$$
$$= 6\,956.99 + 325.74 = 7\,282.73(万元)$$

因此,可以看到,当公司将超额累计现金被投到具有负的净现值的项目中时,其股权价值要低于将全部股权自由现金流支付给股东的情况。

在传统的 DDM 模型中,我们没有考虑现金的积累,假设现金完全被浪费,此时现金积累的价值完全为零,因此利用传统的股利折现模型得到的估值结果会被视作股权价值的最低估计。

第六节 FCFE 模型案例分析

一、某照明公司价值评估

在这一节中,我们将用 FCFE 模型对该公司的每股价值进行评估,并将结果与上一章用 DDM 模型计算得到的结果进行比较。根据公司 2023、2024 年的财务报表,FCFE 的计算如表 10-11 所示。[①]

表 10-11 某照明公司 FCFE 的计算

单位:亿元

项目	2024 年	2023 年	变动
固定资产原值	15	15.9	-0.9
+其他长期资产	0.45	0.49	-0.04
+长期待摊费用	0.07	0	0.07
-长期应付款	0	0	0
-专项应付款	0	0	0
资本性支出	15.52	16.39	-0.87
折旧	10.14	10.61	-0.47
流动资产	33.84	21.82	12.02
-流动负债	8.84	5.89	2.95
营运资本	25	15.93	9.07
筹资活动现金产生的现金流量净额	-0.059	-2.15	2.091

所以 2024 年公司的股权自由现金流量为

$$股权自由现金流量_{2024} = 净收益 - 资本性支出 + 折旧 - 营运资本变化额 + 净债务的增加$$
$$= 10.73 - (-0.87) + (-0.47) - 9.07 + 2.09$$
$$= 4.15(亿元)$$

[①] 本节中的表 10-11 和表 10-13 均采用"存量"式报表,因此我们在计算 FCFE 的时候更关注两年存量数据的差额,即表中的"变动"列。

我们假定该公司目前正在由高增长阶段向稳定增长阶段过渡，我们推测公司将在 2030 年进入稳定增长阶段(高速增长 5 年)，稳定增长阶段的增长率为 1.52%(等于无风险利率)，因此按照增长率线性递减，假定公司 2025 年的预期增长率为 9.21%，2026 年的预期增长率为 7.67%，2027 年的预期增长率为 6.13%，2028 年的预期增长率为 4.60%；2029 年的预期增长率为 3.06%，拟采用两阶段 H 模型估计股权价值，如表 10-12 所示。

表 10-12　某照明公司两阶段 H 模型估值

单位：亿元

项目	2024 年	2025 年	2026 年	2027 年	2028 年	2029 年
增长率		9.21%	7.67%	6.13%	4.60%	3.06%
FCFE	4.15	4.53	4.88	5.18	5.42	5.58
资本成本		7.16%	7.16%	7.16%	7.16%	7.16%
折现因子		0.93	0.87	0.81	0.76	0.71
FCFE 的现值		4.23	4.25	4.21	4.11	3.95

在这里，由于该公司的贝塔系数十分接近于 1，因此我们不考虑资本成本随公司增长速度的变化。

因此，高速增长阶段 FCFE 的现值之和为

$$高速增长阶段FCFE的现值之和 = 4.23 + 4.25 + 4.21 + 4.11 + 3.95 = 20.74(亿元)$$

稳定增长阶段的 FCFE 的现值之和为

$$稳定增长阶段FCFE的现值之和 = \frac{股权自由现金流量_{2029} \times (1 + 稳定增长率)}{(股权资本成本 - 稳定增长率) \times (1 + 股权资本成本)^5}$$

$$= \frac{5.85 \times (1 + 1.52\%)}{(7.16\% - 1.52\%) \times (1 + 7.16\%)^5}$$

$$= 71.12(亿元)$$

$$股权价值 = 20.74 + 71.12 = 91.86(亿元)$$

$$每股价值_{2024} = \frac{91.86亿元}{12.72亿股} = 7.22(元/股)$$

通过计算我们发现，使用 DDM 模型和 FCFE 模型计算出的每股价值相差不多，DDM 模型为 5.86 元，FCFE 模型为 7.22 元，均低于股票的市场价值 9.84 元，虽然我们对于现金流的估算及增长阶段的划分存在一定误差，但是这一计算结果也在某种程度上表明公司股价被市场高估，长期来看有下降的趋势。另一方面，DDM 的估值结果略小于 FCFE 的估值结果也说明公司目前的股权自由现金流并没有完全用于股利支付。

二、某酒业公司价值评估

为了更好地将第九章中 DDM 的估值结果与 FCFE 的估值结果进行对比，我们将进一步用 FCFE 模型对某酒业公司价值进行评估，FCFE 的计算如表 10-13 所示。

表 10-13　某酒业公司 FCFE 的计算

单位：亿元

项目	2024 年	2023 年	变动
固定资产原值	136.98	132.61	4.37
+其他长期资产	0	0	0

续表

项目	2024年	2023年	变动
+长期待摊费用	1.26	0.89	0.37
-长期应付款	0	0	0
-专项应付款	0	0	0
资本性支出	138.24	133.5	4.74
折旧	82.62	79.13	3.49
流动资产	545.05	445.97	99.08
-流动负债	136.88	79.68	57.2
营运资本	408.17	366.29	41.88
筹资活动现金产生的现金流量净额	-31.94	-23.55	-8.39

所以2024年该公司的股权自由现金流量为

$$股权自由现金流量_{2024} = 净收益 - 资本性支出 + 折旧 - 营运资本变化额 + 净债务的增加$$
$$= 70.57 - 4.74 + 3.49 - 41.88 - 8.39$$
$$= 19.05(亿元)$$

已知高速增长阶段公司的增长速度为9.16%，资本成本为10.10%，因此，高速增长阶段FCFE的现值如表10-14所示。

表10-14 某酒业公司高增长阶段FCFE的现值

单位：亿元

项目	2024年	2025年	2026年	2027年	2028年	2029年
增长率		9.16%	9.16%	9.16%	9.16%	9.16%
FCFE	19.05	20.79	22.70	24.78	27.05	29.53
资本成本		10.10%	10.10%	10.10%	10.10%	10.10%
折现因子		0.91	0.82	0.75	0.68	0.62
FCFE的现值		18.89	18.73	18.57	18.41	18.25

因此，高速增长阶段FCFE的现值之和为

$$高速增长阶段FCFE的现值之和 = 18.89 + 18.73 + 18.57 + 18.41 + 18.25 = 92.84(亿元)$$

稳定增长阶段FCFE现值之和为

$$稳定增长阶段FCFE现值之和 = \frac{股权自由现金流量_{2029} \times (1+稳定增长率)}{稳定增长率 - 股权资本成本}$$
$$= \frac{29.53 \times (1+8.09\%)}{(10.10\% - 8.09\%) \times (1+10.10)^5}$$
$$= 979.32(亿元)$$

$$股权价值 = 92.84 + 979.32 = 1\,072.16(亿元)$$

$$每股价值_{2024} = \frac{1\,072.16亿元}{37.96亿股} = 28.24(元/股)$$

通过计算我们发现，使用DDM模型(28.70元)和FCFE模型(28.24元)计算出的每股价值十分接近，都在28元左右，远低于股票的市场价值，虽然我们对于现金流的估算及增长阶段的划分存在一定误差，这一计算结果也在某种程度上表明公司股价被市场高估，长期来看有下降的趋势。另一方面，两种方法的估值结果相似也说明公司目前的股权自由现金流基本用于股利支付。

本章小结

本章系统地讲解了股权自由现金流折现模型(FCFE 模型)的核心内容和实际应用。首先，明确了 FCFE 的定义和计算公式，即公司在支付经营费用、税收、债务和必要投资后，股东可自由支配的现金流。接着，详细对比了 FCFE 与股利的四大区别：股利稳定性、再投资需求、税收影响和信号作用。然后，重点介绍了 FCFE 模型的三种具体形式——稳定增长模型、两阶段模型和三阶段模型，分别说明了它们的适用条件、计算方法和注意事项。接下来，本章总结了 FCFE 模型的优势(不受股利政策限制、允许负现金流)和局限(可能双重计算、债务估算复杂)。最后，对比 FCFE 模型和股利折现模型的异同，通过某照明公司和某酒业公司的实际案例，展示了如何运用 FCFE模型进行估值，并与第九章中股利折现模型的结果进行对比分析，以帮助读者深刻理解两种模型的实际应用。

课后问答

1. 为什么 FCFE 通常会与公司实际发放的股利不同？请从股利稳定性的角度说明。
2. 在什么情况下公司会选择保留部分 FCFE 而不全部作为股利发放？请结合再投资需求解释。
3. 稳定增长 FCFE 模型的使用需要满足哪些条件？为什么要求增长率不超过宏观经济名义增长率？
4. 在两阶段 FCFE 模型中，高速增长阶段结束时为什么要调整资本性支出和折旧的关系？可以采取哪些调整方法？
5. 三阶段 FCFE 模型中，公司的贝塔值为什么会随着发展阶段而变化？这对估值有什么影响？
6. 什么情况下 FCFE 模型和 DDM 模型的估值结果会相同？请说明具体条件。
7. 什么是 FCFE 模型中的"双重计算错误"？请举例说明如何避免这个问题。

第十一章
经营性资产及公司价值评估

本章任务清单

任务序号	任务内容
1	掌握公司自由现金流的含义、计算及与股权自由现金流的关系
2	掌握经营性资产价值、公司价值及股权价值之间的关系
3	掌握资本成本法、调整现值法与超额收益法的基本原理和计算方法
4	重点掌握资本成本法的运用及加权平均资本成本的计算
5	能够灵活运用公司价值评估的不同方法对公司价值进行评估

前面两章我们介绍了对企业的股权价值及每股价值进行估值的方法：股利折现模型和股权自由现金流模型。本章将首先将介绍公司经营性资产价值(有时也称为企业价值)、公司价值和股权价值之间的关系。之后介绍公司经营性资产价值评估的三种方法，分别为：资本成本法、调整现值法和超额收益法。

第一节 企业价值和股权价值

在具体介绍资本成本法、调整现值法和超额收益法前，我们首先应明确这三种方法的计算结果都是公司经营性资产的价值，有时也被称为企业价值，这一价值反映了核心业务的获利能力，但并不能反映整个公司的全部价值。本节将梳理公司经营性资产价值、公司价值和股权价值的计算关系，以帮助读者更好地进行公司估值。

一、由企业价值计算股权价值

公司自由现金流的计算依据的是公司的营业利润，以及营业利润中有多少被用于再投资以保证营业利润的增长，因此与公司自由现金流相对应的资本成本应仅反映公司经营风险，而以此资本成本折现出的现金流的现值衡量的仅为公司经营资产的价值。因此，我们需要对该价值进行调整，首先通过并入非经营性资产的价值得到公司价值，然后再通过考虑非股权对公司的索取权进一步得到股权的价值。

(一) 并入非经营资产的价值得到公司的总价值

非经营资产包括收益未被计入营业利润的所有资产，主要分为有价证券和缺乏流动性的投资两类。

首先，现金和有价证券是最普通的非经营资产，在大公司这些资产通常有数十亿。根据《企业会计准则第 22 号——金融工具确认和计量》(2017 年修订，2021 年进一步更新)和《国际财务报告准则第 9 号(IFRS 9)》(2014 年发布，2018 年生效)的要求，公司需在资产负债表上按市场公允价值报告权益投资。此外，中国财政部于 2023 年发布的《企业会计准则解释第 17 号》及 2024 年发布的《企业会计准则应用指南汇编》进一步明确了流动负债分类、供应商融资披露及售后租回交易等细则。因此，在计算现金和有价证券的价值时，应使用最新公布的资产负债表数据，并遵循上述准则的最新披露要求。

非经营性资产价值的计算比较复杂，本书将在第二十章对现金、交叉持股价值和其他非经营性资产的价值评估进行详细介绍。

(二) 扣除非股权索取权得到股权价值

在现今日益复杂化的金融市场，许多拥有索取权的人可以在权益资本所有者之前获得公司的现金流，而且这些人有时不易识别。安然公司在 2001 年破产的主要原因就在于隐性债务压力。安然与其不进入合并报表的子公司的债权人签订协议，允诺如果子公司不能偿还债务，安然将代为偿还，由于子公司不进入合并报表，这些债务并没有出现在安然公司的资产负债表上，因而使得投资者严重高估了公司权益资本的价值。[①]安然的案例表明，全面充分地考虑公司的非股权索取权对公司价值的正确评估十分重要。

应在公司价值中扣除公司有息负债的价值，有息负债是一种最普通的非股权索取权，如果相关数据可得，应尽可能地使用负债的市场价值；另外，还要调整优先股，尽管优先股名义上是权益索取权，但对成熟的公司来说，优先股更像是无担保债务，因此，在评估公司价值时，应使用适当的、经过风险调整的折现率对优先股股利进行估值，并将其从公司价值中扣除；除了有息负债和优先股，公司还存在一些潜在负债，比如为了计算资本成本并得到股权价值，应将租金看作债务的等价物，因此还应扣除经营租赁租金的现值；此外，还要调整子公司的多数股东权益，多数股东一般指的是持有 50%及以上股权的股东，在这种情况下，要求子公司的资产与利润要与母公司完全合并，如果使用合并后的营业利润和现金流来评估母公司的价值，必须减去子公司少数股东权益的评估价值。接着，要调整其他潜在的对公司的索取权，包括未备付基金的养老金计划(即那些未为未来支付义务预留充足资金的养老计划)和健康福利责任及员工期权，虽然在计算资本成本时它们并不符合债务的条件，但也应将其扣除以得到股权价值。最后，如果公司面临着可能会发生巨额支付的法律诉讼等或有负债，我们应该根据法律诉讼来计算预期负债并将其从公司价值中扣除。

从经营性资产价值到股权价值计算的具体流程如图 11-1 所示。

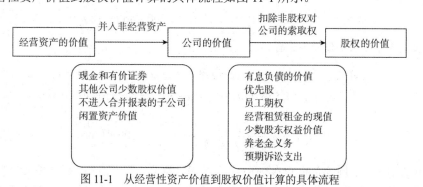

图 11-1 从经营性资产价值到股权价值计算的具体流程

---

① 科普兰，科勒，默林，等. 价值评估：公司价值的衡量与管理[M]. 北京：电子工业出版社，2002.

二、企业价值评估与股权价值评估

通过本节上一部分企业价值和股权价值计算关系的介绍,使用企业估值模型依然可以得到公司的股权价值,然而为什么不直接采用股权自由现金流折现模型对公司股权价值进行评估,公司估值模型与股权估值模型相比具有哪些优势呢?二者计算出的股权价值是否一致呢?

由于公司自由现金流是债务偿还前的现金流,而股权自由现金流是债务偿还后的现金流,因此,企业估值模型的优势就在于我们不需要明确考虑与债务相关的现金流,而在股权估值模型中,股权自由现金流的计算则必须考虑这些与债务相关的现金流。在财务杠杆预期将随时间发生重大变化的情况下,这个优势可以在简化计算的同时也可以避免较大的计算误差。然而,与此相对应,企业估值方法在计算资本成本时需考虑包含债务的加权平均资本成本,需要考虑关于负债比率和利息率等方面的信息,与股权价值评估中股权资本成本的计算相比较为复杂。

在下列条件下,企业估值模型和股权估值模型计算出的股权价值是相等的。

(1) 在两种方法中对公司未来增长情况的假设要一致。这并不意味着两种方法所使用的增长率是相同的,而是要求根据财务杠杆比率对收益增长率进行调整。这一点在计算期末价值时尤为突出,FCFF 和 FCFE 应假设具有相同的稳定增长率。

(2) 债务的价值被正确评估。在企业估值模型中,股权的价值是用整个公司的价值减去债务的市场价值得到的。如果公司的债务价值被高估,则由 FCFF 方法得到的股权价值将比使用股权估值模型得到的股权价值低;相反,如果公司的债务被低估,则公司估值模型得到的股权价值较高。

【例 11.1】由企业估值模型和股权估值模型计算股权价值。

E 公司是一家持续经营的零增长公司,公司的息税前利润为 161.15 万元,税率为 30%,公司股权的市场价值为 800 万元,负债的市场价值为 400 万元,股权资本成本为 12%,债务的税前资本成本为 6%,则公司的加权平均资本成本为

$$WACC = 12\% \times \frac{800}{1\,200} + 6\% \times (1-30\%) \times \frac{400}{1\,200} = 9.4\%$$

首先我们运用公司估值模型来评估股权价值,假设公司没有再投资,并且保持零增长,则企业价值为

$$企业价值 = \frac{EBIT \times (1-t)}{WACC} = \frac{161.15 \times (1-30\%)}{9.4\%} = 1\,200(万元)$$

假设公司不存在现金等非经营性资产和员工期权等其他索取权,则 E 公司的股权价值为

$$股权价值 = 企业价值 - 债务价值 = 1\,200 - 400 = 800(万元)$$

然后我们再用股权估值模型来评估股权价值:

$$净收益 = (EBIT - 税前债务资本成本 \times 负债) \times (1-税率)$$
$$= (161.15 - 400 \times 6\%) \times (1-30\%) = 96(万元)$$

$$股权价值 = \frac{净收益}{股权资本成本} = \frac{96}{12\%} = 800(万元)$$

我们可以看出,上例成立的关键条件有:①公司没有发生预期增长,如果公司发生预期增长,我们必须保证有充足的借款使得负债比率保持不变;②公司被公平定价,因而运用以市场价值为权重的资本成本得到的股权价值才会与股权估值模型得到的价值相同;③没有影响净收益但不影响营业利润的非经营项目,因而息税前利润与净收益的差额仅为利息费用和税费;④利息费用等于税前债务资本成本与负债市场价值的乘积。

第二节 资本成本法

一、模型概述

(一) 基本原则

资本成本法运用的资本成本是加权平均资本成本，假设它考虑了借款利息费用的税收利益和预期的破产成本两个方面；折现的现金流为公司自由现金流，它是在假设公司没有负债及利息费用的税收收益的情况下计算的。

资本成本法有以下几个优点：首先，该方法非常灵活，虽然在模型中一般都会假设债务比率保持不变，但是该方法也能够使得债务比率随着时间的推移而发生变化。其次，该方法是通过资本成本而不是现金流将筹资结构的变化体现在企业价值中。这一企业价值评估方法在理念上最大的贡献就在于股权投资者和公司债权人共同向公司提供资本并分享公司的成果，他们最终是合伙人关系。他们之间最主要的区别在于其所具有的现金流索取权的性质不同，债权人拥有优先的固定现金流索取权，而股东则拥有对留存现金流的剩余索取权。

(二) 输入变量

1. 公司自由现金流

公司自由现金流(FCFF)是用来衡量公司在不危及生存与发展的前提下，实际持有的、能够回报给公司权利的所有要求者，包括债权人、优先股股东和普通股股东的最大现金流之和。

FCFF 的计算有两种方法。

第一种方法是把公司权利的所有要求者的现金流量加总，具体公式为

$$FCFF = FCFE + 优先股股利 + 利息费用 \times (1 - 税率) - 净债务的增加 \tag{11-1}$$

第二种方法是以息税前利润(EBIT)为出发点进行计算，具体公式为

$$FCFF = EBIT \times (1 - 税率) + 折旧 - 资本性支出 - 营运资本变化额 \tag{11-2}$$

为了方便比较，我们将 FCFE 表示为

$$FCFE = EBIT \times (1 - 税率) - 利息费用 \times (1 - 税率) + 折旧 - 资本性支出 \\ - 营运资本变化额 + 净负债的增加 \tag{11-3}$$

从上式可以看出，FCFF 和 FCFE 在普通股股东的现金流上是一致的，二者的主要差别在于 FCFF 不仅包括普通股股东的现金流，还包括优先股股东及债权人的现金流，包括优先股股利、债务利息支出及净债务的增加。因此二者之间的大小关系取决于公司当期的税后利息支出与净负债增加之间的关系。当企业以最优债务水平下的融资结构对资本性支出和追加的营运资本进行融资，并通过新债的发行来偿还旧债的情况下，净负债为零，二者的差异仅为税后利息支出的部分，因此公司的 FCFF 将大于 FCFE。

在公司估值中，一个被广泛使用的指标是息税折旧摊销前利润(EDITDA)，该指标与 FCFF 很接近，但是它考虑了公司收益、资本性支出及追加的营运资本所产生的潜在税收负担。另一个常用的指标是净经营收益(NOI)。净经营收益仅指公司的营业收入，不包括税金和非营业收入(费用)，如果它加上非营业收入(费用)，则得到公司的税前净收益。这些指标都被用于估值模型之中，并且每个指标都是公司自由现金流的变化形式，但是，每个指标都对公司折旧和资本性支出的关系设定了假设条件，它们之间的对比如表 11-1 所示。

表 11-1 不同指标计算方法对比

现金流	关系	备注
FCFF	=FCFF	(1) 使用税后加权平均资本成本作为折现率； (2) 用于企业价值的评估
FCFE	=FCFF −利息×(1−t) +净债务的增加 −优先股股利	(1) 使用股权资本成本作为折现率； (2) 用于股权价值的评估； (3) 根据杠杆比率调整资本成本
EBITDA	=FCFF +EBIT×t +资本性支出 +营运资本变化额	(1) 使用税前资本成本作为折现率； (2) 当没有资本性支出和营运资本且不考虑所得税时，与 FCFF 相等
NOI×(1−t)	=FCFF +(资本性支出−折旧) −非经营费用×(1−t)	(1) 使用税后资本成本作为折现率； (2) 假设资本性支出与折旧相抵且非经营费用不会持续发生时，与 FCFF 相等
EBIT×(1−t)	=FCFF +(资本性支出−折旧) +营运资本变化额	(1) 使用税后资本成本作为折现率； (2) 当资本性支出与折旧相抵且没有营运资本时，与 FCFF 相等

注：
$EBIT \times (1-t) = EBITDA \times (1-t) + t \times 折旧$

$EBIT = NOI + 非经营费用$

$EBITDA = 净利润 + 所得税 + 利息 + 折旧摊销$
$\qquad\quad = EBIT + 折旧摊销(假设摊销为零)$
$\qquad\quad = [EBIT \times (1-t) + 折旧 − 资本性支出 − 营运资本变化额]$
$\qquad\quad\ \ + EBIT \times t + 资本性支出 + 营运资本变化额$
$\qquad\quad = FCFF + EBIT \times t + 资本性支出 + 营运资本变化额$

$NOI \times (1-t) = (EBIT − 非经营费用) \times (1-t)$
$\qquad\qquad\quad = EBIT \times (1-t) − 非经营费用 \times (1-t)$
$\qquad\qquad\quad = [EBIT \times (1-t) + 折旧 − 资本性支出 − 营运资本变化额]$
$\qquad\qquad\quad\ \ + (资本性支出 − 折旧) + 营运资本变化额 − 非经营费用 \times (1-t)$
$\qquad\qquad\quad = FCFF + (资本性支出 − 折旧) + 营运资本变化额 − 非经营费用 \times (1-t)$

2. 公司自由现金流增长率

FCFF 和 FCFE 增长率不同的根本原因在于是否存在财务杠杆，财务杠杆的存在通常使得 FCFE 的增长率要高于 FCFF 的增长率，这一点可以根据基本财务指标增长率的公式来证明，每股收益的增长率被定义为

$$g_{EPS} = b \times ROE = b \times \left\{ ROC + \frac{D}{E}[ROC - i \times (1-t)] \right\} \tag{11-4}$$

其中，g_{EPS} 为每股收益的增长率；b 为留存收益率；ROC 为资本回报率，等于净利润/(债务账面价值＋股东权益账面价值)；D/E 为债务权益比率；i 为利息率；t 为所得税率。

只要公司的总资产回报率大于其税后债务资本成本，增大财务杠杆就会提高公司的每股收益增长率。FCFF 同时包含股东和债权人的现金流，债务资金的流动可以相互抵消，对总现金流不产生影响，故总现金流不包含财务杠杆，因此，对于同一家企业，EBIT 的增长率只是留存收益率和总资产回报率的乘积。值得注意的是，在计算 FCFF 和 FCFE 的增长率时，资本性支出、折旧和资本消耗的增长率应保持相等。

3. 公司加权平均资本成本

1) 加权平均资本成本与最优资本结构

加权平均资本成本(WACC)是指企业以各种资本在全部资本中所占的比重为权数，对各种长

期资金的资本成本加权平均计算出来的公司总的资本成本。加权平均资本成本由于考虑了财务杠杆,因此在数值上会小于之前的股权资本成本。在不考虑优先股的情况下,它的计算公式为

$$\text{WACC} = \frac{D}{D+E} \times 税后债务资本成本 + \frac{E}{D+E} \times 股权资本成本 \tag{11-5}$$

使用公司的加权平均资本成本折现公司的自由现金流即可得到公司的经营性资产价值。由于公司自由现金流是债务偿付前的现金流,因此它不受债务比率的影响,而加权平均资本成本则会随着公司负债率的变化而变化。如果选择的公司债务比例的目的是使得公司经营性资产价值达到最大,则可以通过使加权平均资本成本最小来实现。因此在公司经营性资产价值最大化的原则下,降低加权平均资本成本是各个公司追求的目标,最优融资组合就是使公司经营性资产价值最大化的融资组合。

如果公司能够确定在各种负债比率下的股权资本成本和债务资本成本,那么就能够很容易地确定公司的最优资本结构,假设某公司目前的自由现金流量为 1 亿元,预计它将以 5%的速度永续增长,这家公司在不同负债比率下的股权资本成本、税后债务资本成本及加权平均资本成本如表 11-2 所示。

表 11-2　不同负债比率下的股权资本成本、税后债务资本成本及加权平均资本成本

负债率	股权资本成本	税后债务资本成本	加权平均资本成本	公司经营性资产价值(亿元)
0	10.50%	4.80%	10.50%	19.09
10%	11.00%	5.10%	10.41%	19.41
20%	11.60%	5.40%	10.36%	19.59
30%	12.30%	5.52%	10.27%	19.94
40%	13.10%	5.70%	10.14%	20.43
50%	14.00%	6.40%	10.20%	20.19
60%	15.00%	7.20%	10.32%	19.74
70%	16.10%	8.10%	10.50%	19.0
80%	17.30%	9.00%	10.66%	18.55
90%	18.60%	10.20%	11.04%	17.38
100%	20.00%	11.40%	11.40%	16.41

其中:加权平均资本成本 = 负债比率×税后债务资本成本 + (1−负债比率)×股权资本成本
公司经营性资产价值 = [1×(1+5%)] / (加权平均资本成本 − 5%)

图 11-2 反映了在不同的负债率下,公司的加权平均资本成本与公司经营性资产价值的变动。该图说明,当公司增加低成本负债的比重时,公司的加权平均资本成本会先降低后提高,即存在最优的负债比率(40%)以实现最低的加权平均资本成本(10.14%),此时公司经营性资产价值最大化,达到 20.43 亿元。

这只是一种较为理想化的情形,在实际中,最优资本结构的确定并非如上所述的这么容易。首先,融资成本表是难以获得的,通常分析人员只能估算出公司在现有负债率下的融资成本。另外,在上述分析中我们假定公司的现金流不受公司资本结构的影响,这种假设并不总是成立,随着公司负债率的上升,公司的财务风险也会上升(违约风险),对于生产耐用消费品的公司来说,上游的供应商可能由于担心应收账款无法收回而减少与其的业务往来;下游的消费者则由于担心公司因财务困境而无法购买到同类的替换零件而不愿购买其产品,这都会降低公司的营业收入,从而影响公司的现金流。

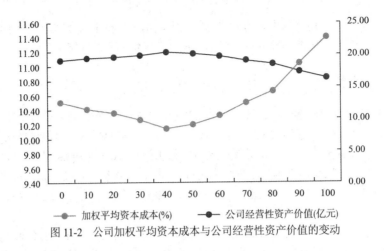

图 11-2 公司加权平均资本成本与公司经营性资产价值的变动

2) 加权平均资本成本的计算

(1) 确定公司在不同负债比率下的股权资本成本,在此,我们仅讨论采用资本资产定价模型确定股权资本成本的思路。

a. 估计公司目前的负债比率和股权资本的 β 值。

b. 去杠杆,估计公司财务杠杆为零时的 β 值,根据公司 β 值和财务杠杆之间的关系,可得

$$\beta_0 = \frac{\beta_c}{[1+(1-t)\times D/E]} \tag{11-6}$$

其中,β_0 为公司财务杠杆为零时的 β 值;β_c 为公司当前的 β 值。

c. 根据负债比率的变化重新估计不同负债率下公司的 β 值。

$$\beta_n = \beta_0 \times [1+(1-t)\times D/E] \tag{11-7}$$

其中,β_0 为公司财务杠杆为零时的 β 值;β_n 为公司改变负债率后的 β 值。

d. 使用前述计算出的不同负债率下的 β 值,利用资本资产定价模型计算各种负债率下的股权资本成本。

$$k_e = r_f + \beta_n(r_m - r_f) \tag{11-8}$$

其中,k_e 为公司的股权资本成本;r_f 为公司的无风险利率,r_m 为市场组合的收益率。

(2) 我们要估计不同负债率下公司的债务成本,基本思路如下。

a. 根据公司最近的利润表,得到目前公司的经营收入和相关的财务指标。

b. 计算公司当前的市场价值,为股权资本的市值和债务市值之和。

c. 计算出当公司负债比率变化时公司的债务价值,计算公式为

$$债务价值 = \frac{D}{D+E} \times 公司的市场价值 \tag{11-9}$$

d. 计算出在每一负债比率下公司需付的利息及相关财务指标。

e. 根据债券信用等级和财务比率的关系,估计不同负债比率下公司债券的信用等级,进而得出相应的市场利率,这个利率就是公司的税前债务资本成本。

f. 根据税前资本成本和税率计算出公司的税后债务资本成本。

值得注意的是,在 e 步,我们需要得到公司所在市场环境下公司财务比率与债券信用等级(违约风险)及债券信用等级与利率之间的关系,并且根据市场环境的变化不断更新。

(3) 根据以上两步,我们就得到了公司在不同负债比率下的股权和债务资本成本表,这时就可以采用和上一节类似的方法求得公司在不同负债率下的加权平均资本成本,选择最低的加权平

均资本成本对应的最优资本结构。

二、模型的具体形式

与 DDM 模型和 FCFE 模型一样，FCFF 模型也有不同的形式。根据对预期增长率及各个增长阶段持续时间的不同假设，自由现金流模型可以分为稳定增长的 FCFF 模型和一般形式的 FCFF 模型。

(一) 稳定增长的 FCFF 模型

1. 模型概述

与 DDM 模型和 FCFE 模型一样，我们假设一家处于稳定增长阶段，将永远以不变的稳定增长率增长的公司可以使用式(11-10)所示的稳定增长模型来进行估值：

$$公司经营性资产价值 = \frac{FCFF_1}{WACC - g_s} \tag{11-10}$$

其中，$FCFF_1$ 为预期下一年的公司自由现金流；WACC 为公司的加权平均资本成本；g_s 为公司的稳定增长率。

2. 适用条件

稳定增长的 FCFF 模型的适用条件与稳定增长的 DDM 模型和稳定增长的 FCFE 模型的适用条件是一致的。

(1) 公司的名义稳定增长率不应该超过公司所处经济环境的名义增长率。

(2) 公司的特征必须满足稳定增长阶段的假设：①资本性支出和折旧的关系必须满足稳定增长的假设。由于在稳定增长阶段没有额外的增长，不需要大规模、快速增长的资本性支出，因此资本性支出不应该显著大于折旧，二者之间的差距应稳定在较小的范围内。实际上，一些分析人员认为资本性支出应以固定的比率冲抵折旧。②在评估 FCFF 时使用的再投资率应与稳定增长率保持一致，最好的方法是通过稳定增长率和资本回报率来确定再投资率，即再投资率=稳定增长率/资本回报率。另外也可以运用净资本支出和营运资本的变化来估计再投资及 FCFF，这时，净资本支出应处于行业平均水平，营运资本的变化非负。营运资本的减少虽然从短期来看是合理的，但从长期来看营运资本的不断减少会使其趋于一个很大的负数，这对于公司来说是非常危险的。③资本成本也应该满足稳定增长的假设，尤其是 β 系数应接近于 1，更准确地说是位于 0.8 到 1.2 之间。

值得注意的是，虽然稳定增长公司倾向于使用较多的债务，但这并不是模型的先决条件，因为公司的负债政策更要服从管理层的判断。

3. 限制条件

与其他稳定增长模型类似，稳定增长下的 FCFF 模型对预期增长率高度敏感。由于该模型使用加权平均资本成本作为折现率，而加权平均资本成本通常低于股权资本成本(因为前者包含了成本较低的债务融资)，因此其对增长率变化的敏感性更强。基于稳健性考虑，在实际估值中通常建议将预期增长率设定为低于无风险利率的水平。

此外，由于资本性支出与折旧是计算 FCFF 的核心变量，模型对这两项变动也较为敏感。若再投资与增长率脱钩，则净资本性支出的增加(或减少)将直接压缩(或抬升)自由现金流；若再投资率取决于资本回报率，则资本回报率的变化也将显著影响企业价值。

【例 11.2】 稳定增长的 FCFF 模型。

××电子是我国彩电行业的传统品牌，产品的生产和销售状况一直较为稳定，从整个彩电市场来看，近年来虽然基本上保持平稳，但是在价格战等因素的作用下，彩电市场一直存在"增量不增收"的现实,成为行业的困扰之一;另外,随着互联网公司和人工智能的不断发展,技术更为高端、功能更为多样的彩电产品也层出不穷。因此,××电子面临着巨大的竞争压力。2024年公司的税前营业利润为11.71亿元,根据年初的投入资本可得出税后的资本回报率为3.84%,根据历史的股利支付率推算,公司的再投资率为10%。如果我们假设这些数据将在长期内保持不变,则公司营业利润的预期增长率为

$$预期增长率 = 再投资率 \times 资本回报率 = 3.84\% \times 10\% = 0.384\%$$

公司下一年的自由现金流为

$$\begin{aligned}公司自由现金流_{2025} &= 税后营业利润_{2024} \times (1-再投资率) \times (1+增长率) \\ &= [11.71 \times (1-30\%)] \times (1-10\%) \times (1+0.384\%) \\ &= 7.41(亿元)\end{aligned}$$

目前无风险利率 r_f 为3%,市场风险溢价为4%,该公司的贝塔系数为1.1,则股权资本成本为

$$r_e = r_f + \beta \times r_M = 3\% + 1.1 \times 4\% = 7.4\%$$

根据公司的信用等级,债务资本成本大约为5%,则公司的加权平均资本成本为

$$r_{WACC} = \frac{D}{D+E} \times r_d + \frac{E}{D+E} \times r_e = \frac{398.24}{398.24+200.29} \times 5\% + \frac{200.29}{398.24+200.29} \times 7.4\% = 5.8\%$$

因此,根据FCFF的稳定增长模型,公司经营资产的价值为

$$经营资产的价值_{2024} = \frac{FCFF_{2025}}{r_{WACC} - g} = \frac{7.41}{5.8\% - 0.384\%} = 136.82(亿元)$$

公司的现金和有价证券的价值共计122亿元,因此公司2024年的总价值为

$$公司价值_{2024} = 经营资产的价值 + 现金和有价证券的价值 = 136.82 + 122 = 258.82(亿元)$$

2024年××电子的流通股共计46亿股,因此,每股普通股的价值大约为258.82亿元/46亿股 =5.63(元/股)。

(二)FCFF模型的一般形式

与前两章所讨论的内容有所区别,FCFF模型并没有被细分为两阶段或三阶段模型。它不依赖于对预期增长率和各个阶段持续时间的具体假设来评估企业的经营性资产价值。相反,FCFF模型提供了一种更为通用的公司估值方法。简而言之,只要我们能够获取足够的信息来预测企业未来的自由现金流量,就可以运用这种通用形式的FCFF模型来对任何企业进行估值。这种方法的灵活性和普适性,使其成为评估企业价值的一个有力工具。

在一般情况下,公司经营性资产价值可以表示为式(11-11)所示的形式:

$$公司经营性资产价值 = \sum_{t=1}^{\infty} \frac{FCFF_t}{(1+WACC)^t} \tag{11-11}$$

其中,$FCFF_t$ 为第 t 年公司的自由现金流;WACC为公司的加权平均资本成本。

如果加入公司在第 n 年进入稳定增长阶段的假设,则公司经营性资产价值可以表示为如式(11-12)所示的形式:

$$公司经营性资产价值 = \sum_{t=1}^{n} \frac{FCFF_t}{(1+WACC)^t} + \frac{FCFF_{n+1}}{(WACC-g_n)(1+WACC)^n} \tag{11-12}$$

其中,g_n 为公司在稳定增长阶段的增长率。

【例 11.3】一般形式的 FCFF 模型。

××岩泰公司是×国的一家混凝土公司,因效率和获利能力而获得良好的声誉,为评估该公司的价值,我们运用公司估值模型和如下假设。

2024 年公司报告的营业利润为 231.8 百万欧元,实际税率为 25.47%,按 2023 年年末资本账面价值的规模,该年资本回报率为 19.25%。

2024 年公司的净资本支出为 49.2 百万欧元,非现金营运资本增加了 51.8 百万欧元,则再投资率为 58.46%。

$$再投资率 = \frac{净资本支出+净营运资本的增加额}{净营业利润} = \frac{49.2+51.8}{231.8 \times (1-25.47\%)} = 58.46\%$$

过去 5 年的再投资率是变化的,这段时间的平均再投资率为 28.54%,我们假设公司在未来 5 年将保持这一平均再投资率,结合上一年 19.25%的资本回报率,可以计算得到营业利润的增长率为 5.49%,并假设这一营业利润增长率在未来 5 年保持不变。

$$预期增长率 = 再投资率 \times 资本回报率 = 28.54\% \times 19.25\% = 5.49\%$$

欧元的无风险利率为 3.41%,×国的市场风险溢价为 4.46%,××岩泰公司的贝塔系数为 0.930 5,则我们估计的股权资本成本为 7.56%。

$$股权资本成本 = 3.41\% + 0.930\ 5 \times 4.46\% = 7.56\%$$

根据 AA 级的综合债券评级,××岩泰公司的违约利差为 0.5%,×国的违约溢价 0.26%,因此公司未来 5 年的税前债务资本成本为 4.17%(无风险利率 3.41%+国家违约溢价 0.26%+违约利差 0.5%),根据股权和债务的市场价值,可以得到负债比率为 17.6,加权平均资本成本为 6.78%。

$$加权平均资本成本 = 17.6\% \times (1-25.47\%) \times 4.17\% + 82.4\% \times 7.56\% = 6.78\%$$

我们假设 5 年后×国的市场风险溢价将变为 4%,违约溢价变为零,××岩泰公司的贝塔系数将达到 1,税率将达到欧盟 33%的边际税率,则加权平均资本成本为 6.57%。

$$税前债务资本成本 = 3.41\% + 0.5\% = 3.91\%$$

$$股权资本成本 = 3.41\% + 1.00 \times 4\% = 7.41\%$$

$$加权平均资本成本 = 17.6\% \times (1-33\%) \times 3.91\% + 82.4\% \times 7.41\% = 6.57\%$$

我们还假设 5 年后公司的营业利润的增长率将下降至 3.41%(无风险利率),预测的超额收益率将接近于零,则资本回报率等于资本成本 6.57%,则稳定增长时期的再投资率为 51.93%。

$$稳定增长时期的再投资率 = \frac{稳定增长率}{资本回报率} = \frac{3.41\%}{6.57\%} = 51.93\%$$

则高增长时期公司自由现金流如表 11-3 所示。

表 11-3 高增长时期公司自由现金流

单位:百万欧元

项目	当前	1	2	3	4	5
再投资率	58.46%	28.54%	28.54%	28.54%	28.54%	28.54%
增长率		5.49%	5.49%	5.49%	5.49%	5.49%
营业利润	231.80	244.53	257.97	272.14	287.09	302.87
税率	25.47%	25.47%	25.47%	25.47%	25.47%	25.47%
税后净营业利润	172.76	182.25	192.26	202.83	213.97	225.73

续表

项目	当前	1	2	3	4	5
公司自由现金流	71.76	130.24	137.39	144.94	152.90	161.30
资本成本		6.78%	6.78%	6.78%	6.78%	6.78%
累计资本成本		1.067 8	1.140 1	1.217 4	1.299 9	1.388 0
现值		121.97	120.51	119.06	117.63	116.22

为了评估终结点价值，我们用稳定增长时期的增长率和再投资率估计第 6 年的自由现金流。

$$\text{FCFF}_6 = \text{EBIT}_6 \times (1-t) \times (1-\text{再投资率}) = \text{EBIT}_5 \times (1+\text{稳定增长率}) \times (1-t) \times (1-\text{再投资率})$$
$$= 302.87 \times (1+3.41\%) \times (1-33\%) \times (1-51.93\%)$$
$$= 100.88(\text{百万欧元})$$

因此，终结点价值为

$$\text{终结点价值} = \frac{100.88}{6.57\% - 3.41\%} = 3\,195.42(\text{百万欧元})$$

进一步考虑高增长时期现金流的现值，可得公司经营资产的价值，再加上非经营资产的价值可得公司的总价值，接着扣除非股权索取权的价值可得到股权价值：

经营资产的价值　　　2 897.62 百万欧元 $\left(\dfrac{3\,195.42}{1.388\,0} + 116.22 + 117.63 + 119.06 + 120.51 + 121.97\right)$

+现金和有价证券　　　76.80 百万欧元
-未偿付债务与非经营资产 414.25 百万欧元
-少数股东权益　　　　45.90 百万欧元
股权价值　　　　　　2 514.27 百万欧元
每股股价　　　　　　33.52 欧元/股（假设流通股数量为 75 万股）

三、模型的评价

资本成本法运用加权平均资本成本折现公司自由现金流以得到公司经营性资产的价值。这种方法最大的优点就在于它考虑了借款的成本与收益，并且它将财务杠杆的变化以加权平均资本成本体现出来，这种方式较为简单易行。

（一）模型的适用性

首先，FCFF 模型适用于那些具有很高的财务杠杆比率或财务杠杆比率波动较大的公司。在公司的债务波动性较大时，股权自由现金流的计算变得十分困难，而且因为股权价值只是公司价值的一部分，因此它对增长率和风险的假设更为敏感。此外，FCFF 模型在杠杆收购中能够提供最为准确的价值估计值，因为被杠杆收购的公司在开始有很高的财务杠杆比率，但在随后几年预期会大幅改变原负债比率。

其次，FCFF 模型适用于那些股权自由现金流为负的公司。由于 FCFE 为债务偿还后的现金流，因此对于那些具有周期性或财务杠杆比率很高的公司，使用股权自由现金流模型的一个最大的问题就在于股权自由现金流经常出现负值。而由于 FCFF 是债务偿还前的现金流，因此它不太可能是负值，从而最大限度地避免了由于现金流为负而无法估值的局面。

最后，FCFF 模型还适用于那些债务市场价值较为明确的公司的估值。在 FCFF 模型中，股权价值为公司总价值与债务价值的差额，因此债务价值的合理正确估计是股权价值计算的基础。因此，如果使用 FCFF 方法对公司股权进行估值，则要求债务或者以公平的价格在市场上交易，或者已经根据最新的利率和债务的风险进行了明确的估值。

(二) 模型的不足

资本成本法主要的问题在于它关注的现金流为债务偿还前的现金流,这就存在以下几个问题。

(1) 债务偿还前的现金流并不是对现金流最为直观的度量。由于股东和债权人对公司的利益要求不同,我们通常会站在股东的角度,将债务的偿还及利息的支付看作公司现金流的流出,因此债务偿还后的现金流即股权自由现金流是对现金流更为直观的度量。

(2) 对于债务偿还前的现金流的关注可能会使公司对于自身的财务状况过于乐观。当公司的股权自由现金流为负,而公司自由现金流为正时,对债务偿还前现金流的关注固然为我们的估值提供了便利,但这同时也会使公司忽视债务负担过大,可能存在较高破产成本的事实,从而放松对公司财务状况的警惕,进而增大公司出现财务危机的风险。

(3) 为了保持一致性,公司自由现金流对应的折现率为包含财务杠杆的加权平均资本成本,资本成本中债务比率的运用要求我们做出一些隐含假设,但这些假设并不总是合理。比如,假设市场价值负债比率为30%,则会要求增长型公司在未来年度里发行大量的负债以达到该比率,在这一过程中,公司的账面负债比率可能会达到一个极高的比例,并会引发债务危机等消极的后果,而实际上我们已将未来负债事项所导致的预期税收利益隐含地包括在当前的股权价值中了。

第三节 调整现值法

一、基本原理

在资本成本法中,分析师通常把加权平均资本成本视为常数来对未来所有的现金流进行折现,但这是以负债比率固定不变为前提的。事实上,这一前提在大多数情况下是不满足的,负债较多的公司在现金流增长的时候通常用现金偿还负债,从而降低未来的负债比率,此时,使用固定的加权平均资本成本会高估税盾的价值。鉴于逐年根据资本结构调整加权平均资本成本较为复杂,本节我们将选择另一个模型——调整现值模型(APV 模型),这一模型的基本思想是企业的价值等于无负债企业的价值加上债务的价值。而债务的价值来自对负债收益和成本的权衡,负债的收益主要是指债务利息的抵税收益(税盾效应),而负债的成本则主要是指负债带来的财务困境成本。APV 模型直接来源于莫迪利安尼和米勒的学说,他们认为在没有税收的情况下,融资结构的选择不影响企业的价值,只有税收、财务困境成本等因素才会影响企业价值。

二、输入变量与计算步骤

在运用调整现值法评估企业价值时通常需要 4 个步骤。首先要评估无负债的企业价值,即假设公司所有的经营活动都是在全权益融资下进行的,然后计算负债的抵税收益,接下来评估负债经营所带来的预期破产成本,最后在无负债企业价值的基础上增加负债的抵税收益、扣除负债带来的破产成本,得到企业价值。

(一) 评估无负债企业的价值

无负债企业的价值可以通过运用无负债的股权资本成本折现公司的自由现金流得到,即假设公司没有负债,这时公司的加权平均资本成本等价于公司的股权资本成本,在现金流以稳定的比率永续增长时,无负债企业的价值如式(11-13)所示。

$$\text{无负债企业的价值} = \frac{\text{FCFF}_0 \times (1+g)}{k_e - g} \tag{11-13}$$

其中，FCFF_0 为公司当前的税后经营现金流；g 为企业的预期永续增长率；k_e 为无负债的股权资本成本。

在这一步中，主要的输入变量有公司的预期自由现金流、预期增长率和无负债的股权资本成本。公司自由现金流的计算方法前文已做过详细介绍；预期增长率取决于我们对公司增长的合理假设；无负债的股权资本成本的计算可首先通过可比公司得到无负债的贝塔值，进而利用资本资产定价模型计算得到。

(二) 评估负债的抵税收益

负债的抵税收益主要来源于债务利息是税前扣除的，因此它可以减少公司的所得税支付。它是公司税率的函数，等于债务的利息费用和税率的乘积。当我们把负债的抵税收益看作永续年金时，它的价值可以通过运用债务资本成本折现负债的抵税收益得到，具体公式为

$$\text{抵税收益的价值} = \frac{\text{税率} \times \text{债务资本成本} \times \text{债务}}{\text{债务资本成本}} = \text{税率} \times \text{债务} \tag{11-14}$$

这里所使用的税率为企业的边际税率，假设随着时间的推移其将保持不变。如果我们预期税率会随着时间的推移而发生变化，则上述永续增长的公式不再有效，负债抵税收益的价值则需要根据不同的税率逐期计算现值并加总得到。

常规的 APV 模型使用税前债务资本成本作为折现率以估算债务的抵税收益。这种方法还有一些变式，比如根据资本成本或者非杠杆性股权成本对债务抵税收益进行折现，由此产生的价值接近于根据资本成本法所得到的价值。

在这一步中，主要的输入变量有企业债务市场价值、债务资本成本和税率。

(三) 评估负债的预期破产成本

负债的预期破产成本主要来源于债务无法按时还本付息(违约)带来的破产成本，包括破产的直接成本和间接成本，直接成本主要是指清算或重组的法律和管理成本，间接成本主要指破产阻碍了公司与客户和供应商的经营行为，从而使公司的销售受到影响。预期破产成本的现值为破产成本的现值与破产概率的乘积，具体公式为

$$\text{预期破产成本的现值} = \text{破产概率} \times \text{破产成本的现值} \tag{11-15}$$

在这一步中，主要的输入变量有公司的破产成本(包括直接成本和间接成本)、预期的破产概率，然而这两个变量都无法直接进行估计，这也成为调整现值法评估企业价值的主要局限因素。

间接估计破产概率主要有两种方法：一种是直接评估债券的信用等级，即运用实证的方法估计公司在每一债务水平下的违约概率；另一种方法是根据公司的财务指标等可观测信息利用统计方法来估计各个负债水平下的违约概率。

(四) 评估企业的价值

最后，在无负债企业价值的基础上加上负债抵税收益的价值减去预期财务困境成本的现值就得到企业的价值。

$$\begin{aligned}\text{企业价值} =\ & \text{无负债企业的价值} + \text{负债抵税收益的价值} \\ & - \text{预期财务困境成本的现值}\end{aligned} \tag{11-16}$$

需要注意的是，无负债企业的价值并不取决于期望杠杆水平，因为我们可以根据非杠杆股权

资本成本对自由现金流进行折现。事实上，采用折现现金流法估计无负债企业价值需要进行大量的参数估计工作，一种简单的替代方法是：假设公司的当期市场价值正确无误，且不考虑现金等非经营性资产的影响，则通过减去负债抵税收益的价值及加上预期财务困境成本的现值，我们也能够倒推得出无负债企业的价值。实践中，从市场价值出发计算无负债企业价值的方法往往和敏感度分析结合，以估算公司的最优债务水平，而非直接对公司估值。

三、与资本成本法的比较

资本成本法和调整现值法的相同之处在于，二者都把企业价值设定为其杠杆水平的函数，存在着某种能够使得企业价值达到最大的债务与股权组合。

在调整现值法中，企业价值等于无负债企业的价值与企业的负债价值之和。杠杆效应体现在负债价值上。而在资本成本法中，杠杆效应则体现在资本成本中，负债的税收收益体现在负债的税后资本成本中，而破产成本则体现在负债的贝塔系数和负债的税前资本成本中。

可以看出，两种方法从不同的角度考虑了杠杆效应，那么使用这两种方法对企业价值进行评估是否会得到同样的价值呢？答案是不一定。

(1) 两种方法对财务困境成本的估计不同。资本成本法对财务困境成本的度量仅体现在税前资本成本上，而税前资本成本通常不会涵盖全部的财务困境成本；调整现值法在考虑财务困境成本时考虑了直接成本和间接成本，因而调整现值法对破产成本的全面估计使它通常会得到一个更为保守的企业价值。但调整现值法的主要局限性就在于间接估计破产成本的难度较大，因此在无法估计破产成本时，调整现值法则会忽略破产成本，在无负债企业价值的基础上仅考虑负债抵税收益的价值。

(2) 两种方法对债务抵税收益的估计不同。调整现值法通常基于公司当前的债务水平来评估负债的抵税收益，而资本成本法则是基于一个固定的负债比率来估计抵税收益，当企业以一定的增长率增长时，负债价值会随着企业价值的增加而增加以保持固定的负债比率，因此公司未来债务的抵税收益也被包含在当前的价值之中，故调整成本法对于债务抵税收益的估计比资本成本法更为保守。

四、模型的评价

调整现值法的优点是，它把债务的影响分解成不同的因素，使得分析者能够针对其中每一因素单独计算。此外，我们并不认为债务率会一成不变，相反，具有一定的灵活性，保持债务金额不变，同时计算固定债务额的效益和成本。

在调整现值法中，对负债的假设比较保守，但有时对预期破产成本的估计比较困难，因此必须将该方法的优势与估算有关违约和破产成本方面的困难进行权衡比较。实际上，许多使用调整型现值法的分析者都忽视了期望破产成本；这就使得他们得出了企业的价值会随着借款额的加大而增加的结论。在无法估计破产成本且预期破产成本较小时，调整现值法将会以不完整的形式被继续使用，即通过将无负债企业的价值加上税收收益的现值来得到企业的总价值，而预期的破产成本将会被忽略不计。

一般而言，根据相同的假设条件，调整现值法和资本成本法的结论相当接近。然而，调整现值法在评估债务额方面更加实用，而资本成本法对于分析公司的债务比率则更加便利。

【例 11.4】调整现值法。

为了与前文进行比较，这里我们继续沿用例 11.3 的××岩泰公司数据。

1) 计算无负债企业的价值

与前文一致，前 5 年的无风险利率为 3.41%，风险溢价为 4.46%，若××岩泰公司无负债的贝塔系数为 0.8，则无负债的股权资本成本为 6.98%。

$$高增长时期无负债的股权资本成本 = 3.41\% + 0.8 \times 4.46\% = 6.98\%$$

如例 11.3 中所述，5 年后××岩泰公司的有负债贝塔系数为 1，因此无负债的贝塔系数为 0.875。

$$稳定增长时期无负债的贝塔系数 = \frac{有负债贝塔系数}{1+(1-t)\times\dfrac{D}{E}} = \frac{1}{1+(1-33\%)\times 21.36\%} = 0.875$$

则 5 年后的无负债股权资本成本为 6.91%。

$$稳定增长时期无负债的股权资本成本 = 3.41\% + 0.875 \times 4\% = 6.91\%$$

因此高增长时期无负债公司的自由现金流如表 11-4 所示。

表 11-4　高增长时期无负债公司的自由现金流

单位：百万欧元

项目	当前	1	2	3	4	5
再投资率	58.46%	28.54%	28.54%	28.54%	28.54%	28.54%
增长率		5.49%	5.49%	5.49%	5.49%	5.49%
营业利润	231.80	244.53	257.97	272.14	287.09	302.87
税率	25.47%	25.47%	25.47%	25.47%	25.47%	25.47%
税后净营业利润	172.76	182.25	192.26	202.83	213.97	225.73
公司自由现金流	71.76	130.24	137.39	144.94	152.90	161.30
无负债资本成本		6.98%	6.98%	6.98%	6.98%	6.98%
累计无负债资本成本		1.069 8	1.144 4	1.224 3	1.309 7	1.401 1
现值		121.74	120.05	118.39	116.75	115.13

为了评估终结点价值，我们用稳定增长时期的增长率和再投资率估计第 6 年的自由现金流。与例 11.3 相似，我们同样假设公司在稳定增长阶段无法取得超额收益，则

$$稳定增长率时期的再投资率 = \frac{稳定增长率}{资本回报率} = \frac{稳定增长率}{股权资本成本} = \frac{3.41\%}{6.91\%} = 49.35\%$$

$$\begin{aligned} FCFF_6 &= EBIT_6 \times (1-t) \times (1-再投资率) \\ &= EBIT_5 \times (1+稳定增长率) \times (1-t) \times (1-再投资率) \\ &= 302.87 \times (1+3.41\%) \times (1-33\%) \times (1-49.35\%) \\ &= 106.28(百万欧元) \end{aligned}$$

因此，终结点价值为

$$终结点价值 = \frac{106.28}{0.069\ 1 - 0.034\ 1} = 3\ 037.10(百万欧元)$$

在终结点价值现值的基础上加上高速增长阶段的现金流的现值，可以得到无负债企业的价值为

$$无负债企业价值 = \frac{3\ 037.10}{1.401\ 1} + 115.13 + 116.75 + 118.39 + 120.05 + 121.74 = 2\ 759.69(百万欧元)$$

2）计算负债的税收收益

根据公司目前 414 百万欧元的债务市场价值和 25.47% 的税率可以计算得到负债的税收收益：

$$税收收益 = 414 \times 25.47\% = 105.45(百万欧元)$$

3) 估计预期破产成本

我们假设根据公司目前 AA 的信用等级，现行负债的违约概率为 0.28%；破产成本为无负债企业价值与税收收益之和的 30%。

因此可得预期破产成本为

$$\text{预期破产成本} = \text{破产概率} \times \text{破产成本比重} \times (\text{无负债企业价值} + \text{负债的税收收益})$$
$$= 0.28\% \times 30\% \times (2\,759.69 + 105.45)$$
$$= 2.41(\text{百万欧元})$$

4) 计算公司经营资产的价值

$$\text{公司经营资产的价值} = \text{无负债企业价值} + \text{负债的税收收益} - \text{预期破产成本}$$
$$= 2\,759.69 + 105.45 - 2.41$$
$$= 2\,862.73(\text{百万欧元})$$

与例 11.3 对比可以看出，运用两种方法得出的经营资产的价值存在一定的差异，这可能是由于两种方法对于税收收益的估计不同，调整现值法只考虑了现有负债的税收收益，而资本成本法还考虑了预期负债的税收收益。

第四节 超额收益法

一、基本原理

在上一章我们讨论过增长的价值，只有当公司的股权回报率超过公司的股权资本成本，即存在超额收益时，公司的增长才是有价值的。本节的超额收益模型正是基于这一结论，将公司经营性资产的价值看作预期超额收益的函数。超额收益模型有许多形式，本章我们主要研究一种较为普遍的形式，即经济增加值(EVA)形式。经济增加值是指从税后净营业利润中扣除股权和债务的全部投入资本成本后的所得，它通常被用于衡量单项投资或投资组合所创造的剩余价值，具体的计算公式为

$$\text{经济增加值} = (\text{投入资本回报率} - \text{资本成本}) \times \text{投入资本}$$
$$= \text{税后经营收益} - \text{资本成本} \times \text{投入资本} \tag{11-17}$$

二、输入变量与经济增加值的计算

经济增加值法主要的输入变量有三个，分别是投入资本回报率、投资的资本成本和投入资本。每一个变量都需要进行相应的调整。

投入资本回报率通常需要依靠投资所赚得的税后营业利润来评估，在会计营业利润的基础上也要对经营租赁、研发费用及一次性费用进行调整。

投入资本的资本成本通常需要根据公司负债和股权的市场价值来评估，这与使用账面价值来评估资本投入并不冲突，因为公司必须赚得大于其市场价值的资本成本才能创造价值。从实际运用来看，使用账面价值资本成本会低估大多数公司，尤其是负债率较高的公司的资本成本，从而高估公司的价值。

投入资本即目前公司有多少资本被投资于现有的资产，公司的市场价值是最为直观的衡量指标，但是由于市场价值不仅包括对现有资产的资本投入，而且还包括对预期未来增长所带来的资产的投入，因此公司的市场价值并不能准确地估计当前的投入资本。因此，为了获得现有资产的

资本投入，通常使用资本的账面价值来代替，尤其是对于成立时间不长的公司来说。账面价值这一数值不仅反映了有关资产如何计提折旧、存货如何计价、如何处理收购，还反映了会计制度针对过去所做的决策。首先，在计算 EVA 时以下三项必须调整：①经营租赁需转化为负债；②研发费用需分期资本化；③消除一次性或装修费用所产生的影响。其次，对于老公司来说，资本的账面价值与市场价值可能相差较大，因此为了获得对现有资产投入资本的市场价值的合理估计，必须针对资本的账面价值做出更广泛的调整，这要求我们了解并考虑针对过去的每一项会计政策，然而在很多情况下，资本的账面价值因具有太多的缺陷以至于无法确定，此时，评估投入资本最好的方法便是从公司所拥有的资产着手，估计所有资产的价值，然后再将其市场价值相加求和。

三、公司价值与经济增加值

（一）净现值与经济增加值

在传统的公司理财中，投资分析最为基本和重要的原则之一就是净现值原则。净现值是指一个项目预期实现的现金流入的现值与投资该项目的全部投资支出的现值之差。净现值为正的项目可以为股东创造价值，净现值为负的项目则会损害股东的利益。经济增加值是对净现值法则的一个简单扩展，项目的净现值可以看作项目在整个寿命期内经济增加值的现值。[①]

$$NPV = \sum_{t=1}^{n} \frac{EVA_t}{(1+k)^t} \tag{11-18}$$

其中，EVA_t 代表项目第 t 年的经济增加值；n 代表项目的寿命期；k 代表必要的折现率。

（二）公司经营性资产价值与净现值

根据现有资产的价值和预期未来的增长价值可以得到公司估值的公式，根据每一部分所创造的净现值，公司经营性资产价值可以进一步分解为现有资产投入资本的价值、现有资产未来收入的净现值和未来投资的净现值。

$$\begin{aligned}公司经营性资产价值 &= 现有资产价值 + 预期未来增长价值 \\ &= 现有资产投入资本的价值 + 现有资产未来收入的净现值 \\ &\quad + 未来投资的净现值\end{aligned} \tag{11-19}$$

（三）公司经营性资产价值与经济增加值

根据第一步中净现值与经济增加值的关系，公司经营性资产价值可以进一步表示为以下三部分之和：现有资产投入资本的价值、现有资产经济增加值的现值和未来投资经济增加值的现值。

$$\begin{aligned}公司经营性资产价值 &= 现有资产投入资本的价值 + 现有资产经济增加值的现值 \\ &\quad + 未来投资经济增加值的现值\end{aligned} \tag{11-20}$$

四、与资本成本法的比较

为了使折现现金流估值法与 EVA 估值法可以得到相同的价值，我们必须保证以下条件成立。

(1) 对税后营业利润的计算和调整必须保持一致。在估计自由现金流时使用的税后营业利润应等于计算经济增加值时所使用的税后营业利润；同时，在两种方法中关于经营租赁、研发费用和一次性费用等对税后营业利润的调整也必须保持一致。

[①] 只有在假设来自折旧的现金流的预期现值等于投资于项目的资本的收益现值的条件成立时，该观点才是正确的。

(2) 自由现金流折现模型的增长率必须为内生变量，即它应满足式(11-21)：

$$增长率 = 再投资率 \times 资本回报率 \tag{11-21}$$

如果未来税后营业利润的增长率为外生变量，上述变量之间的勾稽关系并不存在，则通过折现现金流法和经济增加值法计算出的价值不一致。

(3) 经济增加值法在估算未来期间的资本投入时应在期初资本投入的基础上考虑每期的再投资，即保证第 t 年的投入资本=第 $t-1$ 年的投入资本+第 t 年再投资。

(4) 在两种模型中对终结点价值的假设必须保持一致。在最终年份全部投资的资本回报率等于资本成本的极端情况下，这一点是很容易满足的，终结点价值将等于最终年份年初的资本投入。然而在大多数情况下，我们必须保证有关最终年份年初的资本投入应与有关永续的资本收益率的假设相一致。比如，如果最终年份的税后营业利润为 12 亿元，资本回报率恒为10%，则我们必须将最终年份年初的资本投入确定为 10 亿元。

【例 11.5】EVA 估值法。

继续沿用例 11.3 的例子，并运用 EVA 估值法对××岩泰公司的价值进行评估。

在下表中，我们估计了××岩泰公司未来 5 年每年的 EVA 及其现值，为进行上述估计，首先我们求得当前资本投资为 946.9 百万欧元，然后再加上每年的再投资得到以下各年的投入资本，如表 11-5 所示。

表 11-5 应用 EVA 估值法对××岩泰公司估值

单位：百万欧元

项目	当前	1	2	3	4	5	6
再投资率	28.54%	28.54%	28.54%	28.54%	28.54%	28.54%	
增长率	5.49%	5.49%	5.49%	5.49%	5.49%	5.49%	
营业利润	244.53	257.97	272.14	287.09	302.87	302.87	313.19
税率	25.47%	25.47%	25.47%	25.47%	25.47%	25.47%	33.00%
税后净营业利润	182.25	192.26	202.83	213.97	225.73	209.84	209.84
资本成本	6.78%	6.78%	6.78%	6.78%	6.78%	6.57%	6.57%
年初资本投入	946.90	998.91	1 053.79	1 111.67	1 172.74	1 237.16	1237.16
年再投资额	52.01	54.87	57.89	61.07	64.42		
资本成本×资本投入	64.17	67.69	71.41	75.33	79.47		
EVA	118.09	124.57	131.42	138.64	146.26		
累计资本成本	1.067 8	1.140 1	1.217 4	1.299 9	1.388 0		
现值	110.59	109.26	107.95	106.66	105.38		
EVA 现值之和	539.84						
当前资本投资	946.90						
现有资产永续 EVA 现值	1 410.89						
经营资产的价值	2 897.62						

首先我们根据 EVA 的计算公式，得到高增长时期的经济增加值(税后净营业利润减去年初投入资本的资本成本)，然后按加权平均资本成本折现，得到高增长时期 EVA 的现值之和，为 539.84 百万欧元，为了得到公司经营资产的价值，我们需要在此基础上进行两项调整。

(1) 增加现有资产于第一年年初的投入资本 946.90 百万欧元；

(2) 增加现有资产第 5 年永续 EVA 的现值：

$$\begin{aligned}
\text{永续EVA的现值} &= \frac{\text{EBIT}_6 \times (1-t) - \text{资本投入} \times \text{资本成本}_6}{\text{资本成本}_6 \times \text{累计资本成本}_5} \\
&= \frac{209.84 - 1\,237.16 \times 6.57\%}{6.57\% \times 1.388\,0} \\
&= 1\,410.89(\text{百万欧元})
\end{aligned}$$

$$\begin{aligned}
\text{经营资产的价值} &= \text{EVA的现值之和} + \text{当前的投入资本} \\
&= 539.84 + 1\,410.89 + 946.90 \\
&= 2\,897.62(\text{百万欧元})
\end{aligned}$$

因此，经营资产的价值等于 2 897.62 百万欧元。

可以看到，运用 EVA 估值法计算出的经营资产的价值与例 11.3 中运用资本成本法计算出的经营资产价值相等。这是因为 EVA 与 DCF 估值结果相同的关键在于增长率(g)必须由投资回报(ROIC)和再投资率(b)内生驱动，即满足 $g=\text{ROIC} \times b$。此时，自由现金流的增长与 EVA 的增长逻辑一致，两者对价值创造的衡量完全等价。若 g 外生给定，两种方法可能因增长假设不同而产生估值差异。

第五节　FCFF 模型案例分析

在例 11.3 中，我们给出了 FCFF 模型计算企业价值的一种较为简单的方法，例中首先由再投资率和投入资本回报率计算出经营性资产的增长率，之后基于此计算未来各年度的 FCFF，进而折现得到企业价值。但是这种方法的不足之处便是无法处理经营性资产为负的企业的估值，因为当经营性资产为负数时，其增长率也失去了意义。面对这类问题，估值中的一种常见解决思路便是首先计算营业收入的增长率，之后"自上而下"地计算企业的 FCFF，进而为企业估值(如例 8.5 中所示)。本节将以 A 公司为例，介绍这种适用性更强的"自上而下法"在 FCFF 模型估值中的应用。

一、A 公司基本信息

A 公司创立于 1958 年，是全球领先的光伏材料制造商、光伏电池组件供应商、智慧光伏解决方案服务商。公司主营业务围绕硅材料展开，包括：半导体材料、半导体器件、电子元件的制造、加工、批发、零售；电子仪器、设备整机及零部件制造、加工、批发、零售；房屋租赁；经营本企业自产产品及技术的出口业务和本企业所需的机械设备、零配件、原辅材料及技术的进口业务，太阳能电池、组件的研发、制造、销售；光伏发电系统及部件的制造、安装、销售，光伏电站运营。

2020 年，A 公司实施了混合所有制改革，其中包括后续股权激励等一系列支持措施。由于这次改革，A 公司进行了合并，此后业绩有了一定的改善。该公司的 2022 年年报强调了其采用人工智能技术来增强其柔性制造能力，表明其在未来的一段时间内，有能力适应不断变化的市场趋势。

二、资本成本

(一) 股权资本成本

1. 无风险利率

在估值时点(2023 年 5 月)下，以人民币计价的中国十年期国债收益率为 2.89%，根据达摩达兰计算统计，估值时点下中国的国别风险溢价为 0.86%，故可以计算得到：无风险收益=2.89%-0.86%=2.03%。

2. 股权风险溢价

对于一般的公司而言,其产品销售地往往既包括了国内市场,又涵盖了海外市场,而不同市场往往对应了不同的股权风险溢价,因而在实际计算中,公司的股权风险溢价可以考虑采用加权法(常以营业收入为权重)计算求解。A 公司 2023 年年报显示,其国内市场的销售金额为 58 183.50(百万元),占总营业收入的比重为 86.83%,表 11-6 展示了 A 公司 2023 年的营业收入、权重及对应股权风险溢价。

表 11-6 A 公司 2023 年营业收入、权重及对应股权风险溢价

国家	营业收入(百万元)	权重	股权风险溢价
中国	58 183.50	86.83%	7.16%
其他国家:	8 826.66	13.17%	—
日本	774.84	1.16%	7.16%
美国	7 032.73	10.50%	5.94%
俄罗斯	1 007.03	1.50%	18.88%
新加坡	12.05	0.02%	5.94%
合计	67 010.16	100.00%	7.21%

由表 11-6 可知,经加权法计算后的 A 公司股权风险溢价为:$86.83\% \times 7.16\% + 1.16\% \times 7.16\% + 10.50\% \times 5.94\% + 1.50\% \times 18.88\% + 0.02\% \times 5.94\% = 7.21\%$。

3. 相对风险系数贝塔

此案例中,我们采用"自下而上法"求解相对风险系数贝塔。整体上看,A 公司的主营业务大致可以归结为两大类:半导体器件和半导体材料。经达摩达兰统计,估值时点下中国的半导体器件和半导体材料的上市公司行业平均贝塔系数分别为 1.00 和 1.08,若我们假设行业内公司有着类似的经营杠杆结构,则根据第四章中自下而上贝塔系数的求解过程,有

$$\text{无杠杆贝塔}_{\text{半导体材料}} = \frac{\text{半导体材料行业贝塔均值}}{1 + (1 - \text{所得税率}) \times \text{半导体材料行业债务权益比均值}} = 0.93$$

$$\text{无杠杆贝塔}_{\text{半导体器件}} = \frac{\text{半导体器件行业贝塔均值}}{1 + (1 - \text{所得税率}) \times \text{半导体器件行业债务权益比均值}} = 1.02$$

在无杠杆贝塔上添加企业的财务杠杆(以 A 公司债务权益的市场价值计算),并最终按营业收入占比(半导体器件和半导体材料营业收入占比分别为 93.06% 和 6.94%)对相对风险系数进行加权求和,得到企业的股权贝塔系数为

$$\begin{aligned}
\text{杠杆贝塔}_{\text{半导体器件}} &= \text{无杠杆贝塔}_{\text{半导体器件}} \times [1 + (1 - \text{所得税率}) \times A\text{公司债务权益比}] \\
&= 1.02 \times [1 + (1 - 25\%) \times 0.46] \\
&= 1.37
\end{aligned}$$

$$\begin{aligned}
\text{杠杆贝塔}_{\text{半导体材料}} &= \text{无杠杆贝塔}_{\text{半导体材料}} \times [1 + (1 - \text{所得税率}) \times A\text{公司债务权益比}] \\
&= 0.93 \times [1 + (1 - 25\%) \times 0.46] \\
&= 1.25
\end{aligned}$$

$$\begin{aligned}
A\text{公司股权贝塔系数} &= \text{权重}_{\text{半导体器件}} \times \text{杠杆贝塔}_{\text{半导体器件}} + \text{权重}_{\text{半导体材料}} \times \text{杠杆贝塔}_{\text{半导体材料}} \\
&= 93.06\% \times 1.37 + 6.94\% \times 1.25 \\
&= 1.37
\end{aligned}$$

由此,我们可以得出 A 公司的股权资本成本为(借助 CAPM 模型):

$$A公司股权资本成本 = 2.03\% + 1.37 \times 7.21\%$$
$$= 11.88\%$$

(二) 债务资本成本

A 公司 2023 年的利息保障倍数为 10.83,对应了估值时点下 AAA 的证券评级和 0.75%的公司违约风险,因而可以计算得到,A 公司的税后债务资本成本为:(2.03%+0.86%+0.75%)×(1-25%)=3.64×75%=2.73%。

(三) 加权平均资本成本

由于 A 公司无优先股和可转换债券,故加权平均资本成本的基本计算参数如表 11-7 所示。

表 11-7 加权平均资本成本的基本计算参数

项目	股权	债务	总资本
市值(百万元)	126 475.57	58 181.70	184 657.27
权重(按市值加权)	68.49%	31.51%	100.00%
资本成本	11.88%	2.73%	8.99%

$$A公司加权平均资本成本 = 权重_{股权} \times 股权资本成本 + 权重_{债务} \times 债务资本成本$$
$$= 68.49\% \times 11.88\% + 31.51\% \times 2.73\%$$
$$= 8.99\%$$

此外,本案例假设 A 公司可以维持现有的资本成本保持不变,并持续 5 年时间。之后从第 6 年开始,资本成本逐渐向该公司所处行业的均值(93.06%×10.70%+6.94%×10.03%=10.61%,按营业收入加权)靠拢,并在第 10 年及其后维持稳定。

三、"自上而下"法关键指标估计

本案例选取"自上而下"法计算公司未来的 FCFF,因而需要估计公司未来一段时间内营业收入的增长率、营业利润率和再投资金额。下文将分别介绍这三种财务指标的计算方法。

(一) 营业收入增长率

我们选取 A 公司近 10 年的历史营业收入的几何增长率[(67 010/3 536)$^{1/10}$=34.20%]作为未来增长的预期,表 11-8 列示了 A 公司的营业收入情况。

表 11-8 A 公司 2012—2022 年营业收入及增长率

年份	2012	2013	2014	2015	2016	2017	2018	2019	2020	2021	2022
营业收入(百万元)	3 536	3 726	4 768	5 038	6 783	9 644	13 756	16 887	19 057	41 105	67 010
增长率(%)	-0.39	5.38	27.95	5.66	34.65	42.17	42.63	22.76	12.85	115 70	63.02

可以看出,自 2020 年 A 公司合并后,其营业收入始终处于较高的增长态势,我们假设这种增长趋势(34.20%的营业收入增长率)在未来可以维持两年的时间,之后这种增长优势将不断衰减(本例假设为线性收敛),在第 10 年时回归至无风险利率 2.03%,并永续维持下去。换言之,营业收入总共分为高增长(维持 34.20%)、增长减缓(由 34.20%线性收敛至 2.03%)、稳定增长(维持 2.03%)三个阶段。

(二) 营业利润率

除估算营业收入增长率外，我们还需要设定 A 公司未来要最终实现的营业利润率(EBIT/营业收入)，之后该比率由基年逐年向其变化，本案例依然设定总变化年限为 10 年，并采用线性变化的方式进行计算。据达摩达兰统计数据计算(依然按照营业收入进行行业均值加权)，A 公司所面临的目标营业利润率为：93.06%×21.08% + 6.94%×7.96% = 20.17%。

(三) 再投资金额

接下来我们将估计 A 公司产生收入增长和预期营业利润率所需的再投资，这一过程可以借助营业收入/投入资本比率。我们假设 A 公司在未来将始终以营业收入/投入资本比率的行业均值(达摩达兰统计)为目标进行再投资分配，其数值为：93.06%×0.58 + 6.94%×1.13 = 0.62。

而一旦得到了未来的营业收入/投入资本比率，我们便可以计算历年的再投资金额：

$$再投资金额_t = \frac{营业收入_t - 营业收入_{t-1}}{营业收入/投入资本比率_t}$$

回顾一下本部分内容，我们确定了营业收入增长率、营业利润率和营业收入/投入资本比率。截至目前，我们可以确定未来各年度的营业收入和再投资金额，但是基年的营业利润率未知(因为暂未进行研发支出等项目的利润调整)，导致未来各年度的经营性收入无从计算。下文将对基年经营性利润进行研发支出项目的调整，而一旦明确基年的经营性收入，即知晓了该年度的营业利润率，便可一气呵成地计算出未来的经营性收入，进而计算出未来的 FCFF。

四、计算现金流和企业价值

(一) 研发支出的利润调整

2022 年年报显示，A 公司没有需负债化的经营性租赁支出及一次性支出的大额费用，因而在利润调整时仅需要对研发支出进行资本化处理。假设 A 公司的研发支出折旧期限为 8 年，且该公司基年(2022 年)的研发支出金额为 3 770.52 百万元，则现行折旧规则下 A 公司历史年度研发费用折旧情况如表 11-9 所示。

表 11-9 A 公司历史年度研发费用折旧情况

单位：百万元

年份	研发支出费用	未折旧比例及金额		本年度折旧金额
0(基年)	3 770.52	100.00%	3 770.52	0.00
−1	2 576.54	87.50%	2 254.47	322.07
−2	909.22	75.00%	681.92	113.65
−3	1 168.53	62.50%	730.33	146.07
−4	775.42	50.00%	387.71	96.93
−5	498.70	37.50%	187.01	62.34
−6	391.45	25.00%	97.86	48.93
−7	378.61	12.50%	47.33	47.33
−8	178.80	0.00%	0.00	22.35
			基年应摊销的金额	859.66

根据 A 公司 2022 年年度报告，其经营性利润和研发支出合计金额为 12 136.93 百万元，从中扣除应该摊销处理的研发费用金额及所得税费用后，得到 2022 年的调整后税后经营性利润为

调整后税后经营性利润 = (12 136.93 − 859.66)×(1 − 25%) = 8 457.95(百万元)

到目前为止，我们已经讨论了评估企业价值所需的全部参数，接下来我们将计算 A 公司的 FCFF，并得出企业的估值结果。

(二) FCFF 及企业价值计算

以 2022 年为基年，表 11-10 展示了 A 公司的 FCFF 计算结果。

表 11-10 A 公司的 FCFF 计算结果

年份	0(基年，2022 年)	1	2	3	4
营业收入增长率	—	34.20%	34.20%	30.18%	26.16%
营业收入(百万元)	67 010.16	89 929.26	120 687.26	157 111.73	198 211.10
营业利润率	16.83%	17.16%	17.50%	17.83%	18.17%
经营性利润(百万元)	11 277.27	15 434.79	21 117.03	28 015.18	36 005.91
所得税税率	25.00%	25.00%	25.00%	25.00%	25.00%
税后调整经营性利润(百万元)	8 457.95	11 576.09	15 837.77	21 011.39	27 004.43
营业收入/投入资本比率	—	0.62	0.62	0.62	0.62
投入资本(百万元)	94 459.38	131 425.68	181 035.35	239 784.50	306 073.80
再投资金额(百万元)	7 283.10	36 966.30	49 609.67	58 749.15	66 289.30
FCFF(百万元)	1 174.85	−25 390.20	−33 771.90	−37 737.76	−39 284.87
加权平均资本成本	8.99%	8.99%	8.99%	8.99%	8.99%
ROIC	8.95%	8.81%	8.75%	8.76%	8.82%
FCFF 折现值(百万元)	—	−23 294.90	−26 081.90	−22 508.36	−16 602.42

年份	5	6	7	8	9	10	终结点年份
营业收入增长率	22.14%	18.12%	14.09%	10.07%	6.05%	2.03%	2.03%
营业收入(百万元)	242 090.61	285 948.27	326 251.71	359 115.40	380 847.46	388 578.69	396 466.81
营业利润率	18.50%	18.83%	19.17%	19.50%	19.84%	20.17%	20.17%
经营性利润(百万元)	44 785.54	53 854.22	62 534.67	70 033.51	75 543.88	78 375.51	79 966.53
所得税税率	25.00%	25.00%	25.00%	25.00%	25.00%	25.00%	25.00%
税后调整经营性利润(百万元)	33 589.15	40 390.67	46 901.00	52 525.13	56 657.91	58 781.63	59 974.90
营业收入/投入资本比率	0.62	0.62	0.62	0.62	0.62	0.62	—
投入资本(百万元)	376 847.21	447 585.37	512 590.92	565 596.86	600 648.58	613 118.26	624 594.96
再投资金额(百万元)	70 773.41	70 738.16	65 005.55	53 005.95	35 051.71	12 469.68	11 476.70
FCFF(百万元)	−37 184.26	−30 347.49	−18 104.55	−480.81	21 606.20	46 311.95	48 498.20
加权平均资本成本	8.99%	9.32%	9.64%	9.96%	10.29%	10.61%	10.61%
ROIC	8.91%	9.02%	9.15%	9.29%	9.43%	9.59%	10.61%
FCFF 折现值(百万元)	−10 215.94	−4 958.22	−1 604.37	−38.75	1 578.81	3 059.54	—

值得注意的是，我们在此案例中隐含了在稳定增长期时(对应表 11-10 的终结点年份及其之后)不存在任何超额回报，换言之即 ROIC 和加权平均资本成本数值相等。事实上，这一假设在估值之中非常常见，很多分析师也将不存在超额回报视为企业进入稳定增长的标志，该假设虽然不会影响前十年 FCFF 的计算，但是对于终结点年份及其之后的价值至关重要。具体而言，在终结点年份，因为我们认为企业的 ROIC 保持不变，故有：再投资率 = g/ROIC，此时企业的再投资金额为：税后调整经营性利润×g/ROIC。

本案例中，终结点年份的再投资金额为：终结点年份税后调整经营性利润×g/ROIC = 59 974 90×2.03%/10.61%=11 476.70 百万元。直观上来看，由于涉及比值关系，故 ROIC 的变化对终结点年份的再投资金额大小十分灵敏，因而 ROIC 和对应年份 FCFF 之间的灵敏度亦较高。而在企业价值的计算中，往往终结点及其之后永续价值的折现值占据了结果数值的绝大部分(下文将给出本例中的计算结果，帮助读者理解这句话的含义)，如果忽略这一假设，往往会使得估值结果和合理值的差距非常大。

假设 A 公司不存在破产清算概率，则我们可以将企业价值拆分为未来十年的 FCFF 折现现值之和及终结点价值折现值两部分。对于未来十年的 FCFF 折现值，其价值之和便是前十年的 FCFF 折现值之和，为：-100 666.49 百万元。而终结点价值的计算通常包含两个步骤：①根据永续增长模型，计算终结点及其之后的所有年份在终结点年初(本例中即为第 10 年年末)的现值，为：48 498.20 / (10.61% - 2.03%) = 565 354.68 百万元；②计算上一步算出的终结点年初现值在基年的折现值，本例中为 22 8602.92 百万元。显而易见，终结点及其之后永续价值的折现值远高于前十年的折现值之和，由此计算得出 A 公司在估值时点的企业价值为：-100 666.49 + 228 602.92 = 127 936.42百万元。

五、从企业价值到每股价值

在计算得到企业价值后，我们还需要继续对 A 公司的每股价值进行计算(如表 11-11 所示)，此案例只给出计算的整体流程，具体内容的细节处理(如：员工期权价值的计算)将会在本书后续章节中详细介绍。

表 11-11 由 A 公司的企业价值计算其每股价值

指标名称	估计价值
企业价值(百万元)	127 936.42
-债务市场价值(百万元)	58 181.70
-少数股东权益(百万元)	9 442.14
+现金资产(百万元)	14 674.39
+其他非经营性资产(百万元)	9 197.57
股权价值(百万元)	84 184.54
-员工期权价值(百万元)	1 748.77
普通股价值(百万元)	82 435.77
普通股流通数(百万股)	3 232.19
估计的每股价值(元/股)	25.50
估值时点的市场每股价格(元/股)	39.13

由表 11-11 可知，估值时点下的 A 公司股票价格为 39.13 元/股，相比于估计的每股价值 25.50 元/股处于高估状态，因而在此案例的假设分析下，投资结论为"卖出"持仓的 A 公司股票。

本章小结

本章主要介绍了价值评估的公司自由现金流折现模型，与第九章、第十章不同的是，这一模型通过以加权平均资本成本折现公司自由现金流得到公司的经营资产(企业)价值，而不是股权的价值。因此要在经营资产价值的基础上通过并入非经营资产及扣除非股权索取权得到股权价值。这一方法的主要优点是不用考虑债务的偿还，但是要根据债务水平的变动调整加权平均资本成本。因此，在公司债务水平较高或债务水平变化较大时，使用这一方法较为简单。调整现值法和超额收益法也是公司估值的可选方法，调整现值法是将企业价值看作无负债企业价值与负债税收收益价值之和。超额收益法则是将剩余收益的现值加到投入资本的账面价值上来评估企业价值。

课后问答

1. 请从现金流归属和资本结构角度，阐述公司自由现金流(FCFF)与股权自由现金流(FCFE)的本质区别。在计算 FCFE 时，为什么需要特别考虑"净债务变动"这一调整项？

2. 加权平均资本成本(WACC)计算中，股权资本成本和债务资本成本的权重为什么要采用市场价值而非账面价值？当企业债券信用评级下调时，这对 WACC 会产生怎样的连锁影响？

3. 调整现值法(APV)将企业价值分解为哪三个组成部分？在估算"负债税盾价值"时，为什么说永续年金的假设可能高估实际价值？

4. 经济增加值(EVA)模型强调"超额收益"的概念，这里的"超额"是相对于什么而言的？在计算投入资本回报率时，为什么需要对会计利润进行研发费用资本化等调整？

5. 在稳定增长阶段的 FCFF 模型中，为什么要求"资本性支出≈折旧"？如果企业存在持续的技术更新需求，这个假设可能带来怎样的估值偏差？

6. 超额收益法与现金流折现法在理论结果上应当一致，但在实务中常出现差异。请尝试解释这种不一致的根本原因。

7. 在计算终结点价值时，"投入资本回报率=资本成本"的假设有什么经济含义？

第十二章
相对投资价值评估

本章任务清单

任务序号	任务内容
1	掌握相对投资价值评估法的基本概念
2	了解相对投资价值评估法与折现现金流法的区别与联系
3	了解相对投资价值评估的优缺点
4	掌握相对投资价值评估的两大基本要素：乘数和可比公司的基本概念
5	掌握5种常用的乘数：收益乘数、账面价值乘数、收入乘数、现金流乘数和行业特定乘数
6	掌握可比公司的选取原则，了解可比上市公司法与可比交易法的概念
7	掌握选取可比公司的操作步骤：选择财务报表、确定最佳可匹配期限、财务报表的调整和对内部因素的调整
8	掌握可比公司与标的公司之间的可比财务分析
9	掌握运用乘数的四步检验法，即定义检验、描述性统计、分析性检验和应用检验

在投资决策中，估值是衡量资产价值的核心工具。前面章节介绍的折现现金流法虽理论严谨，但其复杂性和高信息需求限制了实务中的广泛应用。相比之下，相对投资价值评估法通过市场可比资产直接对目标资产定价，以其简洁、高效的特点成为 IPO 定价、并购和二级市场分析的主流方法。本章先介绍了相对投资价值评估法的概念及采用该方法进行估值的步骤和优缺点，然后详细介绍了这一方法的两大基本要素：乘数和可比公司。本章简要介绍了一些常见的乘数，如收益乘数、账面价值乘数、收入乘数、现金流乘数和行业特殊乘数，关于它们的详细介绍会在后面的章节中体现。此外，本章详细介绍了可比公司的选取原则、选取步骤和可比公司与标的公司之间的财务分析。其中，可比公司的选取步骤是重点掌握内容，主要包括选择财务报表、确定最佳可匹配期限、财务报表的调整和对内部因素的调整4个方面。最后，我们介绍了使用乘数的4个基本步骤，包括对定义的检验(包括一致性检验和统一性检验)、描述性统计、分析性检验和应用检验。

第一节 相对投资价值评估概述

一、相对投资价值评估的概念

相对投资价值评估法，又名价格乘数法，相对估值法或可比交易价值法，它是以市场相似资产的市场定价为基础对目标资产进行定价(pricing)的方法。相对投资价值评估有两个基本要素，一个是标准化的价格，即将价格转化为各种便于横向比较的乘数(不同资产的乘数不尽相同，但其形式一般为将价格转化成公开交易股票的利润、账面价值或收入的乘数)。另一个是可比公司或者可比资产,即用于对比的公司(资产)应当具有可比的特征。如果不具有可比性,则无法利用相对价格进行定价。

需特别指出的是,正如第二章所述,相对估值法的本质是"定价"而非"估值",即它反映的是市场参与者当前的集体定价结果,而非资产的长期内在价值。因此,在后续分析中,读者应持续注意这一方法所依赖的是市场共识的相对性,而非绝对的价值判断。

二、相对投资价值评估的步骤

在进行相对投资价值评估时,资产的价值是通过与其相似的、由市场定价的资产进行比较得到的。利用该方法进行估值有以下三个步骤。

(一) 找到有市场价值的可比资产

在实务操作中,对公司进行相对估值时,研究人员往往采用同行业其他公司作为可比公司。

(二) 计算可比的标准化价格(乘数)

当资产规模或者计量单位不同时,不同资产之间的绝对价格无法进行比较,因此必须找到可比的标准价格。该可比的标准化价格往往是将可比资产的市场价格与某个指标相比得到的,相当于把可比资产(或企业)的市场价格进行标准化,转化成某个指标(如净利润、EBIT、营业收入等)的乘数。

(三) 比较标的资产与可比资产的标准化价格(乘数)并估值

完成以上两步后便可对标的资产进行估值,将标的资产相应的指标与可比资产对应的乘数相乘得到标的资产的估计价值,从而根据市场价格判断它是被高估还是被低估。事实上,没有任何资产是完全一致的,因此在比较标准价值时需要考虑乘数的驱动因素和资产之间的差异。例如,在利用"企业价值-EBITDA"乘数对一家高增长标的公司的经营性资产进行相对估值时,即使市场对可比公司的平均定价是正确的,我们也应该深入分析标的公司是否具有特定优势,使得其增长率可以持续高于行业均值。若这种优势确实存在,则高增长的标的公司应该在这些低增长的可比公司基础上调增乘数。

三、相对投资价值评估与折现现金流估值

相对投资价值评估与折现现金流估值既有区别也有联系。

区别在于:折现现金流估值是基于资产未来产生现金流的能力来估计其内在价值,而相对投资价值评估是通过与相似资产的市场价格进行比较来判断资产的价值,或者更准确地说,相对投资价值评估得到的是标的资产相比其他类似资产的价格,而不是一种基于公司信息、行业基本面得到的内在价值。

联系在于:若市场对资产的定价是正确的,即市场是完全有效的,则公司的在位资产和成长性资产的价值均反映在市场价格中,此时相对投资价值评估与折现现金流法得到的结果一致。但大多数情况下,市场并非完全有效。因此,相对估值得到的结果往往随着市场高估或低估资产价值而偏离折现现金流估值得到的结果。

四、相对投资价值评估的优缺点

相对投资价值评估法在实务中的应用十分广泛,大部分资产估值都是采用这种方法得到的。例如,华尔街上85%的权益研究报告和超过50%的并购估值都是基于相对投资价值评估法对资产

进行定价。由此可见，基于乘数的经验法则不仅有很多，而且往往是最终估值判断的基础。虽然在咨询行业和公司金融中有很多折现现金流估值的运用，但是其中较大比例是由相对估值伪装而成的，即在许多折现现金流估值中，最后的结果往往还是由相对定价法得到。本部分将探讨相对定价法的优缺点。

(一) 相对投资价值评估的优点

与折现现金流估值相比，相对投资价值评估具有以下优点。

1. 需要更少的信息

折现现金流估值需要很多信息，包括利率、现金流、增长率及标的公司增长期限等多种信息。比较而言相对投资价值评估需要的信息较少，主要按照评估所选择的乘数收集标的公司与目标公司相同类型的信息。因此可以在估值过程中，使用相对投资价值评估可以节约很多时间和资源。

2. 更易理解

折现现金流是将资产未来产生的现金流折算到现在得到的，在估计未来现金流和折现率时都需要进行比较复杂的处理，需要大量关于公司基本面的财务数据，只有专业人士才能准确了解每个参数的估计过程。相比之下，相对估值逻辑很简单，只需要将待评估的资产与相似资产的市场价格进行对比，再进行相应的调整，因此整个估值过程很容易被投资者理解和接受。

3. 假设较少

折现现金流估值包含一系列假设，而相对投资价值评估并没有十分苛责的假设条件。在折现现金流中，不同模型会有不同的假设条件。例如，股权自由现金流折现模型的假设为：股权自由现金流代替股利；股权自由现金流全部支付给股东。在分析企业未来增长情况时，会对不同类型的企业做出不同增长率与增长期限的假设。而相对投资价值评估并没有如上类型苛刻的假设条件。

4. 可以更准确地反映市场状态

由于相对投资价值评估的结果是通过与相似资产的市场价格相比得到的，相似资产的市场价格又包含了关于市场的信息，因此相对估值可以更准确地反映市场的情绪和预期。此时，得到的估值结果也更加接近市场价值。当估值的目标是以当前价格销售证券(例如 IPO)或者基于策略投资于有持续增长能力的证券时，价格中反映市场状态及情绪十分重要，这时候相对投资价值评估的优势体现得更加明显。与之相比，折现现金流法更关注基本要素，忽视了市场情绪。由于投资于资产组合的基金经理更关注他们要持有的证券在一个相对水平上的表现如何，所以这种更能反映市场的相对投资价值评估方法更符合他们的需求。

(二) 相对投资价值评估的缺点

当然，相对投资价值评估法也有一定的缺点。

1. 当市场系统性高估或低估可比公司价值时，相对价值也被高估或低估

相对投资价值评估可以反映市场状态。但是，站在另一个角度，该方法无法避免市场对整个行业的高估或低估。当市场高估可比公司价值时，相对价值也被高估，当市场低估可比公司价值时，相对价值也被低估。

2. 缺乏透明度，易被操纵

可比公司和乘数的选择具有一定的主观性，因此整个估值过程较容易被主观操纵，有偏见的分析师可能会通过可比公司和乘数选择的偏向性，得到预先设想的结果。

第二节 相对投资价值评估的两个基本要素

一、乘数

不论是评估房地产等实物资产还是股票等金融资产，当资产的规模不同时，使用相对定价法就必须找到可比的标准价格，即标准化的乘数。乘数一般采取比值的形式进行标准化，其基本结构如图 12-1 所示。乘数的分子一般为价值金额，表示投资者为获得该项资产付出了多少财富，可以是股权的市场价值、股票的市场价值、公司的市场价值和公司经营性资产的市场价值。乘数分母上的财务变量表示投资者得到了多少回报，可能是利润表的营业收入、利润，或资产负债表账面价值等财务变量；也可能是一些非财务变量，例如：衡量生产厂商产能的年生产量、社交网络平台的用户数量、健身房注册的会员数量等。在相对投资价值评估中，我们首先得到可比公司市场价值的各种乘数，再应用于标的公司对应的财务变量上，相乘即可得到标的公司的相对市场价值。根据计算乘数所选用分母的不同，常见的乘数可分为利润乘数、账面价值乘数、营业收入乘数、现金流乘数和行业特定乘数。

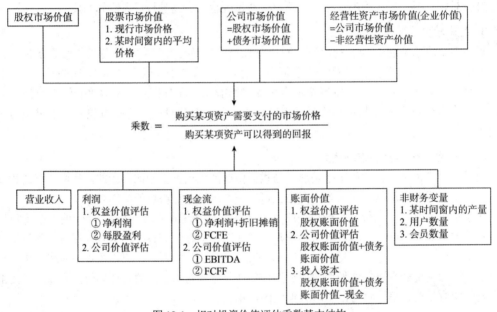

图 12-1 相对投资价值评估乘数基本结构

本节我们会对这些乘数进行简要的介绍，后面我们会进一步在权益价值评估和公司价值评估部分对这些乘数进行详细介绍。事实上，许多乘数比率曾出现在关于公司财务状况分析的内容里，只不过此时我们给它们贴上名为"乘数"的"新标签"，并将其运用在相对估值里。

(一) 利润乘数

资产的利润乘数是衡量资产价值的一种直观指标，它的分母选用利润来表示投资者获得的回报。例如，投资者购买股票时，通常将股票价格看作公司每股利润的倍数(乘数)，后面我们将会提到，如果这种"价格—利润"比是通过当期的每股盈余来衡量的，该乘数叫作现行市盈率，如果是通过与其下一年度的预期每股收益来衡量的，叫作预期市盈率。

对于不同的估值对象，利润乘数的计算各不相同。对于权益价值来讲，分母上的利润通常选取净利润(net income)或每股利润(earnings per share)；对于公司价值来讲，通常选取经营收入或公司的息税折旧及摊销前利润(EBITDA)作为分母。衡量权益资本价值时，常见的利润乘数为市盈率，对于权益投资者来说，较低的利润乘数比较高的利润乘数更好，但它更容易受到企业的增长率和风险的影响。

(二) 账面价值乘数

会计上也会对一项资产的价值进行评估，其评估的思路和角度却不同于估值时的价值评估。会计的账面价值是根据会计准则确定的，反映了资产的购买成本和会计调整(折旧、摊销和资产减值等)。投资者也可以通过对购买股票所支付的价格与账面价值之间的关系来判断股票被高估还是低估，这就引入了账面价值乘数的概念。

账面价值乘数的分子为资产的市场价值，分母选用账面价值来表示投资者获得的回报。价格与账面价值的比值随行业的不同而不同，同样取决于企业的增长潜力和投资的质量(通常通过资产回报率来衡量)。对权益的价值进行评估时，账面价值选择权益的账面价值；对公司经营性资产的价值进行评估时，账面价值选择公司的投入资本，即公司的总资本账面价值(股权账面价值与债务账面价值之和)扣除现金。常见的账面价值乘数有价格/账面价值比(PBV)，即每股股票的市场价格与企业最近一期每股的账面价值之比。不同行业的价格/账面价值比往往不同，同样与行业的增长潜力和投资质量有关。需要注意的是，账面价值的会计估计取决于公司选用的会计准则，具体而言取决于其初始入账价值和计提的摊销与折旧，因此当采用不同会计准则的公司间进行比较时还需要进行调整。

另外，有时账面价值无法准确反映资产价值，投资者可以采用资产的市场价值与重置成本之间的比率，即托宾q比率，并将其作为对账面价值乘数的修正。企业的重置成本是一种现行成本，与原始成本在资产取得时是一致的，两者的不同是由物价变动导致的。托宾q比率是一个能够有效识别收购机会的分析工具。例如，如果某行业的资产市场价值低于其重置成本，那么投资者会倾向于在股票市场上通过购买获得所需要的资产，而不是以更高的价格在商品市场上购买所需要的资产。

(三) 营业收入乘数

利润和账面价值都基于会计报表的，与会计政策的选用息息相关。为避免会计政策选用带来的差异，投资者及分析师可以用资产价值与其产生的营业收入之间的比率作为乘数。对于股权投资者而言，价格销售比(又称市销率)是股权市场价格/营业收入；对于需要估计公司经营性资产价值的研究人员而言，该比率分子上的价值指的是企业市场价值。通常来看，收入比率由于行业和边际收益的不同有很大的差异，但它减小了会计政策的选取对乘数的影响，适用于不同会计体系下各公司之间的比较。

(四) 现金流乘数

现金流乘数的分子为资产的市场价值，分母选用现金流来表示投资者获得的回报。对于权益而言，现金流通常选取股权自由现金流(FCFE)；对于公司而言，现金流则通常是公司自由现金流(FCFF)。现金流乘数适用于稳定增长期的企业，也适用于不同公司间的横向比较。

(五) 行业特定乘数

虽然对于大部分公司而言，分析师都能计算出其利润乘数、账面价值乘数和营业收入乘数。但是对于一些公司，尤其是处于初创期的公司，其收益往往是负值，资产账面价值和收入也很小，公司的价值主要来源于其增长潜力。对于这类公司，采用上述乘数进行估值显然是不合适的。目前，对于这类公司尚无普适性的乘数作为标准价格，分母可以选用非财务指标来衡量企业能够获得的价值，例如，对互联网公司进行估值时，可以用其市场价值除以网页浏览量作为乘数用以参考。

但是，使用行业特定乘数有一定的风险。首先，行业特定乘数难以对市场的其他部分或整个市场的价值进行评估，因此难以与市场上其他行业进行比较，容易造成该行业在市场上长期被高估或低估；其次，非财务变量的选取具有主观性，很难保证指标的选取一定与公司价值是相符的，例如，选取互联网公司网页浏览量作为行业特定乘数的分母时，我们并不一定能保证高的网页浏览量就意味着高收益或高增长潜质，更不一定意味着高的企业价值。

二、可比公司

可比公司是相对估值法的两大要素之一，实务中往往将处于同一行业或拥有同一业务的公司作为可比公司，但是这样的定义并不准确。严格来讲，可比公司是在现金流、增长潜力和风险等方面与被评估公司相似的公司，并不必须要求可比公司处于同一行业或拥有相同业务。

关于可比公司的定义还有一种是指在本质因素方面相似的公司，例如可以反映风险的贝塔值、股权资本回报率和每股收益的预期增长率都相等或接近的公司。

此外，还有一种处理方式是把市场上所有公司都看成可比公司，并用统计技术控制这些公司在本质因素方面的差异。

第三节　可比公司的选取

一、可比公司的选取原则

可比公司的选取原则包括以下两个方面。

(1) 由于相对投资价值评估是以公司资产实际出售的真实成交价值为基础进行估值，因此，该成交价值是否公允就会直接影响估值结果的客观性。我们在进行股票投资时应该选择股票在自由活跃市场上被交易的公司，因为这类被活跃交易的股票的价格能够更为公允地反映投资者对该公司及该行业的预期。我们应该首先考虑在交易所挂牌上市的股票，如果不能在其中找到合适的可比公司，也可以采用在柜台交易市场活跃交易的其他可比公司。无论选择哪类公司，其原则都是要保证该股票是在一个自由活跃的市场上交易。如果是家族企业的股票、流动性很差的股票或是在不稳定的市场交易的股票，则不太适用于相对估值。

(2) 根据定义，可比公司是在现金流、增长潜力和风险方面与标的公司相似的公司，而实务中往往将处于同一行业或拥有同一业务的公司作为可比公司。实际上，可比公司并不一定需要和标的公司拥有完全一样的业务，但是应该受到相同的经济因素的影响。例如，当我们对某家为农业生产电子控制设备的公司进行估值时，我们可以选取为农业生产其他各类设备的公司作为可比公司，而不是仅限于生产电子控制设备的公司。

根据可比公司是否为上市公司，相对投资价值评估可以分为可比上市公司法和可比先例交易(并购公司)法。

(一) 可比上市公司法

可比上市公司是指与标的公司相似且股票可在公开市场自由交易的公司，使用这类公司作为可比公司的优势在于他们会定期披露公司财务信息和其他重大信息，大部分上市公司都拥有 5 年及 5 年以上的资产负债表和利润表的财务数据，因此一段时间内的增长趋势和其他财务指标都可以获得，而且活跃的交易市场使之拥有较为公允且实时更新的市场价格，而且还有大量金融机构针对其发布的股票研究报告和行业研究报告作为参考。

(二) 可比先例交易法

可比先例交易法的基本原则与可比上市公司法基本一致，只不过由于可获取的数据不同，在操作上会有一些差异，某些情况下，交易结构的不同也会产生一定的差异。

首先，可比的并购交易并非发生在标的公司的估值基准日，历史交易案例发生时期与估值基准日相比，宏观经济及行业形势可能已经发生较大变化，因此据此得到的乘数还应进行相应调整。其次，由于这些被收购的先例公司没有公开交易的股票，因此往往缺乏分析性数据或对业绩进行预测的体系，因此与预测盈利相关的估值乘数较难得到，而且这些公司通常只能得到较短时期内的财务数据，无法基于过去一段时间内的平均数据来计算乘数。

当然，可比先例交易法相较于可比上市公司法也具有一定的优势。由于并购交易大多数情况下是针对控制性权益交易的，因此，使用可比先例交易法对控制权益进行估值时不需要再额外考虑控制权溢价的问题。不过，在对少数权益进行估值时，仍需考虑少数权益折扣和流动性缺乏的折扣。

二、可比公司财务调整

相对投资价值评估的目的是要得出乘数，再应用于标的公司的基本财务变量(资产负债表中的账面价值或利润表中的经营性变量等)，进而得出标的公司的估值。

在进行相对投资价值评估时我们需要先描述标的公司的业务范围、服务市场、规模等用于选取可比公司的标准。依据这些标准选取一定数量的可比公司后，需要进行如下操作：第一，获得可比公司的财务数据并选取合适的财务报表；第二，需找到标的公司与可比公司之间的最佳匹配时期；第三，需对标的公司和可比公司的财务报表进行标准化处理，剔除非经营性资产、非经常性项目，在会计方面进行调整使之具有可比性，同时调整必要的内部项目；第四，使用调整后的财务报表进行财务比率比较，以找出可比公司和标的公司之间的相同点和相对优劣势，条件允许的情况下还可以对标的公司进行实地考察和管理层访问，以便更好地了解标的公司与其他公司的相同点和相对优劣势，同时也可以相应调整之前选取的可比公司，从而能更好地调整乘数并得出估值。

当然，整个过程中也需要收集和分析相关的行业和宏观经济数据，以便更好地理解标的公司所处行业的发展前景，并从行业角度对标的公司进行定位。接下来具体介绍选择财务报表、选择标的公司与可比公司的最佳匹配时期、调整财务报表及财务分析的过程。

(一) 选择财务报表

在利用相对投资价值评估方法和市场价格进行估值时，我们需要比较一段相关时期内标的公司和可比公司的财务报表，一般情况下，这个期限长度是 5 年，对于可比上市公司，我们往往还要搜集标的公司和可比公司最近几年的中期报表。如果是对私人公司进行估值，我们往往只能搜集到最近一年的财务报表；而在周期性行业中，我们需要获得完整行业周期跨度下的财务报表。另外，如果某标的公司只有三年的历史，或该行业或标的公司在三年前发生过重大变化，则应该仅选用近三年的财务报表。

(二) 确定最佳可比匹配时期

搜集到可比公司和标的公司的财务报表之后，就需要确定标的公司和可比公司之间的最佳可匹配时期。选取的原则是，在估值日使用已获悉或合理可知的信息。若估值日期刚好在标的公司财年末，则可以直接采用该年的年度报表。但是这样直接选用的弊端在于，公司年度财务报表往往不是在估值日编制的，而且财务年度末期也会发生大量交易，因此这些交易对企业产生的影响就难以反映在估值中。

如果估值日不是在标的公司财年末，情况就更加复杂。首先，如果估值基准日是在财年末的前一个月内，则在公司没有完整可靠的月度财务报表、估值基准日和财年结束日期间不会发生影响估值的重大事件且等待财年末数据不会导致估值工作过度延误的情况下，可以采用最新的年度财务报表。其次，如果估值基准日和财年末相差一季度及以上，则可以采用重建财务报表的方式。例如，若以9月30日为估值基准日，则可用本年前9个月加上前一年度第四季度财务报表来构建最近12个月的财务报表。同样地，我们可以通过上述方法构建最近5年的重建财务报表，但是为了简化估值过程，也可以直接采用最近12个月的重建报表和前4年的年度报表，这样的操作会导致前一年的最后三个月的数据被利用两次。如果这三个月并无异常，则这样的简化操作不会对估值结果产生重大影响。

无论标的公司选择什么时期，可比公司都应该选择相同或相近的时期，否则比较就是没有意义的。

(三) 财务报表的调整

为了使财务报表可以更好地用于标的公司和可比公司之间的比较，特别是用于增长前景和风险等方面的优劣势分析中，我们需要对财务报表进行调整。

1. 对非经营性资产的调整

利用市场价格估值往往是对公司主营业务进行比较，因此，标的公司和可比公司的财务报表都应该调整为不含非经营性资产。

对非经营性资产的调整包括对资产负债表的调整和对利润表的调整。首先，在资产负债表中剔除非经营性资产。然后，从利润表中扣除相关收入和费用，包括非经营性项目的税收净效益。例如，假设某制造行业中大多数相同规模公司都没有航空运输设备，而标的公司拥有一架飞机用于航空运输，而且没有买方会购买这架飞机或支付其运营费用，则该架飞机可以看作非经营性资产。因此，我们需要把购买该架飞机形成的固定资产及折旧从资产负债表中扣除。此外，还应在利润表中扣除该架飞机的运营费用和税收净效应，加上公司未拥有该架飞机时需要额外发生的运输费用。在利用相对价值评估方法根据可比公司的市场价值完成估值后，该架飞机的清算价值会加回以经营性资产作为估值基础的公司价值上。当对少数权益进行估值时，非经营性资产通常不归属于少数股东，因此只应该加回扣除少数权益折扣后的净值上。

显然，非经营性资产的界定会对估值结果产生重大影响。例如，如果把一项产生很少或几乎不产生收入的资产列为非经营性资产，然后将其价值加到以经营性资产为基础的估值结果中，则会产生较高的价值；相反，若将该项资产列为经营性资产，则最终只会得到一个较低的估值结果。对于非经营性资产的界定并没有统一的标准，因此很容易体现估值人员的主观性。

我们举一个简单的生活中的例子来帮助理解，比如，公司自有的接送员工的大巴车。想要得到较高估值结果的分析师更倾向于将大巴车界定为非经营性资产，因为大巴车除员工上下班时间外都是闲置的，并没有充分发挥其使用价值，所以公司价值应该是该部分大巴车价值加上以经营性资产为基础的估值结果。相反，想要得到较低估值结果的分析师则愿意将大巴车界定为必备的经营性资产，因为这解决了公司大部分员工上下班的交通问题，将大巴车这类几乎不产生收入的资产作为经营性资产进行估值，将得到相对较低的估值结果。

对资产的控制权和少数股权估值时，非经营性资产的界定可能会有所不同。控股股东可以对非经营性资产进行重新配置，以更好地实现该项资产的价值，所以符合条件的资产更适合被列为非经营性资产，在估值完成后将其价值加到以经营性资产为基础的估值结果中，成为控制性股权估值的附加值。而少数权益股东并不具有这项权利，因此市场不会对这类不产生收入的资产赋予太高的价值，其在少数权益估值中往往会被忽略，或只是在市场价值乘数基础上少量增加，以反映非经营性资产的优势。

与非经营性项目类似，我们还需要对资产溢余和资产不足进行调整。当标的公司的净营运资本占营业收入百分比与可比公司不一致时，就应该进行调整。上述对于控制性权益和少数权益的讨论也同样适用：由于控股股东可以主导公司经营决策，改变公司营运资产，所以在对控制性权益进行估值时进行调整；而少数权益并没有这项权利，不能改变公司营运资产政策，因此不需要进行调整。

2. 非经常性项目的调整

非经常性项目又称非经常性损益，是指公司发生的与经营业务无直接关系，以及虽与经营业务相关，但由于其性质、金额或发生频率，影响了真实、公允地反映公司正常盈利能力的各项收入、支出。为了使估值使用的财务报表能够反映公司持续性的经营状况，估值时应该在利润表中剔除非经常性项目。但值得注意的是，估值角度的非经常性项目与会计准则规定的非经常性项目并非完全一致。例如，公司出售固定资产产生的损益在会计准则看来是一般性损益，但是站在估值角度，这类收益都应当作为非经常性项目处理。一般而言，下列项目可以视为非经常性项目：罢工引起的费用、其他业务中断的损失、保险赔偿金的追回、已停止的经营活动或设备管理产生的损失、收购相关的减值损失、诉讼产生的费用、补充和损失等。

3. 对会计政策和会计估计的调整

我国会计准则规定，企业会计的确认、计量和报告应当以权责发生制为基础。权责发生制要求，凡是当期已经实现的收入和已经发生或应当负担的费用，无论款项是否收付，都应当作为当期收入和费用，计入利润表；凡是不属于当期的收入和费用，即使款项已经在当期收付，也不应当作为当期的收入和费用。收付实现制是与权责发生制相对应的一种会计基础，它是以收到或支付的现金作为确认收入和费用的依据。目前，我国的行政单位会计主要采用收付实现制，事业单位会计除经营业务采用权责发生制外，其他大部分业务采用收付实现制。

如果某家公司的财务报表是基于收付实现制编制的，则应该调整为权责发生制。以应收账款为例，从收付实现制调整为权责发生制时，需要将应收账款加到资产负债表中，同时对利润表的相关项目进行相应调整。相应的所得税也应该进行相应调整。

虽然大部分公司的会计基础都是权责发生制，实务中很少进行调整，但是每个公司都可以根据自身需求选取合适的会计政策，然而标的公司与可比公司之间会计政策选取的不同会影响二者的可比性，因此需要进行调整。会计准则规定，企业应当披露的重要会计政策主要包括发出存货成本的计量(例如是采用先进先出法还是其他计量方法)、长期股权投资的后续计量(例如是采用成本法还是权益法)、投资性房地产的后续计量(例如是采用成本模式还是公允模式计量)、固定资产的初始计量(例如初始成本是以购买价款还是购买价款的现值为基础计量)、生物资产的初始计量(例如企业为取得生物资产而产生的借款费用是予以资本化还是计入当期损益)、无形资产的确认(例如企业内部研发项目开发阶段的支出是确认为无形资产还是在发生时计入当期损益)、非货币性资产交换的计量(例如是以换出资产的公允价值作为确定换入资产成本的基础，还是以换出资产的账面价值作为确定换入资产成本的基础)、收入的确认、合同收入与费用的确认(例如是否采用完工百分比法)、借款费用的处理(例如是资本化还是费用化)及合并政策(例如母子公司会计年度不一致的处理原则、合并范围的确定原则等)，因此估值时应该结合上述已经披露的会计政策进行调整，使可比公司与标的公司保持一致。本书以发出存货成本的计量为例具体说明。

发出存货成本的计量方法有先进先出法、移动加权平均法、月末一次加权平均法和个别计价法等方法，现行会计准则不允许采用后进先出法确定发出存货的成本。下面用例 12.1 来具体说明调整方法。

【例 12.1】 存货成本的调整对估值的影响。

假设某可比公司对发出存货采用后进先出法,但标的公司采用的是先进先出法,为了保证可比性我们需要将可比公司进行调整。假设该可比公司 2024 年 1 月 1 日存货价值为 2 500 000 元,公司当年购入存货的实际成本为 18 000 000 元,2024 年 12 月 31 日按先进先出法确定的存货价值为 4 500 000 元,当年营业收入为 25 000 000 元,假设该年度其他费用为 1 200 000 元,所得税税率为 25%,则我们需要对存货的余额及留存收益进行调整。假设 2024 年 12 月 31 日按后进先出法计算的存货价值为 2 200 000 元,调整为先进先出法对该可比公司当期净利润的影响数如表 12-1 所示。

表 12-1 调整为先进先出法对该可比公司当期净利润的影响数

项目	先进先出法	后进先出法
营业收入	25 000 000	25 000 000
减：营业成本	16 000 000	18 300 000
减：其他费用	1 200 000	1 200 000
利润总额	7 800 000	5 500 000
减：所得税	1 950 000	1 375 000
净利润	5 850 000	4 125 000
差额	1 725 000	

即该可比公司的净利润应该调增 1 725 000 元。其中,采用先进先出法的营业成本为:期初存货+购入存货实际成本-期末存货=2 500 000 + 18 000 000-4 500 000 = 16 000 000 元;采用后进先出法的营业成本为:期初存货+购入存货实际成本-期末存货=2 500 000 + 18 000 000-2 200 000 = 18 300 000 元。

除了与调整存货计量方法一样调整会计政策以外,还可以直接剔除由于会计政策不同而影响标的公司与可比公司可比性的项目,无形资产就是一个典型的例子。公司购入的无形资产将按照购买成本计入资产负债表,并在以后年份进行摊销,但自主研发的无形资产通常是在研发当期作为费用直接计入当期损益。无形资产很难像存货一样进行上述调整,因此,一般都会将它们从资产负债表中扣除,便于账面价值相关的资产乘数在标的公司和可比公司之间具有可比性。除此之外,利润表也应该进行相应调整,将利润表中有关无形资产的摊销剔除,有时候实务中这项操作可能会难以实现,此时则不应该使用以利润为基础的市场乘数,而更应该使用以现金流为基础的市场乘数。

同样地,企业也可以根据自身情况选择会计估计方法,并就重要的会计估计进行披露,会计准则规定的企业应当披露的重要会计估计包括:存货可变现净值的确定;采用公允价值模式下的投资性房地产公允价值的确定;固定资产的预计;使用寿命与净残值及固定资产的折旧方法;生产性生物资产的预计使用寿命;净残值及折旧方法;使用寿命有限的无形资产的预计使用寿命与净残值;合同完工进度的确定;权益工具公允价值的确定;债务人(债权人)债务重组中转让(受让)的非现金资产的公允价值、由债务(债权)转成的股份的公允价值和修改其他债务(债权)条件后债务(债权)的公允价值的确定;预计负债初始计量的最佳估计数的确定;金融资产公允价值的确定;承租人(出租人)对未确认融资费用(未实现出租收益)的分摊;同一控制下企业合并成本的公允价值的确定;探明矿区权益、井及相关设施的折耗方法,与油气开采活动相关的辅助设备及设施的折旧方法;此外,针对资产组的可收回金额,其确定方式包括两种情况:一是按照其资产组的公允价值减去处置费用后的净额计算,此时应明确公允价值和处置费用的估算方法;二是按照资产组预计未来现金流量的现值计算,此时需要披露预计未来现金流的现值计算,需要披露现金流量的确定依据和具体计算方法。

进行估值时，可以参照会计准则要求的需要披露的重要会计估计进行调整，从而使可比公司与标的公司之间更具可比性。本书以固定资产折旧的折旧方法为例进行详细说明。

企业可选用的固定资产折旧方法包括年限平均法(直线法)、工作量法、双倍余额递减法和年数总和法等，后两者都属于加速折旧法，其目的是加快折旧速度，使固定资产成本在估计使用寿命内加快得到补充并实现抵税的作用。当可比公司与标的公司的折旧方法不一致时应该进行调整，过程中资本的账面价值、净收益等都会受到影响，从而影响估值的结果。有些时候，对于某行业中的某一类通用设备，各公司折旧年限还会不同，此时应该依据行业标准将各个公司的折旧年限都调整至一致，否则折旧年限更高的公司相比于其他公司有更高的股权账面价值和净利润，从而影响相对估值的结果。

(四) 对内部因素的调整

有些公司会存在许多非正常支出，这些支出往往超出可比公司的正常水平，例如：对高管的超额补偿和其他额外津贴、与公司负责人或关联方的租约或其他特殊交易、员工或客户的娱乐开销等，这在很多私人公司中比较普遍。

当对控制性权益进行估值时，这些项目往往会调整至行业平均水平，当对少数股权进行估值时，是否进行调整存在争议。一种观点认为，少数权益股东并不能改变这种现象，因此不必进行调整；另一种观点认为为了使可比公司与标的公司具有可比性，应该对这些项目进行调整。当然，如果采用收入乘数(例如价格/收入比率)，就不必考虑是否进行调整。

三、可比财务分析

与折现现金流法的财务分析不同，可比财务分析更侧重于不同公司或同一公司不同时期的比较，其目的是帮助识别和量化标的公司与可比公司的相同点和相对优劣势，也为了更好地对标的公司未来财务活动进行预测，以及决定将何种乘数用于标的公司的价值评估。例如，如果通过财务分析发现标的公司具有可持续增长趋势，则与无增长潜力的情况相比，该公司应该被赋予更高的乘数；同样地，如果通过财务分析发现，标的公司存在较大风险，则基于利润、账面价值或其他财务变量得到的乘数就应该选取更低的值。

可比财务分析有趋势分析、与行业平均水平相比较、与可比公司(可比上市公司或可比交易)相比较三种类型。趋势分析是针对同一公司不同时期的财务数据，可以从一段时期内变量的变化趋势(如变量随时间推移情况恶化、改善或是保持不变)、最大最小值等方面着手；与行业平均水平相比较是指标的公司与同行业平均水平进行比较，如果标的公司的财务数据相较其他公司有明显优势，则估值时应该选取行业范围内较高的乘数；与可比公司比较是指标的公司与可比公司在相同时期内的财务数据比较，可以更直接地看出标的公司与可比公司财务数据对比情况。

为了使标的公司与可比公司之间的比较更容易，我们可以采用共同百分比分析的方法，即将资产负债表和利润表中的金额转化为百分比，具体而言，资产负债表的每个项目都除以总资产，得到每项资产或负债占总资产的百分比，利润表的数据除以总收入，得到每项收入或费用占总收入的百分比。

用于财务分析的比率主要有 4 种类型：短期流动性指标、经营比率、资产负债表杠杆比率和盈利能力比率。

短期流动性指标衡量的是公司短期偿债能力及抵御突发损失的能力。此外，该类指标还可以帮助我们判断公司营运资本是盈余还是不足。常见的短期流动性指标有流动比率、速动比率。

经营比率衡量公司使用资产的效率，反映企业的资金周转状况。资金周转状况好，说明企业的经营管理水平高，资金利用效率高，可以通过产品销售情况与企业资金占用量来分析企业的资金周转状况。常见的经营比率有应收账款周转率、存货周转率等。

资产负债表杠杆比率衡量公司的长期偿债能力,企业的长期负债主要有长期借款、应付债券、长期应付款等。偿债能力分析可以揭示企业的财务风险。主要的资产负债表杠杆比率有总资产负债率、长期负债权益比率。

盈利能力比率反映企业获取利润的能力,企业的各项经营活动都会影响企业利润的变化,盈利能力比率是财务分析的重要部分,主要分为与营业收入相关的利润表盈利能力比率和与资产负债表账面价值收益有关的资产负债表盈利能力。利润表盈利能力比率主要包括经营利润率、销售净利率等;资产负债表盈利能力比率主要包括资产回报率、股东权益回报率等。

第四节 使用乘数的 4 个基本步骤

虽然基于乘数的相对投资价值评估法没有折现现金流法准确,但前者逻辑简单,在实践中被大量使用。不过,我们需要知道如何更好地理解和利用这些乘数以防止误用。在计算乘数时我们可以遵循下述步骤:第一步是检验乘数定义的一致性并保证它在各个可比公司之间可以得到统一衡量;第二步是对乘数进行描述性统计;第三步是对乘数的决定因素及乘数如何随决定因素变化而发生变化进行分析;第四步是找到合适的可比公司并控制标的公司与可比公司之间的差异。

一、对定义的检验

即使是最简单的乘数在使用时也会被分析师赋予不同的定义。以市盈率为例,市盈率的定义是每股价格除以每股收益,但是每股价格和每股收益如何选取会导致市盈率的定义大相径庭。例如,每股价格可以是现行价格,也可以是过去 6 个月或一年的平均价格;每股收益可以是最近一个会计年度的每股收益,也可以是最近 4 个季度的每股盈利,还可以是预计下一会计年度的收益,它们会分别算出现行市盈率、滚动市盈率和预期市盈率。此外,每股收益的计算基础可以是原来的最初对外发行数量,也可以是稀释后的股份数量,可以包括或不包括特殊事项。因此,对定义的检验就是为了确保乘数的定义具有一致性,且在被比较的各个公司之间的度量是统一的。

> **知识链接:市盈率的不同测度方法**
>
> 市盈率的分子价格 P 可以是现行价格,也可以是前 6 个月或一年的平均价格,每股收益 EPS 可以选取近期财政年度的每股收益(产生现行市盈率)、最近 4 个季度的收益(产生滚动市盈率)、下一财政年度的预期每股收益或未来年度的预期收益(产生预期市盈率)。除此之外,还可以选择剔除或包含非经常项目的 EPS、原始 EPS 或稀释后的 EPS,当你在用市盈率与别人谈判时,首先要保证你们使用的是同一个 EPS,即价格和每股收益的选取必须一致。
>
> 现行市盈率、滚动市盈率、预期市盈率都有其合理性,也有各自的特点,在收益上升期间,预期性市盈率低于滚动市盈率,而滚动市盈率又低于现行市盈率。在实践中,部分分析师选取最能迎合其偏见的定义。例如,在 20 世纪 90 年代,看涨的分析师使用预测性市盈率,看跌的分析师使用滚动市盈率,因为收益增长的情况下,前者低于后者,前者给出买入意见,后者给出卖出意见。

(一)一致性

一致性是指分子分母的定义一致。回顾图 12-1,当分子是股权资本价值(股权资本的市场价值)时,分母则是度量股权资本的尺度(如每股收益、净收入和股权资本的账面价值);当分子是公司价值(如企业价值,它是债务、股权资本价值之和,扣除现金等非经营性资产),分母则应选择公司尺度的变量(如经营性收入、EBITDA 或总资本的账面价值)。例如,市盈率(PE)的分子是权益的每股价值，分母是权益的每股收益。同样，企业价值/EBITDA 乘数的分子是企业价值，分母是公司偿债前的全部盈利。

但一致性也不是绝对的，例如股权价值—营业收入比率，就是用权益市场价值除以公司收入，严格来讲该定义不具有一致性，但该乘数依然被广泛应用于实务中。该乘数主要用于科技公司和零售公司，原因是前者几乎没有或者只有很少的负债，因此公司价值和股权价值基本相同，后者的债务比例则往往比较稳定(通常采用经营租赁的方式负债)，因此此时定义的不一致性不会对估值结果产生太大影响。但是，有时候直接采用这一价格收入比率来比较科技公司和零售公司也会出现较大偏差。例如，当科技公司拥有大量偏离的现金收支时，采用价格收入比率会低估现金收支较少的公司的价值；若零售公司财务杠杆差异较大，如一些公司采用经营租赁的方式租入经营场所，另一些公司选择使用权益资金或债务资金购入投资性房地产作为经营场所，则价格收入比率对有较高财务杠杆的公司的估值低于杠杆较低的公司。

(二) 统一性

统一性是指在所有公司中针对某一乘数进行统一的定义。例如，如果我们使用基于收益或账面价值的乘数，所有资产中关于收益的会计准则必须一致。

以市盈率为例，市盈率的定义是市场价格除以每股收益，我们需要对市场价格和每股收益的定义进行检验，确保被估值公司与可比公司间定义的统一性。

其实在操作中，保持定义的统一性更难，首先，会计政策的选取会导致相似公司的盈余和账面价值差异巨大，即使所有公司采用相似的会计政策，也会遇到一些问题：不同公司利用会计准则来达到自身目的的程度不同，例如，有些公司会保守地报告其利润以达到避税的效果，这些公司的利润乘数更高。

二、描述性检验

在使用乘数之前，应该对某一具体乘数值在市场中处于高水平、中等水平还是低水平做一个简单的判断，也就是说我们需要掌握该乘数的统计分布特征。描述性检验是指对乘数进行描述性统计，不仅在分析行业的各公司之间，而且遍及整个市场。之所以将视野放宽到整个市场而不是某个特定行业，是因为无论是哪个行业的股票都在进行投资资金的竞争。当使用乘数进行估值时，如果你不知道你所使用的乘数的横截面分布，就无法比较你所得到的标的公司的乘数是过高还是过低。描述性检验包括以下内容。

(一) 分布特征

在描述分布特征时，我们需要关注均值、样本方差、中位数、偏度和峰度等统计量。对于非对称的分布，我们主要从均值、中位数和概率描述两个方面刻画其分布特征。概率描述即描述某一乘数大于某一特定值的概率是多少。

(二) 极端值对平均值的影响

极端越多，均值与中位数之间的差距越大，极端值的出现会使样本均值没有代表性，此时采用中位数作为参考更加合理。由于极端值对均值的影响很大，因此对极端值不同的处理方式也会对结果造成很大的偏差。对于极端值最直接的处理方式包括直接剔除极端值或人为设置最大值和最小值等，但需要注意的是，如果这些极端值都在分布的一侧(它们往往都是很大的值)，直接剔除就可能导致结果有偏差。

(三) 估计乘数过程中产生的偏差

估计乘数过程中产生的偏差是指估计样本选择的偏差，例如在计算市盈率，每股收益为负时，如果直接剔除这些数据,不仅会使数据量变小,而且会造成选择过程中的偏差,因为样本组的市盈率均值将会产生变化。

(四) 乘数分布随时间改变发生的变化

无论是整个市场还是特定行业,乘数都会随时间发生变化。其根本原因是利率和经济增长随时间变化,在利率持续走低的过程中收益乘数上升。还有一些变化反映市场风险意识的改变,若投资者风险厌恶程度较高,则乘数会下降。

三、分析性检验

虽然相对投资价值评估法逻辑简单,只要通过与可比公司比较就可以算出被估值公司的价格,但需要注意的是,乘数的高低并不一定意味着资产真被高估或者低估。例如市盈率高的股票并不一定有泡沫,它可能仅是相较于可比公司比较高。因此,要想判断公司或者权益价值是被高估还是被低估,要回到基本面因素的分析,分析风险、收益、增长率等对乘数的影响。因此,折现现金流估值法和相对估值法本质上所做的是同一件事情——这也是我们在第二章第二节中所概述的内容。

为了更好地运用乘数,我们首先应该找出每一个乘数的影响因素,此外还必须明确这些因素对乘数的影响程度。在折现现金流的价值评估中,公司价值是产生现金流的能力、现金流的预期增长率和获得现金流风险的函数,不论是利润乘数、账面价值乘数还是营业收入乘数,也都是增长率和风险的函数,拥有高增长率和低风险公司比那些低增长、高风险的公司理应拥有更高的乘数。

在实际操作中,暗含了一个假设,即增长率和风险对乘数的影响是线性的。例如,在分析高增长公司时,我们往往引入 PEG 比率(市盈率与增长率之比),这就隐含了市盈率与增长率为线性相关关系的假设,然而事实并非如此,增长率和风险对大多数乘数的影响都并非线性的,乘数影响因素分析框架如图 12-2 所示。

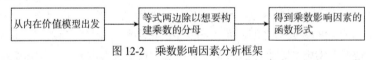

图 12-2 乘数影响因素分析框架

首先,从一个内在价值模型开始。如果是股权乘数则从股利折现模型(DDM)或者股权自由现金流模型(FCFE)开始,如果是企业价值就从公司自由现金流模型(FCFF)或经营资产模型开始。

其次,等式两边同时除以想要构建乘数的分母。例如,如果想要得到股权的市净率,则同时除以股权账面价值,想要得到公司的价值收入比率,则等式两边同时除以营业收入。

最后,得到一个内在价值形式的乘数,该形式将乘数与影响它的变量联系起来,例如市盈率等的内在价值形式。

本章基于稳定增长的股利折现模型简单推导市盈率、市净率、市销率的内在价值形式,在后面的章节中我们还会对这些乘数进行深入学习。

根据股利折现模型,股权资本价值为

$$股权资本价值 = P_0 = \frac{DPS_1}{K_e - g_n} \tag{12-1}$$

其中,DPS_1 是预期股利,K_e 是股权资本成本,g_n 表示预期的稳定增长率。

(一) 市盈率的内在价值形式

$$P/E = \frac{P_0}{\text{EPS}_0} = \frac{\text{股利支付率} \times (1+g_n)}{K_e - g_n} \tag{12-2}$$

其中，EPS_0 是每股收益。

由上式可知，当以稳定增长的股利折现模型为出发点时，市盈率与股利支付率成正比，与股权资本成本成反比，与稳定增长率成正比。

(二) 市净率的内在价值形式

$$P/BV = \frac{P_0}{\text{BV}_0} = \frac{\text{ROE} \times \text{股利支付率} \times (1+g_n)}{K_e - g_n} \tag{12-3}$$

其中，BV_0 是股权资本账面价值，ROE 是股权回报率。

由上式可知，当以稳定增长的股利折现模型为出发点时，价格/账面价值比率与股利支付率、股权回报率、稳定增长率成正比，与股权资本成本成反比。

(三) 市销率的内在价值形式

$$\text{PS} = \frac{P_0}{\text{营业收入}_0} = \frac{\text{销售净利率} \times \text{股利支付率} \times (1+g_n)}{K_e - g_n} \tag{12-4}$$

由上式可知，当以稳定增长的股利折现模型为出发点时，价格/账面价值比率与股利支付率、销售净利率成正比，与股权资本成本成反比，与稳定增长率相关。

以上以折现现金流为出发点得到的乘数并不意味着让我们回到折现现金流法，而是提醒我们在使用乘数时要考虑到影响乘数的因素。以市盈率为例，在所选可比公司的市盈率均值高于目标估值公司时，并不能直接断定目标公司的股价处于被低估的状态，促成这一现象的真正原因可能是目标公司的股权资本成本过高，或是公司的预期增长率较低。同样的道理也适用于跨国市场的投资，当一国股票市场的市盈率均值相较于其他国家偏低时，并不能说明该国的股市在整体上被低估，或许这种现象恰是对该国宏观经济环境和风险状况的客观反映。我们此时应该深入分析引发各国市盈率的宏观经济变量，并采用回归等建模方式对该国市盈率进行标准化评估，并将评估结果和现行指标比较，从而判断该国股市是否存在整体上被低估的现象。

四、应用检验

乘数作为各个可比公司的连结点决定了公司的价值。在定义符合统一性和一致性要求的乘数、了解各乘数的统计性质和明确各乘数如何受到基本变量的影响之后，我们就要将乘数应用到标的公司与可比公司之间，得到相关乘数并最终得到标的公司的估值。可比公司的选取直接影响估值结果，实践中通常选取同一行业的公司作为可比公司，这样的选取可能并不准确，但是无论如何选取，可比公司与标的公司之间的差异都是不可避免的，应用检验的目的就是选取可比公司并控制可比公司与标的之间的差异。

当我们在估值时，虽然传统的分析认为相同行业的公司是可比公司，但是估值理论认为可比公司是有相同基本影响因素的公司。如果两家公司拥有相同的风险、增长率和现金流等特征，即使它们没有相同业务，也可以作为可比公司进行比较。我们已经在上一节对可比公司的选取做了详细的介绍，此处主要介绍控制可比公司之间差异的方法。

理想情况下，我们可以找到一些在基本影响因素方面与标的公司相似的上市公司，可以用标的公司的估值与这些上市公司进行比较，因为它们与标的公司十分相似，不需要对公司之间的差异进行控制。但实践中,我们很难(或者几乎不可能)找到在风险、增长和现金流特征上都与标的公司十分相似的公司。所以,我们需要控制存在于这些公司基本要素之间的差距。

下面介绍三种调整公司之间差异的方法。

(一) 主观调整

主观调整是在算出可比公司乘数的平均结果后,主观判断标的公司与可比公司的区别,分析基本因素,确定由此带来的乘数差距是否合理并做出相应的调整与解释。例如,某公司以12倍收益的价格(即,市盈率或者公司价值/EBITDA乘数为12)进行交易,然而行业中其他公司以10倍收益的价格进行交易,但是我们依然可以认为该公司被低估,因为它相较于其他公司有很高的增长率。

主观调整的劣势在于分析人员做出主观判断时,会加入过多个人的偏见,影响结果的客观性。此外,主观判断的准确性也没有明确指标可度量,其是否完全合理和准确可能难有定论。

(二) 修正的乘数

在选择乘数时,也会在常见乘数的基础上加以修正,以便为投资者提供更加适合判断企业价值的乘数。我们可以从折现现金流模型中看到影响某一乘数的各种变量,并阐述每一变量与乘数的关系。但是,总存在一个占主导地位的变量,可以影响企业的相关乘数在行业或市场中所处的水平,该变量被称为伴随变量(companion variable)。

对乘数进行调整时,我们需要找出构成乘数的伴随变量,根据伴随变量对乘数进行调整。例如,市盈率PE是每股股价除以每股收益,用市盈率除以每股收益的增长率可得到经过调整的市盈率,即价格收益增长比率PEG。在这个过程中每股收益的增长率是PE乘数的伴随变量。类似地,修正的乘数也包括:市净率PB乘数除以它的伴随变量ROE得到修正后的乘数;价格销售比乘数则除以销售净利率构成新的乘数。

但是,这样修正乘数也暗含着两类假设:除被控制变量外,其他变量均具有可比性;各乘数与伴随变量间的关系是线性的。

(三) 统计技术

如果标的公司与可比公司间存在不止一个维度上的差异,我们可以采用多元回归(或者其变体)来控制变量之间的差异。当可比公司数量较多且乘数与变量之间的关系稳定时统计技术的方法很有效,但如果可比公司数量不足、乘数与变量之间关系不稳定或者异常值的存在都会导致统计技术结果的可信度降低。

1. 行业回归

将乘数作为因变量,影响乘数的基本面因素(风险、增长和现金流)作为自变量进行回归,例如:

市盈率 = f(增长率,股利支付率,风险)
市净率 = f(增长率,股利支付率,风险,股权回报率)
市销率 = f(增长率,股利支付率,风险,利润)

行业回归相较于主观判断有以下优点:首先,可以由相关系数直接得到乘数与变量之间的关联关系,并通过R^2检验得到二者的关联程度;其次,若乘数与变量之间的关系是非线性的,则回归方程还可以进行相应的变形;最后,可以同时考虑多个变量对乘数的影响及变量间的相互影响。

不过行业回归同样存在以下问题:首先,如何定义行业并没有统一的标准,如果行业定义太狭窄会导致样本量太少,影响回归效果;由于R^2是衡量回归效果的重要指标,因此实际操作过程中很可能添加与乘数无关,只是增加R^2的变量。

【例 12.2】银行业公司回归分析。

下面以申银万国行业分类 2021 修订版银行业 34 家上市公司为例,进行行业回归分析。选取上市公司的 PE 比率、增长率、股票价格标准差为回归分析的三个变量(见表 12-2)。

表 12-2 银行业上市公司相关财务数据

公司代码	公司名称	PE 比率	增长率	股票价格标准差
000001.SZ	平安银行	8.97	14.29%	2.48%
002142.SZ	宁波银行	13.98	18.54%	2.46%
002807.SZ	江阴银行	7.22	17.93%	0.88%
002839.SZ	张家港行	8.62	13.71%	1.38%
002948.SZ	青岛银行	7.44	12.88%	1.35%
002958.SZ	青农商行	6.66	8.41%	1.00%
002966.SZ	苏州银行	7.70	10.29%	1.11%
600000.SH	浦发银行	4.54	0.11%	1.17%
600015.SH	华夏银行	3.69	5.67%	0.85%
600036.SH	招商银行	10.74	13.77%	2.09%
600908.SH	无锡银行	7.01	12.69%	1.81%
600919.SH	江苏银行	4.60	14.16%	1.86%
600926.SH	杭州银行	8.85	17.70%	2.36%
600928.SH	西安银行	6.84	4.41%	0.93%
601009.SH	南京银行	5.84	12.65%	2.02%
601128.SH	常熟银行	8.76	11.93%	1.77%
601166.SH	兴业银行	5.02	9.82%	2.17%
601169.SH	北京银行	4.06	5.73%	0.72%
601187.SH	厦门银行	8.75	14.96%	2.04%
601229.SH	上海银行	4.51	8.24%	1.00%
601288.SH	农业银行	4.34	5.74%	0.71%
601328.SH	交通银行	3.81	8.67%	0.86%
601398.SH	工商银行	4.87	4.97%	0.88%
601577.SH	长沙银行	5.12	13.89%	1.73%
601658.SH	邮储银行	6.21	13.63%	1.84%
601818.SH	光大银行	4.14	9.13%	1.25%
601838.SH	成都银行	6.23	15.74%	2.38%
601860.SH	紫金银行	8.33	2.39%	1.25%
601916.SH	浙商银行	5.84	0.09%	0.73%
601939.SH	建设银行	4.93	5.87%	1.20%
601988.SH	中国银行	4.26	5.29%	0.61%
601997.SH	贵阳银行	3.96	6.40%	1.05%
601998.SH	中信银行	4.20	7.03%	0.95%
603323.SH	苏农银行	7.94	10.17%	1.45%

这些公司在风险和增长率方面各不相同,在实验过程中发现被解释乘数与变量之间不是线性关系,多次调整回归模型后,选择非线性回归模型对银行业进行建模,回归结果如下:

$$\ln(PE) = 2.8102 + 82.3816 \times 增长率^3 + 0.2644 \times \ln(标准差) \quad R^2 = 47.07\%$$
$$[4.31] \qquad\qquad [2.46] \qquad\qquad [1.87]$$

方括号中的数字为 t 统计量,它表明这一回归方程的市盈率和两个变量间的关系在统计上是有意义的,增长率与标准差分别在 5% 与 10% 的显著性水平下显著。R^2 为 47.07%,表示市盈率中可为增长率与标准差变量所解释的百分比为 47.07%。此外,回归方程也可以用于计算行业中各个公司市盈率的预测值,下面利用回归方程计算青岛银行的市盈率预测值。

$$\ln(\text{预测的市盈率}_{\text{青岛银行}}) = 2.8102 + 82.3816 \times 12.88\%^3 + 0.2644 \times \ln(1.35\%) = 1.8476$$

因而可以计算得出:预测的市盈率$_{\text{青岛银行}}$ = 6.3444。

青岛银行的实际市盈率为 7.44,表明在行业内其他公司股票定价可靠且一定的情况下,青岛银行的股票相较于同行业来说被高估。

2. 市场回归

有时候仅在一个行业中寻找可比公司比较困难,尤其是当该行业中可比公司较少或该公司同时涉足多个行业时。由于可比公司的定义并没有将其局限在同一行业而是强调与标的公司之间的相似性,因此我们可以把可比公司的选择范围拓宽到整个市场。我们可以利用行业回归中介绍的回归方法控制由这些变量造成的公司乘数之间的差异。基于决定各个乘数的变量,可以将市盈率、市净率和 PS 比率对它们的影响因素进行回归。

> **知识链接:市场回归方法的局限**
>
> **1. 回归的局限**
>
> (1) 基本回归方程假设了市盈率比率与经济变量之间存在线性关系,然而这一假设往往是不合理的。
>
> (2) 市盈率比率与解释变量之间的关系可能不稳定,如果这个函数关系随着时间发生变化,则由该模型得到的预测结果不可靠。
>
> (3) 变量之间的多重共线性。例如,高增长往往意味着高风险,这个多重共线性问题使回归得到的相关系数变得不可靠,也可以解释这些系数随着时间发生的巨大变化。
>
> 以上三个弊端也可以通过一定的方法得到控制:①改变变量形式,可以采用增长率的自然对数的形式,来表示非线性的相关关系;②可以经常利用更新的数据重新构造回归模型,允许相关系数发生变化;③我们可以采用统计技术来减小多重共线性的影响。
>
> **2. 负截距的问题**
>
> 当多元回归模型中的截距为负时,则预测值也可能为负数,一种(尽管不是特别完美)可行的方法就是去掉截距再进行回归。
>
> **3. 多重共线性问题**
>
> 在多元线性回归中,我们要求自变量之间不存在相关关系,即增长率与 beta、增长率与支付率、支付率与 beta 之间的相关系数应该为 0,但实际上变量之间并非不相关的。这与直觉并不相悖,高增长的公司往往有高风险和低支付率,多重共线性将对自变量与因变量之间的相关系数造成严重破坏(虽然整个回归模型还是可以用来进行预测)。

小结:如果你能找到与标的公司十分相似的几个可比公司,则可以直接比较公司的乘数并得出标的公司被高估或者低估的结论;如果公司之间存在差异,需要通过分析基本影响因素来解释这些差异;如果这些差异是关键影响因素(例如增长率)带来的,则我们需要把该因素整合进需要计算的乘数里;如果公司在许多维度上都存在差异,则我们可以选用统计技术来控制这些差异。

本章小结

本章介绍了相对投资价值评估法。相对投资价值评估方法，又名价格乘数法，它是以市场上相似资产的市场定价为基础对标的资产进行定价的方法。与折现现金流估值相比，相对估值需要的信息少，易于理解，更多地反映了市场的情况，但也存在缺乏完整性、可能被高估或低估，以及主观性较强、易被操纵的缺点。

相对投资价值评估主要包括三个步骤。首先要找到可比公司，其次要计算可比的标准化价格(乘数)，最后比较标的公司和可比公司的标准化价格(乘数)，调整乘数并据其计算目标公司估值。因此，相对投资价值评估的两个要素——乘数和可比公司尤为重要。

乘数反映了一种标准化的价格。常见的乘数有收益乘数、账面价值乘数、收入乘数、现金流乘数及行业特定乘数，不同乘数有不同的含义。在运用乘数时，有以下几个步骤：第一，对其定义进行检验，乘数的分子和分母内涵要相对应，不同公司之间要相统一；第二，对乘数进行统计描述，了解其分布及极端值和偏差对其的影响；第三，分析性检验，分析影响乘数的关键因素；第四，应用检验，考虑公司之间的差异并调整乘数。

可比公司是相对投资价值评估中的另一关键要素。可比公司是与被评估公司在现金流、增长潜力及风险方面相似的公司。选取可比公司的方法主要有可比上市公司法和可比先例交易法。在选取可比公司时，首先要选择合适的财务报表，其次要确定与被评估公司的最佳匹配时期，接下来为了估值的准确性，要对报表有所调整，最后要根据公司情况对其内部进行调整。识别被估公司与可比公司之间的差异是相对投资价值评估过程中重要的内容，其中可比财务分析能够更好地帮助投资者比较公司之间的优劣势。

课后问答

1. 什么是相对投资价值评估？它与折现现金流法有什么不同？
2. 简述相对投资价值评估的步骤。
3. 简述相对投资价值评估方法的优缺点。
4. 乘数是什么？它的分子、分母各是什么？
5. 常见的乘数主要有哪些？请举例说明。
6. 可比公司的选择应注意哪些问题？可比公司必须是同一行业相同业务的公司吗？
7. 解释高增长公司的 PE 通常较高的原因。
8. 目标公司实际 PE 显著低于行业 PE 的均值可能说明什么？此时是否意味着我们应该大量买入该公司的股票？

第十三章

基于权益乘数的股权投资价值评估

本章任务清单

任务序号	任务内容
1	掌握权益乘数的定义,了解权益乘数的适用范围
2	掌握权益市场价值的衡量方式,以及每股和加总的市场价值对乘数计算的影响及对现金和期权的处理方式
3	掌握如何根据财务报表计算收益、权益账面价值和收入,并计算相应的乘数
4	掌握基本每股收益和稀释每股收益的含义与计算
5	掌握市盈率、PEG 比率、市净率和市销率的定义并学会计算相应乘数
6	掌握运用内在价值模型分析乘数影响因素的基本方法
7	了解其他不常见的权益乘数

本章首先介绍了权益乘数的定义及适用范围,然后分别介绍了乘数分子上的权益的市场价值及分母上的权益变量的衡量方式,在衡量权益的市场价值时,介绍了每股及加总的市场价值对乘数计算的影响及对现金和期权的处理方式,在衡量权益变量时,以收益、权益账面价值和收入为例详细介绍了如何根据公司财务报表衡量权益乘数分母上的权益变量,着重介绍了基本每股收益和稀释每股收益的计算。接下来的 4 节分别介绍了 4 种常见的权益乘数:市盈率、PEG 比率、市净率和市销率,每一种乘数都介绍了其定义和以内在价值模型为基础的影响因素分析。最后一节简要介绍了其他不太常用的权益乘数。

第一节 概述

一、权益乘数的定义及适用范围

(一) 权益乘数的定义

权益乘数是权益市场价值与另一个据以衡量权益价值的变量之比,此处的权益价值仅指普通股股权价值,优先股及其他种类的有限股权都不属于此范畴。当然,普通股权益也有许多类型,例如,拥有分配权的股权无论是否拥有表决权都属于普通股权益,普通合伙权益和有限合伙权益也都属于普通股权益。用来衡量权益价值的变量往往是收益、账面价值或收入。因此,计算权益乘数就是计算权益的市场价值和衡量权益变量的值。

(二) 权益乘数的适用范围

价值乘数可以分为权益价值乘数和公司价值乘数。理论上,不论是基于权益价值乘数还是公司价值乘数,都可以用于控制性权益或少数股东权益的估值。实际上,对少数股东权益的估值更适合采用权益价值乘数,而对控制性权益的估值更适合采用公司价值乘数。因为拥有控制性权益的股东可以通过改变资本结构以提高公司价值,而少数权益股东没有这类权利。当然,当标的公司和可比公司的资本结构差异较大时,也应该采用公司价值乘数以消除资本结构的影响。

二、衡量权益的市场价值

衡量权益的市场价值时,既可以考虑每股的价值,也可以考虑全部股份的价值,但有时候基于这两种方法得到的乘数有所差异。另外,在衡量公司权益的市场价值时,需要注意现金及期权等较为特殊的因素。

(一) 每股或加总的权益价值

权益价值乘数可以每股为基础,也可以全部股份为基础。当以每股为基础时,乘数是用每股价格除以每股公司基本财务变量得到的,例如每股股价/每股收益得到的市盈率。当然,权益价值乘数也可以全部股份为基础,由公司普通股股权的总价值除以公司总的净利润得到。

理论上讲,无论采用每股价值还是加总的市场价值,只要分母对应的变量与分子保持一致,得到的结果就是一样的。但是实践中二者的结果往往存在一定偏差。二者得出结果不一致主要有两种情形:一种情形是同一公司中存在多种类型的股票,并以不同的价格进行交易;另一种情形是当前流通在外的股票数目(原始股票)与考虑管理期权、可转债和权证实施后潜在的流通在外的股票(稀释股票)存在差异。

普通股股份的数量可以是原始发行在外普通股数量,也可以是在全面稀释的基础上得到,即如果有发行在外的期权、认股权证或可转债,则计算股份数时应假设在这些可转换权利对持有者有财务优势的情况下全部行权转换为普通股。当权益价值是基于全面稀释的普通股股数得到的时,每股收益也应该是稀释每股收益,具体算法将在后文中收益的衡量部分详细说明。此外,股份数量指的是考虑稀释之后发行在外的股份,不包含未被认购的股份。如果公司回购了部分股份且没有即时注销而是作为库存股科目列在资产负债表中,则估值时这部分股份不能被算进普通股股份数中,不过《中华人民共和国公司法》明确规定,股份回购只能购回并注销公司发行在外的股份。

以甲公司资产负债表为例辅助理解,从表 13-1 中可知,甲公司拥有 A 类股票 400 000 股,已发行股份 320 000 股,B 类股票 800 000 股,已发行股份 400 000 股,则甲公司一共拥有 720 000 份发行在外的普通股。

表 13-1 甲公司所有者权益

所有者(股东)权益	
实收资本(股本)	
A 类:有表决权的普通股 (法定股份 400 000 股,已发行股份 320 000 股)	80 000
B 类:没有表决权的普通股 (法定股份 800 000 股,已发行股份 400 000 股)	100 000
资本公积	520 000
减:库存股	
其他综合收益	
盈余公积	
未分配利润	
归属于母公司所有者权益合计	700 000
所有者权益合计	700 000

注:A 类和 B 类股票都已上市,且在估值日生效,二者收盘价均为 10 元。

作为分母的公司基本财务变量往往是利润表或资产负债表中的财务价值，例如收益类变量、股权的账面价值或资产负债表中的其他价值。值得注意的是，为了保持乘数定义的一致性，分子是权益价值，分母也必须是对应的权益类财务指标，例如净利润，它已经剔除财务费用，完全归属于权益股东所有；如果有需要支付的优先股股利，则分母还需要在净利润的基础上剔除优先股股利。

(二) 现金

公司权益的市场价值包括了公司持有的现金价值，公司整体净收益包含了公司持有现金获得的利息收入。在早期的估值实践中，估值人员往往用权益的市场价值除以全部净收益或权益的账面价值计算乘数。这种方式虽然满足了乘数的一致性要求，但现金与经营性资产的风险和收益特征有很大的差别，现金具有低风险和低收益，经营性资产相较于现金的风险和收益都会增加。控制总资产和市值不变，持有更多现金的公司将拥有更大的乘数，因为其比等值的经营性资产产生更低的收益，也就是该公司乘数的分母更小。在乘数中包含现金因素可能会扭曲股权的价值，特别是在现金持有量较高的公司中，所以需要从权益市场价值中扣除现金，以此为分子计算权益价值乘数。

(三) 期权

在讨论用每股价值还是加总的市场价值时我们提到，当前流通在外的股票数目(原始股票)与考虑管理期权、可转债和权证实施后潜在的流通在外的股票(稀释股票)不一致时，二者得出的结果可能会有差异。因为管理期权、可转债和权证往往会产生对公司权益的二次要求。在计算含有流通在外的管理期权、可转债和权证的公司的全部股权市场价值时，应将市场资产总值加上管理期权、可转债和权证的市场价值。例如某公司3 592.27 美元的市场资产总值反映的是公司普通股的价值，在计算其权益的市场价值总额时，应加上其流通在外的管理期权、可转债和权证的价值。在计算普通股份的数量时，如果有发行在外的期权、认股权证或可转债，则计算股份数时应假设在这些可转换权利对持有者有财务优势的情况下全部行权转换为普通股。

三、衡量权益变量

根据乘数定义的一致性要求，乘数的分母财务变量的衡量与权益的市场价值必须保持一致，即分母中所包含的收益等应该全部归属于分子中的资本结构组成部分，这些财务变量主要包括股权收益、权益账面价值和公司收入。

(一) 股权收益的衡量

根据一致性要求，权益乘数的分子是权益的市场价值，则分母也应该衡量股权的收益。股权收益可以是企业的净利润，也可以是每股收益。表 13-2 总结了在使用不同方法衡量权益的市场价值时，以股权收益作为乘数分母的具体计算方法。

表 13-2 权益市场价值的衡量及股权收益的选择

权益市场价值的衡量	股权收益的选择
每股市场价值	每股收益
加总权益市场价值	扣除期权费用后的净收益
净权益价值(加总权益价值-现金)	净收益-税后现金利息收入
期权馈赠权益价值(加总权益价值+期权价值)	扣除期权费用前的净收益

在基于企业的净利润进行乘数估值时，我们可以按第七章第二节中所述的方法，对净利润进行一系列标准化处理，以保证乘数在不同公司间横向可比较，从而得到更加准确的价值评估结果。例如，应该忽略公司一次性大额支出的非经常性项目。

而在使用每股收益时，我们需要考虑使用基本每股收益还是稀释每股收益。基本每股收益只考虑当期实际发行在外的普通股股份，按照归属于普通股股东的当期净利润除以当期实际发行在外普通股的加权平均数计算确定。基本每股收益的分子是归属于普通股股东的当期净利润，可以从利润表中获取；以合并财务报表为基础计算的每股收益，分子应当是归属于母公司普通股股东的当期合并净利润，即扣减少数股东损益后的余额。净利润的计算公式为(此处"营业利润"特指"利润表的对应科目")

$$利润总额 = 营业利润 + 营业外收入 - 营业外支出 \tag{13-1}$$

$$净利润 = 利润总额 - 所得税费用 \tag{13-2}$$

基本每股收益的分母是当期发行在外普通股的算数加权平均数，即期初发行在外普通股股数根据当期新发行或回购的普通股股数与相应时间权数的乘积进行调整后的股数。需要注意的是，公司库存股不属于发行在外的普通股，且无权参与利润分配，应当在计算分母时扣除。发行在外普通股的算数加权平均数计算公式为

$$\begin{aligned}发行在外普通股的算数加权平均数 =\ &期初发行在外普通股股数 \\ &+ 当期新发行普通股股数 \times \frac{已发行时间}{报告期时间} \\ &- 当期回购普通股股数 \times \frac{已回购时间}{报告期时间}\end{aligned} \tag{13-3}$$

【例 13.1】计算基本每股收益。

A 公司 2024 年期初发行在外的普通股为 2 400 万股；7 月 1 日新发行普通股 1 600 万股；10 月 1 日回购 800 万股以备将来作为对员工的股权激励。该公司 2024 年度利润表中有关数据如表 13-3 所示。假定该公司按月数计算每股收益的时间权重，请完善 A 公司利润表(见表 13-3)，并计算其本年度基本每股收益。

表 13-3 A 公司利润表

单元：元

项目	本期金额
一、营业收入	100 000 000
减：营业成本	50 000 000
税金及附加	6 000 000
销售费用	4 000 000
管理费用	25 000 000
财务费用	3 000 000
资产减值损失	500 000
加：公允价值变动收益	300 000
投资收益	100 000
其中：对联营企业和合营企业的投资收益	20 000
二、营业利润	—
加：营业外收入	200 000
其中：非流动资产处置利得	40 000
减：营业外支出	100 000
其中：非流动资产处置损失	10 000
三、利润总额	—
减：所得税费用	—

续表

项目	本期金额
四、净利润	—
五、其他综合收益的税后净额	0
六、综合收益总额	—
七、每股收益	
（一）基本每股收益	—
（二）稀释每股收益	—

注：所得税税率25%，公司每股分配股利0.5元。

(1) 计算净利润。

营业利润 = 100 000 000 − 50 000 000 − 6 000 000 − 4 000 000
　　　　− 25 000 000 − 3 000 000 − 500 000 + 300 000 + 100 000
　　　　= 11 900 000(元)

利润总额 = 11 900 000 + 200 000 − 100 000 = 12 000 000(元)

所得税费用 = 12 000 000 × 25% = 3 000 000(元)

净利润 = 12 000 000 − 3 000 000 = 9 000 000(元)

(2) 计算发行在外普通股加权平均数。

发行在外普通股加权平均数为

$$2\,400 \times \frac{12}{12} + 1\,600 \times \frac{6}{12} - 800 \times \frac{3}{12} = 3\,000(万股)$$

(3) 计算基本每股收益。

$$基本每股收益 = \frac{9\,000\,000}{30\,000\,000} = 0.3(元/股)$$

稀释每股收益是以基本每股收益为基础，假设企业所有发行在外的稀释性潜在普通股[①](不考虑不具有稀释性的潜在普通股)均已转换为普通股，从而分别调整归属于普通股股东的当期净利润及发行在外普通股的加权平均数计算而得的每股收益。

知识链接：稀释性潜在普通股

在财务分析中，稀释性潜在普通股是指那些可能会增加公司已发行股份数量，从而降低每股收益的金融工具。这些工具通常包括股票期权、可转换债券和认股权证等。当这些工具被转换为普通股时，会稀释现有股东的持股比例，因此称为"稀释性"。在计算稀释每股收益(diluted earnings per share，DEPS)时，需要考虑这些潜在股份的影响。

在以基本每股收益为基础计算稀释每股收益时，分子分母都应该进行相应的调整：分子上，首先应该加回当期已确认为费用的稀释性潜在普通股的利息，并扣除稀释性潜在普通股转换时将产生的收益或费用，调整时还需要考虑相关的所得税影响；分母上，当期发行在外普通股的加权平均数应当为计算基本每股收益时普通股的加权平均数与假定稀释性潜在普通股转换为已发行普通股而增加的普通股股数的加权平均数之和，当存在多种转换基础时，应该假定会采取对于持有者来说最有利的转换

---

① 潜在普通股是指赋予其持有者在报告期或以后期间享有取得普通股权利的一种金融工具或其他合同。目前我国企业发行的潜在普通股主要有可转换公司债券、认股权证和股份期权等。稀释性潜在普通股是指假设当期转换为普通股会减少每股收益的潜在普通股，计算稀释每股收益只考虑稀释性潜在普通股的影响，不考虑不具有稀释性的潜在普通股。

率或执行价格。

稀释性潜在普通股转换为已发行普通股而增加的普通股股数应该按照其发行在外时间进行加权平均，具体有以下几种处理原则：第一，以前期间发行的稀释性潜在普通股应当假设在当期期初转换为普通股；第二，当期发行的稀释性潜在普通股应当假设在发行日转换成普通股；第三，当期被注销或终止的稀释性潜在普通股应当按照当期发行在外的时间加权平均计入稀释每股收益；第四，当期被转换或行权的稀释性潜在普通股应当按照当期期初至转换日计入稀释每股收益中，从转换日起所转换的普通股则计入基本每股收益。

下面用两道例题说明可转换债券和认股权证的处理方法。

【例 13.2】 计算可转换债券下的稀释每股收益。

沿用例 13.1 的 A 公司信息，假设 A 公司在 2024 年 1 月 1 日，按照面值发行 15 000 万元面值 100 元的三年期可转换公司债券，票面固定年利率为 2%，利息自发行之日起每年 12 月 31 日为付息日。该批可转债转股期为发行 12 个月后至债券到期日，转股价格为每股 10 元，即每 100 元债券可转换为 10 股面值为 1 元的普通股。债券利息直接计入当期损益，不具备转换选择权的类似债券的市场利率为 3%。计算 A 公司稀释每股收益。

(1) A 公司在对该批可转债进行初始确认时，就应该将负债和权益成分进行拆分，分别核算负债成分和权益成分的公允价值。

$$每年支付利息 = 15\,000 \times 2\% = 300(万元)$$

$$负债成分的公允价值 = \frac{300}{(1+3\%)} + \frac{300}{(1+3\%)^2} + \frac{15\,300}{(1+3\%)^3} = 14\,575.71(万元)$$

$$权益成分的公允价值 = 15\,000 - 14\,575.71 = 424.29(万元)$$

(2) 计算如果进行转换，增加的净利润值为

$$增加的净利润 = 14\,575.71 \times 3\% \times (1-25\%) = 327.95(万元)$$

(3) 计算如果转换，增加的普通股股数为

$$增加的普通股股数 = 15\,000 / 10 = 1\,500(万股)$$

(4) 判断该批可转债是否具有稀释性。

$$增量股的每股收益 = 327.95 / 1\,500 = 0.22(元/股)$$

增量股每股收益小于基本每股收益(例 13.1 中的 0.3)，因此该批可转债具有稀释性。

(5) 计算稀释每股收益。

$$稀释每股收益 = (900 + 327.95) / (3\,000 + 1\,500) = 0.27(元/股)$$

根据例题我们可以发现，在计算含有可转换债券的稀释每股收益时，是以基本每股收益为基础，分子上加回已确认为费用的利息等的税后影响额，分母上增加假定可转债在当期期初转换为普通股的股数加权平均数。在计算有认股权证的稀释每股收益时，一般无须调整分子净利润金额，只需要对分母进行调整。同样用一道例题来说明。

【例 13.3】 计算认股权证下的稀释每股收益。

沿用例 13.1 的 A 公司信息，假设 A 公司普通股平均每股市场价格为 8 元。2024 年 1 月 1 日，该公司对外发行 1 000 万份认股权证，行权日为 2027 年 3 月 1 日。每份认股权证可以在行权日以 7 元的价格认购本公司 1 股新发行的股份。计算 A 公司的稀释每股收益。

(1) 计算调整增加的普通股股数。

$$调整增加的普通股股数 = 1\,000 - 1\,000 \times 7 / 8 = 125(万股)$$

(2) 计算稀释每股收益。

$$稀释每股收益 = 900 / (3\,000 + 125) = 0.288(元/股)$$

(二) 权益账面价值的衡量

权益账面价值即所有者权益(股东权益)的账面价值,包括实收资本(股本)、其他权益工具、资本公积、其他综合收益、留存收益(盈余公积和未分配利润)等部分。权益市场价值的衡量及股权收益的选择如表 13-4 所示。

表 13-4 权益市场价值的衡量及股权收益的选择

权益市场价值的衡量	股权收益的选择
每股市场价值	每股收益账面价值
加总权益市场价值	权益账面价值
净权益价值(加总权益价值-现金)	净权益账面价值(权益账面价值-现金)
期权馈赠权益价值(加总权益价值+期权价值)	权益账面价值+期权账面价值

在涉及账面价值的计算时,我们仍需要进行一些财务上的调整,如研发支出费用的资本化、并购产生的商誉问题等。这些问题的具体处理方法和第七章相同。

例如,甲公司所有者权益情况如表 13-5 所示。

表 13-5 甲公司所有者权益

A 类:有表决权的普通股 (法定股份 400 000 股,已发行股份 320 000 股)	80 000
B 类:没有表决权的普通股 (法定股份 800 000 股,已发行股份 400 000 股)	100 000
资本公积	220 000
减:库存股	0
其他综合收益	100 000
盈余公积	80 000
未分配利润	120 000

可以算出权益的账面价值:80 000+100 000+220 000+100 000+80 000+120 000=700 000。

进一步可以算出每股账面价值为

$$每股账面价值 = \frac{普通股账面价值}{股份数量} = \frac{700\,000}{720\,000} = 0.97(元/股)$$

(三) 公司收入衡量

收入比率是一种常见的乘数,市销率就是一种常用的权益性收入比率,它是用权益市场价值除以公司收入,公司收入可以直接从利润表中的"营业收入"项中获得。理论上讲,该乘数不具有一致性,因为它衡量的公司收入不仅仅归股东所有。但是正如上一章第四节所讲,该乘数常用于科技公司和零售公司,前者几乎没有或者只有很少的负债,因此公司价值和股权价值基本相同,后者的债务比例往往比较稳定(通常采用经营租赁的方式负债),因此此时定义的不一致性不会对估值结果产生太大影响。

但有时候直接采用市销率来比较科技公司和零售公司也会带来较大偏差。例如,当科技公司拥有大量的偏离的现金收支时,采用价格收入比率会低估现金收支较少的公司的价值;若零售公司财务杠杆差异较大,如一些公司采用经营租赁的方式租入经营场所,另一些公司选择使用权益资金或债务资金购入投资性房地产作为经营场所,则价格收入比率对有较高财务杠杆的公司的估值低于杠杆较低的公司。

第二节 市盈率

一、定义

市盈率等于股权市场价值除以股权收益。股权收益指的是企业税后收益,即净利润(NI)。为保持一致性,当股权市场价值是每股价格时,股权收益是每股收益;当市场价值用加总的权益价值、权益净现金或增长期权权益衡量时,也必须选用一致性的股权收益。

下面我们仍以 A 公司为例,分别计算 A 公司以基本每股收益和稀释每股收益为基础得到的市盈率。假设 A 公司每股股价为 8 元(与例 13.3 数据一致)。

(1) 由例 13.1 可得 A 公司基本每股收益为 0.3 元,所以 A 公司的市盈率为

$$A 公司市盈率 = \frac{每股股价}{每股收益} = \frac{8}{0.3} = 26.67$$

(2) 假设 A 公司有可转换债券,由例 13.2 可得 A 公司稀释每股收益为 0.22 元,所以 A 公司的市盈率为

$$A 公司市盈率 = \frac{每股股价}{每股收益} = \frac{8}{0.22} = 36.36$$

(3) 假设 A 公司有认股权证,由例 13.3 可得 A 公司稀释每股收益为 0.288 元,所以 A 公司的市盈率为

$$A 公司市盈率 = \frac{每股股价}{每股收益} = \frac{8}{0.288} = 27.78$$

关于市盈率,最大的问题在于:计算乘数时所用到的每股收益的不同形式。我们在上一章提到过,市盈率可以基于近期财务年度的每股收益(当前每股收益)、最近 4 个季度的收益(滚动每股收益)、下一年度的预期每股收益(未来每股收益)等来计算,从而分别得到现行市盈率、滚动市盈率和未来市盈率。

对于处于成熟期的一般企业来说,其每股收益在一段时间内比较稳定,采用何种市盈率对估值结果影响不大,只需要注意价格和每股收益选取一致、可比公司与标的公司的选取统一即可。

但是,对于有些高科技企业,使用不同的每股盈余及市盈率会对估值结果造成较大影响。一方面,这些高科技公司往往处于高速增长阶段,未来每股盈余会显著高于滚动每股盈余,且显著高于当前每股盈余;另一方面,由于高科技公司相对于流通股数会有更多的员工期权,则稀释后和初始的每股盈余之间就会有较大差异。

因此,当将高科技公司的市盈率相比较时,很难保证每股盈余在各个公司间被统一估计,原因在于:首先,高科技公司往往通过收购其他公司得以扩张,各公司收购方式各异导致每股收益的统计口径并不统一。例如,有些公司进行股票收购并采用合伙经营的方式,有些公司采用合伙经营与账目清算购买相结合的方式。收购方式不一导致每股收益和市盈率在各公司之间不能得到统一的定义。其次,在市盈率的估计中使用稀释后的每股盈余会将管理层的期权的股份数也包含在乘数之内,但这一指标并未考虑实值期权的深度。此外,公司自主研发新技术的在研究阶段的研发费用直接计入当期损益,只有部分在开发阶段的费用予以资本化,但购买新技术的成本直接计入了无形资产而没有计入当期损益,这将导致自主研发新技术的公司的当期每股盈余低于外购新技术的公司。

总体来讲,以合伙经营方式收购且研发投入较少的高科技公司每股收益更高。因此,其与运用账面价值清算购买且有大量研发支出的高科技公司相比有较低的市盈率。

二、影响因素

在上一章中我们介绍了寻找乘数影响因素的研究框架,即从内在价值模型出发,等式两边同时除以乘数分母上的财务变量,得到乘数的内在价值形式。对于权益价值乘数,我们从股权价值模型出发;对于公司价值乘数,我们从公司价值模型出发。下面我们分别以稳定增长模型和两阶段增长的股权价值模型为出发点,推导市盈率的表达式,探究其影响因素。

(一) 稳定增长的股利折现模型

由股利折现模型我们可得到股票价值:

$$P_0 = \frac{DPS_1}{r - g_n} \tag{13-4}$$

其中,DPS_1是预期股利,r是股权资本成本,g_n表示预期的稳定增长率。

等式两边同时除以每股收益得到市盈率的内在价值形式,每股收益的选择可以是当前每股收益、滚动每股收益和未来每股收益。

若使用当前每股收益,则市盈率的内在价值形式如下:

$$\frac{P_0}{EPS_0} = 市盈率 = \frac{股利支付率 \times (1 + g_n)}{r - g_n} \tag{13-5}$$

若使用未来每股收益,则市盈率的内在价值形式如下:

$$\frac{P_0}{EPS_1} = 市盈率 = \frac{股利支付率}{r - g_n} \tag{13-6}$$

由上式可知,无论采用当前每股收益还是未来每股收益,市盈率都可以写成三个变量的函数:每股收益的预期增长率、股权资本成本和股利支付率。其中,预期增长率衡量了公司的成长性,股权资本成本衡量了股权风险,股利支付率衡量了公司实现增长的效率。因为股利支付率与公司再投资率成反比,当增长率一定时,股利支付率越高表示再投资率越低,公司实现增长的效率越高。本质上讲,市盈率受公司成长潜力、风险和实现增长的效率三大因素影响。

(二) 稳定增长的折现现金流模型

由稳定增长的股权自由现金流折现模型我们可得到股票价值:

$$P_0 = \frac{FCFE_1}{r - g_n} \tag{13-7}$$

其中,$FCFE_1$是预期股权自由现金流,r是股权资本成本,g_n表示预期的稳定增长率。

等式两边同时除以每股收益得到市盈率的内在价值形式。

若使用当前每股收益,则市盈率的内在价值形式如下:

$$\frac{P_0}{EPS_0} = PE = \frac{(FCFE / EPS_0) \times (1 + g_n)}{r - g_n} \tag{13-8}$$

若使用未来每股收益,则市盈率的内在价值形式如下:

$$\frac{P_0}{EPS_1} = PE = \frac{(FCFE / EPS_1)}{r - g_n} \tag{13-9}$$

由上式可知,无论使用当前每股收益还是未来每股收益,市盈率都受到股权自由现金流、当前每股收益、股权资本成本及预期的稳定增长率影响。在稳定增长的折现现金流模型中,市盈率受到企业风险补偿、增长率、企业未来现金流因素的综合影响。与股利折现模型的不同点在于，不必考虑企业的股利支付，更加适用于对不派发股利的企业估值。

(三) 两阶段增长模型

由两阶段增长的股利折现模型可得到股权价值：

$$P_0 = \frac{\text{EPS}_0 \times \text{股利支付率} \times (1+g) \times \left(1 - \frac{(1+g)^n}{(1+r)^n}\right)}{r - g_n} + \frac{\text{EPS}_0 \times \text{股利支付率} \times (1+g)^n \times (1+g_n)}{(r - g_n) \times (1+r)^n} \quad (13\text{-}10)$$

等式两边同时除以每股收益得到市盈率的内在价值形式：

$$\frac{P_0}{\text{EPS}_0} = \frac{\text{股利支付率} \times (1+g) \times \left(1 - \frac{(1+g)^n}{(1+r)^n}\right)}{r - g_n} + \frac{\text{股利支付率} \times (1+g)^n \times (1+g_n)}{(r - g_n) \times (1+r)^n} \quad (13\text{-}11)$$

由两阶段股利折现模型得到的股票价值实际上是两部分价值之和。

第一部分是高增长阶段股利的现值，是等式的第一部分，是一个增长年金现值。注意，此处对增长率没有限制，即使 $g > r$ 也可以得到一个增长年金现值，因为此时分子分母都是负值。第二部分是终端价格的现值，是等式的第二部分。

当以两阶段增长模型为出发点时，市盈率的表达式更加复杂，但其决定因素与稳定增长的股利模型一致，包括：股利支付率、风险及预期收益增长率。不过，在两阶段增长模型中，这些输入值需要估计两次：高增长阶段和稳定增长阶段。

另外，对于不经常分配股利的公司，上式可以采用两阶段的股权自由现金流折现模型，即用 FCFE/每股收益来替代上式中的股利支付率。这样做有两个好处：①对那些不将现金流作为股利支付的公司进行更真实的估计。②潜在股利支付比率可能小于零。当公司再投资大于净收入时，自由现金流为负。公司在高增长阶段往往潜在支付率是负值，表明公司在高增长阶段会提高权益资本满足再投资需求，预期的稀释会使当前的市盈率下降。

【例 13.4】 估计公司的市盈率。

请估计下述公司的市盈率，相关数据如表 13-6 所示。

表 13-6 公司相关财务数据信息

变量	高增长阶段	稳定增长阶段
预期增长率	25%	8%
股利支付率	20%	50%
贝塔值	1.00	1.00
时间	5 年	5 年后

无风险利率=政府长期债券利率=6%，假设投资者已实现分散化投资，且市场风险溢价为 5.5%。

股权资本成本 = 6% + 1×(5.5%) = 11.5%

$$市盈率 = \frac{0.20 \times (1.25) \times \left(1 - \frac{(1.25)^5}{(1.115)^5}\right)}{0.115 - 0.25} + \frac{0.50 \times (1.25)^5 \times (1.08)}{(0.115 - 0.08) \times (1.115)^5} = 28.75$$

【例 13.5】 从公司市盈率到每股价值。

乙公司今年每股收益为 0.5 元，分配股利 0.35 元/股，该企业净利润和股利的增长率都是 6%，贝塔值为 0.75，政府长期债券利率为 7%，股票的风险补偿为 5.5%。

(1) 乙公司现行市盈率和预期市盈率各是多少？

(2) 丙公司与乙公司具有相似的风险和成长性特征，今年实际每股收益为 1 元，根据乙公司现行市盈率对丙公司进行估值，其股票价值为多少？丙公司预计明年每股收益为 1.06 元，根据乙公司预期市盈率对丙公司进行估值，其股票价值为多少？

(1) 根据已知条件，可得

乙公司股利支付率 = 每股股利 / 每股收益 = 0.35 / 0.5 = 70%

乙公司股权资本成本 = 无风险利率 + 贝塔值 × 市场风险溢价 = 11.125%

$$乙公司现行市盈率 = \frac{股利支付率 \times (1+增长率)}{股权资本成本 - 增长率} = \frac{70\% \times (1+6\%)}{11.125\% - 6\%} = 14.48$$

$$乙公司预期市盈率 = \frac{股利支付率}{股权资本成本 - 增长率} = \frac{70\%}{11.125\% - 6\%} = 13.66$$

(2) 计算根据乙公司现行市盈率与丙公司现行每股收益得到的股票价值为

丙公司股票价值 = 目标公司本期每股收益 × 可比公司现行市盈率

= 1 × 14.48

= 14.48(元)

计算根据乙公司预期市盈率与丙公司预期每股收益得到的股票价值为

丙公司股票价值 = 目标公司预期每股收益 × 可比公司预期市盈率

= 1.06 × 13.66

= 14.48(元)

通过本例题可以发现，如果标的公司的预期每股收益变动与可比公司相同，则根据现行市盈率和预期市盈率进行估值的结果相同。计算过程中需要注意，在估值时标的公司现行每股收益必须乘以可比公司现行市盈率，标的公司预期每股收益必须乘以可比公司预期市盈率，二者必须匹配，这一计算原则不仅适用于市盈率，也适用于市净率与市销率；不仅适用于未修正的价格乘数，也适用于后面将要介绍的各种修正的价格乘数。

三、应用

在明确了市盈率的定义，了解其分布特征并研究了其影响因素之后，我们就要开始利用市盈率来进行价值评估。按照上一章提出的应用检验框架，首先用市盈率分析同一行业中的公司，再将可比公司范围扩展到整个行业。需要注意的是，市盈率会随行业和公司基本因素的不同发生变化：高增长、低风险和高股利支付率的公司通常有较高的市盈率，所以在各个公司之间进行比较时，一定要注意控制公司在风险、增长率和股利支付率等方面的差异。

估计市盈率最简单的方法就是选择一组可比公司，计算该组平均市盈率，然后对标的公司和可比公司之间的差异进行主观调整，但这种方法存在许多问题。首先，可比公司的定义比较主观，选用行业中其他公司作为可比公司有时候并不准确，因为即使处于同一行业也可能涉及不同领域和不同业务，面临不同的风险和增长潜力。其次，无论可比公司如何选取，可比公司与标的公司之间的差异总会存在，对这些差异进行调整就显得十分重要，主观调整这种差异就有很大的随意性和操纵性。例如，我们知道标的公司相较于其他可比公司而言有更高的增长潜力，因而有高于其他可比公司的市盈率，但是这个市盈率究竟调整到多高才能反映该标的公司的客观状况也只能依靠估值人员的主观判断确定。此时，主观调整的一个替代方法就是回归。先根据已有数据得到回归方程，再根据回归方程估计出每个公司市盈率的预测值，将预测值与实际值进行比较从而得出市盈被高估或者低估的结论。

接下来，对可比公司的范围进行扩展，将同一行业的公司扩展到整个市场。扩展可比公司范围的好处在于：首先，样本量的增加可以提高参数估计的置信度，其次，可以判断出某公司相对于更广的行业范围而言其价值被低估还是被高估。当然，扩展了可比公司的范围之后标的公司与可比公司之间的差异将会增大，此时更应该对这些差异进行控制和调整，最简单有效的方法就是回归，具体的回归方法已在上一章中介绍。

回归分析可以有效地从市盈率与基本财务变量的关系着手，将现有的信息整合到一个方程中，但是它也有一定的局限性。首先，变量之间的多重共线性问题，例如高增长的公司往往伴随着高风险和较低的股利支付率，变量之间的高度相关性会降低系数的显著性，使回归方程变得不可靠。其次，回归方程暗含了市盈率与其他财务变量之间是线性关系这一假设，但实际上，市盈率与其他变量之间是复杂的非线性函数关系，回归的残差分析显示自变量的其他形式(例如平方或对数形式)能更好地拟合市盈率与变量之间的关系。最后，市盈率与财务变量之间的函数关系可能并不稳定。

四、小结

总体来讲，市盈率作为最广泛使用的权益乘数之一，具有明显优势。首先，计算市盈率的数据易于获取，且计算简单。其次，市盈率将价格与收益联系起来，直观地反映投入和产出的关系。最后，市盈率涵盖了风险补偿、增长率、股利支付率的影响，具有很高的综合性。当然，市盈率也具有一定的局限性，当收益是负数时，市盈率就失去了意义。因此，市盈率适合连续盈利，且贝塔值接近于 1 的企业。

第三节 价格收益增长比率

在判断市盈率被高估还是被低估时，我们可以比较市盈率与预期增长率的相对大小，最简单的办法就是将市盈率低于预期增长率的公司作为被低估的公司。实际操作中常用的做法是将市盈率与增长率的比值作为一个新的乘数，如果该乘数较低则表示该公司被低估了。这个乘数就是本节要介绍的价格收益增长比率，该比率在高增长行业的公司中应用广泛，因为它不仅保持了乘数的内在简单性，也为控制公司间增长潜力方面的差异提供了可能。

一、定义

价格收益增长比率，又叫 PEG 比率，是市盈率和每股收益的预期增长率的比值。

$$\text{PEG比率} = \frac{\text{市盈率}}{\text{每股收益的预期增长率}} \qquad (13\text{-}12)$$

例如，某公司市盈率为 30%，增长率为 10%，则其 PEG 比率为 3。

由于 PEG 比率是一个权益价值乘数，所以为了满足一致性要求，我们选取的预期增长率应该是每股收益的增长率而不是营业收入的增长率。而且，标的公司与可比公司之间也要保持统一性，采用相同时间跨度的增长率，例如，对有些公司采用未来一年的增长率，对有些公司采用未来 5 年的增长率显然违背乘数使用的统一性原则。

和市盈率一样，根据每股收益预期增长率的计算基础不同，PEG 比率也有不同的口径，但每股收益预期增长率的计算基础应当与市盈率的计算基础保持一致：如果每股收益的预期增长率是以近几年的盈余(当期盈余)为基础的，则市盈率也应当选用当期市盈率的概念；如果每股收益的预期增长率是以滚动盈余为基础的，则市盈率也应选用滚动市盈率。

需要注意的是，计算 PEG 比率时不能采用未来市盈率，因为未来市盈率包含了未来的每股收益，已经考虑了增长的效应。如果使用未来市盈率计算 PEG 比率则会重复考虑增长的效应。下面用例 13.6 来说明该问题。

【例 13.6】PE 和 PEG 比率的计算。

假设某公司当前估值为 30 元，当前每股盈余为 1.5 元，明年该公司的每股盈余预期会翻倍，在接下来 4 年每股盈余会以 5%的速度增长。请分别基于当前市盈率和未来市盈率计算 PEG 比率。

(1) 首先采用几何平均法计算预期盈余增长率。

$$预期盈余增长率 = [(1+第一年增长率)\times(1+第2到5年增长率)^4]^{\frac{1}{5}} - 1$$
$$= [2\times(1.05)^4]^{\frac{1}{5}} - 1$$
$$= 0.1944$$

(2) 使用当前市盈率和未来 5 年每股盈余增长率的估计值来估计 PEG 比率，计算过程如下。

$$基于未来市盈率的PEG比率 = \frac{当前市盈率}{未来5年预期盈余增长率}$$
$$= \frac{价格/当前每股收益}{未来5年预期盈余增长率}$$
$$= \frac{30/1.5}{19.44}$$
$$= 1.03$$

(3) 使用未来市盈率和未来 5 年每股盈余增长率的估计值来估计 PEG 比率。

$$基于未来市盈率的PEG比率 = \frac{未来市盈率}{未来5年预期盈余增长率}$$
$$= \frac{价格/未来每股收益}{未来5年预期盈余增长率}$$
$$= \frac{30/3}{19.44}$$
$$= 0.51$$

由 PEG 比率可以看出，该公司看起来比较便宜。但是可以注意到，第一年的增长率被重复计算了，较低的市盈率和较高的预期盈余增长率带来了较低的 PEG 比率，这种计算方法不符合一致性要求。为符合一致性要求，可以基于未来每股盈余和第 2 到 5 年的增长率计算 PEG 比率。

$$基于未来市盈率的PEG比率 = \frac{未来市盈率}{第2到5年预期盈余增长率}$$
$$= \frac{价格/未来每股收益}{第2到5年预期盈余增长率}$$
$$= \frac{30/3}{5}$$
$$= 2$$

如果采用这种方法计算 PEG 比率，则应该对标的公司和可比公司采用统一的度量标准(如表 13-7 所示)，均采用未来 2 到 5 年的预期增长率和未来市盈率。

表 13-7 PEG 比率与市盈率的一致性选择

每股收益预期增长率	市盈率
最近几年收益/当年收益	当前市盈率
滚动收益	滚动市盈率

二、影响因素

我们同样可以以稳定增长的股利折现模型和两阶段增长模型为出发点，推导 PEG 的表达式，探究其影响因素。

(一) 稳定增长的股利折现模型

由股利折现模型我们可得到股票价值为

$$P_0 = \frac{DPS_1}{r - g_n} \tag{13-13}$$

其中，DPS_1 是预期股利，r 是股权资本成本，g_n 表示预期的稳定增长率。

等式两边同时除以每股收益得到市盈率的内在价值形式，再除以预期增长率得到 PEG 的内在价值形式，每股收益的选择可以是当前每股收益、滚动每股收益和未来每股收益。

例如，若使用当前每股收益，则 PEG 比率的内在价值形式如下。

$$\frac{P/E}{g_n} = PEG = \frac{股利支付率 \times (1 + g_n)}{(r - g_n) \times g_n} \tag{13-14}$$

由上式可知，PEG 比率与股利支付率、预期增长率和股权资本成本相关。但从该式可以明显看到，PEG 比率并不能控制住增长率在乘数中的作用，反而使增长率在乘数中的作用变得更加复杂。事实上，随着增长率的增加，其对 PEG 比率既有积极的也有消极的作用，且这种净效应随着增长率水平的高低而不同。

(二) 两阶段增长模型

由两阶段增长的股利折现模型可以得到市盈率的内在价值形式。

$$市盈率 = \frac{P_0}{EPS_0}$$

$$= \frac{股利支付率 \times (1+g) \times \left(1 - \frac{(1+g)^n}{(1+r)^n}\right)}{r - g} + \frac{股利支付率 \times (1+g)^n \times (1+g_n)}{(r - g_n) \times (1+r)^n} \tag{13-15}$$

等式两边同时除以预期增长率可以得到 PEG 比率的内在价值形式。

$$PEG = \frac{股利支付率 \times (1+g) \times \left(1 - \frac{(1+g)^n}{(1+r)^n}\right)}{g \times (r - g)} + \frac{股利支付率 \times (1+g)^n \times (1+g_n)}{g \times (r - g_n) \times (1+r)^n} \tag{13-16}$$

可见，当以两阶段增长模型为出发点时，PEG 的表达式更加复杂，但是其决定因素与稳定增长的股利模型一致,包括股利支付率、风险及预期收益增长率。与市盈率类似,股利支付率可由股权自由现金流与收益的比率,即潜在股利支付比率所代替,这种方法在中国市场低股利的特殊背景下较为适用。

风险与股利支付率这两个影响市盈率的因素同样影响了 PEG 比率,这就意味着当我们比较公司间的 PEG 比率时,暗含了关于这两个变量的假设,即标的公司与可比公司的风险与股利支付率对企业的影响程度相似。通过下面的例题介绍两阶段增长模型的计算过程。

【例 13.7】估计公司的 PEG 比率。

假设你需要估计下述公司的 PEG 比率,市场风险溢价为 5.5%,公司资料如表 13-8 所示。

表 13-8 公司不同增长时期相关财务指标

财务指标	高速增长阶段	稳定增长阶段
预期增长率	25%	8%
股利支付率	20%	50%
贝塔值	1	1

无风险利率 = 长期国债利率 = 6%

股权资本成本 = 6% + 1×5.5% = 11.5%

$$PEG比率 = \frac{0.2 \times (1.25) \times \left(1 - \frac{(1.25)^5}{(1.115)^5}\right)}{0.25 \times (0.115 - 0.25)} + \frac{0.5 \times (1.25)^5 \times (1.08)}{0.25 \times (0.115 - 0.08) \times (1.115)^5} = 1.15$$

三、应用

和市盈率一样,我们首先可以直接对比同一行业内各公司的 PEG 比率,即计算出同一行业内各公司的 PEG 比率并比较这些比值,将 PEG 较低的公司视作被低估的公司。但我们知道,PEG 比率是股利支付率、增长率和风险的函数,只有当这三个因素相似时,直接比较公司之间的 PEG 比率才是可行的。

但实际上,不同公司之间这些特征有差异。当将风险、增长率和股利支付率等特征存在差异的公司之间的 PEG 进行比较时,需要熟悉 PEG 比率的以下几个特征:首先,在增长率较低时,低成长的公司有较高的 PEG 比率因而容易被高估;高风险公司有较低的 PEG 比率,它比低风险公司更容易看起来被低估,因为 PEG 比率会随着公司风险的增加而降低;权益回报率低(或股利支付率低)的公司的 PEG 比率较低,比高股权回报率或高股利支付率的公司更容易看起来被低估。因此,在直接比较 PEG 比率的过程中,高风险、高增长率和低股权回报的公司更容易看起来被低估了,实际上并没有被低估。

对于如何控制公司在增长率、风险和股利支付率上的差异,方法同市盈率一样,可以对这些差异进行主观调整,但是 PEG 比率与这些影响之间复杂的函数关系使主观调整变得难以实现,因此我们可以参照应用市盈率时使用的回归方法来控制公司在增长率、风险和股利支付率之间的差异。同样,在讨论市盈率的应用时提到的回归方法的弊端在此处同样是成立的:变量之间的多重共线性问题降低了回归方程的准确性;市盈率与其他变量之间并非线性关系,采用变量的其他形式(例如平方或对数形式)能使方程更好地拟合;市盈率与其他财务变量之间的关系可能并不稳定,如果跨越年度,由回归方程得到的预测值在下一年度并不可靠。R^2 是一个反映回归效果的重要指标,R^2 越高表明拟合度越高,用它进行公司间的比较就更适合。

四、小结

PEG 比率是一个综合性的乘数,更适合成长性的公司。PEG 比率估值的优点在于弥补了 PE 对企业成长性估值的不足，PEG 指标不但考虑了当前及过去的估值，而且考虑了未来几年企业的成长性，兼顾企业的价值与成长。当然，这种方法也存在一定的局限性，PEG 比率不适合非成长性的公司，例如，对于一些成熟的大公司而言，往往是稳定性高但成长性不足，在这种情况下就不适合使用 PEG 比率进行估值。

第四节 价格账面价值比率

一、定义

为价格账面价值比率，又称市净率，等于股权市场价值比股权账面价值，也是一个用来评估股权价值的重要权益乘数。

我们在例 13.3 中已经算出了每股账面价值(每股净资产)为

$$每股账面价值 = \frac{普通股账面价值}{股份数量} = \frac{700\,000}{720\,000} = 0.97$$

$$市净率 = \frac{每股价格}{每股净资产} = \frac{10}{0.97} = 10.3$$

有时候也会采用公司调整后的净资产价值，例如房地产公司持有的房地产市场价值、林业公司持有的木材市场价值，调整后的净资产价值对家族有限合伙企业来说应用普遍。一般而言，如果预计资产升值，则应该同时抵减隐含资本利得税带来的负债。

如果标的公司或可比公司的资产负债表中有无形资产，估值时通常会将其剔除，使用股权价格/有形净资产价值作为估值乘数。剔除无形资产的原因在于，公司购入的无形资产将按照购买成本计入资产负债表，并在以后年份进行摊销，但自主研发的无形资产通常是在研发当期作为费用直接计入当期损益。因此，在对购买无形资产的公司和内部开发无形资产的公司进行比较时，以有形净资产价值为基础的比较更有意义。

此外，在采用市净率时还需要考虑如何看待收购中的商誉。考虑商誉使收购与非收购公司之间的比较变得很困难。由于会计的谨慎性要求，通过内部投资而成长的公司并不将增长的潜在价值作为资产或股东权益的一部分，而通过收购而成长的公司需要将被收购公司的商誉作为收购成本，计入公司的资产及股东权益，这就意味着收购公司的股权账面价值比非收购公司更高，因此市净率比非收购公司更低。

二、影响因素

按照之前的套路，市净率是一个权益乘数，所以我们先回到稳定增长的股利折现模型：

$$P_0 = \frac{每股股利_1}{股权资本成本 - 增长率} = \frac{每股股利_0 \times (1 + 增长率)}{股权资本成本 - 增长率} \tag{13-17}$$

由于股权回报率 ROE 有如下定义：

$$\text{ROE} = \frac{每股收益_0}{每股净资产_0} \tag{13-18}$$

所以股权价值可以写成如下形式：

$$P_0 = \frac{每股净资产_0 \times \text{ROE} \times 股利支付率 \times (1 + 增长率)}{股权资本成本 - 增长率} \tag{13-19}$$

$$\frac{每股股价_0}{每股净资产_0} = 本期市净率 = \frac{ROE \times 股利支付率 \times (1+增长率)}{股权资本成本 - 增长率} \qquad (13\text{-}20)$$

如果把上式中的当期每股净资产替换成预期下期的每股净资产，则可以得出内在市净率：

$$\frac{每股股价_0}{每股净资产_1} = 内在市净率 = \frac{ROE \times 股利支付率}{股权资本成本 - 增长率} \qquad (13\text{-}21)$$

由此可见，市净率的决定因素可以分解为 4 个关键变量：除了受与市盈率相同的三个核心要素(增长率、股利支付率和风险水平)的影响外，还额外受到股权回报率的重要影响。

三、应用

按照上一章介绍的乘数应用步骤，在应用 PB 比率时应当按照以下步骤：①直接对比同一行业内的各公司的 PB 比率，观察标的公司的 PB 是否高估或者低估；②可以拓展到整个市场，观察所有公司的 PB 比率，判断标的公司的水平；③根据标的公司在整个行业或者市场中的情况，结合 PB 比率的影响因素，对标的公司 PB 比率进行主观调整，或者利用回归方法进行分析。

四、小结

市净率实际是假设股权价值是净资产的函数，类似企业有相同的市净率，净资产越大则股权价值越大。因此，股权价值是净资产的一定倍数，标的公司的价值是每股净资产与市净率的乘积。

市净率作为一个广泛应用的乘数，其具有独特的优势：首先，每股收益为负值的企业无法利用市盈率进行估值，但是市净率很少为负值，因此可以应用于大多数企业；其次，净资产账面价值比净利润稳定，也不容易被人为操纵；最后，如果会计标准合理且各公司会计政策一致，市净率的变化可以反映企业价值的变化。

当然，市净率也有一定的局限性：首先，账面价值受会计计量方法影响很大，如果各企业选取不同的会计政策，市净率会失去可比性；其次，固定资产很少的服务行业的企业和高科技企业，净资产与企业价值关系不大，因此这类公司间比较市净率没有太大的意义；最后，少部分公司的净资产为负值，这样市净率也失去了意义。所以，市净率主要适用于一些拥有大量资产、净资产为正值的企业。

【例 13.8】××汽车股价估值。

表 13-9 列出了 2023 年汽车制造业 5 家上市公司的市盈率和市净率，以及全年平均实际股价，请用这 5 家公司的平均市盈率和市净率评价××汽车的股价。

表 13-9　2023 年 5 家上市公司的市盈率和市净率

公司名称	每股收益(元)	每股净资产(元)	平均价格(元)	市盈率	市净率
上汽集团	1.2260	24.5063	14.2300	11.6769	0.5693
一汽富维	0.7013	11.0613	8.3500	11.9196	0.7462
中国铁物	0.0944	1.4724	2.5600	27.1235	1.7078
长安汽车	1.1500	7.2452	13.5200	11.8369	1.8312
金杯汽车	0.0900	0.8070	4.3000	46.3688	4.9799
平均				21.7851	1.9669
××汽车	1.7100	11.9902	25.0100		

按市盈率估值 = 1.7100×21.7851 = 37.25(元/股)

按市净率估值 = 11.9902×1.9669 = 23.58(元/股)

可以看出按市盈率估值的结果与按市净率估值的结果差别很大，前者大约为后者的 1.6 倍。但是，此处市净率的评价更接近实际价格，因为汽车制造业是一个需要大量固定资产投入的行业。

第五节 市销率

一、定义

虽然收益乘数(如 EV/EBIT 比率)被广泛应用,但是对于许多收益为负的高新技术企业来说,收入乘数已经替代了收益乘数,市销率就是在实务中广泛应用的一个收入乘数。

市销率作为一种典型的收入乘数,是通过企业产生的营业收入来衡量公司价值(也可以衡量权益价值),同其他乘数一样,保持其他条件不变,收入乘数较低的企业的价值显得较低,收入乘数较高的企业的价值显得较高。

以市销率为首的收入乘数之所以被广泛应用主要有以下几个原因:首先,与收益乘数相比,收入乘数对于大部分公司而言都比较易于获得,特别是高新技术公司的收益往往是负数时,比较收益比率则没有意义;其次,收入乘数相较于收益乘数而言更加客观,因为它更难受估值人员的主观影响,由于收益受到会计折旧方法、存货计价方法、研发费用的处理等多个环节的影响,所以更容易因为对会计政策的调整而使结果被操纵;最后,收入乘数相较于收益乘数更加稳定,处在周期性行业的公司的市盈率往往比市销率的波动更大,因为相较于收入,收益对于经济形势的变化更加敏感。除了在估值中,在检验公司定价政策和其他战略决策所带来的影响方面,市销率也被普遍应用。

当然,以市销率为代表的收入乘数也有一定的局限性。首先,市销率仅反映企业的销售收入水平,而未能体现企业将收入转化为利润和现金流的能力。根据折现现金流估值法,企业的内在价值应由其未来能够创造的自由现金流决定。因此,在以市销率进行可比估值时,若忽略企业的盈利能力和成本结构,可能导致估值结果失真。其次,尽管收入乘数不会受到会计折旧方法、存货计价方法、研发费用的处理的影响,使可比公司与标的公司的比较更符合统一性要求,但近些年来,还是有部分企业通过操纵会计报表来虚增收入,例如不恰当地对分期付款销售进行会计处理或企业的内部转移,这些不规范的会计操作也为市销率的使用增加了难度。

在讨论股权价值时,市销率是最常用的收入乘数之一,其为企业的权益市场价值与其营业收入的比率,又叫作价格销售比。

$$市销率 = \frac{权益市场价值}{营业收入} \tag{13-22}$$

二、影响因素

我们同样遵循上一章介绍的乘数影响因素的研究框架,即从内在价值模型出发,等式两边同时除以乘数分母的财务变量,得到乘数的内在价值形式。在讨论市销率时,我们分别以稳定增长和两阶段增长的股权价值模型为出发点,推导市销率的表达式,探究其影响因素。

(一) 稳定增长的股利折现模型

由股利折现模型我们可得到股票价值为

$$P_0 = \frac{每股股利_1}{股权资本成本 - 增长率} \tag{13-23}$$

将每股股利$_1$表示成每股收益$_0$和股利支付率的函数。

$$每股股利_1 = 每股收益_0 \times (1 + 增长率) \times 股利支付率 \tag{13-24}$$

将用每股收益函数形式的预期股利代入稳定增长的股利折现模型得到

$$P_0 = \frac{每股收益_0 \times (1+增长率) \times 股利支付率}{股权资本成本 - 增长率} \quad (13\text{-}25)$$

等式两边同时除以每股营业收入，得

$$\frac{P_0}{每股营业收入_0} = 本期市销率 = \frac{每股收益_0 \times (1+增长率) \times 股利支付率}{(股权资本成本 - 增长率) \times 每股营业收入_0} \quad (13\text{-}26)$$

若将销售净利率定义为

$$销售净利率_0 = \frac{每股收益_0}{每股营业收入_0} \quad (13\text{-}27)$$

则市销率可以表示为销售净利率的函数。

$$\frac{P_0}{每股营业收入_0} = 本期市销率 = \frac{(1+增长率) \times 股利支付率 \times 销售净利率_0}{股权资本成本 - 增长率} \quad (13\text{-}28)$$

若将当期每股营业收入替换成预期每股营业收入，可以得到内在市销率。

$$\begin{aligned}
\frac{P_0}{每股营业收入_1} &= 内在市销率 = \frac{(1+增长率) \times \dfrac{每股股利_0}{每股营业收入_1}}{股权资本成本 - 增长率} \\
&= \frac{\dfrac{每股股利_0}{每股收益_1} \times \dfrac{每股收益_1}{每股营业收入_1} \times (1+增长率)}{股权资本成本 - 增长率} \\
&= \frac{股利支付率 \times 销售净利率_1}{股权资本成本 - 增长率}
\end{aligned} \quad (13\text{-}29)$$

由上式可知，无论销售净利率用当前每股收益还是未来每股收益来衡量，市销率都可以写成4个变量的函数：每股收益的预期增长率、股权资本成本、股利支付率和销售净利率。它是企业的销售净利率、股利支付率和增长率的增函数，是以股权资本成本来衡量的企业风险水平的减函数。

【例 13.9】 B超市的股票价值估值。

A超市是一家具有行业代表性的大型连锁超市，该超市目前每股营业收入为83.06元，每股收益为3.82元，该公司采用固定的74%的股利支付率。预期净利润和股利的长期增长率为6%，该公司贝塔值为0.75，假设无风险利率为7%，市场上平均风险股票收益率为12.5%。B超市也是一家具有行业代表性的大型超市，与A超市在风险和成长性上相似，目前每股营业收入为50元。请根据A超市的市销率估计B超市的股票价值。

销售净利率 = 3.82 / 83.05 = 4.6%

股权资本成本 = 7% + 0.75 × (12.5% − 7%) = 11.125%

$$A超市的市销率 = \frac{4.6\% \times 74\% \times (1+6\%)}{11.125\% - 6\%} = 0.704$$

B超市的股票价值 = 50 × 0.704 = 35.2(元)

(二) 两阶段增长的股利折现模型

由两阶段增长的股利折现模型可得到股权价值。

$$P_0 = \frac{EPS_0 \times 前n年股利支付率 \times (1+g) \times \left(1 - \dfrac{(1+g)^n}{(1+r)^n}\right)}{r - g}$$

$$+\frac{\text{EPS}_0 \times n\text{年后股利支付率} \times (1+g)^n \times (1+g_n)}{(r-g_n) \times (1+r)^n} \tag{13-30}$$

等式两边同时除以每股营业收入得到市盈率的内在价值形式。

$$\text{市销率} = \frac{\text{EPS}_0 \times \text{前}n\text{年股利支付率} \times (1+g) \times \left(1 - \frac{(1+g)^n}{(1+r)^n}\right)}{(r-g) \times \text{每股营业收入}} \tag{13-31}$$

$$+\frac{\text{EPS}_0 \times n\text{年后股利支付率} \times (1+g)^n \times (1+g_n)}{(r-g_n) \times (1+r)^n \times \text{每股营业收入}}$$

同稳定增长的股利折现模型部分一样,将销售净利率定义为

$$\text{销售净利率} = \frac{\text{EPS}_0}{\text{每股营业收入}} \tag{13-32}$$

则可以得到市销率的销售净利率函数形式。

$$\text{市销率} = \frac{\text{销售净利率} \times \text{前}n\text{年股利支付率} \times (1+g) \times \left(1 - \frac{(1+g)^n}{(1+r)^n}\right)}{r-g} \tag{13-33}$$

$$+\frac{\text{销售净利率} \times n\text{年后股利支付率} \times (1+g)^n \times (1+g_n)}{(r-g_n) \times (1+r)^n}$$

由上式可以看出,市销率是由以下因素决定的:首先是企业高增长时期和稳定发展时期的销售净利率(每股收益与每股营业收入的比值),市销率是销售净利率的增函数;高速增长和稳定发展时期的股利支付率,股利支付率越大,市销率也越大;高度增长和稳定发展时期企业面临的风险,风险越大,市销率越小;高速增长和稳定发展阶段的预期收益的增长率,无论哪个时期,增长率的提高都会导致市销率提高。

【例 13.10】利用两阶段模型估计高增长企业的市销率。

假设某公司的基本数据如表 13-10 所示,估计该公司的市销率。

表 13-10 公司的基本财务数据

前 5 年增长率 20%	前 5 年股利支付率 20%
5 年后增长率 8%	5 年后股利支付率 50%
贝塔值 1	无风险收益率(国债收益率) 6%
净利率 10%	市场风险溢价 5.5%

由上述数据可以得到公司股权资本成本为: $6\% + 1 \times 5.5\% = 11.5\%$。

因此可根据两阶段增长的股利折现模型对该公司市销率做如下估计。

$$\text{市销率} = \frac{10\% \times 20\% \times (1+20\%) \times \left(1 - \frac{(1+20\%)^5}{(1+11.5\%)^5}\right)}{11.5\% - 20\%}$$

$$+\frac{10\% \times 50\% \times (1+20\%)^5 \times (1+8\%)}{(11.5\% - 8\%) \times (1+11.5\%)^5}$$

$$= 2.35$$

所以基于该企业的基本数据,可以预计该企业的交易价格大概是其营业收入的 2.35 倍。

不论是基于稳定增长的还是两阶段增长的股利折现模型,我们都可以看到销售净利率是影响市销

率的关键因素,销售净利率高的企业往往有更高的市销率。从本质上来讲,销售净利率的变化会产生双重影响,一方面,销售净利率的下降直接导致市销率下降(如上述公式所示);另一方面,低的销售净利率也会带来低的每股收益增长率,从而进一步降低市销率。为了更直观地展示上述影响,我们可以将每股收益预期增长率表示成股权回报率和留存收益率的形式,即

$$
\begin{aligned}
\text{预期增长率} &= \text{留存收益率} \times \text{股权回报率} \\
&= \text{留存收益率} \times \frac{\text{每股收益}}{\text{每股营业收入}} \times \frac{\text{每股营业收入}}{\text{每股权益价值}} \\
&= \text{留存收益率} \times \text{销售净利率} \times \text{净资产周转率}
\end{aligned}
\tag{13-34}
$$

所以,如果成本变化导致销售净利率下降,而营业收入没有发生变化,每股收益的预期增长率也会下降。实际上,销售净利率、净资产周转率和预期增长率之间的关系还可以用于确定不同定价策略对企业价值的影响。

【例 13.11】 估计销售净利率变化对市销率的影响。

同样利用例 13.10 中的 A 公司,假设该公司的销售净利率从 10% 下降为 5%,而营业收入和稳定时期增长率保持不变,估计其市销率。

如果销售净利率下降,营业收入保持不变,则企业的每股收益增长率也会随之下降,由于留存收益率和净资产周转率都不变,销售净利率变为原来的一半,因此每股收益增长率也变为原来的一半,等于 10%。所以,新的市销率为

$$
\text{市销率} = \frac{5\% \times 10\% \times (1+10\%) \times \left(1 - \frac{(1+10\%)^5}{(1+11.5\%)^5}\right)}{11.5\% - 10\%} + \frac{5\% \times 50\% \times (1+10\%)^5 \times (1+8\%)}{(11.5\% - 8\%) \times (1+11.5\%)^5} = 0.74
$$

三、应用

根据相对投资价值评估法的乘数使用步骤,在使用市销率乘数时应当按照以下步骤:①直接对比同一行业内的各公司的市销率乘数,观察标的公司的市销率是否高估或者低估;②可以拓展到整个市场,观察所有公司的市销率,判断标的公司的水平;③根据标的公司在整个行业或者市场中的情况,结合市销率的影响因素,对标的公司市销率比率进行主观调整,或者利用回归方法进行分析。

四、小结

市销率是每股市价与每股营业收入的比率,它假设影响每股价值的关键变量是营业收入,每股价值是每股营业收入的乘数,每股营业收入越大则每股价值越大。目标公司的每股价值可以用每股营业收入乘以可比公司市销率得到。

市销率作为常见的乘数,在销售成本较低的服务类企业或销售成本趋同的传统行业企业中广泛应用。该乘数具有以下优势:首先,它不会出现负值,即使是对于亏损企业(无法算出有意义的市盈率)和资不抵债的企业(无法算出有意义的市净率),也可以计算出一个有意义的市销率;其次,它比较稳定、可靠,不容易被操纵;最后,市销率对价格政策和企业战略变化敏感,可以反映这一变化的效果。

当然,市销率也有一定的局限性,它不能反映成本的变化,但成本是影响企业现金流量和价值的重要因素之一。

第六节 其他权益乘数

一、股权价格/现金流总额

股权价格/现金流总额乘数是在权益口径下,以现金流总额作为乘数分母,用企业的股权价格作为分子构成的乘数。一般情况下,现金流总额有两种获取方式。企业编制现金流量表时,有直接法和间接法两种方式列报经营活动现金流量,相应地,现金流总额可以由这两种方式获得。

首先,在直接法下,以利润表中的营业收入为起点,调整与经营活动有关的项目的增减变动,然后计算出经营活动产生的现金流量,我国企业会计准则规定企业应当采用直接法编制现金流量表,所以第一种方法可以通过现金流量表获得企业当期现金流。根据企业业务活动的性质和现金流量的来源,现金流量表在结构上将企业一定期间产生的现金流量分为三类:经营活动产生的现金流量、投资活动产生的现金流量和筹资活动产生的现金流量。在现金流量表中可以直接得到企业的净现金流。

间接法,是指以本期净利润为起点,通过调整不涉及现金的收入、费用、营业外收支及经营性应收应付等项目的增减变动,调整不属于经营活动的现金收支项目,据此计算列报经营活动产生的现金流量的方法。在我国,现金流量表补充资料应采用间接法反映经营活动产生的现金流情况,以对现金流量表中采用直接法反映经营活动产生的现金流量进行核对和补充说明。在难以获取企业现金流量表时,我们可以选用第二种方法,即参照现金流量表补充资料的项目,直接由资产负债表和利润表得到当期现金流量。现金流量表补充资料的具体格式如表 13-11 所示。

表 13-11 现金流量表补充资料

补充资料	本期金额	上期金额
1. 将净利润调节为经营活动现金流量		
净利润		
加:资产减值准备		
固定资产折旧、油气资产折耗、生产性生物资产折旧		
无形资产摊销		
长期待摊费用摊销		
处置固定资产、无形资产和其他长期资产的损失		
固定资产报废损失		
公允价值变动损失		
财务费用		
投资损失		
递延所得税资产减少		
递延所得税负债增加		
其他		
经营活动产生的现金流量净额		
2. 不涉及现金收支的重大投资和筹资活动		
债务转为资本		
一年内到期的可转换公司债券		
融资租入固定资产		
3. 现金及现金等价物净变动情况		
现金的期末余额		
减:现金的期初余额		
加:现金等价物的期末余额		

补充资料	本期金额	上期金额
减：现金等价物的期初余额		
现金及现金等价物净增加额		

续表

二、股权价格/权益净现金流

权益净现金流的概念在折现现金流法中应用广泛，但是在相对估值法中应用较少。权益净现金流的定义已经在第十章中详细阐释，此处不再赘述。

权益净现金流在相对估值法中应用较少的原因在于得出可比公司常规化的资本性支出和营运资本变动方面存在困难。虽然可以利用现金流量表，结合利润表和资产负债表计算出大部分上市公司每年的权益净现金流，但实际上各公司每年资本性支出和营运资本都有较大变动，很难对所有可比公司进行统一的调整。所以虽然这一乘数看起来更符合一致性的要求，但在相对估值法中，采用总现金流的方法更加直观、容易计算且具有可比性，因此它比权益净现金流的应用更加广泛。

本章小结

权益乘数是权益的市场价值与一个据以衡量权益价值的变量的比值，它通常适用于对少数股东权益的估值。衡量权益的市场价值时，既可以用每股的价值，又可以用全部股份的价值。但是，在有些情况下，二者计算的权益乘数略有出入。此外，我们也要考虑现金和期权对权益市场价值的影响。衡量权益价值的变量通常有收益、账面价值或者收入，它们对应着不同的权益乘数，它们也可以采用每股对应的数值或者全部权益对应的数值，无论采用哪种，都要注意分子分母应当保持一致性。本章重点介绍了市盈率、价格收益增长比率、市净率和市销率等比率。

市盈率等于股权市场价值除以股权收益，是一种重要的权益乘数。由股利折现模型和股权自由现金流模型可知，市盈率主要受到每股收益的预期增长率、股权资本成本和股利支付率的影响，它们分别反映了公司的成长性、股权风险和公司实现增长的效率。

价格收益增长比率是市盈率和每股收益的预期增长率的比值，它保持了乘数的内在简单性，又为控制公司间增长潜力方面的差异提供了可能，在高增长行业的公司中应用广泛。这一乘数的主要影响因素同市盈率相同。

市净率，即价格账面价值比率，等于股权的市场价值比账面价值。市净率很少为负值，避免了市盈率的缺点，可以应用于大多数企业，较难被操纵。

市销率是每股市价与每股营业收入的比率，它假设每股价值是每股营业收入的乘数，在销售成本较低的服务类企业或销售成本趋同的传统行业企业中广泛应用。目标公司的每股价值可以用每股营业收入乘以可比公司市销率得到。

课后问答

1. 权益乘数是什么？它适用于什么情况？为什么？
2. 什么是基本每股收益和稀释每股收益。
3. 为什么可以将收入比率作为权益乘数？它满足一致性吗？
4. 请利用两阶段增长的股利折现模型分析市盈率的内在影响因素。
5. 市净率有哪些优点和局限性？
6. 请根据稳定增长的股利折现模型分析价格销售比的影响因素。

第十四章
基于价值乘数的公司投资价值评估

本章任务清单

任务序号	任务内容
1	掌握公司价值乘数的定义，了解其适用范围及与权益乘数的联系
2	掌握公司价值的衡量方式，特别是对债务的处理方法
3	掌握如何保持收益、资本账面价值、收入及非财务变量与公司价值的一致性
4	掌握企业价值/EBITDA比率、企业价值/账面价值比率、企业价值/收入乘数并能根据财务报表计算相应乘数
5	掌握运用内在价值模型分析乘数影响因素的基本方法
6	掌握调整标的公司与可比公司之间差异的方法

本章首先介绍了公司价值乘数的定义和适用范围，以及公司价值乘数与权益价值乘数的联系，然后分别介绍了乘数分子上的企业价值及分母上代表利益的变量的衡量方式。在讲述如何获取公司价值时我们主要讨论了债务的处理方式，在衡量乘数的分母时，我们以收益、资本的账面价值、收入及非财务变量为例，详细介绍了如何保持分子分母的一致性。接下来分别介绍了几种常见的公司价值乘数：企业价值/EBITDA比率、企业价值/账面价值比率、企业价值/收入乘数。

第一节 概述

一、公司价值乘数的定义及适用范围

（一）公司价值乘数的定义

权益价值乘数关注的是股权价值。公司价值乘数关注公司或其经营性资产的价值，它既包含股权价值又包含债务价值。公司价值乘数的分子是公司资产，尤其是其经营性资产的价值，因为经营性资产关乎公司可持续的主要业务活动，用其评估和反映公司的价值更为合理。乘数的分母是公司维度上的经营性资产的收入、收益或账面价值等财务变量。

（二）公司价值乘数的适用范围

在权益价值乘数的介绍中我们已经讨论过，理论上，不论是权益价值乘数还是公司价值乘数，都可以用于控制性权益或少数股东权益的估值。但实际上，对少数股东权益的估值更适合采用权益价值乘数，而对控制性权益的估值更适合采用公司价值乘数。当然，当标的公司和可比公司的资本结构差异较大时，也应该采用公司价值乘数，因为它可以避免财务杠杆对权益估值带来的影响。

(三) 公司价值乘数和权益价值乘数的联系

如果标的公司的资本结构中只有普通股,没有优先股和债务等具有优先级别的证券,则权益价值等于公司价值,这种情况在小公司估值中普遍存在,此时不需要区分公司价值乘数和权益价值乘数。需要注意的是,虽然可能标的公司没有具有优先级别的证券,但可比公司却不是只有普通股,这时我们还是需要利用公司价值乘数对标的公司进行估值。

二、企业价值的衡量

企业价值包括普通股、优先股、长期债务及长期债务中本年到期的部分。使用长期负债及其当期部分而不是全部有息债务的原因在于,长期负债才是公司资本结构的组成部分,短期负债往往有明显的季节波动。但实际操作中企业价值涵盖了全部有息债务,因为我们很难从财务报表的利息费用中明确划分出短期负债和长期负债的利息费用,假设在公司价值乘数的分子中不包含短期负债,但分母中有包含短期负债的利息费用,则违背了乘数定义的一致性原则。此外,有些公司也会将短期负债滚动使用,其本质上还是长期负债。无论怎样处理,都应该在标的公司和可比公司之间保持一致。

在表 14-1 所示的资产负债表中,根据第一种衡量方式,企业价值包含长期负债的当期部分、长期负债和股东权益合计,其账面价值为 3 100 000 元;根据第二种衡量方式,即涵盖全部有息债务,企业价值包含应付票据、长期负债的当期部分、长期负债和股东权益合计,其账面价值为 3 700 000 元。

表 14-1 A 公司资产负债表

单位:元

资产	金额	负债及股东权益	金额
流动资产		负债	
现金及现金等价物	200 000	应付账款	800 000
应收账款	300 000	应付票据	600 000
存货	400 000	长期负债的当期部分	400 000
流动资产总额	900 000	长期负债	2 000 000
厂房与设备		总负债	38 000 000
成本	4 200 000	股东权益	
折旧	1 200 000	A 类:有表决权的普通股(法定股份 400 000 股,已发行股份 320 000 股)	80 000
净值	3 000 000	B 类:没有表决权的普通股(法定股份 800 000 股,已发行股份 400 000 股)	100 000
经营性专利		留存收益	520 000
成本价格	650 000	股东权益合计	700 000
摊销	50 000	负债与所有者权益合计	4 500 000
净值	600 000		
总资产	4 500 000		

公司资产组合中往往拥有不同比例的现金及现金等价物(如:准备出售的证券),为了使公司价值乘数在标的公司和可比公司之间更具可比性,往往将其剔除。当然,如果将现金及现金等价物从企业价值中扣除,则任何与之相关的收益也必须从公司价值乘数的分母中剔除,从而保持乘数定义的一致性。根据上面资产负债的情况,剔除现金等价物后,A 公司的企业价值仅包含长期负债的账面价值 2 900 000 元,包含全部有息债务的账面价值 3 500 000 元。如果可比公司企业价值没有包含现金及现金等价物,则得到的乘数也没有反映现金及现金等价物的价值;如果标的公司中含有现金

及现金等价物,则应该将其加回用剔除了现金及其等价物的乘数得到的评估价值中。

上述讨论只是定义了企业价值的账面价值组成部分。为了得到企业市场价值,我们可以分别找到每种资本的市场价值加总得到企业市场价值的合计。

此外,我们还需要对现金、股票期权和交叉持股等特殊情况进行处理,这些问题将在后面的章节中进行深入探讨。

三、变量的衡量

有了乘数的分子部分"公司价值"后,下面我们介绍如何得到乘数的分母。一致性原则要求分母中所包含的收益应该全部归属于分子中的资本结构组成,即包括归属于普通股的权益、优先股股利及利息。其中,利息是长期负债的还是全部有息债务的利息,取决于分子是否包含全部有息债务。另外,如果分子扣除了现金及现金等价物,则现金及现金等价物所获得的利息收入也应该从分母中扣除。

(一) 收益的衡量

回忆前一章中所讲的股权价值乘数分母中的权益变量,我们采用的是净收入、每股收益等,这里我们在衡量经营性资产产生的收益时,我们有如表14-2所示的三种衡量方式。

表14-2 经营性资产产生收益的衡量

变量名称	符号	含义
息税折旧及摊销前利润	EBITDA	衡量经营性资产产生的现金流
息税前收益	EBIT	衡量经营性资产的会计利润
息前税后收益	EBIT(1-税率)	衡量经营性资产会计利润的税后价值

(二) 账面价值的衡量

在计算市净率时,我们采用的是权益账面价值;在计算公司价值乘数时,我们应该采用资本的账面价值,同时还需要对现金和对其他公司的持股做出相应调整。但原则仍是保证公司市场价值的衡量与账面价值的衡量一致,即在分子中价值中包含哪些内容,账面价值的衡量中也要包含相应的内容。表14-3总结了账面价值与公司价值衡量的一致性。

表14-3 账面价值与公司价值衡量的一致性

账面价值衡量	市场价值衡量
资本账面价值=股权账面价值+债务账面价值	公司价值=股权市场价值+债务市场价值
非现金投资资本账面价值=股权账面价值+债务账面价值-现金	公司价值=股权市场价值+债务市场价值-持有现金
合并资本账面价值=股权账面价值+债务账面价值-现金+少数权益(账面价值)	公司价值=股权市场价值+债务市场价值-持有现金+少数股权市场价值

(三) 收入的衡量

在讨论市销率时我们提到,严格来讲,市销率的定义违背了乘数定义的一致性要求,因为分子是权益的价值,而分母是整个公司产生的收入。在公司价值乘数中,与市销率相对应的乘数是价值销售比率,它是用公司整体价值比总收入,它的定义是符合一致性要求的。

需要注意的是,交叉持股可能会歪曲该乘数,所以我们需要做出如下调整:如果是作为少数股东参股某企业,应该从权益市场价值中减掉作为少数股东持有的权益估计的市场价值,因为在计算母公司收入时,少数持有的收入并未包含在内;当作为控股股东控股某企业时,应将其他少数股东利益的市场价值加回企业价值中,得到反映公司整体收入的综合价值(包括来自子公司的收入)。

(四) 非财务变量

我们在前几章中也提到了,对于某些特殊行业的公司,用一些非财务变量来衡量企业相关业绩可能更加合理。例如,像京东这类自营式电商企业是通过最终顾客获取收益,所以其公司价值与常规顾客数量有关;还有一些互联网企业,其收入主要来源为广告收入,这依赖网站的访问量,因此该企业的价值与网站浏览量密切相关。

第二节 企业价值/EBITDA 比率

一、定义

上一节中我们提到,经营性资产产生的经营收益有三种衡量方式:息税折旧及摊销前利润 EBITDA、息税前利润 EBIT 和息前税后利润 EBIT(1−税率),对应的价值经营收益乘数也有三种不同的衡量方式。实务中最常用的是企业价值与 EBITDA 比率,因为它将整个公司的市场价值、现金、利息、税收支出、折旧及摊销前利润联系起来。

$$\frac{\text{企业经营性资产价值}}{\text{EBITDA}} = \frac{\text{权益市场价值} + \text{债务市场价值} - \text{现金}}{\text{EBITDA}} \tag{14-1}$$

该比率中采用的是企业经营性资产的价值,即从企业价值中扣除了现金的价值,其目的是保持比率定义的一致性且更合理地反映与企业经营有关的资产,现金的利息收入并未计入息税折旧及摊销前利润,如果不扣除现金的价值将导致该比率过高。

该比率在实务中被广泛应用,主要有以下原因:首先,很少有企业有负的息税折旧及摊销前利润,因此可以获得更大的有效样本;其次,不同企业折旧政策的差异不会影响息税折旧及摊销前利润,避免了会计政策不同的企业之间难以比较的问题,该比率比其他乘数,特别是权益价值乘数更易于在具有不同资本结构的企业之间比较。所以,该比率更适用于那些需要大量建设期投入的行业的企业,因为这类企业在运营阶段会有大量的折旧及摊销支出。

二、影响因素

我们同样遵循第十二章介绍的乘数影响因素的研究框架,从内在价值模型出发,等式两边同时除以乘数分母的财务变量,得到乘数的内在价值形式。在讨论企业价值/EBITDA 比率时,我们主要以稳定增长公司价值模型为例,推导其表达式,探究其影响因素。我们还将推导出企业价值/EBIT 比率和企业价值/EBIT(1−税率)比率这两个乘数的影响因素以便进行对比分析。

(一) EBIT 比率和 EBIT(1−税率)比率的影响因素

根据稳定增长的企业折现现金流模型我们可以得到企业价值。

$$\text{企业价值} = \frac{\text{FCFF}_1}{\text{WACC} - g_n} \tag{14-2}$$

其中,FCFF_1 是预期下一年的企业自有现金流,WACC 是加权平均资本成本,g_n 是预期的稳定增长率。

企业自由现金流可以表示成息税前收益和再投资率的函数。

$$\text{FCFF}_1 = \text{EBIT}_1 \times (1 - \text{税率}) \times (1 - \text{再投资率}) \tag{14-3}$$

其中，$EBIT_1$ 表示下一年的息税前收益。

所以，企业价值也可以表示成息税前收益和再投资率的函数。

$$企业价值 = \frac{EBIT_1 \times (1-税率) \times (1-再投资率)}{WACC-g} \tag{14-4}$$

$$\frac{企业价值}{EBIT_1} = \frac{(1-税率) \times (1-再投资率)}{WACC-g} \tag{14-5}$$

如果想知道今年营业收入的企业价值乘数，则等式左右同时乘以$(1+g)$，等式左边 $EBIT_1$ 就变成 $EBIT_0$。

$$\frac{企业价值}{EBIT_0} = \frac{(1+g) \times (1-税率) \times (1-再投资率)}{WACC-g} \tag{14-6}$$

下面计算 EBIT(1-税率)乘数。

$$\frac{企业价值}{EBIT_1 \times (1-税率)} = \frac{(1-再投资率)}{WACC-g} \tag{14-7}$$

$$\frac{企业价值}{EBIT_0 \times (1-税率)} = \frac{(1-再投资率) \times (1+g)}{WACC-g} \tag{14-8}$$

由上可知，EBIT 比率和 EBIT(1-税率)比率会随增长率的提高、资本成本和再投资率的降低而上升。从本质上讲，再投资率的变化会产生双重影响。一方面，再投资率的下降直接导致 EBIT 比率和 EBIT(1-税率) 比率下降(如上述公式所示)。另一方面，较低的再投资率也会带来较低的经营收益增长率，从而进一步降低 EBIT 比率和 EBIT(1-税率) 比率，因为预期增长率是由再投资率与资本回报率共同决定的，即

$$预期增长率 = 再投资率 \times 资本回报率 \tag{14-9}$$

由此可知，在其他情形不变时，企业价值乘数会随着资本回报的上升而上升。

(二) 企业价值/EBITDA 比率的影响因素

为了探究企业价值/EBITDA 比率的影响因素，我们同样从稳定增长的公司自由现金流折现模型出发，企业经营资产的价值可以写成

$$企业经营资产的价值 = \frac{FCFF_1}{WACC-g_n} \tag{14-10}$$

用 EBITDA 将企业经营资产的价值重新写成

$$企业经营资产的价值 = \frac{EBITDA \times (1-税率) + 折旧 \times 税率 - 资本性支出 - 营运资本的变化}{WACC-g} \tag{14-11}$$

等式两边同时除以 EBITDA，得到企业价值/EBITDA 乘数的内在价值形式。

$$\frac{企业价值}{EBITDA} = \frac{(1-税率)}{WACC-g} + \frac{折旧 \times 税率 / EBITDA}{WACC-g} - \frac{资本性支出 / EBITDA}{WACC-g} - \frac{营运资本的变化 / EBITDA}{WACC-g} \tag{14-12}$$

将资本性支出、折旧和营运资本的变化合并为再投资，即

$$再投资 = 资本性支出 - 折旧 + 营运资本的变化 \qquad (14\text{-}13)$$

则企业价值/EBITDA 比率可以简化为

$$\frac{企业价值}{EBITDA} = \frac{(1-税率) - \dfrac{再投资}{EBITDA} - \dfrac{折旧 \times (1-税率)}{EBITDA}}{WACC - g} \qquad (14\text{-}14)$$

可以看到，影响企业价值/EBITDA 比率的因素有：加权平均资本成本、预期增长率、税率和再投资率(或资本回报率)。因此，高增长、低资本成本、高资本回报率的公司将以较高的 EBITDA 乘数进行交易。此外，折旧费用大的公司与无折旧费用但其他因素(增长、资本成本、再投资)相同的公司相比，应以较低的 EBITDA 乘数进行交易。

三、应用

在运用公司价值/EBITDA 比率比较不同公司，或判断被估值企业是否被高估或低估时，同样要考虑不同公司之间存在的差异，尤其是比率体现出明显不同的时候。对于如何控制和调整企业之间的差异，主要有以下两种方式。

(一) 主观调整

主观调整主要是分析不同公司影响乘数的差异，例如我们上文推导分析得出的公司的资本回报率、加权平均资本成本、增长率等，人为地根据差异进行调整。如第十二章所介绍的，这一方法简单易行，但是准确性不确定，主观判断的影响较大，容易被操纵。

(二) 实证检验

企业价值经营收入乘数企业价值/EBITDA，广泛应用于评估制造业和建造重大基础设施的公司。分析标的企业与可比企业间乘数的差异时，最好通过解释企业间各种变量存在的差异去分析乘数的不同。我们可以将企业价值/EBITDA 乘数与税率、再投资率、资本回报率、预期增长率作为独立变量进行回归。企业价值/EBIT 乘数则使用税率、再投资率、未来 5 年收入的预期增长率作为独立变量进行回归。根据回归结果判定公司是否被高估或低估，从而将主观调整量化。

通常，经营收入回归的 R^2 值一般高于权益收益回归的 R^2 值，而且在特殊情况下，甚至高于 P/E 比率回归的 R^2 值。这表明相较于权益乘数，运用基本因素的分析方法可以更好地解释经营收入乘数的差异。

四、小结

总体来说，企业价值经营性收入乘数是使用最广泛的乘数之一。使用企业价值经营性收入乘数进行评估的优点包括：首先，公司价值/EBITDA 不受所得税率不同的影响，使得不同国家和市场上的公司估值更具有可比性；其次，不受资本结构不同的影响，有利于比较不同公司估值水平；最后，排除摊销和折旧这类非现金成本的影响，可以更加准确地反映企业的价值。当然，这种方法也具有缺陷：首先，企业价值/EBITDA 比率的计算方法较为复杂，在估值前需要对债券价值及长期投资的价值进行单独估计；其次，没有充分考虑到税收政策的因素，如果两个公司之间的税收政策差异很大，指标的估值结果就会出现偏差。

第三节 企业价值/账面价值比率

一、定义

上一章我们提到了市净率,即价格账面价值比率,它是股权市场价值与股权账面价值的比值,是一个权益价值乘数。与之对应的一个企业价值乘数是企业价值/账面价值比率,它等于企业市场价值与企业账面价值之比。分子部分采用企业价值或者企业经营性资产的价值,即是否包含现金的价值,根据分子分母保持一致决定。

当企业价值中包含现金时:

$$\frac{企业市场价值}{企业账面价值} = \frac{股权市场价值+债务市场价值}{股权账面价值+债务账面价值} \tag{14-15}$$

当企业价值中不包含现金时:

$$\frac{企业市场价值}{企业账面价值} = \frac{股权市场价值+债务市场价值-现金}{股权账面价值+债务账面价值-现金} \tag{14-16}$$

二、影响因素

为了探究企业价值/账面价值比率的影响因素,我们参照市净率的介绍思路,从简单的内在价值模型出发,等式两边同时除以账面价值,得到乘数的内在价值形式。

由稳定增长的企业自由现金流折现模型,可以得到企业价值为

$$企业价值 = \frac{FCFF_1}{WACC - g_n} \tag{14-17}$$

两边同时除以账面价值得到

$$\frac{企业价值}{账面价值} = \frac{FCFF_1/账面价值}{WACC - g} \tag{14-18}$$

在计算企业自由现金流时,我们有如下公式:

$$FCFF = EBIT \times (1-税率) \times (1-再投资率) \tag{14-19}$$

$$再投资率 = \frac{g}{ROIC} \tag{14-20}$$

将企业价值用息税前利润表示:

$$企业价值 = \frac{EBIT_1 \times (1-税率) \times (1-再投资率)}{WACC - g} \tag{14-21}$$

$$\frac{企业价值}{资本账面价值} = \frac{\frac{EBIT_1 \times (1-税率)}{资本账面价值} \times (1-再投资率)}{WACC - g} \tag{14-22}$$

$$资本回报率 = \frac{EBIT_1 \times (1-税率)}{资本账面价值} \tag{14-23}$$

$$再投资率 = \frac{g}{ROIC} \tag{14-24}$$

综合上式可以得到

$$\frac{企业价值}{账面价值} = \frac{ROIC - g}{WACC - g} \tag{14-25}$$

由此可知，企业价值/账面价值比率主要受到三个内在因素的影响，即投入资本回报率(ROIC)、预期增长率(g)及加权平均资本成本(WACC)。其中，高投入资本回报率、低加权平均资本成本会导致企业拥有较高的企业价值/账面价值比率。预期增长率对企业价值/账面价值比率产生正负两方面的影响，具体的影响效果根据不同的数值而定。

三、应用

在应用公司价值/账面价值比率时应当按照以下步骤。第一，直接对比同一行业内的各公司的公司价值/账面价值，观察标的公司的乘数是否高估或者低估。第二，可以拓展到整个市场，观察所有公司的比率，判断标的公司的水平。第三，根据标的公司在整个行业或者市场中的情况，结合比率的影响因素，对标的公司的公司价值/账面价值比率进行主观调整，或者利用回归方法进行实证检验。

四、小结

公司价值/账面价值比率是企业的市场价值与企业的账面价值之比，类似于权益乘数中的市净率。公司价值/账面价值比率适用于大多数企业，包括利润为负的企业。但是，在对标的公司进行估值的过程中也要注意与可比公司的资本结构的差别。

第四节 企业价值/收入比率

一、定义

上一章讨论市销率时我们提到，市销率是衡量股权价值时最基本的收入乘数，在衡量公司价值时，与之对应的最基本的收入乘数是企业价值/收入比率，即企业价值与营业收入之比，企业价值采用企业经营性资产的价值，包括负债和所有者权益，等于权益市场价值加负债市场价值减去现金的价值。

$$企业价值/收入比率 = \frac{企业价值}{营业收入} \tag{14-26}$$

企业价值/收入比率比市销率更符合乘数定义的一致性要求，因而比市销率更具有内部稳定性。企业价值/收入比率通过企业创造的收入将企业的总体价值分隔开，而市销率通过企业创造的收入将权益分隔开，二者的不一致将导致高杠杆的企业有更低市销率，这样当市销率在不同杠杆的企业间进行比较时可能导致错误的结论。

二、影响因素

同上文一样，我们遵循第十二章介绍的乘数影响因素的研究框架，从内在价值模型出发，等式两边同时除以乘数分母的财务变量，得到乘数的内在价值形式，从而分析其内在影响因素。在讨论企业价值/收入比率时，我们分别以稳定增长和两阶段增长的公司现金流折现模型为出发点，推导价值销售比率的表达式，探究其影响因素。

(一) 稳定增长的公司现金流折现模型

根据稳定增长的公司现金流折现模型，企业价值可以表示成

$$\text{企业价值} = \frac{\text{FCFF}_1}{\text{WACC} - g} \tag{14-27}$$

其中，FCFF_1 是下一年的公司自由现金流，WACC 表示企业加权平均资本成本，g 表示息税前利润的预期增长率。

企业自由现金流可以表示成息税前利润和再投资率的函数：

$$\text{FCFF}_1 = \text{EBIT}_1 \times (1 - \text{税率}) \times (1 - \text{再投资率}) \tag{14-28}$$

其中，EBIT_1 表示下一年的息税前利润。

所以，企业价值也可以表示成息税前利润和再投资率的函数。

$$\text{企业价值} = \frac{\text{EBIT}_1 \times (1 - \text{税率}) \times (1 - \text{再投资率})}{\text{WACC} - g} \tag{14-29}$$

等式两边同时除以收入，可得

$$\text{企业价值} / \text{收入比率} = \frac{\dfrac{\text{EBIT}_1 \times (1 - \text{税率})}{\text{营业收入}} \times (1 - \text{再投资率})}{\text{WACC} - g} \tag{14-30}$$

我们可以做出如下定义：

$$\text{税后经营利润率} = \frac{\text{EBIT}_1 \times (1 - \text{税率})}{\text{营业收入}} \tag{14-31}$$

则企业价值/收入比率可以简化成如下形式。

$$\text{企业价值} / \text{收入比率} = \frac{\text{税后经营利润率} \times (1 - \text{再投资率})}{\text{WACC} - g} \tag{14-32}$$

所以，企业价值/收入比率，除了随着息税前利润增长率的增加而增加，随着公司加权平均资本成本的下降而下降，还受到税后经营收益的影响，是税后经营收益的增函数。

(二) 两阶段增长的公司现金流折现模型

和其他乘数一样，我们也可以将分析扩展到两阶段增长的公司自由现金流折现模型，根据该模型得到的企业价值如下。

企业价值

$$= \frac{\text{EBIT}_0 \times (1 - \text{税率}) \times (1 - \text{高增长阶段再投资率}) \times (1 + g) \times \left(1 - \dfrac{(1+g)^n}{(1+\text{WACC})^n}\right)}{\text{WACC} - g}$$

$$+ \frac{\text{EBIT}_0 \times (1 - \text{税率}) \times (1 - \text{稳定增长阶段再投资率}) \times (1 + g)^n \times (1 + g_n)}{(\text{WACC} - g_n) \times (1 + \text{WACC})^n} \tag{14-33}$$

等式两边同时除以营业收入得到两阶段增长模型下企业价值/收入比率的内在价值形式。

企业价值/收入比率

$$=\frac{\frac{EBIT_0\times(1-税率)}{营业收入}\times(1-高增长阶段再投资率)\times(1+g)\times\left(1-\frac{(1+g)^n}{(1+WACC)^n}\right)}{WACC-g}$$

$$+\frac{\frac{EBIT_0\times(1-税率)}{营业收入}\times(1-稳定增长阶段再投资率)\times(1+g)^n\times(1+g_n)}{(WACC-g_n)\times(1+WACC)^n} \quad (14\text{-}34)$$

同样引入税后经营利润率的概念：

$$税后经营利润率=\frac{EBIT_1\times(1-税率)}{营业收入} \quad (14\text{-}35)$$

可以得到企业价值/收入比率的简化形式为

企业价值/收入比率

$$=\frac{税后经营利润率\times(1-高增长阶段再投资率)\times(1+g)\times\left(1-\frac{(1+g)^n}{(1+WACC)^n}\right)}{WACC-g}$$

$$+\frac{税后经营利润率\times(1-稳定增长阶段再投资率)\times(1+g)^n\times(1+g_n)}{(WACC-g_n)(1+WACC)^n} \quad (14\text{-}36)$$

其中，g 表示前 n 年的息税前利润增长率，g_n 表示 n 年后的息税前利润的稳定增长率。虽然在两阶段增长模型下价值销售比率的内在价值形式看起来很复杂，但是不难看出其决定因素与在稳定增长模型中是一致的，有增长率、再投资比率、经营利润率和加权平均资本成本，只不过这些变量在稳定增长时期和高增长时期有不同的值。

实际上，企业价值/收入比率的影响因素反映了市销率的影响因素，两个乘数的对比如表 14-4 所示。

表 14-4　企业价值/收入比率与市销率的对比

乘数	市销率	企业价值/收入比率
计算公式	净利润/营业收入	EBIT(1-税率)/营业收入
影响因素	股利支付率	1-再投资率
	股权资本成本	加权平均资本成本
	净收益的增长率	息税前利润的增长率

知识链接：品牌的价值

传统估值模型的一个弊端是无法估计品牌和其他无形资产的价值，分析师们有给品牌估值的专门方法，但是较容易高估或低估品牌的价值。拥有知名的和受推崇的品牌的意义就在于它可以对相同的产品索要更高的价格，因此品牌价值对于企业估值十分重要。一般而言，拥有知名品牌的公司有更高的利润率，同时也有更高的企业价值/收入比率和企业价值。企业品牌价值越高，其价格也就越高。

一般情况下，品牌的价值可以写成下述形式：

$$品牌价值=[(V/S)_b-(V/S)_g]\times营业收入$$

其中：$(V/S)_b$ 是有品牌公司的企业价值/营业收入比率；$(V/S)_g$ 是无品牌产品(一般产品)的企业价

值/营业收入比率。

其实品牌的价值是可见的,对于有定价优势的公司来讲,品牌的价值表现在更高的利润率上,对于通过品牌来拥有更大的市场占有率的公司来说,品牌意味着更高的营业收入/投入资本比率。

【例 14.1】 估计品牌价值。

本例将对比一家有品牌价值的公司 A 和一般公司 B 的估值差别,具体参数如表 14-5 所示。

表 14-5 A 公司和 B 公司估值基本参数

	有品牌价值的公司 A	一般公司 B
营业收入(万元)	21 962.00	21 962.00
高速增长阶段		
高速增长阶段时长(年)	10	10
再投资率	50%	50%
税后经营利润率	15.57%	5.28%
投入资本回报率	20.84%	7.06%
税后经营利润增长率	10.42%	3.53%
资本成本	7.65%	7.65%
高速增长阶段企业价值现值(万元)	19 713.86	4 707.47
稳定增长阶段		
税后经营利润增长率	4.00%	4.00%
投入资本回报率	7.56%	7.56%
再投资率	52.91%	52.91%
资本成本	7.65%	7.65%
稳定增长阶段企业价值现值(万元)	59 151.57	10 531.65
企业价值(万元)	78 865.43	15 239.12

品牌价值 = 78 865.43 - 15 239.12 = 63 626.21(万元)。

第一列是公司 A 的当前特征:由品牌价值带来的高利润率、高回报、高增长率。第二列,我们运用生产一般产品的公司的数据重新进行估值,低利润率带来低资本回报率和低增长,最终体现在了约 80% 的价值差异。

三、应用检验

在明确了企业价值/收入比率的定义,了解其分布特征并研究了其影响因素之后,我们就要开始利用企业价值/收入比率来对公司价值进行评估。我们按照和其他乘数一样的应用检验框架进行介绍。首先用企业价值/收入比率分析同一行业中的公司,再将可比公司范围扩展到所有行业。需要注意的是,企业价值/收入比率会随行业和公司基本因素的不同发生变化:高增长、低风险、低再投资率和高税后经营利润率的公司通常有较高的企业价值/收入比率,所以在各个公司之间进行比较时,一定要注意控制公司在上述因素之间的差异。

同其他常用的乘数一样,控制标的公司与可比公司之间差异最简单的方法就是进行主观调整。但之前已经提到过,这种方法存在很强的主观性,所以我们还需要找到更合适的替代方法,矩阵方法就是一种常用的替代方法。

矩阵方法的目的是要寻找不匹配之处。虽然增长率、风险等因素会影响收入乘数,但不难看出关键的决定因素还是利润率,对于市销率来说是销售净利率,对于公司价值乘数而言,企业价值/收入比率的关键因素是税后经营利润率,所以在应用企业价值/收入比率时,矩阵方法的关键就是要找到企业价值/收入比率与税后经营利润率不匹配之处。低税后经营利润率和低企业价值/

收入比率与高税后经营利润率和高企业价值/收入比率的企业是符合常理的,但低税后经营利润率和高企业价值/收入比率、高税后经营利润率和低企业价值/收入比率的企业就需要引起重视,因为它们的价值很可能被高估或低估。图 14-1 表示了这一比较过程。

矩阵方法可以帮助我们很容易地识别极端值,但是也存在一些问题。第一,历史利润率和当期利润率比未来利润率更容易获得,如果一个企业的利润率比较稳定,则使用当期税后经营利润率和当期价值收入乘数来判断一个公司价格是比较合理的。但如果某企业利润率波动较大,当期利润率与未来利润率没有太强的相关性,则仅仅因为该企业有低的当期利润和高的企业价值/收入比率就判断该企业被高估是不合理的。第二,该方法暗含了企业价值/收入比率与税后经营利润率有线性相关关系的假设。第三,该方法只关注了利润率这一关键影响因素,而忽略了风险、增长率等其他因素,一家有高的当期利润和低的企业价值/收入比率的公司很可能是一家被正确估值的高风险公司。

	被高估的 高企业价值/收入比率 低税后经营利润率	高企业价值/收入比率 高税后经营利润率
企业价值/收入比率	低企业价值/收入比率 低税后经营利润率	被低估的 低企业价值/收入比率 高税后经营利润率

税后经营利润率

图 14-1 企业价值/收入比率的矩阵法

在分析其他乘数时,我们采用了回归方法来控制企业在风险、增长率和股利支付率等多个方面的差异。在应用企业价值/收入比率时,回归方法仍是控制可比公司与标的公司差异的重要方法。先根据已有数据得到回归方程,再根据回归方程估计出每个公司企业价值/收入比率的预测值,将预测值与实际值进行比较从而得出企业价值/收入比率被高估或者低估的结论。我们首先利用回归方法对同一行业中的公司进行比较,再将可比公司的范围扩展到整个市场。

矩阵方法研究了处于同一行业的企业,寻找了它们的不匹配之处:具有高税后营业利润和低企业价值/收入比率的企业被认为是低估的,这种矩阵方法可以很容易地拓展为回归方法,即将税后营业利润作为唯一自变量,回归方程为

$$\text{企业价值/收入比率} = a + b \times \text{税后经营利润率} \tag{14-37}$$

当样本量足够大时,还可以在回归方程中加入表示风险、增长率的变量以更好地控制可比公司与标的公司之间的差异。例如,我们可以加入股票价格的标准差或贝塔值作为风险的代理变量,也可以加入预期增长率的专家估计值来控制公司在成长性方面的差异。回归方法也可以应用到互联网行业这类收入乘数与其他基本因素相关性较弱的行业,这类行业回归的关键就是要找到这些行业中影响企业价值/收入比率的关键因素。在使用回归方法时需要特别注意,我们的目的并不是控制所有的差异,所以并不是加入的自变量越多越好。加入的自变量越多虽然拟合程度可能增大,但是会加强变量之间的多重共线性问题,使参数估计变得不准确,所以我们仅仅是要控制对企业价值/收入比率有重大影响的因素差异。

接下来应当对可比公司的范围进行扩展,将同一行业的公司扩展到整个市场。当然,扩展可比公司的范围之后标的公司与可比公司之间的差异将会增大,此时更应该对这些差异进行控制和调整,最简单有效的方法仍然是回归分析法。

四、小结

企业价值/收入比率类似于权益乘数中的市销率，一般适用于经营成本较低的公司，该乘数具有以下几点优势：首先，收入乘数不会出现负值，适用于收益为负的企业评估；其次，企业价值/收入比率稳定可靠，不易被操作，对企业价格政策变化的敏感度较高。当然，该乘数也具有一定的局限性，因为是收入乘数，所以使用该乘数的过程中不能清晰地反映企业成本的变化。

本章小结

公司价值乘数中包含了股权价值和债务价值，它的分子是公司经营性资产的价值，分母是公司维度上的经营性资产的收入、收益或账面价值等财务变量。公司价值乘数适用于对控制性权益的估值及对公司整体价值的估值。此外，当标的公司和可比公司的资本结构差异较大时，也应该采用公司价值乘数。

企业价值/EBITDA 比率是一种常见的公司价值乘数，其分子为权益市场价值加债务市场价值减现金，分母为息税前利润加上折旧摊销。由折现现金流模型可知，影响该乘数的因素主要有加权平均资本成本、预期增长率、税率和再投资率(或投入资本回报率)。

企业价值/账面价值比率是指企业的市场价值与其账面价值的比值，其内在影响因素有投入资本回报率、预期增长率及加权平均资本成本。

企业价值/收入比率为企业市场价值除以企业营业收入，影响其价值的内在因素有增长率、再投资比率、经营利润率和加权平均资本成本。

应用每种乘数时都要进行检验与分析，检验被选乘数是否适用于对标的公司的估值，分析目标公司与可比公司之间存在的差异，对乘数进行相应调整。实际上我们要根据被评估的对象，权衡评估成本与准确性，选择合适的乘数和可比公司，对目标公司做出评价。

课后问答

1. 公司价值乘数是什么？它与权益价值乘数有什么联系？
2. 公司价值乘数的分母可以是哪些变量？
3. 根据稳定增长模型推导企业价值/EBITDA 比率的影响因素。
4. 根据两阶段增长模型推导收入乘数的影响因素。
5. 应用乘数时如何进行调整？

第十五章
以资产为基础的投资价值评估

本章任务清单

任务序号	任务内容
1	掌握基于资产的企业价值评估方法的内涵及意义
2	掌握资产基础法的适用情况
3	掌握资产基础法与折现现金流法、相对价值法的异同，明确各自优势与局限性
4	掌握资产基础法评估企业价值的具体步骤
5	理解资产基础法的优点与不足
6	掌握有形资产、无形资产及特殊资产的估值方法

  在前面的章节中，我们学习了折现现金流和相对投资价值评估两种企业价值评估方法。现在我们思考一个问题，如果一家公司不再继续经营，而市场上又没有可比公司提供参考，我们应如何评估该公司的价值呢？接下来，本章将要讲到的第三种企业价值评估方法——基于资产的企业价值评估方法，就会帮助我们解决上述问题。实际评估中，往往需要一种以上的方法进行估值，以便综合分析、评价结果。通过本章的学习，读者可以对基于资产的企业价值评估方法有较为全面的认识和理解，了解其内涵、适用情况，优势、不足，以及与另外两个方法的区别与联系。具体的评估步骤和单项资产的评估举例也会加深读者的理解。

第一节 基于资产的企业价值评估方法概述

  评估公司价值主要有三种基本方法，前面的章节中我们介绍了两种，即折现现金流法和相对投资价值评估法，第三种方法就是本章要讲的，基于资产的企业价值评估方法。基于资产的企业价值评估方法将企业看作资产的集合，认为谨慎的买方不会以高于同效用的替代品价格购买该资产，其核心是确定企业各项资产和负债的价值。

一、资产基础法的内涵

  本章我们所讲的基于资产的企业价值评估方法是指我国企业估值中经常使用的资产基础法。折现现金流是一种内在估值法，它基于公司能够产生的自由现金流的现值估算企业价值。相对投资价值评估法离不开活跃的市场，它基于乘数和可比公司估算企业价值。资产基础法则是以企业现有资产价值为基础，总资产价值扣除债务及未履行的索取权等，即得到股权的价值。

  中国资产评估协会 2018 年修订的，2019 年 1 月起开始实施的《资产评估执业准则——企业价值》第三十五条给出资产基础法的定义如下："企业价值评估中的资产基础法，是指以被评估单位评估基准日的资产负债表为基础,合理评估企业表内及可识别的表外各项资产、负债价值,确定评估对象价值的评估方法。"美国评估师协会定义的资产基础法是"采用一种方法或多种评估方法,根据企业资产扣除负债后的价值确定经营组合、企业所有者权益或企业股票价值的常用评估方式"。

知识链接:其他基于资产的企业价值评估方法

基于资产的企业价值评估方法,除了我国常用的资产基础法外,还有国外的超额盈利资本化法和清算价值法。

超额盈利资本化法将有形资产与无形资产加以区分,先把企业的有形资产和负债进行评估,然后再加上无形资产的价值,由此确定企业权益的价值。该方法是美国为了评估公司商誉,解决税务问题而公布的,主要适用于区分企业中的有形资产和无形资产,在中小企业价值评估中比较实用。

清算价值法是基于资产的清算价值估计公司价值,将资产清算价值总和去除公司负债,得出企业清算价值。

总之,资产基础法着眼于企业的全部资产,包括流动资产、固定资产、无形资产、其他资产、长期投资、流动负债、长期负债等,采用成本法计算资产的重置成本并加以调整,或采用相应资产适用的方法,如收益法、市场法等,估算各资产的价值,进而得出公司价值。以资产为基础评估企业价值为投资者进行决策提供了参考,总价格比所有资产价值总和小的公司往往是被低估的。需要注意的是,以资产为基础对企业价值进行评估时,各项资产评估选用的方法可能有别于其作为单项资产评估对象时采用的方法,因为对企业整体价值评估时还需要考虑具体资产对企业价值的贡献。

在运用资产基础法时,虽然资产的重置成本是主要考察对象,但也要结合资产自身的特点灵活运用其他方法对其进行估值,例如可以用收益法对长期股权投资进行估值,也可以用市场法对有活跃交易市场的房地产、固定资产等进行估值。可以说资产基础法是收益法、市场法和成本法等多种估值方法的综合应用。

知识链接:收益法、市场法和成本法

收益法、市场法和成本法是单项资产评估中重要的方法。

收益法是通过估测被评估资产未来预期收益的现值来判断资产价值的方法。资产收益越高,价值越大。理性投资者在购置或投资于某一资产时所愿意支付的货币不会超过该资产在未来能带来回报的现值。

市场法是指利用市场上同样或类似资产的近期交易价格,经过直接比较或类比分析得出估测资产的价值。它与相对企业价值评估法类似。这种方法简单易行,易于理解,但是需要有较活跃的交易市场,类似资产的交易信息可以收集到。

成本法是指首先估测被评估资产的重置成本,然后估测资产已发生的各种贬损,将其从重置成本中扣除,得到被评估资产的价值。这一方法认为资产原始成本越高,价值越大;使用时间越长,损耗越多,价值越低,它的核心思想是重置被评估资产,以当前重置成本及历史损耗为依据,从再取得资产的角度反映其交换价值,主要适用于对持续使用的资产进行估值。

二、资产基础法的注意问题及适用情况

根据中国资产评估协会制定的《资产评估执业准则——企业价值》的有关内容可知,我们在运用资产基础法评估企业价值时要注意以下问题。首先,在对持续经营的企业价值进行评估时,

单项资产的价值受到其对企业贡献程度的影响。其次，需要对长期股权投资项目进行分析，根据其被控制情况及对被估对象的影响程度确定其是否需要单独评估。此外，对专门从长期股权投资获取收益的控股型企业进行评估时，应考虑控股企业总部成本和效益对企业价值的影响。最后，用多种评估方法评估同一对象时，需结合相应目的、数据的质量和数量等，通过定性及定量分析方式得出结论。

并非任何企业估值都适用资产基础法。例如，有些资产或负债难以识别和评估，但其对评估对象的价值有重大影响，此时基于资产的价值评估方法不再适用。此外，各项资产难以分离，相关度高的企业也不适合用资产基础法估值，例如企业的品牌价值难以单独估值。当公司自由现金流及折现率容易获得时，折现现金流法可能更适合，当有活跃的交易市场和类似可比公司时，简单易行的相对投资价值评估法可能更受欢迎。

资产基础法将资产价值扣除负债价值后得到的是全部权益价值，当涉及如下情况的公司估值时，我们可以考虑用资产基础法进行估值，如：有形资产较多的重资产类公司、有控股权的公司、投资公司或房地产控股企业、不能以持续经营为基础进行估值的企业及资本密集型企业等。[①]对于经营不善的企业及非营利性实体，它们的收益可能很小甚至为负，如果采用折现现金流法估值，得到的价值可能很低，而其实际价值并非如此，此时基于资产对其价值进行评估则更为可取。

三、资产基础法的优势与局限

资产基础法主要以评估资产重置成本为主，相关数据较容易获得，且与现行市场价格存在一定的替代关系和内在联系，较难被人为操纵，因此使用较广泛。这种方法也存在自身的优势和局限性。

资产基础的优势如下。首先，其以各项资产、负债价值为基础，有利于企业确定自身各项资产和负债的价值。这使企业能够清楚了解各项资产评估值与账面价值的差异，方便企业进行并购融资，也帮助企业在面对法律诉讼或争议事项时，可以根据需要分辨单项资产的价值。其次，该方法可以为企业并购、重组等交易的谈判提供依据，有较强的参考价值。另外，由于其基本原理较为简单明了，评估结果通常是以资产负债表形式表现，因此方便价值评估报告的使用者理解与使用，用以对其投资决策提供参考。在运用资产基础法的过程中需要大量专业的评估分析人员和管理人员，详细了解企业运行，积极参与评估工作，这也有助于提高企业价值评估的质量。

资产基础法也存在一定的局限性。第一，这种方法虽然容易执行，但是耗时长，成本很高。除了需要评估机构的评估人员，可能还需要大量评估机器设备等具体门类的专家参与工作。第二，对单项资产的估值主要基于成本法，这一方法以历史成本为依据，主要考虑资产过去的信息而非未来的收益，因此难以反映未来潜在收益对资产价值的影响。第三，资产基础法也较难反映企业作为一个整体，其组织资本的价值。该方法一个重要的局限性在于它将企业这一有机的整体割裂开，没有考虑被评估资产间相互作用的协调价值。实际上，企业不是各种资产的简单相加，资产间的整合效应也会对企业价值产生影响，对一项资产单独评估其成本收益和将其置于企业产生的边际效益可能并不相同，因此资产基础法也可能存在明显的评估偏差。

在实际应用中，我们要综合考虑资产基础法的优势与局限性，结合被评估企业的自身情况，选择合适的评估方法，同时也要综合分析折现现金流法或投资价值评估法得到的结果，使估值更为准确。

[①] 参考 Monks R A G, Lajoux A R. Corporate valuation for portfolio investment: Analyzing assets, earnings, cash flow, stock price, governance, and special situations[M]. New Jersey: John Wiley & Sons, 2010.

第二节 资产基础法

在上一节的学习中,我们对资产基础法的含义、适用范围及优缺点有了总体了解,知道了该方法的核心是评估企业各项资产及负债的价值。本节我们将具体学习资产基础法的具体实施,即如何对单项资产的价值进行评估,评估中需要重点关注哪些注意事项。我们还将对资产基础法的评估步骤和程序进行简要介绍。在较全面地学习资产基础法后,本节最后将三种主要的企业价值评估方法加以比较,总结归纳,便于读者理解。

一、单项资产价值评估方法

资产基础法将企业价值化整为零,它的内涵是结合企业情况,针对各项资产自身特点,选择合适的方法对所有资产及负债进行估值。资产基础法需要根据企业各项资产的特点选取恰当的评估方法,常见方法有成本法、账面价值法、清算价值法、收益法和市场法等,下面我们就具体介绍在运用资产基础法对企业整体价值进行评估中,如何对单项资产的价值进行评估。

(一)成本法

首先,最为主要的就是采用成本法,即重置成本,评估单项资产的价值。使用成本法时,需要满足一定的条件。第一,要有充足的、可利用的历史资料,因为成本法是以过去为基础的方法,许多信息资料、指标需要通过历史资料获得。第二,资产价值要有一定的损耗,且能体现社会或行业平均水平。另外,只有当被评估资产能够继续使用且在使用中为潜在所有者和控制者带来经济利益时,再取得费用才能构成交换价值,被市场所接受和认可。因此,成本法主要适用于继续使用前提下的资产评估。最后,待评估资产须为可再生的、可复制的,否则也不能用成本法。

对单项资产运用成本法进行价值评估时,需要考虑 4 个关键因素:资产的重置成本、实体性贬值、功能性贬值和经济性贬值。评估资产的价值为资产的重置成本扣除各种贬值因素,即

$$资产评估价值=资产重置成本-实体性贬值-功能性贬值-经济性贬值 \qquad (15-1)$$

重置成本是指按在现行市场条件下重新购建一项全新资产所必须支付的全部货币总额。其重点在于"现行市场条件"和"全新资产",因此重置成本与原始成本不同,虽然二者内容构成相同,但它们反映的物价水平、市场情况不同。重置成本反映的是资产评估日期市场的物价水平,原始成本则是最初购建资产时的成本,反映的是构建时的物价水平。在其他条件既定时,资产的重置成本越高,其重置价值越大。在评估重置成本时要注意使用方法的合理性,重置成本的确定方法主要有功能类比法、重置核算法及价格指数法等,实际中应根据不同资产的性质特点及相关资料获取的难易程度选择适当的方法。

1. 重置成本估算方法

1) 功能类比法

重置成本的功能类比法主要包括了生产能力比例法和规模经济效益指数法,二者的原理均是假设资产的生产能力和价值之间保持了一定的关系,具体而言:生产能力比例法假设资产的生产能力和价值呈现线性关系,规模经济效益指数法则认为这种关系是非线性的,即生产能力越强,单位生产能力的价格越低,这是由资产边际生产能力的生产成本下降所造成的。两种方法的计算表达式如下。

$$生产能力比例法:资产重置成本 = 参照物重置成本 \times \frac{资产生产能力}{参照物生产能力} \qquad (15-2)$$

规模经济效益指数法：资产重置成本 = 参照物重置成本 × $\left(\dfrac{\text{资产生产能力}}{\text{参照物生产能力}}\right)^x$ (15-3)

式中，x 为规模经济效益指数，往往通过历史经验取得，是一个经验数据。

2) 重置核算法

重置核算法即运用资产的总成本来估算重置成本的方法。资产的总成本一般可以分为直接成本和间接成本，其中直接成本指的是直接构成该项资产生产支出的部分，如实验设备费用、建造费用等，一般只需要对照历史核算表，采用评估基准日的现时成本进行逐项累加。间接成本一般包括了研发、管理人员的薪酬和福利开支，必要的差旅费等，间接成本一般以直接成本或总人工成本的一定比例进行估算，该比例可以通过历史经验或市场数据获得。重置核算法同时考虑了价格因素和技术因素的变化，其具体操作实施比较复杂，但方法理论较合理，尤其适用于科技进步较快产品的评估。

3) 价格指数法

价格指数法对资产的历史账面原值进行价格指数的调整，以此作为其重置成本，常见的方法是利用定基价格指数或环比价格指数对历史账面原值进行调整。

$$\text{资产重置成本} = \text{资产历史账面原值} \times \dfrac{\text{评估基准日同类资产定基价格指数}}{\text{资产构建日同类资产定基价格指数}} \quad (15\text{-}4)$$

或

$$\text{资产重置成本} = \text{资产历史账面原值} \times \prod_{i=1}^{k} a_i \quad (15\text{-}5)$$

其中，a_i 为第 i 年的环比价格指数。

价格指数法仅仅考虑了价格变动因素，因而此方法无法体现技术生产力的进步，在评估一些技术更新换代较快的产品时存在较大的局限性。

2. 资产贬值的估算

1) 资产实体性贬值

由于被评估资产并非全新的，一段时间的使用使其必然产生一定的损耗。因此，在对其估值时也要考虑这些损耗的影响。资产投入使用后，由于使用磨损和自然力侵蚀的作用，它的物理性能会不断下降，因此价值会逐渐减少，这便是实体性贬值，实体性贬值也称有形损耗。

2) 资产功能性贬值

随着时间的推移，新技术不断推广使用，企业原有资产与市场普遍采用的新资产相比可能存在技术落后、功能较少、性能较低的缺陷，价值也相对较低，即资产发生了功能性贬值。功能性贬值可以表现为在运营成本方面，原有资产比采用先进技术的同类资产支出超额成本；或者新技术、新材料等的采用而导致原有资产的建造成本超过现行建造成本。

3) 资产经济性贬值

另外，由于资产的外部环境因素变化，如政治因素、宏观政策等的改变，资产闲置，收益降低，即资产发生经济性贬值，价值下降。

虽然成本法在单项资产的评估中比较常见，特别是对于评估独特或难以在市场上交易的资产，但这种方法也有一定的局限性，比如它可能不考虑资产的经济效益或未来收益潜力，不太适用于对价值主要来自其无形价值或未来增长潜力的资产的估值，且准确估计资产的实体性、功能性和经济性贬值有一定的难度，导致结果难以准确估计。

(二) 账面价值法

除了成本法，账面价值法也可以对资产价值进行评估。账面价值是指资产负债表中的价值，其中股东权益的价值为净资产价值,主要由投资者投入的资本及企业经营利润构成。资产的账面价值主要反映了企业的在位资产,没有体现企业的盈利能力、成长潜力及行业特点等。因此在实践中,常常赋予账面价值一个调整系数,从而改善这种局限性。例如在估计股权价值时,可采用公式:被评估股权价值=被评估公司账面净资产×(1+调整系数)。其中,调整系数会根据公司的成长能力、行业特点、盈利能力等因素考虑标的公司的增值或者贬值情况,从而选择合适的调整系数。

若公司的资产主要是有形资产,如房地产或制造业公司,其资产的评估可以采用账面价值法,而对于主要资产为无形资产的公司(如技术公司或服务公司),这种方法的适用性较差。事实上,账面价值法常常作为其他估值方法的补充或对照,很少单独使用。

【例15.1】 使用账面价值法计算企业净资产价值。

A 公司在并购 B 公司的活动中,B 公司在并购时点的账面净资产为 0.8 亿元,考虑一些资产增值等因素,其调整系数为+25%,A 公司收购 B 公司全部股份,则 B 公司的价值如下。

$$B公司价值 = 0.8 \times (1+25\%) = 1(亿元)$$

(三) 清算价值法

如果企业不再持续经营,则可以用清算价值衡量各项资产的价值,此时市场清算价值=(总资产的市场价值−清算成本)−总负债。清算价值法未考虑公司的未来盈利潜力或增长前景,对于主要资产为无形资产或具有强大品牌和客户基础的公司,该方法往往会严重低估真实价值。在实际运用中,清算价值法同账面价值法类似,一般作为其他估值方法的补充或对照,以确定资产的底线价值。

(四) 收益法和市场法

除成本法、账面价值法和清算价值法外,收益法和市场法在单项资产的价值评估中仍然适用。对于未来现金流较为稳定、容易预测的资产,或者在资产负债表中较难识别的资产,折现现金流法(收益法)仍然适用。当某项资产存在活跃的市场,市场信息比较透明时,则应该首选相对估值法(市场法),通过与同类资产比较评估其价值。例如,繁华商区的房地产就适合用市场法进行估值。

【例15.2】 用资产基础法评估企业价值。

企业 A 资产的账面价值为 500 万元,假设企业资产的重置成本等于该账面价值,通过对企业资产进行尽职调查知,资产由于使用年限较长,已经发生实体性和功能性贬值,共计 30 万元,另外,由于机器等设备的落伍发生的经济性贬值为 10 万元,则根据资产基础法计算的 A 企业的价值为:500−30−10=460(万元)。

二、资产基础法的评估步骤

企业在运用资产基础法对企业价值进行评估时,具体包括以下步骤。

第一步:取得财务报表,确定资产适用的价值类型和价值前提。价值评估前必不可少的准备工作是取得经过审计后的、评估基准日的财务报表,或者离评估基准日最近日期的财务报表,这是运用资产基础法估值的基础。此外,评估人员还需要在具体评估各单项资产之前,考虑每种资产类型适用的价值类型和价值前提。通常而言,对于某一个单项资产有 4 种可选择的价值前提,即作为持续经营企业的一部分继续使用时的价值;作为某一资产集合的一部分处于适当位置时的价值;在正常资产处置中的交易价值及强制清算条件下的交易价值。一般情况下,企业资产适用的价值标准即最初进行企业整体评估时选择的价值标准。

第二步:调整资产负债表内及表外项目。例如,表内项目调整的内容主要包括固定资产折旧、无形资产摊销、资产减值等相关项目的估计与调整。除了资产负债表内的项目,评估人员还要考虑资产负债表外的项目，对其进行识别以便评估其价值。

第三步：用一种或多种方法对各资产进行估值，如果要评估股权价值，则要对各项负债进行估值。这一步是资产基础法的核心和重要内容，用到的方法即我们前文介绍的重置成本法、账面价值调整法、收益法及市场法。需要注意的是要结合每项资产自身的特点选择合适的评估方法，而且不必拘泥于一种方法，可以运用多种方法综合分析，提供参考。需要评估的各项资产、负债主要包括财务资产(现金、应收及预付账款等)、有形及无形动产(机器设备、存货、专利、商标等)、有形及无形不动产(土地使用权、房地产、矿产开采权、租赁权等)、流动负债(短期借款、预收及应付账款等)、长期负债(长期借款等)及或有负债(未判决的诉讼等)等内容。

第四步：汇总评估结果，编制资产负债表。对各项资产、负债价值进行评估后，评估人员需要根据结果编制一份评估基准日的、以价值为基础的资产负债表。该资产负债表与真实的资产负债表不同，称为模拟资产负债表。评估基准日或近期的资产负债表是评估工作的起点与基础，最终编制的模拟资产负债表只是将估值结果以资产负债表的形式体现出来，方便分析使用，它与我们通常所说的资产负债表有本质的区别。

在评估过程中，我们还要考虑到商誉的问题。商誉不是无形资产，难以单独辨认，无法脱离企业独立存在。商誉由企业管理效率、知名度、资产间的协调性等多种因素共同作用而成，是超过企业可确指资产价值之和的部分。因此在运用资产基础法评估单项资产价值时，无法估计商誉的价值，这会导致资产基础法对企业价值的评估结果与真实的企业价值之间存在差异。①

三、三种企业价值评估方法的比较

学习了基于资产的企业价值评估方法后，我们回顾前面所讲的折现现金流法和相对投资价值评估法，将三种评价企业价值的基本方法放在一起进行比较。

折现现金流模型有股利折现模型、股权自由现金流折现模型及公司自由现金流折现模型，分别可以评估股权价值和公司价值。根据增长速度及时间其可以分为稳定增长模型、两阶段增长模型等。这一方法的关键在于确定预期未来现金流、增长率及折现率等决定公司价值的内在因素，反映了企业未来的收益情况和成长潜力。当公司的这些因素较为稳定、容易估计时，可以采用这种方法进行估值。如果各个变量较难估计，未来不确定性较大，这将成为它的缺陷，增加估值成本，降低结果的准确性。

相对投资价值评估法的重点在于确定乘数并找到可比公司。这种方法需要的信息少，包含的假设少，计算简单，易于被大众理解和接受，还能反映市场的状态和倾向。相对估值法适用于未来不确定性较大、成长性较高、易于找到可比公司或有交易经验可循的企业估值。该方法的缺点主要在于市场"失灵"对估值结果影响较大。

基于资产的企业价值评估方法是成本法、账面价值法、清算价值法、收益法和市场法等多种方法的综合运用，其核心在于选择合适的方法评估企业中所有单项资产及负债，这就要求企业的各项资产及负债容易单独辨认。这种方法易于操作但工作量大，且难以反映各资产间的协同作用对企业价值产生的影响，主要适用于重资产类型的企业、新设企业等。当企业不再继续经营时，也可以采用这种方法对其估值。

折现现金流法和资产基础法都着眼于企业自身发展情况。折现现金流法是一种动态方法，考虑了企业的盈利潜力和预期收益的时间价值，立足现在，关注未来。资产基础法是一种静态的评估方法，立足企业当前资产、负债情况及现行价值。相对投资价值评估法则与市场联系紧密，反映市场因素，是最为贴近市场的方法之一。三种企业价值评估法的比较如表 15-1 所示。

---

① 这为我们提供了一种评估商誉的思路，即商誉价值=企业整体价值-各项可确指资产价值之和。其中，整体价值可采用折现现金流模型进行评估。

表 15-1　三种企业价值评估法的比较

项目	折现现金流法	相对投资价值评估法	资产基础法
基本原理	未来预期现金流现值	与类似企业比较投资得出估值	评估所有单项资产、负债的价值
关键因素	预期现金流、折现率、增长率及增长时间	乘数、可比公司	各单项资产及负债
优势	考虑未来盈利、成长潜力	简单直观、便于理解、运用灵活	客观性强
劣势	复杂、假设多、需要估计的数据多	市场"失灵"对结果影响较大、可比公司不易寻找、乘数调整主观影响大	忽视了资产间的有机组合对企业整体价值的影响
适用范围	成长、成熟期企业，能够持续经营的企业	市场效率高，有较好的可比公司	资产易于辨认的企业、非持续经营的企业

【例 15.3】 企业价值评估。

某企业将进行产权转让，评估人员根据企业情况对其运用资产基础法及折现现金流法进行估值，具体内容如下。

采用资产基础法，逐项评估可确指资产，得到如下结果：厂房 900 万元，机器设备 2 700 万元，流动资产 1 500 万元，土地使用权 300 万元，专利权 100 万元，负债 2 000 万元，因此净资产价值为

$$900+2\,700+1\,500+300+100-2\,000=3\,500(万元)$$

采用股权自由现金流估算的股权价值为 3 300 万元。

综合两种评估结果和实际情况，评估人员认为由于宏观环境的不利影响，资产发生了经济性贬值，在运用资产基础法时没有考虑。因此应当用资产基础法的结果减掉 200 万元的经济性贬值。最终评估结果为 3 300 万元。

实际估值中，根据有关企业价值评估指导意见的要求，在评估企业价值时需要采取两种或两种以上的方法进行评估。可以看到，折现现金流法和资产基础法可以从历史使用状况、重置成本及未来盈利能力等多角度评估企业价值，还可以使不同结果间相互验证，提高评估的准确性。

第三节　单项资产的估值举例

本节我们将以几种类型的单项资产为例，具体讲解运用资产基础法时，如何对单项资产的价值进行评估。无论是哪种资产，评估其价值的三种主要方法仍然是收益法、市场法和成本法，我们需要根据每种资产自身的特点和情况，选择合适的方法。

一、有形资产的估值

有形资产是具有实物形态的资产，包括生产活动创造的生产有形资产，如固定资产和存货，以及未经生产、自然提供的非生产有形资产。有形资产可以分为不动产和有形动产。其中，不动产包括各种房屋建筑及固定设施，有形动产主要有机器设备、存货等。

（一）不动产的估值

对房屋建筑进行评估时，可以采用成本法。评估时要将房屋建筑与土地使用权进行分离，根据重建房屋的现行成本去掉各项损耗确定建筑物价值，再加上土地使用权价值，最终得到成本法下不动产的价值。对预期现金流稳定、折现率容易估算的固定设备，可以采用收益法进行估值。

对繁华地区的房地产，可以采取市场法进行估值。

> **知识链接：不动产的无形部分**
>
> 不动产中还包括一些无形的部分，称为无形不动产，它是指含于有形不动产中的无形的法律权利，例如租赁权、不动产使用权、勘探权、开发权等。无形不动产是不动产的无形部分，它们的价值是相关不动产的组成或派生部分，但是不动产的成本一般与这些权利的获得无关。通常不采用成本法对无形不动产的价值进行估计。收益法和市场法是估计这些权利价值的常用方法，如某些不动产的无形权益可以在二级市场进行交易，方便采取市场法对其估值。

（二）存货的估值

当前易于重置的存货，适用于成本法。但在使用成本法时需要注意，通常在一般经营活动中能满足客户需求且获得较好利润的存货，其价值高于重置成本的价值，反之，存货的实际价值低于重置成本的价值。在实际评估过程中，要根据存货的真实情况考虑是否选择成本法进行估值。

采用市场法对存货进行估值时，需要评估人员根据市场同类产品销售情况确定存货的预期销售价格。采用这一方法，要充分考虑处置自身存货所需时间及运输、销售等各项费用，从而对估值做出合理的调整。只要客户订单符合通常的交易过程，存货销售数量就不会对评估结果产生太大影响，即市场法仍然可行。

当存货未来带来的利润能更好地体现其价值时，通常采用收益法对其进行评估。例如持续大量的供货交易，预期现金流方便参考历史数据进行估计，可以采取收益法评估存货价值。

（三）其他有形动产

对于有专门用途的有形动产，通常采用成本法进行估值，根据其重置成本和各种贬值因素确定其价值。对于用以出租的资产，可以采用收益法，求其未来可获得净现金流的现值。其具体包括以下几步：首先，根据资产的物理性能、技术效应、经济因素的影响等保守估计其剩余使用寿命；其次，估计其预期租金净收入，即租金收入减去各项公司需要承担的费用，如维护费、保险费等；最后，评估人员需要根据风险情况合理估计折现率，最终估计出租资产的价值。同样，如果被估资产存在交易活跃的二级市场，方便获取可靠信息，可采用市场法估值。获取类似资产交易数据后，评估人员应根据比较基准进行必要的调整。

需要注意的是，无论评估哪种资产，评估人员都应采用一种以上的方法，最后根据各种方法所得结果的可靠程度与可信度，综合分析比较，完成对有形资产的估值。

二、无形资产的估值

无形资产与有形资产相对应，是没有实物形态的、可辨认的非货币性资产，例如，与市场有关的商标权、计算机软件、技术文件及专利权等。识别无形资产、评估其留存寿命及价值是以资产为基础的企业价值评估方法的重要内容。评估人员应当综合运用多种评估方法，得出合理的估值结果。有时候经评估分析后，可能发现有些无形资产价值为零或为负，出现为负价值的无形资产的现象称为经济弃损。出现经济弃损现象说明有形资产的价值被高估了，因此运用资产基础法进行估值时，应当对其进行减值处理。减值按有形不动产与动产占原评估总值的比例分摊，为负价值的无形资产的价值计为零。

在对无形资产进行评估时，要注意防范重复计算或超范围估算其实际价值。同有形资产的评估一样，评估无形资产时也可能一部分采用成本法估值，而其他部分采用市场法或者收益法，这并不是对评估对象，即企业，采用了不止一种评估方法，而仅仅是对评估范围采用了多种方法。当资产基础法中，多项无形资产采取了不同的估值方法时，为了反映企业盈利潜力，体现其收益能力,至少有一项无形资产应该采用收益法进行评估。

三、特殊资产的估值

对特殊资产的估值,仍然主要依赖三大基本方法:收益法、成本法和市场法。当然,有些具有期权性质的资产,还可以采用类似金融期权的定价方法对其定价,这在下一章会详细讲解。所谓资产的特殊性在于,评估它们的价值时,需要结合其自身特性考虑一些特殊的问题,下面我们通过一些实例进行说明。

对商标、版权等提供排他性权利的资产进行评估时,通常采用收益法,估算这种排他性权利预期能够带来的超额回报。在对这类资产估值时,我们要注意它们特有的两个问题:一个是这种排他性权利只能在未来有限的一段时间内带来现金流,因为这种排他性权利是有时限的,而且这类资产也没有终端价值;另一个问题是需要考虑到被侵权的成本。即使法律十分完善成熟,也不能排除盗版的可能,盗版使超额利润降低,这会降低版权等无形资产的价值。另外,投资者在维权的过程中也会花费成本,这也会对资产价值产生影响。

有时候我们还需要考虑"人"的因素对被评估对象(可能通常是企业)价值的影响。例如当一个颇有名气的厨师离开某家饭店时,这家饭店的客人可能大大减少,从而使得饭店盈利水平下降,价值减小。关键性人物的价值应该如何评估呢?评估人员可以根据"关键人物"对盈利能力等的影响程度做出合理假设,采用折现现金流模型或收益法,针对"关键人物"在位和不在位的情况分别进行估值。

有些资产无法产生现金流,缺乏支撑其价格的内在价值,它们的价值主要来源于供给的稀缺性、个人感知、文化、历史价值等诸多因素,例如艺术品、限量收藏品、古董等。对这些资产估值时只能采用市场法,进行相对价值评估。然而在运用市场法分析此类资产的价值时,常常会遇到以下问题:首先,艺术品、古董等通常缺乏市场流动性;其次,可比资产很难找到,例如基本上没有两幅画是完全相同的,而且只要它们存在差异,这种差异对其影响往往就是较大的;另外由于这一市场的高度专业性和缺乏透明度,资产容易存在伪造和欺诈且较难被察觉,报价方面有时可信度也不高。这些问题都是评估人员需要解决的问题,资产评估人员要与专业人员,如考古学家、历史学家、艺术品鉴赏专家等,共同研究探讨,全面考虑影响资产价值的因素。

本章小结

基于资产的企业价值评估方法与折现现金流法、相对投资价值评估法共同构成评估企业价值的三大重要方法。基于资产的企业价值评估方法关注企业各项资产、负债的价值。根据单项资产价值评估企业整体价值,与单纯评估单项资产价值并不完全相同,我们要注意考虑单项资产对企业贡献程度等诸多问题。并非所有情形都适合用基于资产的企业价值评估方法,例如当某些重要的资产不易识别或价值不易确定时,这种方法不再适用,而对于不再继续经营或者重资产的公司等,这一方法则较为流行。

同其他方法一样,资产基础法也有其自身的优缺点:一方面,其原理简单,最终结果以类似资产负债表的形式呈现,方便理解和使用,同时帮助公司明确自身各项资产、负债价值,为企业并购等提供依据和参考;另一方面,其操作工作量大,成本高,需要较多专业评估人员,更重要的是,它无法体现各资产间协调配合所创造的价值。

资产基础法的重要内容是对单项资产价值的评估。对单项资产估值的方法主要有:收益法、市场法和成本法。收益法和市场法分别类似于企业价值评估中的折现现金流方法和相对投资价值评估法,一个着眼于未来现金流,一个着眼于市场。成本法是指用资产的重置成本,扣除实体性、功能性和经济性贬值,反映资产的价值。

资产基础法是对企业价值的评估方法，它并不意味着对所有资产都要采用成本法进行估值，评估人员应当结合各资产自身的特点，采用适合的方法评估其价值。

　　资产基础法的主要步骤是：取得财务报表，确定价值类型和价值前提；调整表内、表外各项资产负债；采用多种方法对单项资产(及负债)进行估值；汇总评估结果，编制模拟资产负债表。

　　本章最后一节举了一些具体资产评估的例子，对于一些特殊的资产，我们要注意考虑它们自身的问题，努力解决其估值的难点。对单项资产估值时，通常都应采用不止一种评估方法，选择价值评估方法时，我们要根据资产自身的特点，综合考虑方法的适用情况、优势不足，降低评估工作成本，提高评估结果的准确性。

课后问答

1. 资产基础法的定义是什么？其评估结果如何表示？
2. 为什么资产基础法不适用于高无形资产占比的企业？
3. 列举三种估算重置成本的方法，并说明各自适用条件。
4. 实体性贬值与功能性贬值有何区别？请举例说明。
5. 如何用资产基础法评估一家房地产控股公司的价值？
6. 商誉在资产基础法中如何处理？其价值如何间接估算？
7. 市场法在单项资产评估中的适用前提是什么？
8. 为何评估存货时需考虑经济性贬值？
9. 关键人物对企业价值的影响如何量化？

第十六章
实物期权与投资价值分析

本章任务清单

任务序号	任务内容
1	掌握传统投资决策方法的不足
2	掌握实物期权的相关概念
3	掌握实物期权与金融期权的区别与联系
4	了解金融期权的定价方法
5	掌握实物期权的定价模型
6	掌握延迟期权、扩展期权、放弃期权在估值和决策中的应用
7	掌握将股权作为期权进行估值的方法

前面的章节中,我们讲到运用净现值或必要回报率进行投资决策,这些传统的投资决策方法都是基于对未来现金流的预期,但预期充满不确定性。本章我们引入实物期权,它充分考虑了传统投资决策中的不足,是投资价值评估中的重要内容。实物期权,顾名思义,这种期权的标的资产不是金融工具,而是某种实物资产,比如一个项目,或者投资生产的某种产品。本章首先分析了传统投资决策中的不足并介绍了实物期权的基本概念,之后在金融期权定价的基础上详细讲解了实物期权的定价模型及注意问题,最后本章重点介绍了一些实物期权在投资决策中的应用,如延迟期权、扩展期权、资本结构决策中的期权、放弃期权,以及如何将股权作为期权进行估值。

实物期权不像金融期权那样显而易见,一项投资中是否含有实物期权,其价值是否显著,其是否能运用金融期权定价思想进行定价都需要投资者去探寻。投资者要用慧眼发现有价值的实物期权,确定影响其定价的诸多因素,从而评估其价值,更要理解考虑实物期权价值的这种思想,而非拘泥于计算出一个数值,从而使其为自己战略性、方向性的投资决策提供帮助。

第一节 实物期权的概述

在进行项目投资分析和决策时,往往基于决策时点的预期现金流和折现率。这种决策刚性较强,忽视了对未来不确定性进行调整的灵活性,难以把握各项目之间的相互依存和竞争关系。对投资决策灵活性及战略指导性的需求推动了实物期权的产生和发展。同样,对实物期权的研究和分析也使投资价值评估更加全面和准确。

一、传统投资决策方法的不足

传统的投资决策方法是基于折现现金流法(DCF)计算指标并进行判断,即根据预期未来现金流和估计的折现率,计算投资决策时点的净现值(NPV)或必要回报率(IRR)。当NPV>0时,或IRR高于基准水平时,投资该项目,否则不进行投资。因此,传统投资决策方法是一种静态的分析方法,是一种刚性的决策。投资者在这一时刻就要做出选择,要么现在投资,要么将其放弃,是一次性的不可逆过程。

然而,这种方法与现实中的实际投资决策往往有较大偏差,其存在明显的不足。首先,预期现金流不一定会真实发生。随着项目的推进,进行决策时估算出的 NPV>0 的项目不一定仍然可行;随着市场的变化,曾经估算出的 NPV<0 的项目可能会蕴含巨大的价值。其次,传统投资决策方法可能会低估项目的价值,尤其是那些具有灵活性或战略成长性的投资项目。具体来看,传统投资决策对以下三种类型的项目决策存在一定的局限性。

(1) 现实中部分项目往往存在较大的不确定性,在折现现金流模型当中表现为较高的折现率,导致项目评估价值减小。但在实际中,这些高成长性的项目可以使投资者获得各种潜在的投资机会,这些机会能够给该项目带来巨大的灵活性增值。传统的折现现金流法没有考虑这一点,因此容易导致错误判断,造成较大损失。

(2) 现实中的一些项目,即使计算出的净现值为负,也值得投资,因为它是进入下一阶段投资获利的必经之路。只有进行了该项投资,才有了进军和占领市场的机会,虽然当前看起来该项目是亏本的,但从长期和全局看,它具有很大的价值,这正是战略性投资的高瞻远瞩。例如一些计算机防病毒软件,公司研究和开发这种产品花费了较高的成本,但客户安装时却价格低廉甚至免费,公司虽然在当前入不敷出,实则建立并大力拓展了客户市场,目的在于未来以此客户群为基础,推广和出售其他软件产品。此外,实际项目投资中,常暗含了一些投资者可供选择的权利,这些权利给予了项目传统投资决策折现现金流法难以衡量的柔性投资价值。

(3) 现实中针对某一项目,投资者还可以根据市场状况等诸多因素的变化对其进行不断调整,如当市场形势恶劣时或项目经营不善时,停止追加投资或放弃原有投资。传统投资决策方法忽略了这些投资者未来可能做出的调整和改变。有时投资者无须立即决定是否投资某个项目,他们拥有等待并观察的时间和决定何时投资的权利。例如,可以利用某项技术生产开发某种产品,但是现在根据生产产品的投入和产品带来的产出计算出的NPV<0,不值得开发,但是如果有该技术专利权,则可以现在不开发,等待观察,几年后重新评估预测,当市场有利的时候再投资生产。

与传统投资决策方法相比,实物期权有效避免了上述不足。它对投资的柔性进行充分考虑,使管理层能够发挥优势,选择合适的投资时机进行正确的投资决策,并且在不断变化的资本、金融市场中不断调整自身的投资方案,将取得更多的利益或避免更多的风险等因素纳入评估中,从而增加项目的价值。

这种价值的增加主要体现在两个方面。①未来现金流较大的波动性并不意味着更大的损失,因为损失最多就是初始的投资,而期权特性使得我们能得到现金流向上变动的部分。②决策时间的延长能增加项目的价值,因为在此期间如果有不利因素出现,我们可以放弃该项目,如果有利因素出现就推进该项目。而传统的折现现金流法认为延长时间会导致项目风险增加,从而使项目价值下降。

二、实物期权的概念

实物期权是金融期权理论的拓展和延伸。期权的概念首先产生于金融市场,是一种金融衍生品,它赋予了期权所有者在未来一定时期买卖标的资产的权利。具体而言,买方向卖方支付一定的费用获得期权,从而有权在未来以事先约定好的执行价格买入或卖出一定数量的标的资产,它仅是权利而不是义务,因此期权的买方在未来不是必须执行买或卖的操作。期权可以分为看涨期权和看跌期权,如图 16-1 所示。[①]看涨期权是指期权持有者可以在到期日以约定的价格,即执行价格,购买标的资产,看跌期权则指持有者可以在到期日以约定价格卖出标的资产的权利。[②]

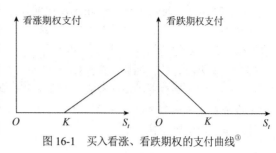

图 16-1 买入看涨、看跌期权的支付曲线[③]

正如我们在前文所讲,实际投资策略中,投资者有时有权利进行灵活调整,如随着时间的推移和诸多因素的变化,市场条件好时,投资者可以进行投资或者扩大投资;市场条件不好时,投资者可以不进行投资,或者紧缩投资,甚至放弃原有投资,这种可供选择的权利就好像金融市场中的期权,既使投资者有效地控制了风险,避免了损失,又使投资者能够把握投资机会,获得更多利润。因此,实物期权的思想和概念应运而生。

1977 年 MIT 斯隆管理学院 Stewart Myers 教授首先认识到投资决策中这种具有金融期权特性的选择权,并提出"实物期权"的概念对其进行描述和研究。实物期权是特指依附于实物标的资产上的期权,使用实物期权意味着对该实体资产未来发展拥有相对控制力,可以灵活行使这一选择权来获取经济利益。在公司面临不确定性的市场环境下,实物期权的价值来源于公司战略决策的调整。每一家公司都是通过不同的投资组合,确定自己的实物期权,并对其进行管理、运作,从而为股东创造价值。利用实物期权法进行投资价值评估,可以给出动态管理的定量价值,将不确定性转变成项目及企业的优势。因此,实物期权理论认为,由于这种投资决策中嵌入的选择权,投资者需要在传统的折现现金流模型的基础上支付额外的溢价。

实物期权在实际中应用广泛,如在项目投资、企业并购、高新技术企业估值等中都隐藏着各种各样的选择权利,投资者需要自行发掘,甚至主动设计。由于实物期权是金融期权的延伸,其基本思想与金融期权一致,投资者需要确定期权是看涨还是看跌,确定标的资产及其波动性、剩余时间、执行价格等关键因素。在后文中我们将看到,寻找这些因素对实物期权的定价十分重要。

三、实物期权的分类

根据实物期权的特点,可以将其分为以下的基本几类。

(1) 延迟期权(option to delay)。这一期权使得投资者拥有推迟投资机会的权利。大部分不可回收投资,如自然资源开采、农业、房地产开发等,一旦投入无法收回,且前期投资巨大,因此需要对各种不确定性因素进行详尽的分析。有了可以延迟投资时机的选择权,投资者就可以获得更多信息,使更多不确定问题得到解决。例如某房地产开发商获得了土地,但当前市场情况并不是非常有利。假设他有两种可供选择的合同,一种要求现在就进行开发,另一种约定可以在未来 5 年内的任意时间开发。显然后一种合同更具价值,开发商可以在未来 5 年内选择有利的时机进行投资。

(2) 扩展期权(option to expand),即投资者未来有扩大投资规模,或获得更多投资机会,或开发其他有价值的项目的权利。扩展期权通常能使投资者获得未来十分有利的投资机会,对战略投资具有重要意义。因此现实中即使有一些投资项目看似亏本也必须投入,因为它可能是一系列相关投资的前提,只有进行了第一阶段的投资,才有后面进一步投资的机会。

[①] 期权还可以分为欧式期权、美式期权及一些拓展种类,如百慕大期权、亚式期权等。有兴趣的读者可以参考金融工程方面的相关书籍。

[②] 欧式期权在到期日选择执行,美式期权可以提前执行。

[③] "支付"即 payoff,也即期权的价值。图中 K 为执行价格,S_t 为 t 时刻标的资产的价格。

(3) 放弃期权(option to abandon)，该期权允许投资者在现金流未达到预期水平时放弃投资。例如某家公司在投资另一公司时约定，如果未来被投资公司亏损，投资公司可以放弃投资，由被投资公司以一定的价格回购其持有的股份。风险投资中的许多"对赌协议"都赋予了风投机构这种权利。如果没有放弃期权，在被投公司上市之前，股东很难将所持股份转出。

此外，实物期权的种类还有收缩投资期权、转换期权等。收缩投资期权与扩展期权相对应，赋予投资者在未来缩小投资规模、降低投资风险的权利。转换期权使持有者可以在未来时间内在多种决策之间进行转换。

四、实物期权法估值的基本思想

实物期权法估值的基本思想主要有以下几点。①实物期权关注的是或有事件的发生，它是一种或有决策权。或有事件的不同情况使投资者做出不同决策。②实物期权定价遵循金融期权定价思想。③实物期权需要投资者主动发现、积极设计。运用实物期权法估值第一步即识别隐藏在整体投资决策中的选择权，实物期权往往比较隐蔽，它与投资者对投资的不断调整和积极管理联系紧密。

利用实物期权法进行估值的核心是寻找并发现隐藏的溢价，即确定实物期权的价值。在后面的内容中我们可以看到，并非所有情况都需要或能够运用实物期权法，比如当不确定性很小，或没有选择权等时，利用传统的折现现金流模型即可很好地评估价值。因此在进行投资决策，尤其是进行战略性、全局性的决策时，要充分考虑是否有灵活的选择权，并对其价值的大小进行分析和判断。我们可以用金融市场中直观而简单的创新金融工具类比思考这种期权的价值。例如，可转换债券可以看成普通债券加一个期权，该期权赋予了可转债持有者将债券转换为普通股的权利，获得这种权利需要支付额外的溢价。因此，可转债的价值不是简单的本息折现和，而是要加上这种期权的价值。

【例 16.1】分阶段投资增大投资价值。

我们将通过实例具体展示根据市场状况灵活调整投资策略对一个项目的投资价值有怎样的影响。

假设一个项目预期收益分布如图 16-2 所示，市场表现好的概率为 1/2，预期收益为 200，市场表现差的概率也为 1/2，预期收益为 -300，假设忽略货币的时间价值，即不考虑折现率，则 t_0 时刻期望收益为 -50，小于零，不应该投资。

期望收益：$200 \times \dfrac{1}{2} + (-300) \times \dfrac{1}{2} = -50$

仍然是上述项目，假设可以分两阶段进行投资。由于最初对市场不太了解，只能粗略估计、预测，因此第一阶段可以先少量投资。如果第一阶段结束时市场表现不好，则不追加投资，避免更多亏损。假设分阶段投资的情况下，该项目预期收益分布情况如图 16-3 所示。

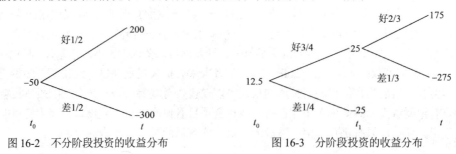

图 16-2 不分阶段投资的收益分布　　　　图 16-3 分阶段投资的收益分布

仍然忽略货币的时间价值，则市场表现好和表现差的累计概率及每种情况下的累计收益与不分阶段投资相同。

市场表现好的累计概率：$\dfrac{3}{4} \times \dfrac{2}{3} = \dfrac{1}{2}$

市场表现差的累计概率：$\frac{1}{4}+\frac{3}{4}\times\frac{1}{3}=\frac{1}{2}$

市场表现好的累计收益：$25+175=200$

市场表现差的累计收益：$-25+(-275)=-300$

但此时，t_0 时刻期望收益为 12.5，大于零，该项目值得投资。

期望收益：$25\times\frac{3}{4}+(-25)\times\frac{1}{4}=12.5$

这种价值的增加源于第一阶段小范围投资中收获的经验和信息，它们使投资者能在第二阶段更好地进行决策。第一阶段的投资过程可以看作一个对项目、市场等相关重要因素学习的过程，这种学习和适应的过程是实物期权法的关键。

第二节 实物期权的定价

在掌握了实物期权的相关概念和基本思想的基础上，我们需要进一步学习它具体是如何应用到价值评估和投资决策中的。由此自然会产生两个问题：一是在什么情况下有实物期权并需要确定其价值，二是如何确定实物期权的价值。在上一节中我们知道实物期权产生于金融期权，因此要回答这两个问题，还需从金融期权中寻找启发。当然，实物期权与金融期权也有明显的区别，在本节的内容中我们也会对此进行介绍。

一、确定实物期权的三个基本问题

并不是所有的项目估值都要考虑实物期权，只有当传统折现现金流模型的缺陷显著影响投资决策的准确性时，实物期权法的优势才可能体现出来。确定实物期权主要需考虑以下三个基本问题。

(1) 实物期权何时隐藏于一个决策或资产中。
(2) 实物期权何时有显著的经济价值。
(3) 实物期权价值能否用期权定价模型计算。

对于第一个问题，首先，投资者未来可以有不同的选择，能够根据或有事件的发生情况灵活调整和变动投资方案。其次，要有明确的标的资产，且该资产的价值随时间是随机变动的。另外，持有实物期权所得的收益依赖于有限的、特定时间内的或有事件的发生。

看涨、看跌期权的收益曲线如图 16-4 所示，在运用实物期权法进行估值时，投资者应明确对应标的资产的期权类型及其收益曲线，这是后续进行估值的基础。

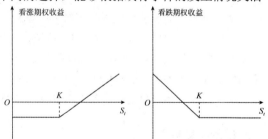

图 16-4 看涨、看跌期权收益曲线[①]

对于第二个问题，只有当实物期权的价值很显著且关键时我们才有考虑它的必要性。这就要求该期权能够给予投资者一种排他性，从而限制其未来进行选择时受到的竞争压力。可以想象，在完全竞争市场中，即使有选择的权利，也无法获得溢价。当期权提供的是排他性的权利时，它就具有了很大的经济价值。例如，拥有某项技术的专利可以看作一个期权，当未来市场条件成熟时，投资者可以建厂房、买设备，利用专利技术大规模生产某种产品或实施某项项

---

① 注意这里是期权的收益曲线，与前一节的"支付"曲线有所不同，期权的收益是支付(payoff)减去期权的费用。该图描绘的是金融期权，与图 16-1 相同，K 为执行价格，S_t 为 t 时刻标的资产的价格。在后文中将看到，实物期权的收益曲线和本图一样，只是执行价格、期权费用等具有了投资资产等实际意义。

目。发达国家对于专利的保护总体上强于发展中国家,因此发达国家的专利权价值更显著。

专利期权的收益曲线如图 16-5 所示,联系金融期权的相关概念,此时标的资产为运用该专利的产品或项目,执行价格 K 为运用专利技术大规模生产产品或实施项目的投资额。收益曲线与横轴的交点表示投资额和专利期权费。比较可知,专利期权费相对于投资额而言是较小的。

对于第三个问题,金融期权定价的核心是利用无套利理论,复制一个资产组合,使其价值等于期权的价值。实物期权定价也遵循这一思路,于是需满足以下条件:

首先标的资产的价格和波动率可以观测,其次期权本身有活跃的交易市场,最后执行价格在一定程度上是确定的。

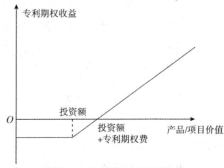

图 16-5 专利期权的收益曲线

需要注意的是,运用期权定价模型对实物期权定价可能并不准确,但实物期权法的重点也不在于最终计算出的数值。实物期权主要是为投资者进行战略性决策提供参考,无须在其细节上花费过多精力,徒增成本。因此这种不准确是可以接受的,并不影响实物期权在投资价值评估中的重要意义。

二、金融期权的定价

实物期权定价原理与金融期权相通,我们首先简要介绍金融期权定价模型,然后对实物期权定价的理解和学习便可水到渠成。

期权定价模型有很多,它们有各自的适用范围和优缺点。离散时间条件下,有二叉树模型;连续时间条件下,有布莱克—斯科尔斯—莫顿(Black-Scholes-Merton,简称 B-S-M)模型;当证券估值没有精确的解析公式时,可以用蒙特卡罗模拟、有限差分等数值方法。① 下面我们主要对离散时间的二叉树模型和连续时间的 B-S-M 模型进行介绍。

(一) 二叉树期权定价模型

二叉树定价模型对于欧式期权和美式期权都适用,但具体计算有所不同,我们仅介绍关于欧式期权的内容,有兴趣的读者可以自行了解美式期权。

我们用二叉树描述股票价格,也即标的资产价格的动态变化,如图 16-6 所示,一段时间 Δt 后,股票初始价格 S 上升为 S^u 或下降为 S^d。

二叉树法具体可分为动态复制法和风险中性法。

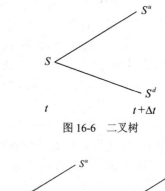

图 16-6 二叉树

1. 动态复制法

动态复制方法的思想是构造资产组合,使其复制期权的终端支付,根据无套利原理可知,此时初始时刻期权的价值等于资产组合的价值。下面我们以看涨期权为例具体讲解。

图 16-7 中,t_0 时刻标的资产(股票)价格为 S,看涨期权价值为 c,t 时刻期权的支付取决于股票的价

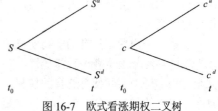

图 16-7 欧式看涨期权二叉树

---

① 本书中不会对此内容进行详细介绍,有兴趣的读者可以参阅金融衍生品相关书籍,如:Hull J C, Basu S. Options, futures, and other derivatives[M]. New York: Pearson Education Inc, 2016.

格和执行价格，c^u 为 $\max\{S^u - K, 0\}$，c^d 为 $\max\{S^d - K, 0\}$，假设无风险利率为 r，标的资产波动为 σ^2，其中：

$$\begin{cases} u = e^{\sigma\sqrt{\Delta t}} \\ d = \dfrac{1}{u} \\ S^u = u \times S \\ S^d = d \times S \end{cases} \tag{16-1}$$

构造的资产组合为 Δ 份的股票和价值为 l 的无风险证券，使其价值等于期权的终端支付：

$$\begin{cases} \Delta \times S^u + e^{r\Delta t} \times l = c^u \\ \Delta \times S^d + e^{r\Delta t} \times l = c^d \end{cases} \tag{16-2}$$

解方程组得

$$\begin{cases} \Delta = \dfrac{c^u - c^d}{S^u - S^d} \\ l = \dfrac{u \times c^d + d \times c^u}{e^{r\Delta t} \times (u - d)} \end{cases} \tag{16-3}$$

于是看涨期权的价值为

$$c = \Delta \times S + l \tag{16-4}$$

2. 风险中性定价

风险中性定价理论中，期权的价值为风险中性测度下，期权终端支付的期望的折现值。该方法的关键是确定风险中性概率 $P^{\times}$。

风险中性定价的过程如下所示。

$$\begin{cases} P^{\times} = \dfrac{e^{r\Delta t} - d}{u - d} \\ c = e^{-r\Delta t} \times [P^{\times} \times c^u + (1 - P^{\times}) \times c^d] \end{cases} \tag{16-5}$$

相比于动态复制，风险中性定价方法计算形式更加简洁。

以上给出的都是一期的二叉树的计算过程，二叉树还可扩展至二期、三期等，但随着期数的增加，计算也越来越复杂。

(二) B–S–M 期权定价模型

1973 年，布莱克、斯科尔斯和及莫顿提出了连续时间下的期权定价模型，即 B-S-M 模型。该模型只适用于欧式期权。[①] 下面我们仍以欧式看涨期权且无股利分配为例进行介绍。

B-S-M 模型利用股票和期权构造了一个无套利组合，价值为 V，形式如下。

$$V = Q_s S + Q_c c \tag{16-6}$$

其中 Q_s 与 Q_c 分别为组合中股票的数量和期权的数量。

B-S-M 模型中用几何布朗运动描述股票价格的变化，又因为期权价格 c 是股票价格和时间的函数，则根据几何布朗运动和伊藤引理可知：

$$dS(t) = \mu S(t)dt + \sigma S(t)dW(t) \tag{16-7}$$

---

① 当美式期权不会被提前执行时也适用，如无股利支付下的美式看涨期权。

$$dc = \frac{\partial c}{\partial s}dS + \left(\frac{\partial c}{\partial t} + \frac{1}{2}\frac{\partial^2 c}{\partial S^2}\sigma^2 S^2\right)dt \tag{16-8}$$

假设在很短的时间内，股票和期权的数量不发生变化，则资产组合 V 的价值变化仅来自股票价格和期权价格，即

$$dV = Q_s dS + Q_c dc \tag{16-9}$$

将式(16-7)、(16-8)代入(16-9)，令 $Q_c = -1$，Q_s 等于 $\frac{\partial c}{\partial s}$，消除组合中的随机因素，从而式(16-9)变为

$$dV = -\left(\frac{\partial c}{\partial t} + \frac{1}{2}\frac{\partial^2 c}{\partial S^2}\sigma^2 S^2\right)dt \tag{16-10}$$

组合 V 变为

$$V = \frac{\partial c}{\partial s}S - c \tag{16-11}$$

根据式(16-10)可知，组合 V 是无风险资产组合，于是有

$$\frac{dV}{V} = rdt \tag{16-12}$$

将式(16-10)、(16-11)代入(16-12)，整理后得到 B-S-M 模型的偏微分方程：

$$rc = \frac{\partial c}{\partial t} + rS\frac{\partial c}{\partial S} + \frac{1}{2}\sigma^2 S^2 \frac{\partial^2 c}{\partial S^2} \tag{16-13}$$

最终可求解出 B-S-M 模型如式(16-14)所示：

$$\begin{cases} c_t = S_t N(d_1) - Ke^{-r(T-t)}N(d_2) \\ p_t = Ke^{-r(T-t)}N(-d_2) - S_t N(-d_1) \\ d_1 = \dfrac{\ln\left(\dfrac{S_t}{K}\right) + \left(r + \dfrac{1}{2}\sigma^2\right)(T-t)}{\sigma\sqrt{T-t}} \\ d_2 = \dfrac{\ln\left(\dfrac{S_t}{K}\right) + \left(r - \dfrac{1}{2}\sigma^2\right)(T-t)}{\sigma\sqrt{T-t}} \end{cases} \tag{16-14}$$

其中，N 为正态分布的累计概率分布函数，图 16-8 给出了 $N(d_1)$ 的几何表示示例。c_t、p_t 分别为 t 时刻看涨、看跌期权的价格，S_t 为 t 时刻标的资产的价格，K 为执行价格，r 为无风险利率，σ^2 为标的资产价格的波动率，T 为期权的有效期，$T-t$ 为其剩余时间。

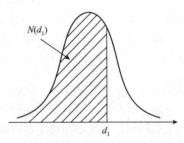

图 16-8 $N(d_1)$ 的几何表示

根据求解得到的 B-S-M 模型，仍然可找到资产组合使其价值等于期权价值。例如复制看涨期权的价值，需要买入 $N(d_1)$ 份股票，以无风险利率借入现金 $Ke^{-r(T-t)}N(d_2)$。

三、实物期权与金融期权的区别

实物期权的思想源自金融期权，与金融期权的基本原理相一致，但二者仍然有很多不同。实物期权除了标的资产与金融期权不同，还有很多其自身的特点及与金融期权的重要区别。

首先，与金融期权相比，实物期权更加隐蔽，它们包含在项目投资当中，与项目本身的特点、管理者自身的权利及签订的投资合约等都密切相关。正如我们前文所提到的，它需要投资者积极主动去发现，甚至自行设计，不像在交易所的金融期权，各项合约规定都一目了然。

其次，实物期权有较强的随机性。与金融期权有固定的到期时间、交易价格等不同，项目的不确定性和灵活调整性使实物期权的这些因素都具有一定的随机性，这也是为什么在确定实物期权的第三个基本问题中，我们仅要求执行价格在一定程度上是确定的。

再次，项目中包含的多个实物期权间还具有较强的相互影响。一个项目中常常有不止一个实物期权，而且多个期权相互联系互相影响，有些期权的执行与否还决定了其他期权是否存在。因此，在用实物期权估值时，要充分考虑它们之间的联系和影响，不能简单地将价值相加。这些都使得实物期权比金融期权更加复杂。

最后，在定价方面，金融期权常常不需要考虑股利的情况，实物期权则不同。实物期权定价时，一般都要考虑"股利"。因为标的资产一般都会产生价值漏损，即类似于股利的现金流，导致标的资产的价值下降。

四、实物期权的定价模型

同金融期权一样，实物期权的定价也有离散时间模型和连续时间模型。离散时间模型以二叉树模型为代表；连续时间模型以 B-S-M 模型为代表。现实中二叉树类模型可能更优于 B-S-M 模型，因为实际中大多数实物期权会提前执行，而且标的资产价格的变化通常也不是连续的。二叉树模型灵活性强且无须满足 B-S-M 模型中诸多严苛的假设。但是，我们也不可忽视，获得所有二叉树需要输入的已知条件也是十分麻烦的，且往往由于节点众多，它有庞大的计算量。对比而言，B-S-M 模型计算简单，用其估计一个实物期权价值的界限也有十分重要的意义。

在运用 B-S-M 模型对实物期权定价时，我们需要对前文金融期权定价中所讲的 B-S-M 模型进行股利调整，考虑股利分配，即标的资产的收益率。假设股利收益率 y（y=股利/当前资产价值）在期权持有期间不变，则 B-S-M 模型变为如式(16-15)所示的形式。

$$\begin{cases} c_t = S_t e^{-y(T-t)} N(d_1) - K e^{-r(T-t)} N(d_2) \\ p_t = K e^{-r(T-t)} N(-d_2) - S_t e^{-y(T-t)} N(-d_1) \\ d_1 = \dfrac{\ln\left(\dfrac{S_t}{K}\right) + \left(r - y + \dfrac{1}{2}\sigma^2\right)(T-t)}{\sigma\sqrt{T-t}} \\ d_2 = d_1 - \sigma\sqrt{T-t} \end{cases} \quad (16\text{-}15)$$

在确定了模型后，我们需要确定评估实物期权所需的数据，即标的资产价值(S)、期权的实施价格(K)、期权的有效期(T-t)、标的资产价值的波动率(σ)、无风险利率(r)及股利收益率(y)。接下来，我们将对各个参数的估计进行介绍。

(1) 实物期权有排他性时才有较大的价值，它的标的资产通常是有一定竞争壁垒的实体项目。不像在评估金融期权时可以直接从市场上得知，实物期权标的资产的价值一般要通过折现现金流法对项目的预期现金流折现得到。

(2) 实物期权的实施价格一般为执行项目时初始投资所需要立刻投入的成本。

(3) 实物期权提供的排他性权利即为期权的有效期。有些项目在初始投资时对其附属独占权具有明确的规定，如专利许可证的持续期等；但如果标的项目对于权利的界定比较模糊，如公司在一定时间内投资该项目后可以在市场上获得一定的竞争优势，此时期权的有效期就需要公司内部自行加以判断。我们可以将有效期定义为"公司仍然能够通过行使该期权获得利益的最长时间"，例如若 5 年后公司再行使该权利无法获得超额报酬，则期权的有效期必然不能超过 5 年。

(4) 对于标的资产的波动性，和标的资产价值一样，它往往无法直接从市场上获得。考虑到我们是通过折现现金流模型来计算标的资产价值的，那么通过考察标的资产预期现金流的波动来确定标的资产价值的波动不失为一个可行的方法。我们可以用过去类似项目的现金流代替标的资产；或通过分析市场各种情形出现的概率模拟计算现金流的标准差；或直接使用市场上同类公司的价值标准差作为标的资产价值的标准差。

(5) 在选择实物期权定价模型中的无风险利率时，我们应注意采用与期权的有效期匹配的无风险利率。

(6) 还需要确定与股利收益率相对应的数据。如在推迟期权中，每将项目推迟一个时期都意味着减少了本应赚取的现金流，也意味着更多的其他竞争者进入市场，减小竞争壁垒，这些都会产生价值的漏损；在扩展期权中，公司可能会面临由于未能实施项目扩张而损失的现金流。这些价值漏损我们在进行实物期权价值的计算时都将其视作股利收益率的对等物。

第三节　实物期权的应用

本节我们将在前面的基础上，进一步讲解实物期权在实际投资价值分析中的应用，运用具体的例题对延迟期权、扩展期权、资本结构决策中的期权、放弃期权及将股权作为期权等进行介绍。

一、延迟期权

当公司有在特定时间内开发项目进行生产的特许权利时，公司就有了推迟实施项目的选择权利，于是一项延迟期权就嵌入其中。期权的价值等于内在价值加时间价值。虽然当前项目的净现值可能为负，但随着时间的推移，由于标的资产价格的不确定性，该项目的 NPV 很有可能由负变正，值得投资。需要注意的是，并不是等待时间越长越好，随着剩余时间的减少，期权价值也会下降。此外，由于其他竞争者的进入等因素，项目也会产生价值漏损。

如图 16-9 所示，延迟期权的标的资产是项目或产品，执行价格是实施项目或进行开发生产时的投资额，期权持续时期是公司能够开展项目的时期。如果厂商在有效期内不做投资，则仅损失获得项目排他性权利的投入，从而将损失限制。

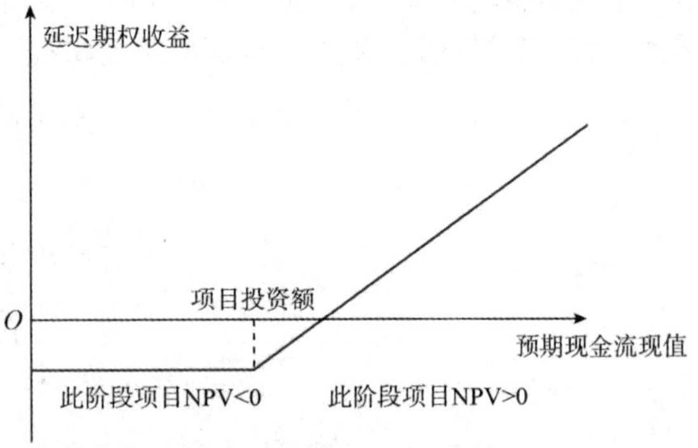

图 16-9　延迟期权收益

【例 16.2】对专利的估值。

某制药公司在未来 10 年内有一项药物专利，根据市场调研和测算得到，现在生产药物可获得现金流现值 31 亿元，而进行生产所需投入的成本为 30 亿元，由于该专利的期限是 10 年，对应的 10 年国债利率，即无风险利率为 3.6%。市场上制药公司行业平均波动率为 0.324。由于专利只能在期限内获得超额回报，之后由于竞争等因素超额回报会逐渐消失，因此公司每拖延一年生产药品，都会产生延迟成本。于是期权定价所需的相关数据如下。

生产药物现金流现值(标的资产价值)$S=31$(亿元)

生产投入成本(执行价格)K =30(亿元)

专利期限 t =10(年)

无风险利率 r =3.6%

标的资产价值波动率 σ =0.324

延迟生产产生的成本(股利收益率)y=1/10=0.1

根据 B-S-M 模型得出看涨期权的价值为：专利价值 = $S_t e^{-yt} N(d_1) - Ke^{-rt} N(d_2)$ = 2.52 (亿元)

可以看出，若项目立即投资，其净现值(NPV)为 31 – 30=1(亿元)，因大于零，具备投资价值。然而，通过实物期权定价模型计算得出的期权价值为 2.52(亿元)，明显高于 NPV，这表明在当前情况下选择观望、等待更有利时机启动项目更具经济合理性。当期权价值与项目 NPV 相等或非常接近时(前提是 NPV 为正)，则保留观望权利已无实质意义，此时应考虑立即执行投资决策。

总结而言，专利赋予企业开发和销售某项产品的专有权利，只有当产品预期带来的收益超过其开发成本时，企业才会推进大规模商业化；若收益不足以覆盖成本，则企业通常不会启动该项专利的实施。用于估值的实物期权模型所需输入的关键参数如表 16-1 所示。

表 16-1 专利估值需要输入的参数

输入参数	估算
标的资产价值	现在实施项目产生的现金流现值
标的资产价值波动率	相似资产或公司现金流或现值的波动率
期权执行价格	专利技术转化为商业化产品时所需的投入
期权到期时间	专利的期限
股利收益率	延迟的成本，用(1/期限)估计
无风险利率	一般选用国库券利率，可依据实际情况进行修正

【例 16.3】对自然资源型期权的估值。

××油业公司拥有在未来 20 年对一片油田实施开发的权利。据估计，当期开发油田的价值为 544.22 百万元，预计其开发成本为 600 百万元，一旦获得开发，每年净产值等于油田价值的 5%，无风险利率为 8%，油价方差为 0.03。整理期权定价所需数据如下。

当期开发油田的价值(标的资产价值)S=544.22(百万元)

预计开发成本(执行价格)K=600(百万元)

开发期限 t =20(年)

无风险利率 r =8%

标的资产价值波动率 $\sigma = \sqrt{0.03}$

延迟开发产生的成本(股利收益率) y=0.05

根据二叉树风险中性定价模型[①]计算得出看涨期权的价值为(假设二叉树期数 N=20，则 $\Delta t = t / N = 1$(年))

$$\begin{cases} u = e^{\sigma\sqrt{\Delta t}} = 1.1891 \\ P^\times = \dfrac{e^{(r-y)\Delta t} - d}{u - d} = 0.5443 \\ c = e^{-r\Delta t}[P^\times \times c^u + (1 - P^\times) \times c^d] \end{cases}$$

---

① 我们针对例 16.2 和例 16.3 分别运用 B-S-M 模型和二叉树模型计算，目的是使读者能够结合实例对两种方法都进行学习。同样，专利估值也可采用二叉树计算，油田估值也可用 B-S-M 模型。

注意，这不是一个一期的二叉树，而是一个持续期为20年，共20期的二叉树，因此需要借助计算机软件编程运算。假设不能提前执行，即相当于一个欧式看涨期权，计算其价值为97.08(百万元)。因为有股利，所以美式期权可能提前执行，假设每年都能够提前执行，则需要将每期算出的期权价值与当期实施期权所得的支付进行比较，二者取大即为美式看涨期权价值，得到结果为126.41百万元。[①]

自然资源开采公司在开采石油、矿产等资源时，应根据市场情况灵活决策。当资源市场价格高、预期现金流可观时，公司更倾向于开展资源开发。在估算将自然资源开采视为推迟期权的标的资产价值时，不必局限于折现现金流模型，还可直接将可探测的自然资源储藏量与每单位自然资源的边际收益相乘，以此来确定标的资产价值。

关于期权有效期的定义，在自然资源开采中不像在专利评估中那么明确，通常我们有两种估算方法：一是以资源开采所需权利的持续时间为有效期，如政府批准的开发期、租赁期等；二是以现有开采速度和储藏量计算出大致的可开采年数并以此为期权的有效期。

另外，由于石油、矿石等自然资源存在一定的开发时滞，不能立刻生成收益，我们在进行期权价值估算时，需要对这种隐藏的时间成本进行调整。通常的调整方法为从标的资产的价值中扣除开发时滞内的现金流损失，例如如果一个项目每推迟开发一年的机会成本为净现值的5%，开发时滞为 n 年，则以5%为折现率对标的资产价值进行 n 年的折现即可，并以折现结果作为估计期权价值时输入的标的资产价值。

二、扩展期权

在进行序贯投资，即分阶段投资时，项目中常蕴含了扩展期权。这种期权是指投资者在进行了初始投资后，有了在未来扩张和投资新项目、进军新市场的权利。

不是所有未来的机会都是扩展期权，除了我们前面所讲，未来的机会要具有排他性外，第一阶段的投资还需是获得之后投资机会的必需条件，即如果公司不承担初始项目投入，未来就无法进行进一步的投资。因此第一阶段的投资并非为了盈利，而是为了获得扩张的机会。如图16-10所示，它更像一个"学习"的过程，了解市场、掌握信息：第一阶段结束后，如果市场条件好，则扩大投资规模，条件不好，停止追加投资。扩展期权使得公司最多的损失即为第一阶段的小规模投入。这种期权可以使许多创业公司的价值大大超出其预期现金流的现值。

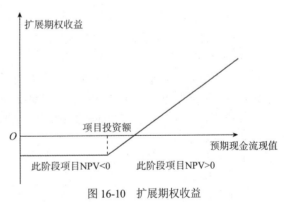

图16-10 扩展期权收益

扩展期权的标的资产价值是第二阶段投资的项目可得到的预期现金流的现值。由于项目缺乏交易市场，其价值的波动需要通过模拟估算或参考行业内相似的上市公司价值波动得到。期权的执行价格是进行扩张投资时需要的投入。对于期权的有效期，扩展期权与推迟期权不同，通常不存在外部施加的实施期限(如专利的有效期、开采权的有效期等)，因此很难对其有效期下准确的定义，此时公司需要根据自身内部情况，如融资约束条件(借贷的到期日)、战略方向(企业资源的投资领域)、人事决定(管理者的雇佣、离职、调动)等自行决定期权的有效期。

[①] 当标的资产支付股利时，美式期权可能因提前行权获取股利而增值，此时美式价格≥欧式价格；若无股利，根据Merton定理(Merton, 1973)，美式看涨期权不应提前行权，二者价格相等。读者可拓展阅读：Merton R C. Theory of rational option pricing[J]. Bell Journal of Economics and Management Science, 1973, 4(1): 141-183.

扩展期权与上部分介绍的推迟期权有着密切的联系。扩展期权的标的资产是与初始投资相关的一次未来潜在的扩张机会,这正符合推迟期权的定义:公司可以在未来一段有效期内根据市场情况自行决定实施投资的时间。因此,从某种意义上来说,我们可以将扩展期权视为一种由初始投资带来的特殊延迟期权。延迟期权的期权费也可看作扩展期权第一阶段的必需投资,例如以延迟期权的专利与自然资源开采为例,如果公司不进行自主研发或购买产品专利,或不通过政府招标获得自然资源的开采权,那么公司就无法开发产品或开采资源。此处的初始投资即为专利的研发购买费和招标费用,这对于公司后续的扩张投资是必需的。

【例 16.4】对扩展期权的估值。

某家电公司计划分阶段将自己的新电器产品推入市场。第一阶段为小规模投资,只有通过第一阶段投资了解市场潜在需求,才能决定第二阶段是否扩大投资。

根据调研测算,第一阶段投资预期成本为 50 亿元,预期现金流现值 40 亿元,净现值小于零。全面扩大投资需成本 100 亿元,当前全面扩大投资可带来预期现金流现值为 80 亿元。公司将在 5 年后做出决策。经有关专家调查分析,相似产品价值波动率为 0.5,波动较大,因此 5 年后全面扩张投资得到的现金流很可能超过 100 亿元。假设无风险利率为 5%,则期权定价所需的相关数据如下。

全面投资得到的现金流现值(标的资产价值)$S=80$(亿元)

全面投资投入的成本(执行价格)$K=100$(亿元)

期权期限 $t=5$(年)

无风险利率 $r=5\%$

标的资产价值波动率 $\sigma=0.5$

根据 B-S-M 模型得看涨期权的价值为:$c_t = S_t N(d_1) - Ke^{-rt} N(d_2) = 34.53$(亿元)

则包含扩展期权的初始投资净现值为:$40 - 50 + 34.53 = 24.53$(亿元)

因此该项目值得投资。

三、资本结构决策中的期权

资本结构决策是公司财务中的核心问题之一,它涉及公司如何平衡不同融资来源以最大化企业价值和股东利益,将实物期权的概念引入资本结构决策,可以为其提供新的视角。在运用实物期权思想进行资本结构决策时,人们最常讨论的主题是"债券类产品的设计",例如可转换债券和浮动利率债券(或浮动利率贷款)。然而,本部分内容的重点则在于讨论公司融资的灵活性(flexibility),即公司为满足未来潜在的高回报项目投资需求而保留大量现金余额和一定的超额举债能力。

知识链接:可转换债券和浮动利率债券(贷款)的期权属性

可转换债券允许持有者在未来某个时间以预定的转换价格将债券转换为公司的股票,如果公司的股票价格上涨至超过转换价格,持有者可以选择行使转换权,这实质上是利用了看涨期权的优势。

浮动利率债券(贷款)的利率通常根据某个基准利率(例如 LIBOR)加上一个利差来确定,并会根据市场条件定期调整,这种债券结构包含了类似期权的利率上限(cap)和利率下限(floor)属性:一方面,利率上限意味着无论市场利率如何上升,债务人支付的利率都不会超过这个上限,这种属性类似于购买了一个利率上限期权,为债务人提供了保护,使其免受利率上升带来的额外成本;另一方面,浮动利率债务通常也有利率下限,这确保了即使市场利率下降,债务人支付的利率也不会低于这个下限,这种属性类似于利率下限期权或利率下限的保护,确保了债务人支付的利率不会过低,从而保护了债权人的利益。

虽然公司保留大量现金余额和超额举债能力可以应对未来具有良好投资项目再投资的资金需求，但是这也会带来一定的成本：一方面，公司持有大量的现金余额会使得其对应的资本回报率低于市场利率水平；另一方面，公司存在着超额举债能力也意味着其资本结构尚未达到最优，更准确来说是公司采取了外部融资战略而使得负债—权益比率低于最优值，此时公司的加权平均资本成本相较于最优值会偏高。因而如何权衡这种"收益—成本"关系变得十分重要，本部分我们将这种融资灵活性作为一种期权进行估值，融资灵活性收益如图 16-11 所示，期权计算时所需的参数、含义及具体估算方法如表 16-2 所示。

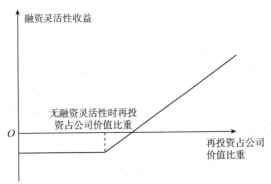

图 16-11　融资灵活性收益

表 16-2　估计融资灵活性价值的期权定价模型参数

B-S 模型输入	参数含义	参数具体估算方法
S	实际再投资金额占公司价值的比重	过去若干年度的"再投资额/公司价值"比率均值
K	无融资灵活性时再投资金额，即内部资金占公司价值的比重	① 若公司未进行外部融资：过去若干年度的"(净利润-股利+折旧)/公司价值"比率均值 ② 若公司定期进行外部融资：过去若干年度的"(净利润+折旧+外部融资净额)/公司价值"比率均值
σ	年度再投资需求的标准差	过去若干年度的"再投资额/公司价值"比率标准差，常将此比率取对数后再计算标准差
t	反映了融资灵活性的年度价值，往往取 1 年	通常取 $t=1$

事实上，通过期权定价公式计算出的价值为一百分比数值，但是它仅仅反映了"可投资于未来高回报项目"的选择权价值。显然，融资灵活性的总体价值还与项目本身的质量(项目的投入资本回报率)和公司的资金成本(加权平均资本成本)有关，通过计算"可投资于未来高回报项目"的选择权价值每年所带来的超额回报的折现值，即可得到融资灵活性价值占公司价值的比重。最后，将这一数值和最优资本结构下的资本成本节约额(当前加权平均资本成本与最优结构下的加权平均资本成本之差)相比较，便可得出保持这种灵活性究竟是得到了收益还是付出了成本。

【例 16.5】将融资灵活性视为期权估值。

HJ 公司是一家领先的现代农业科技公司，专注于开发和提供创新的农业解决方案。公司利用先进的生物技术和信息技术，提高作物产量，改善作物品质，并降低农业生产的环境影响。公司自成立以来一直保持良好的财务状况，拥有健康的资产负债表和稳定的现金流，主要依靠内部积累的利润进行再投资，以支持其业务发展和扩张。此外，HJ 公司采取零股利政策，即不向股东支付现金股利。

1) 数据准备

假设估值时点下的无风险利率为 2.89%,为估算公司 2023 年的融资灵活性,首先我们在表 16-3 总结其最近 10 年来的基本财务数据,之后在表 16-4 中计算了公司 2023 年加权平均资本成本随资产负债率变化情况。

表 16-3 HJ 公司 2013—2022 年基本财务数据

单位:百万元

年份	净利润	折旧	再投资	公司价值	再投资/公司价值	内部资金/公司价值	投入资本回报率
2013	130	25	198	2 772	7.14%	5.58%	5.24%
2014	199	34	411	3 893	10.56%	5.99%	5.71%
2015	249	53	429	5 140	8.35%	5.89%	6.11%
2016	364	74	461	7 201	6.40%	6.09%	8.12%
2017	488	94	998	9 281	10.75%	6.28%	7.63%
2018	620	131	1 221	12 524	9.75%	6.00%	10.57%
2019	748	182	1 473	15 561	9.46%	5.98%	16.48%
2020	1 079	237	1 291	19 712	6.55%	6.67%	13.45%
2021	1 371	276	1 631	24 170	6.75%	6.81%	14.97%
2022	1 788	376	2 098	30 219	6.94%	7.16%	15.37%

表 16-4 HJ 公司 2023 年加权平均资本成本随资产负债率变化情况

资产负债率	股权资本成本	税后债务资本成本	加权平均资本成本
0.00%	10.00%	3.81%	10.00%
10.00%	10.71%	3.81%	10.02%
目前:12.00%	10.84%	3.86%	10.01%
20.00%	11.21%	4.45%	9.86%
30.00%	12.16%	5.39%	10.13%
40.00%	15.07%	5.54%	11.25%
50.00%	16.62%	6.32%	11.47%
60.00%	18.58%	6.83%	11.53%
70.00%	25.90%	6.97%	12.65%
80.00%	32.37%	7.42%	12.41%
90.00%	38.73%	8.15%	11.21%

HJ 公司目前的资产负债率为 12%,对应的加权平均资本成本为 10.01%,我们假定其最优资本结构对应的资产负债率和加权平均资本成本分别为表 16-4 中所计算的结果,即 20% 和 9.86%。由此可知,目前 HJ 公司保有了一定的超额举债能力,接下来我们将通过计算定量分析这种能力究竟为公司带来了潜在的收益还是无法忽视的成本。

2) 运用 B-S 公式,计算"可投资于未来高回报项目"的选择权价值

由表 16-3 中的数据,近 10 年来 HJ 公司的平均再投资金额占比为 8.27%,平均内部资金为 6.24%,年度再投资需求(取对数处理)的方差为 0.04,则期权定价的基本参数如下所示。

S_t = 实际再投资金额占公司价值的比重 = 8.27%

K = 无融资灵活性时再投资金额占公司价值的比重 = 6.24%

$t = 1$ 年

$\sigma = 20\%$

r = 无风险利率 = 2.89%

根据 B-S 定价公式：$c_t = S_t N(d_1) - K e^{-rt} N(d_2) = 0.022$，这一数值我们可以理解为拥有"可投资于未来高回报项目"这一选择权的价值。

3) 计算融资灵活性价值，并进行决策分析

我们假设未来可能投资的高回报新项目拥有和 2022 年相同的 ROIC(15.37%)，假设 HJ 公司能够一直获取这种投资新项目带来的超额回报，则融资灵活性的价值为

$$融资灵活性价值 = 0.022 \times \frac{ROIC - WACC}{WACC} = 0.022 \times \frac{15.37\% - 10.01\%}{10.01\%} = 1.2\%$$

这意味着，每年超额举债能力所产生的融资灵活性价值为 HJ 公司价值的 1.2%，高于用尽举债能力（处于最优资本结构）时的资本成本节约额(10.01% − 9.86% = 0.15%)。因此，HJ 公司应该继续保持这种超额举债能力，而不应该为达到使加权平均资本成本最小的最优资本结构而举债融资。

四、放弃期权

放弃期权是指给予投资者在未来某时刻放弃无法继续盈利项目的权利的期权。如图 16-12 所示，如果该项目盈利状况良好，则投资者可以继续经营，无须放弃该项目，损失即为获得放弃期权付出的费用。当投资于一个新的项目时，投资者可能会顾虑由于各种风险因素而在未来无法获得预期的回报率，放弃期权可以限定投资者的最大损失，防止出现进一步的损失，使得投资者在有限的风险下享有获得超额收益的可能，从而使得项目的整体价值得到提升。

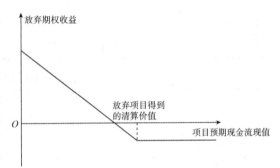

图 16-12　放弃期权收益

放弃期权蕴含于许多项目中，比较典型的例子即为合约中的免责条款。免责条款给予了被免责方在发生不可预料的风险时避免损失的权利，这无疑会增加合约的价值。放弃期权的另一适用领域为用于激励客户或合作伙伴，它承诺在市场条件恶化时允许其退出项目或终止合作关系，从而减小了合作伙伴的风险，增强了对其的吸引力。

与前面所讲延期期权与扩展期权的看涨属性不同，放弃期权是一种特殊的看跌期权，期权的实施价格 K 就是公司在放弃或最终清算项目时能获得的价值。一旦随着时间的推移，项目的价值低于实施价格，公司就可以考虑行使放弃的权利从而避免进一步的损失。

【例 16.6】对放弃期权的估值。

某一小公司希望与一家大型的、品牌形象良好的公司合资投一个项目，一起吸引更多客户。大公司当前需投资 8 亿元，可得预期现金流现值仅为 7 亿元。为了激励大公司与自己合作，小公司同意 5 年之后，只要大公司希望退出项目，小公司便以 6.5 亿元的价格将其购回。假设该项目寿命为 30 年，波动率为 0.4，5 年期无风险利率为 3%，于是期权定价所需的相关数据如下。

项目现金流现值(标的资产价值)S=7(亿元)

出售项目可得(执行价格)K=6.5(亿元)

期权期限 t=5(年)

无风险利率 $r=3\%$

标的资产价值波动率 $\sigma=0.4$

股利收益率 $y=1/30=0.033$

根据 B-S-M 模型得看跌期权的价值为：$p_t = Ke^{-rt}N(-d_2) - S_t e^{-yt} N(-d_1) = 1.83$ (亿元)

未计算期权的项目 NPV $= 7 - 8 = -1$(亿元)

考虑放弃期权后项目 NPV $= 7 - 8 + 1.83 = 0.83$(亿元)

因此考虑到放弃期权后该项目是可行的，值得投资。

总结：放弃期权可以使不可接受的项目有利可图，它可以大大提高风险投资的吸引力。例如，"股份回购"就是风险投资的一种重要的退出方式，风险投资机构与创业企业签订了许多"对赌协议"相当于获得了一种放弃期权。未来如果公司能够达到各种条件，成功上市，则风险投资机构通过上市退出，获得高额回报，反之如果公司未达到预期经营状况，未成功上市，则投资者可以使公司以约定的价格回购其所持股份，实现退出。这种权利大大减小了风险投资者的风险，提升了创业企业的投资价值。

五、将股权作为期权

（一）将股权作为期权进行估值

将股权作为期权进行估值，为公司股权价值评估提供了一种新思路。我们知道，公司的价值等于股权价值和债务价值的和。投资者持有的股票代表一种剩余索取权，股权价值为公司价值和债务价值的差，假设债务价值为一常数，则当公司价值增大时，股东拥有的价值也线性增大，而当公司破产清算时，股票投资者仅承担有限责任，其损失最多即初始投资额。由此股权投资者获得的收益就类似于一项看涨期权的收益（见图16-13），因此可以把股权看成一项看涨期权，利用看涨期权的定价模型估计其价值。

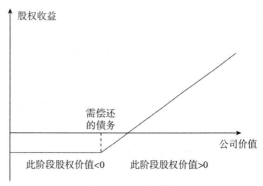

图 16-13　股权收益

将公司股权视为看涨期权进行估值时，其输入参数的选择相比于项目评估要复杂得多。标的资产价值即为公司的资产清算价值，常常使用如下两种方法得到该参数：第一，采用折现现金流法计算公司价值，这一方法同时考虑了在位资产和成长性资产的价值，因而其估值结果相较于真实清算价值往往偏高①；第二，找到行业内经营状况类似的成熟公司，选取恰当的乘数，使用相对估值法对公司的营业收入、公司价值等进行评估。标的资产的方差则是公司价值的方差，常常将公司视为股权、债务价值的资产组合，权重为各自的市值，由此计算公司价值的方差，对于债券流动性较差或面临破产危机的公司，常常选取相同评级的债券与公司股票构建资产组合，或者使用行业内其余公司的方差均值作为替代。

期权的执行价格是需要偿还的债务面值，由于公司经常多次发行债券，故最简单的处理方式便是将各次发行债券的所有预期利息支付和息票支付加总，以得到债务的偿还面值。之后以面值占比为权数，对不同期限的债券的持续期进行加权求和，得到债务的到期时间，即为期权的期限。无风险利率一般选择对应于期权有效期的国债利率。

把股权作为期权进行估值有十分重要的意义。首先，传统折现现金流评估投资价值时认为，

---

① 具体使用折现现金流方法时，一种减小误差的方法是假设公司处于稳定增长状态，即全部的再投资均作用于现有资产、不追加新项目的投资。此时 $g = b \times ROIC$ 为一常数。

资产价值小于负债价值时，股权失去价值。但如果把股权看成一项看涨期权，则这种情况下股权仍然具有价值，由于期权本身存在剩余时间且标的资产价值具有波动性，随着时间的推移，公司价值很有可能超过债务价值。这同深度虚值期权仍具有价值的道理相同。其次，把股权看成期权意味着投资者可能会喜爱风险，即不确定性，尤其是对于那些财务、经营等状况较差的企业。因为较大的波动性会增加期权的价值，加大公司价值大于债务价值的可能性。此外，我们还可以利用 B-S-M 模型估算公司的风险中性违约概率，它等于 $1-N(d_2)$。

【例 16.7】 将股权视为期权估值。

假设 A 公司资产价值为 300 万元，其波动率(标准差)为 35%。假设到期时需要偿还的债务价值为 200 万元，到期期限为 10 年。已知 10 年期国债收益率为 2.7%，则将股权视为期权进行定价的输入数据为

A 公司资产价值(标的资产价值)$S = 300$(万元)

到期偿还债务价值(执行价格)$K = 200$(万元)

期权期限 $t = 10$(年)

无风险利率 $r = 2.7\%$

标的资产价值波动率 $\sigma = 0.35$

根据 B-S-M 模型得看涨期权(股权)的价值为：$c_t = S_t N(d_1) - Ke^{-rt} N(d_2) = 183.52$(万元)

因此，当前未清偿债务价值：$300 - 183.52 = 116.48$(万元)

本例中不能直接用 300-200 计算股权价值，因为 200 万元是到期时债务的价值，而非现在的债务的价值。根据最后计算结果可知，现在的未偿债务价值为 116.48 万元。

最后需要强调，虽然将股权视为看涨期权有一定的合理性，但并不是所有公司都适合用此种方法。因为将股权看作期权进行估值本质上评估的是其在位资产的价值，对于许多成长性较好的公司而言，这种方法会大大低估其内在价值。期权定价法比较适合较大程度上依赖在位资产带来价值，或是身负巨额债务公司的股权价值评估，而且即使公司资产的价值低于未清偿债务，股权依然具备价值，因为这项期权具有时间溢价。

(二) 对投资决策的指导作用

在期权定价理论的基础上，我们可以进一步分析"代理人问题"(agency problem)，即股东和债权人之间的利益冲突问题。本节我们将分别介绍期权定价方法在项目投资决策和公司并购方面的应用，以实例化的问题解释说明代理人问题。

> **知识链接：理解公司治理中的代理人问题**
>
> 代理人问题定义涉及公司治理结构中的三个关键角色：股东、债权人和管理者。
>
> 一方面，股东与管理者之间存在信息不对称和利益可能不一致的情况。管理者可能追求更高的薪酬、职业稳定性或个人声望，而不一定是股东财富的最大化。此外，由于管理者对公司运营有更深入的了解，他们可能利用信息优势来做出对自己有利但可能损害股东利益的决策。
>
> 另一方面，债权人作为公司外部的资本提供者，他们获得的是固定回报，因而更倾向于公司保持稳定的现金流和较低的风险水平。债权人同样面临代理人问题，因为管理者在追求股东利益的同时，其决策也可能影响债权人的利益。例如，管理者可能为了提高公司的市场竞争力而采取高风险的投资策略，这可能会增加公司的财务风险，从而影响债权人的资金安全。

1. 项目投资决策

不论是欧式期权还是美式期权，也不论是看涨期权还是看跌期权，随着标的资产价值波动率

σ 的增大，对应期权的价值也会增加。①因此可以认为，股东更倾向于投资风险系数较高的项目，以谋求股权价值的最大化，下面我们将通过例 16.8 来说明这一问题。

【例 16.8】期权定价方法下公司的项目投资决策。

假设 B 公司目前的资产价值为 200 万元，资产价值的波动率为 30%。假设到期时需要偿还的债务价值为 120 万元，到期期限为 10 年。现有一净现值为-20 万元的高风险项目，若投资于此项目，B 公司的资产价值波动率会上升到 50%。已知 10 年期国债收益率为 2.7%。

(1) 计算 B 公司投资项目前的股权价值：

B 公司资产价值 $S = 200$(万元)

到期偿还债务价值 $K = 120$(万元)

期权期限 $t = 10$(年)

无风险利率 $r = 2.7\%$

标的资产价值波动率 $\sigma = 0.30$

根据 B-S-M 模型得 B 公司投资项目前的股权价值为：$c_t = S_t N(d_1) - Ke^{-rt} N(d_2) = 122.26$ (万元)

B 公司当前未清偿债务价值为：$200 - 122.26 = 77.74$(万元)

(2) 计算 B 公司投资项目后的股权价值：

B 公司资产价值 $S = 200 - 20 = 180$(万元)

到期偿还债务价值 $K = 120$(万元)

期权期限 $t = 10$(年)

无风险利率 $r = 2.7\%$

标的资产价值波动率 $\sigma = 0.50$

根据 B-S-M 模型得 B 公司投资项目后的股权价值为：$c_t = S_t N(d_1) - Ke^{-rt} N(d_2) = 127.09$ (万元)

B 公司当前未清偿债务价值为：$180 - 127.09 = 52.91$(万元)

对比投资前后 B 公司的公司价值、股权价值及债务价值可知，公司价值虽然因为该高风险项目而减少了 20 万元，且债权人的财富从 77.74 万元下降至 52.91 万元，但是股权价值却从原来的 122.26 万元上升到了 127.09 万元。从以上计算可以看出，在公司资产价值保持不变(或至少是下降不大②)的情况下，股东更偏好于投资风险系数较大的项目，因为这会使得公司资产的波动率增加，进而使得股权价值增加、债权人利益下降，这便可以在一定程度上解释上文所说的代理人问题。

2. 公司并购

基于期权定价的视角，在并购的情形下，被并购公司的股权价值往往会下降，而债务价值则增加。对此的一个解释是：参与并购的公司在营业收入、净利润、现金流等财务变量上并不完全相关，合并后通常会导致整体的标的资产价值波动率下降。为更好地解释公司并购对债权人和股东的不同影响，我们将引入下面的例题来辅助说明。

【例 16.9】期权定价方法下的公司并购。

回顾例 16.7 的 A 公司和例 16.8 的 B 公司(未投资新项目)，假设两公司将要并购，我们首先总结两公司的基本信息如表 16-5 所示，假设两公司之间的公司价值相关系数 ρ_{AB} 为 0.5，10 年期国债收益率为 2.7%。

---

① 刘志东，宋斌. 投资学[M]. 北京：高等教育出版社，2019：542.

② 若项目投资给公司价值带来了巨大的损失，则股东会拒绝投资于该项目。例如，在例 16.8 中，若该项目的 NPV 为 -50，则 B 公司在投资后的公司价值为 150 万元，股权价值为 100.78 万元，债务价值为 49.22 万元，此时股东和债权人的利益均受到了损害。

表 16-5　A、B 公司的基本信息

单位：万元

项目	A 公司	B 公司	A+B(简单加和后)
公司价值	300	200	500
债务面值	200	120	320
股权价值	183.52	122.26	305.78
债务价值	116.48	77.74	194.22
期权有效期	10 年	10 年	—
标的资产价值标准差	35%	30%	—

A 公司和 B 公司在并购后，公司价值的标准差为

$$\text{并购后公司标准差} = \sqrt{(w_A\sigma_A)^2 + (w_B\sigma_B)^2 + 2w_Aw_B\rho_{AB}\sigma_A\sigma_B}$$
$$= \sqrt{(0.6\times 0.35)^2 + (0.4\times 0.30)^2 + 2\times 0.6\times 0.4\times 0.5\times 0.35\times 0.30}$$
$$= 28.93\%$$

由此得到并购公司的期权定价参数为

并购公司资产价值 $S = 500$(万元)

到期偿还债务价值 $K = 320$(万元)

期权期限 $t = 10$(年)

无风险利率 $r = 2.7\%$

标的资产价值波动率 $\sigma = 0.2893$

根据 B-S-M 模型得并购公司投资项目前的股权价值为：$c_t = S_tN(d_1) - Ke^{-rt}N(d_2) = 292.98$ (万元)

并购公司当前未清偿债务价值为：$500 - 292.98 = 207.02$(万元)

在实施并购前，A、B 两家的股权价值的和为 305.78 万元，债务价值为 194.22 万元；在实施并购后，并购公司的股权价值为 292.98 万元，债务价值为 207.02 万元。财富实现了从股东向债权人的转移。

本章小结

传统的投资决策方法基于折现现金流模型，根据净现值或必要回报率判断是否投资。它存在较强的刚性，没有考虑项目未来可能存在的灵活调整，可能低估不确定性较大的项目的价值，忽视了一些项目所具有的重要战略意义。在投资决策中，引入实物期权的思想，可以有效避免这些问题。

实物期权是标的物为实物资产的期权，它常常内嵌于被投资项目中，赋予了投资者在未来可供选择的权利，从而也增大了被评估项目的价值。常见的实物期权种类有延迟期权、扩展期权、放弃期权等。实物期权依赖于未来的或有事件，它是金融期权的延伸，基本原理同金融期权相同。

不是所有项目都需要运用实物期权法进行投资价值分析。确定实物期权要明确三个问题，即是否存在实物期权，是否有显著的价值，是否能运用金融期权定价模型进行定价。这就要求实物期权具有金融期权的基本特征，如标的资产、到期期限、较明确的执行价格等，也要求实物期权能给投资者带来排他性。实物期权和金融期权的主要区别是：实物期权更加隐蔽、随机性强、各期权间可能存在较强的联系。

定价方面，实物期权所用模型和金融期权一样，离散时间条件下的模型为二叉树，连续时间条件下常用 B-S-M 模型。需要注意的是实物期权大多数情况下需要考虑股利的因素。

实际中，专利权、对自然资源的开采权是较为典型的延迟期权，对高新技术产品的分阶段投资中可能存在扩展期权，在免责条款等中可能含有放弃期权。实物期权法重在思想，而非最终算出的一个结果。它使决策者在进行投资价值分析时思考更加全面，对战略性投资具有重要的意义。

课后问答

1. 为何传统 NPV 法会低估高风险项目的价值？其忽略的关键因素是什么？
2. 实物期权是什么？在估值中主要包括哪些类型？
3. 延迟期权的"时间价值"受哪些因素影响？举例说明。
4. 扩展期权和延迟期权有什么联系？
5. 估算实物期权波动率的三种替代方法是什么？
6. 放弃期权为什么是看跌期权？执行价格如何制定？
7. 资不抵债企业的股权为什么仍有价值？
8. 为什么公司并购会导致财富从股东转向债权人？尝试从实物期权的视角进行分析。
9. 实物期权法对初创企业而言有两大优势，分别是什么？

第十七章
经济增加值与投资价值分析

本章任务清单

任务序号	任务内容
1	掌握传统价值创造的方法
2	掌握经济增加值(EVA)的相关概念
3	掌握 EVA 的计算
4	理解 EVA 和折现现金流法的联系
5	了解 EVA 的优势与局限
6	掌握股权价值的 EVA
7	掌握 EVA 在企业价值评估中的应用
8	掌握 EVA 与公司市值的关系

衡量价值的创造,既可以基于折现现金流模型,分析各个因素,如公司自由现金流、增长率等的变化,又可以根据股票价格进行判断。然而这两种方法都有各自的局限,前者需要大量数据,估算复杂且易被人为操纵,后者则过于依赖市场。本章我们将引入经济增加值(EVA)这一新的衡量尺度,它利用资本的超额回报,既衡量了价值的增加,又避免了以上两种方法的缺陷。

EVA 不仅可作为独立的价值评估工具(在一定条件下可与 DCF 模型相转化),还能用于管理层绩效评价。但需特别注意,由于 EVA 直接反映扣除资本成本后的经济利润,若考核机制设计不当,可能诱发管理层的短期行为:例如削减研发投入、延迟设备更新以降低当期资本占用,或通过财务杠杆放大风险来虚增短期 EVA 表现。因此,有效的 EVA 考核必须建立 3~5 年的长期评估周期,并辅以 EVA 改善值等动态指标,使管理层决策方向与实现可持续价值创造的目标保持一致。对于资本结构特殊的金融机构,采用股权 EVA(聚焦权益资本回报)替代普通 EVA,能更准确地反映其价值创造能力。

第一节 价值创造的度量

前面的章节中,我们主要是站在被动投资者的角度,对项目、股权或公司进行投资价值评估,分析其是否值得投资。本章中我们将转变视角,投资者不仅可以评估目前的企业价值,还可以参与企业经营管理,采取主动措施,持续增加企业价值。

如何创造企业价值?或者说企业价值的增加能用什么度量?传统的方法主要有两种,一种是基于企业价值的本质定义,即净现金流的折现,从企业价值的决定因素入手,增加其价值。另一种是基于对金融市场,即股票价格的观测,分析企业价值在增加还是减少。

一、基于折现现金流模型的价值创造

通过前面章节的学习我们知道,企业价值等于公司自由现金流折现的和。衡量企业价值的折现现金流模型主要有两种。一种是达到一定规模的公司,以稳定的速度增长,则企业价值如下。

企业价值=下一期公司自由现金流/(加权平均资本成本-稳定增长率)

另外一种是两阶段增长模型,即前 n 年以较高的增长速度 g 增长,n 年后以较低的增长率 g_n 稳定增长,企业价值表示如下。

$$EV = \frac{FCFF_0(1+g)\left[1-\frac{(1+g)^n}{(1+WACC)^n}\right]}{WACC-g} + \frac{FCFF_{n+1}}{(WACC-g_n)(1+WACC)^n} \tag{17-1}$$

不管企业以什么样的增长模式进行增长,其企业价值都可以用一般形式表示如下。

$$EV = \sum_{t=1}^{t=\infty} \frac{FCFF_t}{(1+WACC)^t} \tag{17-2}$$

从折现现金流模型中可知,企业价值与其资产的自由现金流、自由现金流的预期增长率,以及增长期的长短有密切关系。公司自由现金流的增加、增长率的提高、高增长期的延长及融资成本的降低都能体现企业价值的增加。

(一) 公司自由现金流的增加

增加公司现有资产的自由现金流有很多途径。

在生产经营方面,首先,公司可以通过提高经营效率来增加公司价值。需要注意的是,提高效率不能简单等同于削减成本。虽然寻找更便宜的原材料、优化人员结构等措施能降低当期成本,但过度削减如减少员工培训支出等,反而会损害长期效率。其次,公司还可以通过优化资本支出来增加公司价值。净资本支出等于资本性支出减折旧。合理的资本支出管理需要在维持必要投资和减少冗余支出之间取得平衡。最后,公司还可以改善营运资本管理,通过减少非现金流动资本来增加现金流入。加速资金周转的同时,要确保不影响正常运营。

在税赋方面,公司可以采取合法的税务规划,通过减少税款来增加自由现金流。例如,公司可以利用各部门的内部销售价格将利润进行转移,跨国公司还可以将应税收入从高税率国家或地区转移到低税率或者免税国家或地区。

对于不良资产的处理也可以增加公司自由现金流。公司在处理不良资产时,可以选择继续投资经营直到资产达到其寿命,也可以将其立即终止清算,还可以将其剥离出售给别人。其中,终止清算获得的净现金流是清算价值,也叫账面残值,出售资产获得的最高买价是剥离价值。当清算或者剥离价值高于继续经营带来的价值时,公司应选择将资产终止或者出售,从而增加现有资产自由现金流,增加其价值。

知识链接:公司剥离资产的几个原因

(1) 资产虽然是剥离方的不良资产,但其对于买方有较大价值。例如买方可能有更好的资源和方法提高对该资产的利用率,或该资产可以与买方现有业务更好地协调合作,增加价值等。

(2) 出售方(剥离方)当前急需现金流。出售方可能面临资金周转困难等困境,急需现金,无心思考如何改善不良资产,增加其价值。

(3) 有时剥离方没有遭遇资金紧张的困境也会出售不良资产，一个重要的原因是公司的战略调整、结构改善。有时候公司业务过于分散或过于冗杂，会对其核心业务带来不利影响。出售无关业务可以使公司将更多的精力放在核心业务上。

(二) 增长率的提高

增长率的提高也可以增加企业价值。在第一章中我们提到，一个公司即使目前的现金流较小，当它有较高的增长率并且投资回报率大于资本成本，即存在超额收益时，它仍具有较大的价值。[①] 接下来我们将论述这一理论。

我们知道预期增长率与再投资率和投资回报率(投资回报率)有关：

$$g = \frac{\text{ROI}_{\text{新项目}} - \text{ROI}_{\text{现有项目}}}{\text{ROI}_{\text{现有项目}}} + \text{再投资率} \times \text{ROI}_{\text{新项目}} \quad (17\text{-}3)$$

式中前一项反映了 ROI 提升给公司成长带来的积极影响，在公司进入稳定期后，很难依靠 ROI 的提升来带动增长率的提升，故可以假设 ROI 维持不变，增长率的上升完全依赖于再投资率。那么是不是再投资率越高越好呢？答案是否定的。因为再投资率提高还会减少公司自由现金流：

$$\text{FCFF} = \text{EBIT}(1-t) \times (1-\text{再投资率}) \quad (17\text{-}4)$$

因此，需要在提高再投资率时达到一种平衡，即边际投资回报率等于资本成本。只要边际投资回报率大于资本成本，公司价值就会增加。更进一步讲，我们可以考虑增长率对于折现现金流法(DCF 法)终端价值的影响，正如我们在第十一章第五节中所提到的，因为终端价值在 DCF 的估值结果中占据了很高的数值比重，故仅仅考察终端价值便可知晓公司估值的大致全貌。计算终端价值时，公司的发展处于稳定期，在这种情况下公司的增长率即为再投资率和 ROIC 的乘积，因而增长率的提升是否会真正创造价值取决于分子(现金流)和分母(资本成本和增长率)的博弈，具体而言，当不追加投资和追加投资时，终端价值如下。

$$\text{终端价值}_{\text{不追加投资}} = \frac{\text{EBIT}(1-T)}{\text{WACC}} \quad (17\text{-}5)$$

$$\text{终端价值}_{\text{追加投资}} = \frac{\text{EBIT}(1-T) \times (1-b)}{\text{WACC} - g} = \frac{\text{EBIT}(1-T) \times (1-b)}{\text{ROIC} \times \left(\frac{\text{WACC}}{\text{ROIC}} - b\right)} \quad (17\text{-}6)$$

将二者相除，可得

$$\frac{\text{终端价值}_{\text{不追加投资}}}{\text{终端价值}_{\text{追加投资}}} = \frac{1 - b \times \frac{\text{ROIC}}{\text{WACC}}}{1-b} \quad (17\text{-}7)$$

显然，当投入资本回报率(ROIC)大于加权平均资本成本(WACC)时，追加投资带来的价值大于不追加投资，换言之此时的增长真正创造了价值。对于股权价值的评估与此同理，只需要比较股权资本回报率(ROE)和股权资本成本(R_E)的大小关系。一般而言，分析师假设稳定期时超额收益为 0，但这一假设也存在不足之处。因此在估值时，我们更应该关注公司的战略优势和所属行业的进入壁垒，以判断其能否存在超额收益，对于存在超额收益的公司，经验法则一般令其保持在 2%～3%。

(三) 高增长期的延长

上文分析了公司进入稳定期后增长的价值，而高增长期的延长同样是提升公司价值的重要途

[①] 当然公司的现金流可能为负数，这时需要采用自上而下法求解公司的增长率，进而计算预期现金流，读者可以参考第八章的内容，这里不再赘述。

径。公司要想保持较高速的增长，关键在于构建和维持可持续的竞争优势，这需要企业建立多维度的竞争壁垒。

维护自身的竞争优势有以下几种途径。首先，可以申请专利、许可证等，利用法律保护限制其他竞争者的进入，增强自身的排他性。其次，公司可以塑造自身的品牌价值。好的品牌可以带来稳定长久的忠实客户，而且品牌很难被取代，但是打造一个知名的品牌通常需要很多年。再次，公司还可以通过提高转换成本和自身成本优势来提升壁垒。转换成本是指客户将原有产品转换为替代成品时需要花费的成本。如果客户转而选择替代品时需要花费很高的成本，包括时间、精力等，人们就会继续使用原产品，于是新的竞争者很难进入市场。最后，公司可以利用先进入市场的优势，扩大规模实现规模经济，占领市场份额，获取低成本劳动力和资源等，降低成本，增强竞争优势。这些方法都有利于限制新的竞争者进入行业，使公司有强的主动性，从而延长高增长期。

(四) 融资成本的降低

公司的融资成本由股权资本成本和债务资本成本构成。降低融资成本的一种方法是调整融资结构。通常，债务融资的成本小于股权融资的成本，因此增加企业财务杠杆会降低资本成本率。但财务杠杆并非越高越好，正如第七章中提到的，当财务杠杆太高时，公司的风险就会增加，这又会增大股权及债务的融资成本。

另外，增强风险管理也可以使资本成本减小。公司可以降低经营杠杆系数，减小固定成本的比重，增强成本调整的灵活性，从而减小盈利的波动性，降低融资成本。公司还可以进行债务管理，采用如免疫策略、现金流匹配策略等，降低债务对利率变化的敏感性，或使资产现金流与负债现金流相匹配，满足负债所需的现金流支出，从而降低利率风险、违约风险等。公司面临的风险越小，其资本成本也就越低。

二、基于股票市场的价值创造

除了根据折现现金流模型对影响企业价值的自由现金流、增长率即增长时间、资本成本等基本因素进行分析，观察股票价格的上涨和下跌也能够获得企业价值变化的信息。

在有效市场条件下，股价能够较为准确地体现企业的内在价值。具体而言，如果市场满足半强式有效假设，即股价已经充分反映了所有公开信息(包括财务数据、经营状况等)，那么股价的持续上涨通常意味着公司正在创造价值，而股价的持续下跌则可能预示着价值减损。基于这一逻辑，许多企业将股价表现纳入管理层的考核体系，通过股权激励等方式将管理者利益与股东价值绑定。例如，股票期权、限制性股票等激励工具的设计，本质上都是希望通过市场机制来引导管理层关注长期价值创造。然而需要警惕的是，股价波动受多种因素影响，短期市场表现并不总能准确反映企业真实价值，因此在制定激励机制时，应当结合其他价值指标进行综合评估，避免过度依赖单一市场信号。

三、传统度量方法的不足

无论是从折现现金流入手，分析具体的关键因素，还是从金融市场入手，分析股价的变化，都可以了解企业价值的变化，还可以采取相应的措施增加企业价值。但是这两种传统的、度量或者体现企业价值变化的方法，都存在一定的缺陷。

对于折现现金流模型而言，它能给出较为具体和透彻的增加企业价值的方法，但是随着分析的深入，该方法需要估计数据变多，难度加大，增加了其使用成本。与基于股价变化进行分析的方法相比，折现现金流法较难与管理层的赏罚机制和报酬方案建立联系，激励管理层增加公司价值的效果可能并不明显。此外，由于这种方法需要估计大量数据，因此较容易被操纵。评估者容易通过一些人为的操作，如方法的选择、主观的判断等，使评估得到想要的结果。

相比之下，基于股价变化的分析更加简明，容易观察，而且能够提供较为有效的管理层激励机制，但它也存在一些缺点。首先，它过分依赖市场的变化，而市场并非总是有效的。股价往往只是围绕内在价值上下波动，因此有时候它可能显示了与真实情况不符的信息。例如，有时尽管管理者增加了企业价值，但由于受到投资者情绪或者相关企业突发事件的影响等，该公司股票价格反而下跌。有时虽然企业价值在降低，但由于泡沫等原因股票价格仍然上涨，管理层不仅不被惩罚还因此得到报酬。由于报偿和股票价格紧密挂钩，管理层还可能为了自己的利益，操纵股价，牺牲公司长期的价值增长。其次，股票价格变化反映的是整体价值的变化。根据股价的表现奖赏或惩罚管理者时，只能针对整个公司层面的管理者进行赏罚，而不适用于各部门管理者。因此，这种方法较难判断各部门管理者的业绩和对价值创造的贡献，难以分析他们之间的相对水平。

第二节　EVA 及其计算

上一节中我们了解到传统的企业价值创造的度量和分析方法存在各自的缺点。企业价值增加的重要性促使我们寻找新的衡量方法，这些方法兼具折现现金流和金融市场二者的优点，既简单易行，无须估计大量数据，又包含了折现现金流的思想，没有过分依赖市场。本节讲到的 EVA 就是其中一种衡量尺度。

一、EVA 的定义与计算

1958—1961 年，诺贝尔经济学奖获得者默顿·米勒和弗兰科·莫迪利亚尼发表了一系列论文，将 EVA 引入了公司管理。20 世纪 90 年代初，为了适应企业经营环境的巨大变化，美国思腾思特咨询公司提出并实施了一套以 EVA 理念为基础的财务管理系统，包括决策机制、激励报酬制度及新的财务业绩评价指标，并沿用至今。

EVA，衡量了公司根据现有投资所创造的超额价值，其计算公式为

$$\begin{aligned} EVA &= (投入资本回报率 - 加权平均资本成本) \times 投入资本总额 \\ &= 税后经营性利润 - 加权平均资本成本 \times 投入资本总额 \end{aligned} \quad (17\text{-}8)$$

从上述定义及公式可知，计算 EVA 需要有三项数据：税后经营性利润、投入资本总额及加权平均资本成本。在估算税后经营性利润和投入资本总额时，我们需要像在计算自由现金流时一样进行调整。由于资产的市场价值往往包含了投资者对于未来的预期，而进行 EVA 计算时仅需要现有资产的价值，因此我们可以用资本的账面价值表示投入的资本，而账面价值体现了长期以来会计估计方法等的选择，所以需要进行调整。

会计调整的具体内容主要包括以下三点。首先，将经营性租赁债务化。经营性租赁资产的现值为全部租赁支出按税前债务成本折现之和，也即调整增加的债务(资产)的价值。经营性利润需要做出的调整是在原基础上加当期经营性租赁支出与租赁资产折旧之差。其次，将研发支出进行资本化。研发支出可以在未来创造更多的现金流，因此要将其调整为资本性支出。我们需要在息税前利润上加上当期的研发支出减去全部未摊销的资产总和在当期的摊销。最后，对一次性支出进行调整，在利润上加回一次性支出或几年摊销的支出。在估算经营性利润时，我们还需要根据会计准则的规定，在商誉、递延所得税、各种准备金、投资收益等方面进行调整。需要注意的是，在估算加权平均资本成本时应当使用公司债务和股权的市场价值，而非账面价值。计算公式为

$$WACC = \frac{E}{D+E} \times r_E + \frac{D}{D+E} \times r_d \times (1-T) \quad (17\text{-}9)$$

其中，E、D 分别为公司股权和债务的市场价值，r_E 和 r_d 分别为股权资本成本和税前债务资本成本，T 为所得税税率。图 17-1 展示了 EVA 的基本构成。

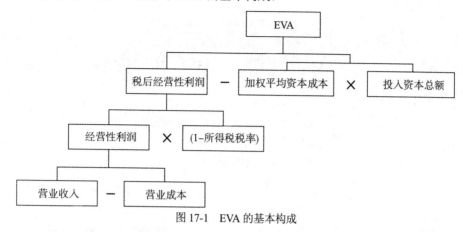

图 17-1　EVA 的基本构成

二、EVA 与折现现金流模型

在了解了 EVA 的计算方法后，我们进一步对其内涵进行考察，分析其与折现现金流模型的联系。EVA 在计算时与传统的会计利润指标不同，它不仅计算了债务资本成本，而且还考虑了权益资本成本，它反映的是企业一定时期的经济利润。

在前面内容的学习中我们知道，净现值(net present value，NPV)是判断一个项目好坏的重要标准，能够衡量超额价值。投资于 NPV>0 的项目，可以创造公司价值，投资于 NPV<0 的项目则会减小企业价值。NPV 的计算公式为

$$\mathrm{NPV} = \sum_{t=1}^{\infty} \frac{\mathrm{EVA}_t}{(1+\mathrm{WACC}_t)^t} \tag{17-10}$$

企业价值=现有资产价值+预期未来增长值，即等于现有资产的投入成本加上现有资产和未来项目的 NPV。因此，我们可以得到以 EVA 表示的企业价值为

$$\begin{aligned}
\text{企业价值} &= I_0 + \sum_{t=1}^{\infty} \frac{\mathrm{EVA}_{t,0}}{(1+\mathrm{WACC}_t)^t} + \sum_{t=1}^{\infty} \frac{\mathrm{EVA}_{t,1}}{(1+\mathrm{WACC}_t)^t} \\
&= I_0 + \sum_{t=1}^{\infty} \frac{\mathrm{EVA}_t}{(1+\mathrm{WACC}_t)^t}
\end{aligned} \tag{17-11}$$

其中，I_0 为现有资产的投入资本，$\mathrm{EVA}_{t,0}$ 为现有资产的经济增加值，$\mathrm{EVA}_{t,1}$ 为未来项目的经济增加值。

我们知道，以折现现金流模型计算企业价值的表达式为

$$\text{企业价值} = \sum_{t=1}^{\infty} \frac{\mathrm{FCFF}_t}{(1+\mathrm{WACC}_t)^t} \tag{17-12}$$

其中，$\mathrm{FCFF}_t = \mathrm{EBIT}(1-T)_t - \Delta I_t$，$\mathrm{EBIT}(1-T)_t$ 为第 t 期税后经营性利润，ΔI_t 为第 t 期再投资金额($\Delta I_t = I_t - I_{t-1}$)。虽然 EVA 估值与 FCFF 估值的表达形式看似不同，但事实上两者殊途同归，它们的估值结果是相同的。我们可以通过以下方式进行证明(假设加权平均资本成本不变)。

$$\begin{aligned}
\text{企业价值} &= I_0 + \sum_{t=1}^{\infty} \frac{\text{EVA}_t}{(1+\text{WACC})^t} \\
&= I_0 + \sum_{t=1}^{\infty} \frac{\text{NOPAT}_t - I_{t-1} \times \text{WACC}}{(1+\text{WACC})^t} \\
&= \sum_{t=1}^{\infty} \frac{\text{NOPAT}_t}{(1+\text{WACC})^t} + I_0 - \sum_{t=1}^{\infty} \frac{I_{t-1} \times (1+\text{WACC}) - I_{t-1}}{(1+\text{WACC})^t} \\
&= \sum_{t=1}^{\infty} \frac{\text{NOPAT}_t}{(1+\text{WACC})^t} - \sum_{t=1}^{\infty} \frac{I_t}{(1+\text{WACC})^t} + \sum_{t=1}^{\infty} \frac{I_{t-1}}{(1+\text{WACC})^t} \\
&= \sum_{t=1}^{\infty} \frac{\text{NOPAT}_t - (I_t - I_{t-1})}{(1+\text{WACC})^t} \\
&= \sum_{t=1}^{\infty} \frac{\text{FCFF}_t}{(1+\text{WACC}_t)^t}
\end{aligned} \qquad (17\text{-}13)$$

需要注意的是，经济增加值(EVA)估值法与折现现金流模型(DCF)的这种相互转化必须要满足几个条件。首先，在计算 EVA 时所使用的税后营业净利润必须与在计算 FCFF 时使用的数据相同，这意味着必须对其进行经营性租赁、研发支出、一次性支出等方面的调整。其次，DCF 模型中税后营业净利润的增长率必须是内生的，即增长率=再投资率×资本回报率，如果我们选用"自上而下"的方法计算 FCFF，则两种方法大概率会得到不同的结果。最后，在计算 EVA 的投入资本总额时需要将每一期的再投资额都加到期初的投入资本总额中。

【例 17.1】运用 EVA 计算企业价值。

假设一家公司现有资产 1 亿元，税后营业净利润 2 000 万元，即资本回报率 20%，假设可以一直延续不变。在今后 5 年的每年年初，公司均会做出 1000 万元新投资，资本回报率为 20%。所有资本成本始终为 10%。第 5 年之后，公司仍会继续进行投资，盈利的年增长率为 5%，但新投资的资本回报率只有 10%，等于资本成本。假设所有资产和投资的期限都一直持续，现有资产和前 5 年的投资每年 20%的盈利不会增长。

使用 EVA 估值，具体过程如下。

现有资产的投资=100(万元)

现有资产的 EVA 现值：

$$\sum_{t=1}^{\infty} \frac{(20\% - 10\%) \times 100}{(1+10\%)^t} = \lim_{t \to \infty} (0.2 - 0.1) \times 100 \times \frac{\frac{1}{1.1} \times \left(1 - \frac{1}{1.1^t}\right)}{1 - \frac{1}{1.1}}$$

$$= (0.2 - 0.1) \times \frac{100}{0.1} = 100(\text{万元})$$

未来项目的 EVA 现值：

出自第 1 年的新投资的 EVA 现值为

$$\sum_{t=1}^{\infty} \frac{(20\% - 10\%) \times 10}{(1+10\%)^t} = \lim_{t \to \infty} (0.2 - 0.1) \times 10 \times \frac{\frac{1}{1.1} \times \left(1 - \frac{1}{1.1^t}\right)}{1 - \frac{1}{1.1}}$$

$$= (0.2 - 0.1) \times \frac{10}{0.1} = 10(\text{万元})$$

出自第 2 年的新投资的 EVA 现值为

$$\sum_{t=2}^{\infty}\frac{(20\%-10\%)\times10}{(1+10\%)^t}=\lim_{t\to\infty}(0.2-0.1)\times10\times\frac{\frac{1}{1.1^2}\times\left(1-\frac{1}{1.1^{t-1}}\right)}{1-\frac{1}{1.1}}$$

$$=(0.2-0.1)\times\frac{10}{0.1}\div1.1=9.09(万元)$$

出自第 3 年的新投资的 EVA 现值为

$$\sum_{t=3}^{\infty}\frac{(20\%-10\%)\times10}{(1+10\%)^t}=(0.2-0.1)\times\frac{10}{0.1}\div1.1^2=8.26(万元)$$

出自第 4 年的新投资的 EVA 现值为

$$\sum_{t=4}^{\infty}\frac{(20\%-10\%)\times10}{(1+10\%)^t}=(0.2-0.1)\times\frac{10}{0.1}\div1.1^3=7.51(万元)$$

出自第 5 年的新投资的 EVA 现值为

$$\sum_{t=5}^{\infty}\frac{(20\%-10\%)\times10}{(1+10\%)^t}=(0.2-0.1)\times\frac{10}{0.1}\div1.1^4=6.83(万元)$$

第 5 年之后，虽然公司仍然会继续进行新的投资，而且盈利还每年增长，但是资本回报率等于 10%，等于资本成本。根据经济增加值的公式可知，第 5 年之后无法增加公司价值。这再次证明，盈利本身的增长并不一定意味着企业价值的增加，以等于或低于资本成本的投资方式提高经营收入甚至可能损耗企业价值，只有超额回报才能带来真正的价值增加。

由于：

企业价值=现有资产价值+预期未来增长值

$$=现有资产投入资本+NPV_{现有资产}+\sum_{t=1}^{\infty}NPV_{未来投资,t}$$

$$=现有资产投入资本+\sum_{t=1}^{\infty}\frac{EVA_{t,现有资产}}{(1+WACC_t)^t}+\sum_{t=1}^{\infty}\frac{EVA_{t,未来投资}}{(1+WACC_t)^t}$$

所以：现有资产的 EVA 现值=100(万元)

现有资产价值为：100+100=200(万元)

预期未来增长值：10+9.09+8.26+7.51+6.83=41.69(万元)

企业价值：200+41.69=241.69(万元)

三、经济增加值模型的优势与局限

EVA 需要估算的数据少，简单易行，它避免了在使用折现现金流模型时，管理层为了满足激励方案的要求只需从诸多复杂的数据中稍加修改便可轻易操纵业绩的情况。同时，EVA 模型也体现了折现现金流的思想，考虑了企业价值随时间的变化，揭示了价值增值的三个基本原则：现金流、风险和回报的持续性。EVA 估值通过超额价值金额全面地衡量了企业的经营业绩，它能反映管理价值，激励管理层创造企业价值，投资于能给企业带来长远利益的项目。EVA 着眼于企业的长期持续发展能力，体现了企业的内在价值，为企业价值增加提供了可靠的衡量尺度，保证了企业价值增加能力的持续性。

然而，EVA 也存在一定的局限性。由于它是一种更加重视现有资产而相对轻视未来增长的估值方法，当管理层的激励方案以 EVA 为考察标准时，管理层也可能做出许多不利于公司价值创造的行为，例如减少投入资本、为增加现有资产的 EVA 而牺牲未来资产的 EVA、投资于能增加 EVA

但会提高公司整体风险的项目等，这些举动可以提升公司在 EVA 上的表现，但却会降低公司的整体价值。另外，资本成本的取值对股东权益的影响较大，取值不当容易导致过分高估或低估。EVA 估值模型还不可避免地忽视了一些非财务指标的影响。因此，在使用 EVA 评估价值及评价管理层业绩时需要根据实际情况具体考量。在企业价值评估中，为了更好地评估企业的价值，可以考虑将 EVA 与折现现金流法相结合，进行综合分析评定，使得评估结果更为可靠准确。

第三节 EVA 与价值评估

EVA 不仅可以衡量企业价值增加，也可以衡量股权价值的增加。虽然 EVA 体现了企业价值的增加，但也不可完全依赖 EVA 对管理层的业绩进行评价。一味地增大 EVA，可能会给公司带来不利影响，甚至会减少其价值。

一、EVA 与股权价值

对前面所讲的 EVA 的计算公式稍作调整，我们就可以用其衡量股权价值的创造具体公式为

$$\text{股权EVA} = \text{股权回报率} - \text{股权资本成本} \times \text{投入股权} \\ = \text{净利润} - \text{股权资本成本} \times \text{投入股权} \tag{17-14}$$

其中，投入股权即所有者权益，股权回报率(ROE) = 净利润/所有者权益。股权 EVA>0 的公司，股东价值在增加，股权 EVA<0 的公司，股东价值在减少。

提出股权 EVA 的目的和意义在于：对一些有着特殊资本结构的公司进行估值。比如金融服务公司，它们有自身的特点，其资产的定义与非金融公司有所不同。金融服务公司的债务通常不被看作资本的一部分，它们用债务进行投资获得收益，类似于用负债获得的资金，设计金融产品，出售并获得利润。因此，金融服务公司的资本仅包含股权资本。此外，金融公司受到的监管也较为严格，较难度量增长率和再投资率等。为了解决这些问题，对金融公司价值合理评估，通常采取的方法是估算金融服务公司的股权价值，而非整个公司的价值。同理，在运用 EVA 对金融公司价值创造进行评价时，采用股权 EVA 也比采用整个公司的 EVA 合理。

二、EVA 与企业价值

EVA 衡量了企业价值相对于投入资本的增加，与传统的财务指标"利润"相比，它考虑了投资者的机会成本，即企业至少需要获得的回报。有时候虽然两家公司规模相似，资产价值、经营利润等也相近，但如果二者的资本成本相差甚远，则它们创造的价值也大不相同。因此正如美国管理学之父德鲁克所言，"EVA 是创造财富的真正关键所在"。

由于 EVA 能较好地衡量企业价值的创造，它也成为被广泛关注的业绩衡量指标，以 EVA 为核心的价值评价体系也越来越完善。业绩评价体系主要包含业绩考核(评价指标)、管理体系、激励制度及理念体系 4 个方面。在评价体系中，一个强调的重点在于注重长期和持续创造价值的能力。如果仅仅关注当前或短期的 EVA，就会造成管理层与所有者之间的博弈。管理层可能为了提高短期业绩水平，采取措施增大当前 EVA，而这些措施可能并不会增加公司的价值，有的在长期甚至会损耗企业价值，有损投资者利益。从前面的内容中我们知道，企业价

值=现有投入资本+$\sum_{t=1}^{\infty} \dfrac{\text{EVA}_{t,\text{现有资产}}}{(1+\text{WACC}_t)^t} + \sum_{t=1}^{\infty} \dfrac{\text{EVA}_{t,\text{未来投资}}}{(1+\text{WACC}_t)^t}$，即现有投资、现有资产 EVA 现值与

预期 EVA 现值之和，因此，它不仅与 EVA 有关，还与现有投入资本、加权平均资本成本有关。

下面我们从几个方面对公司价值与 EVA 间的博弈进行详细介绍。

(一) 减少投入资本

管理层可能通过减少现有资产投资、提高投资回报率的方式提升 EVA，提高业绩水平。当减少投入资本，而经营性利润不变或者减少的程度较小时，投资回报率就会增加，且增加的程度相对更大，从而使 EVA 的水平有所提高。例如，管理层可能选择租用而非购买固定资产。此时，现有资产投入减少，最终的公司价值很可能也减少，但是价值减少的程度低于投入减少程度。

此外，投入资本、EVA 及价值之间的联系也会对不同部门之间的管理层产生影响。当各部门之间投资分配缺乏客观性、存在明显差异时，投入资本少的部门 EVA 会偏高，反之则较低。

(二) 降低未来投资回报率

企业价值由现有资产和预期未来增加两部分构成，如果只关注当期的 EVA，则管理者可能以牺牲未来增长率、降低未来投资回报率为代价换取当期较高的投资回报率，提升当期 EVA 水平。

【例 17.2】 降低未来投资回报率对企业价值的影响。

沿用例 17.1 的公司背景。假设管理层采取措施使得现有资产的投资回报率提高至 22%，然而新投资的投资回报率仅为 15%，则企业价值的计算过程如下。

现有资产的投资=100(万元)

现有资产的 EVA 现值为

$$(0.22-0.1)\times\frac{100}{0.1}=120(万元)$$

第 1 年新投资的 EVA 现值为

$$(0.15-0.1)\times\frac{10}{0.1}=5(万元)$$

第 2 年新投资的 EVA 现值为

$$(0.15-0.1)\times\frac{10}{0.1}\div1.1=4.55(万元)$$

第 3 年新投资的 EVA 现值为

$$(0.15-0.1)\times\frac{10}{0.1}\div1.1^2=4.13(万元)$$

第 4 年新投资的 EVA 现值为

$$(0.15-0.1)\times\frac{10}{0.1}\div1.1^3=3.76(万元)$$

第 5 年新投资的 EVA 现值为

$$(0.15-0.1)\times\frac{10}{0.1}\div1.1^4=3.42(万元)$$

于是企业价值：100+120+5+4.55+4.13+3.76+3.42=240.86＜241.69(万元)。

下面我们进一步分析调整当前和未来投资回报率前后，每年 EVA 的具体表现。

(1) 当资本回报率均为 20% 时：

第 1 年 EVA=(0.2−0.1)×100+(0.2−0.1)×10=11(万元)

第 2 年 EVA=11+(0.2−0.1)×10=12(万元)

第 3 年 EVA=12+(0.2−0.1)×10=13(万元)

同理可知第 4 年、第 5 年的 EVA 分别为 14、15 万元。

(2) 当现有资产投资回报率为 22%，以后 5 年投资回报率为 15% 时：

第 1 年 EVA=(0.22−0.1)×100+(0.15−0.1)×10=12.5(万元)

第 2 年 EVA=12.5+(0.15-0.1)×10=13(万元)
第 3 年 EVA=13+(0.15-0.1)×10=13.5(万元)

同理可知第 4 年、第 5 年的经济增加值分别为 14、14.5 万元。

从图 17-2 可以看到，当以降低未来投资回报率为代价提升当前投资回报率，提升当前 EVA 时，不仅可能减少企业价值，还可能对未来年度的 EVA 造成不利影响，这种不利影响通常在四五年之后才能体现出来。这种滞后的不利影响加大了公司考核管理层业绩的难度。即使公司不是仅考虑了当期 EVA 表现，还考虑了几年以后的表现，但受限于管理层任职时间，管理层仍然可以提高自己近几年的业绩，放弃更长期的 EVA。如图 17-2 所示，调整投资回报率后得到的年度 EVA，直到第 5 年才低于调整前的值。此外，调整后年度 EVA 虽然也在增大，但其增长幅度小于调整前。因此，公司及投资者在根据 EVA 评价管理层业绩时，应充分考虑长期的影响，以可持续发展的战略眼光分析对企业价值的影响。

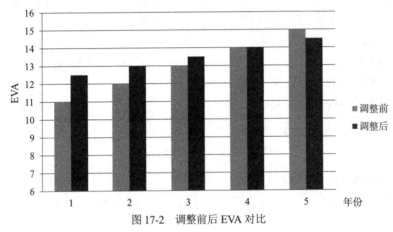

图 17-2 调整前后 EVA 对比

(三) 增大资本成本

企业价值与 EVA 一个重要的关联在于资本成本。企业价值为现有投入资本加上现有及未来投资产生的 EVA 的现值。如果仅以 EVA 为评价标准，则无关资本成本这一折现率。可以想到，管理层会因此倾向于投资高风险高收益的项目，进而提高投资回报率。但这种做法同时也可能增加公司风险，提高资本成本，最终反而可能降低企业价值。随着风险的加大，对公司的不利影响也会越来越显著，这种消极影响也常常存在一定的滞后性，因此更需要公司所有者重点关注。

对高速增长的高新技术公司，采用 EVA 对其估值或运用 EVA 作为评价指标时要尤为谨慎。首先，如前文所述，用 EVA 计算的企业价值为现有投入资本加上现有及未来投资产生的 EVA 的现值。其中，现有投入资本十分重要，而高新技术公司的现有资产投资通常相对较小。其次，高速成长的科技公司的价值主要来源于未来的增长潜力，因此如果管理层为追求当前或短期投资回报率的提高，减小未来投资回报率，则给公司造成的损失比成熟公司的更大。最后，高增长公司通常不确定性较大，本身风险也较大，管理层更容易转移风险，增大 EVA，给企业价值带来负面效应。

三、EVA 与市场价值

在了解了 EVA 与股权价值及企业价值之间的联系后，我们进一步探讨 EVA 与公司市场价值之间的关系。在上一节中我们知道，虽然 EVA 增大，企业价值可能增加，也可能减少，但二者仍然存在一定的内在联系，EVA 是企业价值的一个影响因素。但是对于 EVA 与公司市场价值而言，二者的内在联系并不明显。

一个公司的市值，通过其流通中的股票价格来体现。它不仅包含了公司现有的价值，还包含了投资者对其未来前景的预期，也就包含了投资者预期该公司未来产生超额回报，即 EVA 的能力。比如高成长的公司现有资产较少，但股票价格较高，这意味着其预期会产生较高的 EVA。因此，即使高成长的公司在未来产生了较高的 EVA，如果它仅仅是与预期相符，也不会明显增加公司市值。与之不同，投资者对成熟公司产生 EVA 的预期通常较低。因此，如果一家成熟公司产生较大的 EVA，可能会吸引投资者，其股票价格可能明显升高。由此可见，EVA 增加的多少，对公司股票价格并没有明显的影响，需要结合市场对该公司的预期进行判断。如果 EVA 增大的幅度超过市场对它的预期，则是一个利好消息，有利于公司股价的抬升。相反，如果增加幅度小于预期，即使 EVA 增大，也可能使公司市值下降。

同理，EVA 的增大也不意味着股票回报的增加。例如，Anctil(1996)[①]指出，虽然 EVA 考虑了企业资产的未来价值，但并不完全等同于股票市场的表现。这表明 EVA 的增大不一定直接转化为股票回报的增加。因此，即使 EVA 增大较多，也不一定能给股东带来很高的报酬。

本章小结

根据折现现金流模型，当公司自由现金流增加、增长率提高、高增长期延长或者融资成本降低时，企业价值会增加。当股票价格上涨时，可能也意味着企业价值的增加。然而，考察折现现金流模型的关键因素需要估计的数值太多，将其作为评价管理层的标准又容易被人为操纵，基于股价的判断又过于依赖市场，而市场并非总是正确，股价有时会偏离真实的价值。

EVA 衡量的是现有投资创造的超额价值，即超出资本成本部分的利润，它等于(投资回报率-加权平均资本成本)×投入资本总额。在计算 EVA 时，需要对其进行会计调整，包括经营租赁债务化、研发支出资本化及对一次性支出等方面的调整。如果税后营业净利润的数据相同、增长率内生、每期再投资计入期初资本总额，则运用 EVA 法和运用折现现金流模型法折现估算的企业价值相同，二者可以相互转换。EVA 简单易得，能较好地估计价值的创造，但其相对重视现有资产的价值增加，而忽视未来预期的增长。

在运用 EVA 进行价值评估时，还要注意以下问题。首先，在对有特殊资本结构的公司，如金融类公司进行估值时，需对一般的 EVA 加以调整，采用股权回报率、股权融资成本及投入股权价值进行计算。其次，EVA 的值与企业价值之间存在博弈，并非 EVA 越大，企业价值就越高。因此，在根据 EVA 评价管理层业绩时，要重视其对企业价值长期的影响，注重可持续发展。否则，管理层可能为了追求当前或短期 EVA 的增长而牺牲企业价值或长期的增长。如管理层可能减少现有资产投资，增大其投资回报率；可能以降低未来投资回报率为代价提高当期投资回报率，可能为了提高资本回报率投资于高回报高风险的项目，这些措施都有可能减少企业价值，损害所有者的利益。最后，EVA 的增大与公司市值及股票收益不存在明显的关系。EVA 增大并不意味着股价上涨和收益增加。只有当其增加幅度超过市场预期时，对投资者而言才是一个利好消息。

课后问答

1. 根据折现现金流的思想，简述如何提高企业价值。
2. 什么是 EVA？
3. 假设一个公司投资回报率为 30%，资本包括 2 亿元股权资本和 1 亿元债务资本，债务融资成本为 10%。国债收益率为 5%，公司贝塔值为 0.8，相对国债收益的风险溢价为 10%，求 EVA。
4. 在公司估值时，EVA 模型与折现现金流模型能相互转化的条件是什么？

---

① Anctil R M. Capital Budgeting Using Residual Income Maximization[J]. Review of Accounting Studies, 1996, 1(1): 9-34.

5. 在第 4 题的条件下，推导 EVA 与 DCF 的转换。
6. 简述 EVA 的优缺点。
7. 什么是股权 EVA？它主要有什么用途？
8. 是不是 EVA 增大企业价值就一定增加？请说明理由。
9. 是不是 EVA 增大公司市值就一定增加？请说明理由。

第十八章
公司治理、财务信息质量与投资价值分析

本章任务清单

任务序号	任务内容
1	掌握公司治理的定义及其对利益相关者的协调机制
2	理解股东、债权人、客户、员工的权益冲突与平衡
3	分析股权结构(集中/分散)对公司治理有效性的影响
4	掌握董事会独立性、信息披露与激励机制的设计要点
5	理解财务信息质量的两类问题(缺失/歪曲与复杂性)
6	学会在折现现金流法和相对估值法中调整信息复杂性
7	掌握财务信息治理的四大途径(法制、审计、分析、公司治理)

现代公司所有权与经营权的分离导致了严重的委托—代理矛盾。由于企业所有者和管理层之间存在利益目标不一致、信息不对称等内在矛盾,管理层可能产生为追求个人目标利益而牺牲所有者目标利益的"道德风险"或"逆向选择"行为。公司治理的存在正是试图解决公司成长发展中的这一根本问题。拥有完善、高效公司治理制度的公司对投资者的利益保护更充分、更具备价值创造的潜力。因此,在基于投资者的角度对公司进行价值评估时,其公司治理也是在估值过程中需要考虑的一个重要方面。

我们在对公司进行价值评估时,输入了公司大量的关键财务信息。然而,不可忽略的是这些财务信息可能缺失、被歪曲或者十分复杂。财务信息质量差无疑会使得估值过程变得困难、使得估值结果变得不准确。

而通常公司治理与财务信息质量之间存在一定的相关性。一方面,公司治理的基础是充足且准确的财务信息;另一方面,适当的公司治理可以全面提升财务信息的质量。故而对二者的分析需要互相印证、综合进行。

在本章中我们将重点讨论公司治理对公司价值的影响机理,以及财务信息复杂性带来的后果及在估值中体现的方法。

第一节 公司治理概述

一、公司治理的含义

公司治理是指通过一套包括正式或非正式的、内部的或外部的制度来协调公司与所有利益相关者之间(股东、债权人、客户、员工、潜在的投资者等)的利益关系,以保证公司决策的科学性、

有效性，从而最终维护公司各方面的利益。

要理解公司治理的概念，首先必须知道公司的含义。我们知道，公司是一个典型的营利性组织，其存在并发展的唯一动力及目标是利润。尽管以利润最大化为目标的公司理论遭到了诸多批评，而且公司实践也暴露出了追求利润所带来的负面作用，如生态破坏、资源浪费、商业欺诈等。但无可否认，利润仍是评价一个公司成败的重要标准。只是公司在追求利润的同时也应该遵循商业道德，并切实履行社会责任。

公司作为经济活动中的重要主体，不可避免地与其他主体产生利益关系。这就要求企业在自身利益最大化的前提下，充分考虑各相关方的利益诉求。企业的利益相关方主要有全体出资人(包括股东和债权人)、员工和客户(消费者)。但在具体实务中，一个特定企业的出资人、员工及客户的利益往往存在此消彼长的关系。例如，员工期望高收入，客户希望高质低价，债权人希望低风险，这些都与股东的高回报预期相冲突。也就是说，股东与这些利益相关方的利益矛盾是引发现代公司一系列问题的重要原因，例如劳资矛盾、产销矛盾和信用风险等。而且，在公司的控制权与经营权相分离后，又在上述矛盾基础上增加了对现代公司生存发展至关重要的矛盾：经理与股东的矛盾，即经营权与控制权的矛盾，或称委托一代理矛盾。因此，现代公司已处于各种利益关系矛盾之中。如何协调这些利益关系，使之统一服务于公司的长远发展，成为现代公司成长发展中必须解决好的一个根本问题，同样也形成了公司治理的原始含义。公司自诞生之日起，上述矛盾就或多或少存在着。因此，公司治理是伴随公司生命始终的一种内在需求，协调公司各种利益关系是公司治理的首要任务。

二、公司治理的理论基础

要协调公司的利益关系，首先要认识公司一些主要的利益关系。公司的利益关系，来自组成公司各种资源及能力的权利，以及这些权利之间的关系力。所谓公司资源及能力，集中表现为三种原始状态——决定企业能够生存的客户，决定企业具备法人资格和经营条件的出资人，决定企业能成为经营实体并顺利运作的员工。公司的利益关系是指客户、出资人、员工的权利及组合。由此可见，尽管公司是法人组织，但其利益关系却更多地来自并取决于与公司有利益关系的自然人的利益及行为倾向。

(一) 出资人权益

公司的出资人主要指股东与债权人。对公司股份拥有所有权的人叫股东，对公司债务拥有所有权的人叫债权人。出资人对公司拥有权利的基础是财产权。

1. 财产权

从法律上讲，公司财产的最终所有权，包括财产的清偿权和剩余财产的索取权，最终归属于出资人，包括股东和债权人。对于企业财产含义，有如下界定：在法律意义上，企业财产必须是由企业拥有或控制；在管理意义上，企业财产必须能用货币明确计量；在经济意义上，公司财产能给企业带来经济利益，主要表现为在本期及以后较长时期都能为企业带来较为确定的现金流入。公司财产通常称为"资产"。资产是企业拥有的或控制的能用货币计量并带来经济利益的各种资源。

债权人的财产清偿权及剩余资产索取权指债权人对企业拥有还本付息的强制要求权。企业若不能还本付息，债权人有权申请法院判决企业清算，并以财产变现偿还债务本息。

股东对企业剩余财产的索取权是指企业经营终止，财产清偿完各种偿还支付义务后剩下的部分，应全数归全体股东所有，各股东以其拥有企业股权份额享有分配权。

但若企业对债权人已履行了还本付息的义务，且又未终止，则资产的使用配置完全由企业自主决定，任何债权人或股东都无权以债权人或股东的身份直接支配企业财产，这就是企业的法人财产所有权。

2. 股东权益

股东权益是现代公司制度本质的产物。现代公司的本质,概言之可以表述为独立的人格(法人)和独立的财产(法人财产权)。股东作为公司的主要投资者,不是直接拥有公司的财产,而是拥有公司的股份。股份并不代表拥有公司多少资产,也不代表金钱的数额,而是表明某股东在公司利益里按照份额的索取权。股东对公司经营承担的是有限责任,即以其出资额对企业承担民事责任。在实践中,股份是股东权益的核心,但股东权益的含义要比股份广泛得多,通常还包括一些非财产性权利,如表决权、知情权等。从概念上分析,我们可以把股东权益定义为股东在公司里拥有的各种法定权利的总和。

3. 债权人权益

债权人不仅享有要求企业履行还本付息义务的法定权利,还拥有对其所持债权企业进行日常监督的权利及对企业重大经济决策事项的知情权。通常而言,公司所形成的债务无论源自商业银行的长期或短期融资、公司债券的发行,抑或是基于交易活动而产生的商业信用性往来债务,均具有特定的资金用途及其经济理由。因此,企业在形成负债后,应确保债权人充分了解该项负债的具体用途及其产生的合理性,并保障所承诺用途的实际落实。债权人则应切实履行监督职责,以有效降低并控制其债权在企业中可能面临的回收风险。

(二) 客户权益

在商品奇缺、生产严重不足的经济环境下,企业生产出满足社会需要的商品是最重要的,股东价值最大化一般是公司的第一目标。然而,在商品比较充裕、生产过剩的经济环境下,市场需求对于企业生存发展是第一位的。在充满竞争的市场环境中企业满足客户需求,拥有市场份额是企业制胜的法宝。因此,将客户价值最大化作为第一管理目标就成了一种明智的选择。

根据美国营销学权威菲利普·科特勒(Philip Koher)教授的定义:"客户的让渡价值是指总客户价值与总客户成本之差。总客户价值就是客户期望从某一特定产品和服务中获得的所有利益。而总客户成本是在评估、获得和使用该产品和服务时引起的客户预计费用。"

客户也是价值最大化的追求者。客户追求的价值最大化就是让渡价值最大化。这一目标的实现离不开公司产品与服务的全过程支持。离开公司的产品与服务,客户让渡价值也就不可能成为现实。问题在于,客户让渡价值的最大化并不等于企业价值的最大化。因为客户与企业毕竟是两个利益主体,企业价值的最大化集中表现为企业的可持续发展,但这与客户让渡价值最大化并不是同义的。实践中,片面地追求客户让渡价值最大化,企业价值就难以最大化,甚至会危及企业的长远发展。

(三) 员工权益

公司的一切活动都是由员工完成的,员工行为成了决定公司成败的重要因素。在过去经营规模小、经营范围窄、经营产品种类少、制造工艺简单的条件下,对生产经营进行管理并不复杂,对员工的监控和指导无太大难度。因此,员工行为对公司的影响较容易控制,员工并不成为生产经营的核心资源,尤其是在生产流水线机械化及标准化管理后,一名员工与一台机器并无不同。

但随着企业经营规模的扩大,经营范围日益增大,经营的产品不但种类多而且经常调整,制造工艺日益复杂,制造及组织管理技术难度日趋提高,生产经营一线人员主动性、积极性及负责精神对一个公司的成败起决定性作用。在这样的条件下,怎样调动员工的积极性,使员工具有认真负责的态度,最终创造性地为公司服务,就成为现代企业管理必须解决的一个重大课题。

而员工积极性和创造力的动力的核心来源则为员工权益。在企业中,员工权益表现在两个方面:取得薪酬和精神满足。

对于薪酬的本质，不同的人出于不同角度，有不同的看法。从字面上看，薪酬的意思是平衡、补偿，有明显交换的意思。有些人认为，薪酬是上级对下级的施舍。但更多人认为，薪酬是劳动力获得的补偿或劳动的报酬。社会学者往往把薪酬差别看作公平与否的标准。对于股东而言，薪酬是激励经营者和雇员的手段；对于企业而言，员工薪酬费用是利润的减项。在实践中，我们宁愿把薪酬看作一种激励员工和衡量公平与否标准的结合体。为此，形成了两种基本的企业薪酬制度：主体薪酬制度与客体薪酬制度。

1. 主体薪酬制度

主体薪酬制度立足于薪酬主体自身的基础、素质及内涵，决定薪酬水平。目前其主要依据有职位、技术、能力三种，即按照员工所担任的职务高低、技术等级或能力强弱决定具体员工的薪酬。这也是现在大多数企业普遍采用的薪酬制度。这样的薪酬制度与科层制的组织形式相适应，但主观性较强，对员工的激励作用有限，而且在公正性方面难以得到保证。

2. 客体薪酬制度

客体薪酬制度依据员工的工作业绩来决定薪酬水平。只要选择的绩效指标恰当，计量绩效指标合理，计量结果真实，这种薪酬制度就能调动员工的积极性和责任感，也比较公正。但在实践中，选择合适的绩效指标一般难度较大，很多企业往往采取主观决策，从而使这种制度在执行中出现与预期不一致的结果。加上企业员工之间存在互相合作的关系，有些员工的成果是很难单独计量的，因此就产生了"搭便车"和"代理"问题，使基于绩效的薪酬制度效果不尽如人意。

以上我们分别考察了出资人、客户、员工这三个公司价值的基础，并描述了这三个价值主体在公司的权利表现。总体来说，出资人价值最大化是现代公司的一个经典模型。但实际上，现代公司产生的大多数问题，究其根源是由于所有权和经营权的分离，为多数人所有的公司被少数经营者所控制，利益目标的不一致带来的委托代理矛盾。因此，只有解决好这种多数人与少数人利益的矛盾问题，才有可能真正实现企业的可持续发展。公司治理，正是试图解决公司成长发展中的这一根本问题而产生的一种制度。

第二节 公司治理与投资价值分析

一、公司治理对投资者的利益保护机制

从保护投资者的角度来看，公司治理可以显著降低内部人"掠夺"的效率。在完全缺乏公司治理的极端情况下，内部人可以方便地直接窃取公司的利润，对投资者的保护程度等于零。这时，如果企业缺乏良好的信誉，任何理性的外部投资者都不会向它投资。

随着公司治理的完善和对投资者保护程度的提高，内部人必须通过一些更加巧妙的方式，如建立分公司、子公司来转移和消耗利润。当公司治理相对完善、投资者保护相对严密时，内部人至多只能通过给自己定高薪、将自己的亲朋好友安排在公司的管理层、低效运营等方式满足自己的私利。当公司治理充分完善时，各种"掠夺"技术必然失败，投资者的利益在公司就有了保障。

保护投资者利益的公司治理系统主要包括股权结构、董事会制度、股东权利的法律保障、经理层激励制度、信息披露制度、银行的债权治理、控制权市场和经理市场等方面。

(一) 股权结构

公司股权结构包括股权集中程度和股权构成两个方面。股权集中程度决定了经理层和股东之间的权利分配。在股权相对分散的情况下，公司治理的基本问题是委托—代理问题，即如何加强投资者对经理层的监督。在股权相对集中的状态下，公司治理的基本问题在于保护中小股东免受

控股股东的掠夺。市场经济发达国家的公司运作经验表明：股权集中度同公司治理有效性之间的关系是倒 U 形的，股权过于分散或过度集中都不利于建立有效的公司治理结构，不利于对中小投资者的利益保护。在避免一股独大的前提之下，公司股权有一定程度的集中，有利于完善公司治理机制和加强对投资者的保护。

股权构成对投资者的保护也有重要影响。公司股权构成是指股东性质，股东可以是个人、家族、持股公司、银行、机构投资者(如财务公司、保险公司、投资公司、养老基金和共同基金)或非金融公司等，控股股东的性质往往关系到他们参与公司治理的目的及对投资者的保护状况。

若控股股东是银行，股权的行使往往与债权结合在一起，对企业形成强有力的控制。若控股股东是非银行的金融机构，股权的行使与它们既是公司的大股东又是分散投资者的代理人的双重身份结合在一起，当两者发生冲突时，它们要么以大股东的身份向经营者施加影响，使企业做出有利于自己的决策，要么抛售股票，即"用手投票"和"用脚投票"并用。若控股股东是工商企业，股权的行使往往和企业间的交易结合在一起，持股的目的主要是保护企业间的长期交易，股东和股权结构比较稳定，能防止企业股票流入敌对接管者手中，从而能够使经营者避免资本市场施加的短期压力，专注于企业的长期经营。这些大股东平时一般不干预企业经营，只有在企业绩效恶化时才介入。这三类控股股东性质对公司治理和有效保护投资者利益究竟产生正面影响还是负面效果，目前尚无定论，要视具体经济、法律等制度环境而定。

(二) 董事会制度

董事会保护投资者的力度取决于以下因素：非执行董事和独立董事的代表性，董事会下设独立委员会(如薪酬、提名及审计委员会)的运作状况，公司的 CEO 同董事长的职位是否分离等。如果这些制度安排有效，客观上有利于对股东，尤其是对中小股东利益的保护。

在董事会中，独立董事制度对中小投资者利益的保护具有重要作用。独立董事可以更加超脱地考虑公司决策，减少公司重大决策失误。独立董事还有助于保持董事会的独立性，从全体股东利益出发监督公司管理层，并形成对大股东的制约。从各国的实践来看，董事会中独立董事的比例越高，对投资者的保护就越完善。

(三) 股东权利的法律保障

有关投资者保护的相关法律是公司治理的外部环境，其本身对保护投资者权益也发挥着重要作用。

各国(地区)法律关于少数股东权益保护的规定从总体上可以分为三类：一是事前预防性的规定，如股东大会召集权、提案权、知情权等；二是事后救济性的规定，即少数股东在其权益受到侵害的情况下可以向法院提起诉讼，以及关于保障少数股东行使上述救济手段的规定；三是在《中华人民共和国公司法》《中华人民共和国证券法》等相关法律中规定有关的制度，如股东表决权排除制度、独立董事制度、累积投票权制度等。

(四) 经理层激励制度

公司治理的核心是解决委托—代理问题产生的矛盾。委托者将代理者的效用函数统一到自己的目标上来，除了应用监督、约束手段外，还需要引入激励机制，使代理者的自利行为符合委托者的利益。这种激励主要体现在经理报酬的构成方式上。从已有的实践来看，股票期权是一种长期性的激励制度，可以有效防止经理人员追求短期利益的现象，约束他们损害公司和投资者利益的行为。

股票期权激励的有效运用有两个重要前提：首先，不能存在"内部人控制"的情况。任何激励计划都必须掌握在所有者及其信任的托管者(董事会)手中，否则某些经理人员会利用自己手中的权力，为自己谋取非分的报酬。其次，必须具备有效的证券市场。因为股票期权制度的必要假设是股价必须在相当程度上反映上市公司的基本面，这样才能形成对高级经理人员的度量评价功能。

(五) 信息披露制度

公司治理的核心就是要对公司业绩进行有效的监督，当公司业绩出现问题时监督者能做出迅速的反应。因此，公司治理必须依赖于公司的透明度。为了保证公司及时、真实和全面地向投资者披露公司的经营状况等信息，各国的证券管理体制都对上市公司的信息披露提出了强制性要求。

从理论上来说，投资者可以通过契约条款来约束内部人的侵权行为，并促使内部人及时披露信息。但是，在证券市场的实践中，公司从欺诈、公布虚假信息等机会主义行为中获利的现象非常普遍，其原因如下：一是不可能制定内部人"侵权"风险得到完全估计的契约；二是契约监督机构会因政治压力、能力制约、寻租、自身腐败等因素不可能或不愿意去履行这种复杂的契约。因此，建立以提高公司运作透明度为核心的强制性信息披露制度对完善公司治理机制、有效保护投资者权利乃至保持证券市场的健康是必不可少的。

(六) 银行的债权治理

企业外部融资的来源，除了直接融资，还有以银行为主要筹资对象的间接融资。从现代公司治理的结构理论出发，银行作为企业的主要债权人，可以发挥重要的治理功能，客观上能对股东利益的保护起到重要作用。这是因为：①银行具有关注企业生存和发展的动机，银行和股东的利益是相容的，银行参与公司治理，不仅有利于维护银行的利益，也有利于维护股东的利益；②由于银行掌握的信息比较充分，具有控制和监督企业资金流的能力，因此，银行的监督具有操作性强、效率高的特点；③银行的债权约束具有刚性，即"相机控制权"，因此，银行的监督有利于约束代理人的行为，维护股东权益不受侵蚀；④银行具有比较丰富的人力资源和健全的组织管理体系，能保证银行监督的质量。

(七) 控制权市场和经理市场

控制权市场和经理市场是指以市场来配置控制权和经理人。公司控制权及代表权只要是在公平竞争条件下进行争夺，不论这种争夺是否成功，都有利于目标公司的股东，因此：①在既定的股东权益下，在可能由于目前代理人不尽责引发管理不善的状况下，公司业绩提高的潜力巨大，管理权和控制权的争夺使因管理不善而待开发的公司业绩潜力得以发挥；②以公司控制权为目标的争夺增大了将公司资产转向更有价值的用途的可能性。

经理人市场的存在也是公司内部控制机制优化的必要条件，这是因为高级管理人员的能力和品质直接关系到最佳治理结构的形成，关系到公司经营发展的成败。运作良好的经理人市场可以防止经理人员对企业进行无效运作，表现不佳的经理人将面临失去工作的威胁。因此，适当竞争的经理人市场是保证公司治理规范化和有效提高投资者保护程度的重要机制。

二、公司治理与价值创造

总体而言，良好的公司治理可以提高公司的投资效率，使公司不仅着眼于短期目标，也立足于长远发展，进行较多的研发投入，并加强风险管理和内部控制，从而使公司获得更好的财务绩效和更高的市场价值。我们将从股权结构与股东权利、董事会、信息披露、激励机制4个方面分别讨论公司治理与价值创造问题。

(一) 股权结构与股东权利

股权结构是决定公司治理机制有效性的最重要因素之一，因为它决定着公司控制权的分配，以及所有者和经营者之间委托代理关系的性质。股权过度分散和过度集中都不利于委托代理关系的维护。一般而言，大公司的股权更趋于分散，这是由于股票多次增发的缘故，公司治理的主要问题是股东与经理之间的代理问题。中小上市公司的股权结构大多是集中的股权结构，公司治理的主要问题是如何遏止控股股东的道德风险，保护股东特别是中小股东的权利。

股权集中型的股权结构往往有一个实际控制人，或几个一致行动人，实际控制人对公司发展具有决定性权力，可以影响公司所有的重大决策。如果是民营企业，实际控制人或一致行动人往往是公司的创始人，因此，公司的代理问题较弱。如果是国有企业，实际控制人往往是国有大股东或公司个人，代理冲突既可能存在于大小股东之间，也可能存在于股东与实际控制人之间。究竟是股权分散有利于科学决策，还是股权集中有利于公司长远发展，理论和实践均没有统一的定式。现实而言，不同公司采取不同的股权结构是必然的，这取决于公司的创始背景、所处行业、发展阶段等。在解决好利益冲突的前提下，两种股权结构均可以立足于公司的长远发展，采取有利于长远目标的创新策略，加大研发创新、市场创新、管理创新的力度。

除了股权结构，公司对股东权利的保护也是股东层面要解决的问题之一。对股东权利的良好保护可以赢得市场更多的认可和追捧，公司将获得更多的融资渠道、更多的资金，从而进行更多的创新投入，推动公司开展新的项目，提高公司价值。并且，良好的投资者保护水平本身就是公司的无形价值，投资者可以更放心地将资金投资于该公司，以获得公司资产增值的收益。

股权权利的保护方式主要有以下几种。股份公司无论股东多少，均需要与所有股东签订明确的协议，以确定股东的权利和义务。如果公司的股东人数较多，比如，上市公司，这种协议往往是在公司章程、股东大会议事规则、投资者适当性管理规定、投资者关系管理规定等公司文件中得以体现。股东可以据此享有一定的知情权、投票权和股利分配权等。

(二) 董事会

董事会是公司治理的枢纽和核心。有效的公司治理机制一方面应确保董事会对公司和股东的受托责任，另一方面应实现董事会对公司的战略指导和对管理层的有效监督。董事会的任务主要有4个方面：一是选聘和激励管理层，二是确定公司的战略发展方向，三是对公司重要事项做出决策，四是部署公司的风险管理体系和内部控制体系。

观察国内公司的董事会，我们发现，最早的董事会只是完成股东的受托责任。直到近年来，董事会才被赋予更多的功能，其战略功能被越来越多地讨论。具体而言，董事会上接股东，下连管理层，除了日常的议事、决策功能外，一个更重要的任务是确定公司的发展战略，发挥董事们的专业优势，运用其对未来形势的判断能力，为公司长远发展框定大的发展方向。选择经理人、科学决策、风险与内部控制机制均是董事会的工作内容，均是董事会创造价值的重要组成部分。

(三) 信息披露

健全的信息披露是投资者了解公司并对其实施监控的基础，也有助于资本市场吸引资本和保持信心。有效的公司治理能够确保及时、准确地披露公司所有重要信息，并贯彻真实、准确、完整、及时、公平的信息披露原则。上市公司信息披露既包括数量，也包括质量；既包括披露公司的实质性信息，比如公司财务和经营成果、关联交易、内部控制、对潜在风险的分析，也包括公司的所有权、薪酬政策、商业伦理、治理政策和程序等非财务信息。

无论怎样，信息披露是信号传递的一个途径，主要目的是解决信息不对称问题。信息披露可以使公司的各利益相关者更方便地掌握公司运营的各种信息，从而对公司董事会和管理层形成一种外在监督，减轻道德风险和逆向选择的发生概率，降低公司运行的代理成本。这些均是创造股东价值的一部分，有利于公司提高效率，专注于主营业务发展。

(四) 激励机制

激励机制的设计是与董事会建设同样意义重大的公司治理问题，而在不同规模公司的激励机制设计中，通常会涉及不同的问题。

首先，不同规模的公司在激励机制设计上面临不同的挑战。在大公司中，由于股东通常不直接参与日常管理，而是通过委派董事来代为管理企业，因此对董事的激励主要以职位激励为主，辅以薪酬激励，股权激励则相对较少。这种情况下的核心问题是如何在控制权与经营权分离的基础上，确保管理层的利益与股东利益一致。

其次，对于中小高科技上市公司而言，由于股东往往同时担任公司管理人员，内部监督较为到位，委托—代理问题不明显。在这种情况下，激励机制设计的核心问题转变为如何激发技术和管理骨干的积极性，以促进公司的创新和发展。

而解决上述问题的关键在于设计合理的激励机制。激励机制设计的重要原则便是必须与公司的业绩发展相匹配，以确保管理层的利益与公司及其所有股东的利益一致。

对于大公司，解决委托—代理问题的一个有效方法是让经营者持有一定比例的公司股份，成为内部股东。这样，经营者的利益就与外部股东的利益保持一致，有助于减少代理成本，提高公司治理效率。

而对于中小公司，结合短期和长期激励是一个有效的策略。我们需要了解短期激励和长期激励的区别：薪酬激励通常是短期的，旨在满足董事和经理层的短期目标；而股权和期权激励则着眼于长期，通过使管理层的个人利益与公司的长期发展目标一致，来鼓励他们为公司的持续增长和创新做出贡献。在实践中，薪酬激励主要用于奖励经理层完成基本工作，而股权和期权激励则用于激励经理层进行创新和价值创造，这些活动对公司的长期发展至关重要。这种结合长短期激励的方式在上市公司中越来越普遍，目的是形成一种合力，既保障公司的日常运营，又推动公司的长期发展和创新。

第三节　财务信息复杂性与投资价值分析

一个具有优秀的公司治理能力的公司往往意味着其具有高质量的财务信息。而由于在现实中，对公司的估值我们不可避免地需要借助财务信息，故而财务信息质量的高低将会严重影响到对公司价值的评估。

在本节中，我们首先对财务信息质量进行了定义，展示出一些常用的盈余管理手段，并提出了财务信息质量低的两种形式。对于第一种形式(信息缺失、歪曲)，我们寄希望于信息披露制度的加强。但对于第二种形式(信息的复杂性)，我们可以在估值过程中在模型中体现出来，并最后反映到公司的价值中。因此，本节将重点探讨财务信息的复杂性带来的后果及处理方法。

一、财务信息质量的含义

财务信息不仅包括原始的会计信息，还包括根据会计信息计算的各种财务比率，比如总资产回报率、资产周转率、销售毛利率等。尽管财务信息的范围要更大一些，但从二者的关系可以看出，会计信息是财务信息的基础，因此财务信息质量与会计信息质量在本质上是一致的。对于投资者而言，对会计信息质量的基本要求包括真实、完整、可靠、及时等。虚假或者遗漏重大事项或者不可靠或者不及时的会计信息都可能导致投资决策的失误。

在众多财务信息中，最为引人关注的是盈余信息。盈余信息更为重要是因为：首先，盈余信息通常是签订经济契约所需的基础信息，比如贷款合同、管理层薪酬契约等；其次，盈余信息与资本市场密切相关,比如上市公司融资时对盈利能力的要求、盈余水平与公司股价的表现等,但这并不代表投资者决策只需使用单一的盈余信息,事实上,在会计活动中,盈余信息与其他财务信息是密不可分的,比如利润的增加,可能是源于成本下降,或者费用支出减少,或者投资收益增多,等等。因此,如果盈余信息被操纵而失真,那么必然在其他关联的财务信息上有所体现。所以在判断公司财务状况时,通常需考虑全面的财务信息以更好地识别公司的财务风险。

盈余管理的常用手段如表 18-1 所示。

表 18-1 盈余管理的常用手段[①]

资产负债表项目	盈余管理	利润影响	关注操纵点
资产			
毛应收账款	在获得实际收入之前确认收入	较高的收入	涉及多项交付部分的合同;长期合同
净应收账款	减少坏账和销售退回的准备	较高的收入和较低的销售费用	低信用质量的应收账款;银行的贷款损失准备
应收租赁款	增大租赁期终止时残值估计值	较高的租赁收入	飞机租赁;计算机租赁;设备租赁
存货	将非存货成本计入存货成本;不注销废弃存货成本	较低的已售产品成本或销售管理费用	技术进步导致存货废弃;存货价格下降
预付费用	高估预付费用金额	较低的销售管理费用	提前支付大量的费用
不动产、厂房和设备	将修理维护费计入 PPE;高估使用年限和残值;过度减损支出	较低的折旧支出,反映在利润表各个科目上	资本密集型制造业
无形资产	将不合理的费用资本化为无形资产	销售管理费用摊销费用较低	知识密集型公司;软件成本资本化
待摊费用	把过多的当期费用确认为待摊费用	较低的销售管理费用	递延所得税资产的估值;资本化顾客获取成本
负债			
递延收益	减少递延收益	较高的收入	涉及多项交付部分的合同的收入
担保负债	减少计提的担保准备	较低的销售费用	对产品提供质量保证的公司
应计费用	减少应计费用	较低的费用——适用于所有的费用	所有公司
养老金负债	通过改变假设和折现率减少养老金负债	较低的养老金费用	固定收益养老金计划
未支付索赔的准备	减少准备	较低的理赔费用	保险公司

对于一个信息透明的公司来说,获取用于评估其公司价值的相关信息不仅便捷且及时,在将其运用到价值评估的模型中也相对简单。但是,对于信息透明度低或者信息十分复杂的公司,其信息往往无法或者很难体现在估值模型中。

---

① 参考:郝项超,梁琪. 公司治理、财务信息质量与投资者保护:基于最终控制人视角的分析[M]. 北京:中国金融出版社,2011.

通常，财务信息质量低有两种不同的形式：第一，因信息披露制度不完善，用于价值评估的数据无法取得，或者歪曲不实；第二，信息可获取，但公司本身太过复杂(因为其组织结构或经营领域方面很复杂)，以至于从纷杂的信息中提取有效、准确的信息难度很大，且难以反映到评估过程中。第一种问题可以通过完善信息披露制度予以解决，但是在我们估值实务中遇到这些问题，并没有很好的解决办法。相比之下，对第二个问题，即财务信息的复杂性在估值过程中的探讨更具有可操作性。

知识链接：财务信息透明度与财务信息复杂性的关系

财务信息透明度与财务信息复杂性是公司信息披露的两个关键维度，它们共同影响着投资者和其他利益相关者对公司价值的评估和决策。透明度高意味着公司提供的信息更加全面、准确、及时，而复杂性则涉及信息的组织、呈现和理解难度，此处我们将总结二者的定义，并讨论它们之间的关系。

财务信息透明度：衡量公司愿意和能够向外界公开多少信息的指标。高透明度的公司往往拥有更加规范的公司治理结构，它们通过详尽的信息披露来降低信息不对称，帮助投资者和其他利益相关者更好地理解公司的经营状况和潜在风险。透明度的提升有助于建立投资者信心，降低公司的资本成本，投资者能够更准确地评估投资风险和回报，从而做出更为明智的投资决策。

财务信息复杂性：财务信息本身的难易程度，它可能受公司的业务模式、会计政策、财务结构等因素影响。复杂性较高的财务信息可能导致外部利益相关者难以解读和分析，从而影响他们对公司价值的评估。复杂性可能掩盖了公司的真实财务状况，增加投资者的不确定性，导致投资者要求更高的风险溢价，进而可能降低公司的市场价值。

两者之间的关系：一方面，即使公司的财务信息复杂性较高，但如果公司致力于提高透明度，通过更加详尽和清晰的披露来解释复杂的财务结构和业务模式，那么投资者仍然可以较好地了解公司的真实情况；另一方面，透明度的提高也有助于降低财务信息的复杂性，因为更清晰的信息披露可以帮助投资者识别和理解公司的关键财务指标和潜在风险。然而，财务信息的透明度并不总能解决复杂性带来的问题。在某些情况下，即使公司披露了大量信息，但由于业务的内在复杂性，投资者仍然可能难以完全理解。

二、财务信息复杂性的评估结果

当财务报告透明度不足时，我们无法对价值评估所需变量加以评估。举例来说，一个公司未来增长率的大小取决于其再投资的多少和投资的回报情况。如果公司通过控股子公司对外投资，且控股公司信息又无法被投资者所知时，我们就无法对评估中各项输入变量加以评价。为了评估一家公司的资本成本，我们必须知道这家公司有多少负债和债务成本是多少，如果公司隐藏了大部分的负债，那么我们将低估公司的违约风险，从而低估其资本成本。

因此，评估一家复杂公司肯定比评估一家简单公司要困难，但这并不意味着投资者由于不确定性的存在而降低复杂公司的价值，事实上，像小米、联想等公司的财务报告都是越来越复杂的，但是其投资者仍然很看好公司的价值。然而，更常见的情况是，信息复杂性带来了至少两个方面的负面影响，主要体现在大企业价值的折扣和高估的资本成本。

(一)大型企业价值的折扣

很多研究表明，与单一业务公司相比，市场低估了大型企业集团的价值。低估的现象引发了大家的广泛讨论，大多数观点归咎于具有复杂业务的公司缺乏重点，且效率低下。另一个原因是公司经营业务涉及多个产业，财务报告的复杂性增大，即使公司做了多种努力以提高财务报告的透明性，但仍未能很好地解决这一问题。例如，财务报告的复杂性可能表现在：首先，大企业难免会存在固定费用——毕竟建立大型企业的原因就是创造规模效应，这些固定费用不得不向其下属企业进行分配，而这些分配是主观的，投资者往往对具体的数额表示怀疑；其次，私营分支机构缺乏市场价格作为参考，这就使投资者很难计算出每个分支的价值，且难以对其行动做出判断。

如何区分因管理无效所带来的价值低估和由于财务复杂性所带来的价值低估？我们可以通过分析市场反应，即市场对大企业集团现任管理者建立分支机构的反应来对其进行区分：如果市场认为价值低估是财务复杂性导致的，那么当下属企业被拆分为独立实体并独立报送财务报表时，市场应该会重新评估其价值，从而消除低估现象；相反，如果价值低估是由管理无效引起的，即使子公司被分离出来，市场可能仍然对其价值持保留态度，因为管理问题并未因结构调整而得到解决。

在管理无效的情况下，仅仅分离子公司可能不足以恢复其价值。此时，可能需要通过资产剥离，即将表现不佳或非核心资产出售，来彻底解决管理不善所导致的问题。资产剥离可以提高公司资产的质量，从而提升市场对公司的估值。而通过分拆、分裂或资产剥离带来的价值增加，实际上反映了市场对公司信息透明度提高的积极响应。当公司变得更加透明，投资者能够更清晰地看到公司的潜在价值和风险，通常会导致公司价值的重估和提升。

(二) 高估的资本成本

如果投资者发现公司对于其承担的风险披露了过少的信息，这就意味着他们将担负更多的资本成本。因此，对于公司而言，最好披露尽可能多的信息，而不是隐藏信息，主要原因如下。

(1) 一个信息丰富的财务报告可以缩小买卖双方的价格预期差异，从而降低买卖价差。这样的报告能够吸引更多交易者，增加交易量，提高市场流动性。纵观资本市场，信息披露不完善时，交易额也随之降低。

(2) 尽管难以精确量化，但充分的信息披露被认为可以降低股权和债务资本成本。标准普尔的研究指出，即使证据不完全充分，信息透明度较高的公司往往有较低的资本成本。

(3) 当市场上某些公司的信息披露不足时，投资者可能难以区分它们之间的风险差异，这可能导致这些公司的股票被市场视为具有相似的风险，聚集在一起。这种聚集效应使得投资者通过多元化投资组合来分散特定风险的能力下降，增加了整体市场风险。

虽然上述结论指出信息披露与资本成本之间存在联系，但我们也必须谨慎，不应过于仓促地得出结论。信息披露的完善可能与其他因素如公司治理和运营效率等相伴生，这些因素同样对资本成本有显著影响。

三、在折现现金流估值法中体现信息复杂性的调整

当考虑到存在经理层误导市场的可能性，我们还可以评估复杂公司的资产价值吗？本部分内容中，我们将提出三种实用的方法，来调整评估复杂公司时所采用的折现现金流模型，以解决不同类型的披露问题。

(一) 调整现金流量

处理复杂性的最简单的方法之一是调整企业的现金流量。简单来说，我们给预期的现金流量折扣，且公司规模越大，复杂性越强，折扣越大，这一过程被称为"削减现金流量"。虽然这一折扣的给定具有随意性，但是在资本预算和价值评估中应用比较广泛。为了表述得更具体一些，我们给出如下操作步骤。

(1) 确定有多少来自资产的收入是无形的或不确定的，特别是应关注那些来自私营控股企业的收入(或特殊目的实体)，以及其他非经营性收入(如来自基金的收入和非经营性交易)。

(2) 参考大公司管理层的预测。管理层预测的可信度取决于客观和主观两方面的因素，其中客观的因素包括公司过去的会计重述或错误、公司治理的质量(拥有强大且独立的董事会的公司更可能诚实披露)；主观因素来自管理公司的经验和能力，虽然一些经理即使在其歪曲事实时也表现得极具亲和力和说服力。

(3) 另一种更为简单的方法是直接调整评估时的输入数据。例如，我们根据公司的复杂程度调整公司的营业利润率为行业平均水平，并改变有效税率至边际税率。公司的管理层会因此产生抱怨，认为评估过程存在不公；但这也鼓励了管理层主动披露正确信息，让分析者相信其可以维持一个较高的利润率和一个较低的税率。

(二) 调整折现率

在本节的第二部分，我们提出复杂公司往往有着较高的债务资本成本、股权资本成本和加权平均资本成本。依据这一现象，我们可以对折现率进行调整(股权资本成本和加权平均资本成本)。具体而言，对于那些复杂的财务报表，与透明度较高的报表相比，我们可以提高公司的股权资本成本和加权平均资本成本，具体调整如下。

(1) 比较投资于市场组合的收益和投资于复杂公司的投资组合收益，并对复杂公司的历史风险溢价做出估计。举例来说，如果在过去的 20 年里，我们投资于复杂公司所赚取的回报是 18.3%，而投资于沪深 300 的回报是 14.1%，则投资于复杂公司的风险溢价是 4.2%，我们可以将其直接计入复杂公司的股权资本成本中。但这一方法带来了两个问题：①判断一个公司是复杂的还是简单的有困难；②随着时间的推移，简单的公司也可以变成复杂公司(或者相反)，从而难以保持投资组合不变。

(2) 调整复杂公司的贝塔系数。如果我们相信市场，那么复杂公司的贝塔系数会高于简单公司的贝塔系数。在我们之前给出的贝塔值的计算方法的基础上，将增加一个额外的步骤：以公司自身业务为基础，计算出一个最基础的贝塔值，再加上一个复杂性所带来的溢价或减去一个信息透明性所带来的折扣，折扣的大小主要取决于我们对公司复杂性的判断。

(3) 参照复杂性评分调整折现率。如果有一套对市场上代表性公司的信息复杂性进行评分的方法，那么参照复杂性评分对折现率进行调整是可行的。举例来说，假设市场上代表性公司的平均信息复杂性评分为 75 分，我们所要评估的公司的信息复杂性为 60 分，那么可以据此将其折现率调整为原来的 1.25 倍。

(4) 如果复杂性并非源自资产，而是由负债引发的，如未在报表附注中披露的表外负债等，我们可以调整资产负债率以反映公司的真实资本结构(包括了表外负债)，这将带来更高的贝塔系数(和股权资本成本)，以及更高的违约风险(将导致更高的债务成本)。

(三) 调整预期增长率

企业价值评估中两个关键的因素是未来增长期和未来增长率，更为根本的是存在这样的假设，即带来公司价值的超额收益来源于未来期间公司的再投资获利。复杂性与评估时的输入变量是什么关系？我们可以从现有财务报告中获得资本投资回报和超额收益的评估值。即，我们会认为，评估复杂公司的资本回报，并判断这些超额回报能否持续显得尤为重要。判断复杂公司评估价值的方法是假设未来公司的资本回报较低，且会难以持久。实际上，低增长率和较短的增长期即意味着较低的公司价值。

四、在相对估值法中体现信息复杂性调整

在使用相对估值法评估企业价值时，评估复杂性带来的影响是十分困难的，我们可以进行以下分析。

如果公司在多个领域内经营，那么我们应将其各业务区分开来估值，不同业务采用不同的可比公司，而不能将所有业务合并评估，如果该公司的收入来自非特定业务(如资料无法提供或故意隐瞒)，那么对这些业务的评估就应更为保守。例如我们可以在评估时将其视为高风险收入，拥有较低的增长速度。

当公司变得越来越复杂，相对估值就变得越来越困难，因为我们需要找到存在公平市场价值的可比公司，以得出合理的估算价值。一般而言，针对复杂公司，我们最好使用折现现金流估值法来体现财务信息的复杂性。

五、财务信息质量的治理

在继续推进金融市场有效运行和保护投资者利益的进程中，我们认识到财务信息的真实性和透明度至关重要。在本部分内容中，我们将介绍一些能够提高财务信息质量的方法。

(一) 法制建设和监管

尽管国内企业的财务信息质量已有显著提升，但仍有改进空间。例如，信息披露违规中，未及时披露重大事项和虚假陈述或重大误导所占比例较高。为应对这些问题，我们建议：①政府可进一步加强法治建设，为投资者提供更有效的司法途径来保护自己的权益，促使企业提升公司治理水平；②监管部门可制定更为科学合理的公司治理准则，并监督上市公司严格执行，以促进公司内部治理水平和财务信息透明度的提升。

(二) 审计和会计诚信

为确保财务报告真实反映企业状况，提高审计质量和会计诚信至关重要，建议措施包括：①审计师事务所应避免同时提供审计和咨询服务，以减少利益冲突和保持审计的客观性；②简化会计准则，减少可自由裁量的空间，提高财务报告的信息含量和可读性；③减少公司使用不同报税方法和报告目的的情况，降低报表复杂性，提高评估的准确性；④鼓励多领域经营的公司披露再投资情况，包括资本支出、折旧和营运资本等；⑤对于同时拥有资本运作业务和实体业务的公司，建议编制独立的财务报告，以便于更准确地评估各板块业务的价值。

(三) 分析时保持谨慎和怀疑态度

分析师在对企业进行分析时，应保持谨慎和怀疑的态度：①分析人员应对评估中可疑的信息进行深入分析，确保评估的准确性；②在遇到复杂情况，例如在评估交叉持股非常复杂的公司时，分析人员应进一步调整评估方法，并在报告中强调信息不足的问题，并可以考虑以其为理由降低公司评级。显然，如果有足够的分析人员向公司索要资料，公司一定会找到向其提供资料的方法，以避免受严重处罚的风险。

(四) 增强公司治理

强大的公司治理是防止财务操纵和保护投资者利益的关键，建议措施包括：①强化董事会的独立性，使其成为防止利润操纵和隐藏重要事实的有效防线；②鼓励投资者积极参与公司治理，推动公司治理机制的持续改进；③建议公司建立以外部董事为主的小型董事会，代表股东权利，而非仅由 CEO 指定；④控制独立个人担任独立董事的数量，并确保其与公司业务无关联；⑤审计委员会应包含具有足够会计专业知识的成员，以确保会计政策选择和相关棘手问题的透明度和合理性。

本章小结

在本章，我们首先对公司治理进行了概述，阐述了公司治理的必要性，以及公司治理的对象：出资人权益、客户权益、员工权益及它们之间的关系。接着，我们从股权结构、董事会制度、经理层激励制度、信息披露制度等方面对公司治理的投资者利益保护机制进行了说明。最后，我们探讨了公司治理与价值创造之间的关系。

另一方面，本章还从价值评估的视角，介绍了财务信息质量差的两种形式，并针对第二种形式，即财务信息的复杂性进行了重点探讨。首先介绍了复杂性带来的后果，然后阐述了在折现现金流估值法和相对估值法中体现复杂性的方法，最后介绍了一些能够对复杂性进行治理的方法。

课后问答

1. 公司治理需协调哪些利益相关方的冲突？请举例说明。
2. 为何股权过度集中或分散均不利于实现治理有效性？
3. 独立董事如何保护中小股东利益？其局限性是什么？
4. 股票期权激励为何能缓解代理问题？需满足哪两个前提？
5. 财务信息复杂性为何会导致资本成本高估？
6. 举例说明"调整现金流"法如何应对信息复杂性。
7. 相对估值法为何更难处理复杂财务信息？
8. 审计独立性对财务质量有何影响？如何保障审计的独立性？
9. 为何集团企业常被市场低估？如何区分管理无效与信息复杂的影响？

第十九章
私人公司投资价值分析与评估

本章任务清单

任务序号	任务内容
1	理解私人公司与上市公司在信息与数据获取时的重要差异
2	掌握私人公司折现率的估算方法
3	掌握私人公司现金流的估算方法
4	掌握私人公司增长率的估算方法
5	了解"关键人物"对私人公司价值的影响
6	了解私人公司股权弱流动性带来的价值折扣
7	理解私人公司估值的不同动因及相应估算使用的数据
8	掌握考虑控制权问题的股权价值估算方法
9	了解风险资本和私人股本对私人公司股权成本估算的影响
10	掌握有风险资本和私人股本背景的私人公司估值方法
11	掌握利用私募交易乘数进行相对价值评估的方法
12	掌握利用公开市场乘数进行相对价值评估的方法

到目前为止,我们已经对上市公司的估值问题进行了探讨。在本章,我们将重点探讨数千万家私人公司(private companys)的价值评估问题。这些私人公司规模各异,既有小型家庭企业,也有一些规模大到可与某些大型上市公司在收入和净利润等方面不相上下的公司。因此,估值的范围十分广泛。

这里,我们仍然沿用之前价值评估的基本原则,但需要对一些私人公司所特有的估值问题进行处理。由于私人公司大多没有采用上市公司的标准会计和报告方式,估值所需要的信息和数据都非常有限,从而对使用估值模型造成了阻碍。例如,在估算诸如贝塔值和标准差等风险参数时我们需要使用股票的市场价格,而私人公司未上市自然也就无法提供这些数据。

除了要处理数据方面的问题,我们还需要考虑为私人公司估值的动因。在评估私人公司时,估值的动因非常重要,并且会对最终评估的价值产生很大的影响。为将私人公司出售给其他私人实体、上市公司或者进行首次公开募股,所评估的私人公司价值通常是有区别的。这种区别体现于在估值过程中对一些细节的不同处理。比如,是否应该给予私人公司股份的弱流动性和分散化程度不足一定的折扣,就取决于估值的动因。本章将逐一考察这些问题。

第一节　私人公司的特点

与上市公司相比，私人公司具有如下 4 个特点。

(1) 私人公司之间的横向可比性低。上市公司受制于一套完整的会计标准，这使我们不仅能够获取财务报表所包含的每个会计科目的数据，而且能够横向比较各公司的盈利状况。对于私人公司而言，尤其是那些未实施股份制的公司，其会计准则模糊，在各个科目的入账处理上存在很大差异，故而难以将其横向对比。

(2) 私人公司的可获得信息较少。与上市公司相比，有关私人公司的财务信息要少得多，一方面是因为大多数私人公司的历史都很短，内部的财务系统还不完善，没有财务信息。另一方面则是因为私人公司不同于上市公司，没有公开信息的义务。例如，在向中国证监会提交的各种定期报告中，上市公司必须将经营活动根据不同的业务进行拆分，提供各自的营业收入和盈利信息，而私人公司则无须提供此类信息。因此，分析人员难以获得准确且全面的财务信息。

(3) 私人公司的市场定价信息难以获得。与上市公司相比，私人公司的市场定价信息具有高度的不透明性，获取难度显著提高。具体而言，评估人员在面对上市公司时，通常可以方便地获得其持续更新的股价数据及完整的历史交易信息，这为市场定价提供了坚实的基础。然而，这一机制在私人公司中并不适用。一方面，私人公司并未在证券交易所挂牌上市，缺乏集中透明的股票交易市场；另一方面，由于没有可供参考的公开交易价格，缺乏直接观察的基础。因此，相较于上市公司，私人公司的市场定价信息不仅稀缺，而且难以通过标准化渠道获取，这对估值工作提出了更高的挑战。

(4) 私人公司的财务信息混淆，以及其投资者的投资分散化程度低。对于上市公司，股东们通常聘用管理者经营其公司，且大多数股东的资产组合中包含了多家公司的股票。私人公司所有者则通常会将其所有财富投入公司中。所有权与经营权未能分离，导致个人支出和公司业务支出时常混淆不清，且难以区分管理者薪金和支付给股东的股利。而且，私人公司投资者的投资分散化程度不足也会影响衡量风险的尺度。

综上，对于私人公司而言，想要获得较为准确、合理的估值结果，我们就必须对上市公司价值评估模型进行适当的调整，以适应私人公司实体的独特属性。虽然对上市公司的价值评估是在公开资本市场，对私人公司的价值评估是在私募资本市场，两个市场是无法相互替代的，但目前主流的私募资本市场仍然与公开资本市场有相似性。因此，我们会通过在估值过程中改变折现率、现金流和预期增长率来体现这些差异，从而影响最后得到的公司估算价值。不过，考虑到上市公司和私人公司在各方面都存在巨大差异，我们在进行调整时需要格外小心。

同时，为了探究私人公司估值的不同动因对投资价值分析与评估过程的影响，我们以两家假想公司为例进行分析：第一家是名为 Y 的私营酒店；第二家是名为 X 的私营软件公司。我们会出于将 Y 酒店出售给另一私营实体的目的对其价值进行评估，而出于首次公开发行(IPO)的目的评估 X 公司。由于私人公司和上市公司的主要差异体现在数据获取方面，因此我们主要探讨私人公司折现现金流模型中各种数据的估算，之后讨论不同交易类型下私人公司的估值，最后再来讨论如何对私人公司使用相对估值法。[①]

[①] 本章案例设计主要参考：达摩达兰. 投资估价：评估任何资产价值的工具和技术[M]. 3 版. 北京：清华大学出版社，2014.

第二节　私人公司的折现现金流模型价值评估法

首先，我们考虑使用折现现金流模型对私人公司的价值进行评估。与上市公司估值模型相同，私人公司的价值也是预期现金流的现值，通过恰当的折现率进行折现而得出，其差异主要体现在我们会对估值模型中的一些指标进行调整。下面，我们将逐一对如何在私人公司价值评估过程中估算折现率、现金流、增长率等数据进行介绍。

一、折现率

(一) 股权资本成本

与上市公司估值相同，如果我们是对私人公司的股权进行估值，我们需要使用股权资本成本对股权自由现金流进行折现；如果是对企业估值，则使用加权平均资本成本对公司自由现金流进行折现。接下来，我们介绍如何估算私人公司的股权资本成本。

在评估上市公司的股权资本成本时，我们从边际投资者的角度考察投资风险。在假设这些边际投资者已经实施了适度分散化的基础上，我们就可根据"分散化组合的风险"或者"市场风险"对上市公司的股权风险作出定义。我们通常使用公司以往的股价信息来估算资本资产定价模型(CAPM)的系数和多因素模型的各个系数。但是，私人公司的股权并不具备市场价格信息，这些公司的所有者也大都无法实施分散化，从而给这些公司贝塔值的估算和使用造成了困难。

但是，我们仍可以通过一些方法来近似估算私人公司的贝塔值。下面将介绍如何估算私人公司的三种贝塔值，即会计贝塔值、基本面贝塔值和业务贝塔值，并介绍使用增补型资本资产定价模型(MCAPM)估算股权资本成本的方法。

1. 会计贝塔值

虽然我们无法获得有关私人公司的股价信息，但可得到其会计盈利信息。我们可将私人公司会计盈利的变化百分比针对股票指数(诸如沪深 300 指数)的盈利变化百分比实施回归，以此估算会计贝塔值。

$$\text{盈利变化百分比}_{私人公司} = a + b \times \text{盈利变化百分比}_{股票指数} + \varepsilon \tag{19-1}$$

该回归式的斜率(b)就是我们估算出的公司会计贝塔值。如果我们使用的是营业利润，则得到的是非杠杆性贝塔值；如果使用的是净利润，则可得到的是杠杆性贝塔值或股权贝塔值。

然而，这种方法存在两个不足之处。第一，私人公司通常只报告年度盈利，而私人公司存在的年限往往较短，这可能导致回归过程所需观测值的数量不够，进而使得回归结果不可靠。第二，私人公司为向投资者透露经营稳定的信息，往往会平滑各期盈利，并且其会计准则也通常较为模糊，从而导致盈利情况失真，而造成对于会计贝塔值的衡量偏误。

【例 19.1】会计贝塔值的估算：X 公司。

我们假定自 2007 年成立以来，X 公司一直对每年的会计盈利进行了记录，并使用表 19-1 概述了 X 公司和股票指数在 2007—2024 年历年的会计盈利变动。

表 19-1　X 公司和股票指数在 2007—2024 年历年的会计盈利变动

年份	股票指数盈利变化百分比/%	X 公司盈利变化百分比/%
2007	28.89	80
2008	18.03	77.78

续表

年份	股票指数盈利变化百分比/%	X 公司盈利变化百分比/%
2009	18.74	56.25
2010	7.77	8.00
2011	8.52	18.52
2012	0.41	3.13
2013	16.74	21.21
2014	8.61	10
2015	-30.79	-31.82
2016	18.51	86.67
2017	18.79	50
2018	23.75	42.86
2019	12.96	25
2020	14.75	20.00
2021	-5.91	-11.11
2022	-20.78	-25.00
2023	-7.02	-8.33
2024	37.60	63.64

将 X 公司的盈利变化百分比对股票指数盈利变化百分比进行回归，可得下式：

$$X公司盈利变化 = 0.10 + 1.84 \times 股票指数盈利变化$$

根据该式，X 公司的贝塔值等于 1.84。在计算贝塔值时，我们使用的是净收入的变化百分比值，因此得到的该数值是股权贝塔值。如果使用的是经营性收入变化百分比值，则会得到非杠杆性贝塔值。

2. 基本面贝塔值

在上市公司估值问题中，我们可能会基于上市公司的基本面信息，使用盈利增长率、负债率、盈利方差等变量来回归得到公司的基本面贝塔值。常用的回归模型为

$$贝塔值 = a + b \times ROE + c \times \frac{FA}{TA} + d \times \frac{D}{A} + e \times g + f \times t + \varepsilon \tag{19-2}$$

其中，ROE 指净资产回报率，$\frac{FA}{TA}$ 是固定资产占总资产的比重，$\frac{D}{A}$ 是公司资产负债率，g 是公司净收入未来 5 年的预期年增长率，t 是有效税率。

一旦能够获得上述关于私人公司的相关数据，便可以构建回归模型以估计其基本面贝塔值。在实际应用中，尽管回归的拟合优度(如 R^2)可作为一个参考指标，但更关键的是需要关注回归系数估计值的标准误差。若标准误较大，说明贝塔值估计的不确定性较高，可能影响其在后续分析中的有效性。尽管如此，该方法的优势依然显著：通过构建回归方程，不仅能够对公司的系统性风险进行量化，还能识别出影响公司风险暴露的关键基本面变量，从而增强对风险成因的理解和把握。

3. 业务贝塔值

在对上市公司进行估值时，我们在第四章中曾经介绍使用公司业务的非杠杆性贝塔值估算业务贝塔值，再以这些贝塔值计算得到的股权成本作为公司的股权成本。这样处理的原因包括两个方面。一方面是行业有许多公司，数据较为平均化，因此估算贝塔值的标准误差比较小；另一方面是由于我们根据不同业务的权重为贝塔值加权，最终估算出的贝塔值更能反映公司真实面临的风险。同样，我们也能够采用类似的方法估算私人公司的业务贝塔值。例如，通过考察各上市煤炭公司的平均贝塔值来估算私人公司煤炭业务的贝塔值。同时，我们还可利用财务性杠杆、经营性杠杆系数对最终估算的贝塔值进行调整。

在运用财务杠杆系数调整非杠杆性贝塔值时，由于需要使用"行业平均"的"债务/股权"比率，而该比率涉及公司市值，私人公司没有对应的公开数据，因此，我们通常通过如下方式来获取。

假设私人公司的"债务/股权"比率接近于行业均值。那么，可将私人公司的杠杆性贝塔值表述为

$$私人公司的杠杆性贝塔值 = 非杠杆性贝塔值 \times \left[1+(1-税率)\times \frac{行业平均债务}{行业平均股权}\right] \quad (19\text{-}3)$$

运用经营杠杆对贝塔值的调整也以此类推。

【例 19.2】 业务性贝塔值的估算：Y 酒店和 X 公司。

假定在 2024 年 12 月所有上市酒店公司的平均非杠杆性值等于 1.21，平均"债务/股权"比率为 22.08%。我们假设 Y 酒店将具有与同行业上市公司相同的非杠杆性贝塔值和相同的"债务/股权"比率。在 40%的税率条件下，通过如下计算可得 Y 酒店的杠杆性值为 1.37。

$$Y酒店的杠杆性贝塔值 = 1.21 \times [1+(1-40\%) \times 22.08\%] = 1.37$$

同样，我们可以根据各上市软件公司的平均非杠杆性贝塔值和"债务/股权"比率对 X 公司的业务性贝塔值进行估算。还需注意，各公司的规模差异虽然不会直接影响贝塔值，但由于规模效应的存在可能间接对贝塔值产生影响。因此，在估算 X 公司贝塔值时，如果条件允许，我们应当使用小市值软件公司的数据，以保证估算结果的可靠。根据市场数据，我们选取小市值软件公司的非杠杆性贝塔均值 1.60，将其作为 X 公司的非杠杆性贝塔值。

4. 针对无法分散的风险进行调整

贝塔值所衡量的是一项投资添加到分散化组合中的风险，在第四章中我们介绍了上市公司贝塔值的计算方法，而对于私人公司或风险投资和私募股权投资(VC/PE)而言，该系数的计算方式则有所不同：对于许多私人公司而言，其所有者通常是唯一的投资者，并且在大多数私人公司中，所有者通常会将其可支配财富都投入私人业务中而没有实施分散化的机会；对于 VC/PE 而言，其分散化程度介于私人或者私人公司和上市公司之间。因此，我们可以认为通过上述方法估算出的贝塔值会低估这些公司实际的风险，需要对上述得到的贝塔值进行调整。

我们可以考虑一种极端的情形，即所有者将其所有财富都投入私人公司中，根本没有进行分散化，他将面临公司的所有风险，而不仅仅是市场贝塔值所衡量的市场风险。不过，我们可以通过一种相当简单的方式，将这种因未分散化投资而产生的风险体现到贝塔值的计算过程中。一般情形下，如果我们将公司股票和股票指数的相关系数定义为 ρ_{jm}，则可将公司的总体贝塔值表述为

$$总体贝塔值 = \frac{市场贝塔值}{\rho_{jm}} \quad (19\text{-}4)$$

其中，公司股票和股票指数的相关系数 ρ_{jm} 可以被理解为衡量公司总风险中由市场风险解释的比

例。故而，市场贝塔值除以这一比例即得到公司的总体贝塔值。总体贝塔值将高于市场贝塔值，并且取决于公司与市场之间的相关系数：相关系数越低，总体贝塔值就越高。

由于私人公司缺乏可观测的股价数据，无法直接计算其与市场指数之间的相关系数，因而也难以通过传统方法估算其市场贝塔值。为解决该问题，可借助替代性方法进行近似估计。一种可行途径是利用会计贝塔值、基本面贝塔值或业务贝塔值等间接指标，将其代入贝塔值估算公式中，并结合相应的替代性相关系数，以构建对总体贝塔值的近似估计。另一种方法则是参考行业中可比上市公司的市场贝塔值及其与市场指数的相关系数，计算其平均水平，并将其作为私人公司贝塔值的估计。尽管这些方法在精确性上存在一定局限性，但在缺乏市场交易数据的情境下，仍为私人公司风险评估提供了可操作的估计框架。

【例 19.3】 总体贝塔系数的估算：Y 酒店。

考虑在例 19.2 中所估算的 Y 酒店市场贝塔值，以上市酒店作为参考对象，我们估算 Y 酒店的非杠杆性值为 1.21。假设这些上市酒店与股票指数的平均相关系数为 0.4841。我们可以估算 Y 酒店的总体非杠杆性贝塔值为

$$总体非杠杆性贝塔值 = \frac{1.21}{0.4841} = 2.50$$

Y 酒店的税率为 40%，沿用 22.08% 的"债务/股权"比率(业内平均值)，可以得出总体杠杆性贝塔值等于 2.83。

$$总体杠杆性贝塔值 = 2.50 \times [1 + (1 - 40\%) \times 22.08\%] = 2.83$$

需要注意的是，上述总体杠杆性贝塔值是在考虑潜在买主将只拥有 Y 酒店这一极端情形下计算得到的。如果潜在买主能够实施一定程度的投资组合分散化，那么我们则需对相关系数进行上调，从而总体贝塔值将更加接近于市场贝塔值。

从例 19.3 中可以看出，如果不明确对私人公司估值的动因，就无法对总体贝塔值做出合理的调整。如果是为了出售而评估私人公司，是否需要调整及如何调整市场贝塔值的问题将取决于潜在买主投资组合的风险分散化程度。如果估值是为了首次公开发行，那就无须针对分散化不足问题进行调整，因为潜在的买主本身就是股市投资者，而股市投资者的投资组合分散化程度往往很高。若是为了将公司出售给另一个人或另一家私人公司而进行估值，调整幅度将取决于买主所持资产组合的分散化程度；买主的分散化程度越高，则与市场的相关性越强，总体贝塔值所需要的调整幅度也就越小。

5. 使用增补型资本资产定价模型(MCAPM)估算股权成本[①]

此前我们沿用了在上市公司估算股权资本成本时广泛采用的资本资产定价模型(CAPM)，然而，该模型所依赖的一系列理想化假设，在私人公司情境下往往难以成立，因而其直接适用于私人公司时存在一定的局限性。以"市场的完美流动性"为例，CAPM 默认投资者可以无成本地买卖资产，但私人公司股票由于缺乏活跃交易市场，往往具有显著的流动性折价。此外，私人公司在交易中可能面临较高的交易费用，这同样背离了 CAPM 中"无交易摩擦"的基本假设。为克服上述不足，学界提出了增补型资本资产定价模型(Modified Capital Asset Pricing Model, MCAPM)，该模型在传统 CAPM 基础上引入了两个额外的风险溢价项，从而提高了对私人公司股权资本成本估算的准确性。其数学表达形式为

$$R_e = R_f + \beta \cdot ERP + SCP + SCRP \tag{19-5}$$

在推导私人公司的股权资本成本时，若能够识别出一组与目标公司在行业属性、规模水平及

[①] Mellen C M, Evans F C. Valuation for M&A: building value in private companies[M]. Hoboken: John Wiley & Sons, 2010.

经营特征等方面高度相似的上市公司,那么增补型资本资产定价模型(MCAPM)将是一种较为有效的估值工具。然而,其关键在于我们如何为模型中的两个风险溢价(SCP 与 SCR)赋予合理且具有可比性的数值。

1) 小公司风险溢价

小公司风险溢价(small company premium,SCP)反映的是投资于市值较小的上市公司普通股所承担的额外系统风险。长期而言,盘面价值较小的股票更具波动性,因此它们提供的回报率往往要高于较大的公司。

在实证层面,我们可以将沪深股票市场的上市公司按照总市值的大小进行十等分分组,计算各组的实际回报率,并减去由 CAPM 预测的回报率,便可得到各组无法由 CAPM 模型解释的部分。以市值最小的一组或两组的回报率来衡量小公司风险溢价是合理的,因为在这种分组框架下,我们仅考虑了规模因素对预期收益率的影响。

2) 具体公司风险溢价

具体公司风险溢价(specificcompany risk premium,SCRP)反映的是与特定公司或行业相关的非系统风险。其既涉及企业所处行业的外部环境,也涉及公司自身的内在特质。因此,只有在深入识别并合理判断这些风险构成之后,才有可能为目标私人公司赋予一个具备合理解释力的 SCRP 数值。以下为一些构成 SCRP 的常见风险要素。

(1) 缺乏资金通道。私人公司常常面临的困境是无法募集到足够的借贷资金或股权资金。在评估它们的成长前景或多元化能力时,必须考虑到这一融资约束。

(2) 所有权结构和股权流动性限制。由于没有公开交易的股票市场,私人公司的股权往往是无法变现的,特别是小股东的股权。即使能找到潜在的买方,往往也会受限于私人公司严格的转让条件。因此,股权的流动性问题也是价值评估中应考虑的因素。

(3) 市场份额和行业结构。私人公司通常都是处在一个细分行业或市场上,而市场龙头可能具有特殊的优势,因此我们必须结合行业的竞争结构具体分析。比如,当其他公司的市场份额都小于 5%时,握有 20%市场份额的公司就具有相当的话语权。

(4) 管理的深度和广度。中小型公司的管理团队往往和上市公司存在差距。因此,需要评估目标公司管理层在质量控制、生产能力、推广和销售能力等方面的管理水平。

(5) 其他公司特有风险要素。其包括但不限于市场营销与广告推广能力、产品与服务质量、客户集中度、供应链稳定性与供应商依赖性、知识产权保护程度、财务信息的准确性与透明度。这些风险要素均可能对公司整体风险水平构成实质性影响,进而影响 SCRP 的设定。

(二) 加权平均资本成本

为了根据公司股权资本成本估算加权平均资本成本,我们还需要衡量公司的借款利率(债务资本成本)和衡量反映公司负债程度的债务比率。

1. 债务资本成本

债务资本成本代表的是公司取得借款的利率。为了估算上市公司的债务资本成本,我们通常使用上市公司所发行债券的票面利率。另一种方法则是根据对这些债券的评级以得到违约息差,再计算需要支付的利率。但是,私人公司大多既不发行债券也并未获得评级。因此,我们通常使用以下方式对私人公司的债务资本成本进行估计。

(1) 如果私人公司最近曾有过借款(在过去几周或几个月),可将其借款利率作为债务资本成本。需要注意的是,只有最新的借款利率才能最准确地反映私人公司当前的债务资本成本。相比之下,历史借款的账面利率往往已滞后于当前市场环境,因此不足以准确刻画当前的债务成本水平。

(2) 从估值的动因来看,若对私人公司进行估值是为其首次公开募股(IPO)做准备,则可合理地假设其债务成本趋近于行业内上市公司的平均债务成本。这是因为，一旦公司完成上市，其融资结构、信用评级与资本市场接入方式将与同业上市公司逐步趋同，从而使其长期债务成本趋于一致。

(3) 使用公司的利息保障倍数估算模拟公司的信用评级，然后再根据相关评级的违约息差计算得到债务资本成本。考虑到私人公司通常规模小，且风险高于大多数上市公司，我们可以采用中小型上市公司利息保障倍数和评级之间的关系(读者可参考第四章中的表 4-2)来对私人公司进行类似的处理。例如，将私人公司视为小市值公司，并假设其利息保障倍数为 5.1，为估算其债务资本成本，我们使用模拟评级 A3/A- 及其对应的违约息差 1.21%，即这家公司通常需支付高出无风险利率达 1.21% 的利率。因此，我们可将这一违约息差添加到无风险利率上，以此估算该私人公司的债务资本成本。

但是，如果银行对于私人公司要求的借款利率高于业内相似的上市公司，使用这种方法就会低估债务资本成本。因此，在为了私募交易(如交易对象为私人公司或 PE/VC)而对私人公司进行估值时，我们通常需要额外加上一定的违约息差，从而体现出这种差异。但是，在为了出售给上市公司或首次公开募股而评估私人公司时，就不需要进行调整。

2. 债务比率

债务比率表示的是债务融资所占公司市值的比重。对于上市公司而言，可依据公开交易的股票和债券的市场价值计算得到这一比率。由于无法得到私人公司这方面的数据，我们在估算私人公司杠杆性贝塔值时，可以使用行业平均债务比率来近似估计。

【例 19.4】资本成本的估算：Y 酒店。

对于 Y 酒店，我们假设其最新会计年度报告的经营性收入为 400 万元，年度租赁支出为 120 万元，我们估算得出它的利息保障倍数为

$$利息保障倍数 = 4\,000\,000 / 12\,00\,000 = 3.33$$

假设 Y 酒店利息保障倍数对应的模拟性评级为 Ba2/BB，其对应的违约息差为 2.21%，无风险利率为 3.5%，则可知

$$税前债务资本成本 = 无风险利率 + 违约息差 = 3.5\% + 2.21\% = 5.71\%$$

$$税后债务资本成本 = 5.71\% \times (1 - 40\%) = 3.426\%$$

沿用本章有关杠杆问题的处理方式，我们假定 Y 酒店的"债务/股权"比率接近业内平均值 22.08%；因此其根据市值计算的"债务/资本"比率则等于 16.72%。在例 19.3 中我们基于 Y 酒店出售给完全未实施分散化的买主的假设，计算得其总体性贝塔值为 2.83。采用同期长期国债利率 3.5% 和市场风险溢价 5%，我们估算得 Y 酒店的股权资本成本为 17.65%。

$$股权资本成本 = 3.5\% + 2.83 \times 5\% = 17.65\%$$

根据之前计算得到的税后债务资本成本 3.426%，可估算加权平均资本成本为

$$加权平均资本成本 = 17.65\% \times 83.28\% + 3.426\% \times 16.72\% = 15.27\%$$

二、现金流

对于私人公司和上市公司来说，股权自由现金流和公司自由现金流的定义是相同的。股权自由现金流是满足纳税、债务偿付和发行、再投资需要之后的现金流；公司自由现金流则是支付税款之后，但在偿付债务和利息之前的现金流。但是，有三个问题会影响私人公司的现金流估算。①许多私人公司并不会对所有者—管理者的薪酬进行合适的划分，因为私人公司所有者往往没有区分自己作为股东获得的股利收入与作为管理者获得的薪酬收入。②在小型私人公司中，个人支出和业务支出时常混杂在一起，造成对收入的衡量有误。③由于个人的纳税等级和税率的变化程

度通常要高于公司税率，因此税收金额的不准确也会影响公司价值。接下来，我们对上述三个问题进行详细讨论。

(一) 所有者薪酬和股利未作区分

在对企业进行估值时，有必要对所有者薪酬与股利作出明确区分。前者属于公司对职能服务人员支付的对价，应当被视为经营性支出；而后者则是投资人对所投入资本所获得的回报，是决定股权价值的关键要素。在上市公司中，管理者与股东的权责界限清晰，薪酬(支付给管理层)与股利(支付给股东)之间泾渭分明。然而，在私人公司中，所有者通常同时扮演投资人和经营者的双重角色。许多小型私人企业的所有者为使经营利润看似更为优越，往往不领取薪酬，而是通过股利的形式获取回报。因此，在实际分析中，往往无法通过账面上的薪酬支出真实反映其所提供的服务价值。在估算私人企业价值时，通常以其报告的经营性收入为基础进行预测。若该经营性收入未扣除所有者应得薪酬，则可能导致对企业盈利能力的高估，进而夸大估值结果。因此，应依据所有者在公司中所承担的管理职能及其替代成本，合理估算其应得薪酬，并从经营性收入中予以扣除。由于私人企业所有者常身兼数职(如出纳、会计、股东及销售人员等)，其薪酬应包括雇用等效人员或外部服务机构完成相同职能所需的全部成本。

(二) 经营支出与个人支出的混同

经营性支出与个人支出之间界限模糊，是私人公司估值中常见的现实难题。由于私人企业的所有者通常拥有对支出决策的完全控制权，部分个人支出往往被计入公司经营成本。例如，私人公司主可能在住所中设立办公场所、使用车辆兼顾个人与公司事务，甚至使家庭成员享受企业资源。此外，为了分摊收入并减少纳税义务，所有者还可能通过雇佣家庭成员担任职务等方式进行安排。当存在此类支出混同时，需在估值前将其中的非经营性支出从报表中的经营费用中剔除。然而，鉴于私人企业报表的不透明性及支出归属缺乏明确标注，此项调整常常较为困难，需要估值人员基于调查与判断予以合理处理。

(三) 纳税问题

在对上市公司估值时，通常采用边际税率进行折现处理，因为不同企业面临的实际税负水平各不相同。对于私人公司而言，税率问题同样具有复杂性。例如，若交易以收购方式进行，母子公司分别纳税，但母公司可享受子公司分红免税待遇；若采取合并方式，则公司规模扩大后，边际税率可能发生改变。此外，若收购方为自然人，而目标企业为合伙制或个体工商户，则不适用企业所得税，而应将经营所得计入个人收入并缴纳个人所得税。由于潜在买方的身份、收购方式与目标公司组织形式不同，导致适用税率差异显著。而边际税率的变化将直接影响税后经营性收入(进而影响自由现金流)及加权平均资本成本的估算(如债务税盾)，最终影响估值结果。因此，在估算私人公司价值时，必须充分考虑相关税务制度对企业价值的传导机制。

【例 19.5】酒店经营性收入和净收入：Y 酒店。

为了估算 Y 酒店的现金流，我们从其最新年度财务报表(表 19-2)入手。

表 19-2　Y 酒店最新年报数据

单位：万元

项目	报告	调整后
销售总收入	1 200.00	1 200.00
-经营性租赁支出	120.00	—
-租赁资产折旧额	—	50.38

续表

项目	报告	调整后
-工资	200.00	350.00
-原材料	300.00	300.00
-其他经营性支出	180.00	180.00
经营性收入	400.00	319.62
-相应利息支出	0.00	69.62
应缴税收入	400.00	300.38
-所得税	160.00	120.15
净收入	240.00	180.23

从未调整的原始报告来看，Y 酒店在本年度产生了 400 万元的经营性收入，工资为 200 万元，经营性租赁支出为 120 万元。基于前面的分析，我们对 Y 酒店的现金流进行如下调整。

首先，我们假设业主未曾给自己支付薪酬，因此我们在工资科目加上 150 万元以体现业主的薪酬；其次，我们需要将 120 万元的经营性租赁支出转换为财务费用，将租金资本化(假定租期为 12 年，每年 120 万元)，根据在风险资本和私募股权介入情境下所估算得出的税前债务资本成本 7.5%，计算租约现值为

$$租约现值 = 120 \times (年金现值系数, 7.5\%, 12年) = 928.23(万元)$$

据此我们可以计算相应的利息支出和折旧：

$$相应利息支出 = 928.23 \times 0.075 = 69.62(万元)$$

$$相应折旧 = 年租赁性支出 - 相应利息支出 = 120 - 69.62 = 50.38(万元)$$

在上述调整后，Y 酒店的经营性收入减少到 319.62 万元，净收入减少到 180.23 万元。

(四)"关键人物"对现金流的影响

初创公司，尤其第三产业的初创公司，对其所有者或者某些关键人物有极强的依赖性。公司里的某个人或某几个人具有核心的技术、高级的生产技能或者关键的客户关系，其可认定为关键人物。因此，如果这些关键人物中的一位或数位离开公司，公司的价值将变化极大。

为了估算在估值时应该给予关键人物的折扣数额，我们建议，首先需要评估处在现行状态的公司(即关键人物仍留在公司)，然后再结合这些人员流失造成的营业收入、盈利和预期现金流的损失对公司进行估值，由于盈利和现金流会因关键人物的流失而受损，公司经营性资产价值(即企业价值)也会相应减少。对于关键人物的折扣额可估算如下：

$$关键人物折扣额 = 企业价值_{现状} - \frac{企业价值_{关键人员流失}}{企业价值_{现状}} \tag{19-6}$$

在确定人员流失造成的现金流损失方面，并不存在简单的公式，因为它们不仅会因公司而有别，而且会因所涉及的人员而不同。

【例 19.6】关键人物折扣：A 饭店。

假设 A 饭店的一位知名主厨将另谋高就，该饭店在去年产生的税后公司自由现金流为 100 万元，预期增长率为 2%，加权平均资本成本为 12%。根据这些数据，可得出饭店的价值为 1 020 万元。

$$\text{酒店价值}_{\text{现状}} = \frac{\text{下一年的预期现金流}}{\text{加权平均资本成本} - \text{预期增长率}} = \frac{100 \times (1+2\%)}{12\% - 2\%} = 1\,020(\text{万元})$$

然而，它的部分营业收入/现金流归因于这位知名主厨，而他的辞职会导致现金流的下降。假设主厨离职现金流将减少 20%。那么，倘若没有这位主厨，饭店价值将会下降至 816 万元。

$$\text{酒店价值}_{\text{关键人员流失}} = \frac{80 \times (1+2\%)}{12\% - 2\%} = 816(\text{万元})$$

再者，如果这位主厨还可能另行开设一家竞争性的新饭店，这种价值损失额还会更大。作为潜在的卖主，如果这位主厨能够签署一项非竞争性的法律协议，A饭店就能够减少价值损失。

此外，即使是对于大型上市公司，关键人物的流失同样也会对价值造成重大影响。例如，苹果公司的关键人物乔布斯逝世当日，其股价出现了较大幅度的下跌。

三、增长率

通过考察以往历史(过去的增长率)或者各种基本因素(再投资率和资本回报率)，我们可以估算私人公司的增长率。本小节将介绍估算私人公司的增长率时所面临的一些问题和处理方式。

(一) 估算增长率

在估算上市公司的增长率时，我们可以从三个来源获得信息，即历史增长率、其他分析师的估算及基于公司的基本面的估算。然而，对于私人公司，我们一般无法获得其他分析师的估算值。而且，由于缺乏审计的监督，许多私人公司有美化会计报告的倾向，因此其所报告的盈利情况的数据的真实性和准确性无法保证。所以，我们在使用其历史增长率的时候需要非常谨慎。再加上私人公司盈利的数据是以年度而不是季度报告，而且许多私人公司比上市公司更加年轻，导致可获取的盈利数据十分有限。这些都导致其历史增长率无法为估算未来增长率提供足够的有效信息。

鉴于历史增长率和其他分析师的估算存在诸多缺陷，我们必须将重心放在私人公司的各种基本要素上。我们已经知道，经营性收入的预期增长率等于再投资率和资本回报率的乘积。

$$\text{预期增长率} = \text{再投资率} \times \text{资本回报率} \tag{19-7}$$

为了估算私人公司的再投资率和资本回报率，可以考察这些公司的历史情况及业内上市公司的平均值。

【例 19.7】估算增长率：X 公司。

我们采用常规的方法来估算 X 公司的增长率。首先，估算公司的当期资本回报率，可通过将最新会计年度税后经营性收入除以年初投入资本的账面价值而得出。假定 X 公司最新会计年度的经营性收入为 1 500 万元，公司边际税率为 40%，年初债务账面价值为 0，股权账面价值为 5 000 万元，现金为 500 万元，则计算资本回报率为

$$\text{资本回报率} = \frac{\text{税后经营性收入}}{\text{年初债务账面价值} + \text{年初股权账面价值} - \text{年初现金}}$$

$$= \frac{1\,500 \times (1-40\%)}{0 + 5\,000 - 500}$$

$$= 20\%$$

然后估算 X 公司的再投资率。假定公司报告的资本性支出为 960 万元，折旧 200 万元，非现金流动资本从 100 万元增加到了 150 万元，则可以估算再投资率为

$$\text{再投资率} = (960 - 200 + 50) / [1\,500 \times (1-40\%)] = 90\%$$

因此，预期增长率为

预期增长率 = 20% × 90% = 18%

(二) 考虑增长的持久性

在评估上市公司的终端价值时，即便考虑到公司存在经营失败风险，我们仍然假设它将无限期持续经营。对于私人公司，这个假设并不适用。上市公司中董事长和总经理的更替非常普遍，私人公司在这方面的变更却要复杂得多。例如，私人公司的所有者通常会在其家族的下一代中寻找继任者，但是并非总能找到与其同样优秀的接班人。

这类情形会怎样影响公司价值呢？首先，其他条件相同的情况下，私人公司的终端价值一般是低于上市公司的。事实上，如果假设前者在未来某一时刻会终止经营，例如目前的所有者退休，那就可以把各种资产的清算价值看作其终端价值。一般而论，清算价值要低于继续经营的价值。其次，如果所有者已经规划好将公司交给下一代继承，那么我们可以认为私人公司大概率会继续经营下去，因此比未做这种安排的情况下更有价值。

然而，并非所有的私人公司我们都认为其无法实现无限期经营，实际上随着经营规模的不断扩大，某些私人公司，也会像上市公司那样聘请专业管理团队。对于这样的公司，我们就可使用针对上市公司所设定的无限期持续经营假设。

四、弱流动性折扣

当我们在持有一些公司股份的头寸时，通常会考虑在需要之时对这些股份头寸进行出售或清算，因此对股份的流动性会产生一定的要求。对于上市公司，流动性强通常就意味着股份变现十分便捷。换言之，如果股票的流动性较强，交易成本占其交易价格的比重很小，并且能够快速与卖家或买家达成交易。对于私人公司的股权来说，流动性成本占其交易价格的比重却可能很大。因此，针对这种潜在的弱流动性，我们可能需要对私人公司的股权价值给予一定的流动性折扣。本小节将介绍决定这种折扣的各种因素。

(一) 弱流动性折扣的决定因素

弱流动性折扣可能因公司和潜在买者的不同而不同，但下列 4 个因素通常都需要考虑。

(1) 公司所持资产的流动性。私人公司股份是否具有流动性通常取决于其资产是否具有流动性，能否在没有重大价值损失的条件下售出公司等因素。相对于拥有许多工厂或其他资产的私人公司来说，持有大量现金和有价证券的私人公司的弱流动性折扣较低。

(2) 公司财务状况和现金流。与收入和现金流为负的私人公司相比，具有充足利润和现金流为正的公司在估值时所适用的弱流动性折扣较低。

(3) 在未来上市的可能性。私人公司在未来上市的可能性越大，价值的弱流动性折扣就应该越低。因此，在上市概率比较高或者与其他公司相比不存在显著差异时，我们无须给予过高的流动性折扣。例如，在 1998—1999 年，我们无须对私营互联网公司的价值使用过高的弱流动性折扣，因为这些公司在那段时间十分容易上市。

(4) 公司规模。如果将弱流动性折扣表示成公司价值的某一比重，它应该随着公司规模的增大而下降。换言之，与价值只有 10 亿元的小公司相比，对于中国石油、中国石化这种市值数千亿元的公司来说，弱流动性折扣所占公司价值的比重应该比较低。除了上述因素之外，弱流动性折扣还会随着潜在买主的不同而变化，因为个体对于流动性的要求不尽相同。针对同一公司，相对于资金短缺、频繁变现的短期买主，资金充足或者不着急清算股份头寸的长期买主往往会对公司给予更低的弱流动性折扣。

(二) 流动性折扣的估算

通常而言，对于私人公司股权的流动性折扣的估算有两种方法。一种是以上市公司的限制性股票和非限制性股票之间的折扣作为折扣参考值。另一种则是通过计算 IPO 前后的价差的折价率作为评估私人公司和上市公司股权流动性差价的参考值。

1. 限制性股票折扣

1) 看跌期权方法

早期对限售股估值的理论研究有 Chaffee (1993)[①]提出的看跌期权方法。他认为通过购买一个欧式看跌期权可以避免股票因为限售而导致价格下跌无法及时卖出的风险，从而消除其流动性。故而，他将其看作限售股票的流动性成本，即

$$限售股 = 流通股 - 欧式看跌期权 \tag{19-8}$$

其中，欧式看跌期权的价格由标准的 Black–Scholes 公式求解得到。然而理论上，一份限售股加上一份欧式期权的价值是大于一份流通股的。这是因为前者在股票价格上涨时可以获利且在股票价格下跌时也不会有损失。然而后者在股票价格上涨时会产生浮盈，但在股票价格下跌的时候会产生亏损。因此，理论上一个由限售股和欧式看跌期权组合而成的资产组合的价值是大于一份普通的流通股的。所以，一般而言，我们将看跌期权价值看作限售股流动成本的上限。

2) Longstaff 模型

Longstaff (1995)[②]利用期权定价思想对不同流通期限、不同收益波动下的流通股价格折扣的上限做了估计。该模型假设股票价格行为服从对数正态分布，同时也假定无风险利率 r 为常数，并且假设某个可以完全把握市场时机的投资者持有限售股，只能在持有 T 时间后在二级市场上自由出售。那么，他持有的限售股的价值应该等同于 T 时间内收到现金流折现的价值。如果没有这个限制，则该投资者可以在该阶段的股价最高点时刻 τ 卖出，然后投资于无风险证券获得无风险回报，从而获得最大收益 $MT = \max_{0 \leq \tau \leq T}(e^{r(T-\tau)}V_\tau)$。股票的流动性意味着投资者在决策中可能面临机会成本，其大小等于 $(M_T - V_T)$ 的现值。这是因为流动性赋予了投资者在最佳时机进行买卖的可能性，但当投资者无法完美把握市场时机时，实际产生的机会成本会低于该理论值。当投资者不具备完美掌控市场时机的时候，其机会成本就会低于该值。故而，我们可以将该值看作流通性收益的上限。计算公式为

$$F(V,T) = V\left(2 + \frac{\sigma^2 T}{2}\right) N\left(\frac{\sqrt{\sigma^2 T}}{2}\right) + V\sqrt{\frac{\sigma^2 T}{2\pi}} \exp\left(-\frac{\sigma^2 T}{8}\right) - V \tag{19-9}$$

其中，折扣上限 $d = \dfrac{F(V,T)}{V}$，$N(\cdot)$ 是累积标准正态分布函数。

3) Finnerty 模型

与 Longstaff 模型假设完全相反，Finnerty(2002)[③]假设投资者在市场中完全没有识别并把握机会的能力，其认为即使不存在限售期的约束，投资者也会均匀地以平均价格出售所持有的股票。前者是基于回望期权(lookback options)，而后者是将股票价格的算术平均价格作为执行价格的亚式看跌期权。

[①] Chaffe D B. Option pricing as a proxy for discount for lack of marketability in private company valuations[J]. Business Valuation Review, 1993, 12(4): 182-188.

[②] Longstaff F A. Placing No-arbitrage Bounds on the Value of Nonmarketable and Thinly-traded Securities[J]. Advances in Futures and Options Research, 1995, 8: 203-228.

[③] Finnerty J D. The Impact of Transfer Restrictions on Stock Prices[R]. Available at SSRN 342840, 2002.

其在风险中性定价的框架下得到了如下的限售股的价值折扣解析式：

$$D(T) = V_0 \left[e^{(r-q)T} N\left(\frac{r-q}{v}\sqrt{T} + \frac{v}{2}\sqrt{T} \right) - N\left(\frac{r-q}{v}\sqrt{T} - \frac{v}{2}\sqrt{T} \right) \right] \quad (19\text{-}10)$$

$$v^2 = \sigma^2 T + \ln[2(e^{\sigma^2 T} - \sigma^2 T - 1)] - 2\ln(e^{\sigma^2 T} - 1) \quad (19\text{-}11)$$

其中，$N(\cdot)$ 是累积标准正态分布函数，d 为限售流通股的理论折扣值。

2. IPO 抑价

观察世界上各个股票市场，尤其是中国 A 股市场，不难发现有许多股票的股价在上市当日涨幅很大，这表明上市前承销商和公司制定的发行价往往低于投资者对该公司的估值，这种现象被称为 IPO 抑价现象。Mielcarz (2014)[①] 认为其中的原因主要是在 IPO 时进行认购的投资者将面临更大的流动性风险和信息不对称问题，而这些问题都将在上市之后迎刃而解。因此，IPO 当日的收盘价体现的是有效市场下的公司价值，即我们通过 CAPM 模型计算得出的公司价值；而 IPO 发行价则能体现私人公司真实的公允价值。Mielcarz 在研究中提出了一种根据近期上市公司 IPO 抑价率的平均水平，调整私人公司股权价值达到公允价值的方法。

假设我们已经基于 CAPM 理论得到私人公司股权价值估算值 E_C，现在需要基于 IPO 抑价情况将其调整为公允价值 E_{FV}。首先，我们先统计目标公司所在行业近期(区间可以为 1~3 年)上市的每家公司的 IPO 抑价情况：

$$D = \frac{p - p_e}{p} \quad (19\text{-}12)$$

其中，D 表示该公司的 IPO 抑价率，p 指该公司上市当日收盘价，p_e 指该公司的发行价。

然后，我们将公司规模考虑进来，得到公司市值占比加权的平均抑价率(D_{wa})：

$$D_{wa} = \sum_{i=1}^{n} D_i \times S_i \quad (19\text{-}13)$$

其中，S_i 为以每家公司收盘价计算的市值在样本总市值中的占比。

最后，我们根据加权平均抑价率将有效市场下的私人公司价值调整为真实公允价值：

$$E_{FV} = E_C \times (1 - D_{wa}) \quad (19\text{-}14)$$

例如，我们基于 CAPM 模型和折现法得到某私人公司的股权价值为 8 000 万元，近三年内该私人公司所在行业新上市的公司有 10 家，这 10 家公司的加权平均抑价率为 10%，那么可计算得该私人公司股权的公允价值为：8 000×(1−10%) = 7 200(万元)。

五、控制权问题

实施公司估值时，我们需要考虑公司管理者的能力和实力。对于所有者也是管理者的私人公司来说，这一点尤其重要，因为他享有绝对的控制权。相比之下，在上市公司中，缺乏能力的管理者通常会被替换，而由更优秀者接替。

如果私人公司打算出售一部分带有控制权(即选择公司管理者的权利)的股权，其价值就应大大高出缺乏控制权的股权。因为拥有少数股份或缺乏控制权的投资者缺乏对公司经营的控制权，这也就意味着，相对于持有 49% 的公司股权而言，其余 51% 的股权价格应该包含很大的溢价。通

[①] Mielcarz P. A new approach to private firm fair value valuation in line with IFRS 13-the concept of the most advantageous market discount (MAMD)[J]. Business and Economic Horizons, 2014, 10(1): 79-85.

常，缺乏控制权和因缺乏控制权而导致的流动性不足会使股权价值降低 30%~50%。[①]无论公司是私人公司还是上市公司，这一点都适用，而且最有可能发生在首次公开筹股之时。例如，在公开售股时若只有非选举股或者带有稀释选举权的股票发售给投资者，其价格应当参照具备完全选举权的股票价格，并设定为后者的一定折扣值。

那么在估值过程中，我们应当如何给予无控制权股权合理的折价呢？通常，拥有控制权的控股股东倾向于通过工资、奖金、附加福利等形式将公司的部分收益转给指定的受益人，这种回报可以称为超额回报。例如，某公司取得了 500 万元的净收入，并决定支付 100 万元的超额回报，那么无控制权股份就发生了 20%的隐含折价；如果决定支付 300 万元，折价幅度就达到了 60%。因此，无控制权股份的折价幅度取决于超额回报的相对大小。

第三节　私人公司交易类型与估值

在第二节中，我们研究了如何恰当地估算私人公司估值所需各种数据。关于这些数据，我们注意到，基于公司不同的潜在买主，估算的过程或许有所不同。例如，就贝塔系数而言，我们曾经指出，如果潜在买主是上市公司或(处在首次公开募股时的)股市投资者，应使用市场贝塔系数；如果潜在买主是私营者，则应使用总体贝塔系数。针对债务成本和现金流，我们也提出了相似的观点。

因此在下文中，我们将对不同估值动因对折现现金流模型的输入数据的影响做一个总结。私人公司主要涉及三种交易类型：私对私交易(将私人公司出售给另一私营实体，如 Y 酒店)、私对公交易(私人公司首次公开发行挂牌上市或直接出售给上市公司，如 X 公司)，以及前二者的中间情形(风险资本家、私募股权投资者在私人公司所持股权在公司上市或出售给某一公共实体时可以兑换成现金)。鉴于第三种类型是前两者的折中体现，接下来本节将首先对比、介绍私对私、私对公这两类相对极端的情形，表 19-3 概述了不同估值动因下的估值所需数据。

表 19-3　不同估值动因下的估值所需数据

动因	为了出售给私营实体	为了出售给上市公司或首次公开募股
股权成本	根据总体贝塔系数，具备体现潜在买主分散化程度的相关系数	根据市场贝塔系数，因为边际投资者实施了分散化
债务成本	可体现与私人公司相关的追加息差	根据模拟性评级，通过考察上市公司而估算
经营性现金流	在估值时使用私人公司税率	在估值时使用公司边际税率
公司寿命	有限寿命的终端价值或清算价值	在估算终端价值时使用永续经营假设
弱流动性折扣	针对弱流动性的价值折扣	没有弱流动性折扣

一、私对私交易

在私对私交易时，买方和卖方都没有实现分散化，因此公司将暴露总体风险，实际上，本章第二节主要讲述的便是以 Y 酒店为例进行私对私交易的估值参数选取，因此此处将总结第二节的案例内容，给出 Y 酒店的评估价值。

【例 19.8】出于私募交易动因评估 Y 酒店。

现在，假设 Y 酒店将出售给另一个私营实体而对其进行价值评估。从例 19.5 和例 19.4 中，我们得到 Y 酒店的以下数据：

---

① Mellen C M, Evans F C. Valuation for M&A: building value in private companies[M]. Hoboken: John Wiley & Sons, 2010.

税后经营性收入 = 319.62×(1−40%) = 191.77(万元)
加权平均资本成本 = 15.27%
经营性租赁支出现值 = 928.33(万元)

我们继续假定 Y 酒店已经接近充分运作,其未来的名义预期增长率为 2%(与通货膨胀基本相同),再投资率为 0%,可计算其 FCFF 为

$$FCFF = 319.62 \times (1-40\%) \times (1-0\%) = 191.77(万元)$$

在第 12 年末,假定该 Y 酒店将关闭,清算价值为 500 万元,对应现值为 90.82 万元。

首先,估算未来 12 年间的 FCFF 现值为

$$未来12年的FCFF现值 = \frac{191.77 \times \left(1 - \frac{1.02^{12}}{1.1527^{12}}\right)}{15.27\% - 2\%} = 1\,112.08(万元)$$

其股权价值即为

$$\begin{aligned}股权价值 &= 未来12年FCFF现值 + 清算价值现值 - 经营性租约现值 \\ &= 1\,112.08 + 90.82 - 928.33 = 274.57(万元)\end{aligned}$$

因此,基于私募交易动因,我们评估 Y 酒店的股权价值为 274.57 万元。

二、私对公交易

一般而言,对于拟进行转让的私人公司,其从上市公司处获得的估值通常显著高于来自其他私人实体的估值。这一差异主要源于买方所采用的资本成本(即折现率)的不同。当潜在买方自身未能实现有效的资产组合分散化时,其所要求的风险补偿将显著上升,进而导致更高的折现率,估值结果相应偏低。相较之下,上市公司作为边际投资者,通常已实现充分的分散化投资,因此其对目标公司的估值在折现率设定上更加合理且偏低,从而产生更高的估值水平。

因此,若私人公司所有者有意出售公司,优先选择上市公司作为潜在收购方通常更为有利。尽管私人公司所有者未必能够完全捕捉由此交易创造的全部价值,但仍有机会从分散化溢价(diversification premium)中获益,从而在价值实现过程中占据相对有利的地位。

上述逻辑亦适用于私人公司拟实施首次公开募股(IPO)的情形。由于 IPO 所形成的股票定价同样面向已实现分散化的投资者,其估值基准与上市公司收购时所采用的贴现率相似,因而公司通过 IPO 所获得的估值往往也会高于其在私营市场中的估值。然而,二者在最终估值结果上的差异,还取决于交易过程中的协同效应(synergy)。若潜在的收购方(即上市公司)与目标公司在业务、成本结构或收入拓展等方面存在显著协同效应,则战略性收购带来的价值提升可能超过公司通过 IPO 所能实现的估值水平,进而使出售给上市公司的方案在经济上更具吸引力。

【例 19.9】出于首次公开募股动因评估 X 公司。

现在,假设 X 公司即将进行首次公开募股,我们对其进行价值评估。基于例 19.2 和例 19.7 的有关数据,我们做出如下关于 X 公司的一系列假定。

(1) 加权平均资本成本:

业务性市场贝塔值 = 1.60

股权资本成本 = 加权平均资本成本 = 3.5% + 1.60×5% = 11.50%

假定公司经 IPO 而挂牌上市后,贝塔值下调至 1.20,债务比率增加至 10%(此时对应的税前债务资本成本为 5%,税后债务资本成本为 3%),则可计算得到上市后稳定期的加权平均资本成本为

加权平均资本成本 = (3.5% + 1.20×5%)×90% + 3%×10% = 8.85%

(2) 现金流和增长率：

假设 X 公司的税前经营性收入为 1 500 万元，税率为 40%，持有现金 500 万元。未来 5 年 X 公司的再投资率为 90%，预期增长率为 18%，资本回报率为 20%。假定公司在第 10 年后处于稳定增长期，每年再投资率为 25%，增长率为 3%，同时资本回报率保持 12% 不变。公司在第 6 年至第 10 年期间增长率、再投资率和加权平均资本成本都会从高增长水平过渡到稳定增长水平，10 年高增长期间的具体情况如表 19-4 所示。

表 19-4　X 公司 10 年增长情况

单位：万元

年份	EBIT(1-t)	预期增长率	再投资率	FCFF	资本成本	累积资本成本	FCFF 现值
当前	900						
1	1 062	18%	90%	106	11.50%	1.1150	95
2	1 253	18%	90%	125	11.50%	1.2432	101
3	1 479	18%	90%	148	11.50%	1.3862	107
4	1 745	18%	90%	174	11.50%	1.5456	113
5	2 059	18%	90%	206	11.50%	1.7234	119
6	2 368	15%	77%	545	10.97%	1.9124	285
7	2 652	12%	64%	955	10.44%	2.1121	452
8	2 891	9%	51%	1416	9.91%	2.3214	610
9	3 064	6%	38%	1900	9.38%	2.5391	748
10	3 156	3%	25%	2367	8.85%	2.7638	856
总计							3 487

在第 10 年末，公司步入稳定增长期，对其终端价值可估算如下：

$$\text{终端价值} = \frac{\text{EBIT}(1-t)(1+g)(1-\text{再投资率})}{\text{加权平均资本成本} - g}$$

$$= \frac{3\,156 \times (1+3\%) \times (1-25\%)}{8.85\% - 3\%} = 41\,675(\text{万元})$$

终端价值的折现金额加上 10 年高增长期的现金流现值，减去负债加上现金即可得到股权价值：

$$\text{股权价值} = 3\,487 + \frac{41\,675}{2.763\,8} - 0 + 500 = 19\,066(\text{万元})$$

进一步假定公司上市后股本达 1 000 万股，那么可计算每股价值为 19.07 元/股。

三、中间情形

与私人公司所有者相比，风险资本家和私募股权投资者的分散化程度较高，但是出于两个原因而不及那些处在公开市场上的投资者：①他们专门从事某些行业，例如一些风险资本家可能仅投资于生物技术公司或软件公司；②他们的头寸规模通常很大，并且监管要求他们在任何时候都持有很大的未清头寸。

我们用市场与投资者资产组合的相关系数取代了私人公司与市场的相关系数。在极限情形中，诸如红杉资本或者深创投之类的私募股权投资者可能在许多公司持有股份，以至于其资产组合与市场的相关系数接近于 1，故而所用贝塔系数就是市场贝塔系数。

为了更好地体现风险资本或私募股权在私人公司估值过程中的影响，我们将在例 19.10 中，以私人公司 MidXY 为例，对其价值进行评估。

【例 19.10】风险资本投资介入下的估值：MidXY 公司。

MidXY 是在某一行业经营的私人公司，业内上市公司的平均贝塔值等于 1，它们与市场的平均相关系数为 0.25。假设这家企业无任何负债，在两年内将完全由所有者所持有，将在第三年初从高科技风险资本家那里筹资，预计在第 5 年末上市或卖给上市公司。我们分三个阶段估算其股权资本成本(无风险利率=4%，股权风险溢价=5%)。

(1) 阶段 1：在初期，私人所有者对公司做了全额投资。

贝塔值 = 1 / 0.25 = 4

股权资本成本 = 4% + 4×5% = 24%

(2) 阶段 2：专业风险资本家进行天使融资，而他对多家高科技公司进行了投资(资产组合与市场的相关系数为 0.5)。

贝塔值 = 1 / 0.5 = 2

股权资本成本 = 4% + 2×5% = 14%

(3) 阶段 3：公开发售，投资者为个人和机构投资者，都具有分散化的资产组合。

贝塔值 = 1

股权资本成本 = 4% + 1×(5%) = 9%

现在假设我们已预测了公司在未来 5 年的现金流，预计它在第 5 年上市之后步入稳定增长期，稳定增长率为 2%。风险资本介入下公司价值估算如表 19-5 所示。

表 19-5 风险资本介入下公司价值估算

项目	1	2	3	4	5	终端
预期现金流(万元)	100	125	150	165	170	175
市场贝塔值	1	1	1	1	1	1
相关系数	0.25	0.25	0.5	0.5	0.5	1
贝塔值	4.00	4.00	2.00	2.00	2.00	1.00
股权资本成本	24.00%	24.00%	14.00%	14.00%	14.00%	9.00%
终端价值(万元)					2500	
累计股权资本成本	1.2400	1.5376	1.7529	1.9983	2.2780	2.4830
现值/万元	80.65	81.30	85.57	82.57	1 172.07	
公司价值(万元)	1 502.16					

需要注意的是，如果使用这位私人所有者的永久性股权资本成本(24%)会产生过低的价值(1 221 万元)，而使用市场股权资本成本(9%)则会产生过高的价值(2 165 万元)，这也证明了这种介于私对私交易和私对公交易的中间情形估值的合理性。

除此之外，在评估私营企业时，许多分析者区分了注入现金之前和注入现金之后的估值。一般来说，这项工作是在预计风险资本家注入现金或首次公开募股时进行。

这些估值的结果会有所不同，原因是：①若无现金注入，公司可能会遇到资本配给限制，导致再投资减少和增长速度下降，若公司资本回报率大于加权平均资本成本，则会导致现金注入前的价值降低；②把现金和有价证券的价值加到经营性资产价值上则可得到公司价值。注入大量现金后，公司可能会将超额现金投资于有价证券。如果从公司中抽走现金，即便是由目前的所有者所为，我们也不应将现金加到价值上。

那么，应该使用哪一个价值以估算首次公开筹股时的每股价值呢？因为公司股东将持有的是注入现金之后的公司股票，故而应该使用注入现金后的价值。然而，在风险资本家参与的情形中，答案可能有所不同。若他具有议价能力，作为唯一有意提供风险资本者，其能根据注入现金前的估值而要求一定的公司股份，因为公司价值只有在追加风险资本之后才有可能增加。若有两位或更多的风险资本家对公司感兴趣，在决定公司将让利多少于风险资本家方面，更可能出现的情形是以注入现金后的估值作为决策的依据。

【例 19.11】私募股权资金注入前后的估值。

假设一家风险投资机构现在希望对一家小型私人公司进行 1 000 万元的股本投资，我们现在需要对其应当索取的股份做出估算。

首先需要估算未做 1 000 万元投资时的股权价值。假设我们已经根据预测现金流，使用折现现金流模型估算得出公司的股权价值为 3 000 万元：

$$\text{注入现金前的估值} = 3\,000(\text{万元})$$

再假设我们的 1 000 万元投资可以促进该公司的增长，预期股权现金流现值为 5 000 万元。(不包括私募股权投资的 1 000 万元现金流入)，注入现金后的估值为：

$$\text{注入现金后的估值} = 5\,000 + 1\,000 = 6\,000(\text{万元})$$

关键的问题是，假设我们决定进行这项投资，如何确定为获取回报而应要求获得的私人公司的股份。我们要求注入现金后的所有权份额下限为

$$\text{所有权份额下限} = \text{投入现金} / \text{注入现金后的估值} = 1\,000 / 6\,000 = 16.66\%$$

当然，如果我们的议价能力比较强，那么可以根据现金前估值法索取更大的股份。我们可以要求的注入现金前的所有权份额上限为

$$\text{所有权份额上限} = \frac{\text{投入现金}}{\text{注入现金前的估值} + \text{现金投资}}$$
$$= 1\,000 / (3\,000 + 1\,000)$$
$$= 25\%$$

第四节　私人公司的相对价值评估法

相对价值评估法的基石是替代原则，即"人们为一个事物所支付的价格不会超过购买同样理想替代品的成本"。我们可以参考市场对相似公司所估计的价值而对私人公司进行间接估值。此类评估方法操作相对简便，但容易因类比不当而被误导。因此，本节将着重探讨如何在私人公司估值中合理使用相对价值评估法以规避估值偏误。相比私人公司估值常涉及的绝对估值方法，本文主要关注两类典型的相对估值方法：并购交易法与类比上市公司法。下文将依次介绍其使用方法及注意事项。

一、并购交易法

并购交易法是指从以往的并购交易案例中，找到与目标公司类似的被收购公司，计算其收购时的各种乘数(P/E、P/B、EV/EBITDA 等)，并应用于目标公司的估值。相较于上市公司的相对估值法，在私人公司中使用并购交易法时，我们需要格外注意以下两点。

(1) 数据来源的局限性。并购交易法所依赖的数据通常反映的是被收购企业对于买方的战略价值，而非其在公开市场中的市场价值。这是因为非上市企业在收购时通常不需要披露详细财务数据，公众能获取的资料有限。因此，所能获得的并购数据往往来自上市公司收购目标公司时所披露的资料。但上市公司的收购往往具有战略目的，交易价格也往往包含溢价，这意味着所使用的乘数并不能完全反映目标企业的公允价值。

(2) 乘数调整的必要性。为提高估值准确性，交易数据需满足以下两个条件：其一，交易对象应与目标公司在业务、规模、行业和成长性等方面具有高度相似性；其二，估值乘数应在经过适当调整后再应用于目标公司。例如，若目标公司为私人企业，需将其财务数据进行调整(如补充税收负担、管理层激励等)，以使其与公开市场或交易案例中企业的数据具有可比性。此外，并购交易中还需注意控制权溢价对乘数的影响。

使用并购交易法的最大优势在于：它能通过实际交易案例的折价/溢价，揭示类似目标公司在特定行业内的收购价值判断标准，从而为目标公司估值提供贴近市场的参考。同时，若交易数据来源丰富，还可将其用于内部交易与运营的估值支持。

二、类比上市公司法

类比上市公司法是指通过比较目标公司和可比上市公司在经营业绩或财务状况指标的情况，确定目标公司相对价值评估法使用的合理乘数。类比上市公司法的估值步骤如下。

首先，找到足够多与目标公司类似的上市公司，以便提供合理的样本观测数。类比上市公司法以找到与目标公司类似的上市公司的乘数为基础。这种可比性应体现在企业所处行业、主营业务、收入结构、盈利模式、发展阶段、客户群体等多个维度上。为此，我们可以通过万得终端或者其他商业数据库，按照证监会行业分类标准(或其他标准)迅速便捷地检索目标公司所在行业的上市公司，并通过经营状况、规模、产品或服务等指标筛选出与目标公司相似度高的公司作为可比公司。值得强调的是，规模庞大的著名上市公司，尤其是企业集团，很少能成为合适的类比公司，因为它们的经营规模、产品种类、市场广度和财务实力，是大多数私人公司难以匹敌的。

其次，选择并确定合适的估值乘数。在确定可比公司后，需计算其不同维度的估值乘数(如市盈率 P/E、市净率 P/B、企业价值乘数 EV/EBITDA 等)，并选取其中最适合目标公司特征的指标作为估值依据。需要注意的是，所选乘数应反映市场对企业未来成长性、盈利能力、财务结构的综合判断。计算可比公司估值乘数后，应结合其统计分布特征进行分析，常用的统计量包括均值、中位数、上下四分位数等。这些指标不仅有助于识别异常值对均值的影响，还可以为目标公司匹配乘数区间提供定量参考。

接下来，判断目标企业应采用的具体估值水平。相对估值的关键在于将目标公司相对于可比公司的经营状况进行横向比较，从而合理选择其应处于哪个乘数区间。具体而言，应综合考虑目标公司的盈利能力、增长潜力、运营效率、行业地位、治理结构等因素，判断其在对标样本中的位置——是高于平均水平、基本持平，还是低于平均水平。这一过程实际上是对目标公司相对于同行的综合判断与定位，具有一定的主观判断成分，因此对估值人员的行业理解能力提出较高要求。

最后，根据乘数估算目标公司价值。结合目标公司的财务指标(如净利润、EBITDA等)与选定的估值乘数，进行估值计算。值得注意的是，在私人公司估值中，若存在非经常性损益或财务数据波动较大等情况，应对财务数据进行适当的归一化或调整处理，以增强估值结果的稳定性与合理性。

本章小结

对私人公司的估值方法与我们之前对上市公司的估值方法在原理上是一致的，只不过对私人公司估值的过程中往往会面临缺少股价信息、会计盈利信息不准确、分散化程度不足等问题，给估值带来困难。本章分析了以上情形给私人公司估值带来的影响，并介绍了一些常用的解决方法，使得私人公司的特有因素可以在估值过程中得以体现。

同时，估值的动因会对估值过程中的数据调整产生影响。本章主要考察两种估值动因：为私募交易进行评估，为出售给上市公司或进行首次公开募股进行评估，并考察上述动因下调整数据的基本思路。具体而言，在使用折现现金流模型对私人公司进行估值时，对于贝塔值的估算取决于潜在买主投资组合的分散化程度。如果估值动因是私募交易，则应当根据投资组合与股票指数的相关系数对其贝塔值进行调整；如果估值动因是上市，则不需要调整贝塔值。同样，不同的估值动因对股权流动性折扣、控制权估值均会带来不同的影响。

本章重点介绍了对私人公司采用折现现金流估值法估值的过程，同时也对私人公司的相对估值法做了简要的介绍。在使用相对估值法时，我们需要重点考虑私人公司之间的差异及私人公司与上市公司之间的差异。如果不考虑这些差异则会带来严重的估值偏误。

课后问答

1. 私人公司与上市公司在数据获取上有何本质区别？
2. 为何需区分私人公司所有者的薪酬与股息？
3. 私人公司增长率预测相比上市公司有哪些特殊注意事项？
4. 私对私与私对公交易在资本成本设定上有何差异？
5. 类比上市公司法筛选可比公司时需考虑哪些关键维度？
6. 若某家族企业计划引入 PE 融资，估值中需重点调整哪些参数？

第二十章
现金、所持股份及其他资产价值评估

本章任务清单

任务序号	任务内容
1	理解公司持有现金的动机
2	了解公司持有现金的分类
3	掌握估值中对持有现金的处理方法
4	理解公司持有风险证券的原因
5	掌握在估值中处理交易证券的方法
6	理解持有其他公司股份的公司的会计处理方法
7	掌握持有其他公司股份的公司的折现现金流估值法
8	掌握持有其他公司股份的公司的相对估值法
9	了解闲置资产及养老金资产对公司价值的影响

不论是上市公司还是私人公司，其账面都会有被视为非经营性的资产。第一种也是最明显的例子就是现金和准现金投资，即大部分拥有大量现金余额的公司都会对无风险或者低风险项目进行投资。第二种是对其他公司的股票和债券进行投资。这种投资有时是出于保值增值目的，有时是出于战略目的。第三种是持有其他公司(上市公司或私人公司)的股份。这种资产在会计上有不同的分类方法。第四种是不产生现金流但仍然具有价值的资产，如未开发土地或超额福利退休金等。在进行估值时如果不重视或者忽视这些资产，后果会是非常严重的。前几章的折现现金流估值法和相对估值法中都提到了这些资产。本章将系统探讨现金、金融投资及交叉持股等非经营性资产的估值逻辑，重点解决三大核心问题：如何区分经营性现金与超额现金？如何调整估值模型以反映现金资产的特异性？对于复杂的交叉持股和闲置资产，如何在信息不完整的条件下实现合理估值？通过剖析合并估值与分别估值的优劣、负债总额与净额法的差异，以及风险证券的战略溢价，本章旨在为分析师提供一套兼顾理论严谨性与实操可行性的非经营性资产估值框架。

第一节 现金与准现金投资

每个公司的资产负债表都有一行专门列示现金和交易证券，也就是持有的现金和准现金投资。投资流动性较高的短期政府证券和商业票据被视为准现金投资。此处的现金和准现金投资在中国会计中指现金及其现金等价物。现金在会计核算中又称"货币资金"，其包括库存现金、银行存款和其他货币资金。现金等价物是指企业持有的期限短、流动性强、易于转换为已知金额现金、价值变动风险很小的投资,如投资日起三个月到期或清偿之国库券、商业本票、货币市场基金、可转让定期存单等。

本章从公司持有现金的动机及现金持有的多少入手,然后探讨对现金持有进行分类的不同方法,以及如何在折现现金流和相对估值法中考虑持有的现金。

一、公司持有现金的动机

每家公司账面上都有现金,而且很多公司都有大量的现金余额。通常,公司持有现金有三种动机,即为交易或经营持有现金、为应付意外支出持有现金和为满足未来投资需要持有现金。此外,公司还有一个激励方面的动机:由于大型公开交易公司的所有权和经营权相分离,因此公司(或至少是公司的管理者)产生了持有现金的激励动机。

(一) 为交易或经营持有现金

交易与经营持有现金是指为满足公司日常经营和交易活动需要而持有现金,这也是公司持有现金的主要动机,如公司在生产经营中购买原材料、支付员工工资、缴纳税金及到期债务等都需要支付现金。日常经营中公司的现金流入和流出在时间和数额上的错位,导致公司必须持有一定数量的现金用于公司的正常运转。

一般认为影响交易与经营持有现金需求规模的因素主要有以下几个。

(1) 财务杠杆。特定经营现金流量的情况下,具有较高杠杆比率的公司要承诺未来会支付更高数额的利息。考虑到必须能够进行这些支付,因此公司必须保留更高的现金余额。

(2) 公司规模。当存在规模经济时,大型公司相比于小型公司的单位经营成本更低,所以保持的营业现金余额比例(按所占收入比例计算)也更低。

(3) 股利支付政策。支付股利的公司也有可能比未支付股利的公司持有更多的现金,以避免在需要支付股利时发生现金短缺。

(二) 为应付意外支出持有现在

公司持有现金的第二个原因是应付意料之外的支出,或应付不能详细说明的或有事项。例如,周期性公司必须在经济繁荣时期积累现金,并用这些现金应付经济衰退时可能发生的营业亏损。一般来说,影响为应付意外支出持有现金需求规模的因素主要有以下几个。

(1) 经济波动性。在其他条件不变的情况下,与成熟的经济环境相比,在不稳定、反复无常的经济环境下,公司应该积累更多的现金。

(2) 经营波动性。在特定经济环境下,为了满足或有事项的需要,经营现金流量波动性较大的公司通常会比现金流量稳定的公司持有更多的现金。例如,经营现金流量波动较大的科技公司一般就会持有较多的现金。

(3) 竞争环境。处于竞争激烈行业的公司比受竞争保护的同类公司持有的现金多。

(4) 临时融资的能力。信誉较差、融资成本较高、融资困难的小型公司相较于信誉较好、融资成本较低、融资简单的大公司而言,为了避免遇到突发财务危机时,临时融资的高成本,通常现金持有比例更高。

(三) 为满足未来投资需要持有现金

如果资本市场是有效的,且进入时没有交易成本,则在公司需要投资新项目或进行其他新投资时可以随时筹集所需资本。然而在现实世界中,公司进入资本市场通常都会存在限制,并必须负担成本。这些限制会严重阻碍公司为非常好的投资项目筹集资本。面临这些限制,公司必须留出足够的现金，以满足未来的投资需要。

未来的资本投资可以分为两类：投机和优质项目投资。其中投机通常包括：一是证券市场中的低卖高卖的投机操作；二是抓住有利可图的市场机会，如在经济危机时期利用这些现金从危机公司手中以便宜价格购买资产；三是市场上出现良好的理财机会时，公司持有现金往往可以获取较大收益。而优质项目投资则指为了未来可能出现的高回报率的优质项目而提前预留现金作为投资资金。

一般而言，影响为满足未来投资需要持有现金需求规模的因素主要有以下几个：

(1) 未来投资的数量及不确定性。对于那些既有重大的预期投资项目需求，而且需求的数量又是高度不确定的公司来说，它们持有的现金数额将会是最多的。因为如果具有大量投资需求的公司可以预估该需求的话，那么它就可以事先筹集外部资金，从而无须持有大量现金。除此之外，具有较小投资需求的公司也可以不用预留大量的现金余额。

(2) 进入资本市场的难易程度。如果公司能够比较容易且能够以较低成本进入资本市场，则可以持有较少的现金。据此，一般认为，小型公司的现金余额要比大型公司的高(按比例计算)，私人公司的现金余额要比公开交易公司的高，新兴市场上的公司的现金余额要比成熟市场上的公司的现金余额高。

(3) 投资的信息不对称。当外部投资者获取的关于公司潜在支出的信息比公司本身能够获得的要少时，公司以公允价格为其投资项目筹集资金就会变得更加困难。因此，在项目评估和监控比较困难的行业，公司一般会保留大量的现金。这也可以解释为什么具有大量研发项目的公司其现金持有量通常会更高，其原因就在于不论是贷款人还是股东，都很难评价这些项目成功的可能性。

二、现金持有的分类

由于现金持有的动机不同，分析人员按照不同方法对现金持有进行了分类。实务中最常见的分类方法之一是将现金余额分为经营性现金余额与超额现金。从估值的角度看，更常见的分类方法是，按照现金被投资于何处将现金分为损耗现金与非损耗现金。

(一) 经营性现金与非经营性(超额)现金

在上一部分中我们说明了公司因为经营的需要而持有现金。对分析人员来说，确定经营性现金的金额是分析现金的关键。经营性现金无法获得市场公允回报率，被视为营运资本的一部分，并会影响现金流量。在估值过程中，持有的现金余额若超过经营性现金所需，这部分超额现金将作为公司价值的另一部分被加回经营性资产价值中得到公司价值，或者在流通在外负债总额中扣除，以获得净负债的金额。

确定经营性现金持有量是很困难的，通常可以按照以下三种方法进行估计。

1. 一般方法

一个运用非常广泛的方法是假设每年的经营性现金是当年营业收入的 2%。采用这种方法，如果公司营业收入为 100 亿元，则其应该持有的现金余额就是 2 亿元。超过 2 亿元的现金则被视为超额现金。这种方法的不利之处在于，它没有对不同的公司加以区分，对行业中大小规模不等的所有公司全部同样对待。

2. 行业平均

允许我们对不同行业的不同公司进行区分的一个方法就是使用行业平均数值。假设这些行业平均数值中都不存在超额现金，则这些数值可以代表经营性现金的金额。因此，任何持有的现金余额超过这一行业平均数值的都被视为持有了超额现金。

3. 回归分析

我们可以根据个别公司的风险、增长率、投资需求及公司治理情况等对个别公司的现金余额进行回归分析。这种回归可以用来预计特定情况下的公司现金余额持有量。任何超出这一预计现金余额的现金都被视为非经营性现金。

(二) 损耗现金与非损耗现金

有关经营性现金持有量和超额现金持有量的争论实际上并没有在估值中有所体现，因为即使为经营性需要而持有的现金也会被用于准现金投资，如国库券或商业票据等。尽管这些投资的回报率很低，但其是确实存在的。换句话说，对国库券的投资是一项净现值为零的投资，它获取的收益正好等于它应该获取的，因此对价值不产生影响。因此，在计算现金流量时不应该将这部分现金算作营运资本的一部分。

因此，能够影响价值的现金分类方法应该是将现金余额分为损耗现金与非损耗现金。在投资风险已知的情况下，只有那些被投资于低于市场利率的现金才被视为损耗现金。因此，无法赚取利息的、目前仍停留在支票账户中的现金就是损耗现金。例如，贵州茅台因其半国有的企业性质而具备的特殊社会责任，其账户上留有大量的现金，其中不少现金由于缺乏合适的投资机会而被称为损耗现金。

作为分析人员，应如何依据现金是否产生损耗，对其进行分类呢？一个简单的方法就是考察公司在这一年度中赚取的利息收入占平均现金余额的百分比，然后将这一现金账面利息率水平与同一期间的市场利息率水平进行比较。

下面看一个简单的例子。假设某上市公司2024财务年度的平均现金余额为2亿元。其报告的持有这些现金的利息收入是420万元。如果同一期间平均的短期国债利率是2.25%，则可以估计损耗现金。

2024年利息收入 = 420(万元)

$$平均现金余额的账面利息率 = \frac{利息收入}{平均现金余额} = \frac{420}{20\,000} = 2.1\%$$

市场利率(短期国债) = 2.25%

$$损耗现金占现金余额的比重 = 1 - \frac{账面利率}{市场利率} = 1 - \frac{2.1\%}{2.25\%} = 6.7\%$$

因此，2亿元的6.7%(即1 334万元)将被看作损耗现金，与存货和应收账款一起被视为营运资本的一部分，而其余的1.87亿元则被视为非损耗现金，应加回公司经营性资产的价值中。

三、估值中对持有现金的处理

尽管现金有时候仅占到公司价值的很少一部分，但在分析中通常会存在一些陷阱，并可能会导致出现严重的估值偏误。接下来我们将进一步探讨如何在折现现金流估值法和相对估值法中处理现金。

(一) 在折现现金流估值法中估计现金的价值

在折现现金流估值法中有两种方法可以将现金及交易证券纳入考虑范围之内：①合并估值法，将其并入公司经营性资产中，并把公司(或股票)作为一个整体进行估值；②分别估值法，分别对经营性资产和现金及交易证券进行估值。通过分析我们认为，后一种方法是更可靠的，导致错误的可能性更小。下面对两种方法进行介绍。

1. 合并估值法

根据对包含来自现金的收入的公司净利润总额的预测来估计股利和权益自由现金流时，采用的就是合并估值法。在这种情况下,净利润包括投资于政府证券、公司债券、股票投资等来自现金和有价证券的利润。这种方法比较简单,研究人员在金融投资占资产总额比例很小的时候可以使用这种方法,但当金融投资占总资产比重较大时使用这种方法则比较困难。

造成这种困难的主要原因是,此时现金流中包括了来自现金部分的收入,所以为了保持一致性,在对其折现时也应考虑这部分现金的资本成本。因此,用于对现金流量折现的权益成本或资本成本必须被调整成以现金为基础,即需要对贝塔值进行调整。在估值中,对公司的无杠杆贝塔值进行计算时,必须使用该公司各项经营性资产无杠杆贝塔值和现金及交易证券的贝塔值的加权平均数来作为该公司调整后的无杠杆贝塔值。例如一家现金占公司价值10%的钢厂,其调整后的无杠杆贝塔值应该是该钢厂的无杠杆贝塔值与现金贝塔值(通常情况下为零)的加权平均数。如果这10%的现金被投资于有风险的证券,则必须对贝塔值进行相应的调整。如果利用由下至上的贝塔值估计方法,那么这种调整比较简单,但在利用回归方法获取贝塔值时则会非常困难。

如果不进行调整将会错误地估计这些金融资产。例如,假设我们正在对一家钢厂进行估值,该钢厂利润的10%来源于现金,且这些现金被投资于政府证券上,其获取的无风险利率假设为2%。如果将这一利润加回公司的其他利润中,并按照钢厂适当的股权资本成本(假设为11%)进行折现的话,那么这些现金的价值将会大打折扣。例如,10亿元的现金可能会被估值为800万元,这是因为使用的折现率是不正确的。

2. 分别估值法

更加合理的方式是将现金及交易证券与经营性资产分别进行单独估值。我们在对公司进行估值而不是仅对股票进行估值时通常会采用这种方法。这是因为我们一般利用经营性利润估计公司自由现金流,而经营性利润通常是不包括金融资产和现金带来的利润的。在对经营性资产估值之后,就可以将现金和交易证券的价值加回经营性资产中,以获得公司价值。

从股权价值评估的角度来看,尽管公司净利润中包括现金及准现金投资带来的利润,但我们还是可以将现金和交易证券与经营性资产区分开的。为做到这一点,第一步,我们要得出代表现金投资(债券利息等)的净利润。第二步,用非现金的净利润估计股权自由现金流,用仅反映非现金经营性资产的贝塔系数估计股权资本成本,并对这些非现金股权自由现金流进行折现。第三步,在非现金股权价值估计完毕之后,将现金及交易证券的价值加回,以获得股权价值总额。

当估计可持续的或基本增长率时,我们通常会排除现金的影响,专注于经营资产其本身创造价值的能力。其中,当对ROE和ROIC进行估计时,只能用非现金盈利和投资于经营性资产的资本来计算:

$$非现金权益回报率(非现金ROE) = \frac{净利润 - 现金利息收入}{权益账面价值 - 现金} \quad (20\text{-}1)$$

$$投入资本回报率(ROIC) = \frac{EBIT(1 - 税率)}{权益账面价值 - 负债账面价值 - 现金} \quad (20\text{-}2)$$

这些指标通常被用于和股权资本成本及加权平均资本成本进行比较,以确定公司的投资是否创造了更多的回报。

【例20.1】 对持有现金的无负债公司分别采用:合并估值法和分别估值法。

为考察现金余额对股权价值的影响,考虑以下公司的案例。该公司非现金经营性资产投资额为12亿元,现金为2亿元。为简化,做出以下假设:

(1) 非现金经营性资产贝塔值为1,预期每年以永续年金的形式获净利润1.2亿元,没有再投资需求(因此预期增长率为0);

(2) 现金以无风险利率进行投资,假设为4.5%;

(3) 市场风险溢价假设为5.5%;

(4) 该公司所有资金都是股权资金(无负债),且不考虑经营杠杆。

依据以上假设,可以采用合并估值法,也可以采用分别估值法对股权价值进行评估。

合并估值法,即用每种资产的估计价值(见下面对经营性资产估计价值的计算)作为权重,通过计算非现金经营性资产和现金资产的加权平均贝塔系数的方法来估计公司所有资产(包括现金)的股权资本成本。

公司贝塔系数 = 贝塔$_{现金资产}$ × 权重$_{现金资产}$ + 贝塔$_{非现金资产}$ × 权重$_{非现金资产}$

$$= 1 \times \frac{12}{12+2} + 0 \times \frac{2}{12+2}$$

$$= 0.8571$$

公司股权资本成本 = 4.5% + 0.8571 × 5.5% = 9.21%

公司预期利润 = 经营性资产取得的利润 + 现金利息收入

$$= 1.2 + 0.045 \times 2$$

$$= 1.29(亿元)$$

股权价值 = $\frac{FCFE}{股权资本成本} = \frac{1.29}{9.21\%} = 14(亿元)$

下面我们再使用分别估值法来估算股权价值。首先,从非现金投资开始。

非现金投资的股权成本 = 无风险利率 + 贝塔系数 × 风险溢价

$$= 4.5\% + 1 \times 5.5\%$$

$$= 10\%$$

经营性资产的预期利润 = 1.2(亿元)

非现金资产价值 = $\frac{预期利润}{非现金资产的股权资本成本} = \frac{1.2}{10\%} = 12(亿元)$

然后将 2 亿元的现金价值加回,同样得到公司股权价值为 14 亿元。

3. 两种方法比较

事实上,对持有现金的公司采用分别估值法和合并估值法在原理上的差异主要体现在估值过程中使用的输入数据上。我们对这两种方法的差别进行了汇总,如表 20-1 所示。

表 20-1 合并估值法和分别估值法的差别

项目	合并估值法	分别估值法
目标	将公司作为一个整体进行估值,现金是资产的一部分	将非现金资产与现金分别进行估值
利润	应该包括现金和交易证券的利息收入	不应该包括现金和交易证券的利息收入(如果用净利润估计权益可得的现金流量,则必须去除税后利息收入)
再投资	经营性资产和现金都应该考虑再投资	再投资仅发生在经营性资产中
无杠杆贝塔系数	应该是经营性资产无杠杆贝塔值和现金贝塔值(一般情况下是零)的加权平均数	仅是经营性资产的无杠杆贝塔值
会计收益	应该按利润总额(包括现金带来的利润)和包括现金的资本进行衡量	应该按非现金利润进行衡量,现金应该从资本中减掉

续表

项目	合并估值法	分别估值法
增长率	增长率应该能够反映合并利润(包括现金带来的利润)的增长情况	增长率仅指经营性利润的增长率
最终估值	现金流量的现值中已经包括了现金,不需要再将现金加回来	现金流量的现值是经营性资产的价值,必须加上现金

4. 估值方法的调节

在比较完合并估值法和分别估值法的差异后,我们接下来将探讨如何在实际应用中对这两种估值方法进行调节。在调节过程中有两个关键因素不可忽视:负债总额法与负债净额法的差异,以及现金是否应当折价。这些关键因素将影响公司估值的最终结果,特别是在公司持有大量现金或面临特殊债务结构时。接下来,我们将详细分析这些因素如何在估值方法中产生不同的影响。

1) 负债总额法和负债净额法的差异

在计算债务比率和加权平均资本成本时,通常较为稳妥的方式是根据未偿还总债务评估公司,再把现金加到经营性资产价值上得到公司总价值。然而,在公司持有大量现金时,分析人员倾向于将现金余额从流通在外的负债当中减掉,用获得的负债价值的净额计算债务比率和加权平均资本成本。在公司价值的计算中,使用负债净额法将在以下方面产生不同。

(1) 在计算杠杆贝塔值时,假设公司使用的是由下至上的贝塔值估计法,通常我们会从无杠杆贝塔值开始,然后利用负债净额而非负债总额与股权资本的比率将无杠杆贝塔值调整为杠杆贝塔值。在这里我们使用的不是负债总额与股权资本的比率,因此在利用负债净额法时可能会导致较低的杠杆贝塔值和较低的股权资本成本。

(2) 当计算加权平均资本成本时,使用的债务比率是债务净额与资本的比率而不是债务总额比率。如果两种方法下的债务资本成本是相同的,则负债净额比率法中股权资本成本的高权重就会补偿(至少部分补偿)这种方法下的低股权资本成本。一般情况下,利用负债总额比率法得到的加权平均资本成本与利用负债净额比率法得到的是不一样的。

(3) 在计算股权价值时,对经营性现金流进行折现得到经营性资产价值后,直接减去债务净额即可得到股权价值。

通常而言,由负债总额法和负债净额法计算的公司价值存在差异,主要源于二者加权平均资本成本的计算方式不同。为理解这种差异,考虑一家公司,其非现金资产为12.5亿元、现金余额为2.5亿元、流通在外的负债为5亿元(税前债务资本成本5.9%),股票市场价值为10亿元,总市场价值为15亿元。在负债总额法下,假设公司全部资产(经营性资产与现金)均以负债总额与整体市场价值的比例筹资,从而采用该比例计算加权平均资本成本并折现经营性现金流;而在负债净额法中,则假设用于无风险投资的现金由无风险负债筹集,经营性资产则由风险性负债(2.5亿元)和全部股票共同融资,总债务资本成本由现金债务和经营性债务资本成本的加权平均决定,以合理反映债权人在偿付债务时分别承担现金与经营性资产违约风险的现实情况。

在上述假设下,较低的债务比率(2.5/12.5)通常会导致更高的加权平均资本成本和经营性资产,以及更低的股票的价值。要注意,两种方法中用于筹集现金的债务资本成本都假设是无风险的。在负债总额法下,我们假设用于筹集现金的股票也是无风险的(其贝塔值为零)。

【例20.2】 对持有现金的公司分别采用:负债总额法与负债净额法。

假设某公司经营性资产投资为10亿元,该经营性投资税后资本回报率为12.5%,现金投资为2.5亿元,获取的是4%的无风险收益率。每种投资都不存在预期利润增长的情况,且利润是永续的。假设经营性资产的无杠杆贝塔值为 1.42，且公司流通在外的负债金额为 5 亿元(税前债务资本成本为 5.9%)。最后假设股票的市场价值为 10 亿元，公司所得税税率为 40%，股票风险溢价为 5%。

(1) 负债总额法：

$$负债总额与资本比率 = \frac{负债总额}{负债总额+股票} = \frac{5}{10+5} = 33.33\%$$

$$负债贝塔值 = 无杠杆贝塔值 \times \left[1+(1-税率)\times\frac{负债总额}{股票市场价值}\right]$$

$$= 1.42 \times \left[1+(1-40\%)\times\frac{5}{10}\right]$$

$$= 1.846$$

$$股权资本成本 = 无风险利率 + 贝塔值 \times 风险溢价 = 4\% + 1.846 \times 5\% = 13.23\%$$

$$加权平均资本成本 = 13.23\% \times \frac{10}{15} + 5.9\% \times (1-40\%) \times \frac{5}{15} = 10.00\%$$

预期税后营业利润 = 投入资本 × 资本回报率 = 10 × 12.5% = 1.25(亿元)

$$经营性资产价值 = \frac{预期税后营业利润}{加权平均资本成本} = \frac{1.25}{10\%} = 12.5(亿元)$$

预期现金利润 = 2.5 × 0.04 = 0.1(亿元)

公司价值 = 经营性资产价值 + 现金 = 12.5 + 2.5 = 15(亿元)

股权价值 = 公司价值 − 负债总额 = 15 − 5 = 10(亿元)

(2) 负债净额法：

负债净额 = 负债总额 − 现金 = 5 − 2.5 = 2.5(亿元)

$$负债净额与资本比率 = \frac{负债净额}{负债净额+股票市值} = \frac{2.5}{2.5+10} = 20\%$$

$$负债贝塔值 = 无负债贝塔值 \times \left[1+(1-税率)\times\frac{负债净额}{股票市场价值}\right]$$

$$= 1.42 \times \left[1+(1-40\%)\times\frac{2.5}{10}\right]$$

$$= 1.633$$

股权资本成本 = 无风险利率 + 贝塔值 × 风险溢价 = 4% + 1.633 × 5% = 12.17%

$$加权平均资本成本 = 12.17\% \times \frac{10}{12.5} + 5.9\% \times (1-40\%) \times \frac{2.5}{12.5} = 10.44\%$$

预期税后营业利润 = 投入资本 × 资本回报率 = 10 × 0.125 = 1.25(亿元)

$$经营性资产价值 = \frac{预期税后营业利润}{加权平均资本成本} = \frac{1.25}{10.44\%} = 12(亿元)$$

股权价值 = 经营性资产价值 − 负债净额 = 12 − 2.5 = 9.5(亿元)

可以看出，使用负债净额法得到的股权价值比负债总额法得到的要低。

2) 现金是否应当折价

一般情况下我们认为，1 元的现金就应该被估值为 1 元，现金不应该存在折价或者溢价，至少在对内在价值进行评估的情况下是这样的。但是，在两种情况下现金价值可能存在折价，即 1 元的现金可能会被市场定价为低于 1 元。第一种情形是在已知投资项目风险的前提下，公司持有的现金被投资于低于市场利率的投资项目上。第二种情形是因为过去不理想的投资交易信息，股东对管理层保管大额现金持不信任态度。

第一种也是最明显的一种情况是公司的所有或大部分现金不能获得市场利息率。如果是这样，则持有过多的现金会降低公司价值。尽管国内的大部分公司目前都能够非常容易地投资国库券和其他政府债券，但对于一些小型公司和新兴市场的公司来说可能存在困难。因此，对于这些无法通过具有市场利率的投资来使现金保值的公司，其现金余额必然会降低公司价值。

【例20.3】以低于市场利率的水平投资现金。

某公司持有2亿元现金，现在我们假设无风险利率是4.5%，但该公司的现金只能以3%的利率进行投资。因此，公司持有的现金价值应该为

$$按3\%利率投资的现金价值 = \frac{3\% \times 2}{4.5\%} = 1.33(亿元)$$

显然，公司持有的2亿元现金发生了0.67亿元的减值。在这种情况下，将现金在当期返还给股东应是一个更好的选择，会给其带来0.67亿元的剩余价值。

第二种情形则是投资者对管理层不信任。尽管投资于低风险或者无风险交易证券的大额投资本身是价值中立的，但由于现金可以抵消某些收购成本，因此管理层有时会通过将现金进行外部投资等措施以防止自己变成收购的目标。当公司的投资机会较少时，管理层出于防止被收购的目的，盲目、鲁莽地将现金用于外部投资，就很可能会导致收获远低于标准投资回报率的投资回报。此时，我们需要对这类公司所持有的现金进行一定程度的折价。除此之外，还可能由于"委托—代理问题"，管理层出于一己私利而盲目进行投资来扩张规模，损害了股东利益。此时，对公司的持有现金也应当进行一定程度的折价。

（二）在相对估值法中估计现金的价值

通过上面的分析可以看出在折现现金流估值法中估计现金价值需要获取较多的数据，实际上我们也可以在输入数据需求较小的相对价值评估法中考虑现金的影响。接下来，我们将探讨现金对权益乘数和公司价值乘数的影响，以及在实际估值中如何进行相应的调整。

1. 权益乘数

运用最广泛的权益利润乘数是市盈率，然而很少有分析人员在运用这一指标时考虑过具有大量现金余额对这一乘数的影响。如果公司具有经营性资产和大量的现金，那么这两种投资收益率的不同及风险水平的不同会使市盈率指标受现金余额的影响。

我们举例来说明这一问题，下面看一家具有10亿元经营性资产投资和2.5亿元现金投资的公司。假设该公司经营性资产的加权平均资本成本为10%，可以获得12.5%的投资回报率；现金的资本成本为4%且可以获取4%的投资回报率。为简化，假设每种资产的投资回报都是固定不变且长期的，且该公司没有负债，则可以估计每种投资的市盈率如表20-2所示。

表20-2 每种投资的市盈率

单位：百万元

投资部分	投资资本	税后利润	价值	市盈率
经营性资产	1 000	125	125÷10%=1250	1 250÷125=10.00
现金	250	10	10÷4%=250	250÷10=25.00
公司	1 250	135	1 500	1 500÷135=11.11

在这个例子中，由于现金是无风险的，因此其交易的市盈率过高。可以看出，公司的市盈率指标随着现金占公司价值比重的增长而增长。且若考虑现金的投资回报率未来可能会增长，现金对市盈率指标的影响将会发生更大的变化。对于经营性资产也是如此。当经营性资产的利润具有

预期增长率时，经营性资产的价值(同时也意味着市盈率指标值)将会提高。

然而，在某些情况下，公司市盈率指标随现金占公司价值比重越大而越低。例如，在某些增长率下，经营性资产的市盈率指标会超过现金的市盈率指标。一旦出现这种情况，则增加公司的现金持有量(占公司价值的百分比)将会降低市盈率指标，而不是提高这一指标。

在相对估值法中，分析人员大多会比较同一行业不同公司的市盈率，尽管这些公司持有的现金量可能相差很大。上述分析表明，这种做法对那些具有大量现金的公司来说可能是不准确的。在一些增长率很低或适中的成熟行业，具有大量现金的公司可能以较高的市盈率指标进行交易，但这并不是因为它们被高估了，而是因为现金比经营性资产有更高的利润乘数；在高增长率行业，具有大量现金的公司通常会以较低的市盈率指标进行交易，但这也不能说明他们就因此成了被低估的公司。现金持有量不起作用的一种情况是同一行业的所有公司持有的现金(占市场资本总额的百分比)都相当，或者是一种更不常见的情况——现金和经营性利润具有同样的乘数。对此我们有一个非常简单的解决方法：用非现金权益和非现金利润计算所有公司的市盈率指标。

$$市盈率(现金调整后) = \frac{市场资本总额 - 现金}{净利润 - 现金利息收入} \qquad (20\text{-}3)$$

这一指标是不受现金持有量影响的。

在分析人员利用市净率时，由现金持有所带来的问题同样也会出现。实际上，一般情况下，现金都应该是按照或接近账面价值进行交易的，而经营性资产则可以按不等于1的市价与账面价值比进行交易。继续利用表20-2中的数据，计算可得市净率数值如表20-3所示。

表20-3 各投资部分及其对应的市净率

投资部分	投资资本	税后利润	价值	市净率
经营性资产	1 000	125	125÷10%=1 250	1 250÷125=10.00
现金	250	10	10÷4%=250	250÷10=25.00
公司	1 250	135	1 500	1 500÷135=11.11

在本例中，现金交易使用的市价与账面价值比值低于经营性资产的比值，因此现金的存在会降低公司的市价与账面价值比。当然，在经营性资产获得的收益低于标准收益且按低于账面价值进行交易时，相反的情况也会发生。同样，对这一问题的解决办法是计算市价与账面价值比时从市场资本总额与权益账面价值中都扣除现金。

$$市价与账面价值比(现金调整后) = \frac{市场资本总额 - 现金}{权益账面价值 - 现金} \qquad (20\text{-}4)$$

由于不同公司(即使在同一行业内)现金持有量不同，目前无法在相对估值法中明确处理现金已经成为越来越重要的问题。

2. 公司及企业价值乘数

尽管在使用权益乘数时分析人员很少考虑现金的影响，但他们在使用公司价值乘数时一般会考虑现金的影响。大部分分析人员在计算公司价值乘数时利用的企业价值，都是从负债和权益的市场价值中把现金减掉的。由于分母通常是营业利润(或税后营业利润)的变量，因此这一乘数通常不受现金持有的影响，但分析人员还是要格外注意以下两种情况。

(1) 从公司价值中减掉的现金余额通常都是从最近的财务报表中取得的。考虑到季节性因素会影响费用和现金余额，利用最近的现金余额可能会歪曲乘数。例如，假设某家公司通常会在每年的12月末积累大量的现金，以应对来年1月发生的大量现金流出，但利用这一现金余额来计算公司价值将会导致较小的公司价值乘数。因此在现金余额存在季节性因素的情况下，使用全年的平均现金余额而不是最近的现金余额会更加合理。

(2) 在使用公司价值与资本比率时，现金应该从资本的账面价值中减掉：

$$\frac{EV}{投资资本} = \frac{权益市场价值+负债市场价值-现金}{权益账面价值+负债账面价值-现金} \quad (20\text{-}5)$$

如果不对分母进行现金调整，将会导致具有大量现金余额的公司的乘数数值下降。

需要注意的是，公司有很多种改变现金余额的方式，因此这种现金调整也要考虑这些不同方式的影响。支付大量股利或回购大量股份的公司将会减少其现金，但其所有者权益的是市场价值也会下降同样的金额。在会计年度末进行大量举债的公司会报告高额的现金余额，但同时也会报告相应的流通在外债务。

在计算公司价值与营业利润或现金流量乘数时，最后一个要注意的问题是撤出投资，尤其是发生在会计年度末的撤资。撤资将会导致大量经营性资产变现，从而使得现金余额大幅上升，但上一年度的营业利润或 EBITDA 中仍然包括被撤出资产的利润。为得到更准确的估计数，我们必须扣除归属于被撤出资产的 EBITDA 或者使用不包括这些资产带来的利润来进行预测。

第二节　金融投资

在上一小节中，我们讨论了现金的持有与准现金投资在估值过程中的问题。在某些情况下，公司会投资于有风险的证券。接下来我们将考察这种投资的动机和处理方式。

一、持有风险证券的动机

为什么公司会投资于风险证券呢？有些公司这样做是想通过投资股票或公司债券获得比投资国库券更高的收益。近年来又出现了一种趋势，即公司通过对其他公司的权益进行投资以进一步获取战略性收益。另外，还有一些公司对其认为被市场低估了的证券进行投资以获得超额收益。当然，还有一些公司持有风险证券是出于行业特点的需要。

（一）获取更高的收益

类似国库券和商业票据的准现金投资具有较高的流动性，风险很小甚至为零，但这些资产的投资收益也很低。当公司具有大量的金额可以用于交易证券投资时，他们可以通过投资风险证券来获得更高的收益。例如，投资于公司债券就比投资于政府债券能够获得更高的利率，并且该利率水平还会随着投资风险的增加而升高，而投资于股票比投资于公司债券则能获得更高的预期收益，尽管这些更高的预期收益并不一定是实际收益。

投资于有风险的投资项目可能会为公司带来更高的预期收益，但它并不能提高公司的价值。因为根据无套利理论，投资于风险投资取得的预期收益和进行无风险投资取得的预期收益必然是相等的。

（二）投资于被低估的证券从而获得超额收益

在风险既定的情况下，好的投资是能够获得高于必要回报率的投资。由于投资于被低估证券的收益将超过这些投资的资本成本，因此公司投资于被低估的股票实际上是在进行一个净现值为正的项目。同样，公司投资于被低估的公司债券也能够获得超额回报，其净现值也将是正的，最终能给公司带来增值。

那么公司怎样才能找到被低估的证券呢？这取决于市场的有效性及公司管理层寻找被低估

证券的能力。通常而言，较低的市场有效性意味着市场上存在较多的被低估的公司。具备优秀选股能力的公司管理层则通常更加善于发现这些被低估的公司。以巴菲特掌管的伯克希尔·哈撒韦公司(简称 BH 公司)为例，1999 年 BH 公司对其他公司的证券投资共计 690 亿美元，其中投资于可口可乐公司 124 亿美元，投资于美国运通 66 亿美元，投资于吉列 39 亿美元，从其股权投资中获取了大量的超额回报。

(三) 获取战略性收益

尽管 BH 公司取得了股权投资的成功，但实际上大部分公司还是意识到随着资本市场的成熟，在金融市场上寻找被低估的证券或公司是非常困难的，因此这样大举进行股权投资的公司并不多。然而，有一类公司会出于战略目的对其他公司进行投资，例如 2014 年联想对 IBM 部分业务的收购，看好的是 IBM 公司产品市场的竞争优势(如商标、市场占有率等)，而不仅仅是其盈利能力。

战略性投资会增加公司的价值吗？对所有投资来说，这取决于投资的金额和公司获得的投资收益。如果进行这些投资时存在附带好处和协同效应，则对其他公司证券进行投资可以获得比最低收益率更高的收益，并且能够创造价值。很明显，这也是一个成本较低的可选择方案。

(四) 出于行业特点的需要

有一些公司持有风险证券是出于行业特点的需要。例如，保险公司和投资公司在其经营过程中经常进行证券投资。前者是为弥补保险请求权上的预期债务，后者是在从事自营业务。尽管这些金融服务公司的资产负债表上有大量的金融资产价值，但这些公司持有的与之前描述的公司不具有可比性。实际上，金融资产在这些公司的投资更类似于制造业公司所使用的原材料。

二、估值中对金融投资的处理

交易证券可以包括存在违约风险的公司债券及风险更大的交易股票。随着公司持有的交易证券风险越来越大，对其进行的处理也越来越复杂。对交易证券进行估值有以下三种方法。

(1) 最简单也是最直接的方法是获得这些交易证券的现行市场价值，并将其加到经营性资产的价值上。对于以持续经营为基础进行估值的具有大量交易证券的公司来说，这是最可行、最便捷的办法。

(2) 第二种方法是估计交易证券的现行市场价值，然后减掉如果这些交易证券今天就被出售可能带来的资本利得的税收影响。当我们基于清算对公司进行估值时，这种方法是最好的。

(3) 第三种也是最难的一种方法是对发行这些证券的公司进行估值，并估计这些证券的价值。对于持有其他公开交易公司证券相对较少但金额较大的公司来说，这种方法最有效。

通常，我们还需要考虑交易证券的溢价或折价问题。一般情况下，我们不对交易证券进行溢价或折价处理，通常会将公司拥有的交易证券的全部市场价值直接加到公司的价值上。但对于以买卖金融资产为主营业务的公司，特别是对于封闭式共同基金而言，我们有时需要对其持有的交易证券进行溢价或折价处理。

封闭式共同基金向投资者销售证券，将募集的资金投资于金融资产。虽然封闭式基金的份额数量是不变的，但其每份的价格会发生变化。由于封闭式基金是公开交易的证券，因此有时会出现每份封闭式基金的市场价值高于或低于基金拥有的证券的市场价值的情况。对于这些公司，则应该给交易证券附加折价或溢价，以反映其创造超额收益的能力或经营不善的情况。

对于能够持续发现被低估资产并获得高于预期收益(在风险一定的情况下)的封闭式共同基金，我们应该在其交易证券价值基础上增加溢价。溢价的金额取决于超额收益的大小及预期公司获取这种超额收益的时间长短。相反，收益率低于预期收益水平的封闭式基金应该以交易证券价值的折价进行交易。很明显，这种基金的股东会从清算中得到更多的剩余价值，但这样做则需要承担错过下一轮上涨的风险。

第三节　持有其他公司股份

接下来，我们考虑更宽泛的非经营性资产投资种类，包括对其他的公开上市公司或私人公司进行投资。首先介绍一下对不同持股方式的不同的会计处理，以及这些处理方式如何影响其在财务报表中的报告。

一、会计处理

对持有其他公司股份的公司进行估值的方式取决于投资方式的分类及进行这些投资的动机。一般情况下，对其他公司的投资可以分为少数被动投资、少数主动投资和多数主动投资等。不同的投资方式的会计处理方式不同。

（一）少数被动投资

如果持有的其他公司证券或资产比例低于被投资公司整体所有权的20%，则这一投资被视为少数被动投资。这种投资既有收购价值(即公司购买证券的原始价值)，又有市场价值。会计上要求这种资产必须被归属于以下三种分类中的一种：以摊余成本计量的金融资产、以公允价值计量且其变动计入其他综合收益的金融资产和以公允价值计量且其变动计入当期损益的金融资产。

(1) 以摊余成本计量的金融资产满足以下两个条件：其一，企业管理该金融资产所采取的业务模式是以收取合同现金流量为目标；其二，该金融资产的合同条款规定，在特定日期产生的现金流量，仅为对本金和以未偿付本金金额为基础的利息的支付。企业一般设置"贷款""应收账款""债券投资"等科目核算分类为以摊余成本计量的金融资产。投资带来的收益计入当期损益。

(2) 以公允价值计量且其变动计入其他综合收益的金融资产满足以下两个条件：第一，企业管理该金融资产所采取的业务模式是既以收取合同现金流量为目标，又以出售该金融资产为目标；第二，该金融资产的合同条款规定，在特定日期产生的现金流量，仅为对本金和以未偿付本金金额为基础的利息的支付。企业应当设置"其他债券投资"科目核算分类为以公允价值计量且其变动计入其他综合收益的债券投资。其公允价值变动计入其他综合收益，而其他综合收益属于所有者权益类科目，不影响利润。但其投资获得的收益计入当期损益。

(3) 除了上述两者之外的其他的金融资产，即为以公允价值计量且其变动计入当期损益的金融资产，通常包括：股票、基金和可转换债券。企业应当设置"交易性金融资产"科目核算分类为以公允价值计量且其变动计入当期损益的金融资产。该类金融资产的公允价值变动和投资所得收益都计入当期损益，影响当期利润。

一般情况下，允许公司对这些投资进行分类，也就允许这些公司选择对这些资产的估值方法，但他们必须报告的是在利润表中反映的从这些少数被动投资中获得的股利。这种分类方法保证了像投资银行这样的主要资产是被其他公司持有的公司在每个期间能够按照市场价值对这些资产进行重新估值。

（二）少数主动投资

如果持有的其他公司证券或资产比例占被投资公司整体所有权的20%到50%之间，则这一投资被视为少数主动投资，在会计上这类投资称为长期股权投资。

对于长期股权投资的计价方式有成本法和权益法两种。采用成本法时，长期股权投资以初始成本计量后，在收到利润或现金股利后确认收益。采用权益法时，长期股权投资的账面价值随被投资单位的所有者权益变动而变动。在被投资单位实现盈亏的时候,长期股权投资要调整其账面价值,并确认投资损益。然而,即便计价规则不同,两种计价方式也都会反映到利润表和资产负债表中。根据会计准则规定,长期股权投资中发生以下情况时可以使用成本法。①企业合并中,投资企业可以对被投资企业进行控制。通常表现为投资企业拥有被投资企业表决权资本在50%以上或通过协议等对其经营决策拥有控制权。②非企业合并中,投资企业对被投资企业不具有重大影响或不存在共同控制,在活跃市场中公允价值无法被可靠计量,并且没有报价。共同控制即拥有被投资企业表决权资本在20%以上,投资企业与被投资企业合作经营,拥有一票否决权。而当两个企业联合经营,投资企业在技术、经营决策等方面对被投资企业有影响时,这种影响即为重大影响。而当投资企业对被投资单位存在共同控制或具有重大影响时,即对合营企业投资及联营企业投资,其通常的持股比例为20%至50%,在这种情况下应当采用权益法核算。所以,少数主动投资中的长期投资采用权益法核算,其价值的变动将会反映到利润表和资产负债表中。

(三) 多数主动投资

如果持有的其他公司证券或资产比例高于被投资公司整体所有权的50%,则这一投资被视为多数主动投资。在这种情况下,投资不再作为金融投资出现,而是要用被投资公司的资产和负债来代替。这种方法导致了两家公司合并资产负债表的产生,即两家公司的资产和负债合并在一起,在一张资产负债表上列示。被其他投资者持有的公司股份在资产负债表的负债部分作为少数股权列示。同样的合并情况还出现在公司的其他财务报表中,如合并现金流量表列示合并后公司的累计现金流入情况和累计现金流出情况。

这些投资的市场价值仅在投资清算的时候予以考虑。清算时,市场价格与公司股权净价值之间的差额作为当期利得或损失。

二、对持有其他公司股份的公司进行估值——折现现金流估值法

已经了解了对其他公司持有的股票可以有三种处理方式,那么在估值时应如何处理每一类持股呢?处理所有这些投资的最好方法就是单独估计每种持股的股票价值,并估计持股部分的总体价值,然后将这一价值加到母公司的股票价值上。因此,如果要对持有其他公司股票的公司进行估值,就必须分别估计这些公司股票的价值,计算每种投资所占的比重,然后加到母公司的股票价值上。当利润表是合并利润表时,必须在进行其他上述工作之前先将子公司的收入、资产和负债等从母公司报表中剥离出来。如果不这样做,将会重复计算子公司的价值。

为什么我们不直接对合并公司估值呢?虽然我们可以直接这样处理,尤其是当缺少信息的时候将不得不这样处理,但我们仍建议在条件允许的情况下进行分别估值。原因有两点:第一,母公司和子公司可能具有截然不同的特点,如资本成本、增长率及再投资率等,在这种情况下,如果对合并公司进行估值可能会导致错误的结果;第二,在对合并公司估值结束之后,必须从子公司的权益部分中减掉不为母公司所有的那部分,而如果没有对子公司进行单独估值,这部分工作就无法完成。需要注意的是,此处我们不能直接减去资产负债表中的少数股东权益来得出不属于母公司所有的权益。因为少数股东权益是账面价值,而我们的估值需要的是市场价值。

(一) 完全信息条件下

如果我们采用单独对每种持股进行估值并确定持股份额的方法,就必须获得完整的估值信息,如取得子公司的完整且详尽的财务报表。如果子公司是独立经营的公开交易公司,获得其报表将是非常容易的。但是如果子公司和母公司的账户是混合的,那么情况就复杂多了。

当子公司和母公司的账户发生混合时,母子公司之间的交易(如公司内部销售或贷款)会使财务报表非常容易误导使用者。假设交叉持股的信息是可以从财务报表中剥离出来的,则对交叉持

股公司的估值步骤如下:

第一步:如果公司存在多数交叉持股,利用母公司财务报表对母公司进行估值。如果仅能取得合并报表,则需要把子公司数据从合并报表中剥离出来,然后将母公司看成一个单独的实体进行估值,通过加上现金和减去债务的方法估计母公司的股权价值。

第二步:使用能够反映子公司经营状况的风险、现金流量和增长假设等数据,对母公司持有的所有子公司都按独立公司进行估值,估计每家子公司的股权价值。

第三步:为估计母公司的股权价值,将持有的各子公司的股权份额价值(第二步估计的)与母公司股权价值(第一步得出的)相加。

【例20.4】对持有的其他公司的股份进行估值。

已知××集团对寻木××和卓创××两家公司进行了股权投资,持有寻木××60%的股权、卓创××20%的股权。假定在2024年年报中,××集团、寻木××、卓创××披露的财务数据如下。

××集团:EBIT=3亿元,资本投资=15亿元,流通在外的负债总额=5亿元。

寻木××:EBIT=1亿元,资本投资=4亿元,流通在外的负债总额=1.5亿元。

卓创××:EBIT=0.75亿元,资本投资=2.5亿元,流通在外的负债总额=1亿元。

做出以下假设:

(1) 在不考虑××集团对卓创××和寻木××持股的情况下,××集团的加权平均资本成本为10%,公司处于稳定增长状态,EBIT每年增长5%;

(2) 寻木××的加权平均资本成本为9%,处于稳定增长状态,EBIT每年增长5%;

(3) 卓创××的加权平均资本成本为12%,处于稳定增长状态,EBIT每年增长4.5%;

(4) 上述三家公司均不存在大额现金和其他交易证券;

(5) 上述公司有效税率均为40%。

接下来,本例将按照上文介绍的三步对××集团进行估值。

第一步:因××集团持有寻木××的股权超过50%,进行了合并财务报表处理。首先我们需要将××集团自己的财务数据剥离出来,以计算无持股情形下的××集团权益价值。

××集团经营性资产的营业利润 = 3 - 1 = 2(亿元)

××集团经营性资产的资本投资 = 15 - 4 = 11(亿元)

××集团经营性资产的负债 = 5 - 1.5 = 3.5(亿元)

$$××集团经营性资产的资本回报率 = \frac{2 \times (1-40\%)}{11} = 10.91\%$$

$$再投资率 = \frac{g}{ROIC} = \frac{5\%}{10.91\%} = 45.83\%$$

$$××集团经营性资产价值 = \frac{EBIT(1-t) \times (1-再投资率) \times (1+g)}{加权平均资本成本 - g} = 13.65(亿元)$$

××集团无持股情形下的股权价值 = ××集团经营性资产价值 - ××集团债务价值
$$= 13.65 - 3.5$$
$$= 10.15(亿元)$$

第二步:对持有的寻木××60%股权进行估值。

$$寻木××的资本回报率 = \frac{1 \times (1-40\%)}{4} = 15\%$$

$$再投资率 = \frac{5\%}{15\%} = 33.33\%$$

$$\text{寻木××的经营性资产价值} = \frac{1\times(1-40\%)\times(1-33.33\%)\times(1+5\%)}{9\%-5\%} = 10.5(亿元)$$

寻木××的股权价值 = 10.5 − 1.5 = 9(亿元)

××集团持有寻木××股权的价值 = 9 × 60% = 5.4(亿元)

第三步：对持有的卓创××20%股权进行估值。

$$\text{卓创××的资本回报率} = \frac{0.75\times(1-40\%)}{2.5} = 18\%$$

$$\text{再投资率} = \frac{4.5\%}{18\%} = 25\%$$

$$\text{卓创××的经营性资产价值} = \frac{0.75\times(1-40\%)\times(1-25\%)\times(1+4.5\%)}{9\%-5\%} = 4.7(亿元)$$

卓创××的股权价值 = 4.7 − 1 = 3.7(亿元)

××集团持有卓创××股权的价值 = 3.7 × 20% = 0.74(亿元)

最后，将××集团股权价值及其持有子公司股权的价值进行相加，即可得到××集团的总股权价值：

$$\text{××集团总股权价值} = 10.15 + 5.4 + 0.74 = 16.29(亿元)$$

从以上对其他公司持股进行估值的讨论中可以看出，要想对所持股公司的股权价值进行正确估值，必须掌握大量的信息。

(二) 不完全信息条件下

随着公司持股越来越多，估计个别持股的价值将会越来越困难。实际上，交叉持股估值所需要的信息有很多是无法取得的，无法实现准确估值。在不完全信息条件下，我们可以通过以下方式进行粗略估值。

(1) 交叉持股的市场价值。如果被投资公司是公开交易的，那么用被投资公司的市场价值代替估计价值是一个比较好的方法。尽管这样做将面临把市场对这些被投资公司估值的错误信息纳入估值范围之内的风险，但这种方法还是非常便捷的，特别是当公司持有很多公开交易公司的股票时。

(2) 估计市场价值。当公开交易公司持有私人公司的股份时，评估该私人公司的市场价值是很困难的，因此必须利用可以取得的有限资料来对该私人公司进行估值。通常我们先估计同行业(指私人公司所处的行业)公司典型交易的账面价值乘数，然后将这一乘数用于计算该私人公司的账面价值。例如，假设正在对一家持有5家私人软件公司股票的上市公司进行估值，这5家私人公司的账面价值为5 000万元。如果软件行业公司交易的平均账面价值乘数是10，则对这些投资估计的市场价值就是5亿元。

三、对持有其他公司股份的公司进行估值——相对估值法

在评估持有其他公司股份的企业时，权益乘数和企业价值乘数是常用的相对估值工具，不同的持股方式会对它们产生不同的影响。

(一) 权益乘数

为了更准确地评估权益乘数的适用性，有必要分析不同持股类型对其产生的具体影响。

(1) 少数被动投资。这种持股方式下，收到的股利在利润表上作为投资收益确认。因此对少数被动投资较多的公司来说，我们如果使用可比公司的市盈率指标对其进行估值可能会高估其价值。

(2) 少数主动和多数主动投资。少数主动投资情形下，公司净利润能够直接反映子公司盈利

的情况；多数主动投资情形下，由于进行了合并报表，子公司的盈利情况会在收入端和利润端同时体现，当然我们需要扣除归属于少数股东的盈利。尽管盈利信息容易获取，但是寻找可比公司是比较困难的，尤其是在子公司规模非常大且与母公司具有不同特征(现金流量、增长率及风险)的情况下。

(二) 企业价值乘数

企业价值乘数通过避免现金价值在乘数和分母中不一致的问题，间接估计公司价值，但其适用性受不同持股类型的影响。①少数被动投资。企业价值乘数一般是以经营性衡量指标(营业收入、营业利润、EBITDA 等)为基础的。在这种情况下，分母中的盈利指标并未体现两类金融资产的公允价值变动收益：一是以摊余成本计量的被动投资，二是公允价值变动计入其他综合收益的金融资产。而在分子中，企业价值却包含了这部分变动。因此，其会导致估值乘数被高估的现象。②多数主动投资。虽然此时乘数的分子和分母都体现出了所持股份的价值，但是分子部分的价值是市场价值。这意味着其反映的仅包含其本身作为母公司的价值，然而分母部分的利润由于合并报表的缘故，包含了子公司的全部利润。因此分子分母出现了不一致，导致乘数被低估。

所以，对多数投资进行的财务报表合并会严重影响公司价值乘数的实用性。例如，假设 A 公司拥有 B 公司 60%的股权，并编制了合并财务报表，同时假设目前正在计算公司价值乘数。通常，我们必须将少数权益(不属于 A 公司的 B 公司价值的 40%)加回分子上，以得到准确的公司价值与 EBITDA 之比这一乘数，但前提是我们已经对 B 公司的价值进行了准确的评估。

因此，在处理多数持股时，我们在计算母公司的公司价值与 EBITDA 之比这一乘数时，建议使用一个更有效的办法：在计算中，从公司价值中减去所有持股(包括少数持股和多数持股)的价值，得到无持股情况下母公司的公司价值乘数，并把它和母公司类似的公司进行比较。

$$\frac{EV}{EBITDA} = \frac{股权市场价值 + 母公司负债 - 母公司现金 - 交叉持股的股权市场价值}{母公司EBITDA} \tag{20-6}$$

第四节 其他非经营性资产

公司还可能拥有其他非经营性资产，但这些资产的重要性无法与上述资产相提并论。公司有时会持有闲置资产，这些资产不产生现金流量，其账面价值与市场价值有很大不同。典型的例子就是从公司取得开始就不断升值的主要房地产，它们并不能创造现金流量，即使能，其数值也非常小。养老金资产也是常见的其他非经营性资产。本小节将简单对闲置资产和养老金资产进行阐述。

一、闲置资产

折现现金流估值模型是以资产产生的预计现金流量为基础估计资产的价值，但是这种做法会造成在最终估值时错失一些价值极大的资产。例如，假设某公司拥有一块尚未开发的土地，其账面价值反映的是该土地的原始取得成本。假设该土地具有非常重要的市场价值，但目前它还不能为企业创造现金流量。如果我们不把这块土地所能带来的期望现金流量纳入估值过程中，就会低估公司的实际价值。

那么如何在公司估值中反映这种资产的价值呢？首先是盘点所有的这类闲置资产(或至少是最有价值的那些)，然后估算每种资产的市场价值。这些估算值可以参考它们目前在市场上的售价，或者预测它在获得开发后能产生的现金流，并对这些现金流进行恰当的折现，加到公司的估值之中。

将闲置资产纳入公司估值过程的问题实际上是一个有关信息披露的问题。公司一般不把闲置资产纳入其财务报表进行报告。通常只有在获取了大量的公司信息时，才能发现这些资产。

二、养老金资产

有时候，那些具有固定养老金负债的公司积累的养老金资产会超过这些负债，称为超额支付的养老基金。尽管这些超额部分是属于股东们的，但当他们对这些超额资金进行索取时将会面临缴税成本。在分析超额支付的养老金计划时，一种保守的方法是假定撤出超额部分基金的社会成本和缴税成本很大，因而没有公司会试图这样做。另一种方法则是把超额基金的税后部分加回估值中。例如，假设一家公司支付了 10 亿元的超额养老金，鉴于撤出这部分超额基金需要按照 50%的税率进行纳税，那么我们可以将其税后部分(5 亿元)加回公司的资产中。

本章小结

对现金、交易证券和其他公司(交叉持股)进行的评估通常被认为是估值的后续事项。分析人员通常只会花少量的时间去评估这些资产对价值的影响，但这样将会面临较大的风险。

在本章中，我们首先考虑了公司进行现金投资的重要性，并阐述了公司持有现金的三种动机，然后考察了在折现现金流估值法和相对估值法中如何更好地评估现金的价值。现金是无风险的，且现金投资通常获取的回报率较低，这使得其与公司的经营性资产区别较大。处理现金的最安全的方法就是将其与经营性资产区分开来，并在折现现金流估值法和相对估值法中单独对其进行估值。在本章中，我们还探讨了在公司估值中如何体现交易证券的价值，并将交叉持股和其他非经营性资产纳入估值的考虑范围之中。

课后问答

1. 公司为应对突发需求，持有现金时需考虑哪些关键因素？
2. 如何通过利息收入与市场利率的对比计算损耗现金比例？
3. 为什么当现金占总资产比重较大时，直接使用合并估值法会导致估值偏差？
4. 分别估值法中为何需从净利润中剔除现金利息收入？
5. 负债净额法下杠杆贝塔值的计算为何可能低估股权资本成本？
6. 少数被动投资(<20%股权)的三种会计处理方式中，哪种会直接影响母公司利润表？
7. 在多数主动投资(>50%股权)中，为何不能直接用资产负债表中的"少数股东权益"调整估值？市场价值与账面价值的差异如何体现？
8. 计算母公司 EV/EBITDA 时，为什么需从分母中扣除子公司 EBITDA？若不扣除，会导致什么后果？

第二十一章
员工股权期权及薪酬

> **本章任务清单**

任务序号	任务内容
1	了解股权薪酬的三种形式
2	了解使用股权薪酬的 4 个原因
3	了解员工期权使用的决定性因素
4	了解员工期权的特征
5	了解员工期权的会计处理
6	理解员工期权对公司价值的影响
7	掌握如何将现有员工期权纳入折现现金流估值方法中
8	掌握如何将现有员工期权纳入相对价值评估方法中
9	理解未来员工期权对公司价值的影响
10	了解以期权为基础的薪酬给公司带来的结果
11	理解限制性股票的特征和会计处理
12	掌握在公司价值评估中体现限制性股票的方法

近年来,许多公司的员工薪酬开始向以股权为基础转变。每年将几百万的期权赠予其高层管理人员甚至是基层员工的公司也普遍存在。如图 21-1 所示,2021 年一年中,A 股市场实施的股权激励事件的数量和金额高达 803 件,相较于 2020 年增长幅度非常大。

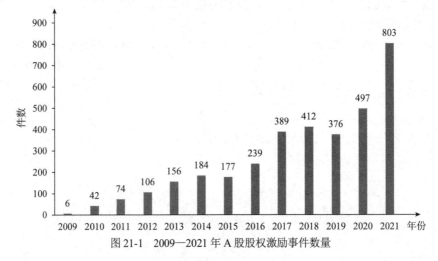

图 21-1　2009—2021 年 A 股股权激励事件数量

(数据来源:Wind 金融终端)

实际上，这些期权会导致普通股潜在价值的减少。员工期权的存在使得未来可能出现更多的流通股，用估算的股权价值除以流通股股数来计算每股估值的方法已经不再适用。因此我们需要寻找更好的办法来调整流通股数量及每股价值。我们可以通过用公司部分稀释或完全稀释的流通股数量来体现员工期权的稀释效应，但这些方法都存在缺陷，我们将提出基于期权价值评估的方法来对员工期权做出评估。

在本章中还将研究股权薪酬的其他形式，包括赠予管理者的限制性股票和非限制性股票，以及这种赠予对每股价值的影响。和员工期权一样，这些股票的赠予降低了现有股东的每股价值，因此必须在估值时进行考虑。

第一节 股权为基础的薪酬

以股权为基础的薪酬模式可以大致分为股权激励和员工持股计划。股权激励又可以分为三种模式：以权益结算的股权激励、以现金结算的股权激励和组合模式激励。而员工持股计划中一般是以同股同价的方式交易，并不能进行折价交易或股权赠予、奖励等，故而区别于股权激励。

以权益结算的股权激励，又分为干股、限制性股票和股票期权。①干股，即将股票作为薪酬直接无偿赠予公司管理者、员工或其他利益相关者。②限制性股票是指激励对象按照股权激励计划规定的条件，获得的转让等部分权利受到限制的本公司股票。限制性股票在解除限售前不得转让、用于担保或偿还债务。③股票期权，也即本章中的员工期权，是指公司授予激励对象可以在规定的时期内以事先确定的价格购买一定数量本公司流通股票的权利，也可以放弃这种权利。

以现金结算的股权激励包括虚拟股票及股票增值权。虚拟股票是指公司授予激励对象一种虚拟的股票，激励对象可以据此享受一定数量的股利分配权和股价升值收益，但没有所有权，也没有表决权，不能转让和出售，在离开企业时自动失效。股票增值权是指公司授予激励对象的一种权利，如果公司股价上涨，激励对象可以通过行权来获得相应数量的股价升值收益，激励对象不用为行权付出现金，行权后即可获得现金或等值的公司股票。

组合模式激励则是上述二者的结合。

本章主要对员工期权及限制性股票进行探究。

近年来，以股权为基础的薪酬开始在员工薪酬体系中占据越来越大的比例。这一现象最初出现在美国等发达国家的公司中，近些年也出现在其他新兴市场。这一趋势的产生主要有以下三个原因。

(1) 委托—代理矛盾。随着公开上市公司的成熟及其规模的日益扩大，股东(拥有公司的人)和管理者(运行公司的人)的利益开始发生分歧，随之产生的委托—代理矛盾日渐激化。事实上，管理者为了实现自己的最大利益，有时会做出损害股东价值的行为。例如，管理者会按照自己的意愿过多地积累现金、过少地进行贷款，以及进行不良的投资和收购。给管理者提供公司股权可以促使管理者更多地从股东的角度考虑问题，从而缓解代理矛盾。

(2) 现金不足。这种向股权薪酬转变的趋势在高新技术公司中最为明显，尤其是在21世纪陆续进入市场的年轻科技公司之中。这一类公司在刚开始经营的很多年份几乎没有收入和利润。由于缺少现金，因此这些公司唯一可以吸引并留住员工的方式就是提供给他们非现金的薪酬，通常根据员工对公司做出贡献的大小授予股份以代替现金薪酬。

(3) 留住雇员，保障公司利益。员工离职会给公司带来较高的人才培养成本、工资薪金成本及空缺岗位招聘成本，而大多数以股权为基础的薪酬形式要求员工在公司留任一段时期(保留期)之后才能行使这种薪酬的要求权。因此，接受期权或限制性股票作为薪酬的员工通常会留在公司，尤其是当股权薪酬在他们个人财产中占较大比例的时候。

在干股、限制性股票和股票期权这三种股权薪酬形式中，从价值评估的角度来看，第一种直接赠予普通股票的方式引发的问题最少。赠予的股票价值作为一种薪酬费用(当赠予发生的时候)计入成本,且公司的股票数量相应增加。对比来看,股票期权及限制性股票的赠予会产生更复杂的问题,包括在衡量每一时期的收入及每股价值方面。在第二节中,我们将介绍员工期权,然后在第三节讨论限制性股票问题。

第二节 员工期权

在管理者薪酬组合中使用期权对于公司来说并不新鲜。许多公司在 20 世纪 70 年代和 20 世纪 80 年代开始使用以期权为基础的薪酬组合,促使高层管理者更多地从股东角度出发。近年来,尤其是随着越来越多科技公司的出现和发展,正确处理员工期权对公司价值的影响的重要性变得不可忽视。这是因为,通常大部分的高新科技公司在发展初期都会面临现金不足的问题,而其对于人才的要求又非常高,为了可以更好地吸引和留住技术人才,大部分的高新技术类公司都会采用员工股权激励的方式来作为员工薪酬的支付方式。因此,这种激励不仅仅针对高层管理人员,而且包括整个组织的所有员工,这就使得整体的期权赠予规模更大。

在本小节,我们首先介绍影响员工期权使用的因素;然后对员工期权的特征及它们的会计处理进行论述;进而对员工期权对股票的影响及其处理方式进行分析;最后,重新对员工股票期权是否应该费用化,以及新的会计法规是否会控制期权的赠予等问题进行介绍。

一、员工期权的使用

一般而言,不同行业或同行业不同公司在期权的使用上存在很大的差异,这种差异存在的主要原因如下。

(1) 公司的年龄及潜在增长。我们认为年轻公司会比成立较早且较成熟的公司更充分地使用股权期权。因为支付给员工的现金的短缺是股权期权使用背后的因素之一,而年轻的公司比成熟的公司更有可能受现金的约束。

(2) 公司的风险。风险较大的公司与较为安全的公司相比更有可能使用股权期权。虽然随着风险的增大,公司的证券价值会降低,但是其期权价值却会提高。这点在市场对公司风险估计过高的时候尤为明显,这通常是因为公司期权的价值被接受这些期权的员工高估了。

这些特征都不是静止的,他们会随着公司生命周期的变化而改变。我们认为,在市场价值高、年轻且具有风险的公司中,员工期权占流通股的比例最大。随着增长的稳定、现金流增加及价值的回落,该比例会呈现下降趋势。不难理解,许多年轻的公司在他们进行首次公开发行股票的时候就已经拥有了大量的员工期权。

二、员工期权的特征

将期权作为员工薪酬的公司通常每年都会发行期权,履约价格一般与流通的股票价格相等(员工期权通常以平价发行)。虽然不同公司的到期日不同,这些期权在发行时通常都是长期的。员工期权往往附有关于公司经营业绩的行使条件,以实现激励作用。当然,为了确保员工期权能够恰当地与激励机制相结合,公司通常还对员工期权加以严格限制,典型的限制措施包括以下内容[①]。

(1) 员工不可以出售员工期权。如果员工出售他所持有的期权,他们将不再从股票价格的升值中直接获利,员工期权预期的激励作用也就消失了。

(2) 员工不可以对期权套期保值。员工不可以卖空股票(卖出借来的股票),购买卖方期权(以

---

① Penman S H. Financial statement analysis and security valuation[M]. New York: McGraw-hill, 2013.

固定价格卖出股票的权利），或者发行买方期权(有卖出股票的义务)。因为这些投资都可以使员工从股票价格下跌中获利，从而完全抵消持有员工期权的风险。允许员工使用套期保值的手段同允许员工卖出期权一样，也会削弱激励机制的效力。

(3) 员工在公司工作的时间超过保留期之前，员工期权是不可以执行的。主动离开公司的员工将丧失所有未达到保留期的认股权，同时，员工如果离开公司，也必须执行或放弃达到保留期的员工期权。这条限制的目的是鼓励员工不要离开公司。

三、员工期权的会计处理

正如沃伦·巴菲特所说："如果员工期权不是一种薪酬的形式，那它们是什么？如果薪酬不是费用，那它是什么？如果费用不计入收入中，那应该计入哪里？"关于期权费用化的争辩已经有了倾向，按照目前国内的会计准则，员工期权应在授予日按照公允价值同时计入成本费用(根据授予对象计入管理费用或销售费用)和资本公积(其他资本公积)会计科目。

在进行会计处理之前，我们应当对员工期权的账面价值进行计量。通常我们按照以下方式进行。

(1) 期权在被授予的时候，需要使用期权定价模型对它们进行估值。公司可使用二叉树模型、B-S 模型和蒙特卡罗模拟等方法对期权进行估值。

(2) 这些期权的价值可以从授予的年度开始分摊至整个授予期。例如，评估价值为 1 000 万元、执行期为 5 年的员工期权，其价值可按每年 200 万元分摊至这 5 年。

(3) 如果期权的有效期被更改，公司必须根据新的授予期重新对期权进行定价，重新分摊至各年，并在财务报表中体现这些改变。

四、员工期权对价值的影响

为什么员工期权会影响每股价值？需要注意的是，并不是所有的期权都具有影响。实际上，由期权交易所发行和上市的备兑权证因为不会改变标的公司股票的股份数，所以对发行期权的公司的每股价值并没有影响。然而，由公司发行的期权(如认股权证等)却会影响每股价值。

具体而言，由公司发行的员工期权主要从三个方面影响每股股权价值。第一个也是最关键的是当年行使的赠予期权对当年的公司收入的影响。第二个是员工期权具有的潜在稀释效应，这不仅包括当年发行的期权，还包括公司历年来累积的未行权期权；期权的执行会在未来某天增加股票数量，而该事件的发生会影响当天的每股价值。第三个是未来承诺的期权/限制性股票会对未来期望收入产生影响，进而对每股价值产生影响。

(一) 对收入的影响

在上一节中，我们已经确认过员工期权的会计处理方式是计入管理费用(或销售费用)。因此，在授予员工期权当年公司的费用会上升，从而使得公司的收入降低。

(二) 稀释效应

公司的每股股权价值会受以前赠予的但仍未行权的期权累积影响而被压低。尽管有些期权目前可能处于虚值状态，但仍有可能在未来行权，这样就增加了流通股的预期数量。未行权期权的潜在稀释效应会降低每股股权价值，且对拥有较多未行权期权(占流通股百分比)的公司比拥有较少的公司的影响更大。

分析人员和会计人员尝试在计算每股收入的时候通过完全稀释(将所有期权都作为流通股处理)或部分稀释(仅考虑实值期权)的股票数量化解稀释产生的潜在价值损失问题。这些方法没有反映或甚至没有试图去衡量期权会被执行的可能性，因此存在很大的估计偏误。

还有一些人认为期权的执行不会带来稀释效应。他们指出，许多公司会通过回购股票并将它们取消，从而抵消期权执行，而不是发行新的股票。这种行为的确存在，但是它仍然会通过影响期望现金流而影响每股价值。当这些期权不存在的时候，公司的股东每年可以要求更大的现金流(尽管它们可能不以股利的形式接受)。

(三) 未来承诺的期权/限制性股票对今天的股权价值的影响

通过分析当年行使的期权及对当年收入的影响和累积未行使的期权及其稀释效应，我们可以研究过去赠予期权对价值的影响。但是，大部分使用赠予期权的公司会在未来继续赠予，因此可以预期在未来公司还可能继续赠予期权，这些未来的期权会影响未来的收入。当考虑到未来的期权的时候，我们也将未来期权对公司价值的影响考虑进来，从而反映到对当前每股价值的估计中。

期望赠予期权是员工薪酬，并增加了未来年度的营业费用，减少了营业收入。目前公司的价值是期望现金流的现值，那些被期望在期权赠予上更慷慨的公司的价值会更低。当前大部分分析人员对期望的未来期权赠予的处理十分随意，甚至完全忽略它们的存在，但我们认为这种影响需要引起重视。

五、现有期权对每股价值的影响

(一) 将现有期权纳入折现现金流估值方法中

正如我们在上一节中所述，每股价值因所有未行权期权的累积影响所降低。我们有4种方法可以将仍未行权期权的影响计入每股价值中。第一种方法是调整流通股数量来反映未行权期权。第二种方法是预测未来期权执行的事件及对股票数量的影响。第三种方法被称为库藏股法(treasury stock approach)，是第一种方法的扩展。除了使用稀释股份，库藏股法还调整股权价值，以反映期权执行的期望收益。第4种方法以公允价值而不是执行价值来衡量未行权期权价值，并将其从整个股权价值中减去，得出普通股的股权价值。我们认为最后一种是唯一一种完全将现有期权的影响计入每股价值中去的方法。

1. 使用完全稀释股票数量计算每股价值

将未行权期权的影响计入每股价值中，最简单的方法之一是用从折现现金流模型中得到的股权价值除以假如目前所有期权都被执行的所有将会流通的股票数量(即完全稀释股票数量)。虽然这种方法十分简单，但是由于以下三种原因，它计算的每股价值偏低。

(1) 这种方法考虑了所有的未行权股票，而不仅仅是实值期权和获准实施的期权。为了修正因此带来的偏差，我们可以对该方法进行调整，对股份进行稀释的时候，仅仅考虑实值期权且获准实施的期权。

(2) 这种方法没有考虑到期权执行可以带来的期望收益，该收益将组成公司的现金流，进而影响每股价值。

(3) 这种方法没有将期权的时间价值计入估值中。

【例 21.1】用完全稀释法计算每股价值。

为了用完全稀释法计算每股价值，我们对两家拥有大量未行使期权的公司××集团和科思××进行价值评估(见表 21-1)。我们用常见的折现现金流估价模型，然后用完全稀释股权的方法调整每股价值并计算出公司股权价值。

表 21-1 用完全稀释法计算××集团和科思××的每股价值

项目	××集团	科思××
股权价值(百万元)	1 455.37	986.34
股本(百万股)	108.00	50.00

续表

项目	××集团	科思××
未行使期权(百万份)	40.00	10.00
完全稀释股本(百万股)	148.00	60.00
每股价值(原始)(元)	13.48	19.73
每股价值(完全稀释)(元)	9.83	16.44

由表21-1不难看出，用完全稀释法计算的每股价值明显低于用原始流通股计算的每股价值。但是，该价值忽略了执行期权的条件及期权固有的时间价值。例如××集团，大量未行使期权是虚值期权，一段时间内基本不可能被执行。

改进的方法是采用部分稀释法，在计算稀释股份的时候仅将实值期权计算在内。用这种方法，我们计算出××集团和科思××的每股价值如表21-2所示。

表21-2　用部分稀释法计算××集团和科思××的每股价值

项目	××集团	科思××
股权价值(百万元)	1 455.37	986.34
股本(百万股)	108.00	50.00
实值期权(百万份)	20.00	10.00
部分稀释股本(百万股)	128.00	60.00
每股价值(原始)(元)	13.48	19.73
每股价值(部分稀释)(元)	11.37	16.44

对于科思××，由于它的所有未行使期权均为实值期权，因此该调整对其没有影响。而对于××集团，只有2 000万股未行使期权为实值期权，因此部分稀释下的总股本数低于完全稀释下的数额，每股价值得到了一定提高。

2. 计算未来执行的期望期权价值并将其纳入期望稀释范畴

这种方法通过假设公司会回购股票以满足期权执行对股票的要求，我们可以对未来期权执行的日期进行预测，并将其执行得到的现金流加入公司的期望现金流中。这个方法虽然考虑了期权行权可能为公司提供的现金流，但是其需要准确估算未来的股价及期权执行的日期。倘若我们的目标是验证目前的股价是否正确，那么用预测的未来价格去估算目前的每股价值就形成了一个循环逻辑。一般来说，这个方法不准确。

3. 库藏股法

库藏股法是不同的部分稀释法。在这里，我们虽然按照部分稀释的方法调整股本总数，但是会将来自执行的期望收益(平均执行价格乘以期权数量)加入股权价值中。库藏股法虽然考虑来自执行的期望收益，但是仍然存在和部分稀释法一样的缺陷。即没有考虑期权的时间价值，因而忽略了虚值期权对公司价值的影响，并且没有对期权的实施权进行有效的处理。一般来说，这种方法因为忽略虚值期权的价值将会低估期权价值，导致每股股权价值的高估。

【例21.2】用库藏股法计算每股价值。

沿用例21.1的背景，在表21-3中，我们用库藏股法重新估算了××集团和科思××的每股价值。

表21-3　用库藏股法计算××集团和科思××的每股价值

项目	××集团	科思××
未行权实值期权数量(百万份)	20.00	10.00
实值期权的平均执行价格(元)	18.00	5.00
来自执行的收益(百万元)	360.00	50.00

续表

项目	××集团	科思××
股权价值(百万元)	1 455.37	986.34
加上执行收益的总价值(百万元)	1 815.37	1 036.34
股本(百万股)	108.00	50.00
稀释后股票数量(百万股)	128.00	60.00
每股价值(元)	14.18	17.27

我们可以看到在考虑了行权带来的现金流收入的影响后，两家公司的每股价值在库藏股法中要高于在完全稀释法和部分稀释法中计算的价值。××集团的差异最大，因为其平均执行价格大幅高于当前股票价格，拉高了公司的总价值；而科思××由于执行价格大大低于目前的股票价格，因此影响很小。

同部分稀释法一样，我们仅考虑实值期权带来的影响，不仅没有考虑虚值期权的价值，还没有考虑实值期权的时间价值带来的溢价。因此该估算方法大大高估了××集团的每股价值。

4. 期权价值评估

处理期权最准确的方法是将员工期权看作公司的一项成本和支出，在给出目前每股价值和期权时间溢价的基础上计算目前的期权价值。在确定未行权员工期权价值之后，再将它从估算的股权价值中扣除，除以原始流通股数量，从而得出准确的每股股权价值：

$$每股股权价值 = (估算的股权价值 - 未行权员工期权价值)/原始流通股数量 \qquad (21-1)$$

接下来，我们将对员工期权价值评估相关的计量问题及用于评估它们的扩展模型进行阐述。

在估计员工期权价值的时候，我们必须面对 6 个计量问题。第一个问题是：并不是所有的未行权期权都具有实施权，许多期权因为还处于如等待期等限制条件下，无法实施，甚至一些期权可能永远都不会触发条件，获得实施权。第二个问题是员工期权的非流动性。因为员工期权通常会在交易上存在一定的限制，无法像其他可流通的交易期权一样在市场上自由转让。这种非流动性通常促使员工期权忽略时间价值在到期前执行，导致它们的价值低于其他类似的可流通的交易期权。第三个问题涉及用于估算期权价值的股票价格。尽管传统的期权定价模型以当前市场价格作为关键的变量，我们在计算公司价值的时候仍需要计算每股价值，且这一价值与当前股票价格差异较大。我们得考虑是否需要使用估计出的每股价值，而不是用市场价值，从而保持价值评估的一致性。第四个问题是税收问题。正如我们前面所提到的，在期权的会计处理上，公司的股票价格和期权执行价格之间的差异可以扣除，而且在期权执行的时候存在潜在的税收节约。第五个问题涉及私有公司或临近公开销售的公司的赠予期权。我们难以从其获得期权定价模型中的关键数据，如股票的市场价格和其收益率的方差。最后一个问题则是与 B-S 期权定价模型相关。通常而言，在利用 B-S 期权定价模型对员工期权进行定价的时候，我们假设变量是常数。然而在实际中，方差并非常数，这样的偏差将可能导致模型估计不准确。

1) 实施权授予

在前面有提到，赠予员工期权的公司通常要求接受期权的员工在一段时期内留任于该公司。因此，我们通常看到的未行权期权是已授予期权和未授予期权的组合。因此，我们在评估期权价值的时候需要对它们分开进行评估。然而，事实上，对未授予期权的价值进行评估是一件较为困难的事情。未授予期权的价值应该低于已授予期权，但是授予的概率通常取决于期权的价值及授予员工的期限，这种变量之间的相关性使得我们无法直接使用 B-S 期权定价模型对其进行估值。目前，已经有人试图将期权定价模型扩展，尝试考虑员工可能在授予之前离开公司的概率及没收的期权的价值。

2) 非流动性

一般而言，接受期权作为薪酬的员工通常现金比较充裕，但是由于期权不能交易，无法将它们即刻兑现也会造成流动性不足的问题。此外，由于对这些期权进行套期保值(hedge)往往是不可行或非法的。这种期权价值的非流动性的影响会促使员工提前执行期权，从而放弃期权的时间价值。

实际上，有时内部信息也可能导致期权的提前执行：持有员工期权的管理者往往掌握了判断其股票被高估还是被低估的信息。如果根据他们发现股票被高估，那么就很有可能会提前执行。

3) 股票价格的选择

由于股票是可交易的，我们可以直接获得其市场价格，因此看似应该用当前股票价格来计算期权价值。然而，这种方法会导致逻辑矛盾：如果用市场价格计算期权价值，再用该期权价值推导每股价值，这个计算出的每股价值可能与市场价格大相径庭。例如，一只市场价格为 25 元的股票，其实际内在价值可能只有 12 元。正确的解决方法是使用估算的每股内在价值来计算期权价值，但这会引入循环逻辑：期权价值依赖于每股内在价值，而每股内在价值又取决于期权价值。为了解决这个问题，可以采用库藏股法，通过迭代计算，最终收敛到一个正确的每股内在价值。

此外还有一个相关问题：当期权执行的时候，流通股股数增加，因此对股票价格有一定的影响。然而在传统的期权定价模型中，并未考虑到期权执行对股价的影响。因此，这些模型需要考虑期权执行对股票收益的冲减，进而进行调整。

4) 税收

根据税法的规定，期权执行的时候，公司需将当前股票价格与执行价格之间的差异作为职工薪酬费用扣除，因此在当期仅需支付少量税款。这一税收政策降低了由于存在未行权期权而增加的价值的消耗。我们可以通过以下三种方式在对员工期权定价的过程中体现这一税收减免效应。

(1) 降低营业收入的税率。我们使用税后营业收入计算公司的自由现金流。如果公司拥有大量的未行权期权，我们在预测的近几年中使用较低的税率来反映来自员工期权的税收减免。这会导致这些年度中的现金流量的增加(并因此影响价值)。由于期权执行的税收节约会随着时间而减少，因此当我们接近终值的时候再将税率调整回法定税率。

(2) 税收影响期权执行价值。计算税收优惠的一个更简单的方式是以当前股票价格与执行价格之间的差异乘以税率。显然，这仅适用于期权是实值状态的时候。尽管这个方法因为忽略了期权的时间价值，并不适用于长期的期望价格评估，但具有使用简单的优点。

(3) 税收影响期权的公允价值。还有一种可供选择的税收优惠计算方法——计算期权的税后价值：

$$期权的税后价值 = 期权定价模型计算的价值 \times (1-税率) \tag{21-2}$$

这个方法也十分直观，并且考虑了期权执行导致的税收优惠。这个方法的优点是，即使在期权处于虚值状态的时候仍然能够考虑潜在税收优惠。

5) 非上市公司

期权定价模型中有两个重要的变量——当前每股价格及股价波动率，这两个变量在没有公开上市的公司中是无法获得的。在这种情况下有两种选择：一种是以库藏股法计算未行权期权的价值，放弃期权定价模型；另一种是仍旧使用期权定价模型，使用折现现金流模型计算的每股价格。使用相似的公开上市公司的股价收益率的标准差来计算期权价值。

5. 期权定价模型扩展

我们如何对传统期权定价模型进行改变以衡量员工期权价值呢？下面介绍 B-S 模型及其变形、二叉树模型等在员工期权定价过程中的使用方法。

1) B-S 模型及其变形

传统的 B-S 模型用于衡量可交易资产的欧式期权价值，而无法反映员工期权中固有的稀释效应或这些期权的非流动性/授予事项的特殊性。然而，通过对这一模型进行变形可以实现合理的价值计算。

(1) 将期望的稀释纳入股票价格中。B-S 模型的一个变量为当前股票价格。假如期权的执行增加了流通股数量(以低于当前股票价格的价格)，股票价格将会在执行时下降。可通过一个简单的估值调整来体现这一影响：

$$调整的稀释股票价格 = 当前股票价格 \times \left[\frac{当前股票价格 \times n_{流通股} + 期权价值 \times n_{期权}}{(n_{流通股} + n_{期权})} \right] \quad (21\text{-}3)$$

我们先利用当前的股票的市场价格作为 B-S 定价模型中的股票价格变量，计算得到上式中的期权价值，然后将所得的期权价值代入上式得出稀释后股票的价格，再将稀释后股票价格作为 B-S 定价模型中的股票价格变量，重新计算得到期权价值，然后借助上式再次得到新的稀释后的股票价格。不断循环，最终收敛得到最终的稀释后的股票价格和最终的期权价值。最终利用：每股股权价值 = (估算股权价值 − 未行权员工期权价值)/原始流通股数量，得到基于折现现金流模型的股票价格估值。

(2) 缩短期权年限，以反映非流动性导致的员工提前行权行为。在上文中我们提到，员工通常因为这些期权的非流动性而在到期日之前执行期权。一般而言，期权大约在规定期限的一半时被执行。同样，缩短期权的年限能够降低其价值。但是对于非因流动性问题导致的提前行权，我们则需要将其调整至美式期权的估值方式对其进行计算。

(3) 根据授予的概率调整期权价值。授予的调整可以在计算期权价值的时候进行。如果我们能够计算授予的概率，那么将此概率与期权价值相乘，就能得到期权的期望价值。

2) 二叉树模型

员工期权中大量存在的提前执行及未授予的概率导致许多专业人士提出使用二叉树模型估计员工期权价值。与 B-S 模型不同的是，这些模型不仅仅考虑了提前执行，还能够根据员工期权的其他特殊性进行修正，包括授予。此外，二叉树模型考虑了更多的变量变动。

二叉树模型最大的优势在于它提供给使用者较大的灵活性去模拟股票价格和提前执行之间的相互影响。例如 Hull-White 模型，它将用于计算员工期权价值的期权有效期调整到更现实的水平。该模型考虑了授予期间员工退出的比率(因此考虑了期权最终以未授予和无价值结束的概率)及期权在授予后的期望有效期。为了计算后一项，模型假设当股票价格达到执行价格先前指定倍数的时候会执行期权，这样就使得执行变成模型的一个内在成分。得出的期权价值通常低于使用 B-S 模型计算出的价值。

二叉树模型的主要缺点在于计算复杂度高，尤其是在时间间隔设置较短时，模型节点数量呈指数级增长，需要模拟大量可能的价格路径，从而导致计算量急剧上升。尽管可以通过简化假设(如基于波动率构建的隐含树)来减轻计算负担，但此时模型结果往往趋近于 Black-Scholes 模型的闭式解，失去了二叉树模型在处理早期行权(如美式期权)等复杂结构中的优势。因此，若希望充分发挥二叉树模型在灵活建模方面的特点，就必须保留完整的价格路径与计算过程。

3) 蒙特卡罗模拟模型

计算员工期权价值的第三种方法是使用蒙特卡罗模拟模型。该模型首先要解决的是股价的分布及对期权执行策略的预先规定，然后对股票价格进行模拟，得出员工期权被执行的概率及执行时的期权期望价值。该模拟模型的优势在于它们为加入可能影响员工期权价值的条件提供了最大的灵活性，尤其是可以将授予、股票价格和提前执行之间的相互影响全部纳入模拟模型中，而不是将其作为假设。该模型的缺点是模拟模型需要很多的假定信息。

那么使用不同的期权定价模型得出的最终定价会有显著的差异吗？实际上，决定员工期权价值最关键的一个因素是期权的有效期。如果我们使用期权的期望有效期(考虑了提前执行和授予概率),那么使用不同模型得出的结果就不会有太大差异。

【例21.3】用调整后的方法计算每股价值。

在表21-4中,我们使用考虑稀释效应及假设期权在到期日一半时提前执行的调整后B-S模型,对××集团和科思××的未行权期权价值进行了计算。为此,我们首先计算了公司过去两年股价收益率的标准差。所有已授予和未授予的期权均进行了估值,并针对未授予期权进行了相应调整。

表21-4 ××集团和科思××未行权期权税后价值计算

项目	××集团	科思××
未行权期权数量(百万份)	40.00	10.00
平均执行价格(元)	18.00	5.00
计算的标准差(波动率,%)	20.00	15.00
无风险利率(%)	2.00	2.00
平均期权到期日(年)	3.40	9.00
为提前执行而调整的到期时间(年)	1.70	4.50
分析时的股票价格(元)	13.53	19.27
每股期权价值(元)	0.69	14.39
未行权期权价值(百万元)	27.65	143.91
税率(%)	25.00	20.00
未行权期权税后价值(百万元)	20.74	115.13

通过从股权价值中减去未行权期权税后价值,然后除以原始流通股股数,就可以计算出每股价值,如表21-5所示。

表21-5 用期权法计算××集团和科思××的每股价值

项目	××集团	科思××
股权价值(百万元)	1 455.37	986.34
未行权期权税后价值(百万元)	20.74	115.13
流通股股权价值(百万元)	1 434.63	871.21
原始流通股股数(百万股)	108.00	50.00
每股价值(元)	13.28	17.42

(二)将现有员工期权纳入相对价值评估方法

员工期权会对公司的内在价值产生影响,自然也会对相对估值法产生影响。在对多个不同公司进行比较时,由于公司拥有未行权员工期权的数量不同,这种比较尤为复杂。直接将这些期权纳入分析中的错误处理会导致对拥有未行权期权数量过多或过少(相对于同行业)的公司估值错误。

检验员工期权对收益乘数的影响时,使用最广泛的指标是市盈率。分子通常是当前的每股价格,分母为每股收益。显然,使用原始的每股收益会导致拥有较多未行权期权的公司的价值被低估。为什么会产生这种偏差呢?每股价格已经包括未行权期权的影响,因此在存在较多未行权员工期权的时候,股票的市场价格较低,但是分母(EPS)却没有包括此影响,因为它反映的是实际的流通股,而并没受到潜在稀释的影响。

为了防止出现这种偏差,我们通常使用完全稀释的每股收益来体现未行权期权的影响,从而对拥有大量未行权期权的公司进行处罚。这种方法的问题在于将所有的期权同等处理——无论期权是处于虚值状态且距到期日还剩一周，还是处于深度实值状态且距到期日还剩三年，其股票数量的增加量相同。显然，拥有后者较多的公司的市场价值应该较低(对于任意给定的收益水平)，且在稀释后基础上显得更便宜一些。

这个问题如何解决？合理的方法是以当前股票价格为基础估计期权的公允价值，并将此价值加入以当前股价得到的股权的市场价值中，进而得到股权总市场价值。这个总股权市场价值除以净收益得出期权修正的市盈率。这个方法使得分析者考虑了所有未行权期权，并将其特点体现到价值中去。

$$期权修正的市盈率 = \frac{股权的市场价值 + 估算的未行权期权价值}{净收益} \quad (21\text{-}4)$$

使用的净收益应该是在将员工期权费用化处理后计算所得的净收益。

我们对收益乘数的所有叙述均适用于账面价值乘数。错误地认为股权期权价值包含于以当前股价得到的股权市场价值中会使期权比例较大的公司的价值低于拥有较少未行权期权的公司的价值。这个问题的解决方法与收益乘数类似。计算员工期权的价值，并将其加入股权的市场价值中，这样基本可以排除对比过程中产生的偏差。

【例21.4】基于未行使期权对市盈率进行修正。

在下表中，我们首先计算原始市盈率，假定××集团在当年授予员工期权产生的成本费用为1 117万元，科思××为300万元，并根据上述方法对市盈率进行修正如表21-6所示。

表21-6 基于未行使期权对××集团和科思××的市盈率修正

项目	××集团	科思××
股票价格(元)	13.53	19.27
原始每股收益(元)	0.63	0.55
完全稀释后每股收益(元)	0.46	0.46
原始市盈率	21.34	35.12
完全稀释后市盈率	29.24	42.14
股权的市场价值(百万元)	1 461.24	963.50
期权价值(百万元)	209.20	152.30
股权市场价值(百万元)	1 670.44	1 115.80
净收入(百万元)	68.47	27.43
期权费用化后净收入(百万元)	57.3	24.43
调整的市盈率	1 670.44÷57.3 = 29.15	1 115.80÷24.43 = 45.67

六、未来发行的员工期权对每股价值的影响

虽然现有期权影响了价值，但是他们只是问题的一部分。过去发行期权的公司很有可能在未来继续向员工发行员工期权。在本部分中，我们将讨论为什么这些期望的未来发行的员工期权也会影响价值，以及如何将这些影响纳入考虑中。

(一) 为什么未来发行的员工期权会影响价值

正如未行权期权对当前股权投资者意味着潜在的稀释效应或现金流出，未来发行的员工期权会由于增加了未来的流通股数量而影响每股价值。

(1) 若从折现现金流模型的角度来看，未来期权发行将会增加终期流通股数量，从而减少终端价值中属于现有股东部分的价值。

(2) 若将未来发行的期权当作员工薪酬处理，那么增加的营业费用会降低营业收入及未来的税后现金流，因此降低目前公司的价值。

(二) 在折现现金流价值中体现未来发行的员工期权的方法

将期望期权发行的影响体现在价值中，比将现有期权的影响体现在价值中要困难得多。这是因为我们不仅需要预测公司未来将会发行多少期权，还要预测这些期权的期限。虽然在两个专有信息(公司公布计划发行的数量及期限)发布的时期，这些预测是可行的，但是在该时点之外的时期就比较困难了。我们将介绍一种可以用于期权价值评估的方法，然后讨论获得这种估值后的两种处理方法。

1. 将期权价值作为营业或资本费用进行估值

我们可以按占收入或营业费用的比例对未来发行的期权价值进行评估。这样就能够避免对未来期权发行的数量和期限的估计。由于有公司的往年记录(通过前几年期权发行价值占收入或营业费用的比例)及该行业中更加成熟公司的经验可以参照，因此估值也会变得更加容易。通常来说，公司规模越大，发行期权的价值占收入的比例会越小。

对期望的未来期权发行价值进行评估后，还存在另外一个问题：我们是否应在每期都将该价值作为营业费用来计算税后营业收入？如果选择这样做，那么我们就将员工期权看作员工的部分年度薪酬计入当期的营业费用中。还有一种可选择的方式是将其做资本化处理，将其看作资本费用在多个期间内摊销。虽然当期的现金流不会被这两种方法的区别所影响，但是它会影响我们对公司资本回报率和再投资率的计算。

避免对未来期权的发行进行重复计算是很重要的。当前公司的营业费用可能已经通过以下方式被纳入员工期权费用中了。

如果公司在发行的时候以公允市场价值对期权费用化，当期的费用则会包含当期发行的期权的价值。若我们假定公司将会保持目前的利润率，则意味着我们认为未来发行的期权占营业费用的比重会保持不变。若我们假定公司的利润率会趋于行业平均水平，则意味着我们认为未来发行的期权占营业费用的比重也会趋于行业平均水平。

在对未来期权发行进行预测的时候，还有一个需要考虑的重要因素是发行期权公司规模变化的影响。当公司规模扩大的时候，赠予期权占收入或价值的比例将会降低。因此，我们在对未来进行更深入的预测的时候应该将公司赠予期权向行业平均水平或成熟公司的管理靠拢。

2. 计算期权发行导致的期望股票价格稀释

另一种处理未来期权发行的方法是计算由这些期权发行导致的股票价格稀释。实施这种方法的前提是必须进行一个简单化的假设。例如，我们可以假设每期发行的期权在流通股中占固定比例，这个比例的计算建立在公司的历史数据或行业中更成熟的公司经验的基础上。通常，这种方法比第一种方法更为复杂，且无法得到精确的数据。显然，两种方法同时进行是不恰当的，即一方面将期权发行作为一项费用披露，另一方面还要考虑发行时发生的稀释效应。这样会导致对相同成本的重复计算。

七、以期权为基础的薪酬的影响

在本部分之前，我们对近年来向股权薪酬转移的原因进行了总结。除了影响收入和价值之外，员工期权的赠予还影响公司的财务政策。我们在本部分会看到，使用员工期权的公司和不使用的公司采用不同的投资、融资和股利政策。尽管这种差别大部分可归结于期权赠予的公司通常是较为年轻、增长较快、风险较高的公司，还有一些差别可以直接归结于员工期权及其对管理人员的激励。

(一) 投资政策

通常情况下，公司应该选择净现值为正的项目进行投资，如果两个项目的净现值相同，那么公司可以任意选择其中一个。但是如果管理者在开始的时候被赠予了期权，那么这种平衡就被打破了。由于期权在较高波动率下更有价值，因此管理者倾向于投资风险较高的项目。尽管这在投资的净现值相等的情况下可能不会产生问题，但是在风险较小、净现值较大的投资被拒绝而风险较大、净现值较小的投资被采用的情况下就会有问题。实际上，这是公司普通股东对持有期权的管理者进行了补贴。在实践中，这种高风险的偏向可以通过多种方法证明。

(1) 现金与实物投资。现金投资于国库券和商业票据的净现值为 0，但是不承担风险。管理者可能会有动机将现金投资于无风险的实物工程(或收购)，甚至在这些工程的净现值为负的时候。

(2) 风险转移。随着时间的推移，管理者可能会将公司向风险业务组合方向转移，即使这在经济上无意义。价值上的损失可被管理者在期权持有上的利润抵消。

管理者期权和投资政策之间相互影响的实证证据是多样的。也有些研究指出，由于以期权作为其薪酬的管理者的财富在很大程度上与公司的经营状况相关，因此他们会偏好较小的风险。

(二) 融资政策

基于期权持有者在股权风险较大的时候会获利的观点，我们可以预测，拥有未行使员工期权越多的公司使用债务就越多。较高的财务杠杆加剧了股价的波动，也将增加股权价值。这里存在一个抵消因素。正如我们前面所提到的那样，股权期权的执行为公司创造了税收抵免，降低了近期的有效税率。这可能会降低由于使用债务而带来的税收优惠，降低公司对于债务带来的税收优惠的依赖。两者的最终影响决定了负债比例究竟应该上升还是下降。市场上一个普遍的现象是发行员工期权的公司的负债都比较少，这是由于发行员工期权的公司获得的来自期权费用化的税收节约会降低边际税率，从而降低贷款者的潜在利益。

(三) 股利政策

员工期权的使用对公司回报股东的程度及回报的形式(股利或股票回购)具有重大的意义。研究认为对于拥有期权的公司而言，以股利形式支付的现金要少于以股票回购方式支付的现金。[1][2][3]股利毕竟会降低股票的价格，从而导致期权的价值下降，而等量的股票回购会减少流通股，并且可以很好地维持股价。有许多证据证明，拥有大量未行使员工期权的公司更倾向于回购股票而不是支付股利。

(四) 风险控制

期权和普通股都是权益工具，但是它们各有不同的特点，尤其是风险能够对股票价值产生负面影响，但却可以提高期权的价值。这就解释了为什么公司在使用期权薪酬的时候要谨慎。如果使用期权是为了缓解管理者和股东之间的利益冲突及现金的短缺，那么使用普通股(限制性或其他)同样可以达到这些目的，且能够避免期权的附带成本。

---

[1] Jensen Michael C., Meckling William H.. Theory of the firm: Managerial behavior, agency costs and ownership structure[J]. Journal of Financial Economics, 1976, 3(4).

[2] Jolls, C. The Role of Incentive Compensation in Explaining the Stock-Repurchase Puzzle[R]. Harvard Law School Working Paper, 1996.

[3] Kathleen M Kahle. When a buyback isn't a buyback: open market repurchases and employee options[J]. Journal of Financial Economics, 2002, 63(2).

第三节 限制性股票

虽然目前员工期权是公司运用较普遍的激励手段,但是限制性股票的赠予比员工期权拥有更悠久的历史。除了常规薪酬外,私有公司和上市公司还通过提供给员工一些附有要求权和交易限制的股票来激励他们,如图 21-2 所示,我国 2021 年限制性股票激励事件的发生数要远多于其他形式的股权激励方案。

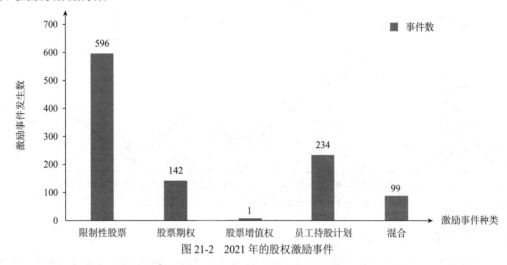

图 21-2 2021 年的股权激励事件

一、限制性股票的特征和会计处理

同员工期权一样,我们先讨论限制性股票的特征,然后介绍限制性股票的会计处理方式。

(一) 限制性股票的特征

据《上市公司股权激励管理办法》规定,限制性股票是指激励对象按照股权激励计划的条件,获得的转让等部分权利受到限制的本公司股票。从实践经验来看,限制性股票的"限制"主要体现在两个方面:获得条件和出售条件。其中,具备出售条件的股票称为第一类限制性股票,而具备获得条件的则为第二类限制性股票。

第一类限制性股票即具备出售条件的限制性股票,此类股票附有限售期、解除限售安排,激励对象根据授予价格出资购买限制性股票,包含公司业绩、个人绩效等解除条件,解除限售后可以卖出股票获益。第二类限制性股票具有股票期权的特征,上市公司先通过股权激励方案确定激励对象、授予价格、归属安排等,激励对象无须事先购买限售股,而是根据方案在分次达到归属条件后,在归属数量范围内出资购买股票,该等股票可以不再设置限售期。因此,对于第二类限制性股票我们可以将其作为股票期权来处理,在此只讨论第一类限制性股票。

出售条件的限制性体现在时间上,即持有限制性股票的被激励对象无法在受到限制的期限内在市场上转让(交易)所持股票。获得条件的限制性则体现在业绩上的限制,即激励对象通常需要达到约定的业绩条件才可以解除这种限制。通过时间和业绩条件的双重约束,辅之以分批解除限售,从而达到相对长期的激励效果。

而与约束对应的给予激励对象的激励则主要体现在价格上。根据我国《上市公司股权激励管理办法》的规定,上市公司在授予激励对象限制性股票时,授予价格原则上不得低于市场价格的

50%。激励对象需支付现金购股,是指采用定向增发的形式,根据期初确定的业绩目标,以低于二级市场上的价格授予激励对象一定数量的本公司股票,授予价格及其确定方法由董事会下设的薪酬与考核委员会确定。据中金 ESOP 团队统计(见图 21-3),2019 至 2022 年,实施限制性股票股权激励的上市公司定价的打折力度正逐年提高,2022 年初回升至 55%附近,整体表现出较高的折扣率。

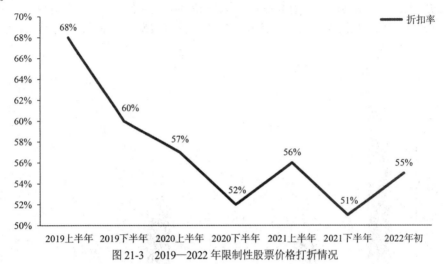

图 21-3　2019—2022 年限制性股票价格打折情况

(二)限制性股票的会计处理方式

与员工薪酬会计准则不同,限制性股票的会计准则随时间变化保持相对的稳定。当发行限制性股票的时候,公司必须估计限制性股票的价值,并将其作为薪酬成本处理。同员工期权一样,限制性股票的价值分散于授予期。例如,一个 4 年授予期评估价值为 1 000 万元的限制性股票会在未来 4 年里产生每年 250 万元的会计费用。

在对限制性股票价值进行估计的时候,要求公司将没收的概率(员工离开公司)及股票的非流动性考虑在内,并根据市场价格进行折现。

二、估计限制性股票的价值

如前文所述,通常存在三种可以影响限制性股票价值的限制条件。首先是雇佣限制。由于限制性股票仅仅在激励对象仍旧受雇于公司的时候才会授予,因此雇佣终止的可能性越大,限制性股票的价值就越小。对这一因素进行调整需要计算雇员在限制期内留任于公司的概率,并将此概率乘以当前股票价格。

限制性股票相对于其他股票是非流动的,应该以市场价格的折价进行交易。这个折价应该为多少?这取决于以下几个因素。

(1) 非流动期限。合法交易的限制时间越长,限制性股票的非流动折价就越大。为了证明这一折扣的重要性,研究发现,对投资者发行限制性股票进行筹资(相对于将其作为管理者薪酬使用)的公司通常对这些股票采用 20%~30%的折扣。[①]而计算流动性折价的主流方法有 B-S 看跌期权模型、回望式看跌期权模型和亚式看跌期权模型,第十九章关于流动性折扣的部分有相关介绍。

(2) 套期保值/贷款限制。如果拥有限制性股票的员工可以进行与股票变动相反的套期保值(因此使得他们可以将限制性股票固定在较高的股票价格上)或者以计算的限制性股票的市场价值进

---

① Silber W L. Discounts on restricted stock: The impact of illiquidity on stock prices[J]. Financial Analysts Journal, 1991, 47(4): 60-64.

行贷款,就可以很好地避免最大的非流动性成本,但是随着套期保值和贷款限制的加强,限制性股票的非流动折价也会增大。

(3) 股票波动率。因为股票价格在各个期间内可能变化较大而导致员工没有办法保障其利益或变现,因此股票价格波动较大的公司其限制性股票的非流动成本也较高。

(4) 赠予概率。如果员工仅仅在其业绩达到某项要求后才能获得股票(无论这种要求是以收入还是以利润形式规定的),限制性股票的价值必须反映出该赠予事件发生的概率。

三、在价值评估中考虑限制性股票

将限制性股票纳入价值评估中比员工期权容易得多,在本部分中,我们将讨论如何在折现金流及相对价值评估法中考虑限制性股票。

(一) 折现现金流估价

同员工期权一样,限制性股票发行可以从三个方面来影响价值。过去发行但未行使的限制性股票会影响非限制性股票的每股价值,而当年将限制性股票用于员工薪酬则会减少当期收益。未来的期望限制性股票会降低未来收入及现金流。

1. 过去发行的限制性股票

过去发行的限制性股票已经在公司当前的流通股数量中体现出来了。因此,假设公司在过去的 5 年中发行了 2 000 万股限制性股票,该公司在当前的市场中拥有 8 000 万股非限制性股票,那么该公司共拥有 1 亿股流通股股票,但是这些股票并不完全相同。正如我们在上一节中所提到的,限制性股票价值低于非限制性股票,因此,如果股权价值为 10 亿元,限制性股票的每股价值将低于 10 元,而非限制性股票价值则高于 10 元。

2. 当年发行的限制性股票

将员工期权作为薪酬费用处理的观点同样适用于限制性股票。因此,在当年赠予员工的限制性股票的价值(考虑了非流动性折价)应该作为一项期间费用处理,并抵减当年的营业收入及净收入。

3. 未来发行的期望限制性股票

未来发行的期望限制性股票是一项营业费用项目。同期权一样,计算该项目最佳的方式是计算历史上每年赠予的限制性股票价值占收入的百分比,然后根据结果对未来年份进行预测。该项目会抵减期望的未来现金流,也会降低当前的每股价值。

综上,限制性股票的处理方法反映了具有一个明显限定的员工期权的处理方法。至少对于公开上市的公司,与期权相比,衡量限制性股票价值相关的估值问题较少。

(二) 相对价值评估法

因为会计人员已经基于未行使的限制性股票调整了流通股数,因此分析人员将限制性股票的影响纳入相对价值评估法中会变得更加容易。然而,一个经常被忽略的潜在问题是限制性股票同正常的股票一样是计入股票总数中的,但是它们实际上只拥有较低的价值(由于非流动性),结果可能会导致对拥有大量未行使限制性股票的公司的所有乘数的高估。

举例来说,假设一家公司拥有 8 000 万股普通股及 2 000 万股限制性股票,且股票价格为 15 元(流通股票)。用流通股股数乘以市场价格得到市场价值为 15 亿元。实际上,2 000 万股的限制性股票会以折价进行销售(假如它们发生交易),因而公司的市场价值实际低于 15 亿元,那么根据 15 亿元进行计算的乘数便会被高估。虽然存在以上问题,但未行使的限制性股票相对于未行使的员工期权往往很少,且非流动折价很小(同样相对于期权价值的变动),因此与员工期权相比,限制性股票很少会导致相对价值评估法的结果出现较大偏差。

本章小结

将股权作为员工薪酬的情形非常普遍。公司经常使用股权赠予作为激励方式，不仅能够吸引和留住公司的管理者，还能使其为股东利益做出努力。在过去的二三十年中，许多公司尤其是高新技术公司开始使用股权作为员工的薪酬。许多公司主要通过期权对管理者进行激励，这些员工期权会带来会计和税收上的优惠(员工期权费用化)。同时，问题也随之而来：我们应该如何对员工期权进行估值？它们如何影响公司的内在价值(折现现金流)？我们应如何比较对员工期权的使用拥有不同政策的不同公司的收益或账面价值乘数。本章对这些问题进行了回答。需要特别指出的是，员工期权赠予影响每股价值不仅是因为它们影响当前收益及未来收益，还因为它们存在改变流通股股数的可能。

在最后一部分，我们讨论了限制性股票的特征，以及如何在使用折现现金流法和相对价值评估法评估公司价值的时候对其进行处理。由于限制性股票的非流动性和其他限制，其价值通常应该低于其他股票。与员工期权一样，它们也会使得每股价值降低。

课后问答

1. 总结股权薪酬的形式及其产生的原因。
2. 所有的员工期权都会影响股权价值，分析此结论是否正确，并给出理由。
3. 概括限制性股票限制性的具体体现。
4. 第二类限制性股票与股票期权的关键区别是什么？会计处理如何体现？
5. 为何传统市盈率会系统性高估高期权公司的估值？修正公式如何解决此问题？
6. 预测未来期权发行量时，"收入占比法"相比"固定数量法"有何优势？
7. 实证显示期权激励公司更倾向于股票回购而非分配股利，其背后的财务逻辑是什么？

第二十二章

无形资产价值

本章任务清单

任务序号	任务内容
1	了解无形资产的基础概念及其分类
2	熟悉无形资产价值来源及其评估的重要性
3	掌握无形资产评估基本过程
4	掌握成本法、折现现金流法、相对估值法及实物期权法的具体内容及应用
5	理解数据资产的价值驱动因素及其评估方法
6	理解ESG理念对企业价值评估的影响及其应用场景

在数字化转型与可持续发展成为时代主旋律的背景下,传统以有形资产为核心的企业价值评估体系正面临深刻变革。本章将从无形资产的独特属性出发,系统阐述其定义、分类及价值构成,揭示品牌、专利、数据资产等如何成为企业核心竞争力的源泉。通过剖析成本法、收益法等经典评估工具与实物期权法等前沿方法,本章不仅提供技术操作指南,更结合数据资产资本化趋势与ESG投资理念,展示如何在动态市场环境中精准量化无形资产价值,为企业战略决策、并购重组及可持续发展提供关键支撑。

第一节 无形资产的概念及其分类

人们通常会把没有实物形态的可分辨资产归类于无形资产。长久以来,由于这类资产的特殊性,人们在公司价值评估中并不重视这类资产,往往出现无形资产价值被低估的现象。无形资产经过多年的发展,它的概念与范围一直在不断发生变化,人们也越来越意识到可靠管理与正确评估无形资产对企业的经营与发展有着重要的意义。

一、无形资产的概念及特征

对无形资产的研究虽然已经有了很长的历史,但是人们对于无形资产的概念始终没有形成统一认识。随着社会的进步、科技的发展和人们生产生活逐步多样化,无形资产的概念、分类及表现形式不断改变。我国的《资产评估准则——无形资产》所规范的无形资产是指特定主体所控制的,不具有实物形态的,对生产经营长期发挥作用且能带来经济利益的资源。《企业会计准则——无形资产》中所规范的无形资产是指企业拥有或者控制的没有实物形态的可辨认非货币性资产。而《国际会计准则第38号——无形资产》所规范的无形资产是指用于商品或劳务的生产或供应、出租给其他单位,或为管理目的而持有的、没有实物形态的、可辨认非货币资产。虽然无形资产的概念依然不统一，但是从这些概念上来看，无形资产具有以下几个特征。

(1) 资产性。无形资产首先是一种资产，它能为企业带来可观的经济效益，甚至是许多企业得到超额收益的关键。

(2) 无形性。无形资产是一种不具有实物形态的资产，这是它与有形资产的本质区别。

(3) 唯一性。无形资产是独特的，同一无形资产不可以重复生产也不可批量生产，在市场上也无法找到完全相同的无形资产，例如企业申请的专利技术、品牌、商标、知识产权等。

(4) 排他性。无形资产只与特定的主体有关。可在法律保护下禁止其他人无偿取得，并且往往可以排斥他人的竞争，以取得超额收益。但是也必须说明，这种排斥不是完全的，也就是说排斥竞争的效果有限，随着时间或法律政策的变化，这种排他性可以消除。

(5) 价值的不确定性。无形资产的价值往往取决于其所能带来的收益，而将来带来的这种收益是不确定的。科技水平提升、产业技术更新换代或者是法律法规和政策的变化都可能会导致无形资产获取收益的能力降低，甚至完全丧失，所以无形资产的价值较难确定。

无形资产的定义各种各样，而在本章中，我们从投资价值评估的角度出发来研究无形资产，不给无形资产下一个狭义的定义，只认为无形资产是一种特定主体所控制的，不具有实物形态的，能为企业的生产经营带来超额收益的一类资产。

二、无形资产的分类及主要形式

依据不同的分类标准，无形资产有以下几种常见的分类。

(1) 按照所包含的内容不同，无形资产可分为：权利类无形资产，例如采矿权、土地使用权、特许经营权等，一般认为是由书面契约产生的各种特许权利；关系类无形资产，例如与供应商的关系、与客户的关系、与员工的关系；知识产权类无形资产，例如专利权、商标权、著作权、专有技术等，这些权利通常受到法律保护，具有一定的排他性；其他，不属于以上分类的无形资产，例如商誉等。

(2) 按照无形资产的来源不同，无形资产可分为：外购的无形资产与自创的无形资产。

(3) 按照产生现金流的方式不同，无形资产可分为：可以独立产生现金流的无形资产，例如商标、著作权、特许经营权、利权，此类无形资产往往可辨认，且在有限的时间单独产生可衡量的现金流，不需要与其他资产合并计算；可依附其他资产在企业内产生现金流的无形资产，例如品牌、人力资本、企业高效的管理系统，此类无形资产本生并不能产生现金流，但是它们的存在可以使其他资产甚至是企业产生更多的现金流，具有更高的定价权，但由于这类无形资产不独立，通常难以进行估值；拥有潜在现金流的无形资产，例如采矿权、土地使用权、未开发专利等，此类无形资产当前并不产生现金流，但是在未来很可能会产生现金流。

(4) 根据无形资产是否可辨认，无形资产可分为：可辨认无形资产，例如商标权、专利权、土地使用权；不可辨认无形资产，例如商誉、人力资本、品牌等。

无形资产的主要形式较多，且随时代的发展不断变化，不同准则中对无形资产的形式进行了列举，所包含的内容并不完全相同，从某种意义上来说，无形资产的范围是较难确认的。我国的《资产评估准则——无形资产》规范的无形资产中包括专利权、专有技术、商标权、著作权、土地使用权、特许权等，虽然《企业会计准则》未对无形资产的形式进行详细规范，但会计上对无形资产的核算不包括不可辨认的无形资产，如品牌、商标等，由此可见在会计上对于无形资产价值是低估的，尤其是一些依靠品牌来出售高定价产品的公司，采用账面价值会低估企业价值。综合了国内外的不同标准，本章对无形资产的形式做如下的列示：专利权、专有技术、商标权、著作权、特许经营权、人力资本、土地使用权、自然资源开采权、品牌等。

第二节　无形资产的价值

一、无形资产的价值来源

在介绍无形资产的评估方法前,我们先思考一个问题,无形资产真具有极大的价值吗?在企业中占有极为重要的比重吗?我们从两个角度来分析。

(1) 通过对于无形资产的转让交易来看,答案是肯定的,比如商标使用权的交易、著作权的交易,还有屡屡拍出天价的采矿权、土地使用权,其他人想获得这项无形资产就必须给其所有者付出一定的对价,即无形资产具有转让价值。

(2) 即使不考虑转让,企业自用的无形资产也是具有使用价值的。一般来讲企业的价值不单单来源于账面上的资本,更源于在未来可能获得的超额收益。由于会计的谨慎性原则,在资产负债表中往往会忽略很多的无形资产,如品牌、人力资本等,或者是低估核算的无形资产,如专利权、土地使用权等。以 Coca-Cola 为例,2016 年 interbrand 对 Coca-Cola 的品牌估值为 713 亿美元,而同年 Coca-Cola 的市值大概为 1 827 亿美元,其品牌价值占市值的 39%,可见 Coca-Cola 的价值很大一部分源自其拥有的无形资产,品牌是其一大竞争优势。随着时代的发展,如今的商业巨头们的价值往往来源于无形资产,其依靠专利技术、品牌、垄断性的特许权来获得超额收益,继续使用传统的方法,价值很可能会被低估。可见,无形资产是众多企业重要的价值来源之一。

二、影响无形资产价值的因素

无形资产的价值具有不确定性,甚至随着外界条件的变化会出现很大的波动,尤其是在依据无形资产未来所创造的现金流来评估无形资产时,初始现金流的估计、现金流的增长率、风险的大小、无形资产的期限都有可能发生变化,这给无形资产的估值带来的不确定性。通常情况下无形资产价值会受到以下因素的影响。

(1) 无形资产的初始成本。无论是外购的无形资产还是自创的无形资产都会具有一个初始成本,如购入时付出的对价、企业的研发支出等,甚至像品牌这样的不可辨认的无形资产也会具有初始成本,例如可以通过每年的广告支出来衡量打造品牌所付出的成本。虽然初始成本会对无形资产的价值造成一定的影响,但是无形资产的价值主要来源于未来为企业创造的超额收益,初始成本对其的影响是微乎其微的。

(2) 无形资产的收益能力。无形资产的价值与其未来所产生的现金流相关,未来无形资产的收益能力越强,无形资产的价值就越高;反之,无形资产的价值就越低。

(3) 无形资产的尚可使用年限。一般来说无形资产是有寿命的,没有无限期的无形资产,无形资产的尚可使用年限受估值基准日时其技术先进程度、特许期长短、损耗程度等因素的影响,比如采矿权、土地使用权都有相应的期限,专利权有法律保护的期限。在对无形资产进行估值时,其尚可使用年限越长,无形资产的价值越高。

(4) 无形资产的垄断程度。例如,特许经营权、专利使用权等无形资产具有垄断性强弱的差异。市场中若只有一家企业具有特许经营权,那么这家企业便会获得最强的垄断,该权利也会具有较高的价值,相反若垄断程度较低,无形资产的价值也会随之降低。

(5) 无形资产的风险。无形资产的价值为其未来带来现金流的现值,在进行折现时,所选用折现率体现了无形资产的风险。无形资产从开发到结束,寿命会有各种风险,使其价值实现具有很大的不确定性,在用折现现金流法进行价值评估时,一般采用企业成本对其折现,这和前面所讲的用折现现金流法估算企业价值一致。但是需要说明的是,由于无形资产的不确定性较高,其风险一般会高于企业风险。资本成本越高,无形资产的价值越低;资本成本越低,无形资产的价值越高。

(6) 同类无形资产的发展趋势与更新换代情况。专利技术类无形资产的寿命除了会受到法定期限和合同约束以外,也会受到市场上同类无形资产的发展影响,若市场上出现了替代品或发生了技术革新,将会加快无形资产的更新换代,加大无形资产损耗,降低无形资产价值。

(7) 市场供求情况。与其他类型资产相似,无形资产也会具有市场交易。对于土地使用权、特许经营权、资源开采权等无形资产,其价值会受到市场供求因素的影响和制约,如一种矿产较为稀缺、一块地皮位于城市中心,那么其所附带的使用权的市场需求就会较高,无形资产的价值也较大。

(8) 无形资产权利范围。无形资产权利范围会影响其价值的高低。例如,一项无形资产的所有权价值会高于其使用权价值,一项在较广阔的地域范围内可使用的无形资产的价值会高于仅能在相对狭小地域范围内使用的无形资产的价值。

三、无形资产评估的重要性

无形资产是企业获得丰厚超额利润的重要原因,甚至企业可以通过使用无形资产来形成市场垄断,通过垄断价格来获得垄断利润,大大提升企业价值,因此它也成为企业重要经济资源的一种。进入 21 世纪后,无形资产往往体现着企业的技术实力和竞争能力,许多企业依靠其拥有的专利技术、品牌价值等建立了庞大的商业帝国,获得了巨大的经济利益,因此无形资产价值占其企业价值的很大一部分。因此,科学准确地对无形资产价值进行评估不单单对真实反映无形资产价值、优化配置无形资产、提高无形资产效益有着重要意义,同时也是企业价值评估中不可缺少的一环。

一般来说,无形资产的评估是单项资产的评估,其评估对象往往是特定的,对于无形资产占重要地位的企业,无形资产评估会是其企业价值评估的重要组成部分。由于无形资产的特点,无形资产不具有实物形态,且不会存在完全相同的无形资产,这给无形资产评估带来了较大的不确定性和困难,但其并不是不可能完成的任务。在对无形资产进行评估时,要充分考虑无形资产的独有特性,结合企业的经营情况,运用合适的评估方法对价值进行评价。

四、无形资产的评估过程

无形资产的评估过程如下。

(1) 辨别无形资产:对无形资产的评估是特定的,所以在评估前应当对企业所拥有的无形资产进行一一的鉴别。首先,分辨企业拥有哪些无形资产,部分无形资产会在资产负债表中列示,例如企业具有的知识产权、土地使用权、资源开采权等,但是有些无形资产需要评估人员进行调查与分析,如企业的品牌、商标权、人力资本等,此部分无形资产不会在资产负债表中列示,评估人员应当谨慎对待。其次,确认无形资产是否具有收益能力,即企业拥有的无形资产是否可以使企业获得超额收益,如企业拥有的专利技术是否可以提高定价能力、是否可以降低成本、是否可以提高产品质量,或企业拥有的品牌是否可以提高产品销量、是否能够增强企业竞争能力,或是拥有的特许权、使用资源权力是否具有稀缺性、是否可以维持一定的垄断地位,若无形资产的应用不能为企业带来超额收益,那么对其进行评估是无意义的。最后,要核查无形资产的所有权,确定企业确实是该项无形资产的独立拥有者,如某项技术是该企业所有者唯一拥有还是市场上竞争者普遍拥有。

(2) 确定无形资产的分类。企业拥有的无形资产是属于权利类还是合同类?可不可以辨认?是独自产生现金流,还是依附于企业有形资产产生现金流?是企业自创的还是外购的?这些分类因素影响着无形资产评估中相关的信息获取和具体评估方法的选择。

(3) 确定无形资产的期限。无形资产都具有有限的使用期限,确定无形资产的使用期限对于评估无形资产价值具有重要意义，尤其是在用折现现金流法与实物期权法时，期限的长短会影响其价值。一般来说，无形资产的期限确定取决于法律合同期限和使用期限的较低者。像专利权、土地使用权、资源开采权、特许经营权等无形资产会受法律或合同的保护，使企业独立拥有该无形资产，一旦超过法律或合同的保护期限，企业的权利将不受保护，达到无形资产寿命的上限。需要注意的是除了法律或合同期限规定外，无形资产的期限还会受到使用寿命的影响，在法律或合同保护期限到之前无形资产很可能已经不具有使用价值，已达到其寿命终点。如专利权的保护期限到之前，由于技术革新，专利的使用已经不能带来超额收益，无形资产期限需要提前截止，或如自然资源开采权，在权利期限到之前，资源已经枯竭，开采权的期限也应当提前截止。

(4) 确定评估方法，收集相关资料。应根据无形资产的类型、特点、评估需求及具体情况，选取适当的评估方法对无形资产进行评估。一般来说，对于能够独立产生现金流或依附于企业资产产生现金流且可分离的无形资产，当其相关信息较为方便获得时，采用折现现金流法较为恰当。若无形资产产生的现金流无法独立分离，但该项无形资产具有市场价值或者评估企业有可比公司存在，则采用相对估值法是不错的选择。若无形资产具有期权的性质，那实物期权法可以纳入选择的范围内。当无形资产的相关信息不明确，以上方法也都无法运用时，可以采用保守的成本法对其进行估值。当然采用哪种方法不是确定的，需要结合具体的情况具体分析，甚至在一些情况下，不同的方法可以结合起来使用。

(5) 得出无形资产价值，总结评估过程。

第三节　无形资产的评估方法及应用

一、成本法

无论是自创的无形资产还是外购的无形资产，在获取它们时都要付出相应的对价，因此无形资产都具有相应的成本，会计上的账面价值就是以成本为基础来进行计量的，这为我们通过成本衡量无形资产的价值创造了可能性。由上一节可知，无形资产的成本影响无形资产价值，通常而言，在成本法下无形资产的成本越高其具有的价值也越大，反之亦然。

成本法对无形资产的估值可以以历史成本为基础，也可以以重置成本为基础，下面对两种方法分别进行介绍。

(一) 历史成本法

历史成本法适用于自创无形资产的评估，在这种方法中，我们采用依据会计上的权责发生制所形成的方法对无形资产进行估值。我们回想一下对于研发费用资本化的处理，先收集在创立无形资产时每年所付出的成本，估计无形资产的使用寿命并采用直线法对无形资产进行摊销，最后归集出无形资产的价值。

(1) 根据无形资产会产生经济利益的区间估计无形资产的寿命，以此为基础确定无形资产支出的摊销期间。无形资产的寿命是有限的，可以根据其合同规定、法律保护期限、科技发展情况、市场竞争状况来确定无形资产的寿命。

(2) 收集无形资产在过去期间内的支出数据。例如一项自创专利权的前期资本化的企业研发投入可以归属于该项专利的成本。

(3) 使用直线法进行摊销，在无形资产支出后的每一个年度里，一定比例的支出会被摊销不再形成资产。由此，在当前年度可以得到目前对于该项无形资产的总资本支出、总摊销额和未摊销额，未摊销额就是在历史成本法下该项无形资产目前具有的价值。

【例 22.1】 运用历史成本法评估专利权价值。

在 2023 年甲公司拥有多项自创的专利技术，这些专利技术的平均寿命为 8 年，我们已知过去 8 年间该公司每年的研发投入(见表 22-1)，现在对该公司的专利权的价值进行估计。

表 22-1 2016—2023 年甲公司年度研发投入

单位：万元

年份	研发支出	本年摊销额	未摊销额
2016	100	12.50	0.00
2017	108	13.50	13.50
2018	120	15.00	30.00
2019	135	16.88	50.63
2020	140	17.50	70.00
2121	158	19.75	98.75
2022	190	23.75	142.50
2023	240	30.00	210.00

已知这些专利权的平均寿命为 8 年，对 8 年前的研发支出用直线法进行摊销，摊销期为 8 年，可以看出，8 年前(2016 年)的研发支出已经完全摊销完毕，每一期支出的一部分构成了当前专利权的价值，最后计算出 2023 年未摊销额为 615.38 万元，这个金额可以认为是专利权的价值。像专利权、著作权、土地使用权此类可辨认的无形资产一般情况下在资产负债表内比较容易就可以取得其成本支出，无论是一次性的外购成本还是研发支出这类的累计成本，我们都能得到一个确切的数字。有一些无形资产，尤其是不可辨认的无形资产，大多数在资产负债表内找不到相对应的资本支出，需要间接衡量，但是依然可以运用成本法计算出其资产价值。对于无法准确计量资本支出的无形资产，我们假设企业的一部分费用是与这些无形资产的构建息息相关的。例如，在采用成本法评估无形资产价值时，可以假设企业的部分广告支出有助于提升品牌价值。通过广告宣传，企业能够增强品牌形象和知名度，从而进一步提高品牌的市场认可度和整体价值。

【例 22.2】 运用历史成本法评估品牌的价值。

乙公司是一家快消行业巨头，其所获得的超额收益很大一部分源自其品牌的影响力，为此，乙公司每年投入巨额的广告费用来打造其品牌以维持行业霸主的地位。我们假设品牌的存续时间较长，认定其摊销期为 20 年。表 22-2 列出了乙公司过去 20 年的广告费用，并假设其中 40%被用来打造其品牌，运用直线摊销法估计出当前的品牌价值。

表 22-2 乙公司 2004—2023 年广告费用

单位：万元

年份	广告费用	品牌相关费用	本年摊销额	未摊销额
2023	652	260.8	13.04	247.76
2022	601	240.4	12.02	216.36
2021	541	216.4	10.82	183.94
2020	571	228.4	11.42	182.72
2019	653	261.2	13.06	195.90
2018	523	209.2	10.46	146.44
2017	537	214.8	10.74	139.62
2016	467	186.8	9.34	112.08
2015	418	167.2	8.36	91.96
2014	349	139.6	6.98	69.80

续表

年份	广告费用	品牌相关费用	本年摊销额	未摊销额
2013	277	110.8	5.54	49.86
2012	222	88.8	4.44	35.52
2011	205	82.0	4.10	28.70
2010	188	75.2	3.76	22.56
2009	161	64.4	3.22	16.10
2008	153	61.2	3.06	12.24
2007	136	54.4	2.72	8.16
2006	121	48.4	2.42	4.84
2005	119	47.6	2.38	2.38
2004	111	44.4	2.22	0.00

可以计算出，2023年年末乙公司品牌价值的未摊销额为1 766.94万元，这个价值可以认为是乙公司品牌的价值。

需要强调的是，通过企业的费用间接地计算无形资产的投入是有风险的。例如两家企业投入同样的广告费用，所获得的品牌价值可能仍存在较大差异。很有可能一家企业投入了大量的资本在广告上，但是由于广告策略的失误并没有体现出品牌的价值，也有可能投入了很少的资本但是因为广告投放正确却实现了很大的价值。

(二) 重置成本法

重置成本法亦属于成本法，其基本原理与历史成本法相似，可以看作基本成本法的改进。历史成本法反映的是构建资产时的物价水平，而重置成本法反映的是市场现行条件下重新获得无形资产所需支付的全部对价，与历史成本法中摊销的支出相同，我们在重置成本法中也要考虑无形资产的损耗问题。

重置成本法既可以用于评估自创无形资产的价值，又适用于外购的无形资产，运用重置成本法来进行估值的基本方法为：无形资产估值=重置成本-无形资产损耗(或：无形资产估计=重置成本×成新率)。

无形资产损耗是指由于无形资产的使用，技术进步及企业外部环境的变化而引起的无形资产价值的降低。无形资产与有形资产不同，它不具有实体，因此无须考虑有形损耗，而只需要考虑功能性贬值和经济性贬值。我们可以假设无形资产的损耗在其寿命内是均匀，通过估计其预计的使用寿命来反映技术进步、企业外部环境变化对于无形资产损耗的影响。

成新率反映的同样也是无形资产损耗怎样调整无形资产价值，特别是功能性贬值因素。正如前面我们强调的无形资产寿命的重要性，无形资产的寿命往往可以准确反映无形资产损耗的情况，技术进步越快、法律保护时间越短则无形资产的寿命也越短。于是，可以以无形资产的寿命为基础来估算成新率，成新率的计算公式为

$$\text{无形资产综合成新率} = \left[\frac{\text{尚可使用年限}}{\text{实际已使用年限}+\text{尚可使用年限}}\right] \times 100\% \quad (22-1)$$

下面将分别介绍自创和外购无形资产的重置成本计算方法。

1. 自创的无形资产

自创无形资产的重置成本包含了研发该项资产的全部必要资本投入，以及在同类无形资产中投资所取得的正常回报，一共有三种计算方式：

$$无形资产重置成本 \times 研发成功率 = 全部研发投入 \times (1+无风险回报率)^{\frac{研发年限}{2}} \quad (22\text{-}2)$$

或

$$无形资产重置成本 = 全部研发投入 \times (1+同类无形资产平均回报率)^{\frac{研发年限}{2}} \quad (22\text{-}3)$$

或

$$无形资产重置成本 = 同类无形资产市场转让费 \times \frac{同类无形资产研发成本}{同类无形资产市场价值} \quad (22\text{-}4)$$

下面将以例 22.3 帮助读者理解以上三种计算公式。

【例 22.3】 自创无形资产的价值评估。

某企业的一项自发研制的人工智能专利技术预计要进行转让,需要评估其价值。历史资料表明,该项技术研发耗时两年,全部研发投入(包括会计账面的实验设备费用,研发人员、管理人员的薪酬和福利开支,以及必要的差旅费、调研费用开销等)共计 30 万元。调研发现,类似专利技术上市的转让费为 40 万元。市场上现有三项与该企业人工智能专利技术相似的专利技术,开发成本分别为 26 万元、37.5 万元和 20.5 万元,相应的市价为 25 万元、35 万元和 20 万元,其平均资产回报率为 20%,无风险回报率为 5%,假设该技术的研发成功率为 75%,成新率为 50%,以三种方法计算该无形资产价值的步骤如下。

方法一:无形资产价值 $= 30 \times \dfrac{(1+5\%)^{\frac{2}{2}}}{75\%} \times 50\% = 21(万元)$

方法二:无形资产价值 $= 30 \times (1+20\%)^{\frac{2}{2}} \times 50\% = 21(万元)$

方法三:无形资产价值 $= 40 \times \dfrac{26+37.5+20.5}{25+35+20} \times 50\% = 21(万元)$

2. 外购的无形资产

外购无形资产重置成本的评估一般以其账面历史成本为基准,进行价格指数的调整。

$$重置成本 = 历史成本 \times \frac{当前物价指数}{外购时物价指数} \quad (22\text{-}5)$$

例如,某无形资产在 2020 年外购时价格为 10 万元,2023 年对其进行评估,2020 年和 2023 年的定基价格指数分别为 100%和 120%,则该无形资产的重置成本为:10×(120%/100%)=12(万元)。

【例 22.4】 运用重置成本法估算企业外购土地使用权价值。

甲公司外购的一项土地使用权账面价值为 1.2 亿元,在其地块周围一个大小相同的地块以 3.6 亿元的价格成交出售。该土地使用权年限为 100 年,已拥有 15 年。根据所给信息可以采用重置成本法对此项土地使用权进行估值,将市场上同类资产的交易价格作为其重置成本,可知此项土地使用权的重置成本为 3.6 亿元。

成新率=(85/100)×100%=85%

此项土地使用权的价值为 85%×3.6=3.06(亿元)。

成本法从原理上来说还是一种会计上的方法,它具有一定的优点和相应的适用范围,但是也有很大的局限性。成本法中输入值的获取相对来说较为容易,而且操作过程也简单,给公司自由操作的空间也比较小,在会计上来说是比较"谨慎"的,但是它并没有在真正意义上衡量无形资产的价值,只是在单纯计算无形资产在购入或创立时投入的资本。而无形资产的价值评估应当是基于其未来能够带来的超额收益,是对无形资产获利能力的评估。例如,对于研发的投入,所形成的专利技术不一定具有实际的使用价值,可能无法为企业带来超额收益。成本法中无论是历史成本法还是重置成本法都不能正确地揭示无形资产价值的本质。一般来说,对无法应用其他方法的无形资产才会考虑用成本法进行估值。成本法的应用更多是在会计核算，或者部分无形资产转让时对最低价值的估值。更多情况下，成本法会和其他方法结合应用，以解决其他方法输入变量难以获得的问题。

二、折现现金流法

折现现金流法是在各种资产估值中比较常见的方法，也是在本书前半部分所介绍的主要方法。与之前所学的内容一样，用折现现金流法对无形资产进行估值的基本公式为

$$无形资产价值 = \sum_{t=1}^{n} \frac{F_t}{(1+r)^t} \tag{22-6}$$

式中，F_t 为无形资产第 i 年产生的收益；r 为折现率；i 为收益年限序数；n 为折现期限。

1) 无形资产收益 F 的确定

无形资产收益额的确定是折现现金流法评估无形资产价值的重要内容，关系到无形资产能否正确定价。依据无形资产产生收益的方式，可以将无形资产分为可以独立产生现金流的无形资产、依附于其他资产产生现金流的无形资产和拥有潜在现金流的无形资产。

对于可以独立产生现金流的无形资产，无形资产所产生的收益可以通过直接法获得，如版权收入可以依据每一本书的成本、售价与销售量计算出来。

对于依附于其他资产产生现金流的无形资产，可以通过间接法测算得出，间接法包括：①利润分成率法，无形资产营业收入=利润×利润分成率×(1-税率)，利润分成率代表无形资产带来的利润在利润总额中所占的比重，计算利润分成率的过程是比较复杂的；②比较法，通过测算具有无形资产的公司收益比无此项无形资产公司多出的超额收益，将产生超额收益的原因归结为此项无形资产。

2) 折现率 r 的确定

此处折现率的选择与在公司价值评估中所采用的方法思路基本是一致的，但与计算股权资本成本或加权资本成本不同的是，无形资产的投资风险较大，无形资产的必要回报率一般会高于有形资产，因此无形资产的折现率在理论上一般会比企业折现率要高。在实践中，准确量化影响无形资产收益的风险因素较为困难，一般而言可以将无形资产看作持续经营的企业的一部分，因此可以将其所属企业的加权平均资本成本作为无形资产的折现率。[1]

3) 折现期限 n 的确定

无形资产的寿命是有限的。无形资产不具有实物形态，所以它的价值不会因为它的使用时间的增加而发生实体性的有形损耗，但这并不代表无形资产的价值不会随着时间增长而降低。当更先进的、更经济的无形资产出现时或其他企业已经普遍掌握此种无形资产时，或者无形资产不再带来收益时，此项无形资产的价值也就会大幅降低或完全丧失。因此，无形资产有确定的折现期限且不具有终值。折现期一般会选择经济寿命或法律寿命中的较短者。

可以注意到，对于折现现金流法来说，最重要的两个输入变量就是无形资产在未来带来的收益与折现率，所以在应用折现现金流法时，需要该无形资产具备产生超额收益的能力，且它的收益是可以用货币衡量的，同时无形资产所有者所承担的风险也是可以衡量的。折现现金流法看起来很简单，但是在实际应用时，针对不同类型的无形资产会有不一样的处理方法，下面我们分类讲解。

（一）独立存在且可以产生现金流的无形资产

独立存在且能产生现金流的无形资产最容易运用折现现金流法进行估值，比如最具有代表性

---

[1] 乔志敏，王小荣. 资产评估学教程[M]. 北京：中国人民大学出版社，2020：103.

的版权、商标权和特许经营权等,这些资产往往只同某一种商品或某一条生产线相关。要注意,此类无形资产寿命一般是有限的,因而一般不具有终值。

1. 版权

版权赋予了所有者生产特定产品或提供服务的独特权利,因此它们的价值便来自从这一权利中产生的现金流量,进一步讲,便是出售特定产品与服务所带来的净现金流量。以版权为例,出版机构通过出版书籍获得的现金流可以视为由该书的版权所产生,由此可以看出,版权的价值评估方法与之前所学到的有形资产的评估方法并无差异。通过计算版权的未来预期现金流,并依据其风险确定一个折现率,由于不具有终值,直接对版权期限内的现金流进行折现,即可得到版权的价值。

2. 特许经营权

特许经营权也可产生现金流,但其价值的评估与版权和商标权存在一定的不同,特许经营权给予其所有者出售某种商品或服务的权利,比如一个城市的出租车牌照、品牌专卖店等。特许经营权为经营商提供了商品品牌优势(例如,学校食堂的汉堡价格远低于麦当劳)、出售特定服务的权利(例如,海底捞火锅店提供的周到服务),甚至是垄断优势(如迪士尼乐园),从而带来了在许可期内赚取高于市场收益(超额收益)的机会。因此,特许经营权产生的现金流本质上是"超额现金流",这便是其与版权、商标权评估的最大不同。在应用折现现金流法估计某企业的特许经营权价值时,直观上的思路便是找到一家出售商品与该企业完全相同但没有购买特许经营权的企业,计算它们未来预期现金流的差额,并以该企业所在行业风险确定折现率对现金流增量进行折现,即可得到特许经营权的价值。

值得注意的是,超额收益法的适用性较强,除特许经营权外,此方法还可以用于评估商标权、租赁权乃至商誉等多种无形资产的价值,其原理大致相同,这里不再展开论述。

(二) 依附其他资产产生现金流的无形资产

此类无形资产一般难以独立存在且其不会产生现金流,但是它们的存在可以使企业对产品拥有更高的定价权,从而产生更多的现金流获得超额收益。由于此类无形资产不能独立产生现金流,所以在估值上有一定的困难,在用折现现金流法进行估值时,需要将企业产生现金流中可以归结于此类无形资产的部分分离出来,并确定合理的风险折现率进行折现。

对现金流的分离并不是一项简单的工作,在特许经营权的估值中,可以对比无特许权可比企业现金流来得出特许权的现金流,但是当某种无形资产的影响是面对整个企业的,例如品牌、人力资本等,选取可比公司进而分离无形资产所产生的现金流将很难做到。

以品牌价值为例,为了解决在市场中找不到可比公司的问题,可以采用以下几种方法。

(1) 无品牌营业利润法。我们假设品牌的存在是导致企业拥有超出无品牌公司收益的原因,因为品牌可以让公司产品在市场中有更高的定价,更高的定价能带来超额的收益。在操作中,我们用无品牌公司的营业利润率代替品牌公司的营业利润率以体现品牌公司的定价权。当其他条件不变时,把无品牌公司的营业利润代入后,再利用折现现金流法对企业价值进行估值,与企业的原本价值相比所导致的价值减少就是品牌的价值。需要注意的是,营业利润一变动,一系列的指标都将随之变动,营业利润率降低后,企业的资本收益率也会随之降低,当再投资率保持不变时,预期增长率会下降导致企业价值的减少。

(2) 无品牌资本回报率法。与第一种方法类似,我们假设品牌的差异将会导致不同的资本收益率,品牌公司能够取得较高的资本回报率的原因可以归结为存在品牌的影响。在操作中,我们用无品牌公司的资本回报率代替品牌公司的资本回报率,再利用折现现金流法对企业进行价值评估,所得到的价值减少就是品牌的价值。资本回报率降低,企业的预期增长率随之降低,这导致企业价值的减少,体现了品牌的价值。

(3) 无品牌超额回报率法。此种方法假设品牌的存在使品牌公司具有超出无品牌公司的超额回报率。相比前两种方法，该方法不单单允许企业具有不同的资本回报率，而且不要求无品牌公司和品牌公司的资本成本统一，超额回报率较高的原因可以是品牌公司具有更低的资本成本，这也符合我们对实际的认识。在操作中，我们用无品牌公司的超额回报率代替品牌公司的超额回报率，让品牌公司资本成本提高，资本回报率下降。在运用折现现金流法时，不但改变了预期增长率，还改变了折现率的大小，得出企业价值的减少部分，就是品牌价值。

需要指出的是以上几种方法在实际操作中是存在误差的，我们的前提假设为品牌是品牌公司获得超过无品牌公司收益的唯一原因，而这在现实条件下是不可能的，毕竟一家公司获得超额收益是因为综合竞争力，品牌只是原因之一，所以当一家公司获得超额收益的原因主要是品牌而不是优质服务、特许权等其他因素时，这种方法得出的结果才会更贴近品牌的实际价值。

运用折现现金流法评估无形资产是比较常用的一种方法，此种方法在应用上与对其他类型资产估值没有太大的差异，当一项无形资产能够独立产生现金流或其产生的现金流可以很容易地从企业现金流中分离出来时，采用此方法是较为适宜的。但是折现现金流法具有一定的局限性，对于没有收益或者收益无法确定的无形资产，折现现金流法无法进行估值，而在实际操作中确定无形资产的预期收益、风险折现率、收益年限也不是一项简单的工作。

三、相对估值法

很多情况下，在运用折现现金流法对无形资产进行估值时，输入值的确定会比较困难，一方面由于很多企业的相关信息较难收集，另一方面是因为不可独立产生现金流的无形资产的现金流难以分离，此时要考虑在企业价值评估中常用的另一种方法——相对估值法。我们已经在企业价值评估中运用过相对估值法，对无形资产的评估与其相似。

在对无形资产采用相对估值法前，要知道相对估值法应用的前提：

(1) 存在一个广泛活跃的市场，且市场的价值是正确的，一旦市场失灵将会影响我们的估值；

(2) 被评估的无形资产及可比公司的相关信息资料是可以被收集到的；

(3) 能够找到与被评估无形资产相同或类似的参照物且参照物与被评估无形资产之间具有易于寻找和量化的可比较的参数。

对于如何选取参照物，国际资产评估准则委员会颁布的《无形资产评估指南》给出了具体说明，使用市场比较法必须具备合理的比较依据和可进行比较的类似的无形资产。参照物与被评估无形资产必须处于同一行业，或处于对相同经济变量有类似反应的行业。这种比较必须有意义，防止引起误解。至于如何进行差异调整，《无形资产评估指南》指出，当以被评估无形资产以往的交易记录作为评估的参照依据时，则可能需要根据时间的推移，经济、行业和无形资产的环境变化进行调整。

相对估值法在实际应用上有市场法、乘数法、多元回归法等。

(一) 市场法

市场法是以现行市场价格作为标准，选择一种或几种与评估对象相同或相类似资产作为比较对象，参考其现行价格，进行对比调整，估算出被评估资产的价格。

市场法的操作较为简单，在市场上存在相似的无形资产活跃交易时，估值是相对简易且有效的，交易的无形资产越多越频繁，就越容易得到与被评估无形资产相类似的无形资产的市场价格及相关信息资料。因为无形资产的价格是由其内在价值决定的，不管无形资产的使用价值多么纷繁复杂，只要它们具有相同的获利能力，具有相同的可实现价值，它们在市场中的价格就应相同。但是无形资产具有各自的特性，没有完全相同的，只有类似的，于是我们可以根据其相似的程度定量地加以调整，得出被评估无形资产的价格：

$$\text{无形资产价格} = \text{可比无形资产价格} \pm \text{调整额} \qquad (22\text{-}7)$$

无形资产与有形资产不同的是，市场上可能存在完全一样的有形资产在交易如原材料、机器等，但是无形资产却不存在完全一致的，只能在市场上寻找相似的可比无形资产，再以可比无形资产的价格为基础进行调整，一般来说，调整额会受以几个因素影响。

(1) 无形资产的剩余使用时间差异。即使是完全相同的无形资产，剩余使用时间不同也会导致价值差异。比如相似的特许经营权，在市场上存在使用期限 5 年的特许经营权交易，而企业持有的特许经营权仅剩一年期限，其价值一般小于市场中交易的。其他条件相同时，无形资产的剩余使用时间越长，其价值越大。

(2) 无形资产的垄断性不同。相似的无形资产可能存在垄断性的差异，比如一家连锁餐饮店的代理经营权，当一条街上存在多家同品牌餐馆时，其特许经营权的价值会比一条街上只有一家此品牌餐馆时低。其他条件相同时，无形资产的垄断性越强，其价值越大。

(3) 无形资产所处的地域不同。相似的无形资产在不同的地域会存在价值差异，这一点在土地使用权上很直观。

(4) 无形资产交易价格的时间差异。时间不同，无形资产的价格也不同，一年前的专利权出售价格可能在已经发生技术革新的今天要大打折扣了。

虽然市场法看起来操作简单且结果可靠，但是在实际操作中我们很少采用市场法，特别是在我国的现行条件下。因为，市场法使用的前提是存在活跃交易的无形资产交易市场，即使是在市场极度发达的西方国家也很有可能找不到同类无形资产的活跃交易价格，且对于无形资产价值的调整额的确定也缺乏科学的计算体系，往往依靠主观判断，极大地影响了评估的准确性。但是，一些特殊的无形资产还是可以采用市价法的，比如土地使用权、特许经营权、采矿权等，土地使用权是一项依附于土地的无形资产，一项土地使用权的价值往往可以参考周边地块的价值得出，根据区域土地的单价结合土地使用权的使用面积、规划用途等其他因素得出较为准确的价值。特许经营权、采矿权往往在市场上存在较多的交易价格，采矿权的价值可以根据市场同类矿产的竞拍价，结合资源市价、储量与开采难度进行估值。

(二) 乘数法

与市场法不同的是，乘数法需要的可比公司是不具有此项无形资产但在主营业务等方面与被评估公司相似的。假设市场对于两家公司的定价都是正确的，通过将两家公司的价值差异归结于有无此项无形资产而进行估值。一般来讲，需要两家公司同为上市公司，这样便于得到市场价值。

$$\text{无形资产价值} = [\text{价值乘数(有无形资产)} - \text{价值乘数(无无形资产)}] \times \text{变量(有无形资产)} \qquad (22\text{-}8)$$

乘数法假定市场对于价值的评估是正确的，所以价值已经由市场给定，计算过程较为简便。

(三) 多元回归法

如果在市场上不存在无形资产的活跃交易，又没有可比的上市公司，对决定价值的指标进行多因素的回归是一个可行的处理办法，将有无此项无形资产作为影响企业价值的因素，结合其他影响指标对市场不同公司的价值进行回归，分离不同因素的影响。在多元回归中代入无形资产的影响时有两种方法。

1. 虚拟变量法

虚拟变量法指通过设置虚拟变量来表示无形资产的有无。当企业存在此项无形资产时，虚拟变量的值为 1，表示存在此项无形资产的影响，当企业不存在此项无形资产时，虚拟变量的值为 0。例如，我们要分析一家消费品公司的品牌价值，可以在市场中任意找到 20 家品牌公司和 20 家无品牌公司以下式进行回归：

$$\frac{EV}{营业收入} = a + b(风险指标) + c(期望增长) + d(虚拟变量) \qquad (22\text{-}9)$$

得到回归结果后,代入被估值公司的指标得出的乘数减去任意无品牌公司或行业平均值的乘数,其差乘以品牌变量,便得到消费品公司的品牌价值。

2. 间接变量法

除虚拟变量法外,还可以采用影响品牌价值因素的代理变量作为回归因素代入,比如依然以消费品公司的品牌价值为例,假设品牌价值会以较高的利润为体现,将营业利润设为代理变量代入回归当中:

$$\frac{EV}{营业收入} = a + b(风险指标) + c(期望增长) + d(营业利润) \qquad (22\text{-}10)$$

经过回归后,得出被评估品牌公司的乘数与行业平均进行比较,得出品牌的价值。

$$品牌价值 = \left[(EV/营业收入)_{品牌} - (EV/营业收入)_{无品牌}\right] \times 营业收入_{品牌} \qquad (22\text{-}11)$$

四、实物期权法

在对无形资产进行估值时,存在一类特殊的无形资产较难适用常规估值方法。这类资产在当前阶段尚未带来现金流,但在未来具有现金流入的潜在可能,其所产生现金流的规模及时间均存在较大不确定性,因而难以采用折现现金流法进行合理估算。同时,其中部分资产亦不满足运用相对估值法的基本前提条件。尽管如此,该类无形资产显然是具备价值的,未来可能带来可观现金流,甚至潜在收益高于一般无形资产。关键在于其赋予持有者"选择权"这一特征,使其具备了期权的基本属性,从而为采用实物期权法进行估值提供了理论基础。

实物期权法的具体应用已在第十六章中作出了详细介绍,此处拟将其在无形资产估值中的应用划分为三种主要类型进行介绍:未开发专利、自然资源型期权,以及选择权。

(一) 未开发专利

一些企业内部的专利权可能不会马上投入生产中去,但是随着生产经营环境的变化,企业预计在未来将该权利投入生产时,会产生大量的现金流。比如一家公司现有一项专利可用于生产某项新型产品,由于企业面临着复杂的竞争环境,企业此时的外部环境还不适合将新型产品立即投入市场,贸然投入可能会获得较低收益甚至收益低于开发成本而造成企业价值降低,此时企业的最佳选择是等待恰当的时机,当预期收益超过开发成本且能获得较多收益时再投入市场,该项专利权就具有买方期权的性质,可以用实物期权的方法来对其估值。

依据布莱克—斯科尔斯公式,买方期权的价值为

$$V = S \times N(d_1) - K \times e^{-rt} \times N(d_2) \qquad (22\text{-}12)$$

其中

$$\begin{cases} d_1 = \dfrac{\ln\left(\dfrac{S}{K}\right) + \left(r + \dfrac{\sigma^2}{2}\right)t}{\sigma\sqrt{t}} \\ d_2 = d_1 - \sigma\sqrt{t} \end{cases} \qquad (22\text{-}13)$$

在用实物期权法评估专利权价值时,各输入变量的意义如下:S 为专利权在当前开发所产生的预期现金流现值;K 为专利权在当前开发所需要的初始成本;t 为专利权的寿命,即专利的使用

期限；e^{-rt} 为买方期权的执行价格直到到期才支付的现值因数，其中 r 为无风险利率，一般可用同期的长期国债利率；σ 为期望现值的标准差，一般可用公司价值的平均标准差来计算。

此外，在估算专利等无形资产价值时，还应考虑专利寿命、技术革新与市场竞争等因素的影响。由于专利的有效期限制，若企业推迟开发，其所失去的可能不仅是当前的超额收益，还有未来竞争优势。因此，每延迟一年开发，企业等于付出了额外的机会成本，这也构成了等待开发的隐性代价。随着专利剩余寿命的减少，其等待成本将持续上升，从而进一步降低其未来开发的可能性。因此，在进行估值时，必须合理计入等待成本。

实物期权法对此类问题提供了一种有效的建模工具。考虑包含有股利支付的扩展性布莱克—斯科尔斯模型，其估值公式如下：

$$V = S \times e^{-yt} \times N(d_1) - K \times e^{-rt} \times N(d_2) \tag{22-14}$$

其中

$$\begin{cases} d_1 = \dfrac{\ln\left(\dfrac{S}{K}\right) + \left(r - y + \dfrac{\sigma^2}{2}\right)t}{\sigma\sqrt{t}} \\ d_2 = d_1 - \sigma\sqrt{t} \end{cases} \tag{22-15}$$

在此模型中，变量 y 通常表示资产的股利收益率，用于表示持有期期间资产价值的"流失成本"。使用实物期权法评估专利价值时，y 被重新定义为延期成本，因为支付股利类似于每年减少看涨期权价值的行为。然而，与股利收益率通常在资产生命周期中保持不变不同，延期成本会随着时间不断增加。当期权价值减少到等于或低于专利净现值时，延期开发专利已不再有价值，此时应立即开发专利。

若企业的主要价值来源为其所拥有的专利，则使用实物期权法进行估值时，需将该价值划分为三部分：第一部分是已开发部分的价值，指企业已将某些专利转化为产品并正在创造现金流的部分，其价值可通过折现未来预期现金流加以估算；第二部分是等待开发的专利期权价值，指企业当前尚未开发但未来具有潜在商业化可能的专利，其具备期权特征，可通过实物期权模型进行估值；第三部分则是未来获得专利的选择权价值，即企业尚未拥有，但预期未来能够通过技术研发或外部收购取得的新专利，其价值表现为对未来拥有更多专利的"选择权"。上述第二类和第三类价值通常在传统估值方法中较难体现，唯有采用实物期权分析，方能合理量化其内在价值。对于拥有较多该类资产的企业而言，这部分隐含价值尤为关键，也构成了其潜在增值空间的重要来源。

（二）自然资源期权

与专利权相同，自然资源的开采权往往也具有期权的性质。一些资源型公司，其主要的收益是基于其拥有的自然资源开采权，当然企业拥有一项自然资源开采权时，比如说一块油田，企业可以根据此时市场上的原油价格和开采成本决定此时是否进行开采，若预期未来一段时间国际油价低迷，可以选择持有权利而不进行开发，待市场回暖时再进行开采。需要注意的是，资源采矿权一般也具有时间限制，且决定开采时不能立即获得收益，决策时间与出产时间会具有一段时间差，需要进行折价。

一项开采权需要附属于自然资源产生现金流，对于自然资源的价值，可以直观地计算出其预期的储量和市场上的价格，所以一项采矿权的价值应当是以矿产的总价格为基础的。一般来说，开发矿产会有很大的初始成本，当预期收入大于其初始成本时，企业才会选择进行开发，所以采矿权也具有一定的买方期权性质，同样可以采用布莱克—斯科尔斯公式进行估值。

含有股利支付的扩展性布莱克—斯科尔斯公式为

$$V = S \times e^{-yt} \times N(d_1) - K \times e^{-rt} \times N(d_2) \tag{22-16}$$

其中

$$\begin{cases} d_1 = \dfrac{\ln\left(\dfrac{S}{K}\right) + \left(r - y + \dfrac{\sigma^2}{2}\right)t}{\sigma\sqrt{t}} \\ d_2 = d_1 - \sigma\sqrt{t} \end{cases} \tag{22-17}$$

在用实物期权法对采矿权进行估值时，输入变量具有如下意义。

S 为资源储备价值的现值，即资源的储备量与资源的单位利润的乘积，需要注意的是：资源开采从决策到产出存在开采前的建设滞后期，因此在计算储备价值时需要将出产日期的价值进行折现，即若有两年滞后期，则需将两年后的价值折现为当前价值；K 为开发资源的初始成本，即开采前的建设投入，如开采设备的购买及调试费用，专业人员的培训费用等，经常从事资源开采的公司较易估计此类费用；t 为资源开采权的寿命，资源开采权的期限一般为其合同规定的开采期限，但也有一种例外，即在合同期限内资源枯竭，若资源公司预计在合同期以内即可开采完全部储备，那么资源储备耗尽的时间点就是开采权寿命的终结点；σ 为资源储备价值的标准差，可以由自然资源的市场价格变动的标准差确定；y 为延迟成本，因为当资源开采后，每年将产生一定量的收益，企业决定等待而不开发该资源时相当于放弃了本年获取资源收益的可能。

如果一家企业主要以开采资源作为主营业务，那么如何运用实物期权法对其估值呢？与科技型公司相似，资源公司的价值一般具有两个部分：已开发资源储备的价值与未开发储备的价值。与专利权不同的是，自然资源开采权并不是企业创造的，所以企业价值不包含预期未来拥有的开采权的价值。第一部分的价值来自已开发的资源所产生的现金流，用折现现金流法对资源公司产出的现金流以适当折现率折现就可得出。第二部分的价值便来自未开发资源的期权属性，当该资源公司较小，拥有的未开发开采权较小时，这部分价值计算较为简单，通过对每项未开发储备用实物期权法估值，加总各项估值结果即可得到。当企业拥有众多的未开发储备时，获得如此多的未开发储备信息是相当困难的，此时可采用将整个公司总体作为一个期权进行估值，输入变量采用所有未开发储备的平均值。需要注意的是，若一个公司具有不同类型的自然资源储备，由于一些储备具有较高的波动性，一些具有较低的波动性，所以采取简单平均是不合适的，这里应当采用不同储备的加权平均值，按照储备量对其进行加权。

(三) 选择权

我们已经知道，由于一些无形资产如专利权具有可以等待市场环境有利时再选择开发的性质，这种可以"选择"等待或开发的性质使其具有了期权特性，可以用实物期权的方法对其进行估值。那么如果我们将这种选择的权利扩展，是否企业在除了传统的无形资产以外的方面也会具有选择的权利而使其具有期权性质的价值呢？先看一个例子：一些大型公司在进入新的行业时会先收购新行业中的小型公司进行试探，由于进入新行业后存在着极大的不确定性，很可能经营失败，所以只有在外部条件合适的时候企业才会大举进入新的市场，如果预期投资很可能失败，则企业很可能放弃进入的机会。此时即使新行业的小公司现金流为负，但小公司的存在赋予了这些大型企业进入新行业的选择权，使其具备期权性质，也就是拥有选择"进入"或"放弃"新行业的价值。

1. 选择"进入"

对于具有选择"进入"权的投资，企业在进入新行业或投产新产品时的投资一般分为两部分。第一部分投资，是在第二部分投资前进行市场试探的投资，其投资额一般相对来说较小，甚至具有负的净现值，是第二部分的准备。第二部分投资，进入市场的主要投资，是投资初始成本的主要构成，是企业已经决定进入新行业后的投资。为何第一部分投资具有负的净现值企业还要进行呢？因为第一部分投资将使企业拥有对新项目投资的权利，新的项目未来可能产生较高的现金流，第一部分投资具有了期权的性质，使企业愿意为其付出较高的对价。

需要注意的是并不是所有投资都具有期权的性质，即使有的投资具有后续选择的权利，也不一定具有价值。一个投资具有期权价值需要满足以下条件。

(1) 第一部分投资是第二部分投资的必要条件。如果没有第一部分的投资第二部分也可以正常进行，即两项投资完全独立，那么第一部分不再具有期权的性质，也没有选择权的价值。例如，一家欧洲服装公司想要进入中国市场，为了观察中国市场环境，其先在北京投资建设了几家专卖店，以获得全面进入中国市场的机会，此时在北京开设专卖店的投资会对全面进入中国市场具有重大影响，使其具备期权的性质，而在北京的专卖店不会对进入美国市场有影响，若公司决定进入美国市场，则该项投资不具备期权的价值。

(2) 第一部分投资使第二部分投资具备了较大的竞争优势。第一部分的期权价值来源于第二部分投资的超额收益，若第二部分投资不能获得超额收益，即缺乏竞争优势则第一部分投资也不具有期权价值，且第二部分投资获得的超额收益越高第一部分的期权价值就越大。例如提到的服装公司的例子，在北京的专卖店获得了市场信息，可以使其在全面进入中国市场时具有一定的信息优势，使第一部分投资有意义。再比如一家制药公司，对研发的投入可以获得特效药的专利，该专利在市场上生产特效药具有唯一性，使其在生产药品时获得了唯一性，对研发的投入也具有了期权的价值。

(3) 竞争优势能够在较长的一段时间里维持。由第二项条件可知，第二部分投资可以获得超额收益，我们知道，在竞争市场中超额收益会随着竞争者的进入而降低，这种超额收益若不可维持，则第一部分的投资也无意义。首先可以观察进入的市场是否为竞争较小的新兴市场，若是，则竞争优势下降得相对较慢，若不是，则需要观察企业是否具有排除竞争的方式，如具有生产特殊商品的唯一专利权、开采某种资源的开采权等。在计算期权价值时，期权的期限即为竞争优势维持的时间。

若一项投资确实具有期权价值，可以采用与前文同样的实物期权法对其进行估值，其输入变量的意义如下。S 为标的资产的价值，在这里的资产为第二部分投资，输入值为第二部分投资的现金流现值。K 为进入新行业开发新产品的成本，即全面投资所需要的初始成本。t 为期权的期限。这部分的期限较难确定，因为不像企业拥有的专利权、资源开采权那样具有详细的使用寿命或合同寿命，而选择"进入"的期权投资可以是一直存在的，但这并不意味着期权没有期限，企业的第一部分投资运营需要成本，且随着时间流逝，第一部分投资的选择意义也会降低，所以期权的期限一般由公司内部约束，比如某家公司决定进入新市场时可能会规定一个期限，在进行试探性投资后三年内决定是否全面进入或者放弃退出。σ 为企业进入后现金流的不确定性。由于企业尚未进入新市场、开发新产品，所以新投资的标准差较难估计，这里可以采用同行业上市公司的价值标准差来代替；y 为等待成本。与其他实物期权一样，在可进行扩大投资时若继续等待将丧失本期获得现金流的机会，具有一定的等待成本，且在等待中公司为了维持小规模投资往往也有成本。

2. 选择"放弃"

当公司对某新项目进行投资时签署了退出条款，当完成初始投资后，由于外部环境的变化，该项目可能持续产生负的净现金影响公司的价值，此时若公司拥有放弃不盈利项目的权利，停止亏损，降低出现重大损失的风险，则这项权利也具有期权的性质，与之前不同的是，该项期权为卖方期权。

与买方期权不同，当标的资产价值下降时，卖方期权将会具有正的价值。当投资项目的价值较高时，卖方期权价值较低，此时企业应当选择继续维持投资项目，当投资项目的价值下降时，卖方期权的价值上升，此时企业应当考虑放弃现有投资项目了。

对于卖方期权，同样可以采用布莱克—斯科尔斯公式计算：

$$V = S \times e^{-yt} \times N(d_1) - K \times e^{-rt} \times N(d_2) \tag{22-18}$$

其中

$$\begin{cases} d_1 = \dfrac{\ln\left(\dfrac{S}{K}\right) + \left(r - y + \dfrac{\sigma^2}{2}\right)t}{\sigma\sqrt{t}} \\ d_2 = d_1 - \sigma\sqrt{t} \end{cases} \tag{22-19}$$

根据买卖权平价关系有

$$V - P = S - Ke^{-rt} \tag{22-20}$$

其中，V 为买方期权价值，P 为卖方期权价值。

在用实物期权法对具有选择放弃的权利进行估值时，输入变量具有如下意义。S 为当前投资项目所产生的现金流。K 为放弃时能获得的收入，通常为退出投资项目时能够获得的补偿，如合同中规定的企业退出投资时可以转让投资份额获得的收益。t 为可以放弃的时间限制，通常由投资项目的合同所规定，若无规定可用投资项目的期限。σ 为投资项目的波动性，同选择进入的权利相似，可以通过在市场中找到相似的资产的标准差进行估计，也可以进行仿真模拟。

五、评估中的其他问题

无形资产评估往往针对特定的资产，且由于不存在完全相同的无形资产，所以无形资产评估的实际操作具有一定的复杂性，会遇到一些独特的问题。

同一公司拥有较多同类无形资产。当企业拥有较多的品牌、生产线、专利权等无形资产时，会加大无形资产评估的难度。一方面，诸如品牌此类的不可辨认无形资产，运用折现现金流法和相对估值法对其估值时很难将同一企业拥有的不同品牌拆分，所得出的价值往往是企业拥有所有品牌的总价值。另一方面，无形资产增多会加大信息获取的难度和精度。

同一公司拥有较多类型的竞争优势。若一个公司的竞争优势包括了品牌、专有技术、人力资源等，那么对于超额收益现金流的分离是较为困难的。当我们采用相对估值法评估品牌价值时，实际上假设了品牌公司与无品牌可比公司的唯一差异为品牌，但当企业拥有较大竞争优势时，估值的结果实际上是所有竞争优势的综合价值。

对于公司选择权的价值评估应当谨慎，因为该观点为较差的投资找到了理由，企业可能会投资一些较差的项目，并通过操纵部分数据指标使投资具有期权的性质和价值。因此当评估选择权的价值时，要确定其未来投资确实可能会产生超出成本的收益，才把其作为一项无形资产处理，遵循审慎的原则。

为防止无形资产的重复评估，当我们对一家无形资产占重要比重的企业进行价值评估时，要注意传统评估方法与无形资产单独评估的方法的联系。当采用单独评估的方法时，企业有形资产的价值与无形资产的价值加总为企业总价值，那么传统方法是否忽视了无形资产的价值？答案是否定的，无形资产可以为企业取得超额收益，而这种能力体现在传统的折现现金流法的增长率当中，企业的无形资产可能会使企业具有较高的增长率与较长的增长期。如果对一家企业进行评估时已经采用了较高的增长率与较长的增长期，那么对无形资产单独评估后加总，会重复计算无形资产的价值。

第四节 数据资产价值评估

《"十四五"数字经济发展规划》中指出,数字经济是继农业经济、工业经济之后的主要经济形态,是以数据资源为关键要素,以现代信息网络为主要载体,以信息通信技术融合应用、全要素数字化转型为重要推动力,促进公平与效率更加统一的新经济形态。[①]我们正在迈入数字经济时代。随着信息技术的不断发展与深度应用,社会经济数字化程度不断提升,特别是大数据时代的到来,数字经济一词的内涵和外延发生了重要变化。在数字经济的时代,数据发挥了至关重要的作用,在国家号召数字经济发展的同时,企业也在积极响应数字化转型,并推动数据资源的资产化进程,因而在内部治理和外部经营方面,企业都需要对其所有的数据资产价值进行合理评估。本书也在此处探讨如何评估数据资产的价值。

一、数据与数据资产

(一)数据的概念及作用

数据是指对客观事件进行记录并可以鉴别的符号,是对客观事物的性质、状态及相互关系等进行记载的物理符号或这些物理符号的组合。它是可识别的、抽象的符号。

2020年3月发布的《中共中央 国务院关于构建更加完善的要素市场化配置体制机制的意见》中提出,将数据与传统要素(如土地、劳动力、资本和技术)并列,将其作为第五要素,并提出加快数据要素的市场培育。从早期的"互联网+"到如今的"数据要素×",我国数字经济的发展从推广普及过渡到提质增效,数字技术的应用逐渐成熟。数据要素对社会经济发展的乘数效应机制可以总结为如下几个方面。

(1) 数据要素具备非竞争性、非排他性、可复制性的特点,因此各企事业单位均可运用恰当的数据处理技术,对数据进行挖掘分析,从而将其中的关键信息应用在生产、服务的各个环节,发挥不同主体间的协同和融合作用,在整体上提升经济效率。

(2) 数据作为一种要素,其价值在于应用,因此数据要素可以直接作用于土地、劳动力、资本等传统要素,发挥不同要素之间的协同和融合作用,进而提高全要素生产率。

(3) 数据要素的积累可以从量变引发质变,处于大数据时代中,各个行业、领域的数据每天都在以几何速度增长。随着数据的积累,特别是超过某个阈值后,"小数据"呈现的碎片化信息便会以"大数据"的形式呈现出整体的统计规律,进而辅助微观主体进行决策,提高其生产经营效率。

数字技术的发展为数据要素赋能经济提供了可能。数据要素和数字技术的结合,带来了生产方式、商业模式、管理模式等全方位的变革,催生了新应用和新业态。在数据要素和数字技术的驱动下,我国的数字化产业飞速发展,同时也促进了传统生产要素的数字化变革,推动产业数字化转型发展,提升整体经济效益。

(二)数据资产的概念

除记录历史信息的功能外,当原始数据要素逐渐积累至一定的规模,并具备了使用价值后,便实现了从"量变"向"质变"的转化,此时数据便成为一种资源,即数据资源。数据资源是庞大原始数据要素的集合,其涵盖范围较广,包括线上产生的电子数据和线下生成的纸质文件等。

然而,并非所有的数据资源都可以转化为数据资产进行评估。国家市场监督管理总局、国家标准化管理委员会 2021 年发布了国家标准文件,将数据资产定义为:数据资产是合法拥有或

---

① 国务院. 国发〔2021〕29号. 国务院关于印发"十四五"数字经济发展规划的通知[S]. 2022.

控制的，能进行计量的，为组织带来经济和社会价值的数据资源。[①]上述定义主要强调了数据资产的"收益可计量性"和"权属明确性"，下面将分别从这两点入手分析数据资产的基本要素。

1. 收益可计量性

在收益可计量性方面，虽然数据资产的收益性界定相对简单，但其价值的计量目前尚未形成统一标准。从企业视角出发，许多企业从早年信息化建设开始便持续收集生产运营过程中的各种数据，诸如系统日志、登记表等，现已形成了较大规模的数据资源。但这些数据资源在未来对企业能直接带来经济利益的可能性比较低，且以货币来精确计量的难度会比较大，故不可将其认定为数据资产。而京东的用户数据则包含了商品喜好、消费水平等信息，从而有助于实现定向推送、提高复购率，因而会给企业带来经济效益，可认定为数据资产。从国家整体出发，在数字经济的背景下，数据资产的收益性已在国民经济发展中充分体现，《中国互联网发展报告 2023》蓝皮书显示，2022 年我国数字经济市场规模达 50.2 万亿元，总量稳居世界第二，占 GDP 比重提升至 41.5%。

但是鉴于数据的无形性、非排他性和可复制性，其计量方法与传统的无形资产有较大区别，例如为并购收集的数据资产所带来的收益性很难与商誉加以区分。因此，数据的固有特征使得数据资产无法与现行会计准则中的无形资产完全匹配，评估数据资产的价值需要现行核算框架做出调整，本节后续的估值部分将详细介绍相关内容。

2. 权属明确性

数据资产的权属界定是一项巨大的挑战，因为数据要素的特性使得其权属边界极易模糊化。数据资产权属的界定主要包括了确定数据资产范围和处理实时变动的数据两点。数据资产范围的界定是确权工作的基础步骤，即明确待界定权属的数据资产总量。因而需要识别和列举组织内部、外部获取的所有数据资源，包括用户数据、业务数据、交互数据、开放数据等。在此基础上，需要遵循所有权原则，明确各项数据资产的权属人：对于内部生产的数据，一般情况下权属自然归属于数据生产方；对于外部获取的数据，则需依据合同条款、法律法规等确定权属。而对于联合创作数据的权属认定、个人数据权利等一些特殊情况，还需额外予以考虑第三方所有权归属主体。

由于数据资产具备了几何式增长的动态变化性，在确权过程中还需处理实时的数据变动情况。对于发生内生变动(新增、变化、缺失)的数据，需要及时识别和跟踪记录：对于新增数据，如果符合确权标准，则需要纳入确权范围，分析权属情况并进行登记；对于变更和缺失的数据，也需要记录和更新确权档案。对于从外部获取的新数据，首先要审视签订的相关协议，确定是否取得了所有权或足够的使用权。对无法获得权属的数据，需要决定是否终止引入，或寻求替代方案。

二、数据资产的价值驱动因素

自 2024 年 1 月 1 日起，财政部会计司发布的《企业数据资源相关会计处理暂行规定》正式施行，标志着我国数据资产的入表正式进入实操阶段。数据资产入表在全国各地各行业开始争相涌现，如浙江省温州市大数据运营有限公司的数据产品"信贷数据宝"完成了数据资产确认登记。同时，数据资产虽然具备了产生社会经济效益的能力，但其价值释放需要依赖数据的资本化，即将数据资产纳入金融体系使其价值得到释放，设计金融衍生品进行交易，从而使得数据要素借助市场的力量，在流通交易的过程实现资源优化配置。为顺利实现数据资源的入表和交易，必须深入挖掘数据资产的价值驱动因素，下面将介绍数据资产的主要价值驱动因素。

[①] 国家市场监督管理总局, 国家标准化管理委员会. 信息技术服务 数据资产 管理要求 (GB/T 40685-2021)[S].

(一) 数据资源的质量

高质量的数据资源是其能够产生内在价值,进而被确认为数据资产的基础。数据资源的质量是数据资产价值驱动的直接决定因素,其直接决定了数据挖掘所能带来的未来收益大小,因此优质的数据资源在相同条件下亦可使得数据资产获得更高的估值。

优质数据资源主要体现在两个方面:一方面要求其具备真实客观性,另一方面则要求其具有时效性。正如第一章中所述,目前市场中获得的信息大多包含了各类偏误,对大量偏误数据进行分析并基于此进行决策,可能对经济效率的提升有弊无利,因此这些数据资源并不能带来可以计量的内在价值,不可确认为数据资产。而只有当数据来源客观、准确、真实时,数据资源才会转化成新型商业化成果,体现其内在价值。除此之外,在技术更新快的大数据时代,数据资源的时效性对于微观主体各方面的决策同样至关重要。例如目前许多企业都在避免仅仅分析三张财务报表的财务数据,转而通过非财务数据,建立第四张财务报表:以用户为核心,建立涵盖用户、产品和渠道三个维度的企业价值分析报表体系,为企业的管理层提供更深入的洞见。

(二) 数据资产的流通性

数据资产的另一大关键价值驱动因素是其流通性。一方面,无论数据要素应用于何主体,其乘数效应的发挥必须依赖其流通性,从而释放其经济和社会价值。另一方面,数据资产通过在市场上的流通使用,可以充分发挥市场的价格发现功能,合理评估和量化数据的经济价值,从而易于使用货币对其价值进行计量。因此,用市场化的手段,既能使其真正释放内在价值,又有助于数据资产的合理定价。

(三) 数据资产应用场景

商业化应用场景的不同决定了数据资产创造价值能力的强弱。在不同的商业场景下,数据资产也发挥不同的作用,实现不同的价值。毫无疑问,数据资产所适用的场景越多,场景之间的兼容性越高,则数据资产的价值越高。企业应当尽可能探索数据资产所适用的各种场景,如果场景之间是兼容的,则可以探索出数据资产在各个场景下的价值,综合考虑场景兼容程度,最终综合决策,选择数据资产最能发挥其作用的应用场景。

(四) 数据资产的法律风险

数据资产的法律风险是其价值驱动的最基础因素之一,其主要涉及数据隐私和保护、数据安全、数据所有权和知识产权等方面。

数据隐私和保护方面,随着数据的不断增长和应用,个人数据的隐私和保护问题变得愈发重要。如果组织未能妥善保护用户数据,可能会触犯相关法律法规,例如《通用数据保护条例》。数据安全问题则需要关注因数据泄露、数据丢失或数据被盗用可能导致严重的法律后果。组织需要采取必要的安全措施来保护数据资产,避免数据被非法获取或篡改,否则可能会面临数据泄露赔偿、法律诉讼等问题。

数据所有权和知识产权的根本来源便是数据资产权属界定困难。在数据的采集、处理和利用过程中,可能会出现数据所有权的纠纷。例如,数据的原始创造者或收集者可能主张对数据拥有所有权,而数据的处理者或利用者也可能主张对数据拥有所有权,这可能导致各类合同纠纷或财产权纠纷问题。此外,在当今大数据时代下,许多数据资产每日均在实时更新,因此不断发生内生变化的数据同样为数据资产的权属界定带来了困难。对于存在严重法律瑕疵、权属不清的数据资产,即使数据本身的质量优良、流通性好、应用恰当,其价值也必将大打折扣。

(五) 数据挖掘及分析技术

数据资产的价值同样离不开数据挖掘及分析技术的发展程度。首先，通过数据挖掘技术，企业可以挖掘数据中的潜在信息和规律，从而实现更精准的预测和决策。其次，数据挖掘技术还可以帮助企业发现客户需求、优化产品推荐和个性化服务，提升客户满意度和忠诚度。此外，数据挖掘技术也在风险管理方面发挥作用，帮助企业识别潜在风险并采取相应措施。最后，通过数据挖掘技术，企业可以优化运营流程，提高效率和降低成本，从而提升企业整体的商业价值。

三、数据资产价值评估方法

(一) 货币角度估值方法

从货币角度对数据资产进行估值，可以通过借鉴传统无形资产评估通用的方法进行价值衡量。然而如本节第一部分所提到的，数据资产具备了非排他性、非竞争性和可复制性的特点，这也决定了其价值评估方法将有别于传统的无形资产。在此理论基础上，本书在此处分别介绍市场法、收益法、成本法和实物期权法。

1. 市场法

市场法即通过直接观察某一类数据的市场定价来估算特定数据资产的价值。市场法的基本思路是：数据资产价值 $= \sum_{i=1}^{n}$ 可比资产市场定价$_i$ × 调整系数$_i$ × 权重$_i$，即首先选择可比资产，之后对比特定数据资产和可比资产之间的差别，进行因素修正，最后将修正后的所有可比资产取均值，作为最终估值。

可比资产市场定价的选择有两种方法。首先，市场定价可以从交易中获得。例如，2018 年美国制药巨头 GSK 为研发新药和治疗方法，花费 3 亿美元从加利福尼亚一家 DNA 测试公司购买了对 500 万人基因组数据库的独家访问权，由此可估算每一份 DNA 遗传数据的市场价值为 60 美元。该方法的优势在于数据直接来源于市场交易，具有一定的可靠性和市场敏锐性；局限性在于，由于数据交易的合法性有待商榷，数据交易市场存在复杂性和不透明性，直接观察特定数据资产买卖价格存在困难。其次，市场定价可以从股票市场估值中获得。例如，2011 年 Facebook 上市时的资产价值仅为 66 亿美元，但其市值超过 1 000 亿美元。在不考虑其他因素的前提下，Facebook 隐形的"数据资产"，即 8.45 亿的月活跃用户量，市场价值超过 900 亿美元。该方法的局限性在于较难确定市场在评估这类数据密集型企业时是否同时考虑了其他重要因素，如企业自身的数据分析能力和其他技术条件。

调整系数的设定需要系统考量数据资产的内在属性，包括数据质量、应用场景和合规要求三个核心维度。数据质量维度主要评估数据的完整性、准确性和时效性等基础特征；应用场景维度衡量数据在不同业务场景中的适配性和扩展潜力；合规维度则关注数据获取和使用的合法性约束。这三个维度共同构成了数据资产价值评估的基本框架。

权重的分配应当采用动态化、差异化的方法，根据数据资产类型和评估目的进行针对性调整。对于商业化程度较高的数据资产，应适当提高应用场景维度的权重；对于新兴领域或技术密集型数据，则需要强化数据质量维度的影响；在涉及跨境或多主体使用的场景下，合规维度的权重应当相应提升。这种动态权重体系能够更好地适应不同类型数据资产的估值需求，使评估结果更具科学性和实用性。通过建立这样系统化、结构化的调整机制，可以有效弥补市场法在数据资产估值中的局限性，提升估值结果的准确性和可靠性。

市场法的估值思路虽然比较简单清晰，但是方法的具体实施不仅需要以公开市场的数据资产交易信息为基础,对于修正系数和权重的选择也比较依赖。如果没有形成成熟的交易平台,则无法统计可比数据资产成交额;而对于不同行业的数据资产,其价值往往不具备横向可比性,因而修正系数的选择也是一大难点。

2. 收益法

数据资产的收益法主要包括三种:权利金节省法、多期超额收益法和增量现金流法。

1) 权利金节省法

权利金节省法是基于因持有该项资产而无须支付特许权使用费的成本节约角度的一种估值方法。该种方法下,需要估算一项许可使用费率,用于计算"成本节约额",其实施步骤通常如下所示:第一步是计算企业在没有使用数据资产的情况下必须支付的特许权使用费,可以通过研究该行业的类似业务交易来实现;第二步是估计可归属于该数据资产的利润部分,即弄清楚有多少假设的特许权使用费可能归属于该数据资产,可以通过寻找拥有数据资产的公司与不存在数据资产的可比公司,将其利润进行差额比较来实现;第三步是计算数据资产的价值,即将假设的特许权使用费率乘以可归属于数据资产的收益来确定。

2) 多期超额收益法

多期超额收益法是一种估值方法,其核心是通过计算数据资产在未来各期所贡献的净现金流或超额收益的现值来确定其价值。该方法需要合理评估持有数据资产所带来的经济效益,包括因其使用而增加的收入或减少的成本。在实践中,通常需要结合具体情况进行分析,例如根据数据资产在提升运营效率、优化资源配置或通过数据分析创造利润等方面的实际贡献,来准确估算其带来的收入增加或成本减少。

3) 增量现金流法

增量现金流法主要通过计算价值链上因数据资产产生的增量现金流来衡量其价值,增量现金流为:现金流(持有该数据资产)-现金流(未持有该数据资产)。显然,这种方法可以直接反映数据资产的经济价值。以电子商务平台为例,数据价值链包括:消费者为平台贡献了消费数据和用户信息;平台以其庞大的数据库和数据分析能力为第三方卖家提供了更加准确的需求预测、咨询和管理服务,以及数据定制服务;第三方卖家为平台贡献了佣金、广告收入和其他数据定制服务收入;平台为消费者提供了更加物美价廉的商品和更优质的服务。在数据价值链上,衡量数据价值最直接的方法是观察第三个环节,即平台通过变现用户流量而获得的佣金、广告收入、其他定制化数据服务收入。具体而言,平台通过收集、处理、分析用户数据,为第三方商家提供用户画像精准营销服务和其他服务,从而赚取相关费用。例如,2020年第一季度,Facebook 的营收达到 177.37 亿美元,其中广告收入为 174.4 亿美元,占比高达 98.3%。该方法的局限性在于无法捕捉到数据价值链上其他三个环节数据创造的价值。

采用收益法对数据资产进行估值有以下两大难点:其一,数据资产的使用期限是比较难界定的,一部分数据资产是动态变化的,具有很强的时效性,而另外一些数据则具有很高的沉淀分析价值,所以使用期限很难确定;其二,现金收益的计量也是绝大部分企业面临的问题,如果只是笼统确认收入或仅仅扣除表面的显性成本,则该部分数据资产的价值可能评估不完整或者存在水分。

3. 成本法

成本法指的是衡量数据价值所需要的成本。德勤及阿里研究院提出,将数据资产的价值视为重置成本和贬值因素的差值,贬值因素指由于数据的时效性或准确性减弱引发的贬值。同无形资产的重置成本法,根据数据资产是经企业内部自身积累而得还是外购取得,其重置成本的具体估值方法也不相同。

内部积累的数据资产源自企业经营活动产生的历史数据,产生和存储均为同一方。这类数据资产主要应用在企业自身的业务上,以提高生产经营效率。例如,京东和天猫超市利用自身用户数据和分析技术，根据用户的商品喜好实现定向推送，从而提高用户的复购率。对于企业内部积累形成的数据资产，重置成本指收集、存储、处理数据所需的人力和设备成本及数据服务业务所需的研发成本。

外购数据资产可以分为两类：其一，企业购入后所直接使用的数据资产，这时重置成本可以直接使用外购资产和估值基准日的定基价格指数之比；其二，外购后仍需进一步加工的数据资产，这类外购数据资产相对常见，例如，国家电网把在经营活动中获取的客户数据信息卖给银行，银行将其二次加工后，为发放信用贷款提供了参考。其重置成本的评估可以参考内部积累的数据资产，即将外购成本、购买手续费及数据挖掘技术研发时的人力与设备成本一并计入重置成本。

成本法的局限性在于生成数据资产的成本难以切割，如搜索网站可用于收集数据，但对网站的维护成本能否纳入对生成数据的投资还有待商榷。此外，数据资产价值存在明显的规模效应，使得数据资产在不同规模下使用成本法进行估值时，会与其真实价值产生较大的偏离。

4. 实物期权法

在当今充满不确定性的商业环境中，数据资产的战略价值逐渐凸显，而实物期权法作为一种有效的评估工具，为企业在面对不确定性时提供了全新的视角来衡量数据资产的价值。实物期权法强调企业所拥有的选择权价值。其中，延迟期权赋予数据持有者等待最佳投资时机的权利。例如，当数据质量尚未达到理想标准，或者市场需求尚未明确时，企业可以选择暂缓开发，保持数据资产的价值提升潜力，耐心等待更合适的时机，以实现数据价值的最大化。扩展期权则侧重于挖掘数据资产的潜在增长机会。以客户画像数据为例，通过追加算法投入，可以将其升级为智能推荐系统，从而实现从单一数据向多场景服务能力的跨越，为企业带来更广阔的市场空间和收益增长点。放弃期权则为企业提供了一种灵活的风险控制手段。当数据合规成本过高，超出预期收益，或者技术路线发生重大改变时，企业可以果断终止低效资产，避免沉没成本的进一步扩大，及时止损，将资源重新分配到更有价值的项目中去。

在数据资产评估实践中，需要重点关注三项核心要素。首先是精准识别数据资产的"期权触发点"。例如，当数据活性(更新频率与调用频次的乘积)突破一定阈值时，可能意味着市场机会的成熟，此时应考虑启动扩展期权；而监管政策的收紧则可能成为放弃期权的触发因素。其次是量化期权行权的动态边界。这需要企业深入分析数据生命周期中的边际维护成本与潜在收益曲线的交叉点，从而确定最佳的决策时机，以在成本控制与收益获取之间找到最佳平衡点。最后是构建数据价值的时间函数。通过将数据折旧率、场景渗透率等关键变量转化为期权时间价值的衰减系数，可以更准确地评估数据资产随时间推移的价值变化。例如，某金融机构的征信数据在延迟开发两年后，随着移动支付场景的成熟，其扩展期权价值提升了40%；而某零售企业因隐私计算技术的突破，其历史交易数据的放弃期权执行成本下降了60%。

(二) 非货币角度估值方法

数据本身的价值具有特殊性和复杂性，单从货币角度有时很难准确评估其产生的经济效益和社会效益。对于数据资产的价值评估而言，非货币角度估值旨在计算得到数据资产的一个相对指标，该指标未以货币单位进行计量，但可以帮助企业改善经营管理策略，同时作为评估数据资产经济和社会效益的先行指标。常见的方法包括深度学习法、内在价值指数法、业务价值指数法和绩效价值指数法等。

1. 深度学习法

数据资产具有其鲜明且有别于其他有形和无形资产的特性，其价值受到诸如数据资源质量、流通性、应用场景、法律风险、数据挖掘及分析技术等多项因素的影响，因而利用深度学习技术探究其中的非线性关系并为数据资产定价，具备了理论上的可行性。利用深度学习能够自动从高维与非结构化数据中提取潜在特征,通过构建多层非线性模型揭示各类数据特征与其内在价值间隐含的复杂关系,实现对数据资产的量化评估。同时,其也面临数据预处理难度大、特征表示与模型可解释性不足,以及在动态市场环境下模型实时更新和风险管控等多重挑战。

2. 内在价值指数法

数据资产的内在价值指数法从数据资源质量和数据权属的排他性两方面,对数据资产进行评价。因此这种方法的核心思想是:更高质量,更具有排他性,数据资产具有更大的内在价值潜力。内在价值指数法从有效性 V(具有正确值的记录的百分比)、完整性 C(数据集中的记录数量占潜在记录总范围的百分比)、稀缺性 S(估计没有此数据的其他组织的百分比)、生命周期 LC(每条记录可以合理使用或相关的周期数)4 个维度对数据资产的内在价值指数(IVI)进行衡量:$IVI = V \times C \times S \times LC$。

IVI 可用作比较多个数据资产价值的基本工具。具有高 IVI 的数据资产往往是良好的候选品,低 IVI 的数据资产则成为数据质量改进工作的目标。但是内在价值指数法没有考虑数据资产的应用场景对其价值的影响,对业务活动的适用性。

3. 业务价值指数法

数据资产的业务价值法考虑了数据资产的业务应用场景,并将数据资源的时效性纳入指数计算公式。业务价值指数(BVI)的计算包括了相关性 R、有效性 V、完整性 C 和时效性 T 4 个部分,有:$BVI = \sum_{i=1}^{p} R_i \times V \times C \times LC$。其中,有效性和完整性的计算方法与内在价值指数法相同;相关性 R_i 表示数据资产与业务流程 i 的潜在相关程度(值域为 0 到 1);时效性表示数据与现实世界的事实相匹配的概率。

业务价值指数法要求充分考虑可以从数据资产中受益的业务流程,通过将已经使用此数据的流程与尚未从此数据中受益的流程进行对比,企业可以计算出增量价值。但是这种相关性的度量是高度主观的,可能会使得计算过程非常烦冗,且结果直接依赖于人工打分。

4. 绩效价值指数法

相比于内在价值指数法和业务价值指数法,绩效价值指数法在数据资产等各类资产的评估中使用频率较低。绩效价值指数法通过关键绩效指标(KPI)衡量数据资产对改进某些业务绩效的驱动效果,计算绩效价值指数(PVI)并以其衡量数据资产的相对指数价值,即有 $PVI = (KPI_i / KPI_c - 1) \times T / t$。其中,$KPI_i$ 表示包含数据资产的业务流程的 KPI 值,KPI_c 表示没有使用该数据资产的业务流程的 KPI 值,T 为任何数据资产实例的平均可用寿命,t 为衡量 KPI 的持续时间。而对于多个 KPI,则绩效价值指数的计算方法为 $PVI = \frac{1}{n} \times \sum_{p=1}^{n} [(KPI_i / KPI_c - 1)]_p \times T / t$,即将总体的 KPI 视为个体 KPI 的算术平均值。

为正的 PVI 表示数据资产为业务流程带来了净收益,而负的 PVI 则表示使用此数据资产会降低 KPI,经营效果不理想。

第五节 ESG 理念下的企业价值评估

自 2004 年联合国责任投资原则组织(UN PRI)提出 ESG,即环境(environment)、社会(social)和公司治理(governance)理念以来,该理念逐渐引发了人们的关注,其在推动企业可持续发展方面的作用日益凸显。ESG 理念与中国特色的科学发展观和绿色发展理念高度契合,强调在推动经济增长的同时,注重环境保护、社会责任和公司治理。本书将在此处对 ESG 理念进行介绍,并分析其对企业估值的影响。

一、ESG 概述

(一) ESG 基本理念与发展

ESG 是一套评估企业在可持续发展方面表现的标准和准则，常常被投资者用来筛选潜在的投资对象，以确保这些企业在经营活动中考虑到环境保护、社会责任和良好的治理结构。实际上，每家企业的经营活动往往都和 ESG 的三个组成因素紧密相关。

(1) 环境(environment)：涉及企业对自然资源的使用、能源效率、废物管理和排放，以及对生物多样性的影响等方面。企业的环境责任包括减少污染、实施绿色技术和促进环境的可持续性。自 2022 年碳达峰、碳中和被写入政府工作报告后，评判一个公司的好坏，首先应该考察它能否担负起保护环境的责任。

(2) 社会(social)：主要考察企业与政府、员工、客户、债权人及社区内外部相关利益相关者的关系，关注企业的利益相关者之间能不能达到平衡与协调，这包括劳工标准、工作条件、健康和安全、多样性和包容性，以及人权等问题。一个好公司除了要担负起保护环境的责任外，还应该创造社会价值，保护内外部利益相关者，并减少与各种社会关系之间的矛盾，如减少性别对立、种族歧视等。

(3) 公司治理(governance)：涉及企业的领导、执行、董事会的监督、股东权利、透明度，以及道德和法律合规等方面。良好的公司治理能够保护投资者的利益，减少腐败和财务欺诈等不良行为，确保企业的长期稳定和成功，实现可持续发展——这也是一家好公司的必备条件。

随着全球对可持续发展的日益关注，ESG 已成为投资决策和企业管理中不可或缺的一部分。据《中国上市公司 ESG 行动报告(2022—2023)》统计核算：截至 2023 年 6 月底，全部 A 股上市公司中有 1 738 家独立披露了 ESG 社会责任报告，披露企业数量同比上涨 22.14%，其中，国有企业的 ESG 相关信披率达 73.5%，优于其他类型的企业；随后为地方国有企业(50.32%)和公众企业(41.95%)。一方面，此现象说明我国上市公司正逐渐认识到采纳 ESG 的重要性，通过积极实施 ESG 理念，公司不仅能够推进自身的绿色发展战略和履行社会责任，还能够完善公司治理结构，使之全面和深入地涵盖所有利益相关者，并对全社会其他市场主体行为起到引导和表率作用；另一方面，上市公司推行 ESG 发展理念，也说明企业发展具有高度的外部性，当企业的发展与社会的需求和利益相协调时，企业才能真正实现可持续发展，并赢得社会的尊重和公众的喜爱，如此才能不断壮大，成为行业内的佼佼者，建立起良好的品牌形象和市场地位。

(二) ESG 与企业估值

表面上看，上市公司积极践行 ESG 付出了一定的经济成本(如：用于环保技术的投资成本、人力资源成本、合规成本等)，对企业而言是约束因素；而事实上，只有充分考虑环境污染、社会责任的外部成本后，才能将上市公司发展纳入社会整体的福利考量，因此包含外部成本的社会成本才是企业真正应关注的成本。仅仅以业绩优劣、利润高低论成败的传统考核方式具有很大的缺陷，忽视社会责任往往会致使企业只能取得一时之利，而无法长期发展，是阻碍企业成长壮大真正的约束所在。

随着时代的演进和公众对优质生活的向往，产品的物质成本逐渐降低，与此同时，其所蕴含的服务价值和无形资产的重要性日益凸显。这些服务和无形资产不仅涵盖了科技知识，还包括了环保理念、人才资源等要素。环保型产品更能满足社会的整体利益，而企业对人力资本的重视则反映出其对员工福祉的关注。故从长远来看，推行 ESG 理念有利于品牌建设与发展，因此长期看来其可被视为企业的无形资产，有必要在企业价值评估中考虑 ESG 因素。

常见的企业价值评估方法包括了收益法(折现现金流法)、市场法(相对估值法)和成本法。成本法通常对于发展前景较好的企业的价值有所低估,其通常将识别的潜在可量化 ESG 因素直接视作无形资产,并采用适当的评估方法确认其价值后在资产或负债端中予以体现,其中资产端的 ESG 因素包括与清洁能源相关的机会(如碳排放权)、良好的公共关系、人力资源等,负债端的 ESG 因素包括弃置、环境清理义务、未决诉讼等。

运用市场法的基本前提是存在可比公司,目前国内外知名评级机构如 MSCI、Moody's、中证等已建立专属的 ESG 评分系统,可据此选择 ESG 评级相近的公司作为可比公司。但部分企业难以找到 ESG 表现相似的目标公司,甚至没有 ESG 评级,因此市场法在 ESG 估值中应用较少。

目前而言,考虑 ESG 因素的估值大多会运用折现现金流法,即对计算过程中的影响企业价值的相关因素进行修正。ESG 在长期中带来的超额收益一般可以通过以下几种方式影响折现现金流估值:①促进营业收入增长;②降低营业成本;③抵免所得税额;④降低融资成本;⑤优化资本结构。本节第二部分将对这些内容展开介绍。

二、ESG 对折现现金流法的影响

本部分内容首先将分别从折现现金流法的分子、分母和期限,即现金流、折现率和增长期限三个角度,分析 ESG 理念对折现现金流法估值的影响。之后考虑到 ESG 指标存在的不确定性,介绍应用情景分析法将 ESG 因素的调整项纳入企业价值的评估。

(一) 对现金流的影响

回顾第七章中我们所学的企业自由现金流:FCFF=EBIT×(1-税率)-净资本支出-营运资本变化额,其中,EBIT=营业收入-营业成本,净资本支出=资本性支出-折旧。而 ESG 因素对现金流的影响主要体现在 EBIT 和所得税额上,下面将对此进行详细介绍。

1. 促进营业收入增长

企业之所以吸引投资者,关键在于其投资项目能够带来超额收益,这种超额价值往往源自企业优质的产品和卓越的服务,是企业核心竞争力的体现。正如本节第一部分所述,从长远来看,由于 ESG 是企业品牌和无形价值的重要组成部分,因而消费者更愿意为那些融入了 ESG 元素的产品支付更高的价格,从而提升上市公司的营业收入。

人们对新能源产品的偏好充分体现了 ESG 理念对促进营业收入增长的切实性。比亚迪(002594)2022 年的年报数据显示:汽车、汽车相关产品及其他产品的营收为 3 246.91 亿元,同比增长 151.78%,占总营收的比重为 76.57%;手机部件、组装及其他产品业务的收入为 988.15 亿元,同比增长 14.30%,占总营收的比重为 23.30%。

2. 降低营业成本

短期来看,ESG 对企业营业成本的影响可能是双向的。一方面,为满足 ESG 的环保要求,有时企业需要根据环境法规对产品的要求而改变自身的生产模式,从而可能导致短期内营业成本的上升,例如我国 2020 年颁布了限塑令,导致部分使用传统塑料吸管的餐饮企业改用纸质吸管。而另一方面,许多国家在国际贸易中对 ESG 企业提供优惠政策,例如欧盟在 2023 年通过的碳关税法案使得坚持 ESG 的企业更容易加入全球贸易产业链,从而能够降低其原材料和中间品的成本。

从长远来看,ESG 则可以降低企业的营业成本。从"环境"角度出发,旨在预防而不是清理污染的各类措施往往为企业带来营业成本上的优势,这些努力措施包括重新配制产品、改进制造工艺、重新设计设备及回收和再利用生产废料等。除此之外,推行"社会"及"公司治理"理念(如提高单位工时工资)也有助于提高生产人员的满意度,提升其生产积极性,从而使得应付职工薪酬和营业成本的减少。

实际案例中也有许多关于 ESG 能够降低营业成本的证据。以美国的 3M 公司为例,该公司认为积极应对环境风险可以成为竞争优势的来源，并坚持运营一个名为"污染防治付费"的项目，即旨在预防而不是清理污染。而自1975年引进该项目以来，3M公司已经成功节省了约22亿美元的营业成本。

3. 抵免所得税额

企业在进行ESG相关的设备(如环境保护专用设备、安全生产专用设备)投资时，可以将投资总额的10%用于减少其应缴纳的税款。这是一种税收优惠政策，旨在鼓励企业进行资本投资，促进产业升级和技术进步。此类税收减免政策旨在通过税收激励措施促进企业投资。这有助于企业在满足ESG发展理念的同时，降低其税收负担，并激发企业加大在新设备、新技术和产业升级方面的投入，从而提高其长期可持续经营能力，实现良性循环。

ESG因素对于企业自由现金流再投资部分也有影响，然而，这些影响究竟是促进还是抑制再投资，通常难以简单断言。例如，企业一方面为满足"环境"的理念，可能会购建环保生产专用设备，这些设备在达到预定可使用状态后，会增加企业固定资产的账面价值，使得资本性支出增加，而对其所计提的折旧也会导致折旧额增加；而另一方面，企业为满足"公司治理"理念，往往不会频繁更换管理层，而减少了错误决策对再投资的影响(如：新管理层可能低估了设备的生产效率，从而购置了很多不必要的生产设备，徒劳增加固定资产投资)，可能会在一定程度上减少资本性支出和折旧。

由此可见，在ESG投资理念下，企业的自由现金流整体上相比于不推行ESG理念时更高。

(二) 对折现率的影响

在第四章中，我们介绍了企业加权平均资本成本(WACC)的计算公式 $WACC = R_E \times \dfrac{E}{D+E} + R_D \times \dfrac{D}{D+E}$，由此可见影响WACC的两大关键因素便是融资成本的高低和资本结构的选择，本部分我们将分别介绍ESG对这两方面因素的影响。

1. 降低融资成本

1) 降低债务资本成本

从定性角度来看，拥有良好ESG表现的企业风险较低，导致其可以获得更低的融资成本，从而产生更高的估值。具体而言，环保措施得当的企业往往能够获得绿色债券等低利率融资工具，这些债券因企业展现出的环保优势而享有相对较低的利率，从而降低了企业的债务融资成本。例如，央行在2021年向符合碳减排标准的企业推出碳减排支持工具，按贷款本金的60%提供资金支持，利率为1.75%。我国绿色贷款在绿色金融产品中占比高达80%，且其规模仍在逐年增大，截至2022年，我国本外币绿色贷款余额超22万亿元，同比增长38%(2021年同期同比增速为33%，2020年为17%)，高于各项贷款增速30.7个百分点[①]。

2) 降低股权资本成本

拥有较高ESG水平的上市公司会面临更少的因环境、社会和公司治理问题导致的诉讼争议和监管处罚事件，具有较低的系统风险。公司的ESG信息对其公司价值所产生的积极影响也会通过系统风险的降低(比如反映在CAPM模型中相对风险系数贝塔值的相对下降)来得到体现。因此，较高ESG水平的公司往往具备了较低的股权资本成本。

2. 优化资本结构

正如上文所言，商业银行在考虑贷款时，会将企业的"绿色征信"状况，即其环境信用评级作为重要参考。对于那些ESG表现不佳的公司，银行可能会采取更为审慎的贷款政策，如减小贷

[①] 数据来源：中国人民银行官方网站。

款额度、提高利率，甚至拒绝贷款。相反，对于 ESG 表现出色的企业，银行在绿色金融政策的支持下，可能会提供更低的贷款利率，以此作为激励。

因此，随着企业面临更多的环境处罚和较差的环境表现，其单位负债的利息支出也可能随之增加。这可能导致 ESG 表现不佳的公司更倾向于通过股权融资来筹集资金，而非依赖债务融资；ESG 表现良好的企业则可能更倾向于使用相对优惠的债务融资，而非通过发行股票来筹集资金。故不同 ESG 表现的企业在资本结构选择上可能存在显著差异。

在估值中，债务融资的成本普遍低于股权融资，而 ESG 表现良好的企业通常又拥有更低的融资成本。鉴于此，那些获得高 ESG 评级的企业往往能够享有更低的加权平均资本成本，从而提高其整体的企业价值。

最后应注意的是，在运用折现现金流方法计算时仍需避免重复计算的问题，即对已经反映在现金流中的相关因素不予考虑，而着重量化无法在现金流中反映的指标。例如，若在现金流上对融资成本优惠这一事实进行了系数修正，则在计算加权平均资本成本时应忽略政策对融资成本的优惠机制。

(三) 调整增长期限

1. 高速增长期

ESG 企业的估值需要重构时间维度认知。与传统企业不同，ESG 投资的价值实现具有明显的滞后性特征。在初期阶段(通常 3～5 年)，企业需要持续投入大量资本用于环保设备升级、供应链改造和管理体系重构，这往往会导致短期财务指标承压。这个阶段的现金流预测需要特别关注两个关键转折点：一是合规成本转变为竞争优势的时间节点，二是绿色技术投入开始产生规模效应的临界点。合理的估值模型应当将高速增长期延长至完整的价值释放周期，通常需要 7～10 年才能充分反映 ESG 转型的全部潜力。

2. 稳定增长期

ESG 企业的永续增长阶段蕴含着独特的价值驱动因素。这个阶段的价值创造主要来自三个方面：首先是监管环境带来的结构性优势，包括政策激励和行业准入门槛；其次是企业在绿色价值链中建立的生态位优势，这种优势往往具有自我强化的特性；最后是持续获取低成本绿色资本的能力，这构成了持久的财务优势。在估值模型中，这些因素应当体现为高于行业平均水平的永续增长率，通常可比传统企业高出 1～2 个百分点。这种差异反映了 ESG 企业在长期竞争中的结构性优势，是估值时需要重点捕捉的核心价值。

(四) 情景分析法

考虑到随着预测企业自由现金流的时间拉长，金额不准确的风险随之上升，因此相对保险的方法是利用情景分析法，模拟分析不同情境下 ESG 关键因子对企业现金流的影响，并加权平均以得到调整 ESG 因素后的企业价值。以传统餐饮行业为例，禁塑令、限塑令的推行及消费者认知提升，对使用纸制餐具或传统塑料的餐饮企业的销量会产生消极影响，而企业采用不同的应对方案也将会给企业带来如表 22-3 所示的不同影响。

表 22-3 情景分析法下传统餐饮行业受限塑令影响

项目	情景一：积极响应并适应	情景二：逐步适应但面临挑战	情景三：未能及时适应禁塑令
概率	60%	20%	20%
描述	传统餐饮企业迅速响应禁塑令，主动寻找并采用环保替代品，如生物降解塑料或纸质包装	企业逐步采取措施适应禁塑令，但在此过程中遇到成本上升、供应链调整等挑战	企业未能及时适应禁塑令，可能面临政府罚款、消费者抵制等后果

续表

项目	情景一：积极响应并适应	情景二：逐步适应但面临挑战	情景三：未能及时适应禁塑令
影响	正面影响：企业展现出的社会责任感和前瞻性可能会提升其品牌形象和消费者忠诚度，从而可能提高收入和市场份额	短期负面影响：由于成本上升和运营调整，企业的利润率可能暂时下降	负面影响：政府的罚款和消费者抵制会直接减少收入并增加成本
	投资增加：初期可能需要额外投资用于采购环保材料和调整供应链	收入波动：顾客对新包装的接受程度可能会影响销售量，造成短期内收入波动	品牌声誉受损：未能遵守环保法规可能会损害企业品牌形象，影响长期客户忠诚度和市场份额
	成本变化：长期看，环保材料的成本可能与传统塑料相当或更低，取决于规模经济和市场发展	长期调整：随着时间的推移和成本控制措施的实施，企业可能实现稳定增长	资本成本上升：随着风险增加，投资者可能要求更高的回报，导致资本成本上升

因此，禁塑令对传统餐饮企业的估值影响取决于企业如何应对这一政策变化。积极响应并适应的企业可能会从中获得正面影响，而未能及时适应的企业可能会遭受负面影响。情景分析可以帮助投资者和企业管理层评估不同策略选择对企业价值的潜在影响。

三、ESG 实践的不足及建议

ESG 理念的推广和实践在我国虽然起步较晚，但近年来已经取得了显著的进步。越来越多的企业开始认识到 ESG 对于提升企业形象、增强市场竞争力、吸引投资及促进可持续发展的重要作用。然而，与国际先进水平相比，我国 ESG 实践仍存在一定的差距。本部分将分析我国 ESG 实践中存在的不足之处，并针对这些不足之处，探讨如何通过系统性的努力来弥补这些缺憾。

(一) ESG 实践的不足

1. 信息披露的真实性与完整性不足

企业在 ESG 信息披露中存在显著的"选择性呈现"倾向，关键指标的披露缺乏统一规范。例如，部分企业着重展示生产环节的环保措施，却对供应链中的隐性环境影响避而不谈。这种碎片化、浅层化的信息披露模式，导致投资者难以穿透企业 ESG 实践的真实质量。数据质量的缺陷直接传导至估值环节，迫使分析师依赖主观假设填补信息缺口，可能会扩大了估值结果的误差范围。

2. 估值框架与长期价值逻辑脱节

传统估值方法对 ESG 转型的长期性特征缺乏适配性。一方面，现有模型默认的短期预测周期无法匹配绿色技术研发、管理体系重构等投入的价值释放节奏。另一方面，更关键的是模型对 ESG 带来的无形资产(如品牌信任积累、合规风险规避能力)缺乏明确的量化路径，只能基于现有的模型进行整体性调整，这些隐性价值往往构成企业核心竞争力的重要部分，却在现有体系中被系统性低估。

3. 实践能力的分化加剧市场割裂

资源禀赋的差异导致 ESG 实施效果严重分化。头部企业通过技术储备与规模效应，能将 ESG 投入转化为可持续的成本优势；而中小企业受限于资金与能力，往往陷入"合规负担过重—转型动力不足"的恶性循环。资本市场进一步放大这种分化：ESG 领先企业获得更优融资条件与估值溢价，而落后企业面临资本排斥，形成强者恒强的竞争格局。

4. 金融市场定价功能尚未健全

当前 ESG 资产定价过度依赖政策驱动，市场化定价机制发育不足。绿色债券等工具虽规模扩张，但其价值仍与政府补贴高度绑定；衍生品与权益类产品缺位，导致市场缺乏风险对冲工具。这种结构性缺陷使得 ESG 资产难以通过充分的市场博弈释放真实价值。

(二) 改进ESG实践的策略与建议

1. 构建穿透式的信息披露体系

推动企业按照国际标准完整披露全链条影响数据，覆盖从直接运营到供应链上下游的关键环节。建立第三方鉴证机制，对碳排放、人力资本管理等核心指标实施强制审计。通过标准化披露与数据验证，拨开估值输入端的"信息迷雾"，为投资者提供可比、可信的分析基础。

2. 重塑长期价值评估逻辑

延长估值模型的显性预测周期，完整覆盖ESG投入的价值兑现过程。针对绿色技术研发等长周期投入，设置动态价值释放触发机制——当技术成熟度或市场渗透率达到临界点时，自动修正增长预期。同时，开发无形资产评估模块，将员工满意度、社区关系等软性指标转化为可量化的运营效率或风险成本等指标。

3. 建立差异化的能力支持网络

对大型企业实施严格的ESG转型路线监管，要求其承担行业引领责任；对中小企业构建技术共享平台，通过开放低碳工艺专利库、提供转型融资工具降低进入门槛。在政策层面，将ESG实施效果与政府采购准入、税收优惠等直接挂钩，让实质性投入的企业获得市场回报，形成"投入—收益—再投入"的良性循环。

4. 激活市场化定价机制

加速发展碳金融衍生品、可持续发展挂钩债券等工具，完善风险定价与对冲功能。推动ESG因子深度融入信用评级体系，允许企业凭借绿色资产获取融资优惠。通过提升市场流动性、引入多元化参与者，逐步摆脱对政策补贴的依赖，使资产价格真实反映ESG实践的质量与潜力。

本章小结

在本章中，我们从实例出发介绍了几种主要的无形资产估值方法，以达到对不同的无形资产进行可靠的估值的目标。首先，本章阐述了现阶段无形资产的主流定义、无形资产的分类及其主要的表现形式。其次，分析无形资产价值的构成，并研究无形资产价值的影响因素，进而讨论正确评估无形资产价值的意义。接下来是本章的重点，即无形资产估值的几种方法：一是历史成本法，这种方法虽然便捷、简单，便于获取输入值，但是准确性低，极易低估无形资产的价值，因此在其他方法不适用的情况下才会选择此种方法；二是折现现金流法(收益法)，可以分辨出独立现金流且可以衡量的无形资产一般采用此种方法进行估值，这种方法认为无形资产价值来源于其带来的超额收益，对超额收益进行折现，从而确定无形资产的价值；三是相对估值法，适用于无法分辨出独立现金流的，或者产生的现金流不便于衡量的无形资产，通过在市场中寻找可比公司，采用之前介绍的乘数方法对其估值；四是实物期权法，对部分具有期权性质的无形资产采用实物期权法可以更好地衡量其自身所带的选择权的价值，避免其价值被低估。之后，本章在第四节中介绍了数据时代下数据资产价值的评估：首先介绍了数据、数据资源和数据资产之间的关系，之后探讨了数据资产的价值驱动因素，最终从货币角度和非货币角度两种视角出发，针对性地给出了数据资产价值评估的具体方法。最后，本章介绍了ESG投资相关理念及其对企业价值估计的影响，并指出了估值中ESG指标的选取和实践中的不足与对策建议。

课后问答

1. 什么是无形资产？无形资产具体有哪些分类？
2. 简述无形资产价值评估的意义，并说明无形资产价值评估的基本过程。

3. 简述历史成本法与重置成本法的异同。
4. 折现现金流法针对不同的资产类型分别有怎样的处理方式?
5. 结合实际案例,简述数据资产估值的具体方式和实际操作。
6. 对国内具有 ESG 评级的上市企业进行折现现金流估值,对比引入 ESG 估值理念前后估值操作的具体变化。

第二十三章
控制权价值

> **本章任务清单**

任务序号	任务内容
1	掌握控制权的定义、特征及在企业治理中的作用，明确其在现代公司制度中的重要性
2	理解控制权价值的显性收益、隐性收益及壳资源价值，理解其对企业价值的影响机制
3	掌握宏观与微观因素对控制权价值的作用
4	了解控制权价值的表现形式
5	掌握控制权期望价值的衡量方法，理解其在投资决策中的应用
6	掌握实证研究中的控制权价值测度方法，学习大宗股权交易溢价法、投票权溢价法和少数股权价差法的原理、应用场景及局限性

在现代企业制度中，控制权作为企业治理结构的核心要素，不仅关乎企业的决策效率与战略方向，更直接影响企业价值的创造与分配。从控制权概念的提出，到如今控制权市场理论的成熟，控制权价值的研究已成为企业并购、公司治理与价值评估领域的关键议题。本章将系统探讨控制权的内涵、价值来源及其表现形式，分析影响控制权价值的多重因素，并介绍控制权期望价值的衡量方法与实证研究中的测度技术。

第一节 控制权价值的产生

一、控制权的含义

一般来说控制权有广义与狭义之分。广义的控制权通常是指能够给公司的决策、资源调配、生产、销售及公司的整个生命周期带来根本影响的力量。狭义的控制权通常是指公司的控股股东具有对董事会的结构、功能、公司重大决策实行实际控制的权利。在投资价值评估中，我们所指的控制权一般为狭义的控制权。

控制权的概念经历了从无到有的过程，最早 Berie 和 Means(1932)[1]在《现代公司与私有财产》中，将控制权定义为不管是通过施加压力的方式，还是行使法定权利的方式，控股股东选举董事会或多数董事会成员的权利。《国际会计准则 24 号——关联方披露》中关于控制的定义是：直接地或是通过公司间接地拥有一个企业半数以上或相当数量的表决权，并且根据章程或协议，有权指挥企业管理的财务和经营政策。张维迎(1995)[2]指出，一般意义上的控制权是指当一个信号被

---

[1] Berie, A. A., and Means, G. C. The modern corporation and private property[M]. New York: Macmillan, 1932.
[2] 张维迎. 企业的企业家—契约理论[M]. 上海：上海三联，上海人民出版社，1995.

显示时决定选择什么行动的权威。公司控制权来源于所有权,是所有权的体现和实现形式,公司的控制权的归属问题集中体现在企业职务权利的配置上,因此,企业控制权主要是投票权,谁掌握了董事会的投票权,谁就掌握了公司的控制权。

可以看出,尽管不同学者对控制权的定义在细节上有着不同的看法,但是控制权的外在形式离不开决策权、投票权等,也就是说控制权实质上是一种管理的权利,它赋予持有人进行公司决策和管理公司各类资源的权利。

企业的控制权问题是现代公司治理结构中的关键问题,它以两权分离理论为基础,进而在产权理论中进一步发展延伸,最后形成相对比较完善的控制权市场理论。

(一) 两权分离理论

在中国及其他新兴市场国家中普遍存在大股东现象,即股权集中度较高,控股股东的控制权和现金流权高度分离,进而引发了股东之间的冲突,即大股东与中小股东之间的利益侵占问题。控制权是指控股股东对目标公司的资产进行支配和对目标公司的运营进行决策的权利,现金流权是指股东通过运用现金流从而拥有目标企业的股利分配权。大股东掌握的股权达到一定比例就可以完全取得公司的决策权和控制权,从而获得其余股东无法获取的控制权收益。同时,随着大股东的现金流权与控制权的高度分离,大股东运用较少的现金流就可以实现对目标公司的实际控制。两权分离程度是指控股股东拥有的企业的控制权与现金流权的分离程度,将其量化即为"控制权比例/现金流权比例"。分离程度越高,控股股东可以通过多层控股来实现对企业的控制,并由此支付较低的现金流权成本,进而产生的控制权价值越大。

(二) 产权理论

产权理论认为,制度创新是克服市场经济中运行摩擦的关键因素。通过明确产权,可以解决市场失灵问题,从而保障资源的高效配置,发挥重要的经济作用。在公司治理领域的研究中,产权理论主要包括两个权利:一个是剩余控制权,也就是在初始契约中没有被明确规定出来的,所有者在不违背初始契约的条件下,可以对资产用途等进行控制决策的权利;另一个是剩余索取权,也是指在初始契约中没有被明确的,对资本剩余(利润)的索取的权利。所以,如果公司产权问题可以在事前被明确界定,那么对于公司治理而言,主要问题就是对剩余控制权和剩余索取权的分配问题。科斯的产权理论指出,在一个企业中,产权所有者拥有对剩余资本的占有权,因此对股东而言更有动机去获取公司的控制权,同时也对其提升企业经营效率产生激励作用。

(三) 控制权市场理论

所谓控制权市场,是指不同利益主体通过在资本市场上获取具有控制权地位的公司股权或股票代理权,从而获得公司实际控制权的转移和交易市场。控制权市场不仅是一个国家调整产业结构、改善行业布局、优化资源配置的重要途径,同时也是对不合格的企业管理人员构成的外部替代威胁,形成一种从外部监督管理层人员的重要机制。

按控制权争夺方式,可将控制权市场划分为企业外部控制权市场和企业内部控制权市场。外部控制权市场主要是指证券市场上的控制权争夺,包括要约收购、代理投票权竞争及公司并购,以及三种方式综合运用等股权收购方式,这种以股东对控制权进行争夺而形成的控制权市场又叫作间接控制权市场;内部控制权市场是指公司内部通过董事会构成、管理层竞争、大股东监督等方式实现的控制权分配。这种由内部形成并直接作用于公司的控制权市场,也被称为直接控制权市场。

二、控制权价值的来源

依据我们之前学过的内容，一项资产具有价值的原因是其可以为企业带来超额收益。控制权的变化会影响企业的各类经营决策，因而其所带来的超额收益主要指：相比于丧失这份控制权，企业在生产经营决策中所减少的收益。这种超额收益一般被命名为控制权溢价，即控制权的价值来源于其收益，拥有控制权的一方可以取得对公司高管的任免权、对重大经营活动的决策权和监督权等，进而按照自己的意愿经营公司来获取收益。一些研究表明，控制权的收益来源于三个方面：显性收益、隐性收益和壳资源价值。

(1) 显性收益，也可以叫公共收益、共享收益，此种收益是所有股东共享的。尽管控制权可能只有大股东享有，但是控制权所带来的收益却可以以持股比例来分配。股东获得了一个企业的控制权，就是拥有了对其资源的决策支配权，就可以通过优化企业的战略方向和经营重心、改革其管理体制、提高管理效率、降低管理成本、置换优质资源等行为，给企业带来正的收益，提升企业价值，而这种股权价值的提高将由所有股东共享。如果一家公司的管理存在问题，例如经营效率低、资本成本较高，其价值与在最优管理下相比处于低估状态，那么当企业的管理向最优方向进行转变时所有股东均会获得企业价值增长的收益。从投资价值评估的角度，企业控制权的价值主要来源于其显性收益部分，即管理水平提升带来的企业价值增加。

(2) 隐性收益，也可以叫私人收益，私人收益是享有控制权的股东依靠控制权追求自身利益最大化而不是公司利益最大化，为自身谋求的收益。这种情况下控制权股东可能是以牺牲其他股东利益为代价，利用公司资源为自身谋利，例如无偿占用公司资金、利用企业支出为自己买单、通过关联交易转移财富、利用信息优势进行内幕交易等，这部分收益不会按照持股比例在股东之间进行分配，实质上是享有控制权的股东对公司价值的一种侵害。由于隐性收益很难进行量化，且形式隐蔽，而本章所讨论的内容从投资价值的评估出发，所以对于这一部分收益不做探讨。

(3) 壳资源价值，是我国资本市场上特有的控制权价值。相较于一般企业而言，上市公司具有能够从公开证券市场融通大量资金的能力。我国在过去较长的一段时间对于境内上市实行严格的核准制度，致使上市公司的上市资格成了一种稀缺资源。虽然我国在 2023 年实行了全面注册制改革，但由于 IPO 成本越来越高，濒临退市的公司同样会对准备上市的企业产生极大的吸引力。因此，即使实行了注册制，通过兼并收购曲线上市的企业仍可能存在，壳资源在 A 股市场上仍然会有价值。实际上，在早已实行注册制的国外资本市场，并购重组这种情况仍然十分常见，选择的关键就是比较通过 IPO 上市和借壳上市哪一种路径的成本费用低。因此优质的上市公司"壳资源"的控制权存在较高的价值。

三、控制权价值的影响因素

本节第二部分提到，控制权价值主要是通过企业生产经营所带来收益的变化体现的，因而企业经营活动的影响因素也是控制权价值的影响因素，可以在整体上分为宏观影响因素和微观影响因素两个层面。其中宏观影响因素包括法律制度、行业特征、市场监管等；而微观影响因素包括公司资产规模、财务杠杆、净资产回报率、其他因素。

(一) 控制权价值的宏观影响因素

1. 法律制度

法律对于中小股东即外部投资者的保护程度越高，控制权的价值就越低。这是因为资本市场的法律保护体系越健全，控股股东获取控制权收益的成本就越大，因此控股股东的利益侵占行为会更加困难。

2. 行业特征

不同行业的竞争激烈程度、行业壁垒、生命周期和发展状况均不同,因此不同行业在控制权转移过程中的溢价也会不同。例如,相较于传统行业,新兴服务行业的资产固化程度低、资产转移较容易,因此大股东可获取较高的控制权价值。有研究表明,金融业、公共服务业和批发业相较于传统制造业而言具有更高的控制权价值。

3. 市场监管

市场监管因素对企业控制权价值的影响主要在于规范企业行为、提高市场透明度和维护公平竞争。通过市场监管机构对企业的监管,可以促使企业遵守相关法律法规,降低合规风险,提高企业的声誉和信誉。同时,监管机构的监管有助于提高市场的透明度,减少信息不对称,使投资者能够更准确评估企业价值,从而提升控制权价值。此外,监管机构的监管还能维护市场的公平竞争环境,防止垄断和不正当竞争行为,使企业能够更好地通过有效竞争来提升自身的价值和竞争力,进而提升控制权价值。

(二) 控制权价值的微观影响因素

1. 公司资产规模

学界对于公司资产规模对控制权价值的影响有两种观点:控制权价值与资产规模正相关和负相关。Barclay 和 Holderness(1989)[1]指出,相较于规模较小的公司,规模更大的公司能够给控股股东带来更多的货币性及非货币性收益。周世成(2008)[2]根据我国资本市场在 1997—2006 年发生的控制权转移交易案例,也证实了上市公司控制权转移价值与公司规模呈正相关关系。然而,Doidge(2004)[3]通过研究不同投票权股份的价格差异来度量控制权价值,表明公司资产规模越小,控制权的价值越高,即控制权价值与公司规模呈负相关关系。

2. 财务杠杆

文献研究发现,控制权价值与公司财务杠杆之间存在几种不同的观点:控制权价值与财务杠杆正相关、负相关或不存在必然的相关关系。Stulz(2001)[4]研究表明增加企业的财务杠杆可以扩大企业的资产规模,使控制权价值增加,并得出控制权价值与财务杠杆呈正相关关系。与此相反,Claessens 等(2002)[5]从债务控制视角出发,实证研究 9 个东南亚国家的公开市场数据,指出债务到期还本付息对企业造成的约束会降低控制权收益。同时,Sembenelli 和 Nicodano(2004)[6]研究表明标的企业的负债水平越高,控股股东运用现金流的权利越小,获取控制权收益的能力越弱,故控制权价值与财务杠杆呈负相关关系。然而与上述观点均不同的是,Barclay 和 Holderness(1989)[7]认为,企业债务能够扩大资产规模进而增加控制权收益,但是债务的到期还本付息的硬约束也会减少控制权的收益,因此公司的财务杠杆与控制权的价值之间不一定存在影响关系。

---

[1] Barclay M J, Holderness C G. Private benefits from control of public corporations[J]. Journal of Financial Economics, 1989, 25(2): 371-395.

[2] 周世成. 我国上市公司控制权私利及其影响因素分析[J]. 财经论丛,2008(5):83-89.

[3] Doidge C. US cross-listings and the private benefits of control: evidence from dual-class firms[J]. Journal of Financial Economics, 2004, 72(3): 519-553.

[4] Stulz R. .Does financial structure matter for economic growth? A corporate finance perspective[R]. Working Presented At World Bank Conference On Financial Structure And Economic Development, February 10-11, Washington D.C, 2000.

[5] Claessens S, Djankov S, Fan J P H, et al. Disentangling the incentive and entrenchment effects of large shareholdings[J]. Journal of Finance, 2002, 57(6): 2741-2771.

[6] Nicodano G, Sembenelli A. Private benefits, block transaction premiums and ownership structure[J]. International Review of Financial Analysis, 2004, 13(2): 227-244.

[7] Barclay M J, Holderness C G. Private benefits from control of public corporations[J]. Journal of Financial Economics, 1989, 25(2): 371-395.

3. 净资产回报率

李延喜等(2007)[①]通过对我国上市公司采用大小宗股权交易差异法评估其控股权价值,经研究表明 ROE 越低,公司的控制权价值越低,因此认为控制权价值与净资产回报率呈正相关关系。然而与此相反,我国学者赵昌文等(2004)[②]通过对以我国发生控制权转移的上市公司为样本的实证分析发现,ROE 与控制权价值呈显著负相关关系,ROE 越低,控制权价值越高。他们给出的原因是并购 ROE 较低的上市公司尽管表面上看存在亏损,但收购方通过溢价购买目标公司股份,以此获得壳资源,进而获取超额回报。

4. 其他因素

Claessens 等(2002)[③]经研究认为,控制权和现金流权的分离程度与控制权价值呈正相关关系。韩德宗和叶春华(2004)[④]通过研究我国上市公司控制权市场发现,控制权价值与上市公司的交易价格、资产负债率、现金比例、每股净资产等因素均呈现显著的相关性。杨淑娥、王映美(2008)[⑤]经研究发现控制权竞争程度、董事会的独立程度均对控制权价值存在负向影响,这两个指标越低,控制权收益越高,控股股东越容易侵占中小股东的利益。

四、控制权价值的表现形式

(一) 控制权发生转移

市场上企业的并购行为往往有着各种各样的动因。有一种学说认为公司兼并收购的基本动因是获取公司的控制权增效。所谓控制权增效,是指取得公司的控制权,而使公司效率改进和价值增大的效果。这也解释了在股权转让中为什么会存在溢价,在并购中,发起方为了获得企业的控制权往往需要支付高于少数股权交易价格的金额,这也是对原股东放弃控制权的一种补偿。控制权转移时的控制权溢价是控制权价值的主要表现形式,其主要类型如下。

1. 代理权争夺

代理权争夺是指由某个公司的不同股东组成的不同利益集团,通过争夺股票委托表决权即投票权以获得对董事会的控制权,从而达到更换公司管理者或改变公司战略目的的行为,是持有异议的股东(往往是有影响力的大股东)与公司管理层或现公司实际控制者之间争夺公司控制权的一种方式。在很多公司内,股权较为分散,很多中小股东往往并不出席股东会议,其投票权通常由管理层掌握。当管理层的决策和行为不能得到部分股东满意时,这部分股东将会和管理层进行中小股东的代理权争夺,希望自己能够得到更多的控制权以影响管理决策,提高经营效率。

2. 协议转让

协议转让是指双方通过协商、签订合同的方式来转让控制权。这种方式是我国公司控制权转移的主要方式。我国股票二级市场还不够发达,且很多公司拥有大量的非流通股,导致通过二级市场交易来进行控制权转移变得较为困难,因此大多数控制权的转移是通过双方协商价格,以现金做交易完成的。

3. 要约收购

要约收购是指收购人通过向目标公司的股东发出购买其所持该公司股份的书面意见表示,并依

[①] 李延喜,郑春艳,王阳,等. 上市公司控制权溢价水平及影响因素研究[J]. 管理评论,2007, 19(1): 34-40.

[②] 赵昌文,蒲自立,杨安华. 中国上市公司控制权私有收益的度量及影响因素[J]. 中国工业经济,2004 (6): 100-106.

[③] Claessens S, Djankov S, Fan J P H, et al. Disentangling the incentive and entrenchment effects of large shareholdings[J]. Journal of Finance, 2002, 57(6): 2741-2771.

[④] 韩德宗,叶春华. 控制权收益的理论与实证研究[J]. 统计研究,2004 (2): 42-46.

[⑤] 杨淑娥,王映美. 大股东控制权私有收益影响因素研究——基于股权特征和董事会特征的实证研究[J]. 经济与管理研究,2008 (3): 30-35.

法按照公告的收购要约中所规定的收购条件、价格、期限及其他规定事项,收购目标公司股份的收购方式。一般为收购发起公司向被收购公司的全体股东发起要约,以达到控制公司的目的。

4. 恶意收购

恶意收购一般是指收购公司在未经目标公司董事会允许,不管对方是否同意的情况下,所进行的收购活动。收购方通过在市场上高价购买被收购目标公司的股票,然后重组公司高层管理人员,改变公司经营方针,提高经营效率,获得价值提升。当公司股东对管理层的经营管理政策不满且其他控制权转变措施无效时,很有可能会成为恶意收购方的合作者,一方面因为恶意收购方会给出远高出市价的金额,另一方面恶意收购成功后,收购方将接管公司并改变公司的运营方式。

(二) 控制权未发生转移

对于控制权价值有一种普遍的误解,认为只有在控制权转移或企业预期要发生控制权变更的情况下才有控制权价值的存在。这种观点是不恰当的,实际上控制权价值始终存在于企业中,甚至当市场正确定价时,控制权的价值也体现在了上市公司的股价里。

前文提到控制权价值来源于收购方收购成功后,对目标企业进行重组、改进管理获得的收益。如果不存在收购或控制权变更,那么企业能够进行管理层的重组和管理经营决策的改进吗?答案当然是肯定的,企业存在内部改变管理政策的可能性,这种方式依然具有控制权价值,不进行控制权转移而改变管理的方式有以下几种。

1. 股东提议

当股东认为管理层的经营管理决策影响了股价或对股东权益不利时,可以对管理层进行提议,用无偿或者有偿的方法说服管理层改变公司政策,或者是通过召开股东大会修改公司章程的方式对管理层进行限制。需要注意的是,尽管股东的提议和说服拥有成功的案例,但是仍旧只有很少的股东提议会获得多数支持,就算提议获得通过,董事会也常常会忽视这些提议。一般来说,当企业管理不善且内部持股比例较低时,股东提议获得落实的可能性较大。

2. 管理层的更替

在恶意收购中可以看到,绝大部分目标公司的管理层在完成收购后都会被大规模重组。在现实情况下,即使不存在收购行为,董事会依然可以罢免业绩不佳或者股东不满意的管理层成员。管理层更替的形式不同,其结果也不会相同,强制的管理层更替后企业管理政策改变的概率要大于自然更替后政策改变的概率,继任者为外部人的管理政策改变概率要大于继任者为内部人的改变概率。

如果我们假设市场是有效的,控制权的价值已经包括在市场中,那么对于市场上的交易者来说就有几个重要的结论:市场对转变管理概率的预期发生变化时会引起股票价格产生变化,当市场上交易者认为一家公司的转变管理概率上升时,其股价也会上升,例如当一家经营不善的公司公布消息称将对管理层进行更替并实行资产重组时,该公司的股票价格一般会上涨。此外,对转变管理的约束将会降低市场上股票的价格,一般来说,对转变管理的约束较少、公司治理较好的市场环境会提高股东改变经营不善公司管理政策的能力,也就是说,同样的管理不善的公司,转变管理约束较多的股票市场价格要低于无约束类型公司。最后要注意的是,如果市场是有效的,已经正确评估了包含控制权价值的企业价值,那么收购方超出市场价的支付就会形成超额支付。试想收购方以 40%的溢价收购市场上的一家公司,在收购进行前,市场已经获悉收购的确定消息,那么股票价格就会立即上涨以反映市场对目标公司转变管理概率的修正,此时的价格已经包含了全部控制权价值,如果收购方仍选择以现行市价的 40%作为溢价的话,收购方的支付价格就会过高,尽管此时的目标公司确实是管理不善的。

相较公司管理不善的程度变化来说，公司转变管理的概率变化更容易观察，以历史上发生过转变管理概率变化的案例为证：美国宾夕法尼亚州 1989 年通过法案提升了目标企业被恶意收购的难度，同时提升了管理层和董事会的权利。有学者发现在 1989 年 10 月 13 日，即该法案公布的一天，宾夕法尼亚州的公司股价平均下跌了 1.58%，从消息公布到该法案具体实施的期间，宾夕法尼亚州的公司股价下跌了 6.9%，还有研究证实该法案的实行造成了约 40 亿美元的市场价值损失。

第二节 控制权期望价值

上一节中，我们观察了控制权价值的表现，发现无论企业是否进行控制权转移都会具有控制权价值，其原因是控制权价值来源于企业管理战略转变后带来的价值提升。本节将讨论企业控制权期望价值的衡量方法。

一、控制权期望价值衡量方法

如果市场是有效的，则市场价格既包含了公司的现状价值，也包括了控制权价值，这部分控制权价值实际上是投资者对于控制权价值的期望，这种期望取决于两个方面，企业会发生怎样的管理改进和这种改进发生的概率。投资者期待所持股的公司会向最优管理转变，但是这种转变并不一定会发生，在投资者购买股份时，实际上已经支付了他对这家公司现状价值与转变发生的预期价值的估计，上一节中已有证据证明，当市场上的投资者认为转变管理的可能性降低时，股权价值也会相应降低，所以我们发现控制权的期望价值有如下表达式：

$$控制权期望价值 = 转变管理的价值 \times 转变管理的概率 \tag{23-1}$$

$$转变管理的价值 = 最优价值 - 现状价值 \tag{23-2}$$

二、转变管理的价值

试想一个问题，两家公司如果具有完全相同的资产，那么它们价值就相同吗？答案当然是否定的，公司价值不仅仅在于公司现时持有的资产，更在于未来能够取得的现金流，而公司未来能够获得多少收益很大程度上取决于企业管理者对于投资项目的选择、对投资项目进行资金筹集的方式及对投资收益的处置。也就是说在我们投资一家公司时，投资的不仅仅是公司现时所持有的资产，更是投资公司管理者对公司资产的管理。此时我们评估的企业价值就是现行管理下的价值，如果企业处在最优管理下，我们也可以计算出企业在最优管理下的价值。控制权价值的表现形式为股东在其认为公司管理层的管理策略偏离了最优方式使企业价值被低估时，采取措施迫使管理层改变现有管理以达到公司的最优价值。显然企业存在着从现状价值向最优价值转变的空间，这部分的差异就是转变管理的价值。

当企业管理经营不善时，企业才具有转变管理的价值，如果企业已经处于最优管理下，那么转变管理的价值为 0，如果公司管理存在较多问题则其转变管理的价值也较大。于是，我们可以通过计算公司在现行管理下的价值(现状价值)和最优管理下的价值(最优价值)的差异，衡量企业是否存在管理不善，即是否存在转变管理的价值。

那么，企业是如何通过转变管理而实现价值增长的呢？我们先分析影响企业价值的因素，其中 5 个重要输入变量是：企业当前资产产生的现金流、企业增长期的期望增长率、企业增长期的持续时间、企业的融资成本、非营运资产。接下来我们分析转变管理如何增加企业价值。

（一）提升企业当前资产产生的现金流

在不考虑企业增长时，价值首先来自企业的当前资产，企业当前产生的现金流是已经存在的投资项目所产生的。当企业投资于较差的项目，产生较低的收益，甚至是低于成本的收益使价值损失时，企业就存在转变管理的价值。转变管理增加企业价值可以通过以下几个方式实现。

1. 转变投资项目

企业的现有投资项目收益较差时，可以中止这些投资项目，出售负收益资产或将资产投入收益更高的项目。例如一个涉及多个行业的庞大公司，可以放弃不盈利的业务，出售这部分资产，将资金投入主营业务中去。

2. 提高运营效率

公司低效率运营一定会影响企业的价值，企业需要消除阻碍效率提升的因素。例如一个冗员过多的公司想提升企业价值就需要裁员，一个设备陈旧的公司可以通过更新设备增加企业价值。

3. 减少税负

归属于股东的现金流是税后现金流，依据 $FCFF = EBIT \times (1-T) \times (1-再投资率)$ 可知，当企业通过合法途径降低税负时，企业的自由现金流增加，企业价值增加。当企业拥有税收抵扣的权利而未妥善利用时，企业的价值就会低于最优管理价值。例如企业可以通过将公司注册地转变为低税国家，或进行会计上的合理避税来降低税负。

4. 减少营运资本

企业的再投资很大一部分用来维持现有的业务而不是投入新项目创造增长，尽管运营成本很多情况下是无法避免的，但是仍可通过科学的规划和管理的改进降低成本。例如一家零售企业提高对存货的管理能力，如果将存货水平降低将会大大增加其现金流。

(二) 提高期望增长率

如果企业的再投资率较高，尽管当前的自由现金流较低，但未来的高增长率同样可以获得较高的企业价值。依据"期望增长率=再投资率×资本回报率"，更高的增长来自新的投资和现有资产的利用效率。于是提高期望增长率一般从以下两个方面出发。

(1) 提高再投资率。需要注意的是，尽管在资本回报率不变的情况下，再投资率的提高确实会提高增长率，但再投资率的提高并不一定会提升企业价值，因为其也会导致当期企业自由现金流减少。只有当企业的资本回报率高于加权平均资本成本时，再投资率的提高会增加企业价值；反之，再投资率的提高反而会造成价值损失。此外，再投资率的提高可能伴随着企业加权平均资本成本的上升，资本回报可能会下降(因为并不总能找到好的投资项目)，所以再投资率是不能无限增长的。

(2) 提高资本回报率。资本回报率的提高体现企业资产管理的高效率，同样会明显增加企业价值，因为资本回报率的提高不单单会提高增长率，也意味着现有资产的回报增加了。

(三) 延长高增长期

所有企业都会经历初创、高速发展、成熟稳定和衰退的阶段，设法延长企业高速发展的时间，可以增加企业的价值。当然企业无法永久增长下去，在竞争市场中，随着竞争者的进入，企业将逐渐丧失超额收益。为延长高增长期，企业应当增加其竞争优势，可以通过以下方式实现。

(1) 打造品牌。通过打造品牌以获得较高的产品定价权，来维持自己的超额收益。此外品牌价值的存续期间较长，可以赋予企业较强的竞争优势。

(2) 设置进入壁垒。企业通过改变竞争策略设置较高的行业进入壁垒，防止竞争者的进入，以此获得较长时间的超额收益。

(四) 降低融资成本

在其他条件不变时，资本成本越低就意味着企业的折现率越低，企业价值越高。一般来说，企业的加权平均资本成本为股权资本成本和债务资本成本的加权平均值，而企业的股权资本成本与债务资本成本改变较困难，因此降低融资成本一般从改变资本结构角度出发，具体存在以下几种方法。

1. 降低经营杠杆

在其他条件不变时，公司的固定成本越高，其收益的波动性越大，加权平均资本成本就会越高，降低固定成本的比例将会降低公司所面临的风险，进而降低加权平均资本成本。

2. 改变融资组合

通常债务资本成本低于股权资本成本，且负债的利息还具有抵税的优势，所以很多情况下鼓励企业多运用负债进行筹资。但另一方面，负债的增加会提高企业资产负债率，进而增加企业风险。因此负债的运用应当视企业最优融资组合决定，若企业负债率低于最优融资组合则增加负债，反之则减少负债。企业最优融资组合的负债率即为企业最优管理下的负债率。

3. 将融资与资产相匹配

首先防止期限错配，即将短期负债所筹集的资金投入短期投资中，长期负债的筹资投入长期投资中，如若负债带来的现金流与资产的现金流不匹配，企业价值将会降低。企业还可以通过远期交易解决期限错配的问题。此外防止币种错配，即用一种货币的负债来为另一个币种的投资进行筹资，这将会产生较高的信用风险和较高的资本成本，进而影响企业价值。企业可以通过采用互换协议解决币种问题，提升企业价值。

(五) 优化非营运资产的管理

企业价值很大一部分来自非营运资产，即现金、交易性证券、交叉持股等，这些资产管理不当很可能会影响企业价值。

企业应持有适当比例的现金。企业持有现金出于经营管理的需要，但是存在现金被滥用或者投资回报率较低的情况。在价值评估中，我们认为企业的现金将会获得市场利率，成为一项中性资产，但是若企业的现金投资于较低回报率的票据，则企业的价值将随之降低。企业持有过多的现金本身就是一种价值损失，应当计算最佳现金持有比率，将剩余的现金进行再投资或者返还给股东。

以上，我们得出结论，资产管理效率较差时，改善管理效率带来的潜在收益较大，转变管理也更有价值。如果一家企业当前资产产生的现金流较低、增长期短、增长率低、资本成本高或持有过多的营运资产则这家企业的现状价值远低于其最优价值，具有较大的转变管理价值。

三、转变管理的概率

尽管一家管理不善的公司转变管理的价值很大，但当其转变管理受到约束使得发生概率很低时，控制权价值也会很低。前面提到的美国宾夕法尼亚州出台限制公司被接管的法案导致股价下跌的例子中，当控制权的转移受限制时，股价立即有变化。这表明控制权的价值很大程度上受到转变管理概率的影响。

上一节内容提到，转变管理可以通过控制权的转移来进行，也可以通过企业内部的转变进行。一般情况下，当股东对现任管理层的管理政策不满，认为其损害了股东利益时，其想要改变企业的管理政策并不是一件容易的事，会受到多方面的约束。此外现任管理者总会有强烈维持现在管理策略的偏好，并会向争夺管理权的人发起反击。在这种情况下，影响转变管理概率的因素有很多，可以分为内部因素与外部因素。

(一) 内部因素

内部因素是指影响转变管理概率的企业自身特征，一般包括以下几种。

1. 公司规模

收购方想要收购目标公司，需要在诸多监管下筹集足够的资本。一般来讲，目标公司规模越大，收购方想要获得控制权所需要的资金额度也越高，收购受到政府、投资机构、投资者的监督和关注也越多，在收购中遇到的阻力也可能较大。因此收购小规模公司相对简单，毕竟筹集收购市值几千亿元大公司的资金并不是一项简单的工作。

2. 控股股东股权集中度

在许多转变管理的案例中，大股东都是恶意收购和转变管理的重要阻力之一。过度集中的股权，如大股东流通股持股比例大于30%，会大大提高其在交易中的话语权。即使不发生代理权争夺，大股东也可以阻碍很多提案的通过，更容易阻止来自外部的控制权竞争。此外也有研究表明，过于分散的股权使得单个股东对于公司决策的影响极为有限，增大了单个股东转变管理的难度。股权集中度高是否有利于控制权转移尚未有定论，但观察目标公司的股权是否处于过度分散或过度集中的状态，可以简单判断其转移管理的难度。

3. 股权性质

由于我国市场的特殊性，可把股权持有者分为4个类型：国有股、法人股、民营企业、自然人。国有股占比例多的公司，其他股东会处在相对弱势的地位，且来自政府的监管与限制较多，转变管理的难度也较大，因此其转变管理的概率较低。

4. 投票权差异

部分企业为了保护大股东或管理层会发行拥有不同投票权的股票，例如公司创始人希望在上市后依然能够享有对公司的绝对控制权。比较极端的例子是公司对公众发行无投票权的股票，而把有投票权的股票留给控股股东和公司管理层。这种行为将带给管理层更大的表决权而阻碍转变管理的发生，降低了转变管理的概率。

5. 公司制度约束

很多公司可以通过修改公司章程来强化控股股东和管理层的权利，使转变管理变得更为困难。比如可以提高公司被接管需要的表决权比例来增加接管难度，增加管理层解散条款来提高恶意收购的成本，或者限制短期股东的投票权限、限制控制权竞争者的表决权。这些约束性章程使公司转变管理的概率降低，甚至保护了现任管理者的地位。

6. 股东积极性

很多投资者在对管理层的管理政策不满时更倾向于采用"用脚投票"的方式，即出售他们手中的股票而不是积极抗争，或是在收购或代理权争夺中不做反应，甚至出于成本的考虑，很多消极的投资者会趋向于继续支持现有的管理层。而公司股东的积极性较强时，股东在公司政策不利于股东权益时向管理层施压的可能性提升，管理层进行转变管理的概率也会大大提高。

(二) 外部因素

外部因素是指公司所处的环境是否有利于转变管理的发生，一般包括以下几种因素。

1. 资本市场发达程度

收购方想要收购目标公司，需要筹集足够的资本，因此融资的便利程度十分重要。当资本市场开放且资金可以以较低成本从市场投资者手中获得时，将会减少收购的成本限制，收购成功的可能性也更大。经验证据表明，恶意收购在资本市场不发达的经济体制下十分罕见，也就是说筹集资本的约束增加了转变管理的难度。

2. 法律政策约束

很多市场会设置许多法律与制度以限制并购行为,提高并购的成本,阻止恶意收购的发生,例如前面提到过的美国宾夕法尼亚州新法案出台的例子。当目标公司所在国家的法律政策对控制权转变有较多的限制时,转变管理的发生较为困难,其发生概率也会相应降低。现有证据表明,当出台限制接管的法案时,市场价值会下跌,反映了投资者对转变管理概率预期的下调。

3. 企业所处的行业

不同的行业具有不同的特征,竞争的激烈程度也不同。一般来说新兴行业的公司比成熟行业公司更容易发生控制权转移,因为新兴行业的公司通常规模较小,且更容易受到关注。此外处在激烈竞争中的公司发生转变管理的概率也会越大,这些股东会给管理层施加更大的压力以转变管理,甚至发起管理层更替。

我们已经对转变管理的概率的影响因素有所了解,但是以目前的技术很难对转变管理的概率进行量化。有学者提出过相关量化方法,比如通过已经发生管理转变的公司与还未发生转变的公司特征进行比较计算转变管理的概率,但对此学界还未形成统一的看法,因此在这里不做详细的介绍。

第三节 实证研究中控制权价值的衡量方法

在上一节我们讨论了控制权期望价值的计算方法,这种衡量方法在估值理论分析中虽然较为完善,且在特定条件下适用于企业个体的控制权估值。但是这种方法的工作量非常大,且参数估计较为困难,实践中无法在宏观视角下给出市场整体的控制权价值水平,因而本节我们将介绍实证研究中常见的控制权价值测度理论方法。事实上,控制权价值的衡量在实际操作中比较复杂。其中,大多数控制权价值的衡量方法都是间接估算法,即通过找到一个基准价格,在控制权发生转移时计算转移价格与基准价格的差来计算控制权价值,这实际上是将控制权溢价看作对控制权价值的估算。国外学者对相关内容的研究比较丰富,主流的衡量方法有三种:大宗股权交易溢价法、投票权溢价法和少数股权价差法。

一、大宗股权交易溢价法

大宗股权交易溢价法由 Barclay 和 Holderness(1989)[①]提出,以大宗股权(持股比例在 5%以上)交易价格与当时股票市场价格的差作为控制权溢价,两位学者对 1978—1982 年美国证券交易所发生的 63 笔大额股权交易进行分析,发现交易价格的平均溢价水平为 20.4%,并认为这一溢价反映了控制权价值。

该方法认为大额股票交易一般是代表公司控制权转移的交易,如果市场对股票的定价是有效的,股票市价在公布消息后的变化表示了大股东进入后所能带来的公共收益,因此大宗交易价格与成交消息公告后股票市价的差额就代表控制权价值。要注意的是,这里采用的基准价格是公布转让控制权消息后的市场价格,则此部分价格已经包含了公共收益部分,即该方法所计算的控制权价值其实是来自私人收益部分。该方法下的控制权溢价模型为

$$\text{PBC} = \frac{P_t - P_m}{P_m} \tag{23-3}$$

[①] Barclay M J, Holderness C G. Private benefits from control of public corporations[J]. Journal of Financial Economics, 1989, 25(2): 371-395.

其中，PBC 为控制权私人收益价值，P_t 为股权转让价格，P_m 为消息公布当天的价格。如果说大宗股权交易溢价法较好地衡量了控制权价值，那么有如下结论。

(1) 控制权价值的收益主要来源于私有收益。虽然控制权的共有收益是明显的，且能被所有股东以持股比例平均分享，但是难以度量的私人收益更重要，体现了购买方希望获得控制权以取得超出小股东收益的愿望，所以该方法通过对私人收益的衡量来反映控制权价值是合理的。

(2) 公布控制权转让的消息后股价的变化属于控制权价值中的共有收益部分。私人收益只由大股东享有，而共有收益可以为全部股东共有，是由新控制权所有者改进管理而增加企业价值带来的。

(3) 控制权溢价会受小股东保护法案的约束。该方法衡量的是私有收益的价值，来自大股东对于小股东的侵占。那么若目标所在国的市场发达且对小股东的保护比较完善，控制权的私有收益溢价应当较低。这一观点也得到了研究的证实，Dyck 和 Zingale(2004)[①]用大宗股权交易溢价法对 39 个国家的 412 起控制权转移行为进行比较研究后发现，控制权收益介于-4%和 65%之间，平均值为 14%，最高为巴西，最低为日本，总结发现在市场越不发达、所有权越集中、中小股东保护越不完备的地区，控制权溢价越高。

尽管本章讨论的控制权价值是以共有收益的价值为基础，但是大宗股权交易溢价法仍具有参考价值。该方法将控制权转让消息发布后的估值变动定义为共有收益的影响，所以运用消息公布前后的市场价格差可以估算出控制权的共有收益溢价。而实际在本章的观点下，认为企业在收购中支出超过市场价值的对价为超额支付。因为如果市场是有效的，那市场价格已经充分地反映了控制权期望价值和现状价值的加总，消息公布后控制权的价值由于转变管理的概率上调而上升。如果之前企业转变管理的概率较低，公布消息前后的价格上升就可以视为控制权溢价，即作为控制权价值的估计。大宗股权交易溢价法适用于成熟发达的资本市场中的上市公司，因为其市场有效性程度较高，市场价格能够充分反映控制权价值。

二、投票权溢价法

在很多国家的市场中，公司发行具有不同投票权的股票是常见的情况，一般来说没有投票权或投票权较小的股票相比投票权较大的股票价值要低，其差别就来自控制权价值。这一方法由 Lease 等(1983)[②]首次提出，认为当公司有两种发行在外的股票，两种股票除投票权有区别之外，其他的权利都一样时，拥有较大投票权的股票比无投票权或较小投票权的股票在市场上交易的价格要高，高出的部分则可认为是投票权的价值，亦即控制权的溢价。

如果投票权溢价是控制权价值的体现，那么可以得出以下结论。

(1) 公司股权集中度将影响投票权的价值。试想一个极端的情况，如果不存在转变管理的可能性，那么有投票权的股票和无投票权的股票将无差异。一个很好的例子是若全部有投票权的股票由公司管理层持有，那么转变管理的概率就几乎为 0，此时拥有投票权股票的价格应与无投票权股票价格相等。相反如果公司有投票权的股票分散程度很高，那么转变管理的概率则较高，有投票权股票价格将高于无投票权股票。

(2) 对无投票权股东的保护措施会影响投票权溢价。如果市场中存在对无投票权股东的保护法案，那么他们可以通过一些方式榨取有投票权股东的控制权价值，因此导致有投票权股票价格与无投票权价格的差异缩小，例如无投票权股东依然可以说服管理层改变管理政策来换取一部分控制权价值，这样所有股东都会受益。Nenova(2003)[③]的研究表明了这一点，其对 18 个国家的 661

---

① Dyck A, Zingales L. Private benefits of control: An international comparison[J]. Journal of Finance, 2004, 59(2): 537-600.

② Lease R C, McConnell J J, Mikkelson W H. The market value of control in publicly-traded corporations[J]. Journal of Financial Economics, 1983, 11(1-4): 439-471.

③ Nenova T. The value of corporate voting rights and control: A cross-country analysis[J]. Journal of Financial Economics, 2003, 68(3): 325-351.

个公司的投票权溢价进行比较研究,发现法律环境是解释不同国家差异的关键因素,法律对大多数的无投票权股东保护得越好,拥有的投票权溢价就越小。

(3) 当有投票权股票的价格远远超过无投票权股票价格时,这价差可能包含控制权私人收益。控股股东可以依靠控制权侵占其他股东的权益,而相比之下没有投票权的股东处在比较弱势的地位。若市场没有相对的保护法案的话,有投票权的股东可以获得较多的私人收益,这部分价格也反映在了投票权溢价当中。

后续的其他研究也证明了差别投票权股票的这一性质。Zingales(1995)[1]研究了 1987—1990 年在米兰交易所上市且同时具备有投票权和无投票权交易的 299 个公司样本,发现相对于无投票权股份,有投票权股份的交易溢价高达 82%。这说明拥有投票权股票的投票权溢价能够反映控制权价值。然而,使用这种方法的前提是公司发行有差别投票权的股票。包括中国在内的许多国家法律规定同股同权,因此在市场中并没有多元股权结构的股票,在此种情况下,投票权溢价法便不再适用。

三、少数股权价差法

如果一家公司既不在市场上公开进行交易(或不存在大额股权交易)又没有发行有差别投票权的股票,如何衡量其控制权价值呢?Hanouna 等(2002)[2]最早提出了一个方法,以所有少数股权交易的平均价格作为基准价格,然后以所有控制权交易的平均价格和上述基准价格的差额来衡量控制权价值。其中控制权交易是指交易前持股比例低于 30%而交易后高于 50%的交易,少数股权交易是指在交易前后持股比例都不高于 30%的交易。在之后进一步的研究中,他们以七国集团在 1980—2000 年发生的 9 566 宗收购案例为分析对象,根据产业类别和交易时间将控制权交易和小额股权交易进行配对,发现控制权交易价格平均比小额股权交易价格高出 18%左右。

假设一家公司,持有超过半数的流通股份时就可以对该公司进行有效的控制,那么就意味着出售 51%的股票和出售 49%的股票在实质上具有极大的差别。因为拥有 51%股票的股东将会获得公司的控制权,而持有 49%股票的股东却没有,二者之间的差异除了 2%的股票外,还有企业的控制权。如果投资者是理性的,那么当他进行控制权转让交易时,即购买大额股权时,其所能支付的最高价格内包含了他认为企业转变管理后的价值,而仅购买了少数股权的投资者所能支付的最高价格仅仅是现状价值。这也是在市场上购买一家上市公司少数股权时仅需要支付市场价格而购买大额股权时往往需要支付高于市场价格的溢价的原因,即大额股权的购买提高了公司转变管理的概率。

如果通过计算控制权交易价格和少数股权交易价格的差异来衡量控制权价值是有效的,那么有如下结论。

(1) 管理不善的公司,少数股权交易的价格远低于控制权交易的价格,而管理良好的公司,少数股权交易价格的折价则较小。因为管理的良好与否体现了转变管理的价值的大小,影响控制权的期望价值。

(2) 在不同情况下,达到控制的控股比例不同。对一个公司达到控制,并不一定要求 51%以上的控股股权,如果目标公司股权较为分散,那么 30%以上的控股通常就能有效控制公司。如果达到控制的股权比例降低了,也意味着少数股权要求的最高比例也会相应地降低,

(3) 虽然控制权仅由持有大额股权的控股股东享有,但是一旦获得了控制权,并进行管理的

---

[1] Zingales L. What determines the value of corporate votes?[J]. The Quarterly Journal of Economics, 1995, 110(4): 1047-1073.

[2] Hanouna P, Sarin A, Shapiro A C. Value of corporate control: some international evidence[R]. USC Finance and Business Economics Working Paper, 2001.

改进，公司的少数股东同样会与大股东分享公司价值的提升，当然大股东为获取私人收益的情况除外。

(4) 股权交易中，随着获取股权比例的增加，所支付的溢价也可能增加。当投资者一次性购买较大比例股权时，其更接近对企业的控制权，市场也会上调对于转变管理的概率估计，即投资者需要支付更多的对价以获得股份。Nicodano 和 Sembenelli(2004)[①]的研究也支持这一观点，他们发现意大利的大宗股票交易中平均溢价为27%，且溢价会随着股票规模的增大而提高，当股票比例大于10%时溢价为31%，而股票比例小于10%时，溢价仅为24%。

也有其他的研究表明少数股权交易中存在折价，施东晖(2003)[②]沿袭并发展了最早提出的少数股权价差法，以控制权交易和小额股权交易的价格差额来估算我国上市公司控制权价值，并探讨控制权价值的影响因素。研究结果显示，在我国，具有控制权的股份的价值比不具有控制权的股份的价值高出24%，这一水平略高于国际水平。少数股权价差法一定程度上解决了对非上市公司控制权的估值问题，尤其是对私有公司的估值。但是该方法要求企业在同一时期发生控制权转移和少数股权交易两种事件，这在我国的市场上还是比较少见的。

除大宗股权交易溢价法、投票权溢价法和少数股权价差法外，国内外学者还提出了累计超长收益法(Bai 等，2002)[③]、结构模型(Albuquerque 和 Schroth，2010)[④]等，感兴趣的读者可以进一步阅读相关资料，以获取详细的信息。

本章小结

在现代企业制度里中，公司的所有权和经营权分离，公司股东所投的资产作为公司的法人财产，公司的管理层(包括董事会、总经理及高层管理人员等)直接对这部分财产进行控制和经营。在生活中我们可以看到有诸多对企业控制权争夺的案例，企业控制权的相关问题已经成为企业价值评估中绕不开的话题。从投资价值评估的角度来讲，每天世界上发生着许多以控制权为动因的企业并购，那么这种并购有实际意义吗，也就是说控制权具有实质的经济价值吗？在经济高速发展的今天，对企业的控制权的研究越来越全面且深入，对控制权价值的研究也从无到有，越来越多的学者肯定了控制权价值的存在，且认为其具有评估的必要与可能性。本章从控制权的含义出发，首先介绍企业控制权价值的表现形式与存在原因，从企业并购中的控制权溢价扩展到一般公司的控制权价值，并了解控制权是如何进行转移。其次介绍了控制权期望价值是如何产生的，并详细介绍影响控制权价值的两个重要因素：转变管理的价值与转变管理的概率。最后重点介绍控制权价值的三种衡量方法：转移溢价法、差额投票权法、小额股权差异法。

课后问答

1. 控制权的显性收益、隐性收益及壳资源价值分别如何影响企业估值？
2. 法律制度如何通过保护中小股东权益影响控制权价值？请结合具体案例分析。
3. 行业特征对控制权价值的影响机制是什么？新兴行业与传统行业有何差异？
4. 转变管理的价值与概率计算中，哪些因素可能导致控制权期望价值被高估或低估？

---

① Nicodano G, Sembenelli A. Private benefits, block transaction premiums and ownership structure[J]. International Review of Financial Analysis, 2004, 13(2): 227-244.
② 施东晖. 上市公司控制权价值的实证研究[J]. 经济科学，2003 (6)：83-89.
③ Bai C E, Liu Q, Song F M. Bad news is good news: propping and tunneling evidence from China[R]. University of Hong Kong Working Paper, 2004.
④ Albuquerque R, Schroth E. Quantifying private benefits of control from a structural model of block trades[J]. Journal of Financial Economics, 2010, 96(1): 33-55.

5. 大宗股权交易溢价法在不同市场有效性下的适用性如何？请比较发达市场与新兴市场的应用差异。
6. 投票权溢价法为何在同股同权的市场中无法应用？请提出替代方案。
7. 少数股权价差法如何解决非上市公司的控制权价值评估问题？其局限性是什么？
8. 控制权价值的三种衡量方法在数据需求、计算复杂度及准确性方面有何异同？
9. 结合案例说明控制权价值在企业并购中的具体表现形式及经济效应。
10. 如何通过优化公司治理结构提升控制权价值？请从董事会独立性、股权集中度等角度分析。

第二十四章
流动性价值

本章任务清单

任务序号	任务内容
1	了解流动性的含义及相关概念
2	熟悉影响流动性价值的因素
3	掌握流动性的衡量方法
4	掌握非流动性折价法、调整折现率法、相对估值法等流动性价值评估方法

在会计领域，资产通常根据其变现时间或难易程度被划分为流动性资产与非流动性资产。企业若流动性资产比例过低，可能面临较大的流动性风险，进而引发管理层及投资者的关注。这一事实表明，流动性在会计和财务分析中具有重要地位。然而，在本书前述的主流价值评估方法中，流动性对资产价值的具体影响尚未被系统纳入考量。在现实市场中，资产流动性差异所带来的交易成本和价值损失是客观存在的。上市公司的股票因具备高度的市场流通性，在公开市场中随时可以买卖，流动性问题带来的估值影响相对较小。但正如第十九章所提到的，对于私人公司而言，由于缺乏活跃的交易市场，其股权的转让通常面临较大的不确定性，包括寻找交易对手的成本、延长交易时间的风险，以及为加快处置而不得不接受的价格折扣。因此，当进行企业价值评估尤其是私人公司估值时，忽视流动性差异将可能导致估值偏差。

本章将以流动性的基本概念为出发点，分析决定资产流动性程度的核心因素，系统梳理用于度量流动性价值的主要方法，并在此基础上探讨流动性因素在企业价值评估过程中的具体体现及调整路径，试图为私人公司及非上市公司的估值实践提供理论支撑与方法指导。

第一节 流动性价值综述

一、流动性的含义

流动性(liquidity)这一概念在经济学领域中并不陌生。尽管其内涵随着时代变迁和社会经济结构的演化不断丰富，但流动性始终贯穿经济生活的各个层面。从宏观角度看，流动性通常指货币在经济体系中的流通程度，即所谓的货币流动性；在市场微观结构中，流动性往往体现为资产在市场中能否以较低交易成本迅速成交，即交易流动性；而在企业层面，流动性则体现为企业资产变现能力、短期偿债能力等财务指标，即通常所说的财务流动性。但值得强调的是，本章的重点将放在微观层面的交易流动性上，即资产在市场中被买卖的难易程度。然而，企业财务流动性与交易流动性之间并非彼此割裂，尤其是在涉及私人公司或非上市公司交易的情境下，这两种流动性之间往往存在紧密的关联。这种关联将在本章后续内容中展开论述。

最早定义流动性概念的可能是 Keynes(1930)[①],"如果一种资产更容易在短期内不受损失地变现,则该资产比另一种资产更具流动性"。而在随后对流动性折价的研究中,Amihud 和 Mendelson(1989)[②]认为,流动性是在一定时间内完成交易所需的成本,或者寻找一个理想的价格所需要的时间。一般来说缺乏流动性的资产会具有两项成本,其一是资产在卖出时相对于买入价格的价格损失,投资者在购买资产后可能会遭受资产价格的连续下降,或者为了尽快达成交易而折价出售资产;其二是由于投资者持有的资产变现时间过长而丧失良好的再投资机会的机会成本,比如虽然资产此时的市场价格没有下跌,但是由于存在限售条款,当投资者能够完成交易时已经错过了最佳的交易价格。综上,我们可以对资产的流动性进行如下描述,在决定对一项资产出售或投资时,可以迅速以最小的成本和最大的预期收益完成交易,且不会推高或降低该项资产的市场价格,则该项资产的流动性较高。简而言之,流动性是以最小成本快速转换兑现资产的能力。

二、流动性价值是否存在

在前文中,我们已对"流动性"的基本内涵进行了阐述。接下来,在投资价值评估的框架下,有必要进一步探讨"流动性的价值"这一核心问题。具体而言,流动性是否真正具有可量化的价值?它是否会对资产的估值结果产生实质性影响?从直观经验出发,投资者普遍关注资产的流动性状况,且在面临流动性受限时,往往会提高其要求的必要收益率,以补偿由此产生的非流动性风险。因此,流动性因素在估值决策中的影响不容忽视。为系统回答上述问题,我们首先从若干现实市场中的经验证据入手,探索流动性如何实际影响资产的价格形成过程及投资者的收益要求。

(一) 债券

大部分债券在会计中会被认为是流动性较低的资产,但是很多国家和地区都有发达的债券交易市场,投资者可以进行债券的投资、出售等交易。债券的自身特性不同也导致债券之间的流动性有差异,那么债券的流动性会影响债券收益率吗?

Amihud 和 Mendelson(1991)[③]通过比较到期日相同但期限不同的短期、长期政府债券时发现,长期政府债券的年收益率要高出 0.43%,原因是长期债券具有更低的流动性。Chen、Lesmond 和 Wei(2005)[④]通过对比 4 000 家公司不同评级类别的债券发现,投资级别的债券交易成本每增加 1%其收益会提高 0.21%,而投机级别的债券同样情况下的提高百分比为 0.82%。同时他们还发现债券的评级越高其流动性也越强,投机级别债券较高的收益差异是为了补偿其流动性的缺乏。

上述研究证实了债券的流动性对于其价值的影响。在其他因素相同时,流动性越小的债券其收益率往往也越高,以对非流动性进行补偿。

(二) 股票

股票市场中同样存在很多证据证明了流动性的存在,投资者往往愿意为流动性较高的股票付出更高的对价。直观来看,当一家公司的股票从不能公开交易的私有股权到公司上市后公开交易的流通股,股票价格往往随着流动性的增加而上涨。同样,在我国市场上,流通股的交易价格要远远高于非流通股。

---

① Keynes J M. A Treatise on Money [M]. London: Macmillan, 1930.
② Amihud Y, Mendelson H. The effects of beta, bid-ask spread, residual risk, and size on stock returns[J]. Journal of Finance, 1989, 44(2): 479-486.
③ Amihud Y, Mendelson H. Liquidity, maturity, and the yields on US Treasury securities[J]. Journal of Finance, 1991, 46(4): 1411-1425.
④ Chen L, Lesmond D, Wei J. Corporate yield spreads and bond liquidity[J]. Journal of Finance, 2005, 62: 119-149.

在同一市场上，不同公司的股票也存在流动性的差异。有些股票每日成交量大，换手率高，而另一些股票每日成交较少，交易不活跃。Amihud 和 Mendelson(1986)[1]通过研究纽约证券交易所1960—1979 年上市公司数据发现，流动性越高的证券其预期收益也越低。Ellul 和 Pagano(2002)[2]研究 337 家英国首次公开发行的公司发行折价与流动性的关系时发现，公司的预期流动性越低、期望流动性股票越少时，发行的折价往往也越大。这些研究证实了交易所的证券确实存在流动性溢价。

虽然以上研究的结果已经被广泛接受，但是有人可能会考虑到，公司间收益率存在差异原因较多，流动性可能仅仅是其中一个。往往流动性较差的公司，其经营业绩较差，也会有较多的风险暴露，甚至很多公司还有市值的区别，因此无法确定流动性是否为影响其收益率的主要因素。下面介绍几种可在一定程度上限定差异的方法。

1. 限售股票

美国公司若要发行公开上市股票，必须在 SEC(证券交易委员会)注册。而证券注册需要一定的时间和成本，因此有的上市公司为图便利，通常会私下发行无须公开上市交易的股票，即流通受限股票。这些股票未进行正式登记，除不能公开上市交易外，其他权利基本与流通股票相同，虽然在市场上不可交易但可以进行私下交易。当限制流通期结束时，这部分股票又可以回到市场上进行交易。

由于限售股票和自由流通股票是同一家公司所发行的不同流通性质的股票，所以差异仅被限制在流通性的不同上，其交易价格之差就可反映出流动性的价值。最早进行此类研究的是 SEC 的研究机构，1971 年的一项采用案例方式对比美国股市中限售股票和自由流通股票之间的价格差异的研究结果表明，场内市场交易中限制流通股票的交易价格比流通股票交易价格低 30%~40%，折价的均值和中值分别为 25.6%和 24.0%，这个结果充分说明了流动性对于股票的影响。Maher(1976)[3]对 1969—1973 年 4 家开放式基金的限售股票研究后发现其相对流通股票的折价平均为 35.43%。Silber(1999)[4]发现 1981 到 1988 年间发行的限售股票折价均值为 33.75%，并指出规模较小、运行规模较差的公司折价较高。

随后，更多的学者对这类股票进行了研究，其研究结果都发现了折价的存在，且折价均在 30%左右。而 SEC 在 1997 年将限售股票的限售期从两年转变为一年后，Columbia Financial Advisors, Inc.(简称 CFAI)对此做了研究，1996 年 1 月至 1997 年 4 月间私下发行股票的 23 家公司流动性价值水平均值为 21.0%；而 1997 年 5 月至 1998 年 12 月间的 15 家样本公司(限售股票的两年持有期改为一年)的流动性价值水平均值降为 13.0%，即限售股票流动性的增大降低了折价水平。

2. 首次公开发行的股票

在首次公开发行的前后，股票恰好是由非流动向流动转变，其价格差异是流动性价值的很好体现。Emory(1997)[5]的研究发现 1981 年至 1997 年间的 310 宗 IPO 案例中，未上市前的折价大概为 45%。但 Emory 认为，研究结果有可能低估流动性价值水平，因为私下交易者有可能预计到 5 个月后的股票会通过公开上市的方式进行公开交易。Pearson(2000)[6]的研究发现：当交易时间距公司股票 IPO 的时间为 1~90 天时，流动性价值水平均值从 32.45%不断上升，当交易时间间隔为 180~270 天时，流动性价值水平均值上升至 65.84%，对应于 366~730 天的交易时间间隔时，最高达到 77.19%。在国内的研究中，虽然首次公开发行公司有着惊人的 IPO 折价，但是很多学者认

---

[1] Amihud Y, Mendelson H. Asset pricing and the bid-ask spread[J]. Journal of Financial Economics, 1986, 17(2): 223-249.

[2] Ellul A, Pagano M. IPO underpricing and after-market liquidity[R]. Salerno: CSEF University of Salerno. mimeo, 2002.

[3] Maher J M. Discounts for lack of marketability for closely held business interests[J]. Taxes, 1976, 54: 562.

[4] Silber W L. Discounts on restricted stock: The impact of illiquidity on stock prices[J]. Financial Analysts Journal, 1991, 47(4): 60-64.

[5] Emory J D. The value of marketability as illustrated in initial public offerings of common stock (eighth in a series) November 1995 through April 1997[J]. Business Valuation Review, 1997, 16(3): 123-131.

[6] Pearson B. Marketability Discounts as Reflected in Initial Public Offerings[J]. CPA Expert, 2000, 10(1): 1-6.

为将其全部归为流动性价值是不合适的,刘力和王汀汀(2003)[①]认为,流通股和非流通股之分造成的中国流通股权价值的特殊性,很可能是造成 IPO 首日收益率畸高的一个重要因素。此外还有学者利用不同交易市场的股票研究流动性价值。根据"一价定律",相同公司发行的相同股票,其价格应当相同。但是实际情况是,同一家公司的股票在不同市场中的交易价格往往存在显著差异。其中一个特别的例子就是中国市场中的 A 股与 B 股,前者仅针对中国投资者开放,而后者允许国内和国外投资者同时购买。Poon 等(1998)[②]对中国股市进行研究,结果表明,基于中国 A、B 股市场分割情形,已发行 A 股的公司首次公开发行 B 股时,A 股价格会受到显著负面影响。A 股的投资者规模(以相对市场价值衡量)和流动性(以成交量衡量)下降可以部分解释 A 股价格的变化。同时该研究发现,中国 B 股相较 A 股在流动性和信息方面都存在劣势,这种信息差异和流动性差异可以部分地解释 B 股股价低于 A 股股价情况。

(三) 私有股权

当风险投资人投资一家私有企业时,尤其是初创公司时,投资的股权往往是不流动的,投资者一般会要求更高的期望回报率,或获取一定的控制权作为补偿。同样在对私有公司进行价值评估时,评估人员在传统方法的基础上也会考虑流动性的影响而进行折价。

Ljungquist 和 Richardson(2003)[③]发现,相对于公开股权市场,私募股权投资者会获得 5%~8%的超额回报,且在十年内的投资周期中会产生 24%的风险调整后附加值,他们将这归结于对于非流动性风险的补偿。Das 等(2003)[④]通过研究风险投资人如何对处于生命周期不同阶段的企业进行价值评估,发现私有公司在最后阶段的折价仅为 11%,而在初始阶段可高达 80%。需要指出的是,将这些因素全部归结于流动性是不恰当的,其中还混合了很多其他的因素,如信息不对称、治理结构及进入壁垒等。

三、影响流动性价值的因素

深入分析流动性价值的影响因素,不仅对于企业战略规划与投资组合管理具有重要意义,更直接关系到能否准确评估企业的真实投资价值。从整体来看,资产流动性价值的影响因素是多元的,通常可归纳为以下几个主要方面。

(一) 资产的特性

1. 资产的种类

在投资价值评估实践中,将所有资产机械地划分为"流动性资产"与"非流动性资产"并不恰当。理论上,任何资产在接受一定程度折价的前提下都可被出售,因此流动性并非一个二元划分的概念,而是呈现连续谱系。但从资产类别的角度来看,不同类型资产在流动性方面确实存在显著差异。通常而言,金融资产较实物资产具备更高的流动性,后者因涉及额外的寻找成本与评估成本而流动性较弱。在金融资产内部,货币性资产(如现金、存款)流动性最强,其次为股票,债券的流动性则相对较低。

[①] 刘力,王汀汀. 不应忽略股票的流通权价值——兼论中国股票市场的二元股权结构问题[J]. 管理世界,2003(9): 46-51.

[②] Poon W P H, Firth M, Fung H G. Asset pricing in segmented capital markets: Preliminary evidence from China-domiciled companies[J]. Pacific-Basin Finance Journal, 1998, 6(3-4): 307-319.

[③] Ljungqvist A, Richardson M P. The cash flow, return and risk characteristics of private equity[R]. NYU, Finance Working Paper, 2003.

[④] Das S, Jagannathan M, Sarin A. Private equity returns: an empirical examination of the exit of venture-backed companies[J]. Journal of Investment Management, 2003, 1(1): 152-177.

2. 资产价格的波动性

一般而言，资产价格波动性越大，其流动性就越差。一种观点认为，价格波动越剧烈，持有该类资产的机会成本就越高，因其出售时可能面临较大的折价风险，投资者需通过提高折价要求来补偿潜在损失。另一种观点则从信息经济学角度出发，认为高波动性往往源于市场中存在知情交易者或信息不对称现象，导致交易风险上升，从而需要更高的交易成本作为补偿。

3. 资产的价格水平

资产的市场价格越高，其流动性就越好。支持这一观点的学者认为，交易成本占交易价格的比例会随着交易价格提高而降低，从而提升流动性。例如 Loeb(1983)[①]的研究表明，随着股票平均交易价格的提升，小宗股票的买卖价差占价格的比例呈现显著下降趋势，说明高价资产的流动性通常优于低价资产。

知识链接：理解买卖价差对流动性价值的影响

买卖价差(bid-ask spread)是金融市场中一个关键的概念，它指的是在任何给定时间，买方愿意支付的最高价格(买价，bid)与卖方愿意接受的最低价格(卖价，ask)之间的差距。买卖价差是影响市场流动性的一个重要指标，对流动性的影响主要体现在以下几个方面。

(1) 流动性的直接体现：买卖价差的宽度直接反映了市场参与者对资产价值认知的差异。在一个高度流动的市场中，买卖价差通常较窄，因为存在大量的买家和卖家，他们对价格的看法相对一致，容易达成交易。

(2) 交易成本：买卖价差是投资者在交易时面临的直接成本之一。价差越宽，意味着投资者在买入和卖出资产时需要支付的额外成本越高，这可能会抑制交易意愿，降低市场的流动性。

(3) 市场信息的整合：买卖价差还体现了市场对信息的整合速度。在流动性较差的市场中，买卖价差较宽，可能是因为市场参与者对资产价值的看法分歧较大，或者新信息的整合速度较慢。

4. 资产的单笔交易规模

资产的单笔交易规模越大，流动性越差。这主要源于资金约束和资金占用带来的机会成本增加。如果投资者想要出售巨额的资产，一般会分批次小额出售，否则一次性的大额交易不仅难以找到交易对手，还可能对市场造成巨大的冲击而抬高交易成本。Copland 等(2005)[②]在专著中提到交易单笔规模可产生较大影响：其一，出售的资产数量越多，相对已发行在外股票总量而言，市场中流通的资产越少，流动性越低；其二，交易规模越大，由于资本预算和分散个人投资组合意愿的因素，潜在买主数量也越有限。

除最常见的交易标的股票外，进一步理解流动性的异质性，还有必要从不同资产类别的角度加以区分与分析。其中，债券资产由于其契约结构与信用风险特性，表现出不同于一般金融资产的流动性特征。在债券市场中，流动性的差异主要取决于债券的发行主体、期限结构及所面临的风险水平。在其他条件相同的前提下，短期且风险较低的债券，因其变现能力强、市场参与者偏好度高，往往较长期或高风险债券具有更高的市场流动性，这一点也反映在其更优的信用评级中。

进一步地，从微观主体角度来看，企业层面的资产结构、财务状况及市场地位同样深刻影响其整体的流动性水平。具体而言，公司的流动性首先受其所持资产的流动性属性所影响。例如，若企业拥有大量现金或现金等价物，则表现出较强的流动性；反之，若其资产主要为实物性资本(如厂房、设备、库存商品等)，则其变现能力较弱，整体流动性偏低。此外，企业的规模亦是一个关

[①] Loeb T F. Trading cost: the critical link between investment information and results[J]. Financial Analysts Journal, 1983, 39(3): 39-44.

[②] Copeland T E, Weston J F, Shastri K. Financial theory and corporate policy[M]. Boston: Pearson Addison Wesley, 2005.

键因素——公司越大，其在市场上的影响力越强，通常也拥有更高的流动性。Breen 等(2002)[①]的研究进一步验证了这一点：在发生同等规模的股票交易时，市值较大的企业对市场价格的冲击较小，从而具有更优的市场流动性。

(二) 市场结构

在讨论资产层面和公司层面的流动性特征之后，有必要进一步从市场层面分析影响资产流动性的制度与结构性因素。市场环境对流动性的塑造具有决定性作用，市场结构与制度安排在很大程度上决定了交易活动的活跃度及资产的可变现性。

1. 市场的类型

一般而言，集合竞价市场相较于做市商制度市场具有更高的流动性，因为前者的价格发现机制依赖于更广泛的买卖双方意愿表达，减少了对中介的依赖。同时，做市商参与数量的多少亦对市场流动性具有直接影响。若缺乏充足的做市商支持，如在某些实物资产交易中，则会因搜寻成本较高而导致流动性受限。

2. 市场的交易规模

市场的整体交易规模与活跃度亦显著影响流动性。当交易频繁、市场活跃时，资产更易于在无须过度折价的情况下出售，流动性自然更佳。相反，若成交量持续下滑，则表明市场交易意愿下降，资产的可变现性随之减弱。

3. 市场的开放程度

市场制度的开放性，即投资者准入门槛与资本流动限制的宽松程度，亦是决定流动性的关键变量。例如，美国证券市场向全球投资者开放，参与主体多元，因此具备较高的市场深度与流动性；而相较之下，某些资本管制较为严格的市场则容易形成封闭结构，限制了交易的广泛性。

4. 市场的交易规则

具体交易规则也对市场流动性产生重要影响，例如最小报价单位制度、涨跌停板限制、熔断机制等均会对市场交易的灵活性造成约束。2000年纽约证券交易所实施的分数报价制度改革表明，更精细的价格报价单位有助于缩小买卖价差，提升交易效率。此外，随着技术进步，电子撮合与自动化系统替代传统人工撮合方式，大幅降低交易成本，也显著增强了市场的流动性。

5. 市场上机构投资者的数量

投资者结构中机构投资者所占比例的变化亦对市场流动性产生重要影响。一种观点认为，机构投资者因具备专业的信息处理能力与交易策略，提升了市场效率，降低了交易成本，从而增强了流动性。但也有观点指出，机构交易行为可能导致市场波动性增大，特别是在市场恐慌情绪下大规模同步抛售的情形。因此，机构投资者对流动性的影响具有双重效应。

(三) 财务因素

在财务层面，企业的流动性不仅体现为资产变现能力与短期偿债能力的强弱，更深层地受到其内部财务结构的决定性影响。这种结构性特征奠定了企业自身的流动性的基础，同时也间接影响其在市场中的交易流动性，尤其是在缺乏公开市场定价机制的私人企业或非上市公司中表现得尤为显著。具体而言，企业持有资产的流动性特征，是影响整体流动性的首要因素——若其资产以现金与高流动性证券为主，则整体流动性较强；反之，如资产主要为厂房、机器等特定用途资产，变现难度加大，流动性自然受限。

此外，企业的财务健康状况亦是关键因素。具有稳定盈利能力与正向现金流的企业，其未来

[①] Breen W J, Hodrick L S, Korajczyk R A. Predicting equity liquidity[J]. Management Science, 2002, 48(4): 470-483.

预期明确、违约风险较低，更易吸引潜在交易对手；而财务状况不佳、现金流紧张的企业，则可能因信用风险上升而在交易中面临较大流动性障碍。另一个重要考量是企业未来进入资本市场的可能性——即便当前为私人持有，若具备良好的上市预期，投资者普遍会认为其未来流动性可望改善。企业规模亦具有影响力：大型企业因受众更广、信息更透明，其单位资产通常具有更高的市场可接受度。最后，流动性的实现也与投资者获取的权利相关——持有控股权的投资者因拥有更多主动退出和重组路径，通常也享有更高的流动性便利。

(四) 投资者特性

投资者的行为与其特性也会影响市场的流动性。Muranaga 和 Shimizu(1999)[①]研究了风险规避度、投资者对自己预期的信心等所有影响市场流动性的因素，发现基于短期市场价格波动而行动的投资者(冲动投资者)比例增加会导致总体交易量增加，但累积订单会减少到一个确定的点；当投资者总体上更倾向风险规避时，流动性下降；当投资者丧失他们关于未来价格预期的信心时，流动性急速下跌。Gravelle(1999)[②]指出非居民进入加拿大政府债券市场导致该市场流动性增加，这个效应是由于非居民与国内投资者相比具有的不同投资组合需求和外汇风险。投资者异质程度高将会改善流动性，因为其相比同质投资者能够给交易商分担更多的风险。

(五) 其他因素

流动性的影响因素是一个较难确定的问题，甚至针对很多因素，学者们会提出完全不同的结论。影响市场流动性的因素还有很多，比如政策法规、市场集中度、行业因素等，如限售型股票政策的影响、限制交易的法规出台、提高交易门槛的限制等，因此对流动性影响因素的研究仍然是一个未攻克的难题。

四、流动性价值对投资价值评估的意义

当我们用折现现金流法对一家公司进行价值评估时，并没有考虑流动性对其价值的影响。既然我们已经给出了流动性价值存在的证据，那么流动性价值会对企业价值造成影响吗？直观来看，公司持有现金等流动性资产是有成本的，流动性资产的回报率相对其他投资项目而言较低，有的还要面临双重税负等风险。公司愿意付出一定的代价来持有流动性，这说明流动性具有某种潜在价值。流动性的存在使公司可以按时支付债务、降低融资成本、维持公司在紧张财务状况下的正常生产经营，这些都影响着企业价值。很多价值评估的案例都表明，不仅公司之间持有的流动性不同，即使是同一家公司在不同时期持有的流动性也可能不同。因此，对公司流动性价值进行科学评估，对于投资者、公司管理者等各方都非常重要。

第二节　非流动性成本及流动性衡量

关于流动性的内涵有很多种理论解释，其中比较主流的一种观点是成本理论，认为流动性价值的关键是非流动性成本，也就是交易成本，这种成本既包括货币成本又包括时间成本。

一、非流动性成本来源

提到交易成本，我们最容易想到的应该是买卖股票时要交的经纪人佣金、印花税等可见的费

[①] Muranaga J, Shimizu T. Market microstructure and market liquidity[R]. Bank of Japan Working Paper, 1999.

[②] Gravelle T. Liquidity of the government of Canada securities market: stylized facts and some market microstructure comparisons to the United States treasury market[R]. Bank of Canada Working Paper, 1999.

用,但是实际上当投资者真正进行交易时,整个过程中还包括许多其他的成本。首先如果要出售一件实物资产,当不存在该项资产的活跃交易市场时,需要支付搜寻成本来寻找买家;如果出售的资产是未经过标准化的,如古董、字画或房地产等,还要支付评估的成本即信息成本;如果交易的合同需要经过谈判和讨论,相关的谈判支出还要计算在内,即议价成本。在进行投资价值评估时,除了一些显而易见的交易费用外,还有一些隐性的成本对于交易影响很大,这部分成本可以分为三部分:买卖价差、价格冲击和等待成本。

(一) 买卖价差

在多数采用做市商制度的市场中,资产的买入报价与卖出报价通常不一致,这一买卖价差(bid-ask spread)在一定程度上反映了市场的流动性成本。做市商在提供流动性的过程中面临诸多成本,包括库存成本、订单处理成本及信息不对称风险,因此需要通过设置买卖价差来获取补偿。具体而言,做市商需同时与买方和卖方交易,为此必须持有一定的库存头寸以保障交易连续性。然而,库存持有受到资本约束及交易所规则限制,库存头寸偏离最优水平时,做市商需要主动调整,这一过程将产生库存成本。

此外,做市商在处理投资者订单时仍需承担一定的处理成本,尤其在交易量较小或个股活跃度较低的情况下,该成本对交易价格的相对影响更为显著。更重要的是,在存在信息不对称的市场中,做市商难以区分普通交易者与知情交易者,从而可能面临负向选择问题。为对冲潜在风险,做市商往往会扩大买卖价差,以补偿可能的预期损失。

虽然上述分析基于做市商制度,但中国证券市场主要采用订单驱动机制(order-driven market),投资者间通过竞价撮合成交,并不存在专职提供流动性的做市商。然而,买卖价差作为衡量流动性的重要指标,在中国市场依然具有现实意义。首先,部分流动性较弱的股票,其买卖盘分布依然呈现较大价差,体现了市场深度不足与交易成本隐性上升。其次,近年来在部分精选层市场、做市转让板块(如新三板)及 ETF 等交易中,做市商制度正逐步试点引入,因此做市机制下的流动性分析对理解这些市场亦具借鉴价值。

总体而言,无论是做市商制度还是订单驱动市场,买卖价差均受到资产价格水平、交易活跃度、市场波动性等因素的显著影响。已有研究表明,买卖价差与资产价格和交易量呈负相关,与波动性呈正相关。价格越高,固定成本的相对比重就越低;交易活跃,库存周转加快,有助于压缩价差;而高波动性则可能意味着信息交易者占比较高,从而迫使报价者扩大价差应对风险。

(二) 价格冲击

在介绍买卖价差的成本影响因素中曾提到,由于订单处理成本为固定成本,所以交易的规模越大,其交易成本就越低。可是在实际中,我们可以看到投资者在进行大规模交易时,比如售出大额订单股票,往往不会一次进行。虽然大多数市场能够容纳一定规模的交易,但当大额订单进入时,市场价格通常会出现较大幅度的波动,即所谓的价格冲击(price impact)。

为什么会出现价格冲击呢?首先,市场并非完全流动。当进行大额订单交易时,买卖双方的力量不对称,可能导致资产无法在理想价格上成交,从而产生价格波动。如果交易频繁且快速,市场价格可能会快速回归到常规水平。然而,若交易量过大,价格的回调会较为缓慢。这是因为市场参与者的反应速度有限,导致价格调整的滞后性。大额订单的进入可能引发市场参与者的过度反应,进而引起价格的超调。

但是对于价格冲击大小,不同研究者有不同的观点,一些人认为这种价格的失衡是暂时的,市场会迅速恢复正常。Dann等(1977)[1]通过研究投资者在大额订单交易发生前后购入并抛出所获得

---

[1] Dann L Y, Mayers D, Raab Jr R J. Trading rules, large blocks and the speed of price adjustment[J]. Journal of Financial Economics, 1977, 4(1): 3-22.

的利润，发现只有在这类交易发生后一分钟之内的交易才有可能获得超额利润，证明了大规模交易后市场价格会迅速恢复正常。另一种观点则认为，价格冲击很显著，尤其是规模较小、流动性较差的股票。

什么因素决定了价格冲击呢？实际上影响买卖价差的因素都会同样作用于价格冲击，因为二者本质上都是非流动性成本的不同测试指标。

(三) 等待成本

在讨论了买卖价差与价格冲击带来的交易成本后，另一类非流动性成本——等待成本——也同样不可忽视。与直接的交易成本(如买卖价差和价格冲击)不同，等待成本侧重于交易执行的时间因素。它反映的是，尽管投资者可以在某个价格范围内完成交易，却选择等待，希望通过推迟交易来获得更优的价格。

然而，等待的过程中伴随的是不确定性。在某些情况下，投资者可能会丧失最佳交易时机，从而错失收益。例如，当投资者发现某资产被低估时，尽管有机会在当前价格下买入，但由于各种原因(如市场波动预期或等待价格进一步下跌)，投资者选择等待。在此过程中，价格可能会上升，甚至回到合理价值，导致投资者错失了最佳投资时机。因此，等待成本不仅仅是时间的延迟，更是投资机会的损失。

等待成本的大小受多种因素的影响。首先是信息来源。研究表明，投资者对资产价值的估计如果依赖于私有信息，其等待成本通常会高于依赖公共信息的投资。因为私有信息终将变成公共信息，投资者在等待的过程中可能会面临信息泄露的风险，失去原有的投资优势，因此选择等待时需要承担更大的不确定性。其次，资产的受关注程度也是影响等待成本的关键因素。当某个资产被广泛关注并且市场中有许多投资者在积极搜集相关信息时，意味着该资产的流动性较高，这时等待成本也会随之上升。投资者在等待过程中可能面临越来越大的竞争，因此其等待的时间成本自然增大。最后，投资策略的不同也会影响等待成本。对于以短期投资为主的投资者来说，时间价值更为重要，等待过长可能会错失市场短期波动的机会。因此，他们在等待过程中往往承受更高的成本，而长期投资者可能不太受短期波动的影响，从而相对不太关注等待成本。

二、流动性的衡量

基于前文对流动性的界定，其衡量方式也应围绕交易执行的成本、速度及其对市场价格的影响等核心维度展开。主流研究通常从三个方面来刻画市场的流动性特征，即紧度(tightness)、深度(depth)与弹性(resiliency)，三者共同构成了流动性衡量的基础框架。

(1) 紧度衡量的是市场参与者进行交易时所面临的直接交易成本，最常用的指标是买卖价差(bid-ask spread)。根据具体定义的不同，买卖价差可进一步细分为报价价差(quoted spread)、实现价差(realized spread)和有效价差(effective spread)。报价价差指订单簿上最优买价与最优卖价之间的差距，反映了市场上即时交易的价格摩擦。实现价差考虑实际成交价格与报价之间的偏离，通常以成交量加权，反映了做市策略或限价委托在执行后所获得的实际收益。有效价差指成交价格相对于中间价(mid-quote)的偏离，衡量的是投资者实际承担的交易成本，尤其在高频交易研究中被广泛使用。

(2) 深度则反映市场在不引发价格显著波动的前提下，能够容纳多大规模订单的能力。具体而言，深度通常通过限价订单簿(1imit order book)中在不同价格层挂出的挂单数量来衡量。高深度意味着市场可以吸收较大的交易而不会显著改变价格，因此也代表着较低的价格冲击(price impact)风险。在中国这样的连续竞价市场中，订单簿的厚度与密度即体现了市场的深度属性。需要指出的是，深度关注的是交易量对价格的瞬时影响，不同于弹性所考察的价格恢复过程。常见的度量方法包括订单簿的单(双)侧累积挂单量、价格加权挂单量等。

(3) 弹性关注的是市场对冲击的恢复能力，具体表现为价格在经历大额订单冲击后恢复至均衡状态所需的时间。一个高弹性的市场可以在交易冲击后迅速回归原有价格水平，说明其具有较强的吸收冲击能力。弹性指标反映的是市场中潜在的订单流与报价行为对冲击的动态响应机制，可通过对大额交易后价格回归路径的建模与估计来度量。

上述的流动性三个维度所度量的实质皆与前文所述的非流动性成本相互对应——紧度反映直接交易成本，深度衡量交易量对价格的冲击成本，弹性则揭示市场恢复过程中隐含的时间成本与风险。因此，从流动性维度的度量角度切入，本质上仍可回归至非流动性成本的分析框架：非流动性成本越高，市场越不流动；成本越低，则表明市场越具流动性。在实证操作中，研究者通常会根据市场特征与数据可得性，选取上述维度中的一个或多个进行综合评估。接下来我们将梳理当前流动性测度的主流方法。

(一) 原始价差法

原始价差指的是市场上最优买价与最优卖价之间的差值，反映了市场交易的即时成本。由于该价差来源于限价订单簿中挂出的最佳买卖报价，因此称之为"原始价差"。在衡量市场流动性时，原始价差是应用最为广泛且基本的一种方式，它直接反映了市场参与者执行交易时可能面临的最小价差成本。

在实际计算中，可以选择两种方式对买卖价差进行度量：一种是买卖价差的绝对值，另一种是相对价差百分比。其中，相对价差计算方式为买卖价差除以中间价(mid-quote)，更适用于不同股票之间的横向比较。需要注意的是，我国股票市场主要采用撮合机制，由交易系统自动匹配买卖指令形成交易，并不依赖做市商制度。因此，在我国市场背景下，原始价差法应基于订单簿报价而非做市商行为加以理解。

(二) 有效价差法

有效价差同样是衡量市场流动性的重要指标，主要反映了投资者在实际交易中所面临的隐性成本，即买入价格相对于中间价的溢价，或卖出价格相对于中间价的折价。它通过对比交易价格与交易时刻的中间价来刻画实际成交偏离最优挂单的程度。Chodia 等(2008)[①]提出了一个计算有效价差的方法：

$$\text{RES}_t = \frac{P_t - \frac{\text{BID}_t + \text{ASK}_t}{2}}{\frac{\text{BID}_t + \text{ASK}_t}{2}} \tag{24-1}$$

其中，RES_t 代表资产在 t 时刻的有效价差，P_t 代表资产在 t 时刻的成交价格，BID_t 代表资产在 t 时刻的最优买价，ASK_t 代表资产在 t 时刻的最优卖价。对每一笔交易都可以采用该方法计算出有效价差，研究中我们更常采用一段时间内的有效价差平均值。有效价差越大，资产的流动性就越弱，反之流动性越强。值得注意的是，有效价差并不等同于报价价差，它结合了实际成交信息，能够更真实地反映流动性在交易层面所体现的成本，尤其在高频交易和限价指令簿为主的市场结构中，有效价差是衡量市场微观结构效率的核心指标之一。

(三) Amihud 非流动性溢价

Amihud 非流动性溢价(Amihud，2002)[②]是一种通过比较资产价格变动与成交金额之间的关系来衡量流动性成本的方法。其基本原理是，当市场流动性较差时，任何单位的成交金额都会对价

[①] Chordia T, Roll R, Subrahmanyam A. Liquidity and market efficiency[J]. Journal of Financial Economics, 2008, 87(2): 249-268.

[②] Amihud Y. Illiquidity and stock returns: cross-section and time-series effects[J]. Journal of Financial Markets, 2002, 5(1): 31-56.

格产生较大的冲击,因此本质上衡量了市场深度。该指标还反映出投资者为完成交易所承担的额外成本,常用的计算方法为

$$\text{ILLIQ}_t = \frac{|R_t|}{V_t} \tag{24-2}$$

其中,ILLIQ_t 是资产在 t 日的非流动性指标,R_t 是资产在 t 日的收益率,V_t 是资产在 t 日的成交金额。一般情况下会运用一段观测时间内的非流动性溢价平均值:

$$\text{ILLIQ} = \frac{1}{D}\sum \frac{|R_t|}{V_t} \tag{24-3}$$

其中,D 为观测的总天数。根据 Kyle(1985)[①]的研究,若每单位价格的波动造成收益率变化较大,说明市场缺乏深度,即该项资产流动性欠佳。因此,ILLIQ 指标值越高,则成交金额的小幅变动将会引起股票价格的大幅变动,股票的流动性越差。另外 ILLIQ 也反映了投资者对新信息的共同反应:如果投资者对新信息达成共识,那么即使没有交易进行,证券的价格也会发生改变;如果投资者在新信息的理解上面存在分歧,那么证券价格的变动则是建立在交易量增加的基础之上的。

(四) 换手率

换手率指的是一定时间内市场中股票交易的频率,反映股票在市场中交易的频繁程度。一般认为,股票的换手率越高,投资者的参与度越高,交易越活跃。

换手率的计算公式为

$$\text{TR} = V / O \tag{24-4}$$

其中,TR 代表换手率,V 表示某一时间该股票的成交数量,O 表示该股票发行在外的流通股的总股数。换手率越高,表示交易越活跃,流动性越高;相反,换手率越低,表示交易越不活跃,股票在投资者手中的持有期越长,流动性越低。

第三节 流动性价值在投资价值评估中的应用

在本书前半部分,我们已系统介绍了若干主流的投资价值评估方法,并在上一节内容中运用多种指标对流动性进行了系统测度。然而,一个值得进一步深入探讨的问题是:在传统的企业价值评估框架中,应如何体现流动性的价值或非流动性带来的折价效应?对此,在本节中,我们将重点介绍三种典型方法。第一种方法是在完成对企业价值的基准评估之后,引入一次性非流动性折价,以直接修正估值结果。第二种方法则是在折现现金流模型(DCF)框架下对折现率进行调整,通过提高折现率来反映非流动性带来的价值折损,其背后的逻辑在于:非流动性越强,投资者要求的风险补偿越高。第三种方法是基于相对估值法,即在市场中寻找具有可比性的流动性差异资产,通过比较分析推导目标资产的合理估值水平。

一、非流动性折价法

在一般的评估方法中,评估人员往往假设企业的非流动性很小,不会影响企业价值,所以企业的非流动性并没有在折现率与现金流等输入变量中体现。这个假设可以适用于上市公司,因为上市公司在二级市场中的股票交易具有较强流动性。但如果评估的对象是非上市公司,那么非流动性的大小足以影响企业价值,评估人员需要重新考虑是否要对企业的流动性进行处理。在实际

[①] Kyle A S. Continuous auctions and insider trading[J]. Econometrica, 1985: 1315-1335.

操作中，常见的方法是对传统方法评估的企业价值直接取折价来反映非流动性的影响，然而，评估人员对于如何计算非流动性折价有不同的看法，一般采用以下三种方式。

（一）固定折价法

固定折价法即确定一个固定的折价比例或比例范围，对所有评估的公司采用同样的折价标准。直观来看这种方法好像缺乏一定的依据，因为被评估公司之间的差异很大，对所有公司采用相同的折价并不恰当。但实际上，固定折价法在评估中应用很广泛，很多评估人员一般会采用25%～35%的折价来评估非上市公司，当然这个折价范围也并不是没有依据，早期的研究人员发现限制性股票的交易价格相对于流动股的价格以这个比例折价交易。然而近年来的许多研究发现，由于限制性股票的样本偏差，直接使用这个折价比例进行计算可能存在不足。

（二）特定折价法

相对于固定折价法来说，特定折价法在理论上是更符合实际情况的，因为不同的公司具有不同类型的资产、规模、管理模式和经营环境等因素，其非流动性成本的构成因素也不同，非流动性折价也应当是不同的。对于所有公司都采用一样的经验折价，并不能准确地体现不同公司的非流动性差异。那么如何给不同公司确定特定的折价便成了一个亟待解决的问题。大部分评估人员会从分析影响企业流动性的因素出发衡量非流动性成本在多大程度上造成了公司价值的下降，进而取得该公司的特定折价，在被评估公司的完全流动价值下扣除非流动性折价得到真正的企业价值。

影响公司流动性的因素与如何衡量企业流动性的大小在前两节中已经介绍过，在此不做赘述，我们直接来讨论如何针对特定公司评估特定折价的大小。一种常见的研究方法是通过对公司特性（尤其是各类财务指标）和非流动性指标进行回归，得出不同因素对于非流动性指标的解释。对于特定折价法的研究，学者们还是在之前对于股票流动性研究的基础上进行的。例如，Silber(1991)[①]通过对公司收入、流通股比例、公司盈利情况和投资者关联关系与限制性股票折价进行回归，得到：$\ln(RPRS)=4.33+0.036\ln(REV)-0.142\ln(RBRT)+0.174DERN+0.332DCUST$。

其中，RPRS 为限制性股票与流通股的价格比；REV 为被评估公司收入；RBRT 为限制性股票与所有发行股票的数量比；DERN 表示财务状况的影响，当公司具有正的收入时该值为 1，否则为 0；DCUST 衡量投资者关联关系，如果与投资者存在客户关系该值为 1，否则为 0。如果我们将限制性股票的折价作为企业的非流动性折价，那么被评估企业的非流动性折价与企业发行的限制性股票比例正相关，而同被评估企业的收入数负相关，且当企业收入为正时非流动性折价较低。同时 Silber 的研究结果不单单提供了非流动性折价与影响因素之间的相关关系，还定量地研究了这些因素对于非流动性折价的影响，通过回归系数，我们可以准确地估计出收入不同、发行股数不同的公司其具体的流动性差异有多大，这对于投资者和企业管理人员都有重要意义。

对于基于限制性股票来确定折价这一方法，其最大的不足可能来自限制性股票的样本偏少，在进行回归时会存在统计上的偏差。此外，对于限制性股票折价能否有效衡量非流动性折价，亦存在很大的争议。部分学者指出，该类股票的折价中往往混杂了多种非流动性以外的因素，例如发行企业的治理结构、财务状况、信息披露质量等，都会不同程度地影响其市场表现，从而影响其估算出的流动性折价。

基于上述限制，自然而然地引出了一个重要问题：是否可以考虑采用另一种非流动性衡量方式，以扩大样本容量并提升实证结果的代表性与稳健性？对此，一个较为直接的思路是回归到非流动性成本中最基本、最方便观测的组成部分——买卖价差。上一节已系统介绍了买卖价差的多种衡量方式，在实证研究中，我们采用买卖价差的相对百分比形式，即将买卖价差除以资产的中

[①] Silber W L. Discounts on restricted stock: The impact of illiquidity on stock prices[J]. Financial Analysts Journal, 1991, 47(4): 60-64.

间价,以此构建标准化指标来衡量非流动性折价。这种处理方法有助于消除价格水平带来的影响,使得不同价格水平下的股票具有可比性,避免将价格高误解为流动性差的风险。

在完成非流动性折价指标构造之后,接下来的关键问题是:在回归建模中应当纳入哪些解释变量,以更好地刻画影响非流动性成本的因素。尽管文献中已有成熟的理论与实证框架,例如可借鉴 Siber 所提出的一系列影响因素,如公司规模、盈利能力、资本结构与市场环境等,但值得注意的是,非流动性折价分析的实际对象多为非上市公司,因此在变量选择上应更加贴近这类企业的现实特征。具体而言,可以考虑引入诸如公司收入、年度交易笔数、净利润、现金流稳定性等能反映企业运营状态与流动性潜力的指标。此类变量不仅更具可得性,也更能捕捉私人公司在转让难度与流动性约束方面的异质性。

在完成全部变量的选取后,我们接下来介绍如何评估私人公司的非流动性折价。由于私人公司缺乏公开交易的股票,其非流动性折价难以通过传统的市场变量(如标准化买卖价差、换手率等)直接观测。因此,在实际操作中,研究者通常采用两阶段建模策略来间接估计其非流动性折价。第一阶段是在上市公司样本上训练模型,通过可观测的市场变量与公司特征变量之间的关系,刻画非流动性折价的决定机制。若研究目标偏重于预测准确性,可以考虑引入机器学习方法等非参数模型;若更关注解释力与可理解性,则仍以线性回归或广义线性模型等统计方法为宜。在第二阶段,研究者将私人公司的特征变量(如财务指标、行业属性、公司规模等)代入第一阶段所训练的模型中,从而得到对其非流动性折价的估计结果。这一方法不仅为无法直接观测的非流动性测度变量提供了量化基础,也使得定价估值模型更具可操作性。

(三) 期权估计法

非流动性折价的研究可以从非流动性对投资者造成损失的原因入手。非流动性可能导致投资者无法在资产价格有利时及时变现获利,或在价格下跌时无法及时止损,从而扩大损失。为缓解这种风险,投资者可以在自由市场上购买与非流动性资产标的数量相同、期限匹配的看跌期权。这样,当资产受限期结束时,若市场价格下跌,投资者可通过看跌期权获得损失补偿,从而使非流动性资产与看跌期权的组合在功能上等同于流动性资产。

Chaffe(1993)[①] 较早提出使用期权法估计折价,该方法通过计算欧式看跌期权的成本来估计非流动性折价。

依据布莱克—斯科尔斯公式,买方期权的价值为

$$V = S \times N(d_1) - K \times e^{-rt} \times N(d_2) \quad (24\text{-}5)$$

其中:

$$\begin{cases} d_1 = \dfrac{ln\left(\dfrac{S}{K}\right) + \left(r + \dfrac{\sigma^2}{2}\right)t}{\sigma\sqrt{t}} \\ d_2 = d_1 - \sigma\sqrt{t} \end{cases} \quad (24\text{-}6)$$

根据买卖权平价关系有

$$V - P = S - Ke^{-rt} \quad (24\text{-}7)$$

式中,V 为买方期权价值;P 为卖方期权价值即非流动性折价;S 为资产的现行价格或不考虑流动性折价时估价的内在价值;t 是资产流动性受限的期限;K 为执行价格,一般为资产的购买价格;r 为无风险利率;σ 为资产价格的波动性。如果我们对非上市公司进行估值,则 t 可以取距公

[①] Chaffe D B. Option pricing as a proxy for discount for lack of marketability in private company valuations[J]. Business Valuation Review, 1993, 12(4): 182-188.

司上市的时间长度或者被限制出售的时间长度;波动性 σ 可以参考市场内相似公司的波动性;S 通常选择不考虑流动性折价时估计的内在价值;K 则为无流动性约束时计划交易的目标价格(通常基于 S 乘以一个溢价比率)。

Longstaff(1995)[①]提出了一个改进的期权方法——回望式看跌期权模型(lookback put option model),用于度量资产的非流动性折价。该模型的核心思想在于引入理性投资者"择时"的能力:在不存在流动性约束的理想情境下,投资者将会在资产价格达到历史最高点时择机出售,从而实现最优收益。因此,该模型将资产可能达到的最高价格视为期权的执行价格,计算无法在最优时点变现所造成的机会损失,并将这一损失作为非流动性的成本。该方法扩展了对非流动性影响的理解,不再局限于资产价格低于购买价所带来的直接亏损,而是进一步涵盖了投资者因流动性约束所错失的最优交易机会。然而,需指出的是,该模型对投资者择时能力的假设较为强烈。在现实市场中,若投资者并不具备准确把握交易时机的能力,则模型所估计的非流动性折价可能存在系统性高估的风险。因此,在实际应用中,应结合具体投资者行为特征及市场环境,对模型适用性进行审慎评估。

二、调整折现率法

在传统的折现现金流法中,通过折现率即资本成本来体现被评估公司所面临的风险,很显然在关注风险时并没有将流动性包含进去,因为我们在应用资本资产定价模型、套利定价模型或多因素模型时,主要衡量的是被评估公司对于市场风险或者多种市场因素的暴露,而没有衡量公司的流动性特性。为了解决这个问题,学者们提出了两个思路,其一是将非流动性溢价当作一种市场因素加入模型内,其二把非流动性作为影响必要回报率的因素之一进行回归解释。

Amihud 和 Mendelson(1989)[②]研究把买卖价差加入贝塔值中能否更好地解释美国股票之间的收益率差异,结果显示买卖价差每增加 1%,年期望收益率增加 0.24%~0.26%。Datar、Naik 和 Radcliffe(1998)[③]利用周转率来衡量流动性,发现流动性在收益率差异的解释中占重要地位,非流动性较高的股票(周转率为 90%)的年收益率要比流动性股票约低 0.54%。这些研究都表明,对非流动性调整折现率是合理的,我们接下来将介绍两种常见的调整方法。

(一) 固定非流动性溢价

在非流动性资产的估值实践中,与非流动性折价法类似,为了体现流动性不足所导致的价值折损,一种常见的方法是对折现率进行调整,在基础折现率的基础上增加一个"非流动性溢价"(illiquidity premium)。该方法的理论依据在于,市场要求对非流动性资产支付额外补偿,从而使其必要回报率上升。因此,非流动性资产往往表现出一定程度的超额回报,而该超额回报便可被视作对非流动性的补偿。

在确定非流动性溢价的具体数值时,学界和业界主要有两种思路。第一种方法是通过小公司股票溢价(small stock premium)来间接估算。该观点认为,小型企业股票的股权资本成本普遍高于大型企业,部分原因是其具有较差的市场流动性。根据此类研究的经验结果,非流动性溢价通常被设定在3%~3.5%。第二种方法则是以风险资本投资者的超额回报率为参考。在这一视角下,风险投资者对非上市公司的投资回报中,存在一部分可归因于流动性缺失的补偿,因此可据此反推出非流动性所引致的预期回报增幅。

---

① Longstaff F A. How much can marketability affect security values?[J]. Journal of Finance, 1995, 50(5): 1767-1774.

② Amihud Y, Mendelson H. The effects of beta, bid‑ask spread, residual risk, and size on stock returns[J]. Journal of Finance, 1989, 44(2): 479-486.

③ Datar V T, Naik N Y, Radcliffe R. Liquidity and stock returns: An alternative test[J]. Journal of Financial Markets, 1998, 1(2): 203-219.

然而，固定非流动性溢价方法存在显著的局限性。一方面，其所反映的"溢价"可能不仅包含流动性因素，也可能混杂了风险溢价、规模溢价、治理溢价等其他成分；另一方面，采用统一数值对所有非流动性企业一概而论，难以反映各企业之间在信息披露、资产结构、行业地位等方面的实际差异。

(二) 特定的非流动性溢价

"特定的非流动性溢价"方法相较于固定非流动性溢价，具有更强的适应性与理论基础。该方法的实现思路和上下文中"特定折价法"类似，通过构建回归模型，将流动性溢价与企业特征变量进行系统关联，从而为不同类型的企业设定差异化的非流动性调整系数。这一方法不仅提高了估值的精准性，也更符合非上市公司在资本结构与市场可达性方面的异质性特征，因而更适用于实际的估值操作场景。

三、相对估值法

相对估值法是评估人员在实际操作中最常用的方法之一，当被评估公司在市场上存在可比公司时，采用相对估值法是一个不错的选择。在处理非流动性企业的估值问题时，相对估值法有两个途径：其一是对于非流动性公司的相对估值，其二是对于非流动性折价的相对估值。

(一) 对于非流动性公司的相对估值

该方法的应用实际上与传统的相对估值法并无太大差异，应用的关键在于选取流动性相似的可比公司，且被市场正确定价。Koeplin等(2000)[①]通过比较1984—1988年84家被作为收购目标的私人公司的支付乘数和198家可比的上市公司的支付乘数，发现除了账面价值乘数，私人公司以低于上市公司20%~30%的乘数被收购。所以通过观察可比上市公司，我们可以直接得到非上市公司的价值，其非流动性的影响体现在乘数的下降上。

进一步地，若市场中存在交易信息较为充分的私人公司群体，亦可通过对比分析具有相似特征的私人公司来推导目标私人公司的估值。这一逻辑可类比于房地产市场的"比价法"：当投资者欲出售一处房地产时，最直接的估值方法便是参考地理位置、面积、用途相近的不动产近期交易价格，再结合目标资产的具体特征进行单位价值推算。若能够在市场中找到足够多的、与被评估私人公司具有结构对称性和流动性水平相似性的私人企业，并获得其交易价格与财务指标信息，则可通过加权平均等方法估算乘数，进而可用于目标公司估值。然而，在实际操作中，由于私人公司交易不公开、披露义务缺失，获得大量可比私人公司数据存在较大困难，这一方法的可操作性受到实质限制。因此，更常见的做法仍是以上市公司的乘数为基础进行流动性调整，构建相对估值模型。

(二) 对于非流动性折价的相对估值

该方法是在非流动性折价法基础上的进一步推广，即在采用上市公司估值乘数的同时，通过预设的折价幅度或估算模型对乘数进行修正，从而适配非上市公司的流动性特征。

一种思路是借助固定折价法所提供的经验数值。若我们接受某类私有公司普遍存在25%的非流动性折价，则可在可比上市公司的估值乘数基础上，直接按比例调降乘数，以此推算目标公司的估值。例如，若某上市公司的销售乘数为2.0倍，则相应私有公司的修正乘数可设为1.5倍。此种方法操作简便，适用于数据不足或评估时效要求较高的情形。

另一种更为精细化的操作路径则与特定折价法类似，即建立回归模型识别影响流动性的关键变量。具体而言，可以选取一组可比上市公司，以其销售乘数(或EV/EBITDA等)为因变量，将营

[①] Koeplin J, Sarin A, Shapiro A C. The private company discount[J]. Journal of Applied Corporate Finance, 2000, 12(4): 94-101.

业收入、周转率、利润率、资产规模等变量作为解释变量进行回归，拟合出乘数与流动性影响因子之间的关系。随后，将被评估私有公司的变量值代入回归模型，推导出其对应的估值乘数。这一方法较好地兼顾了个体差异性与市场信息利用效率，在理论上更为严谨，实际应用中也具备较强的灵活性。

本章小结

在会计领域，资产通常根据其变现时间或难易程度被划分为流动性资产与非流动性资产。企业若流动性资产比例过低，可能面临较大的流动性风险，进而引发管理层及投资者的关注。这一事实表明，流动性在会计和财务分析中具有重要地位。然而，在本书前述的主流价值评估方法中，流动性对资产价值的具体影响尚未被系统纳入考量。在现实市场中，资产流动性差异所带来的交易成本和价值损失是客观存在的。对于私人企业而言，由于缺乏活跃的交易市场，其股权的转让通常面临较大的不确定性，包括寻找交易对手的成本、延长交易时间的风险及为加快处置而不得不接受的价格折让。相较而言，上市公司的股票因具备高度的市场流通性，在公开市场中随时可以买卖，流动性问题带来的估值影响相对较小。因此，当进行企业价值评估，尤其是私人企业估值时，忽视流动性差异将可能导致估值偏差。

本章以流动性与非流动性的基本概念为出发点，分析了决定资产流动性程度的核心因素，系统梳理了用于度量流动性价值的主要方法，并在此基础上探讨了流动性因素在企业价值评估过程中的具体体现及调整路径，试图为私有企业估值实践提供理论支撑与方法指导。

课后问答

1. 什么是流动性？请从宏观、微观和企业三个层面分别解释。
2. 为什么说流动性会影响资产价值？请举例说明。
3. 影响资产流动性的主要因素有哪些？请简要说明。
4. 买卖价差如何反映市场流动性？它与交易成本有什么关系？
5. 比较原始价差法和有效价差法的异同点。
6. 什么是非流动性折价？固定折价法和特定折价法各有什么特点？
7. 调整折现率法中，如何确定非流动性溢价？
8. 相对估值法在评估非上市公司价值时如何应用？
9. 为什么上市公司股票通常比非上市公司股权更具流动性？结合实际交易流程进行理解。
10. 流动性价值评估对投资者和管理者有什么实际意义？

第二十五章
协同效应价值

本章任务清单

任务序号	任务内容
1	了解企业并购的基本概念、动因和主要形式
2	熟悉协同效应的定义、分类及其价值来源
3	掌握协同效应价值的评估方法及适用场景
4	掌握协同效应价值在并购双方间的分配逻辑与支付溢价关系
5	了解并购中超额支付的常见原因与规避策略
6	了解提升协同效应实现可能性的实践方法

在当今世界，所有经济体制发达的国家中，大部分企业若要提升自身价值，必须依靠内部或外部的增长。企业通过采取降低自身融资成本、打造品牌提升超额收益、改变管理策略提高投资效率等方式固然可行，但是这种来自内部的增长通常需要较长时间。所以很多企业越来越依靠并购这一手段拓展经营，实现生产和资本的集中，达到企业的外部增长目标。随着市场经济的发展及经济全球化，我国企业的并购活动也将越来越活跃。许多的案例与研究结果都表明，协同效应是发起并购的主要动因之一。本章将从企业并购的动因与形式切入，系统解析协同效应的内涵、价值来源及评估方法，并深入探讨协同效应在实践中的分配逻辑与实现路径，旨在为读者构建一个完整的协同效应价值评估框架，帮助理解并购背后的经济逻辑与风险控制要点。

第一节 企业并购与协同效应产生

一、企业并购动因及形式

企业并购实际上是企业兼并(merger)与收购(acquisition)的合称，主要指企业在市场上的兼并收购行为，国际上习惯将兼并和收购合在一起使用，统称为 M&A，在我国称为并购。

其中，兼并一般是指两家或更多不同的独立的企业合并为一家。我国的公司法规定，兼并一般有两种方式，一种是吸收式合并，是在两个或两个以上的企业合并中，其中一个企业吸收了其他企业而成为存续企业的合并过程，被吸收的企业解散、注销、失去法人资格，其债权债务由存续企业承担；另一种是新设式合并，是两个或两个以上的企业合并，另外成立一家新企业，成为新的法人实体，原有两家以上的企业都不再继续保留法人地位，企业合并后，合并各方的债权、债务由合并新设的企业承担。

收购是指一家企业购买另一家企业(称目标企业)的资产、营业部门或股票，从而获得对该企业的控制权的交易行为，目标企业的法人地位并不因此而消失。收购一般有三种方式，一是现金收购，由公司支付一定数额的现金，从而取得目标公司的所有权，这是一种单纯的购买行为；二是股票收购，是指收购者不以现金为媒介完成对目标公司的收购，而是以新发行的股票替换目标公司的股票，这种方式不需要收购方支付大量现金；其三是承债式收购，承债式收购是指收购方以承担目标公司的债务为条件接受其资产并取得产权的一种方式。

(一) 企业并购动因

随着时代发展，企业并购的规模和方式不断刷新，众多学者也不断探究企业热衷于并购的驱动力，下面介绍几种经典的并购动因理论。

1. 差别效益理论

差别效益理论的支持者认为，如果并购公司的管理比目标公司更有效率，在并购方并购完成之后，目标公司的管理效率提高到并购公司的水平，那么，并购就提高了管理的效率，从而增加了企业价值。这个观点存在几点问题：①目标公司的管理改善是否一定需要收购方？如果目标公司可以自行改变管理效率来提升价值，并购行为明显是不必要的；②这种管理效率的提升有多大可能性，一般认为管理效率的提升是有限度的，即使收购方有着较高的管理效率，其能否提高目标公司的管理效率也是未知的。

2. 价值低估理论

价值低估理论的支持者认为，并购的动因在于目标公司股票市场价格低于目标公司的真实价格。出现价值被低估的原因可能是收购方掌握了其他投资者不具备的信息，发现了目标公司的市场价值被低估，或者是收购方认为目标公司的现有管理层的管理政策使得企业的价值被低估。值得注意的是，并非所有被低估了价值的公司都会被并购，也并非只有被低估了价值的公司才会成为并购目标，因此，这一理论不可能单独存在。

3. 市场势力理论

市场势力理论的支持者认为，并购活动的一个重要动因是增大公司的市场份额，而且并购活动通常源于企业经营环境垄断性控制的增强。收购方股东为了获得市场上的支配地位，提高其产品的价格和增强市场的垄断程度，获得更多的超额利润以提升企业价值而发起企业并购。

4. 协同效应理论

协同效应理论的支持者认为，并购出于经营上或者财务上的互补，两家企业合并后产生的效益会大于合并之前各自预期的效益之和。追求利润最大化是企业并购的动因，而协同效应是企业并购价值增值的源泉。

(二) 企业并购的主要形式

1. 横向并购

横向并购是指同属于一个产业或行业，或产品处于同一市场的企业之间发生的并购行为。横向并购可以扩大同类产品的生产规模，降低生产成本，消除竞争，提高市场占有率，同时横向并购也是产生规模效应的主要途径，是谋求经营协同的主要方式。比如两家银行合并成一家更大的银行，两家石油公司合并成一家更大规模的石油公司。

2. 纵向并购

纵向并购是指生产过程或经营环节相互衔接、密切联系的企业之间，或者具有纵向协作关系的专业化企业之间的并购。纵向并购的企业之间不是直接的竞争关系，而是供应商和需求商的关系。

3. 混合并购

所谓混合并购是指分属不同产业领域，即无工艺上的关联关系，产品也完全不相同的企业间的并购。并购的目的通常是扩大经营范围，进行多元化经营，以增强企业的应变能力。企业的并购动因如果是谋求多元化经营或者是财务协同，采用混合并购的方式可能性较大。

二、协同效应的含义

协同效应这一概念最早由美国学者 Ansoff 于 20 世纪 60 年代首次提出，他认为协同效应是公司与被收购公司之间匹配关系的理想状态，即一家公司通过收购另一家公司，使得公司整体业绩高于两个公司原来的业绩总和。Sirower(1997)[①]从动态角度对并购协同效应进行了界定，提出协同效应是企业合并后所产生的现金流量超过两个企业合并时预计产生的现金流量总和的部分，合并后产生的净现值等于协同效应减去溢价。他认为影响协同效应的关键因素是并购时所支付的溢价，并购决策的依据应当是：并购决策的净现值 ＝ 并购的协同效应-并购支付的溢价。与 Ansoff 不同的是，Sirower 更加强调协同性来自两家公司的共同作用，如果并购公司出现价值改进是在并购完成时已经预期到的，那就不是协同效应，协同效应一定是在未合并前不可实现的价值提升。企业合并中只有创造出不在预期之列的价值，才是真正实现了协同效应。

另外值得注意的一点是，协同效应可能是正面的，也可能是负面的。因此，并非所有的并购都能带来正的协同效应。有证据证明很多并购案例完成并购后并没有达到预期的协同效应，甚至起到了相反的作用，使价值减损。

三、协同效应的分类

既然协同效应是企业并购的主要动因之一，那么协同效应来源于哪里，企业是怎样通过并购来实现自身价值提升的？从协同效应的作用机理出发，我们将协同效应分为以下几类。

（一）管理协同效应

该理论认为，如果任意两个管理能力存在差异的企业进行合并，那么合并后的企业的表现将会受益于具有先进管理经验的企业的影响，综合管理效率得到提高，合并企业的总体表现将会优于两家公司表现的加总。

该理论的支持者认为，并购中双方公司存在管理上的差异，可以看作一家管理资源剩余的公司去并购一家管理资源缺乏的公司，且在并购中管理资源是可以转移的，于是并购方企业通过剩余管理资源的有效转移和充分利用可以促使并购后的企业价值提升。管理资源的转移有以下几种方式。

(1) 降低被并购企业的管理成本。例如当并购方完成并购事项后，可以利用自己高效的管理团队与管理结构，来裁减目标公司低效管理人员、精简结构等，以使其管理成本降低。

(2) 并购方企业通过自身的管理优势改进和提高目标企业的管理水平，发挥企业的最大价值。

(3) 并购后企业通过组织结构的优化实现管理协同效应。

那么就存在一个疑问，目标公司的管理改善是否一定需要通过并购呢，如果目标公司可以自行调整管理政策获得价值提升，也就意味着兼并对于提升企业价值并不是必要的。试想如果企业管理层是流动的，那么目标企业在管理人员市场上招募有相同管理能力的管理人是否也能够提升管理效率至相同水平呢？支持管理协同的人并不这么看，他们认为企业的管理资源可以分为三个类别。第一类可以被称作一般管理能力，表示一般管理职能中组织经验与相关组织资本的结合，也就是策划、组织、指挥和控制等一般管理职能及财务策划和控制中发展起来的能

[①] Sirower M L. The synergy trap: How companies lose the acquisition game[M]. New York: Simon and Schuster, 1997.

力,即在各行业中都存在的大体一样的一般性管理经验;第二类被称为行业专属管理能力,即与特定行业的生产和营销特点相关的特殊管理能力;第三类包括了其他各项,可以被称为非管理能力的人力资本。这三种类型的管理资源在某种程度上是企业专属的,但是专属的程度不同。当企业并购后发生管理资源的转移时,可以看作这三种类型的管理资源在进行转移,其中非管理的人力资本,比如生产线上工人的熟练技能很少在并购中转移并发挥协同作用,因为其技能与所操作的生产设施息息相关,因此只有在极度相似的企业环境中才能发挥作用,而一般管理能力与行业专属管理能力都可以在兼并中进行转移,其中行业专属能力难以被转移到非相关行业的其他企业中去,因为行业专属能力对于其他行业来说不能发挥作用,甚至会起到负的协同效应,一般管理能力的转移范围则更广泛,甚至可以在不相关行业的企业间的兼并中被拓展使用。理论的支持者认为行业专属管理能力和一般管理能力都具有团队效应,即这种能力的发挥依靠企业整体管理团队的构建,正因为这种团队效应,在转移这两种能力上,企业间的兼并要比个体管理人员在劳动力市场的转移更有效。

(二) 经营协同效应

经营协同效应指并购给企业生产经营活动在效率方面带来的变化及效率的提高所产生的效益,比如说实现了规模经济或范围经济,或者是提升了市场规模等。从价值评估的角度来看,经营协同使得企业增加了经营收入或者是提高了增长速度,或两者兼而有之。我们将经营协同分为以下几种类型。

(1) 实现规模经济。规模经济的取得一般通过横向并购,企业可以通过并购对其资源进行补充和调整,以达到最佳经济规模。

(2) 降低企业费用。企业可以通过纵向并购控制部门或行业的供应、生产和销售的全过程,从而达到避免相关交易费用、降低库存管理费用及控制营销费用等目的。

(3) 增强市场势力。收购方通过横向并购同行业企业可以实现减少竞争对手和提高市场占有率的目的,从而提高定价权获得更高的利润与收入,以提升并购后的企业价值。

(4) 带来优势互补。可以将并购双方企业的优势结合,从而增强并购后企业在行业内的竞争优势,比如一家拥有很高市场占有率而产能不足的公司并购一家拥有较高效且稳定的生产线的公司。

(5) 增加销量。例如,一家美国的消费品生产公司收购一家新兴市场内的公司,其主要目的在于利用其既有的分销网络和品牌资源,增加其自身产品的销量。

在不同类型的并购交易中,经营协同效应的来源具有明显差异。在横向并购中,协同效应主要源于企业在相同或相似业务领域的整合所带来的规模经济与范围经济效应,以及市场势力的增强与竞争成本的降低,这些因素有助于提升市场份额、优化资源配置并增强价格谈判能力。纵向并购则通过上下游环节的整合实现纵向一体化,进而有利于战略协同的形成与交易成本的有效控制,提升企业整体运营效率。相比之下,混合并购的协同效应主要体现在多元化经营战略的实施上,通过业务结构的多样化分散风险,从而降低企业在单一市场或行业波动中的脆弱性,增强企业的长期稳定性与抗风险能力。

(三) 财务协同效应

财务协同效应是指并购给企业财务方面带来的各种收益,这种收益并不是由于规模经济、优化管理、降低中间费用等带来的,而是由于财务资源分配、会计处理等带来的。财务协同效应一般通过混合并购来实现,其主要来源于以下几个方面。

(1) 资金的充分利用。如果一家企业(多为成熟企业)拥有充足的现金流且超过了其可能的投资项目需要,而另一家企业(多为发展中的企业)有较多的高回报投资项目但可利用资金不足,那么当两家企业进行并购时,成熟企业多余的资金流入发展中的企业进行高回报投资,使并购后企业整体盈利能力增强,实现了财务协同效应。

(2) 融资能力的增强与资本成本的下降。企业并购后资产规模扩大,具有了更强的盈利能力与更加稳定的现金流,增强了企业的举债能力,为企业再融资提供了便利条件。另外企业资产规模的扩大也可使企业能够借到更多的银行贷款从而降低融资成本。同时并购后的企业可以对现有的企业资源进行重新整合,使有限的资源达到更充分、有效的应用,提高资本利用率,从而相对节约资本成本。

(3) 税收优惠。企业可以利用税法中的亏损递延条款来合理避税,当并购方并购了一家亏损企业时,依据税法中亏损可以抵消或向后递延抵消盈利的规定,并购后其可以隐藏自己的收入,达到节税的目的。另一方面,当并购方并购了一家高资产价值的目标公司时,如果并购后公司可以提高折旧费用,也可以减少纳税金额,提升公司价值。

税收优惠效应示例如表 25-1 所示。

表 25-1　税收优惠效应示例

项目	并购前		并购后
企业	A 企业	B 企业	AB 企业
应纳税所得额	200	-100	100
应交所得税(25%)	50	0	25
净利润	150	-100	75

由此示例可知,并购前 A 企业盈利需要缴纳 25%的所得税,而 B 企业亏损的税盾效应并未发挥。在现实中也是这样,尤其是一些长期亏损的企业,一直无法发挥其税盾效应。而并购后可以实现有效避税。

(四) 多元化经营

多样化经营,是指公司持有并经营那些收益相关程度较低的资产的情形。对一个公司来说,多样化经营可以分散风险,减少成本,稳定收入来源。但是对于多元化经营的争议一直比较大,如果股东可以通过在资本市场上分散持股的办法来分散风险自行实现投资主体的多元化,那么并购并不会增加合并公司的价值,多元化的协同也就不存在。然而该理论的支持者认为,虽然股东并不关心多元化经营,但是多元化经营会给企业管理者和其他雇员以工作的安全感,因为他们的收入无法自行实现多元化经营,所以企业的管理者会谋求多元化以降低风险。而且任何产品产业都有其生长发展的生命周期,当公司原先所处的产业、行业衰退时,分散经营使得公司可以向其拥有的其他产业转移,从而提高公司的组织资本和声誉资本受保护的可能性。但是,值得注意的是,在并购中并购方要支付高于市场价格的溢价,并购完成后又很可能因为进入了新的行业而导致经营效率降低,很可能使企业价值发生减损。

第二节　协同效应价值及评估方法

由于并购方在进行并购时一般要支付给目标公司股东超过市场价值的溢价,那么企业支付价格的高低就取决于在并购前对协同效应的判断,正确评估协同效应价值对于并购成功与否十分重要。本章我们将主要讨论协同效应的价值来源与主要评估方法。

一、协同效应的价值来源

在进行协同效应价值评估之前,我们要考虑一个问题,协同效应是如何表现出来的?或者说企业通过哪些改变实现了协同效应？只有在并购前想明白这个问题才有可能避免对协同效应有不恰当的期望，对协同效应进行客观评估。协同效应的价值一般来源于以下几个方面。

(一) 现有资产产生现金流的增加

企业现有资产的现金流增加可能源自几个方面，收入的增加、成本的降低或者两者兼而有之。

1. 收入的增加

有以下几种途径可以增加企业的收入。

(1) 销量增加。并购行为减少了市场竞争者，使并购后的企业占据了更大的市场份额，或者是并购以后企业进入了新的市场，扩展了市场范围，或者是并购后的企业拥有了更丰富的生产线，从而提升了产品销量。

(2) 企业定价权的提升。并购后的企业市场份额增大，市场势力增强，由此获得了垄断收入，或者由于控制了产业链的上下游而掌握了议价权。

2. 成本的降低

有以下几种途径可以实现成本的降低。

(1) 规模效应。企业可以通过兼并对企业的资产进行补充和调整，达到最佳经济规模，降低企业的生产成本。实际上，规模效应带来的成本降低来自固定成本的分摊，不变的固定成本及高层管理费用等可以在更大规模的产品中分摊而实现单位产品成本降低。

(2) 中间费用的降低。企业通过纵向并购控制经销商或供货商时，可以把原来的外部交易变为内部交易，大大降低交易的成本与相关费用。

(3) 管理、销售部门的精简。企业并购后的规模变大，但是管理、销售等部门的需求并不会简单等于一加一，通过并购可以裁减冗余的管理人员，精简管理、销售机构，降低管理、销售费用。

(二) 增长率的提高

与现有资产的现金流提升相同，增长率提高也往往来自经营协同效应，但是与现金流提升不同的是，现金流的提升主要依靠企业成本的节约，而成本节约总是有限的，但是企业的增长却是无限的，依据增长率的计算公式，我们可以知道，增长率的提高会来自两个方面：其一是投资回报率的提高，即企业的投资回报增加；其二是投资机会的增加。

(1) 投资回报率的提高。经营协同中，一家只具有行业平均投资收益水平的企业会通过并购拥有较好投资项目的公司，将其多余的现金流投向高回报投资项目。并购后的公司将会有较高的投资回报率，从而实现增长率的提高，进而实现协同效应。

(2) 投资机会的增加。一般来说，成熟公司具有的可投资项目较少，而初创或发展企业往往具有较多好的投资项目却资金不足。并购后的公司可以获得较多的投资机会，从而产生较高的再投资回报率，以带动增长率的提高，另外当企业的投资机会较多时，企业也会提高再投资率以获得更高的收益，进而提高增长率。

(三) 增长期间的延长

除增长率提高外，企业还可以通过更长的增长期来提升企业价值。增长期的延长一般通过企业综合竞争实力提升来实现，可能是由于并购减少了竞争对手而提高了并购后企业的垄断地位，也可能是并购后企业规模增大导致提高了进入壁垒，或者是由于并购中并购方获得了特许权等无形资产提高了垄断地位。

(四) 资本成本的降低

资本成本的降低往往通过财务的协同效应实现，有很多证据证明并购后的企业资本成本会有所下降。更低的折现率会提升企业的价值。企业资本成本的下降主要源于并购后举债能力的增强,如果并购公司和目标公司的现金流量并不完全相关,那么合并公司现金流量的变动将会小于两家公司并购前的状况,流动性的降低增强了公司的举债能力,提升了公司价值。

需要小心的是,举债能力增强所带来的价值提升不会完全归属于企业股东,而是有部分流向了债权人,试想在并购前两家公司的债权人会根据两家公司各自的风险最大值来确定债券价格,而并购的完成大大降低了债务风险,债券的价格就会增长,若利率不下调相当于举债能力增强所带来的价值提升使债权人的财富大大增加。

(五) 税收节约

如果目标公司具有税收优惠的情形,那么并购后可实现的税收减免也可以提升企业价值。比如根据税法规定,如果纳税人发生年度亏损,可以利用下一纳税年度的纳税所得来弥补,若下一纳税年度的纳税所得仍不足以弥补,则可以逐年延续直至第 5 年。所以一家有着正的收益的公司需要缴纳大量税款,若其并购一家亏损的目标公司,则可以利用其亏损的递延掩盖其收入获得更多的收益。另一种税收收益来源于并购后企业资产价值的提升,并购后的企业如果能够改变折旧政策,则可以通过增加折旧额来减少利润,最终实现减少税负。值得注意的是,一切有关避税的行为都会受到税收部门的严密监管,很多国家的法律法规对避税的手段有着严格的限制。

二、协同效应评估的直接法

协同效应评估的直接法,指直接测算并购行为对某项或若干财务指标产生的影响值,然后对该影响值进行资本化或折现得到协同效应价值的估值方法。在直接法下,不需要分别计算并购后企业的整体价值与不发生并购时两家企业单独的价值,只需要衡量变动部分所带来的价值增加。采用直接评估法有以下几个步骤。

(1) 分析协同效应的类别及协同效应以何种方式提升企业的价值。
(2) 依据协同效应价值来源找出发生变化的主要财务指标。
(3) 对财务指标的影响值进行量化估计。
(4) 计算该财务指标的变动带来的价值变化。
(5) 如果企业协同效应不是立即发生的,或协同效应的持续时间较长,则应确定折现率对价值变化进行折现。

运用直接评估法,需同时满足以下三个条件:首先,并购活动对并购企业施加影响的过程较为直接,能够清晰还原出并购协同效应的产生过程,即清楚地知道协同效应是怎样使企业价值提升的,因为这关系着估值中财务指标的选择;其次,受并购活动影响的财务指标范围较小,只有某项或少数几项财务指标受到并购活动的影响,如果受并购活动影响的财务指标过多,则采用直接法衡量协同效应不是一个好的选择,过多的影响指标不仅会加大工作量,使估值复杂化,同时也增大了评估结果偏离真实值的风险;最后,财务指标变化对企业收益的影响能够直接量化。如果财务指标不能够确定,那么应当采用间接法。

该方法的理论来源于 Bradley 等(1988)[①]使用的异常收益法,首先基于市场模型法估算要约收购产生的异常收益及累计异常收益(CAR)。CAR 为收购公司宣布日前 5 天到宣布收购成功之日后 5 天的累计异常收益。然后将异常收益在收购方股东与目标公司股东之间进行分配,在这里我们将财务指标的影响值看作异常收益。

---

① Bradley M, Desai A, Kim E H. Synergistic gains from corporate acquisitions and their division between the stockholders of target and acquiring firms[J]. Journal of Financial Economics, 1988, 21(1): 3-40.

直接估值法需要财务指标的变动值，这意味着该方法实际上大多运用于对财务协同的估值，因为财务协同所带来的价值提升往往能够直接反映在财务指标的变动上，下面我们将分别举例说明。

（一）税收节约

企业并购中，使价值提升的税收节约方法有很多，在本节上一部分已经介绍过了，其中最主要的两种方式是，税收减免政策与资产价值提升导致的折旧变化。

(1) 当一家有着巨大收益的公司以财务协同效应的税收减免为目的，并购了一家亏损公司时，该协同效应的价值就是收购方由于并购而节约的税收额现值。例如甲公司本年度盈利一千万元，其以实现税收节约为目的收购了本年度亏损一千万元的乙公司，甲公司的边际税率为30%，则税收的节约额为三百万元，该并购中协同效应的价值也为三百万元。而如果并购后目标企业的节税额度不是在一年内完成，而是在以后年度分年完成的，则需要对以后年度的节税额进行折现，折现率可以参照资本成本也可以依据税收节约来源确定，比如收入抵减的节税额可以用资本回报率进行折现，而债务带来的税收节约则可以用企业的债务资本成本。

(2) 若以财务协同为目的的并购完成后，企业被允许提升企业资产的账面价值来反映新的市场价值，并且被允许对新增资产进行折旧的话，企业将通过折旧额的增加获得税收节约。在该并购中，协同效应的价值为预期的折旧变化额(每年新增的折旧额)乘以企业的边际税率经过折现以后的现值。

（二）举债能力增强

如果两家收益并不完全相关的公司进行合并，合并后的公司的收益风险要小于两家公司合并前的情况，而企业收益风险的降低将会增强企业的举债能力，并提高其价值。有多种理论可以解释企业进行并购后随着债务比例的提升而带来的价值增加。Lewellen(1971)[①]的一项研究认为，虽然合并后的企业有着相比合并前两家单独企业更低的违约风险，更加稳定的现金流量，但是并购后债务价值的增加是以牺牲股东价值为代价的。Stapleton(1975)[②]运用期权定价法评估并购所带来的高举债能力的价值，他认为，并购对举债能力提升的影响总是积极的，哪怕并购中的两家公司完全正相关，举债能力带来的价值增加将会随着两家公司盈利相关性的减少而增加，且随着投资者风险回避程度的提高而增加。

需要注意的是，协同效应中的举债能力增强，指的是对两家企业未并购前的最高举债能力的提高，而不是在并购前未达到最佳能力的公司通过并购增强举债能力而实现自身最优资本结构，其区别在于后者即使不通过并购也可以实现即并购不是必要的，则也不存在协同效应。

三、协同效应评估的间接法

协同效应的间接法，通常是指比较实施并购和不实施并购两种情况下的企业价值差异，从而得出并购协同效应价值的方法。该方法中首先对并购双方企业基于实施并购及不实施并购的假设前提下的收益分别做预测，并且确定它们的最终价值和折现率，再计算并购双方企业在实施并购前提下的股东全部权益价值及不实施并购假设条件下的股东全部权益价值，并将前者减去后者，得出协同效应价值。

在实际操作中，协同效应的间接法有以下步骤。

(1) 分析协同效应的来源，即协同效应如何影响企业价值。

(2) 分别估计并购双方公司的价值，即利用各公司的加权平均资本成本对其预期现金流进

---

① Lewellen W G. A pure financial rationale for the conglomerate merger[J]. Journal of Finance, 1971, 26(2): 521-537.

② Stapleton R C. A note on default risk, leverage and the MM theorem[J]. Journal of Financial Economics, 1975, 2(4): 377-381.

行折现。

(3) 将第二步中得到的企业价值进行加总，得到并购后不存在协同效应时的企业价值。

(4) 依据协同效应的来源，对并购后企业的相关输入变量进行预测，如增长率、增长期间、资本成本等。同时对并购后的新企业的价值进行评估，此部分价值与上一部分不包含协同效应价值的新企业价值的差异，就是协同效应的价值。

该方法多用于对经营协同效应价值的评估，因为相对于财务协同中仅会影响一两项财务指标，经营协同对于并购双方企业的影响是多方面的，且影响过程错综复杂。如果运用直接法，则很难准确分析协同效应的影响因素，而且即使分析出每一种影响因素，对其量化也是极为困难的，而采用间接法，可以忽略对于每一种财务指标的量化难题，只要保证对于输入变量的估计正确，就可以得到可靠的协同效应价值。

能否运用间接法正确评估协同效应的价值的关键在于，能否正确评估企业价值，包含两点：第一，要正确评估未发生并购的两家企业的现状价值，这取决于是否掌握了企业的正确信息；第二，要正确评估并购后企业的价值，这取决于对并购后企业的预期是否合理。在进行并购前后企业的价值计算时，完全可以采用本书前半部分所介绍的企业价值评估方法，即折现现金流法或相对估值法。在实际操作中，折现现金流法是更为普遍的一种方法，因为它较好地体现了协同效应是怎样增加并购企业价值的。而相对估值法将所有影响转变为乘数的变化，在计算中无法直观体现，需要在市场上找到并购相关公司的可比公司，并选定与协同效应的影响相关的价值乘数。价值乘数包括收入乘数、收益乘数、账面价值乘数及其他乘数，其选取取决于协同效应价值的来源。对并购前后分别估值，其差异即为协同效应价值。

四、协同效应价值评估中的其他问题

(一) 协同效应与控制权

与协同效应类似，获取控制权也是企业的并购动机之一，而且只有当并购方获得控制权时，才意味着并购成功。如果企业没有掌握控制权，协同效应也不会被实现，二者在并购中常常紧密结合，以至于评估协同效应价值时混合了控制权，所以控制权价值的分离对评估协同效应价值具有重要意义。虽然控制权价值与协同效应价值同样会在并购中体现，但是它们还是有以下几点不同。

(1) 协同效应价值的产生有其特定条件，即需要至少两个企业的参与(或者是项目、业务)，而控制权价值则不需要。也就是说如果不经过并购，协同效应不会存在。

(2) 协同效应的价值与并购中的每一家企业相关联，而控制权价值只与并购中的目标公司有关。即计算控制权价值时，收购方的价值及改变不会对控制权价值造成影响，而协同效应的价值计算中如果不对收购方进行分析则得到不到结果。

所以在对协同效应价值进行评估时，如果采用间接法计算的话，我们应当先对控制权的价值进行评估。首先假设目标公司拥有了最优的管理，计算此时目标公司的价值，再评估目标公司现状管理下的价值，其差额即为控制权价值，然后再依照上一部分介绍的方法对协同效应价值进行评估，得出结果后减去控制权价值即可得到协同效应的价值。如果采用直接法计算协同效应价值，则在分析财务指标的影响时，变动值应取假设企业已经在最优管理下的财务指标变动值。

(二) 取得协同效应的时间

虽然并购只是一场交易，但是协同效应并不会完全随着并购完成而立即体现出来，部分协同效应可能需要几年的时间才会体现，试想两家企业的并购完成后，一定会花费时间相互磨合、调整。由于协同效应价值是未来现金流提升所带来收益的现值,所以协同效应表现出来所需要的时间越长,其价值也越低。另外,并购的出价和并购是否成功,与能否根据预期时间表取得现金流的增长密切相关。任何整合措施的延迟都可能推迟现金流的取得,从而降低并购的净现值。

(三) 准确估计输入变量

在协同效应价值评估中,最重要的就是准确地估计企业的相关变量与预期变化,其中最容易发生错误的就是折现率的选取。在选取折现率时,需要注意以下几种常见的错误。

(1) 在对并购后公司估值时采用并购方公司或目标公司的资本成本。需要注意的是,并购后公司所产生的现金流与新公司有关,而与并购前的两家公司无关,因此应当采用并购后公司的股权资本成本或加权平均资本成本。尽管我们的评估很多时候是站在并购方的立场来进行的,但是折现率的选取只与其折现的现金流产生有关。

(2) 在并购后的税收节约中,我们用直接法对税收节约额进行折现评估协同效应价值,很多评估师会在这里采用无风险利率对其折现,因为其认为税务上亏损的抵减是确定的事实,所以不会有其他的风险,但是这里我们认为是不恰当的。因为与协同效应有关的现金流从来不是无风险的,税收节约额的折现率选用资本回报率较为恰当。

(3) 如果协同效应与新的行业、市场相关,而新的行业、市场又与收购方公司和目标公司有着极为不同的风险特征,则此时的折现率应当与收购公司和目标公司的不同,应当依据新行业、市场来确定。

第三节 协同效应价值的实现

在本章的前两节中,我们探讨了协同效应从何而来,以什么方式影响企业价值,并且介绍了评估协同价值的主要方法与在评估中应当注意的问题,在本章最后,我们将对并购中协同效应价值的实现中出现的一些问题再做探讨,这主要包括协同效应实现的证据、协同效应价值的支付与分配、并购方超额支付的原因和提升协同效应实现的可能性。

一、协同效应实现的证据

在企业并购过程中,并购方公司通常需要支付一定比例的溢价。支付溢价的前提是并购方公司预期并购能够产生协同效应,使未来收益足以弥补溢价成本。然而,并购方股东是否能够如预期般获得收益始终是一个值得探讨的问题。自 20 世纪 80 年代以来,众多经济学者采用事件研究法对并购的协同效应及其对股东财富的影响进行检验。研究普遍表明,目标公司股东是并购活动中的主要受益者,他们在并购交易中的收益几乎毫无疑问为正,研究之间的差异仅体现在收益的大小上。而相比之下,并购方公司的股东收益却往往不尽如人意。

美国麦肯锡公司的一项研究对此提供了进一步的证据。研究者基于"并购收益是否大于资本成本"及"并购是否有助于公司在竞争中表现得更加突出"这两个核心问题,对 1972 年至 1988 年间的 58 起并购活动进行了分析。结果显示,有 28 项并购在这两个方面均表现失败,另有 6 项在至少一个方面表现不佳。同一期间内,对英美地区 116 项规模较大的工业企业并购案例进行的进一步分析表明,以 1986 年的财务数据为基础,仅有 23%的并购活动被认为是成功的,而 61%的并购以失败告终,剩余的 16%则无法确定结果。麦肯锡公司在 1999 年的另一项研究中也得出了类似的结论。针对 1996 年至 1998 年间的 100 起大额并购案,调查发现,仅有 17%的并购为合并后的公司创造了价值,30%的并购未能产生预期的收益,甚至有 53%的并购直接损毁了企业价值。

类似的研究还包括 Moeller 和 Schlingemann(2004)[1]对 1985 年至 1995 年间美国 4 430 起跨国并购和国内并购的分析。研究结果显示，美国的收购公司在跨国并购中往往支付了过高的溢价，并购后其股票价格和经营业绩出现下滑。他们认为，这种现象主要源于收购公司对协同效应的价值预期过高，或对协同效应的实现难度估计不足。另一方面，并购失败的后果在某些情况下更加显著。Mitchell 和 Lehn(1990)[2]发现，在 1982 年至 1986 年间进行的并购活动中，有 20.22% 的企业在 1988 年前便宣告解体。Kaplan 和 Weisbach(1992)[3]进一步指出，有 44%的并购最终以解体告终，其主要原因在于收购公司支付过高的对价，或合并后的公司无法有效整合资源。长达十年以上的跟踪研究甚至显示，并购解体的比率已经上升至 50%，成功实现预期收益的公司仅占少数。Renneboog 和 Vansteenkiste(2019)[4]利用事件研究法，计算了并购公告期间的累计异常收益(CARs)，以及长期的买持异常收益(BHARs)和日历时间异常收益(CTARs)，来衡量股东财富的变化。文章显示，目标公司股东在并购交易中通常能获得正的 CARs，尤其是在公开收购中，因为目标公司股东持有大部分的议价权；然而，收购公司的股东财富变化则较为复杂。在短期内，收购公司的 CARs 可能为零或负值，这表明市场对并购交易的预期并不乐观。长期来看，收购公司的 BHARs 和 CTARs 也往往是负的，这意味着并购交易未能为收购公司的股东创造价值。Attah-Boakye 等(2021)[5]通过分析交易失败的原因间接探讨协同效应的存在与否，指出交易失败可能与预期协同效应的实现难度有关；目标公司股东财富可能因溢价而增加，而收购公司股东财富可能因交易成本和整合风险而减少。Feldman 和 Hernandez(2022)[6]通过多种指标研究协同效应是否存在，目标公司股东在并购中通常能获得溢价，财富增加；而收购公司股东的财富变化取决于并购是否实现协同效应，若协同效应实现，股东财富可能增加，否则可能不变甚至减少。

尽管如此，也有研究表明协同效应的存在。Bradley 等(1988)[7]以美国 1963 年至 1984 年间的并购交易为样本，考察了并购前后并购双方股东联合财富的变化。研究结果显示，在不同的时间阶段，目标公司和收购公司合并后的总财富变化始终为正，协同效应带来的收益相对稳定，通常位于 7%至 8%之间。然而，进一步分析显示，目标公司股东获得了大部分的协同收益，而收购公司股东的收益要么非常有限，要么甚至为负。Dutordoir 等(2014)[8]通过研究并购交易中协同效应披露对市场反应和股东财富的影响，确定协同效应的存在，发现披露协同效应的交易能获得更积极的市场反应,减轻收购方支付过高价格的担忧,减少收购方公告回报的负面影响。在比较目标公司和收购公司的股东财富变化时,研究进一步指出协同效应的实现对双方股东财富都有积极影响,能增加公司的市场价值，从而增加股东财富。David(2021)[9]通过分析并购交易中目标公司和收购公司的特征及收益来证明协同效应的存在，发现收购公司通常比目标公司更大、盈利更多，存在高度的正向排序，且并购溢价能反映并购收益，平均收益超合并价值的 7%，这些数

---

[1] Moeller S B, Schlingemann F P, Stulz R M. Firm size and the gains from acquisitions[J]. Journal of Financial Economics, 2004, 73(2): 201-228.

[2] Mitchell M L, Lehn K. Do bad bidders become good targets?[J]. Journal of Political Economy, 1990, 98(2): 372-398.

[3] Kaplan S N, Weisbach M S. The success of acquisitions: Evidence from divestitures[J]. Journal of Finance, 1992, 47(1): 107-138.

[4] Renneboog L, Vansteenkiste C. Failure and success in mergers and acquisitions[J]. Journal of Corporate Finance, 2019, 58: 650-699.

[5] Attah‐Boakye R, Guney Y, Hernandez‐Perdomo E, et al. Why do some merger and acquisitions deals fail? A global perspective[J]. International Journal of Finance & Economics, 2021, 26(3): 4734-4776.

[6] Feldman E R, Hernandez E. Synergy in mergers and acquisitions: Typology, life cycles, and value[J]. Academy of Management Review, 2022, 47(4): 549-578.

[7] Bradley M, Desai A, Kim E H. Synergistic gains from corporate acquisitions and their division between the stockholders of target and acquiring firms[J]. Journal of Financial Economics, 1988, 21(1): 3-40.

[8] Dutordoir M, Roosenboom P, Vasconcelos M. Synergy disclosures in mergers and acquisitions[J]. International Review of Financial Analysis, 2014, 31: 88-100.

[9] David J M. The aggregate implications of mergers and acquisitions[J]. The Review of Economic Studies, 2021, 88(4): 1796-1830.

据表明并购能创造额外收益,即协同效应,使整体价值大于各部分单独价值之和。在股东财富变化方面,目标公司股东财富显著增加,而收购公司股东财富变化较小,甚至可能为负。

综上所述,尽管协同效应的存在在一定程度上得到了实证研究的支持,但并购方股东是否能够获得预期收益仍存在较大的不确定性。在实际案例中,盲目相信并购能够为收购方股东创造巨大收益的想法是极具风险的。大量失败的并购案例表明,并购方公司支付的超额对价往往是导致并购失败的重要原因。通过这些研究证据可以看出,尽管协同效应可能在理论上具有价值,其在现实中的实现却充满挑战。

二、协同效应价值的支付与分配

如果协同效应具有价值,那么该价值由并购方股东独有吗?上一部分中的证据已经证明,在并购中收益最大的往往是目标公司股东,那么协同效应的价值如何在收购方股东与目标公司股东之间进行转移呢?在探讨这一问题前,我们先来了解一下在并购中收购方的支付情况。

(一) 协同效应价值的支付

在并购中,目标公司股东不会轻易放弃企业的控制权,因此会向收购方提出一个高出市场价格的溢价,同理如果收购方公司想要获得并购收益,则必须根据自己的判断向目标公司支付对价,这个支付对价中包含两部分:目标公司的市场价格和并购溢价。从某种意义上来说,支付对价的多少或者说并购溢价的多少关系到此项并购是否成功,因为支付的多少会决定此次并购是在提高企业价值还是在毁损企业价值。

在市场对目标公司的现状价值正确评估下,并购方所支付的并购溢价中,既包含协同效应价值也包含控制权价值,它代表并购方会将多少协同效应价值和控制权价值向目标公司转移。在一场公平的交易中,并购方公司将不会取得超额收益,也不会带来价值损毁,其支付的溢价中包含了全部的控制权价值与协同效应价值,但是实际中并购方公司并不会全部支付,尤其是对于协同效应价值,因为协同效应由双方共同影响,而对于控制权价值,收购公司可能会选择全部支付。

那么如果我们在并购活动前对并购中协同效应价值与控制权价值判断失误的话,很有可能导致超额支付,造成价值损毁,如目标公司的协同效应与控制权总价值为 2 000 万元,而在并购中支付的并购溢价为 3 000 万元,则有 1 000 万元的超额支付额,并购方股东的价值减损了 1 000 万元。

(二) 协同效应价值的分配

我们已经发现,在并购中,企业会对控制权价值进行完全支付,而对协同效应价值则不会,那么协同效应的价值应该怎样在两者中分配呢,或者说在支付中并购方将会保留多少协同效应价值呢?这取决于在协同效应的实现中,并购公司做了多少独特的贡献。试想一个极端的例子,如果收购方贡献了全部的协同效应价值,即在协同效应中收购方公司是不可缺少的,那么收购方股东将独享协同效应的价值。下面我们将从协同效应的价值来源出发,分析协同效应价值怎样在并购双方间进行分配。

1. 成本节约

如果协同效应价值来自并购后实现的成本节约(如规模效应、中间费用的降低等)且成本的降低来自收购方,收购方则能够获得更多的协同效应价值。例如美国银行并购太平洋证券的案例,此项并购带来的成本节约主要来源于两家金融机构在美国西海岸地区的机构分布相近,这是其他银行不具有的优势,所以美国银行在此项并购中获得了较多的协同效应价值。如果其他公司也可以轻易实现成本节约的结果,那么协同效应将会更多地被分配给目标公司,即收购方将会支付更多的溢价。

2. 增长型协同

增长型协同的来源较多，但还是依据在协同效应中贡献的多少来进行价值分配。例如一家大型消费品公司为打开新兴市场而收购小公司的案例，并购方拥有较丰富的开发市场的经验，但是由于该家消费品公司的特点其他大型消费品公司也有，所以在并购溢价中它将支付更多，获取较少的协同效应价值。而另一个例子，一家高科技公司在为了进入新市场而购买小型公司，由于高科技公司可能具有独特的专利技术与科技转化能力，所以在该项并购中，高科技公司将会获得更多的协同效应价值，支付更少的溢价。

除了上述例子外，另一种增长的来源是，成熟公司(有较多闲余资金而缺少好的投资项目)并购发展中的公司(有较多好的投资项目却缺乏资金)，在这个并购案例中协同效应的价值分配将视哪种因素更具有稀缺性而不同。如果处在一个成熟的发展平稳型市场中，相对资金来说，投资项目更为稀缺，则协同效应的价值将会更多分配给目标公司，如果处在快速发展的市场中，资金更具有稀缺性，则在并购中收购方将支付更少，获得更多协同效应价值。

3. 举债能力的提高

并购后举债能力的提高来原于并购双方的现金流所面临的风险不相关，双方可能处于不同的市场中，如果并购双方没有其他特点的话，协同效应价值很可能在双方之间平分。

4. 税收节约型协同

税收节约型协同效应来源于应纳税所得额的抵扣或者并购后折旧额的变化，协同效应价值在并购双方之间的分配取决于双方在税收节约中的特性，如果收购方公司不存在特殊贡献的话，一般情况下协同效应的价值将会较多分配给目标公司。

根据对协同效应证据的观察，我们发现在企业并购中，目标公司的股东才是真正的赢家，一般情况下并购活动对于目标公司股东的作用远大于收购方公司的股东。Jensen 和 Ruback (1983)[①]指出，在成功的投标报价中，目标公司股东们的超额回报为 30%，在成功的兼并中，目标公司股东们的超额回报为 20%。而同样在投标报价宣读中，收购方公司仅取得了 4%的超额回报，而兼并宣告前后则不存在。

所以，在并购过程中，并购方公司的股东往往对并购计划反应平淡，因为尽管并购中的协同效应价值真实存在，但是其归属于并购方公司股东的部分却非常小，甚至在超额支付中，并购方股东给予目标公司股东的支付金额，远远超过协同效应的价值。

三、并购方超额支付的原因

企业并购最后走向失败的很大一部分原因在于并购过程中对目标公司股东的过度支付，导致超额支付的原因很多，其中比较常见的 5 个原因如下。

(一) 高估协同效应的价值

在评估并购可能带来的协同效应价值时，如果过高地估计了并购后给公司带来的现金流、增长率、节约的成本，过长地估计了企业的高速增长期或者过低估计了企业面临的资本成本，都有可能高估协同效应的价值，使并购方支付过多的溢价。另外由于评估协同效应价值的工作往往由并购的执行者来完成(或者是并购方聘请的投资顾问)，他们由于自身的利益(比如公司内部的执行者想要通过并购提升自己的业绩，投资顾问的佣金与是否促成并购谈判挂钩)，会极力想要促成并购，所以评估的协同效应价值存在偏差也就不足为奇了。

---

① Jensen M C, Ruback R S. The market for corporate control: The scientific evidence[J]. Journal of Financial Economics, 1983, 11: 5-50.

(二) 高估协同效应实现的可能性

企业并购预期会产生多项协同效应，有些很可能成功，另一些则不然。然而在并购前的分析中，分析人员很容易高估协同效应实现的可能性。例如并购后通过精简管理机构来降低成本，而在缩减管理层的经费时，很可能会遇到很大的阻力而无法实现；或者企业通过并购竞争对手来增强市场势力来提高定价权，这一行为很可能由于监管当局的干预而失败。如果并购方公司并购前的评估没有考虑到协同失败的可能性，则很可能出现超额支付的情况。

(三) 未考虑协同效应实现的时间

即使并购前评估人员准确地估计了协同效应价值的来源与实现难度，但如果不考虑协同效应实现的时间也会高估其价值。很多协同效应并不会随着并购实施而立即体现出来，而是需要一定的时间，有的收益是在未来一段时间内分次获得。如果协同收益不是并购后即刻实现，协同效应的价值要大打折扣。

(四) 管理者盲目自信

有的企业可能正确地估计了协同效应的存在与转化时间，但是依然进行了过高的支付，这可能源于管理者的盲目自信，认为自己强于一般的管理者。Roll(1986)[①]发现，管理者的骄纵是过度支付的根本原因所在，过分自信的 CEO 往往在并购中存在过度支付的问题。

(五) 错误地分析了并购双方对协同效应的贡献

协同效应价值在并购方与目标公司之间的分配应当符合双方对于协同效应实现的贡献大小，如果收购方拥有不可替代的协同效应因素，则其获得的协同效应理应大一些。例如一家资产负债率较高但债务成本较低的公司去并购溢价资产负债率较低但债务成本较高的公司，并购后将会使新公司的债务资本成本降低，提升企业价值，那么此时收购方不必向目标公司股东支付高额的溢价，因为目标公司在债务成本降低中并没有贡献什么价值。

四、提升协同效应实现的可能性

尽管在并购中并购方股东能够获得的收益很少，但是也不乏成功的并购案例。这意味着虽然协同效应价值的实现存在一定的难度，但并不是不可克服的。一般来说，提升协同效应价值有以下几种方式。

(一) 制订详细的协同转化计划

并购方应当在并购完成前对并购后协同效应价值实现的来源、可能性与时间进行严密的分析，从而制订详尽的整合计划。因为协同效应并不会自己发生，如果并购发生后管理层无所作为，并不会获得协同效应的价值，因此在并购发生前，并购方应当就如何实现协同效应有完整的规划，并且安排专人负责。

(二) 以大公司并购小公司

相比相同规模企业间的并购，大公司并购小公司成功的可能性要大一些。两家规模相似的企业其管理模式、企业文化间的差异不可避免，在转化整合中有较大的困难，而大公司对小公司的并购其协同效应较好实现和转化。

[①] Roll R. The hubris hypothesis of corporate takeovers[J]. Journal of Business, 1986: 197-216.

(三) 注重并购后节约成本

相比以提高增长率或延长增长期为目的的协同效应，以节约成本为目的的协同效应更容易实现。这是因为提高增长率是一个复杂的过程，而且增长型并购很难对具体过程进行描述，这就为协同效应转化方案的实施提高了难度。

(四) 并购小型私营企业

相比并购上市公司，并购一家私营小型企业更容易实现协同效应的价值。对于资金闲置型并购来讲，私营小公司所面临的资金短缺更为严重，这就使闲置资金与投资项目的结合更容易实现，收购方也会获得更多的利益。另外私营小公司的市场价值较低，其所要求的溢价一般也较低。

(五) 附加条款的签订

并购时可以签订附加条款，例如对赌协议。并购双方可以在签订并购协议时对于未来的不确定性达成约定，约定并购后目标公司未来的业绩，如果达不到约定的业绩条件，出让方给予收购方一定的现金或股份补偿，即业绩补偿承诺。有研究表明并购交易中引入业绩补偿承诺，可以显著提升并购的协同效应水平。此外，业绩补偿承诺在显著提高并购溢价的同时，也会提高收购方股东的收益。可见，业绩补偿承诺能够有效促进并购交易的双方实现"双赢"的效果。

本章小结

本章围绕协同效应价值这一核心主题展开，首先阐述了企业并购的动因理论(如差别效益、价值低估、市场势力及协同效应理论)及主要形式(横向、纵向、混合并购)。其次，深入分析了协同效应的内涵与分类，包括管理协同(资源转移与效率提升)、经营协同(规模经济、成本节约与市场势力增强)和财务协同(资金优化、税负降低)。在方法论层面，重点介绍了协同效应价值的直接评估法(如税收节约、举债能力增强的量化)与间接评估法(并购前后企业价值差异比较)，并强调了控制权分离、时间因素及折现率选择等关键问题。最后，通过实证证据揭示了协同效应分配中目标公司的优势地位，指出超额支付的风险根源(如高估协同价值、管理者盲目自信)，并提出提升协同实现可能性的具体策略(如详细整合计划、附加条款签订)。本章内容为理解并购中的价值创造与分配提供了系统化的理论工具与实践指导。

课后问答

1. 什么是协同效应？请从管理、经营和财务三个维度举例说明。
2. 企业并购的主要动因有哪些？横向并购与纵向并购在协同效应来源上有何区别？
3. 协同效应如何通过收入增加、成本降低或资本成本优化来提升企业价值？
4. 比较协同效应评估的直接法与间接法的优缺点及适用场景。
5. 为什么目标公司股东通常在并购中获得更多收益？协同效应价值分配的依据是什么？
6. 列举并购中出现超额支付的三种常见原因，并说明如何避免。
7. 若一家制造业公司通过并购上下游企业实现纵向整合，可能产生哪些类型的协同效应？如何评估其价值？
8. 为提升协同效应实现的可能性，并购方可在整合阶段采取哪些具体措施？

第二十六章

处于生命周期不同阶段公司的价值评估

本章任务清单

任务序号	任务内容
1	掌握初创期、成长期、成熟期和衰退期公司的财务特征与经营表现
2	了解不同阶段公司在现金流预测、增长率假设、折现率确定及终值评估中的挑战
3	理解不同阶段公司适用的估值方法

公司如同生命有机体，会经历从初创、成长、成熟到衰退的完整生命周期。在不同阶段，公司的财务特征、风险水平和增长潜力存在显著差异，这使得传统估值方法难以普适。本章系统剖析了生命周期四阶段企业的独特性：初创期公司的高风险与低存活率、成长期公司的快速扩张与波动性、成熟期公司的稳定收益与并购需求、衰退期公司的收缩与转型挑战。针对每类公司，本章提供了差异化的估值框架——从对初创公司的生存概率调整，到成长期公司的动态增长率建模，再到衰退期公司的可逆性评估。通过理解这些方法的内在逻辑，读者将能够更精准地评估不同发展阶段公司的真实价值。

第一节 初创期公司价值评估

初创期公司的估值难点主要包括两个方面：一方面是缺乏营业记录，另一方面是多数初创期公司无法闯过初创艰难期。本章将着重阐述初创期公司估值过程中面临的挑战，以及多数人采用的简单做法。过往的一些估值方法，部分仍有借鉴意义，部分将会带来误判和偏差，因此需要读者通过综合分析，结合实际，选取最适宜的初创期公司价值评估方法。

一、初创期公司的特征

（一）资金来源于创业资本市场

除极少数初创期公司外，大部分初创期公司都无法在公开市场或贷款市场上筹集资金，一般都是依赖私募股权资金。在公司最初创立和发展时，公司的资本主要由创始人提供。随着公司的创意、产品、模式等逐步发展成熟，资金需求增大，公司开始向社会发起种子轮、天使轮、Pre-A 轮等相对早期的融资，此阶段股权资本的来源主要为 VC 等早期投资机构及其风险投资人，但是公司无法进入公开资本市场募集资金。

表 26-1 总结了企业融资不同轮次及其特征。

表 26-1　企业融资不同轮次及其特征

轮次	企业特征	企业状态
种子轮	有团队和想法，无产品	种子阶段的企业，通常处于只有想法和团队，但是没有具体产品的初始状态，投资人通常通过评估创始人来决定是否投资
天使轮	产品可视，商业模式清晰	这个阶段通常是有初创团队，有产品上线，有初步的商业模式，有种子数据或者能显示出数据增长趋势的增长率、留存、复购等证明
Pre-A 轮	有一定规模，处于市场前列	Pre-A 轮是一个夹层轮，融资人根据自身项目的成熟度决定是否需要融资，通常融资的企业已经具有一定规模，但是还未处于市场前列
A 轮	以产品及数据支撑的商业模式，领先地位，初具规模	一般 A 轮就是第一轮，拥有成熟产品，完整详细的商业及盈利模式，同时在行业内有一定地位与口碑(尽管现阶段可能处于亏损状态)，也可以选择专业的风险投资机构进行 A 轮融资
B 轮	得到验证的商业模式、新业务与新领域扩展	项目基本上已经有了比较大的发展，商业模式与盈利模式均已得到很好验证，有的已经开始盈利。此时，融资人可能需要更多的资金推出新业务、扩展新的领域，那么这个时候就可以说服上一轮风险投资机构跟投，或者寻找新的风投机构加入，又或者是吸引私募股权投资机构(PE)加入
C 轮	得到验证的商业模式、新业务与新领域扩展	此时融资人的项目已经非常成熟，在行业内处于龙头地位，正在为上市做准备。此时，除了可以进一步扩展新业务，也可以为补全商业闭环、准备上市打好基础
D、E、F 轮	C 轮的进一步升级，为上市做准备	一般是需要持续花钱、旨在长远发展、抢占市场份额的巨型项目才需要 D 轮以后的融资，到这个阶段基本都是准备上市的行业巨头企业
IPO	企业上市	到了 IPO 阶段，也就意味着企业即将上市，此时风险较小，相应的投资回报率也会较高

(二) 无完备经营历史

由于初创期公司处于创业初期，存续时间短，从事的经营活动有限，相对应能获取的经营记录也极为有限，大部分只能提供一两年甚至几个月的经营和融资数据。

(三) 通常处于亏损阶段

创意公司阶段根本无收入，经营处于亏损状态；创业阶段尽管有微薄的收入，但与为使公司立足而发生的支出相比是微不足道的，此阶段公司经营不仅处于亏损阶段，而且呈亏损增加趋势。

(四) 存活率较低

多数初创期公司无法长期存活，在发展过程中便会被淘汰。《第一财经日报》数据显示，2017—2019 年，中国初创企业存活率不足 1%。

二、初创期公司估值难点

从以上的分析可以看出，初创期公司的估值较为困难，并且不再适用成熟公司估值所用的标准和方法，本部分将对采用折现现金流法对初创期公司估值时可能遇到的问题进行梳理。

(一) 现金流

评估现有资产的标准方法是使用公司当期的财务报表、历史记录，评估来自该资产的现金流。但对于初创期公司，公司现有资产占公司总价值的比例较小、未来发展的不确定性大、历史数据缺乏，导致很难明确地区分所发生的支出是为了创造未来价值还是为了产生当期收入，从而使得公司的现金流很难准确判断。

(二)预期利润增长率

初创期公司的预期利润增长率难以准确预测的原因有以下三个:①初创期公司通常缺乏收入的历史数据或者前几期收入波动大,我们只能依靠公司自己对于未来收入的预测值评估未来的收入增长率。②大多数初创期公司并没有营业利润,处于亏损状态,导致很难评估初创期公司的未来利润率水平。③初创期公司存续时间短,当期的资本回报率一般都是负数,难以预测未来几年公司的发展情况及收入。

(三)折现率

折现率的确定是评估企业价值的关键环节,相较于上市或相对成熟的公司,初创期公司折现率的确定更为困难,理由如下:首先,大多数初创期公司不是上市公司,没有在外公开交易,因此,贝塔值的确定较为困难,无法通过市场指数回报率对这只股票的回报率进行回归。其次,初创期公司的投资者通常是创始人或风险投资者,他们会要求获得一定的风险补偿。因此,在初创期公司的价值评估中,很难获得一个准确的折现率。

(四)评估终值的时点确定

由于初创期公司当前规模较小,未来增值空间大,因此通常估值中终值在公司当期价值占比几乎超过90%。然而,我们很难评估一家公司在其生命周期早期的生存概率,也很难评估初创期公司存活下来之后需要多久可以转为稳定增长公司,因此,终值的时点确定较为困难。

我们将在下一部分介绍初创期公司常用的4种估值方法,并针对上述难点提出解决方法。

三、初创期公司的估值方法

本部分内容将介绍初创期公司估值中常用的4种方法:风险投资估值、折现现金流估值、相对估值、利用拓展期权进行估值。

(一)风险投资估值

在初创期公司估值实际操作中,分析师们最常用的估值方法是风险投资估值方式。我们首先介绍风险投资估值的步骤。

1. 评估未来年份的预期利润或收入

在时间跨度上,分析师通常认为在初创期公司经营初期数据基础上进行预测是不准确的,并且初创期公司经营存在很大的不确定性,未来经营状况难以预测,因此会选择缩短预测期限至三到五年。

2. 评估预测期末价值

$$\text{预测期末的股权价值} = \text{第}n\text{年预期利润} \times \text{预测市盈率} \tag{26-1}$$

$$\text{预测期末的企业价值} = \text{第}n\text{年预期收入} \times \text{预测企业价值与营业收入之比} \tag{26-2}$$

其中,预测市盈率是基于同行业已经被出售或最近上市其他公司的市盈率而确定的,预测的企业价值与营业收入之比是基于上市公司的收入乘数而确定的。

3. 利用目标回报率预测现值

$$\text{股权价值现值} = \frac{\text{预测期末的股权价值}}{(1+\text{股权目标回报率})^n} \tag{26-3}$$

$$\text{企业价值现值} = \frac{\text{预测期末的企业价值}}{(1+\text{企业目标回报率})^n} \tag{26-4}$$

其中，初创期公司的目标回报率，即折现率，通常会比上市公司折现率高很多，企业目标回报率是股权目标回报率和债务目标回报率的加权平均值。风险投资要求的股权目标回报率如表 26-2 所示。

表 26-2 风险投资要求的股权目标回报率[①]

发展阶段	典型的目标回报率
创业阶段	50%～70%
第一阶段	40%～60%
第二阶段	35%～50%
IPO	25%～35%

4. 计算公司交易后估值

在风险投资领域，交易前估值(pre-money valuation)和交易后估值(post-money valuation)是两个非常重要的概念，它们分别代表了在风险投资者注入资金之前和之后公司的估值：交易前估值指在风险投资者注入资金之前公司的价值，它反映了公司当前的价值，不包括任何即将注入的新资本；交易后估值是在风险投资者注入资金之后公司的价值，它等于交易前估值加上新注入的资本。

然而，股权比例的计算通常会因为所处视角的不同而产生不同的计算结果，这一问题的根源在于上一步骤(步骤3)中所得到的计算结果属于交易前估值还是交易后估值。风险投资者认为，他们所注入的资金是公司价值增长的前提，因此，他们认为步骤3得到的结果是交易后估值，在计算股权比例时，会扣除新注入的资本，因此股权比例的计算公式为

$$属于新资本提供者的股权比例 = \frac{新提供资本额}{交易后估值 - 新注入的资本} \quad (26\text{-}5)$$

而站在公司创始人的视角，他们认为自己完全可以从其他渠道获得资金，新注入的资本不应该影响公司的估值。因此步骤3得到的结果应当是交易前的估值，他们在计算股权比例时，会使用交易前估值与新注入资本的和，故股权比例的计算公式为

$$属于公司创始人的股权比例 = \frac{新提供资本额}{交易前估值 + 新注入的资本} \quad (26\text{-}6)$$

这两种方法计算得到的股权比例会有显著差异。风险投资者会倾向于使用交易后估值扣除新注入资本来计算股权比例，因为这会使得他们获得更大的股权份额；而创始人则更倾向于使用交易前估值加上新注入的资本，因为这会保护他们现有的股权比例不被过度稀释。在实际操作中，双方通常会通过谈判来决定使用哪种估值方法，以及最终的股权分配，这通常取决于多种因素，包括但不限于公司的增长潜力、风险投资者的谈判能力、市场条件等。

【例 26.1】XMK 企业：风险投资方式估值。

XMK 企业是一家互联网时代下的新型眼镜零售店的代表，公司基于互联网思维，致力于整合市场上现有的眼镜生产商、零售商、高校学生配镜需求，打造了以移动互联入口为核心的线上线下全渠道。目前，XMK 企业计划成为一个销售网络覆盖全国主要高校市场，所售商品囊括所有眼镜产业链上的产品，线下实体店数量过百家的 O2O 眼镜连锁店。公司由创始人全额拥有，没有未偿负债。该公司仅有试运行阶段的营业记录。它向用户免费提供了该公司的试用产品，但没有出售过该产品(收入为零)。

作为一个风险投资者，你被游说提供 300 万元的新增资本给公司，主要用于之后的商业化推广和市场拓展。我们采用风险投资估值方式对 XMK 企业进行估值，并获取到如下的估值信息：

(1) 创始人认为在第一年结束前会有 101.25 万元的营业收入。

[①] 资料来源：达摩达兰. 投资估价：评估任何资产价值的工具和技术[M]. 3 版. 北京：清华大学出版社，2014.

(2) 选择眼镜行业的上市公司——博士眼镜作为可比公司。另外，XMK 企业属于零售行业，行业内有些上市公司经营连锁超市业务，其中有的积极尝试线上发展，与 XMK 企业相似度较高，因此选取其中的步步高、人人乐为参照公司。

估值的具体参数如表 26-3 所示。

表 26-3 风险投资估值方式选择的可比较相关公司

单位：百万元

公司名称	市值	未偿负债	现金	营业收入	企业价值和营业收入之比
博士眼镜	2 584.00	53.00	24.00	416.00	22.47
步步高	10 686.00	8 142.00	494.00	15 470.00	12.24
人人乐	4 584.00	3 348.00	-42.00	10 157.00	11.22

第一，使用三家公司企业价值和营业收入之比的均值(15.31)来评估 XMK 的企业价值。第二，由于这家企业已经有了一个准备上市的产品，但没有商业成功记录，则使用 50%目标回报率。第三，该公司没有未偿负债，所以评估值完全是股权价值。

第一年的评估价值=101.25×15.31=1 550.14(万元)

企业(股权)的目前价值=1 550.14/(1+50%)=1 033.43(万元)

如果站在风险投资者的视角：

交易后价值=1 033.43(万元)

股权比率=300/(1 033.43-300)=40.90%

如果站在创始人的视角：

第一年的评估价值=101.25×15.31=1 550.14(万元)

企业(股权)的目前价值=1 550.14/(1+50%)=1 033.43(万元)

交易前价值=1 033.43(万元)

股权比率=300/(1 033.43+300)=22.50%

(二) 折现现金流估值

1. 评估未来现金流

未来现金流的评估通常采取两种方法：自上而下法和自下而上法，本部分将分别介绍这两种方法的步骤，以及各步骤的具体细节。

1) 自上而下法

(1) 明确产品或服务的潜在市场。首先应定义公司的产品或服务，潜在的市场规模与产品范围同向变化，若公司提供的产品或服务被定义在小范围内，潜在的市场就会被产品定义所限定，市场范围更小。定义公司的产品或服务后，还应合理评估市场规模，通常使用行业出版物和专业的预测服务提供的数据。此外，还应了解整个市场如何随着时间变化，以预测未来的收入。

(2) 确定市场份额。评估范围通常是长期评估或进入稳定增长期之前的阶段评估。这一步骤需要考虑初创公司提供产品或服务的竞争力和其产品做到理想市场份额可依靠的资源。可行做法为：综合考虑目标市场当期的主要竞争对手，并考察被估值公司在成型后最终会占据的市场份额比例。

(3) 聚焦营业支出/利润。聚焦于公司在稳定状态下的营业利润率，主要了解同业成型企业的相关情况，以获得目标利润率，并考虑随时间的变化。确定预测的细节程度，是仅评估利润率和利润，还是设法预测单个科目。一般原则是，若企业未来的不确定性增大，细节精度应该随之降低。

(4) 确定用于增长的投资。确定相关投资的金额，才能产生预测增长值。对于制造类公司，涉及新增额外生产能力所需的投资；对于技术类公司，涉及研发和新专利投资、人力资本。

(5) 计算税负效应。对于盈利为正的公司：税费=税率×预期的税前营业利润，税率应在边际税率和有效税率间进行选择。对于亏损公司：当年没有利润，无须缴税。未来纳税计算：将未来几年的亏损累计加总，记录净营业亏损的结转额。在具有正利润的几年不纳税，直到净亏损耗尽之后开始纳税。

(6) 核实内在一致性。因营业利润和再投资是分别评估的，可能存在内在不一致性。核实一致性的方法：预估资本回报率=预期的税后营业利润/前一年公司的已投资本。前一年已投资本=初始已投资本+第一年至前一年再投资的和。之后，将预估资本回报率与行业平均资本回报率、公司加权平均资本成本进行比较，若预估资本回报率远高于行业均值和加权平均资本成本，意味着公司预测期的再投资预测值过低；反之，则说明再投资太高。

2) 自下而上法

(1) 估算产能规模/投资额。投资金额的预估值决定生产能力。投资于更多的产能允许我们在未来能更多生产和出售，但需要支撑这个产能的财务、人力资本也很大。鉴于人力、财务资本的有限性，我们需要接受更少的产能。

(2) 估计销售的单位量/收入。预估每个预测期需要销售多少个单位的产品或服务，以及每单位产品所要收取的价格。这一阶段需要考虑产品或市场竞争服务的潜在市场及其市场竞争情况。除此之外，定价决定产品的销售数量，虽然低价可带来更多销量，但不一定是更高利润。

(3) 估计营业成本。营业成本主要包括生产成本、销售费用、行政费用及其他费用。注意：这里的销售数量与步骤(2)销售数量的假设一致。

(4) 估算税款。将资本从营业支出中分离出来，以预估资本的折旧和摊销。将营业支出和财务费用分离，以确定公司现金流(剔除财务费用之前)和股权现金流(剔除财务费用之后)。

(5) 追加再投资。由于步骤(1)中预估得到的是原始投资额，故我们在此步骤还需要确定企业保持其盈利能力或提升企业收入和规模时需要追加投资的金额。

知识链接：价格、销量和利润的关系

产品价格、销量和利润三者之间的关系可以从微观经济学中的需求函数和价格弹性的视角加以解释。

需求函数描述了产品销量与价格之间的关系，通常表示为 $Q=f(P)$，其中 Q 代表销量，P 代表价格，f 代表一个函数关系。从需求函数的角度来看，定价和销量之间的关系可以通过需求函数的斜率来解释。通常而言，需求函数的斜率为负数，这表示价格与销量为负相关关系，即价格上升时，销量下降；价格下降时，销量上升。

价格弹性是指商品或服务需求对价格变化的敏感程度。它衡量了价格变化对需求量的影响程度，其表达式为：$E_d = -\dfrac{dQ}{dP} \cdot \dfrac{P}{Q}$，其中 $\dfrac{dQ}{dP}$ 即为需求函数的斜率。价格弹性的值越大，说明需求对价格的变化越敏感。一般来说，当价格弹性的值大于1时，需求对价格的变化非常敏感，此时，如果价格上涨，需求量会显著下降，从而导致利润下降；反之，如果价格下降，需求量会显著增加，从而导致利润增加。另外，当价格弹性的值小于1时，需求对价格的变化不太敏感，此时，如果价格上涨，需求量的下降幅度相对较小，因此，可能会导致利润的增加。反之，如果价格下降，需求量的增加幅度相对较小，可能会导致利润的下降。

需要注意的是，价格弹性的值并不是唯一确定的，它可以随着市场环境的变化而变化。因此，管理者在制定定价策略和预测利润时，应该综合考虑市场需求的变化、竞争对手的定价和产品的特点等因素，综合判断价格弹性的值，并做出相应的决策。

一般而言，自上而下法会产生较低的预期现金流和利润，原因在于自上而下法从行业角度判断公司的情况，行业的影响因素较多，最终得到的公司利润的估计值既能体现长期的业绩情况，也能体现短期内的利好因素，比如经济形势等，这些因素通常具有不可持续性，而自下而上法对于企业的预期仅仅体现企业未来的业绩情况。

【例 26.2】 XMK 公司：评估年幼公司的现金流。

因 XMK 公司所处的互联网眼镜销售行业是新兴行业，很难对该行业进行市场预测，国内市场上几乎找不到已上市的可比公司。因此，我们选择使用自下而上法来评估公司的现金流。

1) 营业收入预测

XMK 公司的营业收入绝大部分来自框架眼镜销售业务。根据之前初始宣传活动数据，4 个月内获取 5 000 名粉丝，框架眼镜平均零售价 450 元/副，按照 15% 的购买转化率计算，预计 4 个月内营业收入为 5 000×15%×450=337 500(元)，除此之外，公司的月均营业收入为 84 375 元，因此新店在第一年的营业收入为 1 012 500 元。按照创业团队的预期，新店在第 4 年达到市场份额 10%(即 200 万元年收入)，同时结合 XMK 公司的门店扩张计划，可得出在预测期间 XMK 公司未来各年的总收入(见表 26-4)。

表 26-4 自 2025 年起 XMK 公司未来各年营业收入预测

单位：万元

年份	2025	2026	2027	2028	2029
新开门店年收入	101.25	120.03	142.30	168.69	199.99
单店收入增长率	0.19	0.19	0.19	0.19	0.19
门店总数/个	12	24	60	96	132
新开门店数/个	12	12	36	36	36
2025 年单店收入	101.25	120.03	142.30	168.69	199.99
2026 年单店收入		101.25	120.03	142.30	168.69
2027 年单店收入			101.25	120.03	142.30
2028 年单店收入				101.25	120.03
2029 年单店收入					101.25
合计	1 215.00	2 655.38	6 792.96	11 698.05	17 513.04

2) 营业成本预测

首先，我们假设营业成本占公司营业收入的 55%，该比率始终维持不变。其次，依次分析销售费用的细分费用，加总得到销售费用(结果如表 26-5 所示)。接下来，预测管理费用，即使用可比公司近 5 年来的管理费用率(管理费用率=管理费用÷营业收入×100%)平均水平作为未来公司的管理费用率预测值，计算结果为 2.51%。再次，还要预测公司财务费用，由于初创公司难以通过债券或银行贷款融资，财务费用较少，预测时可忽略财务费用的影响。最后，预测营业税金。通过可比公司近 5 年来的营业税金占营业收入比例的平均水平作为预测值，取 0.63%。

表 26-5 XMK 公司未来各年销售费用预测

单位：万元

年份	2025	2026	2027	2028	2029
门店总数/个	12	24	60	96	132
营业收入	1 215.00	2 655.38	6 792.96	11 698.05	17 513.04
租金支出	57.60	115.20	288.00	460.80	633.60
业务宣传费	143.98	314.67	804.97	1 386.25	2 075.35
人工费	144.00	288.00	720.00	1 152.00	1 584.00
销售费用合计	345.58	717.87	1 812.97	2 999.05	4 292.95

3) 税款

中国企业法定企业所得税税率是25%。根据表26-4和表26-5中的预测数据，可计算得到公司未来5年的预计利润表(见表26-6)。

表26-6 XMK公司未来各年利润预测

单位：万元

项目	2025	2026	2027	2028	2029
一、营业收入	1 215.00	2 655.38	6 792.96	11 698.05	17 513.04
减：营业成本	668.25	1 460.459	3 736.128	6 433.927 5	9 632.172
税金及附加	7.65	16.73	42.80	73.70	110.33
销售费用	345.58	717.87	1 812.97	2 999.05	4 292.95
管理费用	30.50	66.65	170.50	293.62	439.58
财务费用	0.00	0.00	0.00	0.00	0.00
二、营业利润	163.02	393.671	1 030.562	1 897.752 5	3 038.008
加：营业外收入	0.00	0.00	0.00	0.00	0.00
减：营业外支出	0.00	0.00	0.00	0.00	0.00
三、利润总额	163.02	393.671	1 030.562	1 897.752 5	3 038.008
减：所得税费用	40.755	98.417 75	257.640 5	474.438 125	759.502
四、净利润	122.265	295.253 25	772.921 5	1 423.314 375	2 278.506

4) 评估自由现金流

对上市同行业公司的数据进行平均，得到估值时点下眼镜零售行业"营业收入—资本比率"的行业均值为5.20，我们假设未来5年内XMK公司将持续使用这一比率。若XMK公司基年(2024年)的营业收入为369万元，我们可以编制预计自由现金流量表(见表26-7)。

表26-7 公司未来各年自由现金流量预测

单位：万元

年份	2025	2026	2027	2028	2029
净利润	122.265	295.253 25	772.921 5	1 423.314 375	2 278.506
营业收入增量	846.00	1 440.38	4 137.58	4 905.09	5 814.99
营业收入/投入资本比率	5.20	5.20	5.20	5.20	5.20
再投资	162.69	277.00	795.69	943.29	1 118.27
企业自由现金流	−40.43	18.26	−22.77	480.03	1 160.24

2. 评估折现率

计算折现率的思路是，分别计算股权资本成本和债务资本成本，并根据债务和股权的市场价值加权计算得到加权平均资本成本。面对初创期公司，以上数据无法通过公开信息获得，需要进行处理。在评价股权资本成本时，第一，初创公司和成熟期公司的资产负债构成通常不同，在选择可比公司后，对参照的贝塔值去杠杆，保证贝塔值只表示股权资本成本的风险大小，与债务资本成本的风险无关。第二，初创期公司的管理者通常不进行多元化投资，会加大风险，因此需要通过公司和市场的关联系数调节贝塔值。第三，通过CAPM方法计算股权的系统溢价，加上非系统溢价得到企业的股权资本成本。在评价债务资本成本时，由于初创公司几乎不发行债券，没有债券等级来衡量违约风险，因此采用模拟信用评级的方法，并根据公司的情况加上风险溢价。在计算负债比率时，由于初创期公司的股权和债券都不能上市交易，故没有市场价值可用，因此可以采用目标负债率计算加权平均资本成本。我们在评估折现率的时候,可以采用以下流程。

(1) 计算板块均值。选择同行业已上市公司的贝塔值,获得一个与这项业务相关的市场风险的评估值:无杠杆的板块贝塔值=上市公司的平均回归贝塔值/[1+(1-税率)×上市公司的平均市场负债股权比率]。

(2) 多元化调整。年幼公司的业主通常没有进行多元化投资,会加大风险,因此应当在无杠杆的板块贝塔值的基础上计算得出一个更适合初创公司的、涵盖了市场风险和特定业务风险的贝塔值:调整后贝塔值=无杠杆的板块贝塔值/市场相关系数。

(3) 考虑负债的运用及成本。评估模拟信用等级。不应以缺乏信用等级为借口,采用预定利率或主观的负债成本。计算小规模年幼公司利息保障倍数时,应当在模拟信用等级和税前债务资本成本的基础上,加上溢价。

(4) 考虑管理秉性和行业均值。对于业主几乎不使用负债的年幼公司,我们可以采用管理层确定的目标负债率计算加权平均资本成本。其他情形下,应当将同业上市公司的平均市场负债率作为被评估公司的负债率。

(5) 在估值要素中加入预期变动幅度。为了保持一致性,应当将公司经营状态随着时间发生的变化计入预测利润和现金流中,即允许负债率和加权平均资本成本随着时间变化。

【例26.3】XMK 公司:评估折现率。

XMK 公司的可比上市公司贝塔系数均值为 0.212,负债股权比率为 40%。通过计算由 XMK 公司所属行业的上市公司个股及市场指数的日度股价变动百分数组成的两个时间序列的相关系数,可得单个公司与市场的相关系数,之后将所有可比公司的相关系数取均值,得到上市同行业公司与市场的平均相关系数为 0.43。我们假设这一相关系数在未来两年内保持不变;随着风险资本的进入和企业的发展,在未来第 3 年和第 4 年相关系数将上升至 0.80,并最终在上市前回归到 1.00。

无风险利率设定为 5.35%。选取 5 年的月收益率数据为样本,计算可得市场年均收益率为 43.11%。XMK 公司在未来 4 年内的非系统风险溢价为 5%,且假设其负债率始终为 0。以未来第一年(2025年)为例,其相关数据的简单计算如下,由此,可以得到表 26-8 中的公司折现率水平。

无杠杆贝塔值=0.212/[1+(1-25%)×40%]=0.16

多元化调整后公司无杠杆贝塔值=0.16/0.43=0.38

CAPM 模型下股权资本成本=5.35%+0.38×(43.11%-5.35%)=19.67%

非系统风险溢价补偿后折现率=19.67%+5%=24.67%

表 26-8 XMK 公司折现率情况

年份	2025	2026	2027	2028	2029
贝塔系数均值	0.212	0.212	0.212	0.212	0.212
无杠杆贝塔值	0.16	0.16	0.16	0.16	0.16
市场相关系数	0.43	0.43	0.80	0.80	1.00
贝塔系数	0.3792	0.3792	0.2038	0.2038	0.1631
市场风险溢价	37.76%	37.76%	37.76%	37.76%	37.76%
折现率(仅考虑市场风险)	19.67%	19.67%	13.05%	13.05%	11.51%
非系统风险溢价	5.00%	5.00%	5.00%	5.00%	0.00%
XMK 公司折现率	24.67%	24.67%	18.05%	18.05%	11.51%

3. 计算企业的永续经营价值

在企业估值的过程中,终值是一个重要的概念,它代表了企业在预测期结束后的长期价值。终值的计算通常基于对未来现金流的预测和假设。本部分我们将假设企业具有持续经营的能力,并且未来的现金流会以一个恒定的永续增长率无限增长,之后的部分将分别介绍针对初创期企业易夭折的特点及关键人物对企业的影响进行折价调整。

【例26.4】 XMK企业:评估永续经营价值。

随着门店的迅速扩张,XMK企业的业绩和现金流快速增长,预计2030年上市后公司将步入成熟期稳定增长。为便于计算,我们做出一个相对简单的假设,即XMK企业的公司自由现金流在稳定期内将维持在5.35%的增长率,与无风险利率相同。

随着XMK企业完成IPO,其在成熟阶段的折现现金流所用的折现率保持在11.51%,采用增长年金公式评估2029年年底的企业终值,并得到最终的企业估值结果(见表26-9)。

$$终值 = \frac{\text{FCFF}_{2029} \times (1+g)}{r-g}$$

$$= \frac{503.50 \times (1+5.35\%)}{11.51\% - 5.35\%} = 19\,849.86(万元)$$

表26-9　XMK企业估值结果

单位:万元

年份	2025	2026	2027	2028	2029
企业自由现金流	−40.43	18.26	−22.77	480.03	1 160.24
折现率	24.67%	24.67%	18.05%	18.05%	11.51%
现值系数	0.80	0.64	0.55	0.46	0.41
预测期企业现金流现值	−32.43	11.75	−12.41	221.63	480.40
预测期企业现金流现值合计	668.94				
永续经营价值	19 849.86				
永续经营价值现值	8 218.90				
企业(经营性资产)价值	8 887.84				

注:现值系数 $(P/A, i, n) = 1/(1+i)^n$。其中,i为折现率,n为距离基期的时间,此处以年为单位。

4. 对夭折概率进行折价调整

初创企业在激烈的市场竞争中面临很大的生存压力,很多企业可能在成长过程中无法持续经营。为了应对这种情况,我们可以采用一种两步骤的估值方法,而不是简单地调整折现率来反映企业失败的风险(因为这种方法过于复杂且难以精确执行)。以下是这种两步骤方法的具体步骤。

第一步:假设企业能够生存并实现健康的财务状况。在这一步中,我们对公司进行估值,假设它能够持续经营。这包括估算终值并使用风险调整后的折现率对预期现金流进行折现。

第二步:考虑企业无法生存的可能性。这一步中,我们可以通过以下三种方法之一来评估企业失败的概率。

(1) 行业均值法:参考特定行业在一定时期内的企业生存概率的行业平均值。

(2) 概率法:通过分析过去若干年内成功和失败的公司,建立模型来预测公司夭折的概率。这个模型需要考虑公司特定的特征,如现金持有量、创始人的年龄和经验、业务类型及未偿还的债务。

(3) 模拟法:通过指定收入、利润和成本的概率分布,确定在哪些条件下公司可能会夭折,并据此估计夭折的概率。

在得到企业夭折的概率之后,我们可以计算企业的期望价值,它是由以下两部分组成:①持续经营价值:假设企业能够持续经营的情况下,通过折现现金流计算得到的内在价值,即前面所提到的永续经营价值。②清算价值:这是在假设企业夭折的情况下,公司的资产在清算时的价值。

最终，企业期望价值可以表示为

$$\text{企业期望价值} = \text{持续经营价值} \times (1 - \text{失败概率}) + \text{清算价值} \times \text{失败概率} \qquad (26\text{-}7)$$

这种方法允许我们更全面地考虑企业夭折的风险，并在估值中合理地反映这一风险。通过这种方法，投资者和企业所有者可以更准确地评估企业的真实价值，从而做出更明智的投资和经营决策。

【例 26.5】XMK 企业：评估夭折折价。

对于初创期企业 XMK，我们假设其生存的概率为 20%。一旦公司破产清算，我们假设其清算收入接近于 0，因此，XMK 的企业期望价值可以表示为

$$\begin{aligned}\text{企业期望价值} &= \text{持续经营价值} \times (1 - \text{失败概率}) + \text{清算价值} \times \text{失败概率} \\ &= 8\,887.84 \times 20\% + 0 \times 80\% \\ &= 1\,777.57(\text{万元})\end{aligned}$$

5. 对关键人物缺失进行折价调整

对于依赖关键人物的初创企业，确实存在因关键人物离开而导致企业价值显著下降的风险。为了评估这种风险对企业价值的影响，可以采取以下步骤。

(1) 现状估值：按照企业当前的运营状况，假设所有关键人物仍然参与企业运营，对企业进行估值。这通常涉及对企业未来现金流的预测，并使用适当的折现率来计算这些现金流的现值。

(2) 识别关键人物的影响：识别并评估关键人物对企业收入、利润和现金流的具体影响。这可能包括他们的专业技能、客户关系、管理能力、创新能力等。

(3) 模拟关键人物离开的影响：在估值模型中模拟关键人物离开后对企业运营的潜在影响。这可能涉及收入增长率的下降、成本的增加、市场份额的减少等。

(4) 计算价值折损与企业价值：基于上述模拟，计算关键人物离开对企业价值的具体影响。这可以通过比较关键人物在与不在时的企业估值来实现。失去关键人物的折扣率的计算公式为

$$\text{失去关键人物的折扣率} = \frac{\text{企业价值}_{\text{现状}} - \text{企业价值}_{\text{失去关键人物}}}{\text{企业价值}_{\text{现状}}} \qquad (26\text{-}8)$$

在步骤(3)中，计算关键人物离开造成的价值折损的具体方法主要包括敏感性分析、现金流折现模型调整、概率法等，下面我们将通过例 26.6，对关键人物缺失带来的折价进行估算。

【例 26.6】XMK 企业：评估关键人物缺失的折价。

直至例 26.5，我们估算得出 XMK 企业的经营性资产价值为 1 777.57 万元。现在我们假设 XMK 企业拥有一位出色的零售销售人员 S，他在产品销售区域有着广阔的社交人脉，且具备良好的销售口才。所以，要评估 S 离职对企业价值会带来多大的影响，我们可以考虑从现金流入手：假设 S 离开 XMK 企业后，企业每年的收入会下降 20%(相比于原有情形)。表 26-10 总结了 XMK 企业关键人物缺失后企业的折价。

表 26-10 XMK 企业关键人物缺失后企业的折价

单位：万元

项目	2025	2026	2027	2028	2029
一、营业收入	972.00	2 124.30	5 434.37	9 358.44	14 010.43
减：营业成本	534.60	1 168.37	2 988.90	5 147.14	7 705.74
税金及附加	7.65	16.73	42.80	73.70	110.33
销售费用	345.58	717.87	1 812.97	2 999.05	4 292.95

续表

项目	2025	2026	2027	2028	2029
管理费用	30.50	66.65	170.50	293.62	439.58
财务费用	0.00	0.00	0.00	0.00	0.00
二、营业利润	53.67	154.69	419.20	844.93	1 461.83
加：营业外收入	0.00	0.00	0.00	0.00	0.00
减：营业外支出	0.00	0.00	0.00	0.00	0.00
三、利润总额	53.67	154.69	419.20	844.93	1 461.83
减：所得税费用	13.42	38.67	104.80	211.23	365.46
四、净利润	40.25	116.02	314.40	633.70	1 096.38
营业收入增量	603.00	1 152.30	3 310.06	3 924.07	4 651.99
营业收入/投入资本比率	5.20	5.20	5.20	5.20	5.20
再投资	115.96	221.60	636.55	754.63	894.61
企业自由现金流	−75.71	−105.58	−322.15	−120.93	201.76
XMK 公司折现率	24.67%	24.67%	18.05%	18.05%	11.51%
现值系数	0.80	0.64	0.55	0.46	0.41
预测期企业现金流现值	−60.73	−67.93	−175.58	−55.84	83.54
预测期企业现金流现值合计	−276.53				
永续经营价值	3 451.83				
永续经营价值现值	1 429.24				
企业(经营性资产)价值	1 152.71				

因此可以计算得出，XMK 企业失去关键人物的折扣率为

$$\text{失去关键人物的折扣率} = \frac{\text{企业价值}_{\text{现状}} - \text{企业价值}_{\text{失去关键人物}}}{\text{企业价值}_{\text{现状}}}$$

$$= \frac{8\,887.84 - 1\,152.71}{8\,887.84} = 87.03\%$$

(三) 相对估值

相对估值的重点是基于市场对类似公司所支付的价格对公司进行估值。由于初创期公司未上市，公开的经营数据很少，因而寻找可比公司比较艰难。在相对估值过程中，通常聚焦两个方面：私募交易乘数和上市公司乘数。

1. 私募交易乘数

私募交易乘数适用于计划保持小规模、无意上市的初创期公司，尤其在其所处行业中存在大量同类型企业且交易活跃的情形下更具参考价值。在运用该方法进行估值时，需注意以下几个参数的选择与调整。①优先选择受主观操作影响较小的变量。鉴于非上市公司在会计处理和经营规范上的差异较大，建议以相对稳健的指标为基础，例如收入乘数优于利润乘数，以规避利润操纵带来的估值偏差。②以企业价值为基础而非股权价值。考虑到非上市公司在股权结构和负债安排上存在显著差异，应优先采用企业价值乘数进行整体估值，再根据资本结构推导出股权价值，从而提升估值的可比性与合理性。③调整时间差异。鉴于私募交易数据具有时点滞后性，应对不同交易发生的时间背景进行合理调整，确保估值所采用的乘数与目标公司的当前或预测财务表现相匹配。④控制基本要素的异质性。若能在已完成的私募交易案例中获取能够反映企业基本面差异(如成长性、盈利能力、行业地位等)的其他指标，应予以合理控制，以提高估值的准确性和适用性。

2. 上市公司乘数

上市公司乘数适用于那些预期将进入更大市场、有望上市或被上市公司收购的初创期企业。在实际应用该方法进行估值与交易时，需特别关注以下几个方面的参数选择与调整。①使用远期收入或利润指标。由于初创期企业当前收入往往较低，甚至尚未盈利，估值应基于企业生命周期后期的经营成果预测，将远期的收入或利润作为估值基础。②调整估值乘数以匹配预测期特征。若估值以未来 5 年为期，则所采用的乘数应反映企业未来发展阶段的特征，而非当前状态，以增强估值的合理性与前瞻性。③调整折现率以反映失败风险。在评估初创企业的内在价值时，应引入较高的折现率，以合理计入较高的失败概率和不确定性。④考虑非多元化风险溢价。由于初创企业往往面临更高的业务集中度和不确定性，需对估值结果进行非多元化风险的调整，避免高估企业价值。

【例 26.7】XMK 企业：相对估值法。

在例 26.1 中，我们选取公开市场上的博士眼镜、步步高、人人乐三家公司为 XMK 企业的可比企业，同时选择了与 XMK 企业价值相关性较高的价格乘数——企业价值/营业收入比率来进行风险投资估值。但在实际操作中，我们不能仅仅以这三个样本的数据为基础进行估值，因此我们扩大了选用的样本规模，纳入了市值在 50 亿元～100 亿元的所有零售业公司。我们将这些上市公司的企业价值/营业收入按如下三个变量进行回归计算：贝塔系数(作为衡量风险的指标)、预期现金流增长率(体现增长率的差异)和再投资率。

$$\frac{企业价值}{营业收入} = 0.39 - 1.60 \times 贝塔值 + 33.24 \times 预期现金流增长率 + 0.28 \times 再投资率$$

因此，XMK 企业在第 5 年时的企业价值/营业收入可以估计为

$$XMK的合理乘数 = 0.39 - 1.60 \times 0.16 + 33.24 \times 0.05 + 0.28 \times 0.49 = 2.04$$

由例 26.2 可知 XMK 企业 2029 年的营业收入为 17 513.04 万元，则

$$\begin{aligned} IPO时XMK的企业价值 &= 2029年营业收入 \times XMK的合理乘数 \\ &= 17\,513.04 \times 2.04 \\ &= 35\,811.33(万元) \end{aligned}$$

因此，当前永续经营下的价值 = 35 811.33×0.41 = 14 827.80(万元)，其中 0.41 为第 5 年年末的现值系数，对夭折概率进行调整，得到

$$企业当年价值 = 14\,827.80 \times 20\% = 2\,965.56(万元)$$

相对估值法下 XMK 企业的估值结果如表 26-11 所示。

表 26-11 相对估值法下 XMK 企业估值结果

单位：万元

项目	数值
2029 年 XMK 企业价值/营业收入乘数	2.04
2029 年 XMK 企业预期营业收入	17 513.04
2029 年 XMK 企业 IPO 时的价值(假设永续经营)	35 811.33
XMK 企业当年价值(假设永续经营)	14 827.80
XMK 企业当年价值(考虑夭折概率)	2 965.56

显然，相对估值的结果(2 965.56 万元)要高于折现现金流法下的内在价值(1 777.57 万元)，这个差异主要是忽视最初几年可能出现的负现金流所导致的。公司可能需要增发股份以满足预期的

资本要求，这将导致现有股东的持股比例下降，每股价值降低。因此，在计算每股价值时，需要将股票数量作为除数进行调整，以反映因增发股份而增加的股票总数。这种调整有助于更准确地评估每股的价值，确保投资者对公司的真实价值有一个清晰的认识。

(四) 利用拓展期权进行估值

本部分我们将介绍新的方法——拓展期权方法，拓展期权是指当条件有利时允许公司扩大生产，当条件不利时则允许公司紧缩生产。该方法将新产品、新市场的预期计入现金流和价值。通常，在一项业务或在市场上取得的成功，可以成为另一项业务成功的基石。例如，苹果手机的推出，是借力苹果 iPod 开发的客户群。国内手机品牌华为，在国内获得成功后投入国际市场，受到了广泛关注和欢迎。要注意有选择地使用实物期权评估公司的价值。

在评估初创期公司的拓展期权时，可以按照以下步骤进行。

(1) 评估推进当期拓展期权的价值和成本。在评估一个新产品的价值时，需要确定预期现金流的现值和拓展所需要的成本。

(2) 评估拓展期权预估价值中的不确定性。方法一：基于市场的标准，选择同业上市公司的标准差为参考数据。方法二：对拓展投资进行模拟计算，获取各期模拟计算所得预期现金流价值的标准差。

(3) 确定公司需要做拓展决定的时间点。这个时间点需要结合公司具体情况来定。

(4) 对拓展期权进行估值。参数值：预期现金流现值为标的资产的价值，拓展成本为行权价格，标准差是标的资产的波动率，决策的时间点为期权的期限。模型：二项式期权定价模型、布莱克—斯科尔斯模型。

第二节 成长期公司价值评估

在上一节的内容里，我们了解和分析了关于初创期公司价值评估的情形。这一类公司主要面临的是在初期的生存问题，虽然大部分公司在初创期早早夭折，但是仍有很多公司发展至成熟期并进一步壮大，这一节我们将关注成长期公司。

一、成长期公司

(一) 成长期公司的定义

在投资人和经理人眼中，成长期公司和成熟期公司是两个特色分明的群体。然而，在现实的世界里，它们之间的差别要模糊得多。下面我们将介绍成长期和成熟期的分类标准。

1. 行业的标准

许多分析师基于公司所处的行业将公司分类，例如，中国的技术类公司被归为成长期公司，钢铁公司则被划分为成熟期公司。但是这种定义的缺陷在于忽略了行业中公司间增长前景的巨大差异。

2. 分析师的增长估计

基于未来利润的预期增长，可以将成长期公司和成熟期公司区分开来。分析师以其过往的利润增长作为增长标准来判断，其中表现出高增长率的公司被划分为成长期公司。但是需要注意的是，划分的标准受市场影响。例如，当整个市场的利润增长率仅为 5%，那么拥有 15% 成长率的公司就可以视为一家成长期公司。然而，存在指数级收入增长的高增长公司面临亏损，也存在成熟期公司由于效率改善，在利润上会有健康增长但其产出却几乎没有增加。同时，对于成长期公司来说,其价值可观部分在于其增长型资产——追加投资部分。仅仅通过增长率的大小判断公司是否属于成长期公司的逻辑并不严谨。

3. 根据增长型资产价值评估

增长型资产价值相对高的公司通常被划分为成长期公司。这种划分比前两种划分依据更加符合实际情况,但需要注意的是,这种方法需要评估公司增长型资产的规模并预测未来的变动,因此只有在做了公司的估值以后才能分类,即对公司的基础数据做了正确评估以后才能做出判断。

(二)成长期公司的特征

1. 财务数据波动大

估值公司的多数信息来自其财务报表,成长期公司的典型特征在于财务报表上的数字呈现剧烈波动,与近几年甚至和上一年比,财务数据都会有较大变化。

2. 公司规模难以判断

成长期公司通常呈现出投资金额大、公司收入较低的特征,在对企业估值时,从投资的角度出发,再投资金额大代表未来将会创造较高的市场价值,而从收入的角度出发,公司收入低对应着较为保守的估计,代表未来公司市场规模可能较小。矛盾的财务数据会使公司规模的大小判断问题变得复杂。

3. 负债较低且负债成本较高

各行各业的负债运用情况各不相同。与同行业成熟期的公司相比,任何行业的成长期公司通常都是低负债,原因是其没有来自现有资产的足量现金流支持其更多的债务,同时对于债权人而言,成长期公司风险和不确定性较大,因此其贷款意愿相对较低,表现为贷款金额少且要求的回报率和风险溢价高。

二、成长期公司估值难点

(一)折现现金流估值

本节会从构成折现现金流估值的关键部分——现有资产价值、增长型资产价值、风险(折现率)、终值4个方面分解专属成长期公司的估值问题。

1. 现有资产价值

在确定成长期公司现有资产价值时,存在两个问题使现有资产价值的大小难以判断:①利润计量不准。对于成长期公司,现有资产通常只是其总价值的一小部分,成熟期公司的销售支出通常为公司的常规费用成本,而成长期公司当前的支出是为之后的利润做铺垫,因此在计算利润时,若按照成熟期公司的处理方法——把所有销售支出都作为营业费用处理,则会使会计报表上的利润减少,导致现有资产价值被低估。②波动不定的获利能力。估值的关键问题之一是度量公司未来的获利能力,成长期公司在相当长的一段时间内的利润和回报会有较大变化,如果用过去的利润回报预测成长期公司的未来价值,则会导致预测不合理,如果用未来利润估计,财务数据的剧烈波动则会导致难以做出准确预测。

2. 增长型资产价值

成长期公司的很大价值来源于增长型资产,我们必须对这些资产进行准确评估。但是评估增长型资产的价值时面临三个问题。①增长的递减效应导致增长型资产规模难以预测。公司规模变化将如何影响公司的增长率是一个难以确定的问题,而增长率决定了未来增长型资产的规模,因此难以准确地预测增长型资产。②行业竞争加剧可能会拉低公司的获利能力和增长价值。小公司可以在人们的视线外经营生存,有时会表现出超群的获利能力,但是随着公司的成长,它的成功会引来关注,导致行业内出现更多的竞争者,此时公司的增长率就会因行业竞争格局的变化而变化。③宏观经济的影响。所有公司的发展都与宏观经济息息相关,相比于成熟的大公司,小公司受经济下行的影响会更大,公司增长率的波动也会更加剧烈,难以估计。

3. 折现率

在成长期公司的估值中,折现率的估计也面临很多挑战。①股权债权资产比例的波动。一方面,在计算比例时通常选择二者的市场价值,但是成长期公司波动大导致股价波动剧烈,进而导致股权和债权的比例确定困难;另一方面,随着公司的发展和成熟,公司通过债务融资的方式将会更多且更容易,股权和债权资产的比例并不是恒定不变的,债权资产比例通常会上升。②公司长期的变化风险。通常投资者预期成长期公司的风险和负债率会随着时间推移而变化,因此不同年份的折现率会不同。一般来说,由于早期风险和不确定性较大,用于成长期公司价值评估的折现率在早期会较高,并随着公司的成熟逐渐减小。

4. 终值

在终值的确定上有两个问题。①公司何时成为稳增长公司。这个问题的回答将决定高增长期的时间长度,相关终值的计算则会基于这一假设。②公司稳增长阶段具有的特征。这个问题的答案,尤其是对产生于新投资的风险和回报,将会影响我们赋予公司的价值。

(二) 相对估值

对于成长期公司,相对估值方法也存在很多问题和困难。

1. 可比公司的选择

使用同业其他上市公司数据的传统做法不够准确,原因在于行业中的成长期和成熟期公司的基本面不同,对应的PE等价格乘数也不尽相同。同时行业内每家公司的增长潜力、风险等都不尽相同,很难用行业平均数做一般化处理。

2. 确定基年数值和乘数选择

乘数的数值大小会很大程度影响对公司未来价值的判断,大多乘数都被定义为收入、利润和面值的基年值的函数,相对于未来的潜在值,这些科目的价值相对偏低,会影响对公司价值的估计。

3. 增长差异的调控困难

不同公司间具有不同的增长潜力,因此在比较公司或决定行业平均数时,需要对增长率进行调控,但是成长期公司的增长率难以确定且其增长与价值之间的关系较为复杂,以致在调控时需要较为复杂的操作,使相对估值法既失去了其简洁性,又影响了预测的准确性。

三、成长期公司估值方法

本部分主要针对成长期公司的折现现金流估值和相对估值,阐述我们需要遵循的步骤,并根据上述的估值难点,提出相应的解决办法。

(一) 折现现金流估值

1. 模型的选择

折现现金流估值方法(DCF)既可以通过公司自由现金流(FCFF)估计整个公司价值,也可以通过股权自由现金流(FCFE)估计股权价值。由于许多成长期公司的负债占比较小,因此成长期公司估值大多以股权价值作为企业价值。随着企业的成熟,其债务占比将会逐渐增大,因此一个更加合理的假设是,成长期公司会随着时间推移变为成熟期公司,并假设成长期公司债务成本占比变大,通过公司估值模型来反映这一转变。同时,在步入成熟期之后,其他参数(增长率、折现率)假设也会相应变动。

2. 收入增长率

在假设公司的增长率时,我们需要考虑两个问题。①增长率变化。随着公司规模变大,其收入增长率会下降,公司从成长期向成熟期过渡的过程中,收入增长率会逐步下降,但是刚进入成熟期时,公司发展向好,好于行业绝大多数公司,因此公司的增长率仍然会高于行业平均增长率,随着时间的推进,这些高成长期公司的收入增长率是逐步向行业均值移动的。②增长率变化的速度。关于这一问题,我们可以通过运用如图26-1所示的波特五力分析图综合考虑公司的特殊性及行业的竞争度后回答。此外,我们可以通过分析绝对收入变化来评估增长率的假设是否合理,根据增长率计算每年收入的绝对变量,分析每年实现相应金额的营收的合理性。

3. 当期利润率

对于成熟期公司,我们通常认为被估值公司当期的利润率是可持续的,可被当作长期的预期利润率。然而,对于成长期公司,绝大多数的公司当期利润率不稳定,会随着时间的推移而变化。

通常成长公司早期当期利润为负数或者较低。为了合理假设预期利润率,可行的方法是判断目标利润率和当期利润率将如何(匀速、逐步放缓等)随着时间变化逐渐向目标利润率靠拢,最终根据判断预测每一期的预期利润率。

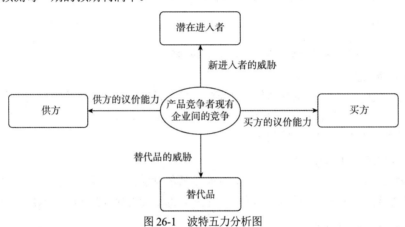

图26-1 波特五力分析图

4. 再投资规模

为评估一家成长期公司的再投资规模,我们会根据所述公司的特征,采取下述三种方法之一。

(1) 对于早期的成长期公司,我们基于收入变化和营业收入与投入资本的比率来评估。

$$再投资规模 = \frac{收入变化}{营业收入/投入资本比率} \quad (26\text{-}9)$$

(2) 对于具有成长型利润和再投资记录的成长期公司,我们通过基本要素和增长率之间的关系进行预测。

$$营业利润预期增长率 = 资本回报率 \times 再投资率 + 有效增长 \quad (26\text{-}10)$$

(3) 对于已经为未来的增长进行投资的成长期公司,其在中短期内不会进行再投资,我们需要预测其产能的利用情况,判断公司需要再投资的时间节点。

5. 资本成本

成长期公司的资本成本构成成分与成熟期公司的一样。然而,成长期公司的不同之处在于它们的风险内涵随时间而变化。在收入增长处于最高峰时,成长期公司的股权成本和负债成本也应该较高,但随着收入增长回归行业均值和利润率的改善,负债成本和股权成本应该下降。

(二) 相对估值

关于相对估值,我们需要对相关的指标和参数进行适度调整,以适应成长期公司的限制和随时间浮动的风险和增长特征,下文将进行详细的介绍。

1. 可比公司

成长期公司与行业内其他公司的差异较大,不适合与行业平均或者行业内成熟的上市公司进行比较,因此在选择可比公司时,要根据所处行业、主营业务、基本面数据等多个方面判断,尽量选取多家公司,增强结果的可信度。

2. 乘数和基准年

成长期公司的分析师在计算乘数时,经常采用当期面值乘数或当期利润乘数进行分析。但这存在一定的风险,因为收入乘数会随着时间推进而变化,当前公司规模较小且不稳定,可能利润为负或者较小,未来会发生较大幅度的波动。

因此,我们建议把未来的预期利润率引入一个合理的收入乘数构成的讨论中来,这里我们介绍远期利润乘数。存活概率高的公司和失败概率高的公司相比,其交易的利润乘数会更高。远期利润乘数暗含的假设是被估值公司会存活到远期年份,且针对那些年份的利润评估值是合理的。

3. 增长和风险的差异

处理公司间较大的增长和风险差异时,灵活性最大的方式是乘数回归法。被选择的乘数是因变量,增长、风险和其他基本面要素是自变量。在具有足够大可比公司样本量时,我们既能够找到市场中较为准确的乘数值,保证估值的准确性,还能够帮助我们观察增长和每个变量之间的关系,多维度检验估值结果。

第三节 成熟期公司价值评估

困难与挑战会出现在公司生命周期的每个阶段,多数年轻公司没能通过早期的考验,夭折在初创期;许多成长期公司的成长历程比较短暂,或是无奈出局,或是被人并购。只有极少数公司能够克服困难,步入成熟期,本章我们聚焦这部分企业,讨论其特征及估值的要点。

在估值中,相比于其他生命阶段,成熟阶段的公司的问题应该是最少的。它们有长期的经营记录和市场数据,允许我们利用其历史数据进行评估。同时,公司的投资和融资也形成了长期稳定的模式。然而,并不是所有的长期实践都会有好的结果,我们并不能对所有成熟期公司一概而论,还是需要进行一定的分析和判断。

一、成熟期公司

成熟期公司为社会提供了绝大多数的当期产出和就业机会。本部分首先着力于对成熟期公司进行分类,进而探究成熟期公司的共有特征。

(一) 成熟期公司的生命周期

区分成长期公司和成熟期公司的一种方法是看它们的增长率,低增长率公司被视为成熟期公司。但是这种方式有两个问题。①假定增长率是持续的,但作为进入成熟期临界点的增长率的判断都是主观的,同时对于不同的宏观背景、行业会有不同的临界值。②不是所有的经营指标都是相同的增长率。不同的经营指标会导致不同的估值结果,一些情况下,低收入增长率可能会伴随高利润增长率,因此我们必须确定我们为公司分类所用的增长率,是收入增长率、产出单位增长率还是利润增长率。

探究增长率的一个更好的方法是,采用前文提及的资产负债表架构。例如,与其聚焦于收入或利润增长率等经营指标,不如考虑来自现有投资(相对增长型资产)的公司价值比例。如果成长期公司的大部分价值来自增长型资产的增长,那么成熟期公司的大部分价值必然来自现有投资。

(二) 成熟期公司的特征

成熟期公司一般具有共同的特征。我们将关注它们共有的特征,并兼顾其对估值的影响。

1. 收入增长率接近其所在经济体的经济增长率

大多数情况下,由于成熟期公司规模较大且相对稳定,其收入不会大幅度增加,通常收入增长率会接近于经济体的 GDP 名义增长率。因此在估值假设时,可以用 GDP 名义增长率来估计公司的收入增长率。

2. 利润率基本定型

绝大多数成熟行业中的成熟期公司通常保持稳定的利润率,但是对于周期性和大宗商品类公司存在例外,它们利润的变化取决于整体经济,是整体经济的函数,然而即便是这些公司在不同的经济周期或大宗商品的不同价格周期,也有着稳定的利润。

3. 竞争优势

成熟期公司相较行业内其他公司具有突出的竞争优势,具体体现在其投资所创造的超额回报。由于价值取决于超额回报,具有超额回报的公司将享有较高的价值。

4. 负债能力

随着公司的成熟,利润率和利润额得以改善,再投资需求减少,用于偿债的现金增加,公司的负债能力增强。但是不同公司对负债能力的骤增的反应差别很大,有些公司选择完全或基本不利用增加的负债能力,保持成长期阶段所建立的融资政策,有些公司则反应过度,借款金额大于其正常支付能力,以期增大再投资规模或者获得更高的利润。此外,还有一些公司采取理性的中间政策,保证其财务健康水平不变。

5. 外延式增长

随着公司的成熟和壮大,内部投资机会逐渐减少,为了提升公司的规模和收入,许多成熟期公司都会寻找能够促使它们继续保持高增长的快速投资,一种选择是并购产业链上下游或者其他相似行业的公司,促进收入和利润的快速增长,并开拓新业务,进一步扩大公司的竞争优势。

二、成熟期公司估值难点

与成长型或衰退型公司相比,成熟期公司的估值难点要相对少一些,通常成熟期公司可以使用折现现金流法和相对估值法进行估值,但由于企业经营过程中会发生变化,成熟期公司估值不准确。本部分内容将对并购行为和管理层变化进行详细讨论。

(一) 并购行为

当公司通过并购其他公司实现增长时,原有的假设、模型等都会在一定程度上失效。增长率、风险指标和会计期收益的计算,都会由于并购行为而不准确。此外,财务数据也会因为并购行为而发生错配,因为在估值一家公司时,分析师常常采用历史的收入和利润的增长率作为预测未来的基础,并采用现金流量表报告的资本支出数字,但是经营数字的增长率反映了一段时间里公司已经从事的并购行为,因此是考虑并购后的增长率数据,但资本支出没有考虑并购,若以一般方式使用这些数字,则会因为没有考虑并购公司费用导致费用偏小,而预期增长率却因为并购适当增高,最终会高估公司价值。

(二) 管理层变化

成熟期公司可能发生管理失当或处在非最佳管理状态。在对这些公司进行估值时,尽管分析师设法反映管理层变动的潜在影响,但调整却并非总合理。例如,处理公司管理变化最常用的方法是为公司评估值加上一个主观溢价。采用这种调整的分析师一般根据收购公司对目标公司所支付的高于市场价格的溢价来调整幅度。如果收购公司支付的金额超过了当期价格的20%,他们认为这一定反映了他们能够增加的目标公司的价值量。然而这种方法的问题在于并购中支付的溢价不仅包含了控制权预期,还涵盖了预期的协同效应发挥后的价值和收购方的超额付款。

在某些情形下,分析师有必要考虑新管理层对公司经营特征的影响。然而,他们对经营利润率和资本回报率的调整并没有客观地反映现实,大多数为个人的主观推测。例如,在管理层变化后分析师将公司的预期利润率从10%调整14%,这样的调整没有考虑该公司所处的宏观背景、所处行业等,未充分考虑其可行性,但是这样的调整却会很大程度上影响估值结果。

三、成熟期公司估值方法

(一) 并购

我们可以遵循下述规则,尽可能将并购相关的估值失误最小化。

1. 偶然并购事件的处理

若是不会在未来重复的偶然并购事件,则在估值中忽略并购行为。具体来说,公司未来的预期增长率仅反映内部投资,由于并购行为增大了当前和历史的增长率,因此未来预期增长率低于公司历史增长率。

2. 长期战略计划的并购时间的处理

根据并购频率确定评估的时间周期,一般情况下选择3至5年,进而调整估计周期内的数据指标。

(1) 调整再投资率。采集公司该周期内的并购支出数据,把并购计为资本支出的一部分修正资本支出,并评估公司的再投资率:

$$调整后的再投资率 = \frac{资本支出 + 并购金额 - 折旧额}{税后营业利润} \quad (26-11)$$

(2) 调整资本回报率。并购后,公司可能会出现商誉变化,因此公司的资本额将会发生变化。为了简化问题,我们假设商誉代表的是为目标公司的增长型资产所支付的溢价,由于营业利润产生于现有资产而非增长型资产,为确保一致性,我们把商誉从已投资本中剔除,因此调整后的资本回报率为

$$调整后的资本回报率 = \frac{税后营业利润}{负债面值 + 股权面值 - 现金 - 商誉} \quad (26-12)$$

(二) 管理层控制权

处置控制权价值时,最好是思考经营和融资的变化对价值的影响,而不是简单地加上控制权溢价。在这一节,我们首先整理和总结变动管理对价值的影响。随后分析变动的可能性,最后得到控制权的预期价值。

1. 改变管理的价值

如果我们把价值视为公司所做的投资、融资和股利决策的最终结果，那么一家公司的价值就是其管理在多大程度上处在最优(或次优)状态的函数。设想我们为一家公司评估了价值，假设现存的管理行为会持续下去，并称这个价值为现状价值。再设想我们重估同一公司的价值，假设它处在最优管理状态，并把这个价值称为最优价值。改变管理的价值可表述为

$$\text{改变管理的价值} = \text{最优价值} - \text{现状价值} \tag{26-13}$$

改变管理的价值在于我们在多大程度上能改变公司经营的直接结果。对于已经处于最优管理状态的公司，改变管理的价值为零。不同公司的价值提升的路径和次优管理表现形式不同，对于现有资产经营不善的公司，价值的提升将会主要来自对资产进行更有效的经营，从而获得更多的现金流并实现有效增长；对于投资政策好但融资政策差的公司，价值的提升将会来自负债股权比例的改变和更低的资本成本。

2. 改变管理的概率

我们需要定量地评估改变管理的概率，可以通过逻辑回归或多元概率进行分析，即通过对比过去管理层已经发生变化的公司的特征，与没有发生变化的公司的特征，评估管理发生变化的概率。学界在这方面有较多的研究，目前公认的几个管理层易发生变化的特征有：业绩较差、董事会规模较小、所有权结构中机构持股量大和内部人持有量低、公司处于竞争性行业。

3. 价值调整

我们认为每家上市公司的股票价格都包含控制权的预期价值，该预期价值既反映公司管理变化的可能性，也反映实施这种变化的价值。

1) 市场价值调整

在有效市场中，为了反映公司管理层变化的可能性，需要调整公司市场价值：

$$\text{市场价值} = \text{现状价值} + (\text{最佳价值} - \text{现状价值}) \times \text{管理改变的概率} \tag{26-14}$$

2) 股票价值调整

为了研究投票股和非投票股的价值，我们可以把投票股的溢价与控制权的预期价值联系起来。举个例子，假设一家公司有 n_v 份投票股和 n_{nv} 份非投票股，并且有投票权股东完全控制了企业，这家公司的现状价值为 V_b，最佳价值为 V_a，并且，该公司管理改变的可能性为 π。由于在管理层是否改变上无投票权股东没有任何话语权，每股无投票权股的价值的确定就是基于其现状价值：

$$\text{每股无投票权股的价值} = \frac{V_b}{n_v + n_{nv}} \tag{26-15}$$

有投票权的股份会有交易溢价，反映其控制权预期价值，通常，在管理不善且投票股分散的公司，溢价相应较高，反之较低。溢价应为公司管理变化的概率 π 和改变管理的价值 $(V_a - V_b)$ 的函数：

$$\text{有投票权股份每股价值} = \frac{V_b}{n_v + n_{nv}} + \frac{(V_a - V_b)\pi}{n_v} \tag{26-16}$$

第四节 衰退型公司的价值评估

本节我们将介绍企业生命周期的最后阶段——衰退阶段。在本节中，我们首先梳理衰退期公司现金流的评估流程，其次讨论衰退的可能结果，最后考虑如何将衰退的可能性计入估值。

一、衰退期公司

(一) 衰退期公司与成熟期公司的区别

我们通过资产负债表来理解衰退期公司和成熟期公司的区别,主要体现在两个方面。①资产负债表的资产结构不同。成熟期公司的大部分价值来自现有资产,较小部分来增长型资产,而衰退期公司没有或只有小部分价值来自增长型资产。②资产负债表的负债结构不同。衰退期公司通常有较高的财务杠杆,然而它们无法保证未来有足够的利润偿还债务,因此经常会面临财务困境。

(二) 衰退期公司的特征

由于行业和个体的差异,不同衰退期公司的特征也不尽相同,但它们仍有一些相似之处,因此我们重点讨论衰退期公司共有的特征。

1. 收入下降或停滞

当公司产品或服务不再具有竞争力时,其将逐步进入衰退期并被行业内新晋龙头公司淘汰。衰退期公司最常见的信号是相对较长的时期内其收入停滞不前或有所下降。通常运营良好的企业收入在平稳上升,增速通常和通货膨胀率相当,在经济上行时,其增速会更高,但对于衰退期公司,无论经济情况如何,其收入增速都会较低或者为负。

2. 利润为负或萎缩

产品或服务的竞争力下降导致公司收入的下降或停滞,同时,公司对于上下游的议价能力、管理能力、贷款能力等都会或多或少下降,这将增高公司的期间费用和营业成本,最终表现为利润为负或萎缩。同时,由于资产的出售,公司会出现营业外收入,利润有一定的增加,在分析时要注意区分公司利润的增加是由主营业务带来的,还是一次性活动带来的。

3. 资产剥离频率高

衰退期公司的特征之一是,其现有资产有时对其他公司更有价值,与处在生命周期更早期的公司相比,衰退期公司的资产剥离更加频繁。如果衰退期公司有大的负债,剥离资产的需求就会更加强烈。

4. 财务杠杆的负面影响

面对停滞和衰减的利润,许多衰退期公司通常都面临难以负担的债务。这些债务多半是其在生命周期的健康阶段发生的,但其利息等贷款条件非今日所能负担。除了要履行已经承诺的义务,这些公司还存在着借新债还旧债的麻烦,因为放款人此时会提出更严格的条件。此时财务杠杆更多地表现出其负面影响,加剧公司的财务危机。

二、衰退期公司估值难点

在对衰退期的公司进行估值时,分析师发现能够有效应用于健康公司的工具和方法不再适用,本部分内容将结合衰退期公司的特点,对估值的难点和不适用的原因进行分析。

(一) 乐观主义不再适用

估值的乐观主义主要是指对于相关参数的乐观估计,然而对于衰退期公司,这一估计思路不能延续,具体体现在三个参数上。

1. 增长率

对大多数公司的评估,无论长期还是短期,分析师都坚持采用正增长率的标准做法。然而,对于衰退期公司,扁平的收入和持续下滑的利润率是与未来正向利润增长不相符的,因此乐观主义与现实相冲突，采用正增长率的结果将是高估公司未来的利润和现金流。

2. 折现率

折现率是通过加权资本成本计算的，对于正常公司，其股权和债券资本成本相对较低，且公司的结构良好，通常负债率较低。而若对于衰退期公司仍采用这一估计结果，则会出现很大的误差：一方面，公司由于存在破产等风险，相关方要求一定的风险溢价，会增高各项资产的融资成本；另一方面，公司的资产负债结构会有所变化，通常表现为负债率不断升高。因此采用乐观主义估计法，即用行业平均值作为估计的折现率会导致公司的折现率估计值较低，从而高估公司的价值。

3. 超额回报和利润率

除了预估利润的正向增长率之外，分析师还假设被估值的公司将会恢复利润率和超额回报到历史均值水平，但是衰退期公司的利润率不仅较低，还会进一步降低，因此用原先的假设会导致公司价值被高估。

（二）剥离资产存在贬值风险

为了缓解公司的经济压力，衰退期公司通常通过剥离资产的方法来实现，但是对于剥离资产的现金流估计，会产生一定的偏差。

(1) 对于正常运营的公司，其资产评估需要按照一定的程序和方法测算出该部分资产的市场公允价值，但对于衰退期公司，其剥离资产的背景可能有所不同，例如，公司出于现金流压力，紧急抛售相应的资产，则会导致其价格低于市场公允价值，因此该部分资产存在贬值风险，不能单纯用市值进行估计。

(2) 公司剥离资产或部门后，未来其将无法从被剥离的资产或部门获得相关的利润和现金流，而当前公司的利润和现金流是包含那些资产所创造的部分的，因此在剥离之后的评估中，应该排除相应的收入和利润。

三、衰退期公司估值方法

我们将围绕两个核心问题来分析衰退期公司。第一，观察衰退是可逆的还是永恒的。有些公司在重重困难下被淘汰，进行破产清算，而有些公司在衰退期积极改进，最终走出困境，例如李宁公司，其发展历程可以总结为三个阶段：1990—2010 年为行业领军时期，2011—2014 年为危机变革时期，2015 年至今为复苏再起时期。从生命周期看，公司第二阶段已经处于衰退期，而公司最终奋起改革、涅槃重生，又一次成为运营良好的国产运动服装龙头企业。第二，这家公司陷入困境的可能性，并不是所有的衰退期公司都会处于困境中，因此我们需要评估困境发生的概率。根据可逆转性和陷入困境可能性的情况，共有可逆转的衰退，低度困境；不可逆转的衰退，低度困境；可逆转的衰退，高度困境；不可逆转的衰退，高度困境 4 种可能的组合。对处于高度困境中的公司，我们假设其未来一段时间会进入破产清算环节，此处不做过多考虑，后文将对低度困境的估值进行具体介绍。其中，对于可能性的判断，可以定性参考以下内容。

(1) 评估逆转的可能性：分析公司的历史沿革及行业内其他公司的状况。相比之下，经历过市场周期跌宕起伏、所处行业内发展良好的企业较多的公司更有可能恢复到健康状况。

(2) 评估陷入困境的可能性：分析公司累积的债务负担。拥有巨额债务负担的衰退企业面临更大的违约可能，会导致经营歇业和债权人的清产。同时若公司有债券评级或公司评级，也可以作为参考，评级较低的公司容易陷入困境。我们如何评估这类公司价值，将取决于我们在困境公司里观察到的情况。

(一)组合一:不可逆转的衰退,低度困境

第一步,评估持续经营的价值。一般我们对企业的估值都是建立在它会持续经营的假设之上,但由于公司当前运营状况较差,现有资产处在负的超额回报状态,因此目前市场价值可能低于公司面值。

第二步,分析公司未来方向——持续原有业务还是寻找新业务。若该公司的资产在其他地方能获得更高的回报,那么可以考虑剥离这些资产,逐渐出售业务,同时,保证出售的节奏,等待合适的时机争取更高的售价,即"有序清偿"。

估计出公司持续经营的价值和有序清偿的价值之后,我们即可得到预期公司的价值——介于二者中间或二者中较高的一个。

(二)组合二:可逆的衰退,低度困境

对于该类衰退期公司的估值步骤及具体介绍如下。

(1) 评估现有政策和战略的价值状况。由于我们假设衰退会持续,公司收入曲线虽然会持续其扁平状,利润率还会继续下降,现有资产和新投资的资本回报率都会低于资本成本。此外,我们对公司的现状评估的假设是:公司无法走出困境。

(2) 假设该公司获得新的管理层/所有者,或现有管理层改变其策略。假设该公司能够恢复财务健康,我们重新评估公司的价值——经营的改善导致新现金流的出现。如果板块的其他公司都是健康的,我们可以假设公司的利润率和已投资本回报率,将会恢复到行业的平均水平;如果不是,我们可以查阅公司历史,了解它回到健康状况是何种状态。

(3) 评估管理改变发生的概率。使用定性和定量方法,计算公司管理变化的可能性。同时,应考虑外部环境变化,如激进投资者的进入会改变我们的评估。基于变化的概率,该公司预期价值此时会反映现状价值和最佳价值的加权平均数。

本章小结

本章我们从生命周期出发,分析处在生命周期不同阶段的公司的特征、估值困境及估值方法。我们对初创期、成长期、成熟期、衰退期 4 类公司分别进行分析。

初创期公司的特征有:资金来源于创业资本市场、无完备经营历史、通常处于亏损阶段、存活率较低。这些特征导致估值难点在于现金流难以预测,预期增长率缺乏基准,折现率因不同于上市或成熟公司而难以确定,生存概率不确定导致评估终值时点困难。为了解决这些难点,可以选择风险投资估值、折现现金流估值、相对估值、实物期权 4 种方法进行估值。成长期公司的特征在于:财务数据波动大、公司规模难以判断、负债较低且负债成本较高。这些特征导致成长期公司的估值难点为,采用折现现金流估值法时,现有资产价值、增长型资产价值、折现率、终值难以确定,而采用相对估值法时,可比公司选择、乘数确定、增长差异调控等环节存在诸多困难,针对以上难点,我们对折现现金流估值法和相对估值法进行了调整。成熟期公司的特征为:收入增长率接近其所在经济体的经济增长率、利润率基本定型、竞争优势明显、负债能力增强、外延式增长。其主要估值难点在于公司的并购行为和管理层变化带来的公司价值的突变,针对这种情况我们也提出了相应的调整方法。衰退型公司的特征为:收入下降或停滞、利润为负或萎缩、资产剥离频率高、财务杠杆产生负面影响,这些特征导致公司估值中乐观主义不再适用,并伴有估值风险。为此估值方法中,我们从公司的可逆转性和陷入困境可能性出发,分析不同情形的处理方法。

课后问答

1. 企业生命周期的4个阶段各有哪些核心财务特征?请对比说明初创期与成熟期企业在现金流、负债结构上的差异。

2. 为什么传统DCF模型不适用于初创企业?如何合理选择风险投资估值法中"目标回报率"?

3. 在评估成长期公司时,如何处理收入增长率随规模递减的现象?请说明"波特五力模型"在增长率假设中的作用。

4. 并购行为如何影响成熟期公司的估值?在计算调整ROIC时为什么要剔除商誉?

5. 评估衰退期企业时,"可逆性"判断需要考虑哪些因素?如何通过资产负债表分析企业陷入困境的概率?

6. 相对估值法在初创期和成熟期应用时,分别需要注意哪些不同的调整事项?

第二十七章

周期性和大宗商品类公司评估

本章任务清单

任务序号	任务内容
1	了解周期性公司及大宗商品类公司的特点
2	掌握周期性公司及大宗商品类公司所适用的估值方法
3	掌握各类估值方法及对应的调整

周期性和大宗商品类公司的波动性具有较强的不确定性,即便是成熟期的周期性公司或大宗商品类公司,其利润和现金流也会有很大的波动性,因为宏观经济可能会强势裹挟周期性公司的上下波动,大宗商品价格波动也会导致大宗商品类公司的波动。在对这些公司估值时,不能仅仅聚焦于最近年度的财务数据,因为最终估值结果在很大程度上取决于这个年份是处在(经济的或大宗商品价格的)周期哪个阶段,如果最近的年份是景气年份,这个价值会较高。本章主要着眼于折现现金流法和相对估值法,对这种常见于周期性公司和大宗商品类公司的利润波动性问题,进行估值参数的调整。

第一节 周期性公司和大宗商品类公司

本章主要关注两组公司。第一组是周期性公司——其利润在很大程度上取决于宏观经济表现如何。第二组是大宗商品类公司——其利润来自大宗商品的生产,且该商品是其他公司生产的原材料(如石油和铁矿等),或是人们期盼的投资品(如黄金、铂金和钻石等)。

一、周期性公司

我们通常把随着经济上下起伏的公司视为周期性公司,分辨方法如下。

(1) 从行业出发,把行业板块分类为周期性和非周期性板块,并假设板块里所有公司都有共同的特征。例如,在历史上,房地产和汽车板块一直被认为是周期性的,在这些板块的所有公司都被贴上了这个标签。这个方法虽然简洁,但也面临着把一个板块里的所有公司都一刀切的风险。

(2) 从历史表现出发,结合整体经济的表现,研究公司自身的历史。在历史上,若一家公司在经济下行时,报告的利润和收入都较低,在经济上行时,报告的利润和收入都较高,那么我们就视其为周期性公司。和第一种方法相比,这种方法考虑到更多的细微差别,但局限在于被分析公司需要有较长周期的经营记录。此外,公司自身的引起利润波动的活动也会导致分析偏差。

二、大宗商品类公司

大宗商品类公司的产品可以归为三组。第一组是其他企业的原料,包括诸如淡水河谷、力拓及必和必拓等矿业公司。第二组是直接消费品,大多为食品公司。第三组的产品既服务于其他企业,也满足消费者需求,如石油和天然气企业属于本类,金矿公司也部分属于本类别。大宗商品类公司共同的特征是:它们是大宗商品的生产者,其利润和价值依赖大宗商品价格。在某些具有丰富自然资源的新兴市场经济体,大宗商品类公司占该经济体总价值比例较高。例如,在中东,石油公司及其相关企业占据了其上市公司整体价值的一半以上;在澳大利亚和拉丁美洲,农业、林业和矿业公司所占份额较高。

三、特征

大宗商品类公司的大宗商品范围广泛,包括从粮食到贵金属多个领域,周期性公司则涵盖各种各样的企业。然而,它们具有一些共同的特征。

(一) 收入受外生因素影响大

周期性公司受经济周期支配。虽然好的管理及正确的战略和业务选择,会减小周期性公司受经济运行的负面影响,但是在面对经济大幅下行时,所有周期性公司遭遇收入下滑的概率很高。

大宗商品类公司是价格的接受者,产品价格决定了公司的收入。当大宗商品价格处于上升通道时,所有生产那种大宗商品的公司都会受益,反之,若其价格处于下降通道时,即便该细分市场上最好的公司也会受到影响。

(二) 利润和现金流具有波动性

周期性公司和大宗商品类公司在收入上的波动性,在营业利润层面进一步被放大,因为这类公司通常固定费用高,具有较高的经营杠杆。即使大宗商品类公司在价格周期的低点上,鉴于关闭和重启的成本过于高昂,公司也必须保持其矿山(采矿)、储备(石油)和耕地的运营。

(三) 经济下行背景下面临较大风险

周期性公司和大宗商品类公司面临的周期性风险,是它们自身无力控制的。随着利润表科目数值的下行,这种风险被逐级放大,导致净利润的大幅波动,即便板块中最健康和最成熟的公司也无法幸免。持续时间较长的衰退期或大宗商品价格低落期,会使大部分公司陷入困境。

(四) 有限的资源

不同于其他行业,大宗商品类公司还有一个较为突出的特点——受限于地球上的资源。自然资源是有限的,如果油价上升,我们可以开采更多的石油,但我们不能创造石油。在对大宗商品类公司进行估值时,这一点不仅在我们对未来大宗商品价格走势的预测上起作用,还使得永续增长的假设不适用。

总之,在对周期性和大宗商品类公司估值时,我们要充分考虑经济周期和大宗商品价格周期的影响,以及这些周期的转换如何影响收入和利润。

第二节 估值的难点

对于周期性公司和大宗商品类公司而言,其利润受宏观因素影响而产生较大波动,导致即便对板块中最成熟的最大公司进行估值,也是一件很困难的事。在很多情况下,估值的差错会产生于下述两方面:分析师选择性地忽略经济或大宗商品价格周期问题,或他们过分专注于这个问题。下文我们将对解决周期问题的方法进行介绍。

一、基准年数据占比过高

在实际估值中,多数公司的估值都以当期年份作为基准年份,忽视公司自身的历史情况或整个板块的表现。但是在利润、再投资和资本成本这三方面数据上,把当期年份公司情况作为很大权重参考的做法并不适用于周期性和大宗商品类公司。比如,在一年里,石油价格上升了30%,则所有石油公司的利润都会陡升。如果基准年是处于或接近周期的顶峰,采用那个年份的数字作为估值的基础,就会高估公司的价值。如果基准年是周期的低谷,我们使用那一年的利润给公司估值,就会低估它的价值。

二、估值纳入宏观因素

多数分析师和投资者对整体宏观经济或大宗商品价格都有自己的看法。在对公司估值时,对经济和大宗商品价格走向较为自信的分析师,会把其对市场的预期融入估值中。因此,公司的估值结果将会是分析师对特定公司看法,外加其对宏观经济看法的一种综合反映。换言之,与其他多数市场参与者相比,预测未来经济会有更强增长率的分析师,更多是会认为周期性公司价值被低估。但是,看到这项估值的人无法分辨,这种低估多少是来自分析师对公司的看法,多少是源于其对经济走势的看法。

三、选择性的正常化

在对周期性和大宗商品类公司估值时,正常化应该是对周期性利润的调整方法之一,正常化是指对于参考数据进行调整,撇开当前经济周期和公司特殊数据影响,预估公司正常经营情况下的状态。但在现实中正常化过程有可能会犯两个错误。

(一) 不完整的正常化

为了正确地进行正常化,我们必须保证各个参数都进行正常化,即除了对利润正常化,我们还应该对资本回报率、再投资和融资成本进行正常化。但是在许多情形下,估值中被正常化的唯一数字是利润数字,而其余的数字仍然是当期的数据。因此,在衰退环境下对周期性公司进行估值,分析师通常会用正常化之后的利润,但却使用的是从衰退年份提取的资本支出、营运资本和融资成本等数据,这会导致估值逻辑有误,结果误差较大。

(二) 重复考虑正常化

以经济下行周期的周期性公司为例,当期公司经营数据较差,但很大程度是由宏观经济因素导致的,因此在估值时,分析师通常采用正常化的利润取代这家公司当期利润。但是,分析师会使用来自外部的增长率评估值(来自分析师或管理层)预测未来利润,即又一次进行正常化的调整,最终导致高估未来利润及公司价值。事实上,我们进行了两次重复的正常化。

第三节　估值的方法

对于周期性公司和大宗商品类公司,利润的波动是一定的,为了准确合理地进行估值,本节将重点关注这类公司估值的波动性问题,分析各种估值方法。

一、折现现金流估值

一家公司折现现金流估值取决于 4 个指标：来自现有资产的利润和现金流、现金流的增速、何时进入成熟期及折现率。下文我们将针对基准收益的周期性问题，介绍两种适合于周期性和大宗商品类公司的折现现金流估值法：其一，将所有的 4 个指标正常化，以便评估出基准年收益的价值，但需假设当经济周期发生变化时公司的经营状况能较快回归到该基准年收益的水平；其二，通过调整预期现金流的增长率以反映所处的阶段，即在周期的顶峰把增长率调低甚至定为负值(反映利润在未来会降低的预期)，在周期的低谷时适度调高。除此以外，考虑到周期性公司和大宗商品的利润、现金流和价值在很大程度上取决于少数几个宏观经济变量，因而也可以将概率方法与上述两种方法结合，应用在估值之中。

(一) 正常化估值法

对周期性和大宗商品类公司估值最简单的方法是，观察历年利润和现金流的波动状况，并从中找到平滑的数字。下文将首先定义正常价值的内涵，之后研究用于评估数据的不同方法。

1. 何为正常数据

如果我们在谈论周期性公司，正常年份应是代表周期中段的年份，该数据不包含宏观经济的影响，仅反映公司本身的情况。对于大宗商品类公司，大宗商品价格在正常的年份里，应反映大宗商品的内在价格，即反映市场内在的供求关系。

2. 衡量周期性公司的正常化价值

对于周期性公司，通常有三个标准的方式可用于利润和现金流的正常化。

1) 长期的绝对平均

用于正常化数据的最常用方式是选取较长时期，将期间数据平均化，但是时期长短的选择目前还没有确定的说法，通常认为至少是一个完整的经济周期，在第 8 章我们对经济周期有所介绍，但不同的经济体在不同的时间，经济周期长短不同，从较短的时期(2~3 年)到较长的时期(超过 10 年)均有可能。

这种方式的优势在于简单方便，而劣势是对于在正常化时期内营业数据变动较大的公司，使用长期的平均数据可能会误判公司的价值。例如，一家公司在过去 5 年自身的收入翻倍，而如果我们把这段时期的平均利润视为正常化利润，则低估了公司的利润，忽视了公司 5 年期间的发展与成熟。

2) 长期的相对平均

在估计公司相关参数时，我们选择绝对数可能会忽视公司本身的变化，此时我们可以转换思路，选择相对数预测，即选取一段时间的平均利润率而不是平均净利润。为评估正常化的利润，我们可以用平均利润率乘以最近一段时期的收入。同样，我们可以对资本支出和营运资本采用相同的手法，即采用一段时期其与收入的比率或账面资本的比率，而不是看绝对值。

3) 板块平均

上述两种正常化的方式是建立在公司已经有了长期经营记录基础之上的。对于经营期有限或经营记录有变化的周期性公司，着眼板块平均数的正常化可能更有意义。因此，对不同周期所有的钢铁公司，我们可以计算营业利润率，并使用这个平均利润率评估单个钢铁公司的营业利润。这种方式最大的优势在于，板块利润率通常比单个公司利润率波动幅度要小。然而，这种方式的不足在于没有考虑一家公司不同于业界其他公司的特征(经营高效或低效)。

3. 衡量大宗商品类公司的正常化利润

针对大宗商品类公司，引起波动的变量是大宗商品价格。随着价格的上下起伏，它不仅影响收入和利润，也会波及再投资和融资成本。因此，大宗商品类公司的正常化应该建立在大宗商品价格正常化的基础之上。

1) 何为正常化大宗商品价格

什么是石油的正常化价格？什么是黄金的正常化价格？回答这个问题有以下两种方式。第一种方式是回顾历史。大宗商品都有较长的交易历史。我们可以用历史价格数据算出平均值，据此调整通货膨胀率。我们隐含的假设是，依据一个长期历史时期的数据，计算出的通胀调整过的平均价格，是正常化价格的最好评估值。第二种方式是建立函数。由于大宗商品价格是该商品供给与需求的函数，我们可以评估决定需求和供给的因子，通过函数定性分析大宗商品的内在价值。在正常化大宗商品的价格后，我们可以评估基于正常化价格的被评估公司的收入、利润和现金流大小。对于收入和利润，这里需要的只是用正常化的价格乘以销售的单位数量，并对成本做一个合理的假设。对于再投资和融资成本，只需要就下述问题做出主观判断：再投资和融资成本数字在正常化价格之下会有多大的变化。

2) 基于市场的预测

采用正常化商品价格法对大宗商品公司估值可能会导致估值结果过于主观，因为正常化商品价格的高低取决于我们自身的判断。为了保证结果的相对客观性，我们可以基于市场价格对大宗商品进行预测，由于多数大宗商品都有远期和期货市场，因此我们基于这些市场的价格来评估未来几年的现金流。例如，对于一家石油公司，我们可以用当前的油价评估当年的现金流，使用远期油价评估未来的预期现金流。

(二) 调适增长率法

无论你采取何种方式，正常化的隐患之一是：我们正在用假设周期本身正确的情况下创造的利润和现金流，替代公司当期财报上的这些数字。由于周期可以持续较长的时间，这里的隐患在于正常化需要一段较长的时间才能完成。

一个妥协的方式是，假设以长期条件进行正常化，但允许利润按目前的周期计，增长率作为调节机制，将公司未来年度的预期利润和增长正常化。我们考虑以下情况：对于周期性公司，在经济衰退的背景下，公司利润是负数或处在最近年份的低点，而且短期内可能还会继续恶化。因此，我们要考虑到公司在近期(第一年)经营状况的恶化，收入的降低、利润的下滑和现金流的紧张，还要考虑到公司在中期利用经济周期恢复之力，改善经营状况，实现收入增长和利润率改善。若周期性公司正处在经济周期的顶峰，或商品类公司正处在商品价格的顶峰，我们要反向思考这一过程，即考虑当前是经济周期中的短暂的繁荣期，当周期逆转时收入会减少，利润率会降低。

(三) 概率方法的应用

对于周期性公司和大宗商品类公司，利润、现金流和公司价值很大程度上取决于相关宏观变量，因此，常用概率方法估计重要的输入变量参数，并使用正常化估值法和调适增长率法进行后续计算。

1. 场景分析

以最简单的方式，我们可以把经济或大宗商品价格归类为离散场景。例如，随着周期变换会有经济繁荣、经济滞胀或经济衰退。我们可以在每个场景下评估这些公司的价值，可以根据不同场景使用预期价值，也可以依据各个场景采用价值范围作为风险指标来进行投资判断。

2. 模拟分析

除场景分析外，如果我们把商品价格视为利润、现金流和大宗商品公司价值的关键驱动要素，那么我们就可以使用大宗商品价格模拟模型，推导大宗商品公司的价值。相对于其他大多数模拟计算，这种模拟计算评估输入参数要容易很多，因为大宗商品是公开交易的，相关数据容易获得。这种模拟计算的难点在于难以确定估值的数据(利润、再投资和融资成本)如何随着大宗商品价格的变化而变动。

二、相对估值

在使用折现现金流法时，通常采用两种基本方法：采用正常化利润乘数和调适参数。在使用相对估值法时，我们也会用到该两种方法。

(一) 正常化利润倍数

如果周期性或大宗商品类公司的正常化利润反映了正常年份的情况，那么可以认为市场上关于如何基于正常化利润对公司进行估值大家应该已经有了一致的认识。在极端的情况下，即在公司之间没有增长率和风险差异时，所有公司都应该以相同的正常化利润乘数交易，这些具有每股正常化利润的公司的市盈率在效果上应该都是一样的。

公司之间存在利润增长率和风险的差异，因此和利润更稳定的公司相比，我们应该预计利润风险较大的公司的交易的正常化利润乘数会更低。与增长潜力较低的公司相比，我们也会认为增长潜力较高的公司的交易的正常化利润乘数会比较高。以巴西国家石油公司和埃克森美孚为例，两家公司利润都受油价影响，但是巴西国家石油公司交易的利润乘数和埃克森美孚有所不同，前者利润内含的风险更大，但其潜在增长率更高。

(二) 调试参数

对于不愿意用正常化数值替代公司当期营业数字的分析师而言，周期性和大宗商品类公司股票买卖的相关乘数会随着周期的变化而变化。

(1) 从经济周期角度调试参数。如果周期性和大宗商品类的所有公司的利润都步调一致地向前走，那么比较公司之间的当期利润乘数意义不大。实际上，我们可以认为市盈率为6倍的钢铁公司，可视为在经济高峰期的一个公允的估值，此时钢铁公司的集体利润都会比较高，对应的市盈率较低。在经济的低谷期，同一公司的15倍市盈率的估值会是公允的，此时其他钢铁公司的利润也会比较低。

(2) 从对公司的未来预期角度调试参数。当周期有利时，即具有乐观的经济背景和大宗商品的高价格，板块里的所有公司都会报告高利润，但有些公司会有更好的长期发展前景，交易倍数会更高。同样，在油价低落时，所有的石油公司报告的利润都会比较低，但有些这类公司利润预期会更好，其交易的市盈率会更高。

三、未开发储备的实物期权参数

传统估值方式的问题在于它们没有充分地考虑大宗商品价格、大宗商品类公司的投资和融资三者的相互关系。换言之，与油价仅为每桶20元时的行为相比，石油公司在油价每桶100元时的行为差异很大。

由于大宗商品类公司的经理们在行动前会观察大宗商品价格，所以可以理解为学习和纠错行为使这些公司有了实物期权参数化的表象。因此，我们可以认为估值的结果是在传统的折现估值上加一个溢价，以反映这个期权价值。而且，这个溢价应该在大宗商品价格的波幅越大时，价值越高。

(一) 估值一项自然资源期权

期权最简单的应用是在一个单项自然资源的估值中，这里的拥有者有权在一个具体的时间段里开发该资源。储备中的自然资源(如地表下的石油和即将采伐的木材)的评估价值是资源数量及其当期价格的函数。如果我们假设储备量是已知的，其价值完全是其当期价格的函数。随着资源价值的升降，资源的拥有者会把它与开发这块资源的成本相比较，只有在资源价值超过开发成本时，这块储备的开发(即行权)才有意义。如果这块资源的开发永不可行，那么拥有者就丧失了为获取这块资源的花费。如果我们接受自然资源储备是一种期权这个前提，那么我们必须因此定义相关数据，对它们进行估值。

使用期权价格模型估值自然资源期权的一个重要问题是，开发滞后对这些期权价值的影响。由于资源的采掘不能马上进行，对资源的采掘决策和实际采掘活动之间是有时滞的。对时滞做调整的简单方法是，针对开发期间的现金流损失，调整已开发储备的价值。因此，如果在开发上有一年的时滞，那么把已开发储备的当期价值在延迟成本上往回折现一年。

(二) 估值一家自然资源公司

前面一个例子阐述了在估值单个储备中期权定价理论的使用。根据一家公司拥有多个储备的程度，首选的方法是把每项储备视为一个期权，对其进行估值，累计这些期权的价值，最终得到这家公司的价值。对于大型自然资源公司，如石油公司，这类信息难以获得，因此可以采取这种方法的变异形式，把这类公司所有未开发的储备视为一个期权。

如果我们决定采用期权定价方法，评估成组的未开发储备的价值，那么我们就必须首先评估这个模型运算所需的数据。该流程与用于估值单个储备的流程相似，但还有一些不同之处。一旦我们把这些未开发的储备作为一个期权进行估值，我们可以用传统的折现现金流模型，对已开发的储备也进行估值，并累加上述两项，得到公司的价值。应注意的是，如果我们把未开发储备视为期权并分别对其进行估值，那么我们就不能因这些储备的存在，而在折现现金流模型中使用更高的增长率，那样会发生重复计算。

在估值自然资源公司时使用期权定价，需要大量相关未开发储备的信息。

1. 未开发储备的数量

为了把未开发储备当作期权估值，我们需要知道处在未开发状态的自然资源的数量。例如，对石油公司，会计惯例要求披露已开发储备和证实的未开发储备，后者只包括在当期油价和采掘成本下可行的储备。

2. 可变成本

除了要知道一家公司在未开发储备上有多少，我们需要从这些储备采掘商品的每单位成本的估值。因此，除了要知道在未开发储备里有多少桶油，我们还需要知道从这些储备里采掘一桶油的平均成本的指标。但是很少有大宗商品公司提供这类信息。

一般情况下，作为大宗商品公司的一个内部分析工具，实物期权更有用，因为它们能获得这类数据。对于外部投资者而言，由于所提供的信息很有限，很难对期权价值做有精确意义的评估。

(三) 期权定价思路的启发

即使我们从来没有明确地采用期权定价模型，对自然资源储备或公司进行估值，但它还是对其他估值方式提供启发和参考。

1. 价格波动影响价值

大宗商品类公司的价值不仅是大宗商品价格的函数，也是价格波动的函数。价格重要的原因在于：更高的商品价格带来更高的收入、更高的利润和更多的现金流。通过改变未开发储备的期权价值方式，大宗商品价格的波动可以影响公司价值。因此，如果油价从每桶25元提高到每桶40元，那么你会预期所有石油公司变得更有价值。

2. 成熟性大宗商品类公司与成长型大宗商品类公司的比较

与现金流来自已经开发储备的更成熟公司相比，更多地从未开发储备获取价值的公司，在大宗商品价格波动加剧时，其价值更可能上升。参照前面使用的例子，即使价格本身没有变化，油价波动也会影响价值，因此，在埃克森美孚和巴西国家石油公司之间，我们预期后者的价值会上升。

3. 储备的开发

随着商品价格波动性的加大，大宗商品类公司变得更加不愿意开发其储备。如果我们视未开发储备为期权，而开发储备等同于行使这些期权，那么标的商品价格波动性的趋高，使行权的可能性更小。

4. 随着商品价格下降，开发的可选择性增强

在自然资源期权的背景下，可以理解为：在大宗商品价格较低时，期权溢价较大，而且溢价会随着商品价格的上升而下降。

最后，如果我们视未开发储备为期权，由于我们用预期商品价格评估收入和营业利润，因此运用折现现金流估值法通常会低估自然资源公司的价值，最后会导致我们遗漏价值中的期权部分。同样，在折现法之下，估值差额较大的公司都具有大量未开发储备且经营着价格波动性较高的商品。

本章小结

周期性和大宗商品类公司的利润颇具波动性，这种波动性来自这些公司本身无法控制的宏观经济因素。随着经济运动的强弱交替，周期性公司的利润随之上下波动，而大宗商品类公司的利润和现金流，则随着商品价格波动而跌宕起伏。

在对这些公司估值时，分析师要么忽视经济周期和商品价格周期，并假设当期的年度利润和现金流将永远如此，要么会投入过多精力于从长预测周期变化。我们提出了对这些公司估值的两种方法。在第一种方法中，我们通过回顾过去的经济周期，着力留意这些公司正常化的利润、增长率和现金流。实际上，这种行为的"言外之意"是：周期会引起这些数字较大的波动，我们无法预测每年的周期变动。在第二种方法中，我们仍然假定正常化方式的合理性，但仅从长期角度这么做。在短期内，我们还是基于我们所处的周期，对收入、利润和现金流进行预测。当公司处在周期的中端时，这两种方式的预测结果趋同，但当它们处在顶端或底端时，这两种方式则逐渐偏离。

在本章的最后一节，我们考虑了一种可能性：把大宗商品类公司未开发储备视为期权——该公司有权开发这些储备，只是还没有必要对它们进行开发。我们坚持认为，对于大宗商品类公司，尤其是在该商品价格有波动时，其公司交易价格应该在其未来现金流折现的价值之上加上溢价。

课后问答

1. 周期性公司的利润波动主要受哪些外部因素影响？
2. 为何大宗商品类公司的永续增长假设不适用？
3. 解释"正常化估值法"中长期绝对平均与相对平均的差异。
4. 如何通过调适增长率法修正经济顶峰期的利润偏差？
5. 为何相对估值法需结合周期阶段调整利润乘数？
6. 对比成熟型与成长型大宗商品类公司对价格波动的敏感性。
7. 列举周期性公司估值中"重复正常化"错误的后果及解决方法。

第二十八章
金融服务公司价值评估

本章任务清单

任务序号	任务内容
1	掌握金融服务公司的分类及其盈利模式差异
2	了解金融服务公司的核心特征
3	掌握折现现金流模型在金融服务公司估值中的调整方法
4	掌握相对估值法在金融服务公司的应用,如市盈率与市净率的调整逻辑
5	掌握资产基础法对单一业务银行的适用性及局限性

分析师在对银行、保险公司和其他金融服务企业估值时经常遇到一些困难。首先,由于其业务的性质,我们很难定义它们的负债和再投资,进而使得现金流的评估很困难。其次,这些公司受到了严格的监管,监管条例和政策的变化对其价值有着巨大的影响。最后,在历史上,规范银行会计的会计准则与其他公司的会计准则差别很大,金融服务公司的资产价值是按市场价格确定的,具有随行就市的特点。

在本章中,首先,我们讨论金融服务公司与众不同的原因和处理差异的方法。其次,我们讨论估值难点,分析在金融服务公司的估值里,面值、利润和股利这几个指标的依赖关系。再次,我们思考如何最好地把折现现金流估值法,调整到适用于估值金融服务公司。我们有三种选择:传统的股利折现模型、股权自由现金流折现模型和超额回报模型。针对每一种选择,我们会选择来自金融领域的案例进行补充。接下来,我们转向相对估值法在金融服务公司的应用情况,研究哪些乘数最适用于这些公司。最后,我们针对银行等金融服务公司的特点,讲解使用以资产为基础的估值方法对其进行价值评估。

第一节 金融服务公司的分类

为个人或其他公司提供金融产品或服务的任何公司,都可被归类为金融服务公司。依据盈利方式的不同,我们可以把金融服务公司分为 4 类。

(1) 银行:可以通过存贷差获利,即利用向借款人收取的利息和向存款人支付的利息的差额获利;也可以通过向存款人和借款人提供其他服务获利。

(2) 保险公司:以两种方式获得收入,一是从投保人处获取保险费,二是为了偿付投保诉求而从事组合投资业务获取收益。

(3) 投资公司:通过为其他公司提供咨询服务和支持产品,帮助其他公司从金融市场获取资本,以及完成诸如并购和资产剥离等交易而获利。

(4) 金融公司：为顾客提供投资咨询或管理投资组合服务，通过收取咨询业务的咨询费和管理投资组合的佣金获利。

由于金融服务板块的并购整合，运营多个业务的公司日益增多，例如，花旗集团经营上述 4 项业务。但是同时，大量的小银行、精品投资银行和专业保险公司的主要收入还是来自单项业务。

中国的经济发展离不开金融服务业的支持。国内金融业自改革开放以来逐步发展完善，总量增速快，业务完备，其中，我国的资本市场、投资银行经历了从无到有，从区域到全国的发展。目前金融服务业已基本形成了以银行、信托、保险、证券为四大支柱，以其他非银行金融业为补充的金融体系。

第二节 金融服务公司的特征

金融服务公司在许多方面不同于其他行业公司。本节聚焦于 4 个不同点，研究其在价值评估中产生的新的问题。第一，许多金融服务受到严格的条例约束，因此我们需要研究这些公司为了满足经营的要求需要准备的拨备资本大小。第二，金融服务公司的利润和资产价值的记账会计准则，与市场其他公司的会计准则不同。第三，相比于资本的来源，金融服务公司的负债更像原材料，在这种关系下，其资本成本和企业价值的概念便与传统意义上的概念有所不同。第四，估计或者测算银行或保险公司的再投资和现金流都较为困难。

一、监管限制

全世界的金融服务公司都受到严格的监管，只是各国的监管程度不一。一般而言，这些监管采取三种形式。首先，保险公司和银行必须维持法定的资本比率——基于其股权面值及其经营资产计算。这样做是为了确保它们不要把业务扩张到自己的能力范围之外，致使保单持有人或存款人处于风险之中。其次，金融服务公司在资金投放方面也受到了限制。例如，《中华人民共和国商业银行法》规定，商业银行在中华人民共和国境内不得从事信托投资和证券经营业务。最后，新公司从事这类业务常常受到监管机构的控制，甚至两家现有金融服务公司的合并也会受到控制。

对于金融服务公司，要认真审视各项假设，以确保它们不与监管限制冲突。监管也是金融服务公司风险的一大源头，我们在度量风险时需要充分考虑：如果预期监管限制要改变，那么未来将增加更多的不确定性。因此，要想对银行、保险公司和投资银行进行估值，我们必须意识到监管它们的法规结构的重要性。

二、会计准则的差异

金融服务公司用于计量利润和记录面值的会计准则不同于市场上其他的公司，原因如下。首先，金融服务公司的资产通常是具有活跃市场的金融工具，不同于其他行业，金融服务公司已经按市场价值定价进行资产管理。其次，尽管金融服务公司业务具备长期的盈利能力，但短期的大额亏损也会出现，会计标准随之演化，以便营造出更平滑的利润。

（一）按市场定价

银行、保险公司和投资银行的会计准则，要求其资产要以公允价值记账。其相关的理论依据是：大多数银行的资产都有交易，有市场价格，无须进行主观判断。一般而言，银行和保险公司的资产通常都是股票、债券等证券，大多在公开市场交易。由于许多投资的市场价格是看得到的，对于这些资产，会计准则倾向于采用实际的或评估的市场价值。

(二) 损失准备金和平滑利润

考虑一家以传统借贷方式盈利的银行——从存户处拿进资金，把这些资金以更高的利率贷给个人和公司。虽然向贷款人收取的利率要高于向存款人承诺的利率，但银行面临的风险是贷款人可能违约，并且它们的违约率依据时间段的不同而区别很大，在经济景气时低，在经济下行时高。目前，有两种处理不良贷款的方法。第一种方法是在不良贷款发生时直接记为坏账；第二种方法是银行建立亏损拨备，每年从利润中计提相应金额，以便及时消化未来可能的亏损。

三、负债和股权

在我们用来描述公司经营情况的资产负债表里，为企业募集资金的方式只有两种——负债和股权。虽然这对所有的公司都适用，但金融服务公司在三个方面有别于非金融服务公司。

(一) 负债是原材料，不是资本

当我们谈到非金融服务公司的资本时，我们倾向于谈论负债和股权。公司从股权投资人和债券持有人手里募集资金，并利用这些资金做投资。在对公司估值时，我们评估的是这家公司拥有的资产的价值，而不仅仅是其股权的价值。对于金融服务公司，负债的含义不同。大多数金融服务公司并不把负债作为资本的一个来源，而是将其视为原材料。换句话说，负债之于一家银行就像钢铁之于一家制造企业——把钢铁制作成某种能够以一个更高价格出售并带来利润的东西。因此，金融服务公司的资本似乎是被狭义地定义为只包括股权资本。资本的这个定义还被管理当局强化了，后者评估银行和保险公司的股权资本比率。

(二) 财务杠杆的程度

即便我们可以把负债定义为资本的一个来源，并且可以精确地衡量它，但金融服务公司还在另一个方面不同于其他公司。金融服务公司通常使用更多的债务为其业务提供资金，其财务杠杆高于大多数公司。虽然我们可以用未来更高期望利润或监管架构支撑来解释金融服务公司的高杠杆，但高杠杆率对它们的估值问题有很大的影响。由于股权是金融服务公司总价值的一小部分，所以公司资产价值的一个小变化会引起股权价值的大波动。

四、评估再投资

我们在前面提到过，金融服务公司在其资金的投向和投资数量上，都受到监管条例的限制。未来现金流的大小很大程度上取决于再投资的大小，在研究再投资时，我们考虑两个科目的再投资——净资本支出和营运资本。首先，净资本支出。与主要投资于工厂、设备和其他固定资产的制造公司不同，金融服务公司主要投资于无形资产，如品牌和人力资本等。因此，它们对未来发展的投资常常在会计报表里被归类为营业支出。其次，营运资本。如果我们把营运资本定义为流动资产和流动负债的差额，那么银行资产负债表中该栏目的数值将会较大，其变动规模大、变动幅度大，且不能很好地反映创造未来增长的再投资。

由于难以计量再投资，我们在对金融类公司估值时会遇到两个实际问题。第一，如果我们不评估再投资，那么就无法评估经营现金流。换言之，如果不清楚公司为其未来成长如何进行再投资，那么我们就无法确认现金流。第二，如果无法计量再投资率，则很难评估未来的预期增长。

第三节　估值的难点

综上所述，金融服务公司独特要素包括：按市价定值的资产、为未来亏损计提拨备后的利润、定义负债和再投资上遭遇的困难。这些要素都对这些公司的估值产生影响。本节重点讨论对金融服务公司估值时的常见陷阱。

一、负债

本书一直采取标准的做法，即先预测企业在缴纳税款和完成再投资后但尚未偿付负债之前的现金流，再以一个综合的资本成本把现金流进行折现。但是这种方法对金融服务公司并不适用，主要问题出现在计算资本成本上。

正如前一节所言，定义银行和保险公司的负债较为困难。如果我们把所有短期和长期借款视为负债处理，那么计算出的银行负债率将会过高。若我们采用狭义的负债定义，则需要决定：负债包括什么，排除什么。例如，我们可以规定在资本成本计算中，仅仅包括长期负债。但这种主观性的决断结果显然并没有符合逻辑的根据支撑，因而对于银行等金融服务公司的价值评估常常聚焦于股权价值，而非公司价值。

二、股利和现金流

许多分析师认为评估金融服务公司的现金流是不可行的，并转向唯一可观察到的现金流——股利。这个转向是有意义的，但这些分析师都无意识地假设：银行或保险公司支付的这些股利都是合理且可持续的。然而，真实的情况并非如此。因为有的银行支付的股利较少，以便用利润充实资本金率，而另外一些银行则派发了过多的股利，然后设法通过发行新股来补充。如果采用实际支付的股利评估前一种银行，我们会低估公司的价值，因为我们把当期过少的股利，计为其永续现金流。反之则会高估。

在对具有增长潜力的金融服务公司估值时，聚焦当期股利也会产生问题。在已经明确了它们需要为增长提供资金的情况下，这些公司会停止派发大额股利，和更成熟的公司相比，它们派发的股利更少，甚至不派发股利。如果我们采用这些股利作为我们估值的基础，在增长下降时不调整股利的支付水平，那么我们会很大程度地低估公司价值。在不派发股利的特别情况下，我们对这种公司股权价值的评估结果就会是零。

三、面值和市值

金融服务公司的资产是按照市场价值计量的，解释原因如下。首先，许多资产都是可交易的金融资产，市场价值较易获得，这些资产需要评估和主观判断的需求较小。其次，金融服务公司很少有把资产持有至到期日，银行常常将其贷款组合证券化，并出售给投资者。因此，在分析这些金融服务公司的价值时，债券的市场价格的相关性更大。虽然市场价值比面值更准确地反映资产的价值，但这个过程还会存在误区和代价。最典型的情况是市值未反映资产真实价值：市场价格只能反映当前的交易价格，但有时市场价格也并不是资产真实的价值，例如在 2008 年金融危机前夕，大部分股票资产价格严重被高估，产生了巨大的泡沫，若此时用市场价值对公司进行估值，则会很大程度高估公司的价值。

四、监管和风险

由于金融服务类行业具有较强的风险传播属性，为了规避系统性风险，该行业内的公司受到的监管和控制比其他行业公司更多。随着监管政策的不断变化,金融服务行业在未来也可能会受到一定的影响,这对估值造成了很大的阻碍:一方面,我们不清楚公司在当前的经营情况下多大程度受制于监管规定,即无法清晰地分辨公司自身经营和监管规定对公司业绩的作用;另一方面,我们无法准确地判断公司未来的现金流,因为未来若出现预料之外的政策变动,金融服务行业公司的经营情况将会受到很大的影响。

此外,不同国家的监管政策不同,对于跨国经营和跨国上市的公司而言,监管风险更大,例如 2021 年以来,美国《外国公司问责法》出台,法案规定,在美国上市的外国公司的审计机构,必须接受美国公众公司会计监督委员会(PCAOB)对其审计工作底稿的检查。如果外国公司连续三年未能通过美国公众公司会计监督委员会的审计,将被禁止在美国任何交易所上市。而这与中国国内证券法相矛盾,中国的证券法规定境外证券监督管理机构不得在中国境内直接进行调查取证等活动;未经中国证券监督管理委员会等部门同意,任何人不得向境外提供与证券业务活动有关的文件和资料,这一变动导致中概股企业陆续退市,对公司带来了较大的影响。

第四节 估值方法

一、折现现金流模型

在折现现金流模型中,我们视每项资产的价值为该资产带来的预期现金流的现值。本节的论述包含两个假设:第一,金融服务公司的估值应该是基于股权,而不是基于企业价值;第二,股利通常是我们能够观察到的或能够评估的唯一有形的现金流。因此,我们的焦点将会是如何使用各种股利折现模型对银行和保险公司等金融服务公司进行估值。

(一)股权估值与企业估值

在本书的前面,我们提到过股权估值和企业估值的区别。我们通过加权平均资本成本对公司自由现金流进行折现、加总来对企业价值进行评估;通过股权资本成本对股东的预期现金流进行折现、加总来对股权估值。当债务和债务支付无法轻易辨别时,很难通过加权平均资本成本来评估公司自由现金流。正如我们在前面讨论过的,这就是金融服务公司的固有特点。因此,利用股权资本成本折现股权自由现金流来对股权进行直接估值,是一种比较合理的估值方法。

然而,即便是股权估值,我们也有第二个问题。为了对公司的股权估值,我们通常是评估股权自由现金流。在第十章,我们定义了股权自由现金流:

$$股权自由现金流 = 净利润 - 净资本支出 - 非现金营运资本变动额 \\ -(已支付债务 - 新发行债务) \tag{28-1}$$

如果不能评估净资本支出或非现金营运资本,我们便无法评估股权自由现金流。由于金融服务公司就是这种情形,所以我们面临三种选择。①把股利当作股权自由现金流,并假设公司常年把股权自由现金流当作股利支付。因为股利是可观察到的,所以不会面临公司会再投资多少的问题。②调整股权自由现金流指标,以适应金融服务公司所做的再投资类型。例如,已知银行是在法定资本比率限制下经营的,那么可以推理:这些公司为了发出更多的贷款,必须增加资本。③聚焦于超额回报,而不是利润、股利和增长率,并对超额回报估值。

(二)股利折现模型

在基础的股利折现模型里,股票的价值是其预期股利的现值。由于在评估金融服务公司的现金流上所面临的特殊问题,许多分析师认为这个模型有些过时。但是,该模型仍然具有一定的合理性。本部分首先阐述一下基础的股利折现模型,然后考虑在估值金融服务公司时调整处理方式。

1. 基础模型

如果我们基于一家上市公司持续分配股利且投资者无限期持有股票的假设,那么可以推出基础股利折现模型:

$$每股价值 = \sum_{t=1}^{\infty} \left(\frac{DPS_t}{(1+k_e)^t} \right) \tag{28-2}$$

其中,DPS_t 为在 t 期间内的每股预期股利;k_e 为股权资本成本。

在特殊情形下,即股利的预期增长率永远是常量,那么模型可以简化为戈登永续增长模型:

$$稳增长下的每股价值 = \frac{DPS_1}{k_e - g} \tag{28-3}$$

其中,g 为预期的永续增长率,DPS_1 为下一年的每股预期股利。在通常的情形下,股利的增长不会始终以一个永远不变的增长率进行。但是,此时我们仍然假设,在未来的某个时点后,增长率会是永恒的常量。因此,我们能以折现现金流模型,把一只股票的价值评估为两个现值之和:特定增长期的股利现值和最终价格的现值(采用戈登模型评估)之和。

$$两阶段增长下的每股价值 = \sum_{t=1}^{n} \left(\frac{DPS_t}{(1+k_{e,hg})^t} + \frac{DPS_{n+1}}{(1+k_{e,hg})^n \times (k_{e,st} - g_n)} \right) \tag{28-4}$$

非常增长期预期持续 n 年,g_n 是 n 年后的预期增长率,k_e 是股权资本成本(hg 是指高增长期,st 是指稳增长期)。

尽管模型形式简单,但是盲目地使用股利折现模型也有不足。就像我们在本章上一节中提到过的,许多分析师开始就把银行当期的股利当作基础,然后针对这些利润使用一个增长率计算现值。想要模型能算出合理的价值,我们的假设必须与预期增长率数字、股利预测值和风险指标在内在逻辑上保持一致。

2. 股利折现模型中要素的一致性

股利折现模型中,有三个决定股权价值的要素。第一个是股权资本成本,对于大多数公司而言,这个成本会随时间而变化。第二个估值要素是我们假设会作为股利支付出去的那部分利润,即股利支付率。第三个估值要素是一段时期的预期增长率。除了设法评估每个估值要素外,我们需要确保这些估值要素之间的一致性。

1) 股权资本成本

为了与本书前述章节内容保持一致,金融服务公司的股权资本成本必须反映不能被边际投资者所分散掉的风险,即系统风险。我们已经知道,系统风险的评估是采用一个贝塔(资本资产定价模型)或多个贝塔(因子定价模型)。在计算金融服务公司的股权资本成本时,应该记住5个评估要点。

(1) 使用自下而上的贝塔。在前文讨论贝塔的时候,我们反对使用通过回归得出的贝塔,主要是因为评估值的标准误和公司在回归期内发生变化的可能性。在对金融服务公司估值时,我们仍然坚持这一做法。事实上,由于金融服务领域的上市公司的数量多,使自下而上贝塔的评估方法更加容易。

(2) 不调整财务杠杆。在采用自下而上法为非金融服务公司评估贝塔时,我们强调了无杠杆贝塔的重要性,再采用公司当期的负债权益比率进行再杠杆化。对于金融服务公司,鉴于两个原因,我们会跳过这一步。首先,在资本结构上,由于监管等原因,金融服务公司通常具有更高的一致性,具有类似的财务杠杆。其次,金融服务公司的负债很难计量。在实践中,我们通常采用可比公司平均贝塔作为被分析公司自下而上的贝塔。

(3) 调整监管和业务风险。如果采用板块贝塔，但不调整财务杠杆，我们实际上是在使用适合板块任何一家公司的贝塔。但是各市场间的监管差异很大，即便是同一市场内，不同类别的金融服务公司之间的差别也不小。为了反映这一点，我们要对板块进行狭义的划分。由此，在对国有制银行估值时，我们寻找国有制银行间的平均贝塔；在对城商银行估值时，我们寻找城商银行间的平均贝塔。

(4) 考虑风险和增长的关系。为了反映我们对公司增长率的假设的变化，我们始终在强调相应修改公司风险内涵的重要性。随着成长型公司的成熟，其贝塔值应该更加接近 1。在对金融服务公司估值时，我们也需要遵循这一原则。和成熟银行相比，我们会预期高成长型银行应该有更高的贝塔值。在对这类银行估值时，我们就要从更高的股权资本成本开始，但随着我们降低其增长率，我们也会降低其贝塔值和股权成本。

(5) 考虑宏观环境的变化。我们从各金融服务公司所获取的平均贝塔，反映了估值时期它们经营所处的监管环境。当预期到监管条例或经济环境要发生巨大变化时，我们应该考虑其对行业贝塔将产生的潜在影响。

2) 股利支付率

对于金融服务公司，由于它们受制于法定资本要求，仅以股利衡量股东现金回报的做法显得尤为片面。银行和保险公司必须以其业务量的一个特定百分比，维持一定量的股本金。一家公司派发更多的股利，其留存的利润就更少，进而限制股东权益的积累。近年来，金融服务公司加大了股票回购的力度——作为把现金返还给股东的一种方式。在这个背景下，仅仅聚焦股利派发可能会引起人们对股东返还现金的不完整理解。一个明确的解决办法是把每年的股票回购金额加到派发的股利金额上，并计算综合支付率。然而，由于股票回购在不同年度之间波动较大，单年数据可能造成误导。例如，公司某一年可能回购数十亿元股票，但随后三年的回购规模却可忽略不计，因此更应参考多年度的平均水平。

3) 高增长期预期增长率

与非金融服务类公司一致，在评估银行等金融服务类公司时，我们同样可以采用第八章中所提到的三种方法来确定其预期增长率，包括：历史增长率法、专业人员盈利预测法和基本面预测法。

历史增长率法和专业人员盈利预测法将增长视为公司的外生变量，由于金融服务类公司大多都具有比较悠久的历史，且受到社会各界分析师的广泛关注，因而相比于评估新兴产业的中小型企业，采用这种方法来评估金融服务类公司的预期增长率有较高的可信度。不过金融服务类公司对行业的金融监管政策非常敏感，在采用这两种方法，尤其是直接使用历史增长率法时，应该慎重操作。

基本面预测法则将增长视为内生变量，在股利折现模型下，其由股利支付率和股权投资回报率(ROE)决定，具体而言：

$$g = \frac{\text{ROE}_{t+1} - \text{ROE}_t}{\text{ROE}_t} + (1 - \text{股利支付比率}) \times \text{ROE}_{t+1} \tag{28-5}$$

如果认为公司能够持续得到稳定回报，即 ROE 可以保持不变，则有

$$g = (1 - \text{股利支付率}) \times \text{ROE} \tag{28-6}$$

由此可见，在股利和增长之间存在一个固有的平衡选择。当公司派发利润中较大部分现金，就得减少再投资金额，其未来的增长就会慢一些。近年来，一些金融服务公司将全部盈利均用于再投资而不支付股利，其股权的价值来自期望的未来股利，因为随着未来公司增长率的下降，其再投资比率降低，股利支付能力也会逐渐提高。在这种情况下便可通过股利、增长和 ROE 的一致关系来推算出隐含的预期股利支付率，从而对公司进行估值：

$$\text{隐含的预期股利支付率} = 1 - \frac{g}{\text{ROE}} \tag{28-7}$$

高增长的延续期在公司估值时非常重要，对于许多处在成熟市场的金融服务类公司而言，其难以保持长期的高增长，甚至估值基准日的预期增长率已经成了稳定预期增长率。在具体估值一家金融服务类公司时，可以采用如下的角度来考虑高增长期的持续时间。

(1) 公司的规模。金融服务公司相对于目标市场的规模越大，其越可能已经步入成熟发展期，越难以保持高增长。

(2) 技术创新手段的运用。金融科技的发展，如区块链、人工智能、大数据分析等，可以优化金融服务的效率和效果，吸引更多客户，提高客户忠诚度，为公司创造高增长。

(3) 市场竞争程度。市场的竞争越完全，公司越可能较早收敛到稳定期，当市场的竞争程度较弱，特别是形成垄断局面时，公司可能会较易保持较长时期的高增长。

(4) 政策支持程度。监管政策对金融服务公司的影响比较明显，其可能通过限制新公司的进入使得现有公司形成垄断局面，延长高增长期；但有时监管规则禁止商业银行从事投资银行等许多盈利丰厚的业务，从而压低了公司的股权投资回报率。

4) 稳定增长时期的预期增长率

在稳定增长时期，股利、股权回报率和增长具备内在一致性的假设较易满足，因为此时公司进入成熟经营时期，其股权回报率已经趋于稳定。

$$\text{每股盈利的预期增幅} = \text{股权回报率} \times (1 - \text{股利支付率}) \tag{28-8}$$

估值中还有一种说法：对一家银行估值的关键数字不是股利、利润或增长率，而是其在长期内所能达到的稳定股权回报率。换言之，由于稳定增长期时股权回报率和增长率已经趋于稳定，故可用这两项指标来估算公司的股利。正如高增长期隐含的预期股利支付率的计算，为了保持估值的一致性，在稳增长期，我们用于评估终值的股利支付率，应该采用如下计算公式：

$$\text{稳增长期的股利支付率} = 1 - \frac{\text{增长率}}{\text{稳增长期的股权回报率}} \tag{28-9}$$

评估的风险内涵也应该调整，以反映稳增长的假设。特别是，当采用贝塔值评估股权成本时，这些贝塔值应该在稳增长期向 1 靠拢。

一致性的股利折现模型的一大优势便是可以清晰地反映估值结果是保守的还是相对乐观的，特别是对于那些已经进入成熟稳定期的金融服务公司。因为这种方法假设预期增长率、股权回报率和股利支付率具备了内在一致性，从而可以帮助我们在设定了预期增长率和股利支付率的数值后，间接计算出股权回报率(当然，也可以根据具体情况先设定股权回报率的数值大小，重点是获得股权回报率的数值)。之后将股权回报率和股权资本成本进行比较分析，以股权回报率低于股权资本成本为例，此时保持增长是在吞噬公司的价值，现实中公司可能不会采取扩大再投资而推动增长的策略，而选择去支付更多的股利。换言之，现实情况下公司股权的价值将会比估值结果更高，我们只是得到了一个保守的计算结果。

【例 28.1】工商银行(ICBC)估值。

2022 年，工商银行(601398.SH)按每股派发了 0.3035 元的股利，股利收益率为 6.99%，以体现公司在 2012—2022 年来 4.22%的几何平均增长率。如果我们假设商业银行的业务性贝塔为 1.48，股权风险溢价为 7.16%，无风险利率为 2.03%(数据来源：Damodaran 官方网站)，则工商银行的股权成本约为 12.63%。假设工商银行的股利将永久维持 4.22%的历史增长率，并假设其经营已经处于稳定增长状态。

首先，按照稳定增长状态下的股利折现模型，我们可以得出每股股票的价值为

$$每股价值 = \frac{下一年预期每股股利}{股权资本成本 - 稳定增长率} = \frac{0.3035 \times 1.0422}{0.1263 - 0.0422} = 3.76 (元/股)$$

在估值时点下股票的价格为 4.34 元/股，因此可以由股利折现模型判断工商银行的股票被高估了。但是对这一结果的合理性需要辩证地看待，我们在估值时运用的是工商银行的历史增长率和股利支付率，回顾一下预期增长率、股利支付率和股权回报率之间的内在一致关系，工商银行在估值基准日的每股收益 EPS 为 0.97 元，如果假定工商银行能够维持现有的增长率和股利支付率，则

$$隐含的 ROE = \frac{预期增长率}{1 - 股利支付率} = \frac{0.0422}{1 - 0.3035/0.97} = 6.15\%$$

所以一旦工商银行的股权回报率大于 6.15%，则估值结果便比真实的内在价值低，而据 Damodaran 统计，中国的商业银行股权回报率均值约为 10.30%。因此采用基本的股利折现模型进行估值没有考虑预期增长率、股利支付率和股权回报率的内在一致联系，工商银行实际的 ROE 很有可能会比计算得出的隐含 ROE 要高，采用稳定增长的股利折现模型会低估工商银行的股权内在价值。

一种可替代的方法是固定工商银行的股利支付率和股权回报率，求解隐含的预期增长率。因为工商银行自 2018 年起股利支付率非常稳定，均保持在30%上下，同时可以选用行业平均的股权投资回报率 10.30%作为其稳定经营的股权投资回报率，并计算其隐含预期增长率。①预期增长率的计算结果为

$$\begin{aligned}预期增长率 &= 行业平均股权回报率 \times (1 - 股利支付率) \\ &= 10.30\% \times (1 - 0.3035/0.97) \\ &= 7.08\%\end{aligned}$$

则工商银行的每股价值为

$$\begin{aligned}每股价值 &= \frac{下一年预期每股股利}{股权资本成本 - 预期增长率} \\ &= \frac{0.3035 \times 1.0708}{0.1263 - 0.0708} \\ &= 5.86 (元/股)\end{aligned}$$

因此，在考虑了预期增长率、股利支付率和股权回报率的内在一致性后，所得的工商银行股票估值结果反而高于估值时点下的现行股票价格(4.34 元/股)。显然相比于基础的股利折现模型，考虑一致性的模型更具说服力，也更符合估值的逻辑性。

(三) 股权自由现金流折现模型

当净资本支出和非现金营运资本难以辨识时，评估现金流将十分困难。但是，如果以不同的方式定义再投资，那么就可以为金融服务公司评估股权自由现金流。对于金融服务企业而言，再投资往往不以购置固定资产的形式表现，而是以法定资本的形式投入，这是由监管机构设定的资本要求所决定的。因而对于金融服务类公司，其股权自由现金流的计算公式为

$$股权自由现金流(金融服务公司) = 净利润 - 法定资本的再投资 \qquad (28\text{-}10)$$

为了评估法定资本的再投资额，需要定义两个关键参数：股权资本比率和业务盈利能力。前者受法律规定所限，不同银行可能根据自身策略选择不同的资本充足水平；后者则通过净利润反

---

① 实际上直接选用 ROE 的行业均值对工商银行进行估值非常恰当，据东方财富 Choice 金融终端统计，工商银行近年来的 ROE 均保持在 11%上下，其 2022 年的 ROE 为 10.6763%，和行业均值非常相近。

映银行放贷能力对盈利的转化效率。以股权资本比率为 5% 的银行为例,每 5 元的股权资本可支持放贷 100 元,若新增放贷产生 1 500 万元净利润而股东股利仅 500 万元,则该行股权资本净增 1 000 万元,进而支持最高达 2 亿元的新增放贷,体现出显著的再投资能力。而若银行的净利润率为 0.5%,则 2 亿元的新增贷款预期带来 100 万元的新增利润,进而进一步反馈到 FCFE 的估算中。

(四) 超额回报模型

采用折现现金流模型对金融服务公司估值的方式之一是使用超额回报模型,其原理即为本书第十七章所提到的经济增加值(economic value added,EVA)方法。在这种模型里,企业价值可以被定义为当期已投入公司的资本和公司预期在未来创造的超额回报的现值的加总额。在这一节,我们将考虑如何把这个模型应用于评估金融服务公司的股权价值。

1. 基础模型

在已知很难定义金融服务公司总资本的情形下,采用超额回报模型对金融服务公司估值时,聚焦于股权会更有意义。一家公司的股权价值可以被定义为

$$\text{股权价值} = \text{当前已投的股权资本} + \text{股权投资者的预期超额回报现值} \tag{28-11}$$

这个模型不同于前述模型的地方在于其聚焦于超额回报。投资于其股权且仅就这些投资获得公平的市场回报率的公司,应该看到其股权市场价值接近于当期投资的股权资本的面值。投资回报率低于市场回报率的公司,其股权市场价值会低于股权面值。需要强调的是,这个模型考虑了未来的预期投资。因此,分析师需要预测金融服务公司会将其未来投资放在何处和投资创造的回报率。

2. 模型的估值要素

采用超额回报模型对股权估值时,需要确定两个估值要素:①当期已投入公司的股权资本指标;②未来时段里股权投资者的预期超额回报。

当期已投入公司的股权资本,通常是以公司的股权面值来计量的。虽然股权面值是一个会计指标,但相比于制造业的投资,金融服务公司投资的股权指标要可靠得多。第一个原因是,金融服务公司的资产通常是按市场行情定价的金融资产。制造公司的资产是实物资产,其面值与市值的差距常常很大。第二个原因是,在金融服务公司,折旧通常可以忽略不计。除此之外,股票回购和一次性的损失支付,还是会影响股权面值。因此,金融服务公司的股权面值可能会低于已投公司的股权资本。

以股权定义的超额回报可用股权回报率和股权成本来表述:

$$\text{超额股权回报} = (\text{股权回报率} - \text{股权资本成本}) \times \text{已投股权资本} \tag{28-12}$$

我们这里同样假设股权回报率是衡量股权投资经济回报的合理指标。在分析一家金融服务公司时,我们可以获得当期和过去的股权回报率,但真正需要的股权回报率是未来预期回报率。为此,除了公司面临的竞争之外,这还需要分析公司的优势和劣势。

二、相对估值

在上文中,我们探讨了从利润乘数、账面价值乘数到收入乘数等多种适用于企业估值的相对估值指标。下文将进一步分析这些估值指标在金融服务类企业中的具体应用方式。

(一) 乘数的选择

像 EV/EBITDA 或 EV/EBIT 这种公司估值乘数,很难用于对金融服务公司估值,因为无论是银行还是保险公司,其价值或是其营业利润都很难评估。为了与金融服务公司股权估值保持一致,

我们用来分析金融服务公司的乘数是权益乘数，常见的几类为市盈率、市账率和市销率。由于金融服务公司的收入无法真正衡量，所以，市销率无法评估或无法用于这类公司。在这一节，我们会研究如何使用市盈率和市账率估值金融服务公司。

(二) 市盈率

衡量银行或保险公司的市盈率，与衡量其他任何公司一样，计算公式为

$$市盈率 = \frac{每股价格}{每股利润} \tag{28-13}$$

市盈率是三个变量的函数：利润预期增长率、股利支付率和股权资本成本。与其他公司一样，金融服务公司的市盈率在更高的预期利润增长率、更高的股利支付率和更低的股权资本成本下应该更高。

金融服务公司的特有问题是用于预期支出的拨备资金。例如，银行定期为贷款坏账计提拨备。这些拨备减少了报告的利润，并影响市盈率。结果是对贷款坏账分类较为保守的银行，其利润就会低而其市盈率就会高。反之则利润变高，市盈率变低。

在采用利润乘数进行估值时，还需充分考虑金融服务公司业务结构的多元化。投资者愿意为来自商业放贷业务的一单位利润支付的乘数，可能显著不同于其为证券交易业务的一单位利润所支付的乘数。当企业的利润来源横跨多个在风险、增长性和回报水平上差异显著的业务板块时，寻找真正可比的公司变得极为困难，从而使得整体利润乘数的横向比较缺乏参考意义。在这种情形下，更为合理的做法是将企业利润按业务线进行拆分，并分别评估每项业务的价值，最后加总得出整体估值。

(三) 市账率

金融服务公司的市账率是每股价格与每股股权面值的比率：

$$市账率 = \frac{每股价格}{每股股权面值} \tag{28-14}$$

在其他条件一样的情况下，更高的利润增长率、更高的股利支付率、更低的股权资本成本和更高的股权回报率，应该产生更高的市账率。这4个变量中，股权回报率对市账率的影响最大，也是该比率的核心变量。

此外，在强调市账率和股权回报率间的关系时，我们不应该忽略其他的基本要素。例如，在股权回报率一定的情况下，银行间的风险不同也影响其市账率的高低，风险高的银行应该有较低的市账率。类似地，在其他任何基本要素水平一定的情况下，成长潜力越大的银行，其市账率也会越高。

三、以资产为基础的估值

部分金融服务类公司，特别是银行，由于受到各类监管政策的约束，经营业务相对单一化；且这些公司的发展历史比较悠久，很多都已进入成熟发展期，未来出现高增长的概率较低。因而可以考虑采用以资产为基础的方法，对这些金融服务公司的在位资产进行估值。以银行为例，若一家银行仅仅开展借贷业务，或借贷业务占比非常高，则可以认为该银行现有的贷款组合构成了其全部的在位资产，而在位资产价值的评估便是估计其全部贷款的市场价值，具体计算方法如下：

$$在位资产价值 = \sum_{t=1}^{n} \frac{I}{(1+r)^t} + \frac{L}{(1+r)^n} \tag{28-15}$$

其中，L 表示全部贷款组合的账面价值，n 表示贷款组合的加权平均年限，r 表示考虑贷款违约风险下的公允市场利率，t 表示全部贷款组合的年利息收入。在此基础上扣除账面存款、债务及其他索取权则可以得到银行的股权价值。

在位资产价值和贷款组合的账面价值很可能存在差异，这一现象反映了银行放贷利率和市场利率不同的事实。以在位资产价值大于账面价值为例进行说明，在位资产价值较大表明银行的贷款利率整体上要高于折现时采用的公允市场利率，如果一家银行能够凭借技术创新等优势吸引客户，从而长期以高于公允市场利率的贷款利率进行放贷，并赚取超额回报，则以资产为基础的估值方法便不再适用。此外，在使用以资产为基础的估值方法时，也要注意金融类服务公司的具体业务开展情况，如果存在较多差异较大的业务种类，则应根据不同的现金流和折现率进行估值求和。

本章小结

为个人或其他公司提供金融产品或服务的任何公司，都可被归类为金融服务公司。依据盈利方式的不同，金融服务公司可分为银行、保险公司、投资公司、金融公司 4 类。金融服务公司与其他行业的不同点如下。第一，许多金融服务在经营过程中受到严格的条例限制，因此，我们需要研究这些公司为了满足经营的要求需要准备的拨备资本大小。第二，金融服务公司的利润和资产价值的记账会计准则，与市场其他公司的会计准则不同。第三，相比于资本的来源，金融服务公司的负债更像原材料，在这种关系下，其资本成本和企业价值的概念便与传统意义上的概念有所不同。第四，估计或者测算银行或保险公司的再投资和现金流都较为困难。

针对以上特点和难点，在估值中我们进行以下调整，在折现现金流模型中，我们估计股权成本时，折现股权现金流而非公司自由现金流，在评估股权现金流时，我们或使用股利并假设没有作为股利支付的金额就是再投资金额，或修改再投资的定义；在相对估值模型中，我们选择市盈率或市账率作为估值乘数，并调整影响价值的基本要素，如风险、增长、现金流和贷款质量等；在以资产为基础的估值方法中，我们将银行的全部贷款市场价值作为其资产价值，从中扣除所有的未偿债务和其他索取权，从而得到股权价值。

课后问答

1. 为何金融服务公司的负债不适用传统资本成本计算？
2. 对比金融服务公司和一般上市公司记账时的会计准则差异。
3. 如何通过市净率判断银行股权回报率(ROE)的合理性。
4. 为何以资产为基础的估值法不适用于多元化金融集团？
5. 分析高增长期银行的股利支付率与再投资的矛盾。
6. 举例说明"隐含 ROE"在一致性估值模型中的作用。
7. 为何金融危机期间市净率低可能导致低估银行真实价值？
8. 讨论金融科技(如区块链)对银行增长期预测的影响。

参考文献

[1] Albuquerque R, Schroth E. Quantifying private benefits of control from a structural model of block trades[J]. Journal of Financial Economics, 2010, 96(1): 33-55.

[2] Altman E I. Financial ratios, discriminant analysis and the prediction of corporate bankruptcy[J]. Journal of Finance, 1968, 23(4): 589-609.

[3] Amihud Y, Mendelson H. Asset pricing and the bid-ask spread[J]. Journal of Financial Economics, 1986, 17(2): 223-249.

[4] Amihud Y, Mendelson H. Liquidity, maturity, and the yields on US Treasury securities[J]. Journal of Finance, 1991, 46(4): 1411-1425.

[5] Amihud Y, Mendelson H. The effects of beta, bid‐ask spread, residual risk, and size on stock returns[J]. Journal of Finance, 1989, 44(2): 479-486.

[6] Amihud Y. Illiquidity and stock returns: cross-section and time-series effects[J]. Journal of Financial Markets, 2002, 5(1): 31-56.

[7] Anctil R M. Capital budgeting using residual income maximization[J]. Review of Accounting Studies, 1996, 1(1): 9-34.

[8] Arbel A, Strebel P. Pay attention to neglected firms![J]. Journal of Portfolio Management, 1983, 9(2): 37-42.

[9] Attah‐Boakye R, Guney Y, Hernandez‐Perdomo E, et al. Why do some merger and acquisitions deals fail? A global perspective[J]. International Journal of Finance & Economics, 2021, 26(3): 4734-4776.

[10] Bachelier L. Theorie de la Speculation[D]. Paris: University of Paris, 1900.

[11] Bai C E, Liu Q, Song F M. Bad news is good news: propping and tunneling evidence from China[R]. University of Hong Kong Working Paper, 2004.

[12] Banz R W. The relationship between return and market value of common stocks[J]. Journal of Financial Economics, 1981, 9(1): 3-18.

[13] Barclay M J, Holderness C G. Private benefits from control of public corporations[J]. Journal of Financial Economics, 1989, 25(2): 371-395.

[14] Berie, A. A., and Means, G. C. The modern corporation and private property[M]. New York: Macmillan, 1932.

[15] Bikhchandani S, Sharma S. Herd behavior in financial markets[R]. IMF Staff Papers, 2000, 47(3): 279-310.

[16] Bradley M, Desai A, Kim E H. Synergistic gains from corporate acquisitions and their division between the stockholders of target and acquiring firms[J]. Journal of Financial Economics, 1988, 21(1): 3-40.

[17] Breen W J, Hodrick L S, Korajczyk R A. Predicting equity liquidity[J]. Management Science, 2002, 48(4): 470-483.

[18] Cao S, Jiang W, Wang J, et al. From man vs. machine to man+ machine: The art and AI of stock analyses[J]. Journal of Financial Economics, 2024, 160: 103910.

[19] Chaffe D B. Option pricing as a proxy for discount for lack of marketability in private company valuations[J]. Business Valuation Review, 1993, 12(4): 182-188.

[20] Chen L, Lesmond D, Wei J. Corporate yield spreads and bond liquidity, forthcoming[J]. Journal of Finance, 2005, 62: 119-149.

[21] Chen N F, Roll R, Ross S A. Economic forces and the stock market[J]. Journal of Business, 1986: 383-403.

[22] Chordia T, Roll R, Subrahmanyam A. Liquidity and market efficiency[J]. Journal of Financial Economics, 2008, 87(2): 249-268.

[23] Claessens S, Djankov S, Fan J P H, et al. Disentangling the incentive and entrenchment effects of large shareholdings[J]. Journal of Finance, 2002, 57(6): 2741-2771.

[24] Copeland T E, Weston J F, Shastri K. Financial theory and corporate policy[M]. Boston: Pearson Addison Wesley, 2005.

[25] Damodaran A. Equity risk premiums (ERP): Determinants, Estimation, and Implications - The 2024 Edition[R]. Available at SSRN 4751941, 2024.

[26] Dann L Y, Mayers D, Raab Jr R J. Trading rules, large blocks and the speed of price adjustment[J]. Journal of Financial Economics, 1977, 4(1): 3-22.

[27] Das S, Jagannathan M, Sarin A. Private equity returns: an empirical examination of the exit of venture-backed companies[J]. Journal of Investment Management, 2003, 1(1): 152-177.

[28] Datar V T, Naik N Y, Radcliffe R. Liquidity and stock returns: An alternative test[J]. Journal of Financial Markets, 1998, 1(2): 203-219.

[29] De Bondt W F M, Thaler R H. Further evidence on investor overreaction and stock market seasonality[J]. Journal of Finance, 1987, 42(3): 557-581.

[30] De Bondt W F M, Thaler R. Does the stock market overreact? [J]. Journal of Finance, 1985, 40(3): 793-805.

[31] Doidge C. US cross-listings and the private benefits of control: evidence from dual-class firms[J]. Journal of Financial Economics, 2004, 72(3): 519-553.

[32] Dutordoir M, Roosenboom P, Vasconcelos M. Synergy disclosures in mergers and acquisitions[J]. International Review of Financial Analysis, 2014, 31: 88-100.

[33] Dyck A, Zingales L. Private benefits of control: An international comparison[J]. Journal of Finance, 2004, 59(2): 537-600.

[34] Ellul A, Pagano M. IPO undepricing and after-market liquidity[R]. Salerno: CSEF University of Salerno, 2002.

[35] Emory J D. The value of marketability as illustrated in initial public offerings of common stock (eighth in a series) November 1995 through April 1997[J]. Business Valuation Review, 1997, 16(3): 123-131.

[36] Fama E F, Fisher L, Jensen M C, et al. The adjustment of stock prices to new information[J]. International Economic Review, 1969, 10(1): 1-21.

[37] Fama E F, French K R. Common risk factors in the returns on stocks and bonds[J]. Journal of Financial Economics, 1993, 33(1): 3-56.

[38] Fama E F, French K R. Multifactor explanations of asset pricing anomalies[J]. Journal of Finance, 1996, 51(1): 55-84.

[39] Fama E F, French K R. The cross‐section of expected stock returns[J]. Journal of Finance, 1992, 47(2): 427-465.

[40] Fama E F. Efficient capital markets[J]. Journal of Finance, 1970, 25(2): 383-417.

[41] Fama E F. The behavior of stock-market prices[J]. Journal of Business, 1965, 38(1): 34-105.

[42] Feldman E R, Hernandez E. Synergy in mergers and acquisitions: Typology, life cycles, and value[J]. Academy of Management Review, 2022, 47(4): 549-578.

[43] Finnerty J D. The Impact of Transfer Restrictions on Stock Prices[R]. Available at SSRN 342840, 2002.

[44] Fisher K L, Statman M. A behavioral framework for time diversification[J]. Financial Analysts Journal, 1999, 55(3): 88-97.

[45] Fuller R J, Hsia C C. A simplified common stock valuation model[J]. Financial Analysts Journal, 1984, 40(5): 49-56.

[46] Fuller R J. Behavioral finance and the sources of alpha[J]. Journal of Pension Plan Investing, 1998, 2(3): 291-293.

[47] Givoly D, Palmon D. Insider trading and the exploitation of inside information: Some empirical evidence[J]. Journal of Business, 1985: 69-87.

[48] Gravelle T. Liquidity of the government of Canada securities market: stylized facts and some market microstructure comparisons to the United States treasury market[R]. Bank of Canada Working Paper, 1999.

[49] Grossman S J, Stiglitz J E. On the impossibility of informationally efficient markets[J]. The American Economic Review, 1980, 70(3): 393-408.

[50] Hanouna P, Sarin A, Shapiro A C. Value of corporate control: some international evidence[R]. USC Finance and Business Economics. Working Paper, 2001.

[51] Hull J C, Basu S. Options, futures, and other derivatives[M]. New York: Pearson Education Inc, 2016.

[52] J. B. Williams. The Theory of Investment Value[M]. Cambridge:Harvard University Press, 1938.

[53] Jacobs B I, Levy K N. Disentangling Equity Return Regularities: New Insights and Investment Opportunities[J]. Financial Analysts Journal, 1988, 44(3):18-43.

[54] Jaffe J F. Special information and insider trading[J]. The Journal of Business, 1974, 47(3): 410-428.

[55] Jensen M C, Ruback R S. The market for corporate control: scientific evidence[J]. Journal of Financial Economics, 1983, 11: 5-50.

[56] Jensen Michael C.,Meckling William H.. Theory of the firm: Managerial behavior, agency costs and ownership structure[J]. Journal of Financial Economics, 1976, 3(4).

[57] Jolls C. The role of incentive compensation in explaining the stock-repurchase puzzle[R]. Harvard Law School Working Paper, 1996.

[58] Kai-Ineman D, Tversky A. Prospect theory: An analysis of decision under risk[J]. Econometrica, 1979, 47(2): 363-391.

[59] Kaplan S N, Weisbach M S. The success of acquisitions: Evidence from divestitures[J]. Journal of Finance, 1992, 47(1): 107-138.

[60] Kathleen M Kahle. When a buyback isn't a buyback: open market repurchases and employee options[J]. Journal of Financial Economics, 2002, 63(2): 235-261.

[61] Keim D B. Size-related anomalies and stock return seasonality: Further empirical evidence[J]. Journal of Financial Economics, 1983, 12(1): 13-32.

[62] Keynes J M. A Treatise on Money [M]. London: Macmillan, 1930.

[63] Koeplin J, Sarin A, Shapiro A C. The private company discount[J]. Journal of Applied Corporate Finance, 2000, 12(4): 94-101.

[64] Kyle A S. Continuous auctions and insider trading[J]. Econometrica, 1985: 1315-1335.

[65] Lease R C, McConnell J J, Mikkelson W H. The market value of control in publicly-traded corporations[J]. Journal of Financial Economics, 1983, 11(1-4): 439-471.

[66] Lewellen W G. A pure financial rationale for the conglomerate merger[J]. Journal of Finance, 1971, 26(2): 521-537.

[67] Liu J, Stambaugh R F, Yuan Y. Size and value in China[J]. Journal of Financial Economics, 2019, 134(1): 48-69.

[68] Ljungqvist A, Richardson M P. The cash flow, return and risk characteristics of private equity[R]. NYU, Finance Working Paper, 2003.

[69] Loeb T F. Trading cost: the critical link between investment information and results[J]. Financial Analysts Journal, 1983, 39(3): 39-44.

[70] Longstaff F A. How much can marketability affect security values? [J]. Journal of Finance, 1995, 50(5): 1767-1774.

[71] Longstaff F A. Placing No-arbitrage Bounds on the Value of Nonmarketable and Thinly-traded Securities[J]. Advances in Futures and Options Research, 1995, 8: 203-228.

[72] Maher J M. Discounts for lack of marketability for closely held business interests[J]. Taxes, 1976, 54: 562.

[73] Meir S. A behavioral framework for dollar-cost averaging[J]. Journal of Portfolio Management, 1995, 22(1): 70-78.

[74] Mellen C M, Evans F C. Valuation for M&A: building value in private companies[M]. Hoboken: John Wiley & Sons, 2010.

[75] Merton R C. Theory of rational option pricing[J]. Bell Journal of Economics and Management Science, 1973, 4(1): 141-183.

[76] Mielcarz P. A new approach to private firm fair value valuation in line with IFRS 13–the concept of the most advantageous market discount(MAMD)[J]. Business and Economic Horizons, 2014, 10(1): 79-85.

[77] Miller D. The generic strategy trap[J]. Journal of Business Strategy, 1992, 13(1): 37-41.

[78] Mitchell M L, Lehn K. Do bad bidders become good targets? [J]. Journal of Political Economy, 1990, 98(2): 372-398.

[79] Moeller S B, Schlingemann F P, Stulz R M. Firm size and the gains from acquisitions[J]. Journal of Financial Economics, 2004, 73(2): 201-228.

[80] Monks R A G, Lajoux A R. Corporate valuation for portfolio investment: Analyzing assets, earnings, cash flow, stock price, governance, and special situations[M]. New Jersey: John Wiley and Sons, 2010.

[81] Muranaga J, Shimizu T. Market microstructure and market liquidity[R]. Bank of Japan Working Paper, 1999.

[82] Nenova T. The value of corporate voting rights and control: A cross-country analysis[J]. Journal of Financial Economics, 2003, 68(3): 325-351.

[83] Nicodano G, Sembenelli A. Private benefits, block transaction premiums and ownership structure[J]. International Review of Financial Analysis, 2004, 13(2): 227-244.

[84] Osborne M F M. Brownian motion in the stock market[J]. Operations Research, 1959, 7(2): 145-173.

[85] Pawel Mielcarz. A New Approach to Private Firm Fair Value Valuation in Line with IFRS 13 -

The Concept of the Most Advantageous Market Discount (MAMD)[J]. Business and Economic Horizons, 2014(7).

[86] Pearson B. Marketability Discounts as Reflected in Initial Public Offerings[J]. CPA Expert, 2000, 10(1): 1-6.

[87] Penman S H. Financial statement analysis and security valuation[M]. New York: McGraw-hill Education, 2013.

[88] Poon W P H, Firth M, Fung H G. Asset pricing in segmented capital markets: Preliminary evidence from China-domiciled companies[J]. Pacific-Basin Finance Journal, 1998, 6: 307-319.

[89] Renneboog L, Vansteenkiste C. Failure and success in mergers and acquisitions[J]. Journal of Corporate Finance, 2019, 58: 650-699.

[90] Roll R. The hubris hypothesis of corporate takeovers[J]. Journal of Business, 1986: 197-216.

[91] Seyhun H N. Insiders' profits, costs of trading, and market efficiency[J]. Journal of Financial Economics, 1986, 16(2): 189-212.

[92] Shefrin H, Statman M. The disposition to sell winners too early and ride losers too long: Theory and evidence[J]. Journal of Finance, 1985, 40(3): 777-790.

[93] Silber W L. Discounts on restricted stock: The impact of illiquidity on stock prices[J]. Financial Analysts Journal, 1991, 47(4): 60-64.

[94] Sirower M L. The synergy trap: How companies lose the acquisition game[M]. New York: Simon and Schuster, 1997.

[95] Stapleton R C. A note on default risk, leverage and the MM theorem[J]. Journal of Financial Economics, 1975, 2(4): 377-381.

[96] Stulz R. Does financial structure matter for economic growth？A corporate Finance perspective[R]. Ohio State University Working Paper, 2001.

[97] Thaler R H. Mental accounting matters[J]. Journal of Behavioral Decision Making, 1999, 12(3): 183-206.

[98] Warner J B. Bankruptcy Costs: Some Evidence[J]. Journal of Finance, 1977, 32(2):337-347.

[99] Zingales L. What determines the value of corporate votes？[J]. The Quarterly Journal of Economics, 1995, 110(4): 1047-1073.

[100] 达摩达兰. 达摩达兰论估价：面向投资和公司理财的证券分析[M]. 大连：东北财经大学出版社，2010.

[101] 达摩达兰. 投资估价：评估任何资产价值的工具和技术[M]. 3 版. 北京：清华大学出版社，2014.

[102] 国家市场监督管理总局，中国国家标准化管理委员会. 信息技术服务 数据资产 管理要求 (GB/T 40685-2021)[S].

[103] 国家税务总局. 关于做好限售股转让所得个人所得税征收管理工作的通知：国税发〔2010〕70 号[A/OL]. (2010-01-25)[2025-03-20].

[104] 国务院. 关于将国家自主创新示范区有关税收试点政策推广到全国范围实施的通知：国发〔2015〕59 号[A/OL]. (2015-09-08)[2025-03-20].

[105] 韩德宗，叶春华. 控制权收益的理论与实证研究[J]. 统计研究，2004(2)：42-46.

[106] 郝项超，梁琪. 公司治理、财务信息质量与投资者保护：基于最终控制人视角的分析[M]. 北京：中国金融出版社，2011.

[107] 霍华德·马克斯. 投资最重要的事[M]. 李莉，石继志，译. 中信出版社，2012.

[108] 姜国华. 财务报表分析与证券投资[M]. 北京大学出版社，2008.

[109] 科普兰，科勒，默林，等. 价值评估：公司价值的衡量与管理[M]. 北京：电子工业出版社，2002.
[110] 李延喜，郑春艳，王阳，等. 上市公司控制权溢价水平及影响因素研究[J]. 管理评论，2007，19(1)：34-40.
[111] 刘力，王汀汀. 不应忽略股票的流通权价值——兼论中国股票市场的二元股权结构问题[J]. 管理世界，2003(9)：46-51.
[112] 刘志东，宋斌. 投资学[M]. 北京：高等教育出版社，2019.
[113] 罗斯. 公司理财[M]. 北京：机械工业出版社，2018.
[114] 乔志敏，王小荣. 资产评估学教程[M]. 北京：中国人民大学出版社，2020：103.
[115] 施东晖. 上市公司控制权价值的实证研究[J]. 经济科学，2003(6)：83-89.
[116] 王磊. 分散投资消除投资非系统风险的统计学解释[J]. 统计与决策，2005(01)：13.
[117] 杨淑娥，王映美. 大股东控制权私有收益影响因素研究——基于股权特征和董事会特征的实证研究[J]. 经济与管理研究，2008(3)：30-35.
[118] 张维迎，企业的企业家——契约理论[M]. 上海：上海三联书店，上海人民出版社，1995.
[119] 赵昌文，蒲自立，杨安华. 中国上市公司控制权私有收益的度量及影响因素[J]. 中国工业经济，2004(6)：100-106.
[120] 周世成. 我国上市公司控制权私利及其影响因素分析[J]. 财经论丛，2008(5)：83-89.